Emily Spinelli

University of Michigan—Dearborn

Marta Rosso-O'Laughlin

Tufts University

third edition

Encuentros

Instructor's Annotated Edition

Holt, Rinehart and Winston
Harcourt Brace College Publishers

Fort Worth   Philadelphia   San Diego   New York   Orlando   Austin   San Antonio
Toronto   Montreal   London   Sydney   Tokyo

Vice President/Publisher	Rolando Hernández-Arriessecq
Program Director	Terri Rowenhorst
Senior Developmental Editor	Jeff Gilbreath
Project Editor	Deanna Johnson
Senior Production Manager	Ann Coburn
Art Director	Garry Harman
Photo Editor	Carrie Ward
Photo Researcher	Shirley Webster
Text Design	Jim Dodson
Text Illustrations	Ed Malsberg
Cover Design	Nick Welch
Composition	TSI Graphics, Inc.

Requests for permission to make copies of any part of the work should be mailed to: Permissions Department, Harcourt Brace & Company, 6277 Sea Harbor Drive, Orlando, Florida 32887-6777.

Address for editorial correspondence: Holt, Rinehart and Winston, 301 Commerce Street, Suite 3700, Fort Worth, Texas 76102

Address for orders: Harcourt Brace & Company, 6277 Sea Harbor Drive, Orlando, Florida 32887-6777

Phone: (800) 782-4479 or (800) 443-0001 (in Florida)

Permissions acknowledgments and other credits appear on page P-1.

ISBN: 0-03-019367-2

Library of Congress Card Catalog Number: 96-78932

Printed in the United States of America

6 7 8 9 0 1 2 3 4 5   048   9 8 7 6 5 4 3 2 1

As stated in the Preface, the **Encuentros** program emphasizes an interactive, communicative approach to teaching listening comprehension, speaking, reading, writing, and culture. The program consists of several components that promote the use of language to do things, to function in social situations, and to communicate with others. Each of the four skills is given equal importance in terms of explanations, exercises, and activities so that the end goals of communicating and functioning within Hispanic culture are met.

THE STUDENT TEXTBOOK

The student textbook, of course, is the most important feature of the **Encuentros** program. It offers a variety of unique features in organization and approach. Its main objective is the teaching of the speaking skill and the development of the reading skill. The text is composed of an *Encuentro preliminar* and sixteen chapters.

Each chapter is organized around a place or situation which is likely to be encountered by a person studying, working, or traveling in a Spanish-speaking country. These situations (*encuentros*) include such places as a restaurant, hotel, employment office, travel agency, airport, stadium, theater, business office, doctor's office, and the university. The vocabulary, expressions, cultural information, and grammar structures taught within each chapter relate to the situations and provide the student with the skills and information needed to be able to function within that situation. *Capítulo 7,* for example, is organized around the restaurant. The communicative goals for the chapter include reading a menu, ordering a meal, and expressing preferences about food. The cultural theme for the chapter relates to foods of Hispanic countries and the importance of social life in the cafés and restaurants.

Each chapter is divided into four sections called *encuentros,* each centered around a communicative goal. The vocabulary, functional phrases, grammar structures, and cultural information of each *encuentro* are carefully designed to teach the communicative goal of that section. One of the distinct advantages of dividing each chapter into four *encuentros* is that vocabulary, structures, and culture can be presented to the students in smaller, more manageable amounts. This information is then expanded upon and reviewed throughout the chapter. The first three *encuentros* of each chapter are designed to be covered within a class period. Thus, the **Encuentros** text is structured in such a way that instructors and course supervisors should be able to limit the time and energy they devote to course outlining and preparing inexperienced instructors for using the text.

The organization of each *encuentro* is logically and sequentially arranged to allow for a gradual progression in amount and difficulty of material presented, with ample practice at appropriate points. An outline for a typical chapter would include the following sections.

CHAPTER OPENER
Cultural Theme, Communicative Goals, *A pensar*

PRIMER ENCUENTRO
Presentación
(*Así se habla*)
Sonidos (*Capítulos 1–9*)
Estructuras
(*Puente cultural*)

TERCER ENCUENTRO
Presentación
(*Así se habla*)
A escuchar
Estructuras
(*Puente cultural*)

SEGUNDO ENCUENTRO
Presentación
(*Así se habla*)
Sonidos (*Capítulos 1–9*)
Estructuras
(*Puente cultural*)

CUARTO ENCUENTRO
El mundo hispano
Para leer bien, Lectura cultural
Actividades
Para escribir bien, Composiciones
Vocabulario activo

The following suggestions for using the various components of **Encuentros** are given to guide the instructor. **Encuentros** is a flexible program; there is no one correct way to teach the sections or present the material. Instructors are encouraged to create new and effective ways to change, expand, and vary the exercises and activities to fit their particular teaching situation. So long as students learn to function and communicate within Hispanic culture, the goals of the program are met.

Cultural Theme, Communicative Goals, *A pensar*

Each chapter begins with a photo that illustrates the cultural theme of the chapter. The communicative goals for the chapter are then listed. The *A pensar* section is designed to help students activate their background knowledge concerning the cultural theme and stated goals. In this way, learning is facilitated as students begin to see the relationship between the target culture and their own and between structures in the target language and English.

Suggestions for Using *A pensar*

- It is a good idea to go over the *A pensar* section in the classroom, particularly in the early weeks of language study.

- Many of the questions will have no one correct answer but should promote discussion about cross-cultural differences. Discussion should be brief and will necessarily be in English throughout most of the term.

- When beginning a new *Estructura* section within the chapter, begin by reviewing the question(s) from *A pensar* that pertain to the grammar point in question.

- As the students become more proficient with the language and have developed effective study skills, you can assign the *A pensar* section for outside-of-class preparation. You can still begin the *Estructuras* sections by reviewing the questions from *A pensar* that correlate.

Presentación

The first three *encuentros* of each chapter begin with a *Presentación* which teaches the vocabulary and phrases necessary for communicating and functioning within the situation of the chapter. As has been previously stated, each lesson is structured around a communicative theme. *Capítulo 7,* for example, is entitled «*¿A qué restaurante vamos?*» The *Presentación* in the *Primer encuentro* teaches vocabulary typi-

cally found on a menu, the second *Presentación* teaches the expressions necessary
for ordering a meal, and the third *Presentación* teaches phrases for expressing pref-
erences about food.

The format for vocabulary presentation varies according to the communicative
theme. Photos, line art, monologues, dialogues, and realia are used randomly
throughout the text. However, the vocabulary and expressions are always presented
in context. Each *Presentación* includes a model of spoken language, usually in the
form of a monologue or dialogue. The vocabulary and expressions are practiced in a
variety of exercises and activities.

Suggestions for Using *Presentación*

- Introduce the new vocabulary by using a transparency you have made of the
  drawings found in the *Presentación*. It is often beneficial to have two ver-
  sions—one with the vocabulary items labelled, one without the Spanish labels.

- Ask questions based on the new vocabulary and drawings. For example, using
  the drawing of the beach scene in *Capítulo 13, Tercer encuentro*, ask: *¿Dónde
  están las dos chicas? ¿Qué llevan? ¿Qué tiempo hace? ¿Qué usan para prote-
  gerse del sol? ¿Qué hay en el mar? ¿Qué hay en la canasta? ¿De qué hablan
  las dos chicas?*

- Model the pronunciation of the *Presentación* by first reading the dialogue or
  monologue. Students should listen as the instructor reads. As the course pro-
  gresses and student proficiency increases, use students to read the new dia-
  logue or monologue and model the pronunciation.

- Point out additional new vocabulary and expressions.

- In the early stages of the course, briefly go over the *Comentarios lingüísticos
  y culturales* with the students so they form the habit of learning this new in-
  formation.

- Point out and identify new verb tenses and other new grammar structures.
  Tell the students that the *Estructuras* for the *encuentro* will further explain
  and teach the new forms. Model the monologue or dialogue a second time if
  necessary.

- Have students read or role-play the monologue or dialogue if not done previ-
  ously.

- Ask the students the comprehension questions pertaining to the *Presen-
  tación* that are found in the marginal annotations.

- Complete the exercises in the *Práctica y conversación* section. These exer-
  cises are designed to help students acquire new vocabulary words and
  phrases.

Así se habla

Each chapter contains at least one section entitled *Así se habla*. These sections fol-
low the *Presentación* and contain the routines, patterns, and gambits of discourse
analysis. The phrases offered expand upon the *Presentación* situation by offering a
variety of additional expressions that can be used in similar situations. In the *Tercer
encuentro* of *Capítulo 6: Vamos de compras*, the dialogue situation concerns two
persons in a gift shop attempting to purchase a present for a friend. The *Así se habla*
section offers many phrases and expressions used by a salesperson and a customer in
situations involving a routine purchase.

In each *Así se habla* section the phrases or expressions are accompanied by exercises that emphasize role playing in similar situations. Students do the exercises in pairs or small groups. The exercises review the vocabulary of the *Presentación* and expand upon the type of situations by offering other possibilities.

The vocabulary and phrases of the *Así se habla* sections are not listed in the *Vocabulario activo* of the chapter unless they also appear in the *Presentación*. Each instructor can decide which phrases of the *Así se habla* he/she wants to make active vocabulary and include them in exams and quizzes.

Suggestions for Using *Así se habla*

- Teaching the *Así se habla* section is similar to teaching the new vocabulary of the *Presentación*. Begin by explaining the situation or purpose of the *Así se habla* section under study.

- Read the monologue/dialogue of the *Presentación* or have students play the role(s).

- Point out the phrases and expressions found in the *Presentación* that are related to the *Así se habla* section. Discuss their meaning and use.

- Model the pronunciation and discuss the use of the new phrases in the *Así se habla* sections.

- Point out differences in the use of similar expressions.

- Explain which phrases are less or more formal/emphatic/polite/intense.

- Have students do the exercises of the *Práctica y conversación*. The exercises simulate situations encountered while living, traveling, working, or studying in the target culture. Such situations generally occur as conversations involving two or three persons. Thus, paired and small group work is particularly important here. After all students have completed the exercises, one or two pairs can be selected to present their situations to the entire class.

- The exercises of the *Así se habla* are also important since they help prepare students for the *Situaciones* of the *Actividades* section found at the end of the chapter.

Sonidos

Sonidos sections occur in the *Encuentro preliminar* and in the *Primer* and *Segundo encuentros* of *Capítulos 1–9*. These nineteen sections are devoted to the presentation and practice of individual sounds, linking, accentuation, and intonation. Each *Sonidos* section includes an explanation of how to pronounce certain sounds followed by practice with individual words, phrases, and sentences. Pronunciation is not taught only in isolation but is also integrated into the situation under consideration. The words, phrases, and sentences practiced in the *Sonidos* section are taken primarily from the vocabulary and expressions of the *Presentación*.

Some texts cluster this study of the Spanish sound system in the first chapter while others spread the study over the entire text. Neither method is entirely satisfactory. The first method provides too much information too early in too brief a manner. The second method often forces the student to wait too long to learn to pronounce certain sounds; in the meantime, the student often internalizes a faulty pronunciation. By covering the explanation and practice of the sound system in approximately one half of the text, a balance between both methods has been reached. *Appendix C (Guide to Spanish Pronunciation)* is included for those instructors who wish to provide students with more complete information about pronunciation during the first day(s) of a beginning Spanish class or for those who want to review the pronunciation system.

A review of the *Sonidos* sections begins in *Capítulo 10.* Each *Presentación* is accompanied by a marginal annotation in the Instructor's Annotated Edition that suggests a particular pronunciation item for review. The instructor is directed back to a previous *Sonidos* explanation and provided with new practice using words, phrases, and sentences from the current *Presentación.*

Suggestions for Using *Sonidos*

- Explain how the sound(s) under consideration is (are) pronounced.
- Have students find examples of the sound(s) in the *Presentación.*
- Model the sound(s) under consideration; have students repeat the sound(s) as a group or individually.
- Model each individual word of the *Práctica;* have the class repeat.
- Model the sentences of the *Práctica;* have students repeat as a group, in small groups, or individually. Generally, choral repetition works best for isolated words and individual repetition for complete sentences.
- Since the *Sonidos* section is related to the *Presentación* in content, complete the phonetic study by having students reread the monologue/dialogue of the *Presentación* in order to reinforce the study of the sound(s) in full context. Each *Sonidos* section is included on the laboratory cassette program and in the laboratory manual so that students can review and practice the sounds on their own.

Estructuras

In a communicative textbook, grammar retains a central position in terms of importance. However, many differences in grammar sequencing and presentation can be noted when a communicative text is compared to a traditional grammar-based syllabus.

In the communicative textbook, grammar is not an end in itself but has purpose. The grammar structures of **Encuentros** are related to the communicative theme of the chapter and can be used in order to function in the situation under consideration. For example, the communicative goal of *Capítulo 6: Vamos de compras* is making routine purchases. The *Estructuras* sections explain and practice the preterite tense and comparisons of inequality so students can explain what they did and bought on a recent trip to a mall and can compare the merchandise found in various stores. Likewise, the teaching of the future tense is combined with the situation involving a travel agency so that the travel agent and client can discuss what the client will do while on vacation.

In a communicative text, grammar also has meaning. One problem with the grammar explanations of many traditional textbooks is that the explanation fails to tell students when and where the structure can be used and is, hence, not meaningful. In **Encuentros,** care has been taken not only to relate the grammar structures to the situation of the chapter but also to link each structure to a linguistic function so that students see the relationship between the grammar structure and its meaning. For example, in *Capítulo 7: ¿A qué restaurante vamos?* direct object pronouns are introduced in the following manner.

Avoiding Repetition of Something Already Mentioned
Direct Object Pronouns Referring to Things
In order to avoid the repetition of a direct object noun, you frequently replace the noun with a pronoun as in the following exchange.
Noun: "Do you know how to prepare *pastries*?"
Pronoun: "Of course, I know how to prepare *them.*"
Spanish also uses direct object pronouns to avoid repeating the direct object noun.

The titles of the *Estructuras* sections also link the purpose and meaning of the grammar structure under consideration with the traditional name of that structure, e.g., "Indicating Ownership: Possessive Adjectives"; "Expressing Likes, Dislikes, and Interests: Verbs like *gustar.*"

Another salient feature of a communicative textbook is spiral grammar sequencing; that is, the more difficult grammar structures are presented in small doses and reentered, recombined, and reviewed throughout the textbook so that students can progress naturally from conceptual control to partial control to full control of the various structures. In **Encuentros,** only one aspect of difficult grammar structures is presented per *encuentro.* For example, the conjugation of *ser* is introduced in one section; there are further sections in other places on *ser + de* for possession, *ser +* adjectives of characteristic, and *ser* for telling time. *Estar* is handled in a similar manner. After the uses of *ser* and *estar* are firmly established, the different uses of the two verbs are contrasted. Our presentation of the subjunctive is spread over many chapters, as is the preterite. In this way, there is ample opportunity for reentry and constant review of the grammar.

Even though the grammar structures are related to a particular situation, the grammar is sequenced in a logical fashion throughout the text. Many existing texts introduce only the present tense and possibly one other verb form in the chapters corresponding to the first semester; the student is then overwhelmed with the remaining tenses the second term. In contrast, **Encuentros** introduces the tenses more evenly.

The following tenses and forms are introduced in *Capítulos 1–8* (the chapters corresponding to the first semester): present tense (1–5), preterite tense (6–8), formal commands (8). In *Capítulos 9–16* (the chapters corresponding to the second semester), the following verb tenses and/or uses are introduced: imperfect tense (9); distinction of imperfect/preterite (10); present subjunctive and uses (11–13, 15); familiar commands (12); progressive tenses (14); future tense (15); conditional (16); and present and past perfect (16).

Within each chapter, there are normally six *Estructura* sections; each section treats one grammar point. The grammar point is explained with the aid of charts and examples. An attempt has been made to eliminate unnecessary exceptions to the rules and low frequency grammar items.

Each grammar explanation ends with a section entitled *En contexto,* which presents grammar in context and generally repeats a communicative exchange from the *Presentación.* This repetition of the dialogue is meant to emphasize the linguistic function of the grammar point and its relationship to the situation of the chapter.

Suggestions for Using *Estructuras*
- Begin by relating the function or purpose of the grammar point under consideration to the name of the grammar structure. For example, begin the discussion of possessive adjectives by saying, "Today we are going to learn to use possessive adjectives so that you can indicate ownership and make explanations such as the following: This is my bookbag—not his."

- Try to keep explanations to a minimum; it is better to use class time to practice the language than to talk about it. As a rule of thumb, explanations should take less than five minutes; explanations of three to four minutes would be the norm. After the first week or two of instruction, make students responsible for reading the grammar explanations prior to coming to class.

- Have students read and/or role-play the *En contexto*.

- Proceed to the *Práctica y conversación*. Start with the warm-up exercises provided in the Instructor's Edition. The exercises in the student text begin with mechanical, skill-building exercises which emphasize form; such exercises are quite controlled, and usually only one answer is possible. The exercises proceed to meaningful practice in which the student is able to express his or her own ideas. These exercises are less controlled and there is no one right answer; any logical and appropriate response is acceptable. The *Práctica y conversación* concludes with communicative exercises that simulate actual conversation or use language to obtain or relay information. In all three types of exercises, paired and small group work is emphasized. It should be noted that the exercises are related to the chapter theme and communicative goal of the *encuentro*. The vocabulary of the *Presentación* is recycled and reviewed throughout the *Estructura* sections of the *encuentro*.

  The exercises have been designed so that instructors can choose those that best fit the needs of each individual class. Items within exercises can be eliminated as can entire exercises. When choosing exercises for use in class, try to maintain balance and progression so that the students proceed from mechanical to meaningful, communicative exercises. Students can pick up basic forms and do mechanical drills on their own, especially with the aid of a computer. Class time becomes more effective and interesting when meaningful, communicative exercises are completed.

  Many exercises conclude with an item signaled with Spanish question marks: ¿?. In such cases, students should be encouraged to talk or inquire about things that interest them. A feature of a communicative textbook and classroom is that it promotes and works toward true conversation. True conversation is uncontrolled and open-ended. Students need to learn to take risks and attempt to converse; the use of the ¿? item is one way to encourage communication and conversation.

Puente cultural

The cultural objectives of ***Encuentros*** are to

1. introduce students to the various geographic regions where Spanish is spoken and the diverse ethnic backgrounds of the people who speak the language.

2. provide the cultural information necessary to successfully function in Hispanic countries.

3. point out and explain cultural differences and provide exercises that help the student become aware of the differences and similarities among cultures.

4. avoid stereotyped aspects of culture and emphasize positive aspects without distorting reality.

5. help students become sensitive to the target and native cultures while appreciating the best features of both.

The cultural information is presented in several places within each chapter: the *Presentación, Comentarios lingüísticos y culturales, Puente cultural, El mundo hispano,* and the *Lectura cultural.* In addition, many grammar exercises are designed to present functional culture or cross-cultural information.

The *Puente cultural* is a brief section that explains a salient feature of Hispanic culture related to the situation of the chapter. In the *encuentro* on greetings a *Puente cultural* discusses the importance of physical contact when greeting another person, the chapter on the family has a *Puente cultural* on surnames and another on the *quinceañera* party. *Capítulos 1–9* include at least one *Puente cultural; Capítulos 10–16* include three, one in each of the first three *encuentros.* The *Puente cultural* sections of the beginning chapters are in English; the switch to Spanish is made in *Capítulo 2.*

Each *Puente cultural* is accompanied by a color photograph and/or a piece of realia to help illustrate the cultural information. The reading is followed by a comprehension exercise designed to help students assimilate cultural differences.

Suggestions for Using *Puente cultural*

- Relate the *Puente cultural* to the cultural theme of the chapter. Although it would be valuable to discuss the cultural information in Spanish, the students simply do not have the necessary language proficiency to attempt such discussion early in the text. When the switch is made to Spanish in *Capítulo 2,* the instructor could attempt to ask factual information in Spanish.

- Use the photo and/or realia as a basis for cross-cultural comparisons. Ask questions about similarities and differences in the native and target cultures.

- Do the *Comprensión cultural* in class as a paired, small group, or whole group exercise. Vary the group size from one *Puente cultural* to the next.

- Use the *Puente cultural* as a brief reading comprehension exercise. Have the students read the selection in class; then ask them the content questions.

A escuchar

The *A escuchar* sections are located in the *Tercer encuentro* of each chapter and are designed to develop the listening comprehension skill. The placement of these sections in the *Tercer encuentro* allows the student to review the functional vocabulary and phrases of the entire chapter. The student textbook is sold with the audio cassette containing the conversations of the *A escuchar* section.

Suggestions for Using *A escuchar*

- In the early weeks of the course, it is advisable to do the *A escuchar* section in class so that students learn how to handle the section and how to develop the listening skill.

- In the first few chapters, explain that students should listen for general meaning or gist and should not shut down mentally when they hear words or phrases they do not understand.

- In the early chapters, it would be a good idea to tie in the listening strategy of the corresponding chapter of the laboratory manual to the *A escuchar* section.

- Prior to playing the tape in class, carefully set the scene by going over the direction lines that provide the background information for the conversation.

- Play the taped conversation. Suggest that students take notes in Spanish to remember details such as the names of people or places mentioned.

- Do the listening comprehension exercise in the textbook. You may want to play the conversation a second time to clarify a difficult question or to ask for more in-depth information concerning content. However, it is not advisable to provide students with the opportunity to repeat everything. Most actual listening material is not repeated, and students need to learn to understand the gist of a conversation from only one listening opportunity.

El mundo hispano

The first section of the *Cuarto encuentro* is *El mundo hispano;* it is designed to introduce students to the various countries or geographic regions where Spanish is spoken including information on Hispanics in the United States. The material is generally presented in brief outline form and covers the population, geography and climate, currency, economy, and the names of the major cities including the capital. In a few instances this section is written in narrative form because the region under consideration does not lend itself to the detailing of the above information. Those instances include a section on *México, D.F.,* the regions of Spain, and three sections on Hispanics in the U.S. *El mundo hispano* is always accompanied by a map of the region under consideration and a photo of a salient feature of that region.

Suggestions for Using *El mundo hispano*

- Since the information provided in *El mundo hispano* is easily accessed, the material can be discussed in Spanish very early in the first semester. It is recommended that the instructor ask questions about this section in Spanish beginning with *Capítulo 1.*

- Begin by using the map accompanying *El mundo hispano*. Ask students where the country/region is located; what countries/regions are nearby; what major geographical features are visible (mountains, rivers, lakes, seas). Have students locate the major cities on the map. Attempt to keep the country/region under consideration in its geographical context.

- To further develop the geographical context of the country/region under study, use the larger maps of the Hispanic world provided in the front of the student textbook or classroom maps that are available.

- Have students describe the photo of the area under study. Beginning with *Capítulo 1* students can at least provide the name of the region in the photo in Spanish. As the course progresses, students can begin to list the items in the photo and later can add descriptive details in Spanish.

- Use the questions provided in the marginal annotations of the Instructor's Edition to ask about the information of *El mundo hispano*.

- Have students relate the information of *El mundo hispano* to the chapter being studied. Have them locate references to the country/region in dialogues and readings of the chapter.

- Have students provide additional information about the country/region under study; that information could include famous people from the region, famous tourist sites, universities, sports information, historical information, or current news stories. Students could use the Internet to research this additional information.

- Ask students if they have visited the country/region under consideration. If so, have those students relate personal information about the area.

Para leer bien

Reading used to be referred to as a "passive skill," which implied that little or no effort was required on the part of the reader to develop or use the skill. Today, however, reading is labeled a receptive skill, a term that acknowledges effort on the part of the learner. In the case of the productive skills of speaking and writing, the instructor knows almost immediately if students are grasping a new structure or form; the spoken or written words are readily available for assessment. However, is it not easy to ascertain if students are reading correctly or even if they are reading at all. Therefore, instructors need to prepare students for reading with as much or even more care than they give to speaking preparation. This is one way to avoid frustration and error on the part of the student.

As stated before, one of the main purposes of *Encuentros* is the development of the reading skill. To that end the following sections are provided: *Para leer bien, Lectura cultural, Puente cultural* (in Spanish beginning with *Capítulo 2*), and, of course, the *Presentaciones,* especially those that follow a more narrative form.

Research on reading has shown that comprehension of a reading passage is facilitated if students are provided with information about content, vocabulary, and structures of the selection prior to actually reading it. This information, in the form of explanations and exercises called advance organizers, allows the students to organize their thinking and previous knowledge in order to make the correct predictions and guesses about content.

The *Para leer bien* sections are a series of advance organizers on such items as cognate recognition, use of prefixes and suffixes, learning word families, and predicting content. Each *Para leer bien* is specifically related in content to the *Lectura* that follows. Together the *Para leer bien* sections form a valuable series of strategies to develop the reading skill.

Suggestions for Using *Para leer bien*

- The development of the reading skill in *Encuentros* depends on having students think and learn about the reading passage prior to the actual reading. Students should be taught not to simply plunge into the reading selection. The attempt to read without preparation results in frustration and/or resorting to translation into English.

- **Option 1:** Do the *Para leer bien* at the end of the class hour, before assigning the reading of the *Lectura cultural* outside class for discussion the following day.
  Option 2: Do the *Para leer bien* in class and then allow class time for students to read the *Lectura cultural.*

- Briefly explain or discuss the content of the *Para leer bien.*

- Do the *Práctica* as a group in class.

- If time is short, the *Para leer bien* can be assigned for self-study and preparation. However, to de-emphasize or eliminate the *Para leer bien* sections from class routine gives the impression that they are of little importance. It is suggested that instructors use the *Para leer bien* sections in class for at least the first five lessons. After students have completed several sections and realize their value, then they can be assigned for self-study.

Lectura cultural

The *Lectura cultural* serves to recombine and reintegrate the vocabulary and grammar of the chapter as well as to provide further cultural information related to the situation of the chapter. The *Lectura cultural* frequently examines the institutions, values, and concepts of Hispanic culture, and is followed by a variety of reading comprehension activities.

Suggestions for Using *Lectura cultural*
- The *Lectura cultural* can be assigned for in-class or outside-of-class preparation.
- Prior to making the assignment, explain and/or discuss the *Para leer bien* section.
- To encourage students to predict and guess content, ask, "Given the title, what topics or themes would you expect to see developed in the reading?" "Look at the photo. What do you expect the reading to be about?"
- Encourage students to guess the meaning of words by relying on prefix or suffix information, word families, cognate recognition, and so on.
- Discourage word-for-word translation as well as reliance on a dictionary.
- After reading is completed, go over the exercises of the *Práctica*. The exercises generally consist of a set of comprehension questions and another exercise to reinforce meaning or vocabulary.
- Since most of the readings develop a cultural topic, discuss cross-cultural implications of the reading in English or in Spanish.

Actividades
The *Actividades* section is intended to be the culminating activity of the chapter and one which allows the students to use the language in interesting and entertaining ways. Nevertheless, the *Actividades* section is pedagogically sound since each activity combines the vocabulary, grammar, linguistic functions, and cultural information of the entire chapter in new communicative patterns. The activities are varied; while some activities are geared to the individual student, most are pair or small group activities. Many activities are task-oriented and involve the students in realistic situations such as those encountered in the target culture; games and role-playing are stressed.

Suggestions for Using *Actividades*
- Allow an entire class period for the performance of the *Actividades* in class. It is not advisable to eliminate the *Actividades* section. If pressed for time during a term, reduce the length and number of mechanical exercises done in class and maintain the exercises and activities that practice and emphasize true communication and conversation.
- The *Actividades* section should be prepared outside of class. There are several possible ways to assign the activities.
  1. Assign all activities to all students; students should prepare the activities orally outside of class and do them in class the next class meeting.
  2. Divide the class into as many small groups as there are activities; assign each activity to one group.
  3. Allow students to choose one or two activities they would like to prepare.
- To avoid monotony, vary the way you assign the *Actividades* throughout the course.
- On the day the *Actividades* are to be completed in class, allow about five minutes at the beginning of the class period so students can practice the activity.

- *Actividades* day should be a pleasant learning experience. Most students enjoy role-playing and the activities. It is not a good idea to stop to correct students during the performance of an activity; it breaks the rhythm and mood of the activity and can result in embarrassment.

- Some instructors may want to grade the *Actividades*. When grading or making comments or corrections, try to keep them private; jot down notes on a piece of paper to give to the student later. When grading, look for broad linguistic abilities. The key factor should be whether or not the student communicates his/her point in a comprehensible manner. Inaccuracies of a minor nature that do not interfere with general comprehension should not be given much importance in the grading process.

- Remember that language learning takes place while the students prepare and practice the activities; little learning takes place during performance. The oral presentation/performance is given so that the instructor can check and monitor progress and/or assign a grade. The aim of the activities is to increase language proficiency, not to achieve perfection of performance as in a play or skit.

Para escribir bien, Composiciones

The *Para escribir bien* sections offer a series of strategies designed to teach writing as a process. Students are given general writing techniques (such as information on preparing to write, improving accuracy, or using a dictionary) as well as the expressions and techniques for writing for specific situations (such as extending and replying to an invitation, filling out an application, and writing personal and business letters).

Each *Para escribir bien* section is followed by two composition topics that are related to the chapter and that practice the writing strategy. The topics represent a variety of types of writing: forms; informal notes; messages; letters; as well as more formal, academic topics. The emphasis, however, is on writing tasks that are similar to those performed by native speakers on a routine basis.

Suggestions for Using *Para escribir bien, Composiciones*

- In the early chapters, go over the *Para escribir bien* sections with the students to emphasize their importance and to establish a study pattern. As students progress, assign *Para escribir bien* as an out-of-class activity.

- Select one composition topic for the entire class, or allow each student to select the topic that most appeals to him/her.

- In the early chapters, the compositions should be a paragraph of eight to ten sentences. The length should increase as the student progresses; by the end of the text a student should be able to write a page or even a page and a half.

- Not all compositions need to be graded. It is frequently enough to make comments about content in the margins to indicate that the instructor has read the composition. Comments such as, "This happened to me also," "I'm happy for you," "I agree," or "How funny" indicate interest in the composition and are great motivators for the student to want to continue writing.

- Another idea for grading is to correct and assess only certain appropriate grammar points, for example, adjective agreement in a composition describing someone or something or the use of the preterite/imperfect in a past narration.

- When a grade is to be assigned, follow the general guidelines given for grading the *Actividades*. Look for broad linguistic functions and general comprehensibility of the composition and try to encourage writing by not being overly harsh about minor errors in accuracy.

- At times, divide students into groups of three or four to have them write a group composition in class. One student acts as secretary and submits one composition from the group. The instructor can then correct and/or grade the composition, assigning the same grade to all members of the group. Allow 8–10 minutes for the in-class group composition.

Vocabulario activo

A list of all new active vocabulary introduced within the chapter is provided following the *Composiciones*. The vocabulary is organized by theme and by part of speech. Explain to the students that active vocabulary are words they must learn since they are common and will be recycled in the text.

Using Photos and Illustrations

While textbook photos and illustrations have a decorative value, in **Encuentros** they are designed for use as a pedagogical tool. The photos and illustrations often serve as an advance organizer and/or cultural reference point for readings and dialogues. The illustrations serve as a point of departure for exercises and activities.

It should be remembered that for many students the textbook photos are their main cultural link to the Hispanic world. Thus, the photos should be exploited to their fullest extent. The instructor can use them (*a*) to develop vocabulary acquisition: What is there in the photo? (*b*) to reinforce grammar: What are the people in the photo doing? / What did they do? / What will they do? or (*c*) to promote cross-cultural awareness: Do we have these same objects in our culture? Do they differ? How? Why don't we have these objects in our culture? What is their purpose?

The illustrations and realia can be made into transparencies and used in conjunction with an overhead projector and screen. To do the accompanying exercises, the students should close their books and look at the illustrations on the screen. In this way, students are less dependent on the textbook for vocabulary and phrases for descriptions and role-play activities. The Planning Guide that accompanies the HRW Spanish transparencies contains many suggestions for using transparencies in the classroom.

In the later chapters of the text, the photos and illustrations can be used to help students progress from using learned or memorized material to creating with language by using the following suggestions.

- Have students describe the photo/illustration as completely as possible.
- Have students imagine who the people in the photo/illustration are; they should invent a personality and biography for the people.
- Have students explain what is happening or what has happened in the photo/illustration.
- Have students imagine that they are in the photo/illustration; they should create a dialogue for the situation.

Appendixes

Early in the first term, instructors should point out the various Appendixes and explain how to use them. The Appendixes include (A) English translations of the *Presentación* material (from the *Encuentro preliminar* through the *Primer encuentro* of *Capítulo 4*); (B) metric units of measurement; (C) a guide to Spanish pronunciation; (D–F) verb charts; and (G) a brief explanation of the verb tenses of low frequency that have been omitted from the textbook proper.

A Spanish-English vocabulary and the index conclude the student textbook.

SAMPLE COURSE OUTLINES

Semester-Trimester System (4–5 classes per week; 14-week term)
  Term I: Encuentro preliminar–Capítulo 8
  Term II: Capítulo 9–Capítulo 16

Quarter System (4–5 classes per week; 10-week term)
  Term I: Encuentro preliminar–Capítulo 5
  Term II: Capítulo 6–Capítulo 11
 Term III: Capítulo 12–Capítulo 16

Syllabus for Semester I (5 classes per week; 14-week term)
Week 1 1 Introduction
          2 Encuentro preliminar: Presentación
          3 Encuentro preliminar: Sonidos / Estructura 1
          4 Encuentro preliminar: Estructura 1 / Estructura 2
          5 Encuentro preliminar: Puente cultural / Lectura

Week 2 1 Encuentro preliminar: QUIZ
          2 Capítulo 1: Primer encuentro
          3 Capítulo 1: Primer encuentro
          4 Capítulo 1: Segundo encuentro
          5 Capítulo 1: Segundo encuentro

Week 3 1 Capítulo 1: Tercer encuentro
          2 Capítulo 1: Tercer encuentro / Cuarto encuentro
          3 Capítulo 1: Cuarto encuentro
          4 Capítulo 1: EXAMEN
          5 Capítulo 2: Primer encuentro

Week 4 1 Capítulo 2: Primer encuentro
          2 Capítulo 2: Segundo encuentro
          3 Capítulo 2: Segundo encuentro
          4 Capítulo 2: Tercer encuentro
          5 Capítulo 2: Tercer encuentro / Cuarto encuentro

Week 5 1 Capítulo 2: Cuarto encuentro
          2 Capítulo 2: EXAMEN
          3 Capítulo 3: Primer encuentro
          4 Capítulo 3: Primer encuentro
          5 Capítulo 3: Segundo encuentro

Week 6 1 Capítulo 3: Segundo encuentro
          2 Capítulo 3: Tercer encuentro
          3 Capítulo 3: Tercer encuentro / Cuarto encuentro
          4 Capítulo 3: Cuarto encuentro / Repaso I
          5 Capítulo 3: EXAMEN

Week 7 1 Capítulo 4: Primer encuentro
        2 Capítulo 4: Primer encuentro
        3 Capítulo 4: Segundo encuentro
        4 Capítulo 4: Segundo encuentro
        5 Capítulo 4: Tercer encuentro

Week 8 1 Capítulo 4: Tercer encuentro / Cuarto encuentro
        2 Capítulo 4: Cuarto encuentro
        3 Capítulo 4: EXAMEN
        4 Capítulo 5: Primer encuentro
        5 Capítulo 5: Primer encuentro

Week 9 1 Capítulo 5: Segundo encuentro
        2 Capítulo 5: Segundo encuentro
        3 Capítulo 5: Tercer encuentro
        4 Capítulo 5: Tercer encuentro / Cuarto encuentro
        5 Capítulo 5: Cuarto encuentro / Repaso II

Week 10 1 Capítulo 5: EXAMEN
        2 Capítulo 6: Primer encuentro
        3 Capítulo 6: Primer encuentro
        4 Capítulo 6: Segundo encuentro
        5 Capítulo 6: Segundo encuentro

Week 11 1 Capítulo 6: Tercer encuentro
        2 Capítulo 6: Tercer encuentro / Cuarto encuentro
        3 Capítulo 6: Cuarto encuentro
        4 Capítulo 6: EXAMEN
        5 Capítulo 7: Primer encuentro

Week 12 1 Capítulo 7: Primer encuentro
        2 Capítulo 7: Segundo encuentro
        3 Capítulo 7: Segundo encuentro
        4 Capítulo 7: Tercer encuentro
        5 Capítulo 7: Tercer encuentro / Cuarto encuentro

Week 13 1 Capítulo 7: Cuarto encuentro
        2 Capítulo 7: EXAMEN
        3 Capítulo 8: Primer encuentro
        4 Capítulo 8: Primer encuentro
        5 Capítulo 8: Segundo encuentro

Week 14 1 Capítulo 8: Segundo encuentro
        2 Capítulo 8: Tercer encuentro
        3 Capítulo 8: Tercer encuentro
        4 Capítulo 8: Cuarto encuentro
        5 Capítulo 8: Cuarto encuentro / Review

Variations on the Above Syllabus

- Give an exam after every two chapters. This would allow for extra time for the *Cuarto encuentro* and/or the *Repasos*.

- The *Tercer encuentro* often contains fewer items in the *Estructuras* section. It can often be covered in one class meeting instead of one and a half or two meetings.

- When extra time occurs within a given chapter, spend more time on the *Cuarto encuentro*. Use a full day for the *Actividades* section or spend class time on *Para escribir bien* and *Composiciones*.

Note that in a system with five class meetings per week, six class meetings are devoted to the chapter and one day is allowed for quizzes or exams. In systems with four class meetings per week, five class meetings are devoted to the chapter and one day is allowed for quizzes or exams. Both systems allow ample time to complete the textbook within two semesters or three quarters.

SAMPLE LESSON PLAN

Fifty-Minute Class Period

CAPÍTULO 6: VAMOS DE COMPRAS

Primer encuentro

1. *Cultural Themes, Communicative Goals, A pensar* .... 2 minutes
2. *Presentación* .... 14 minutes
   A. Read monologues (no prior student preparation)
      Point out new vocabulary (5 minutes)
      Explain first-person singular preterite forms
      Point out items in *Comentarios lingüísticos y culturales*
   B. Comprehension questions in marginal Annotations (2 minutes)
      Práctica y conversación A–C (7 minutes)
3. *Así se habla* .... 8 minutes
   A. Discuss new expressions (2 minutes)
   B. *Práctica y conversación* (6 minutes)
4. *Sonidos* .... 3 minutes
5. *Estructuras* .... 22 minutes
   A. Brief explanation of regular -ar verbs in the preterite tense (2 minutes)
      Warm-up exercises in marginal Annotations (2 minutes)
      Práctica y conversación A–C (8 minutes)
   B. Brief explanation of preterite of -ar verbs with spelling changes (2 minutes)
      Warm-up exercises in marginal Annotations (2 minutes)
      Práctica y conversación A–B (6 minutes)

                                                        TOTAL   50 minutes

6. Password Game. Students must give the instructor the password for the day in order to leave the classroom. Password: Three sentences that explain three items that students did yesterday. As students leave the classroom, they state their three sentences to the instructor. Instructor says good-bye.

   MODELO: Estudié español.
                    Miré la televisión.
                    Hablé con mi novio(-a).

     Although we feel that our placement of sections within each *encuentro* is logical and appropriate, as the term progresses the teaching of each *encuentro* in the same fashion can become very monotonous for both student and instructor. To break the routine, the following variations on sequencing of an *encuentro* can be employed from time to time.

1. Begin with the *Sonidos* and then proceed to the *Presentación*.

2. Start with the *Estructura* on the most important grammar point for the *encuentro*. Begin with a brief explanation, do one or two exercises, and then proceed to the *Presentación*. When you reach the *Estructura,* skip the sections already completed. The remainder of the *Estructura* section will be comparable to review.

3. Emphasize cultural information by beginning with a *Puente cultural* and then proceed to the *Presentación*.

4. Begin by explaining the new phrases of the *Así se habla* section. Go to the *Presentación* and then continue through the *encuentro* in the established order.

ANCILLARIES

Cuaderno de ejercicios y manual de laboratorio

The student workbook and laboratory manual is considered a principal and integral part of the **Encuentros** program. The exercises use the same situations, vocabulary, and structures of the textbook employed in new ways to develop the skills not emphasized in the textbook: listening comprehension and writing.

Answer keys to the *Cuaderno de ejercicios* and *Manual de laboratorio* are provided at the end of the workbook and lab manual, respectively.

Cuaderno de ejercicios

In the workbook, students practice (1) forming sentences in the target language, (2) writing for various social or work situations, and (3) writing the formal types of compositions required in an academic situation.

In order to learn to write for social or work situations, students are asked to fill in forms such as those required by employment or travel agencies; to write brief notes or messages of explanation to family members and friends; and to write brief personal and business letters. Students also write brief compositions on selected topics using the vocabulary and grammar of each chapter.

The workbook is divided into three *encuentro* sections, each of which provides writing practice with the material provided in the corresponding *encuentro* of the student textbook. Following the *Tercer encuentro* is a section entitled *Comprensión cultural;* this section provides exercises on one or more of the important cultural points of the chapter.

The *Ampliación* section generally consists of two written activities. The first written activity is based on a response to a piece of realia or authentic material. The second activity is entitled *El mundo de los negocios* and is a written exercise that directly pertains to the business world or the world of work.

Each chapter of the *Cuaderno de ejercicios* ends with a review section entitled *¿Recuerda Ud.?* This distinctive section offers a type of spiral review in which an individual structure is reviewed and compared to other similar structures. For example, one *¿Recuerda Ud.?* section reviews *se* as a reflexive pronoun, *se* as an indirect object pronoun, and the passive *se* so that students can see the differences and similarities of these constructions and clarify the various forms. Other *¿Recuerda Ud.?* sections treat topics such as present tense verbs versus formal commands, expressions with *tener,* adjectives that precede nouns, and comparison of adjectives. This type of spiral review and contrast is particularly effective for novice-level students whose control of forms is somewhere between conceptual and partial.

Suggestions for Using the *Cuaderno de ejercicios*

- The workbook should be used along with the textbook. After completing each *encuentro* of the student text, the student should complete the corresponding section of the workbook. The *¿Recuerda Ud.?* section may be completed at any time after the completion of the *Tercer encuentro* of the textbook chapter.
- Collect workbook assignments; spot-check and grade 2–3 exercises per chapter per student. Grade the open-ended writing activities for which answers do not appear in the answer key.
- Correct workbook exercises that have been completed outside class as small group activities in class. Students will check and correct their own work and the work of the members of their group.

Manual de laboratorio

Listening is a skill that must be developed anew with the acquisition of a second language. In addition to standard oral practice, the laboratory portion of the ***Encuentros*** program includes items that specifically emphasize the development of the listening skill in proficiency-based exercises related to the chapter situation. Students will be asked to do exercises such as the following.

1. Students listen to a dialogue in a restaurant among two clients and a waiter and match menu items to the client ordering them.

2. Students listen to airport announcements regarding arrival times and gates for planes arriving from various cities. They then circle the correct time of arrival (or arrival gates) for the city mentioned.

The tape program also includes the *Sonidos* sections of the text, oral exercises for the practice of vocabulary and grammar structures of the chapter, as well as additional listening comprehension exercises based on chapter materials.

Suggestions for Using the *Manual de laboratorio*

- Universities vary widely in their language laboratory facilities. As a result, departments have devised a variety of plans for laboratory attendance and listening opportunities. The important point is that students should listen to the tapes and do the listening comprehension exercises. No specific scheduling format is suggested.
- As in the case of the workbook, the laboratory manual should be used in conjunction with the student textbook and completed after the corresponding textbook sections have been completed.
- Answers to the listening activities are included on the tape or in the answer key at the end of the laboratory manual.

INSTRUCTOR'S RESOURCE MANUAL

The *Instructor's Resource Manual* contains the following sections: (1) *Repasos;* (2) *Exámenes;* (3) Suggestions for Using the Video and Accompanying Exercises; and (4) Answer Key for student textbook.

Repasos

There are five review lessons that are planned for use after each third chapter of the student textbook; the fifth and final *Repaso* also includes *Capítulo 16.* In each *Repaso,* the difficult patterns of the preceding chapters are re-entered and practiced in exercises designed for self-testing (*Repaso individual*); exercises for oral class work (*Repaso en parejas*); and a special section entitled *Problemas a resolver,* which reviews vocabulary structures in problematical situations such as those one might encounter while living, traveling, or working in a Hispanic country. The review lessons may be used in part or in their entirety, depending on the needs of the individual class.

Suggestions for Using the *Repasos*

- Allow one class period for completing the review section. Assign the entire review to be completed outside class. Use class time for the oral activities.
- The *Repaso individual* is a self-test; students can prepare it on their own.
- The *Repaso en parejas* is a group of paired exercises designed to review various grammar structures. These exercises should be done in class, and students should change partners after completing each exercise.
- The *Problemas a resolver* are paired or small group activities to be presented in class. The problematical situations review and recombine previously studied vocabulary, structures, and phrases in new contexts.

While the *Repaso individual* is a traditional type of review, the *Repaso en parejas* and the *Problemas a resolver* are spiral reviews. The material is not reviewed in the same fashion or order as it was originally taught. Rather, the vocabulary, expressions, and structures are presented in different contexts and recombined in different ways so students can better profit and learn from the review. Spiral reviews allow the student to progress in proficiency; they are not simply static reiteration of the same material.

Exámenes

The testing program includes sixteen exams (one for each chapter of the text), a quiz for the *Encuentro preliminar,* and a comprehensive final exam. Since students learn what they practice, the exams follow the type of exercises and activities in the textbook, the workbook, and the lab manual. The exams are available on blackline masters for ease in reproduction.

Each exam tests listening, reading, and writing skills, in addition to grammar, vocabulary, and linguistic functions. All items are presented in context as opposed to the random items which are found on most tests. Therefore, the testing program follows the philosophy and methodology of the text. To evaluate the speaking skill, the *Situation Cards for Oral Evaluation* may be used (see IE22). Another alternative would be for the instructor to conduct his/her own oral interviews. They could consist of questions and answers, role-playing, verbal problem solving, or other techniques similar to those found in the *Actividades* sections of the textbook.

Suggestions for Using the *Exámenes*

- The exams may be used in their entirety or sections of the exams could be added to tests devised by the instructor to allow for individual preferences.
- The exams could serve as pre-tests or post-tests to check students' assimilation of the material.

Suggestions for Using the Video and Accompanying Exercises

A novice-level videocassette program is available for use with **Encuentros.** The videocassette program is correlated with the student textbook and contains two to five video segments per chapter. For each chapter beginning with the *Encuentro preliminar* there is a video segment for the *El mundo hispano* section. Other video segments are tied to various chapter sections, including the *Presentación, Así se habla, Estructuras,* and *Puente cultural.*

Within the *Instructor's Resource Manual* there is a guide for the video. That guide in-cludes a Table of Contents of the video, general suggestions on how to incorporate video into the language classroom, and specific suggestions on using each video segment. Ex-ercises and activities for classroom use are also provided for each videocassette segment.

Situation Cards for Oral Evaluation

A set of 144 situation cards for evaluating speaking skills accompanies the **Encuen-tros** program. Beginning with *Capítulo 1,* there are eight situation cards per chap-ter. (There are no cards for the *Encuentro preliminar* since by the end of that section students have not learned enough vocabulary, grammar, or linguistic func-tions to test them in a global way.) There are a sufficient number of cards per chap-ter so that the same situation need not be repeated frequently, thereby reducing the chances that students will tell each other about the card content before testing. The cards are written in English to avoid giving students key vocabulary or grammar structures. The booklet accompanying the cards contains many suggestions on ad-ministering speaking tests and evaluating oral proficiency.

Correlation of *Encuentros*
Chapters to Situation Cards

CHAPTER NUMBER	SITUATION CARD NUMBERS
1	1–8
2	9–16
3	17–24
4	25–32
5	42–44, 46, 48, 50, 54
6	41, 57–64
7	49–56
8	64–68, 70–72
9	81–88
10	89–94, 96
11	33–40
12	45, 47, 73, 75–80
13	97–104
14	105–112
15	113–120
16	121–123, 129–131, 133–136, 139, 140

OTHER ANCILLARY MATERIALS

ExaMaster

The **Encuentros** testing program is also available in ExaMaster, a computerized test-ing program that allows the instructor to use the tests as they are to customize his/her own tests. ExaMaster is available in IBM or Macintosh formats.

The HRW Overhead Transparencies

A set of full-color overhead transparencies representing typical teaching situations and maps of the Spanish-speaking world is available from Holt, Rinehart and Winston at no cost to instructors using **Encuentros,** Third Edition. The maps are accompanied by overlays with the names of the countries, cities, and geographical features as well as blackline masters for photocopying.

The following chart provides a correlation of the chapters of the student textbook of **Encuentros** with the Spanish transparencies.

ENCUENTROS CHAPTER	TRANSPARENCY NUMBER
Encuentro preliminar	Level One: 1-1
Capítulo 1	Level One: 1-1, 3-1
	Level Two: 4-1
Capítulo 2	Level One: 1-2
	Level Two: 1-1
Capítulo 3	Level One: 2-2, 3-1, 3-2, 4-3, 5-1, 6-1, 12-1
	Level Two: 3-2, 7-1
Capítulo 4	Level One: 5-3, 7-1, 10-2
	Level Two: 2-3
Capítulo 5	Level One: 8-1, 8-2
	Level Two: 11-2
Capítulo 6	Level One: 2-1, 9-1, 9-3
	Level Two: 9-2, 11-2
Capítulo 7	Level One: 8-3
	Level Two: 4-3, 6-3, 7-3, 10-3
Capítulo 8	Level One: 7-2
	Level Two: 3-1
Capítulo 9	Level One: 1-1, 2-1, 8-2
	Level Two: 4-1, 12-3
Capítulo 10	Level One: 1-1, 7-1, 9-1
	Level Two: 1-2
Capítulo 11	Level One: 2-2, 4-1, 6-3, 10-2, 10-3, 12-1
	Level Two: 3-2
Capítulo 12	Level One: 11-1, 11-3
	Level Two: 1-1, 5-1, 5-3
Capítulo 13	Level One: 5-2, 9-2, 11-3
	Level Two: 3-3, 11-1
Capítulo 14	Level One: 11-2
	Level Two: 5-1, 5-3
Capítulo 15	Level One: 6-2, 12-2, 12-3
	Level Two: 2-1, 9-3
Capítulo 16	Level One: 3-3, 4-2
	Level Two: 6-2, 7-2, 9-1

MAP TRANSPARENCIES

La península ibérica	1
Europa y las Américas	2
América del Sur	3
América Central y las Antillas	4
México	5
Estados Unidos de América	6

Encuentros Software

Tutorial Software correlated directly to *Encuentros* allows students to practice structures and functions in the language lab or at home, freeing class time for conversational activities. *Available for IBM and Macintosh.*

CD-ROM

A text specific CD-ROM is available as an option from Holt, Rinehart and Winston. *Encuentros* **Interactive CD-ROM** brings students on a mystery adventure through sixteen locations in the Spanish-speaking world. Along the way, students face situations that require them to use many basic Spanish language functions presented in the *Encuentros* textbook. Students progress through the adventure by using listening, reading, and writing skills, and by completing interactive exercises and activities integral to the story. Activities also develop vocabulary and practice grammar from the textbook. Rich cultural material and geographic information introduce each new country where the story is set. The story and cultural material are illustrated with video, audio, photographs, realia, original animation and graphics. Glossary and grammar tools are available throughout the program. Students may save their audio recordings, notes, and writing lessons on a disk or hard drive for their instructors to evaluate. This dual platform CD-ROM is also available in lab packs of 10 for language laboratories.

Holt, Rinehart and Winston may provide complimentary instructional aids and supplements or supplement packages to those adopters qualified under our adoption policy. Please contact your sales representative for more information. If as an adopter or potential user you receive supplements you do not need, please return them to your sales representative or send them to:

Attn: Returns Department
Troy Warehouse
465 South Lincoln Drive
Troy, MO 63379

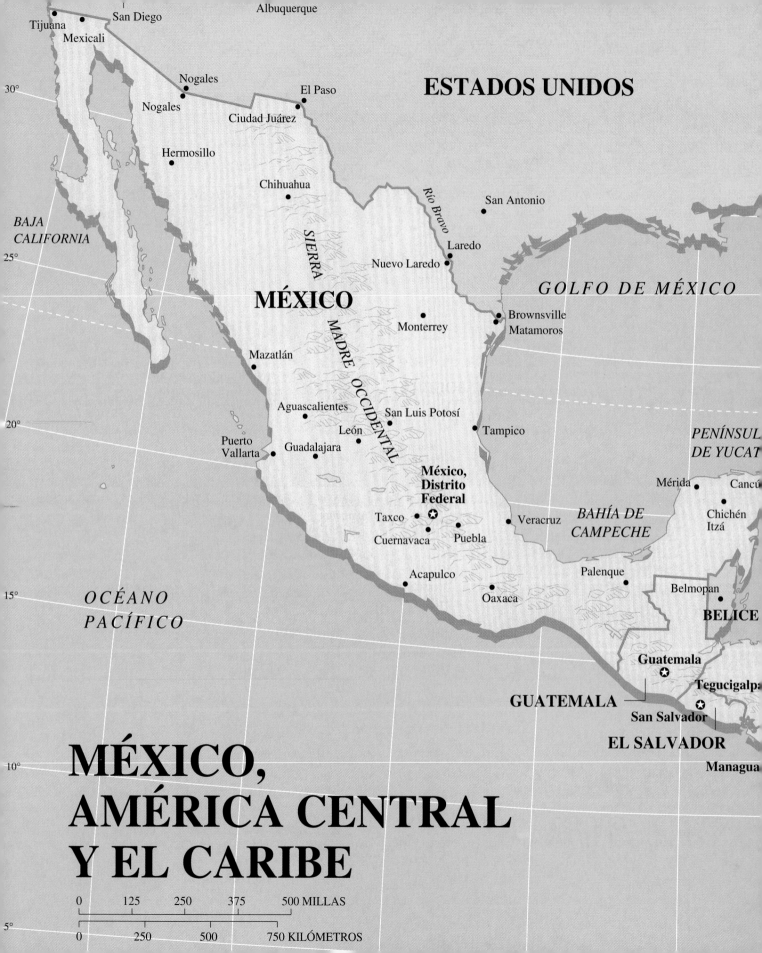

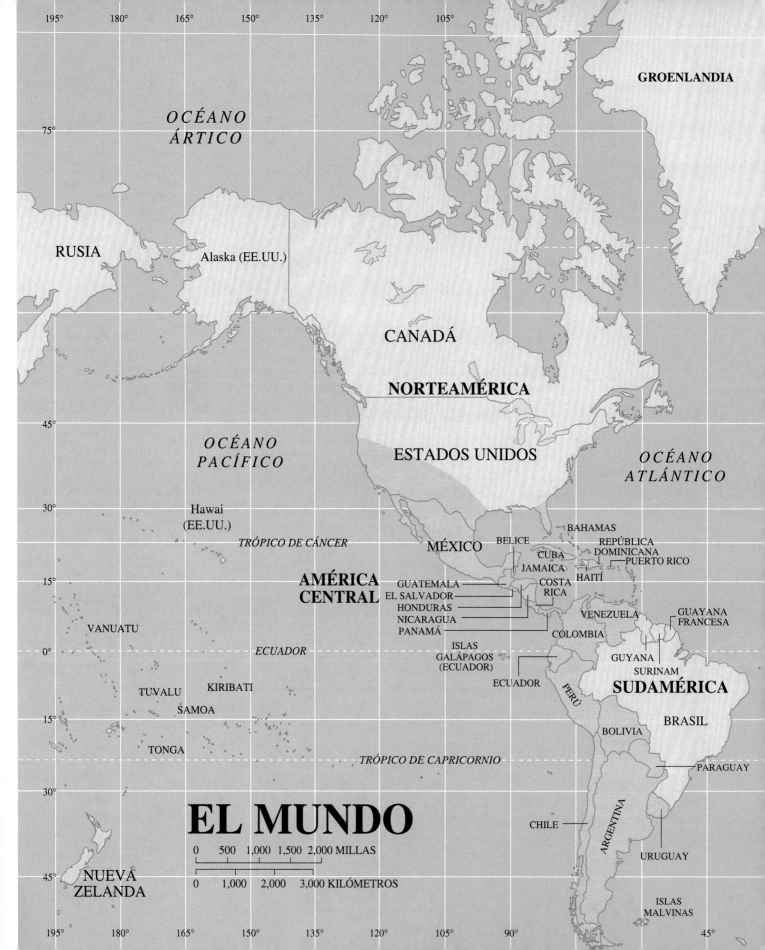

EL MUNDO

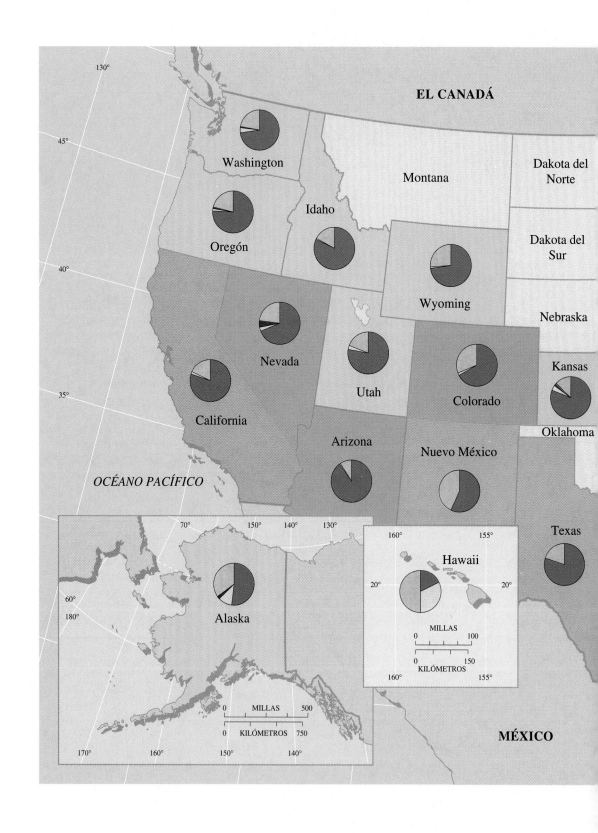

EL CANADÁ

Dakota del Norte

Dakota del Sur

Nebraska

Washington

Montana

Idaho

Oregón

Wyoming

Kansas

Nevada

Utah

Colorado

Oklahoma

California

Arizona

Nuevo México

Texas

OCÉANO PACÍFICO

Hawaii

Alaska

MILLAS

0   100

KILÓMETROS

0   150

MILLAS

0   MILLAS   500

0   KILÓMETROS   750

MÉXICO

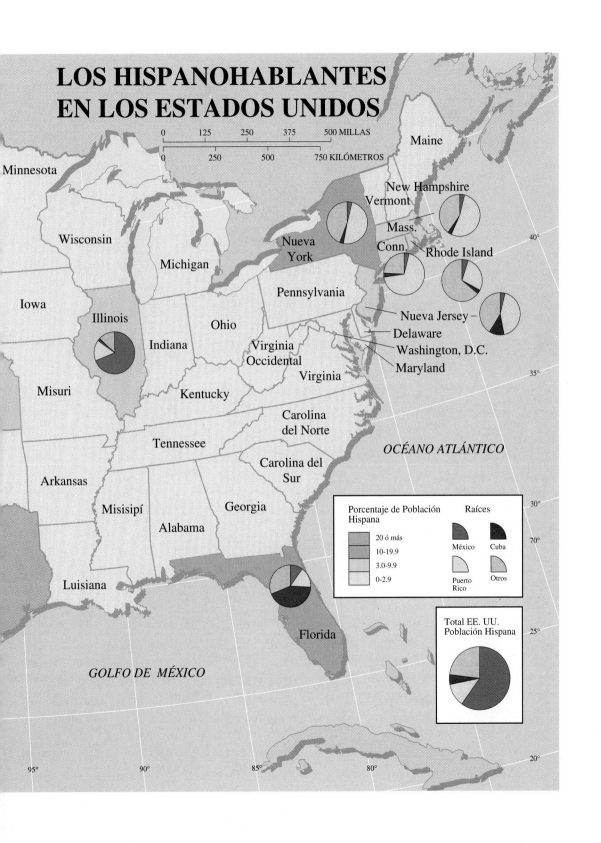

LOS HISPANOHABLANTES EN LOS ESTADOS UNIDOS

0   125   250   375   500 MILLAS
0   250   500   750 KILÓMETROS

Minnesota

Maine

New Hampshire

Vermont

Mass.

Nueva York

Conn.

Rhode Island

Wisconsin

Michigan

Pennsylvania

Nueva Jersey

Delaware

Washington, D.C.

Maryland

Iowa

Illinois

Ohio

Indiana

Virginia Occidental

Virginia

Misuri

Kentucky

Arkansas

Tennessee

Carolina del Norte

Carolina del Sur

OCÉANO ATLÁNTICO

Misisipí

Georgia

Alabama

Luisiana

Florida

GOLFO DE MÉXICO

40°

35°

30°

25°

20°

70°

95°   90°   85°   80°

Porcentaje de Población Hispana

20 ó más
10-19.9
3.0-9.9
0-2.9

Raíces

México   Cuba

Puerto Rico   Otros

Total EE. UU. Población Hispana

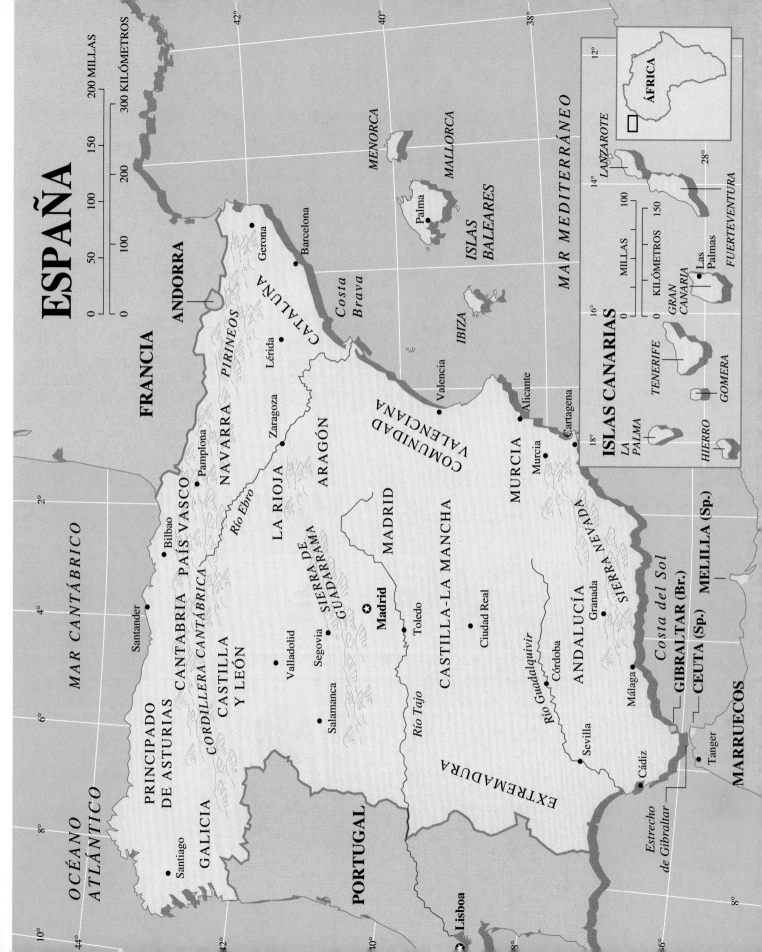

third edition

Encuentros

Emily Spinelli

University of Michigan—Dearborn

Marta Rosso-O'Laughlin

Tufts University

third edition

Encuentros

Holt, Rinehart and Winston
Harcourt Brace College Publishers

Fort Worth   Philadelphia   San Diego   New York   Orlando   Austin   San Antonio
Toronto   Montreal   London   Sydney   Tokyo

Vice President/Publisher.....   Rolando Hernández-Arriessecq
Program Director..........   Terri Rowenhorst
Senior Developmental Editor   Jeff Gilbreath
Project Editor.............   Deanna Johnson
Senior Production Manager ..   Ann Coburn
Art Director ....   Garry Harman
Photo Editor..............   Carrie Ward
Photo Researcher..........   Shirley Webster
Text Design...............   Jim Dodson
Text Illustrations..........   Ed Malsberg
Cover Design ....   Nick Welch
Composition...............   TSI Graphics, Inc.

Address for editorial correspondence: Holt, Rinehart and Winston, 301 Commerce Street, Suite 3700, Fort Worth, Texas 76102

Address for orders: Harcourt Brace & Company, 6277 Sea Harbor Drive, Orlando, Florida 32887-6777

Phone: (800) 782-4479 or (800) 443-0001 (in Florida)

Permissions acknowledgments and other credits appear on page P-1.

ISBN: 0-03-017442-2

Library of Congress Card Catalog Number: 96-78932

Printed in the United States of America

6 7 8 9 0 1 2 3 4 5   048   9 8 7 6 5 4 3 2 1

P R E F A C E

The third edition of the **Encuentros** beginning Spanish program emphasizes an interactive, communicative approach to teaching listening comprehension, speaking, reading, writing, and culture. The program consists of several components that promote the use of language to do things, to function in social situations, and to communicate with others. Each of the four skills is given equal importance in terms of explanations, exercises, and activities so that the end goals of communicating and functioning within Hispanic culture are met.

NEW TO THIS EDITION

The third edition of **Encuentros** has the following new features.

1. Additional full color drawings and photography enhance the cultural aspect of the text.

2. An increased use of authentic materials and realia provide language models and cultural information.

3. A new geographical focus is added via *El mundo hispano,* highlighting Spanish-speaking countries and areas within the United States.

4. A reduced number of chapters allows for more in-depth coverage of the material provided.

5. Elimination of verb tenses of low frequency (such as the future perfect indicative, conditional perfect indicative, imperfect subjunctive, present perfect subjunctive, and past perfect subjunctive) and other minor grammar points (such as reciprocal **nos / se,** relative pronouns other than **que / quien,** stressed possessive pronouns) allow for better mastery of the grammar presented.

6. More realia and authentic readings from newspapers and magazines are used, so that students are exposed to the same type of reading done by native speakers.

7. More cross-cultural information and exercises are given so students learn how to function in Hispanic culture and gain greater cultural sensitivity.

8. The importance of the *A escuchar* listening strand has been enhanced, with its more effective placement in the *Tercer encuentro* of each chapter. *A escuchar* can now better function to review the functional vocabulary and phrases of the entire chapter.

FEATURES

The **Encuentros** program is characterized by a variety of distinctive features in organization and approach.

- Authentic language and materials provide the same type of listening and reading materials that native speakers hear and read.
- Interactive exercises, activities, and role-plays simulate the language tasks performed by native speakers.
- Functional terms are used in the presentation of vocabulary, grammar, and expressions.
- Cultural information introduces students to the Spanish-speaking world and helps them develop their ability to function within that culture.
- Cross-cultural comparisons and contrasts help students develop cultural sensitivity and understanding.
- Spiral sequencing of grammar allows students to proceed from conceptual to partial to full control of individual structures with less frustration.
- The development of the receptive skills of listening and reading serves as a foundation for building proficiency in the productive skills of speaking and writing.
- The **Encuentros** program develops basic language functions such as listing and enumerating; creating with language within a variety of basic contexts; asking and answering questions; initiating, sustaining, and closing a simple conversation; and learning to respond to a predictable situation in the target culture.

ORGANIZATION OF STUDENT TEXTBOOK

The student textbook is composed of an *Encuentro preliminar* plus sixteen chapters. Each chapter is organized around a theme relating to a place or situation that is likely to be encountered by a person studying, working, or traveling in a Spanish-speaking country. The vocabulary, expressions, cultural information, and grammar structures taught within each chapter relate to the situation and provide the student with the skills and information needed to be able to function within that situation. Each chapter is divided into four sections called *encuentros* so that vocabulary, structures, and culture can be presented to the students in more manageable amounts. This information is then expanded upon and re-entered throughout the chapter.

A pensar   Each chapter begins with a statement as to the cultural theme and communicative goals for the chapter. In the *A pensar* section students are asked questions to help them activate their background knowledge concerning the stated goals.

Presentación   The first three *encuentros* of each chapter begin with a *Presentación* that introduces the vocabulary and basic phrases necessary for communicating and functioning within the situation of the chapter. The vocabulary and expressions are presented in context and practiced in a variety of exercises and activities. Often drawings and/or photos are used to provide the cultural connotations of vocabulary items.

Así se habla   Each chapter contains at least one section entitled *Así se habla* which follows the *Presentación*. This section contains phrases or expressions used to perform a linguistic function related to the chapter theme. Students learn the expressions for such functions as making a phone call, extending and declining invitations, complaining, shopping, ordering a meal, or expressing disbelief.

A escuchar   The listening comprehension section *A escuchar* is found in the *Tercer encuentro* of each chapter. Students listen to a brief taped conversation illustrating one or more of the linguistic functions of the chapter. Students then complete the listening comprehension exercise for the conversation. An audio tape containing the *A escuchar* conversations is included with each student textbook.

Sonidos   These sections occur within the first nine chapters and are devoted to the presentation and practice of individual sounds, linking, accentuation, and intonation. Each section includes an explanation of how to pronounce certain letters or combinations of letters followed by practice with individual words, phrases, and sentences. Each of the *Sonidos* sections is organized around phonetic characteristics illustrated in the vocabulary and phrases taught in the *Presentación* section.

Estructuras   The grammar presentation follows a spiral sequencing; only one aspect of the difficult grammar structures is presented per *encuentro*. For example, the teaching of *ser* and *estar,* the present and preterite tenses, and the subjunctive are spread over many chapters so that there is ample opportunity for re-entry and constant review of the grammar point. In this manner, students can naturally progress from conceptual to partial control, and ultimately to full control of the grammar structure. Numerous contextualized exercises follow each grammar explanation. The exercises progress from mechanical to meaningful to communicative, with the greatest emphasis being placed on communicative, interactive exercises.

Puente cultural   Each lesson includes at least one *Puente cultural,* a brief section that explains a salient feature of Hispanic culture related to the situation of the chapter. Each *Puente cultural* section includes a photo or piece of realia that illustrates the cultural information being discussed and is followed by a brief comprehension exercise designed to help students assimilate cultural similarities and differences. The *Puente cultural* sections of the beginning chapters are in English; the switch to readings in Spanish is made in *Capítulo 2*.

El mundo hispano   The *Cuarto encuentro* of each chapter begins with *El mundo hispano,* a section that presents information about the countries and regions of the Spanish-speaking world. Each section contains a map and photo of the area under study as well as cultural information in outline form on the population, geography and climate, economy, and cities within the area.

Para leer bien / Lectura cultural   *Para leer bien* is designed to facilitate the reading of the *Lectura cultural*. It precedes the reading selection and offers advance organizers in the form of concise explanations and an exercise on such items as cognate recognition, prefixes and suffixes, word families, predicting content, and general reading hints. It is related to the content of the *Lectura cultural*. The *Lectura cultural* serves to recombine and reintegrate the vocabulary and grammar of the chapter as well as to provide further cultural information related to the situation of the chapter. It frequently examines the institutions, values, and concepts of Hispanic culture. Some of the selections are author-generated and others are based on authentic materials taken from newspapers, magazines, or other realia. Each *Lectura cultural* is followed by a variety of reading comprehension activities.

Actividades   The *Actividades* section is intended to be the culminating portion of the chapter and one which allows the student to use the language in interesting and entertaining ways. These individual, paired, and small-group activities recombine the vocabulary, structures, and linguistic functions of the chapter in games and role-playing situations.

Para escribir bien / Composiciones   The *Para escribir bien* sections offer a series of strategies designed to teach writing as a process. Topics include general writing techniques such as preparing to write, improving accuracy, or using a dictionary as well as writing for specific situations such as personal or business letters, filling out an application, and extending and replying to invitations.

Other features   Each chapter includes a list of the active vocabulary introduced within the chapter. The vocabulary is organized by theme and by part of speech. The *Appendixes* include translations of the *Presentación* material from the *Encuentro preliminar* through *Capítulo 4;* information on metric units of measurement; a detailed guide to Spanish pronunciation; charts of regular and irregular verbs; and a brief explanation of the verb tenses of low frequency that have been omitted from the textbook proper. The Spanish-English vocabulary and the index conclude the textbook.

ANCILLARIES

Cuaderno de ejercicios y manual de laboratorio   The *Cuaderno de ejercicios y manual de laboratorio* is considered to be a principal and integral part of the ***Encuentros*** program.

The *Cuaderno de ejercicios* is composed of exercises designed to develop the writing skill. Students practice (a) forming sentences in the target language, (b) writing for various social or work situations, and (c) writing the more formal types of compositions required in an academic setting. The *Cuaderno de ejercicios* also provides additional vocabulary, functional phrases, and grammar relating to the situation of the chapter. Each chapter of the *Cuaderno de ejercicios* contains a section entitled *En el mundo de los negocios.* In this section students are given information and exercises that relate the vocabulary, functional phrases, or grammar of the chapter to the business world.

The laboratory portion of the program includes sections that specifically emphasize the development of the listening skill in proficiency-based exercises related to the chapter situation. The lab manual also includes pronunciation exercises, exercises for oral practice of the vocabulary and grammar structures of the chapter, and additional listening comprehension exercises based on chapter materials.

Instructor's Annotated Edition   The *Instructor's Annotated Edition* is an expanded version of the student textbook, containing detailed suggestions for using the various components of the ***Encuentros*** program. Marginal annotations provide instructors with supplemental vocabulary and grammar, material for varying and expanding the textbook exercises, *Sonidos* reviews for *Capítulos* 10–16, correlations with the ***Encuentros*** video, and additional cultural information. The Answer Key for the student textbook exercises is found in the *Instructor's Resource Manual* that accompanies ***Encuentros,*** *Third Edition.*

Situation Cards for Oral Evaluation   The situation cards are designed to assist the instructor in evaluating oral achievement. The cards provide a conversation topic or role-play situation that tests discrete items related to vocabulary, grammatical structures, and/or linguistic function. They may also be used for impromptu speaking practice in the classroom.

Instructor's Resource Manual   Included in this manual are five *Repasos,* which correspond to each three-chapter sequence of the student textbook. A quiz for the *Encuentro preliminar,* tests for each of the sixteen chapters, and a comprehensive final examination are also included in this ancillary. The tests are also available on EXAMaster, a computerized testing program in DOS, Windows, and Macintosh formats. The *Instructor's Resource Manual* also includes the **Encuentros** videocassette viewer's manual, the **Encuentros** videodisc barcode placement guide, and answer key to textbook exercises and activities.

The Encuentros Videocassette   The **Encuentros** videocassette is a function-oriented video program with a focus on real-life situations and language tasks crucial to the development of proficiency in beginning Spanish students. The videocassette also supplements the cultural material of **Encuentros.** It is accompanied by a viewer's manual, found in the *Instructor's Resource Manual.*

CD-ROM   The **Encuentros** CD-ROM is an optional interactive program on dual-platform (Windows/Macintosh) compact discs. Containing activities and exercises not found in the textbook, this dynamic program has links to video, audio, voice record/compare, keyboard interactions, and games.

Transparencies   A set of 32 full-color overhead transparencies to assist in teaching or testing language functions is available for instructor use. Included are transparency maps of the Spanish-speaking world.

Encuentros Software   Tutorial software correlated directly to **Encuentros** allows students to practice structures and functions in the language lab or at home. *Available for IBM or Macintosh.*

A detailed description of all ancillary materials and their correlations with the textbook is contained in the preface to the *Instructor's Annotated Edition.*

ACKNOWLEDGMENTS

The publication of this third edition of **Encuentros** could not have been accomplished without the assistance and contributions of many people. We would first like to thank Terri Rowenhorst, Program Director, for her enduring trust in this project and her enthusiastic promotion of this textbook. We would also like to thank Holt, Rinehart and Winston, in general, and Rolando Hernández-Arriessecq, Vice President and Publisher, in particular, for the continued support of **Encuentros** and for facilitating the publication of this third edition. We are especially grateful to Jeffry E. Gilbreath, Senior Developmental Editor, for his guidance that led to the conceptualization of this third edition with its new and distinguishing features. Through the years Jeff has been the prototype of what an editor should be: thorough, patient, punctual, attentive to detail, and extremely open to discussion and negotiation. The book would not have come to fruition without him. We would also like to express our appreciation to Deanna Johnson, Project Editor, for expertly guiding the text through the production process, and to Shirley Webster, Photo Researcher.

Last we would like to acknowledge the work of the reviewers who provided us with insightful comments and constructive criticism of the text.

Teresa Arrington, Centre College

Judy Bravo, Wichita State University

Judith Costello, Northern Arizona University

Jorge Cubillos, University of Delaware

A. Raymond Elliott, University of Texas at Arlington

Juan Roberto Franco, Tarrant County Junior College, Northeast Campus

Roma Hoff, University of Wisconsin, Eau Claire

Linda Hollabaugh, Midwestern State University

Hayden Irvin, Gustavus Adolphus College

Philip Jaramillo, Adams State College

Donna McGiboney, Moorhead State University

Sally Moorman, University of St. Thomas

Josué Muñoz, Tarrant County Junior College, South Campus

María Teresa Roig Torres, Miami University

Art Sandford, Ventura College

Stephanie Thomas, Indiana University

C O N T E N T S

CAPÍTULO 2   Amigos y compañeros

CAPÍTULO 3   En familia

CAPÍTULO 4   El tiempo pasa

116

CAPÍTULO 8   La vida diaria

CAPÍTULO 9   La vida estudiantil

CAPÍTULO 10　　En la agencia de empleos

CAPÍTULO 11   La vida en casa

CAPÍTULO 15   De viaje

CAPÍTULO 16   En la ciudad

SCOPE AND SEQUENCE

CHAPTER TITLE AND CULTURAL THEMES	VOCABULARY PRESENTATION	COMMUNICATIVE FUNCTIONS AND GRAMMAR	
ENCUENTRO PRELIMINAR: SALUDOS Introduction to the Hispanic world	¡Hola! ¿Qué tal?	Inquiring about health	**Estoy, estás, está** + health expressions
		Expressing small quantities	Numbers 0–20
CAPÍTULO 1: EN LA UNIVERSIDAD Hispanic university life **México**	**¿Qué hay en la clase? ¿Dónde estudias? Escuchen, por favor.**	Talking about specific things and people	Nouns and definite articles
		Talking about nonspecific things and people	Indefinite articles
		Discussing what you like and don't like to do	Infinitives
		Addressing and referring to people	Subject pronouns
		Talking about common, everyday activities	Present tense of regular **-ar** verbs
		Expressing location	Present tense of **estar; estar** + location
		Describing emotional and physical conditions	**Estar** + adjectives of condition
		Asking questions	Yes-no question formation
CAPÍTULO 2: AMIGOS Y COMPAÑEROS The concept of friendship in the Hispanic world **Colombia**	**¿Cómo es tu mejor amigo? ¿De dónde eres? Te presento a mis amigos.**	Describing people	**Ser** + adjectives and nouns
		Describing objects	Position and agreement of adjectives
		Describing nationality	**Ser** + place of origin or adjectives of nationality
		Discussing things we do or ought to do	Present tense of regular **-er** verbs
		Discussing other things we do	Present tense of regular **-ir** verbs
		Requesting information	Question formation with interrogative words

SKILL DEVELOPMENT STRATEGIES		CULTURAL READINGS	
Así se habla	Informal greetings	**Puente cultural**	**Saludos**
A escuchar	Informal greetings	**El mundo hispano**	The Spanish-speaking world
Sonidos	Alphabet, accentuation	**Lectura cultural**	**Anuncios**
Así se habla	Expressing gratitude Classroom expressions	**Puente cultural**	**Las universidades hispánicas**
A escuchar	Classroom expressions	**El mundo hispano**	**México**
Sonidos	Vowels **h, ch**	**Lectura cultural**	**La vida estudiantil**
Para leer bien	Predicting and guessing content		
Para escribir bien	Writing personal letters		
Así se habla	Expressing agreement and disagreement Making introductions	**Puente cultural**	**La importancia de la amistad**
A escuchar	Making introductions	**El mundo hispano**	**Colombia**
Sonidos	**r, rr** Diphthongs with **u**	**Lectura cultural**	**Mis nuevos amigos**
Para leer bien	Format of a reading		
Para escribir bien	Expressing frequency of actions		

CHAPTER TITLE AND CULTURAL THEMES	VOCABULARY PRESENTATION	COMMUNICATIVE FUNCTIONS AND GRAMMAR	
CAPÍTULO 3: EN FAMILIA The concept of the family in the Hispanic world **España**	**¿Quién soy yo?** **Los planes del bautismo** **Un problema familiar**	Talking about destination and future plans	**Dar, ir,** and **ir a** + infinitive
		Discussing belongings and things that have to be done	Irregular verbs **tener, venir**
		Indicating small quantities Indicating ownership	Numbers 21–100 Possession with **ser + de** Possessive adjectives
		Clarifying and adding information	Relative pronoun **que**
		Talking about schedules and time of day	Telling time
		Describing people and location	**Ser** versus **estar**
CAPÍTULO 4: EL TIEMPO PASA Important dates, holidays, and festivals in the Hispanic world **La Argentina**	**¿Qué tiempo hace?** **Una cita** **¿Cuándo vienes?**	Talking about things you do Distinguishing between people and things	Some irregular verbs Personal **a**
		Discussing activities and acquaintances	Verbs ending in **-cer** and **-cir; saber** versus **conocer**
		Giving an opinion	Impersonal expressions + infinitives
		Expressing large quantities Expressing destination and purpose	Numbers above 100 Some prepositions; **por** versus **para**
		Indicating the recipient of something	Prepositional pronouns
CAPÍTULO 5: ¡A COMER Y A BEBER! Hispanic meals and eating customs **Venezuela**	**¿Qué te gusta comer?** **A dieta** **Vamos a poner la mesa**	Discussing preferences, recommendations, and wishes	Stem-changing verbs e→ie
		Pointing out people and things	Demonstrative adjectives
		Talking about having lunch, trying new foods, and other common activities	Stem-changing verbs o→ue
		Discussing ordering and serving foods	Stem-changing verbs e→i
		Asking and requesting Indicating quantity Discussing everyday activities and occurrences	**Pedir** versus **preguntar** Adjectives of quantity **Oír;** verbs ending in **-uir**

SKILL DEVELOPMENT STRATEGIES		CULTURAL READINGS	
Así se habla	Expressing congratulations Denying and contradicting	Puente cultural	Los apellidos La fiesta quinceañera
A escuchar	Denying and contradicting	El mundo hispano	España
Sonidos	**b, v** Diphthongs with **i**	Lectura cultural	Tal como somos
Para leer bien	Recognizing cognates		
Para escribir bien	Preparing to write		
Así se habla	Extending, accepting, and declining invitations Making a simple telephone call	Puente cultural	El día del santo La feria de Pamplona
A escuchar	Extending, accepting, and declining invitations	El mundo hispano Lectura cultural	La Argentina Las fiestas
Sonidos	**d** **s, ce, ci, z**		
Para leer bien	Logical devices		
Para escribir bien	Extending and replying to a written invitation		
Así se habla	Expressing likes and dislikes Expressing readiness	Puente cultural	La yerba mate El jerez
A escuchar	Expressing likes and dislikes	El mundo hispano Lectura cultural	Venezuela Pollo a la cerveza
Sonidos	**p, t** Linking		
Para leer bien	Word order		
Para escribir bien	Improving accuracy		

CHAPTER TITLE AND CULTURAL THEMES	VOCABULARY PRESENTATION	COMMUNICATIVE FUNCTIONS AND GRAMMAR	
CAPÍTULO 6: VAMOS DE COMPRAS Shopping in the Hispanic world **Chile**	**Vendedores y clientes** **¡Gran oferta!** **En la tienda de regalos**	Talking about past activities Discussing looking for and purchasing items Discussing everyday past activities Making comparisons Giving information Talking about where you went and what you did	Preterite of regular **-ar** verbs Preterite of **-ar** verbs with spelling changes Preterite of regular **-er** and **-ir** verbs Comparisons of inequality **Se** in impersonal and passive constructions Preterite of **dar, ir, ser,** and **hacer**
CAPÍTULO 7: ¿A QUÉ RESTAURANTE VAMOS? Eating in Hispanic cafés and restaurants **Las regiones de España**	**El Restaurante Valencia** **En el Restaurante Xochimilco** **¿Qué salsa prefiere Ud.?**	Avoiding repetition of something already mentioned Discussing some past activities Discussing more past activities Avoiding repetition of someone already mentioned Expressing how long ago actions were done Talking about a series of completed actions in the past	Direct object pronouns referring to things Irregular preterites with **i** and **u** stems Irregular preterites with **j** and **y** stems Direct object pronouns referring to people **Hace** + preterite tense Uses of the preterite
CAPÍTULO 8: LA VIDA DIARIA Daily life in the Hispanic world **Centroamérica**	**La rutina diaria** **El detective Jaime Aguilar** **Mami, ¿qué me pongo?**	Discussing daily routine Describing daily routine Discussing daily routine in the past Talking about other people Giving commands Denying and contradicting	Present tense of reflexive verbs Adverb formation Preterite of stem-changing verbs Uses of the indefinite article Formal commands Indefinite and negative expressions

SKILL DEVELOPMENT STRATEGIES		CULTURAL READINGS	
Así se habla	Indicating past time Complaining Shopping	**Puente cultural**	La casa de artículos regionales Los vendedores ambulantes
A escuchar	Shopping		
Sonidos	**m, n, ñ** More on accentuation and accent marks	**El mundo hispano** **Lectura cultural**	Chile La compra como actividad social
Para leer bien	The suffix **-ería** = *shop, store*		
Para escribir bien	Letters of complaint		
Así se habla	Ordering a meal Expressing food preferences	**Puente cultural**	La comida de origen hispanoamericano
A escuchar	Ordering a meal	**El mundo hispano** **Lectura cultural**	Las regiones de España Vamos a tomar algo
Sonidos	**c, qu** **l, ll, y**		
Para leer bien	Understanding meaning through context		
Para escribir bien	Using a dictionary		
Así se habla	Expressing frequency and sequence of actions Discussing clothing	**Puente cultural** **El mundo hispano** **Lectura cultural**	El paseo Centroamérica La dignidad
A escuchar	Discussing clothing		
Sonidos	**x** Intonation		
Para leer bien	Cognates: Words ending in **-dad** and **-tad**		
Para escribir bien	Sequencing events		

CHAPTER TITLE AND CULTURAL THEMES	VOCABULARY PRESENTATION	COMMUNICATIVE FUNCTIONS AND GRAMMAR	
CAPÍTULO 9: LA VIDA ESTUDIANTIL High school and university educational systems **El Paraguay y el Uruguay**	**La Universidad del Litoral** **Suspendí la asignatura** **El Club Latino**	Talking about past routine	Imperfect of regular **-ar** verbs
		Discussing and describing past actions	Some uses of the imperfect
		Talking about how life used to be	Imperfect of regular **-er** and **-ir** verbs
		Describing previous friends and activities	Imperfect of **ir, ser,** and **ver**
		Describing life in the past	More uses of the imperfect
		Indicating to whom or for whom actions are done	Indirect object pronouns
		Expressing endearment	Diminutives
CAPÍTULO 10: EN LA AGENCIA DE EMPLEOS The concept of work in the Hispanic world **Los cubanos dentro de los EE.UU.**	**De niño yo quería ser bombero** **Feliz Futurama, agencia de empleos** **La fiesta de despedida**	Talking about meeting, finding out, and refusing in the past	Verbs that change meaning in the preterite
		Discussing past events	Imperfect versus preterite
		Narrating in the past	More uses of the imperfect and preterite
		Pointing out people and things	Demonstrative pronouns
		Avoiding repetition of previously mentioned people and things	Double object pronouns
		Making statements and giving commands	Position of reflexive and object pronouns
CAPÍTULO 11: LA VIDA EN CASA Hispanic home life **Los puertorriqueños dentro de los EE.UU.**	**Mi nueva casa** **Arreglemos la casa** **¿Quién hace los quehaceres domésticos?**	Expressing possibility	Present subjunctive of regular **-ar** verbs
		Expressing hope and opinion	Subjunctive used with impersonal expressions
		Expressing need, opinion, and advice	Present subjunctive of regular **-er** and **-ir** verbs plus **ir, saber,** and **ser**
		Expressing hope and opinion	Subjunctive of stem-changing verbs
		Comparing people and things with equal qualities	Comparisons of equality with adjectives and adverbs
		Comparing the possessions of people	Comparisons of equality with nouns

CHAPTER TITLE AND CULTURAL THEMES	VOCABULARY PRESENTATION	COMMUNICATIVE FUNCTIONS AND GRAMMAR	
CAPÍTULO 12: ¿QUÉ TAL EL PARTIDO? Sports and games in the Hispanic world **Los chicanos dentro de los EE.UU.**	**¿Qué deporte practicas?** **¡El campeonato del básquetbol!** **Los mejores asientos**	Expressing hopes and wishes Making comparisons Giving commands Talking to and about other people and things Discussing general characteristics	Subjunctive after verbs of hope and desire Superlative forms of adjectives Regular familiar commands Irregular familiar commands Uses of the definite article **Lo** + adjective
CAPÍTULO 13: INTERESES Y DIVERSIONES Leisure-time activities in the Hispanic world **El Caribe**	**¿Cuáles son tus pasatiempos?** **¿Qué hacemos esta noche?** **De picnic en la playa**	Expressing likes, dislikes, and interests Talking about people and things in a series Requesting and commanding others Discussing sequence of action Doubting and denying actions of others Linking ideas	Verbs like **gustar** Ordinal numbers Subjunctive after verbs of request, command, and judgment Infinitives after prepositions Subjunctive after verbs of doubt, denial, and uncertainty Changes of **y**→**e** and **o**→**u**
CAPÍTULO 14: ¿CÓMO TE SIENTES? Doctors, hospitals, and pharmacies in the Hispanic world **Bolivia y el Ecuador**	**El cuerpo humano** **Una llamada al consultorio** **Farmacia Falca**	Talking about actions in progress Expressing duration of actions Discussing accidents and unexpected events Describing exceptional qualities Expressing destination, purpose, motive, and duration of time	Progressive Tenses **Hace** + expressions of time Reflexive for unplanned occurrences Absolute superlative **Por** versus **para**

SKILL DEVELOPMENT STRATEGIES

CULTURAL READINGS

Así se habla	Talking about a game	**Puente cultural**	**La corrida de toros**
	Expressing opinions		**El jai alai**
A escuchar	Talking about a game		**Otros deportes populares**
Para leer bien	Borrowed words	**El mundo hispano**	**Los chicanos dentro de los EE.UU.**
Para escribir bien	Keeping a diary or journal		
		Lectura cultural	**Los ídolos del siglo XXI**

Así se habla	Making decisions	**Puente cultural**	**Pintores españoles**
	Expressing disbelief		**El cine hispánico**
A escuchar	Making decisions		**El Ballet Folklórico de México**
Para leer bien	Scanning		
Para escribir bien	Supporting an opinion	**El mundo hispano**	**El Caribe**
		Lectura cultural	**Así sería la televisión cultural**

Así se habla	Making a telephone call	**Puente cultural**	**La atención médica**
	Giving advice		**La partera**
A escuchar	Making a telephone call		**Los curanderos**
Para leer bien	Main ideas and supporting elements	**El mundo hispano**	**Bolivia y el Ecuador**
		Lectura cultural	**¿Dónde hay un doctor?**
Para escribir bien	Summarizing		

CHAPTER TITLE AND CULTURAL THEMES	VOCABULARY PRESENTATION	COMMUNICATIVE FUNCTIONS AND GRAMMAR	
CAPÍTULO 15: DE VIAJE Travel, places of interest, and modes of transportation in the Hispanic world **El Perú**	**Agencia de viajes «La Buena Vida» La lista de una viajera En el aeropuerto**	Talking about future activities Discussing anticipated events Expressing uncertainty about future actions Asking for definitions and preferences Discussing when future actions will take place	Future tense of regular verbs Future tense of irregular verbs Subjunctive in adverb clauses **¿Qué?** versus **¿cuál?** Subjunctive in adverb clauses of time
CAPÍTULO 16: EN LA CIUDAD Urban life in the Hispanic world **México, D.F.**	**En el Distrito Federal ¿Dónde nos alojamos? En el banco**	Explaining what you would do in certain situations Softening requests and criticism Talking about completed past actions Discussing what you have done, seen, and said Talking about actions completed before other actions	Conditional of regular verbs Conditional of irregular verbs Present perfect indicative of regular verbs Present perfect indicative of irregular verbs Past perfect indicative

SKILL DEVELOPMENT STRATEGIES		**CULTURAL READINGS**	
Así se habla	Expressing probability Making promises	**Puente cultural**	**Las pirámides de México** **El Museo de Oro**
A escuchar	Expressing probability		**La costa española**
Para leer bien	Recapitulation	**El mundo hispano**	**El Perú**
Para escribir bien	Writing postcards	**Lectura cultural**	**Estamos de vacaciones**

SKILL DEVELOPMENT STRATEGIES		**CULTURAL READINGS**	
Así se habla	Asking for, giving, and receiving directions Making apologies	**Puente cultural**	**La plaza** **Los paradores nacionales** **de España**
A escuchar	Making apologies		**La moneda extranjera**
Para leer bien	Personal letters	**El mundo hispano**	**México, D.F.**
Para escribir bien	Making a reservation by letter	**Lectura cultural**	**Saludos de México**

ENCUENTRO PRELIMINAR

Plaza Mayor, Madrid, España

➤ **Cultural Theme**
**Introduction to the
Spanish-speaking world**

➤ **Communicative
Goals**

Greeting people

Así se habla: Informal greetings

Inquiring about health

Expressing small quantities

Para leer bien: Cognates

Lectura cultural: *Anuncios*

A pensar

This section is designed as an advance organizer to activate students' background knowledge of material in the chapter.

In order to understand the importance and use of greetings, think about how you greet other people in English. Then answer the following questions and provide examples to illustrate the point.

- Do greetings vary according to the time of day?

- Do you normally use the same greeting for someone you call by a first name as for someone you address with a title and last name (*Mrs. Smith, Dr. Jones*)?

- What gestures or body language accompany typical greetings?

- Do greetings vary according to the social situation?

- After you greet someone, what questions can you ask in order to continue the conversation?

For a complete explanation of the **Presentación** and how to present it, see the opening pages of the *Instructor's Edition*.

PRESENTACIÓN

VOCABULARIO EN CONTEXTO

¡Hola! ¿Qué tal?

Point-out: Translations of **Presentación** materials appear in **Appendix A;** show students how to locate **Appendix A.**

Profesor Acosta	Buenos días, clase.
Clase	Buenos días, profesor Acosta.

Sr. Flores	Buenas tardes, señorita Méndez.
Srta. Méndez	Buenas tardes, señor Flores.

Dictado: After sufficient oral work has been done, dictate various phrases of the **Presentación.** Have students check their work against the textbook.

		Susana	¿Cómo te llamas?
María	Buenas noches, señora Lado.	Roberto	Me llamo Roberto, ¿y tú?
Sra. Lado	Buenas noches, María.	Susana	Me llamo Susana.

Tomás   Elena, te presento a Manuel García.

Elena   Mucho gusto, Manuel.

Manuel   El gusto es mío.

Point-out: Hispanics (especially males) shake hands upon greeting and when introduced.

Carlos   Hola, Ricardo. ¿Qué tal?

Ricardo   Muy bien, gracias. ¿Qué hay de nuevo?

Carlos   No mucho. Hasta mañana.

Ricardo   Adiós. Hasta luego, Carlos.

You may want to do the **Puente cultural** at this time.

Comentarios lingüísticos y culturales

a. In Spanish, a name or title of respect is often used with the greetings **buenos días, buenas tardes,** or **buenas noches.**

b. The following abbreviations are very common: **Sr. = señor; Sra. = señora; Srta. = señorita.** Note that the first letter of the abbreviation is capitalized, but the first letter of the full word is not.

Models are not provided for simple, routine exercises. However, the instructor may need or want to model the patterns for students before doing the exercise.

PRÁCTICA Y CONVERSACIÓN

A. ¿Cómo te llamas?   Since you will be conversing with your classmates throughout the course, you need to know their names. Ask several students sitting near you what their names are. Use the mini-dialogues of the **Presentación** as a model.

B. Mucho gusto.   Now that you know the names of several students, work in groups of three and introduce one classmate to another using the mini-dialogues of the **Presentación** as a model. Vary your roles so that all three of you have a chance to introduce and be introduced.

C. Hasta mañana.   You are a student at the University of Barcelona. It is the end of the class hour. Say good-bye to several of your classmates using the mini-dialogues of the **Presentación** as a model. Vary your phrases.

Give each student an equivalent Spanish first name (you may have to use an entirely different first name for some students) and use it throughout the course. If you prefer, refer to the students as **señor, señora, señorita** + (last name).

In exercises where students must greet or introduce one another, have them shake hands.

Expansión A: After students have given their names, have them greet each other. Vary times of day so all greetings are practiced.

Point out: The icon [icon] indicates that an exercise is communicative and involves pair work by students. The icon [icon] indicates small group activities.

Videocassette segment to accompany this section; see Viewer's Guide in the Instructor's Resource Manual, Preliminary Chapter.

Point out: Mal is seldom used as a response to these greetings unless the person wants to express a personal catastrophe such as the illness or death of a close friend or family member. **Estar** + *Health Expressions* is presented on pp. 10–11 and pp. 40–42.

Así se habla

INFORMAL GREETINGS

The following questions can be used after the greeting **¡Hola!** with persons you call by a first name, such as family members, friends, and classmates.

¡Hola! ¿Qué hay?	*Hello! What's new? (How are things?)*
¿Qué hay de nuevo?	*What's new?*

RESPONSES

No mucho.	*Not much.*
Nada en especial.	*Nothing special.*

ALSO

¡Hola! ¿Cómo te va?	*Hello! How is it going?*
¿Cómo estás?	*How are you?*
¿Qué tal?	*How are things?*

RESPONSES	
Muy bien, gracias. ¿Y tú?	*Very well, thank you. And you?*
Bien. Gracias.	*Fine. Thank you.*
No muy bien.	*Not very well.*
Regular.	*So-so.*

Point out: The responses to **¿Qué hay (de nuevo)?** cannot be used with **¿Cómo te va?**, **¿Cómo estás?**, or **¿Qué tal?**

PRÁCTICA Y CONVERSACIÓN

A. Saludos.   Greet another student and ask him or her how things are.

B. ¡Hola! ¿Qué tal?   Your classmates will play the following roles. You must give an appropriate reply to their statements or questions. Then switch roles.

1. El profesor García: Buenos días, Susana. ¿Cómo estás?
2. Emilio: Hola, Federico. ¿Qué tal?
3. Gloria: Hola, Anita. ¿Qué hay?
4. Vicente: Hasta mañana, Carolina.
5. Un estudiante: ¿Cómo te llamas?

Remind students to shake hands upon greeting.

C. Situaciones.   With a classmate invent a brief conversation of two to four lines in Spanish for the following situations.

1. You greet another student in your evening literature class.
2. You meet your Spanish professor in the hallway before the 10:30 class.
3. In the cafeteria you run into a friend you haven't seen since last spring.
4. While waiting for the arrival of the professor for your last class of the afternoon, you strike up a conversation with the student sitting next to you; you ask his or her name.
5. At the end of class you say good-bye to a classmate that you will see in class again tomorrow.

C. Divide the class into pairs; assign each pair a different item number. When the exercise is completed, have each pair present the conversation before the entire class.

A ESCUCHAR

Some friends meet in the hallway on the first day of class. Listen to their conversation and circle the correct answers.

1. There are (2, 3, 4, 5) friends.

2. They are all (sad, fine, sick).

3. They (don't, do) all know each other.

Note: The **Real Academia de la Lengua** ruled to eliminate the *ch* and *ll* as separate letters of the Spanish alphabet on April 29, 1994. The Spanish-English vocabulary in *Encuentros* alphabetizes words to reflect these changes. Point out to students that dictionaries published prior to 4-29-94 alphabetize using the **ch** and **ll** as separate letters.

Teach the alphabet as an introduction to the Spanish sound system. At this time, strive for awareness of pronunciation, not full control of individual sound production.

Have students repeat the letter names and examples after you.

Emphasize similarities with English; students are learning a similar alphabet, not an entirely different one. Explain that Spanish is easier to spell than English because the vowels and most consonants have one sound each rather than multiple sounds as in English.

S O N I D O S . . . *The Spanish Alphabet; Accentuation*

THE ALPHABET

LETTER		EXAMPLES	LETTER		EXAMPLES
a	a	**a**lumno	ñ	eñe	ma**ñ**ana
b	be	**b**iblioteca	o	o	R**o**berto
c	ce	**c**lase	p	pe	**p**rofesor
d	de	**d**ía	q	cu	**q**ué
e	e	**e**spañol	r	ere	seño**r**a
f	efe	**F**lores	rr	erre	guita**rr**a
g	ge	lue**g**o	s	ese	**s**aludo**s**
h	hache	**h**ola	t	te	**t**arde
i	i	señor**i**ta	u	u	**u**niversidad
j	jota	**j**ulio	v	ve	nue**v**e
k	ka	**k**ilómetro	w	doble ve	**W**ashington
l	ele	**l**uego	x	equis	e**x**amen
m	eme	**M**aría	y	i griega	**Y**olanda
n	ene	**n**oche	z	zeta	Ménde**z**

a. There are twenty-eight letters in the Spanish alphabet.

b. In Spanish **rr** is considered a single letter.

c. The letters **k** and **w** appear in words of foreign origin and in vocabulary pertaining to the metric system, such as **kilo.**

d. You have no doubt noticed that some vowels have a written accent mark. These accent marks cannot be omitted; they are a part of spelling.

e. Written accent marks are used mainly to determine stress.

Point out: Rules for capitalization are not the same in both languages and will be learned throughout the course.

   • When an unaccented word ends with a vowel, **n,** or **s,** the stress falls on the next-to-last syllable: **Ho**la, **Car**los y Este**ban.**

   • When an unaccented word ends in any other consonant, the stress falls on the last syllable: profe**sor,** espa**ñol.**

   • When the pronunciation of a word does not follow these rules, a written accent mark is placed over the stressed vowel: **Mén**dez, kil**ó**metro.

f. Written accent marks are also used

   • to distinguish one word from another.
     sí = *yes;* **si** = *if*
     él = *he;* **el** = *the*

   • for interrogative and exclamatory words.
     ¿Qué tal?
     ¿Cómo te llamas?
     ¡Qué lástima! (*What a pity!*)

PRÁCTICA

A. Letras españolas.   Spell the following words in Spanish.

1. gracias	3. hola	5. llamo	7. que
2. noches	4. José	6. mañana	8. guitarra

B. En Guadalajara.   You work for a firm with a branch in Guadalajara, Mexico. You call the branch office to give them the names of the employees that will be flying in next week for a sales meeting. Spell the names of the employees for the secretary who speaks no English.

Thomas Anderson	John Fleming	Carolyn Simmons
Elizabeth Clarke	Christopher Brown	(your name)

Writing: Dictate the following syllables and words and have students write them. Provide answers on the board or an overhead transparency.

tu / su; te / se / me; si / ni /mi; no / lo / dos; tal / mal / mas; mi / me / mu / ma / mo

Saludos

Hispanics tend to greet each other with more physical contact than people in the United States. Men usually greet each other with a handshake or even an embrace and pats on the back. Women generally kiss each other on the cheek. Even among mere acquaintances a handshake is customary. When greeting other Spanish-speakers, you should use a handshake and take the lead from your Hispanic friends with regard to kissing on the cheek.

continued next page

COMPRENSIÓN CULTURAL

A. What gestures accompany English greetings in the following situations?

1. Two businessmen meet each other for lunch.

2. Two female friends meet for lunch.

3. Two grandparents visit their grandchildren after a month-long separation.

4. Two male students meet in the student center.

5. Two female students meet in the student center.

B. What gestures would be used in Hispanic culture in these same situations?

C. With a classmate, create an appropriate dialogue for the scene in the photo.

ESTRUCTURAS

Throughout the textbook emphasize the linguistic function being taught (inquiring about health) so that students understand what they can do with the grammar structures presented (**estoy, estás, está** + health expressions).

Videocassette segment to accompany this section; see Viewer's Guide in the Instructor's Resource Manual, Preliminary Chapter.

To introduce the concept of **tú** and **Ud.,** explain that **Ud.** is for persons with whom a title is used and **tú** is for persons addressed by a first name. Have students use **¿Y Ud.?** when asking you, the instructor, about your health.

INQUIRING ABOUT HEALTH

Estoy, estás, está + Health Expressions

In order to talk about your own health and inquire about the health of others, you will need to learn several new expressions.

INQUIRING ABOUT HEALTH

¿Cómo estás? / ¿Cómo está Ud.?	*How are you?*
Estoy bien, gracias.	*I am fine (well), thank you.*
Estoy muy bien.	*I am very well.*
Estoy bastante bien.	*I am rather well.*
Estoy mal.	*I am bad (sick).*
No estoy bien.	*I'm not well.*
Regular.	*All right. So-so.*
¿Y tú? / ¿Y Ud.?	*And you?*
¿Cómo está Carlos?	*How is Carlos?*
Carlos (no) está bien.	*Carlos is (not) well.*

a. The verbs **estoy, estás, está** change endings to indicate the subject of the sentence.

b. The word **no,** meaning *not,* is placed before the verb: **estoy** = *I am;* **no estoy** = *I am not.*

En contexto

Mercedes	Hola, Clara. **¿Cómo estás?**
Clara	**Bastante bien, gracias. ¿Y tú?**
Mercedes	**Bien.** ¿Y la familia?
Clara	Francisco **no está bien.**
Mercedes	¡Qué lástima! Lo siento mucho.
Clara	¿Y tu familia?
Mercedes	**Muy bien.**
Clara	¡Qué bueno! Pues, hasta luego.

Point out: The translation for this **En contexto** appears in **Appendix A.**

Have 2–3 pairs of students read/role-play the **En contexto** section.

PRÁCTICA Y CONVERSACIÓN

A. ¿Qué diría Ud.?   (*What would you say?*) How would you respond in these situations?

1. Un(-a) compañero(-a): ¿Cómo estás?

2. Un(-a) compañero(-a): ¿Cómo está tu familia?

3. La Sra. Gómez: La familia no está bien.

4. Tomás: Estoy muy bien, gracias.

5. Mariana: Estoy muy mal.

Writing: After completing **Prácticas A-C,** have students close their books. Say items of **Práctica A,** and have students write a response.

B. ¿Cómo está tu compañero(-a)?   Ask a classmate how he/she is feeling. After your classmate has answered, your instructor will then ask you about that person and you will explain.

MODELO	Alumno(-a) 1:	**¿Cómo estás, Teresa?**
	Alumno(-a) 2:	**Bastante bien, gracias.**
	Profesor(-a):	**¿Cómo está Teresa?**
	Alumno(-a) 1:	**Teresa está bastante bien.**

C. En el centro estudiantil.   You meet a classmate in the student center and carry on a brief conversation. Present your conversation to the entire class.

EXPRESSING SMALL QUANTITIES

Numbers 0–20

Divide the class into pairs; give them 4–5 minutes to prepare a brief conversation which they will present to the entire class.

Warm-up: Have students count off around the classroom. When 20 is reached, begin again with 1. Have students count from 0–20 by twos, threes, fives, etc.

0	cero						
1	uno	6	seis	11	once	16	dieciséis
2	dos	7	siete	12	doce	17	diecisiete
3	tres	8	ocho	13	trece	18	dieciocho
4	cuatro	9	nueve	14	catorce	19	diecinueve
5	cinco	10	diez	15	quince	20	veinte

Hold up classroom items such as 2 books or 6 pieces of chalk. Students identify number only: **Profesor(-a): ¿Cuántos hay?** (two books); **Estudiante: Dos.**

The numbers 16–19 have an optional spelling—16: **diez y seis;** 17: **diez y siete;** 18: **diez y ocho;** 19: **diez y nueve.**

Writing: Dictate numbers 0–20 in random order. Students write Arabic numerals and Spanish words.

Point out: **Hay** = *there is, there are.*

A. **¿Qué números hay?**   Tell a partner the numbers you see on the following items.

B. **¿Cuántos son?**   You must help your neighbor's child who attends a bilingual school learn to add and subtract in Spanish. A classmate will play the role of the child.

MODELO		
Usted:	$3 + 10 = ?$	**¿Cuántos son tres y diez?**
Compañero(-a):	$3 + 10 = 13$	**Tres y diez son trece.**
Usted:	$20 - 10 = ?$	**¿Cuántos son veinte menos diez?**
Compañero(-a):	$20 - 10 = 10$	**Veinte menos diez son diez.**

a. $2 + 2 = ?$ d. $9 - 5 = ?$ g. $8 + 6 = ?$ j. $20 - 5 = ?$

b. $5 + 3 = ?$ e. $7 + 5 = ?$ h. $19 - 11 = ?$ k. $10 + 10 = ?$

c. $12 - 8 = ?$ f. $16 - 7 = ?$ i. $17 - 14 = ?$ l. $6 + 7 = ?$

C. **¿Qué número es?**   Your instructor will divide the class into pairs. You must think of a number in Spanish between 0 and 20 and your partner will try to guess it. If your partner guesses incorrectly, help him or her by saying **más** if the number should be larger, or **menos** if the number should be smaller. When your partner guesses correctly, tell him or her: **¡Sí! ¡Qué bien!**

Una playa en la Costa Brava, España

EL MUNDO° HISPANO

world

Of the thousands of languages in the world today, Spanish ranks among the top five in number of speakers. Spanish is the native language of some 300,000,000 people who live in Spain, Mexico, and eighteen other countries of the Caribbean and Central and South America. In addition, there are some 25,000,000 native Spanish-speakers in the United States.

Because of this large number of Spanish-speakers and their wide geographic distribution, there is great diversity in Hispanic culture. The populations of Mexico and Central and South America are made up primarily of Indians, Europeans, and mestizos, that is, persons with a mixture of Indian and European ancestry, while the peoples of the Caribbean show European, Indian, and African influences. People in Spain have the ethnic characteristics of the Celts, Romans, and Arabs who conquered and colonized the Iberian peninsula. The geography and climate of the Hispanic world are varied, as are the customs and patterns of daily living.

There is even variety in the Spanish language itself. For example, people living in Mexico speak with a different pronunciation than people who live in Argentina or Spain. There are also some differences in vocabulary. However, these differences rarely cause problems in communication.

The study of the Spanish language and its cultures is quite practical. Given the Hispanic presence in the United States and the proximity of our Spanish-speaking

encounters

neighbors in Latin America, proficiency in Spanish is increasingly necessary for numerous professions and careers. You will soon discover in your **encuentros**° with the language and its culture that such study can also be highly interesting and personally rewarding.

Avenida 9 de julio, Buenos Aires, Argentina

Una selva en Panamá

Una cancha de esquí en Chile

Un mercado indígena en el Perú

La cultura hispana en los Estados Unidos: Nueva York

PARA LEER BIEN • Cognates

In the **Para leer bien** section of the textbook you are going to learn strategies that will help you better comprehend the **Lectura** (*reading selection*) of the chapter. As you learn these strategies and apply them to more and more reading selections, you will improve your reading comprehension skills in a general way.

continued next page

> Many words in Spanish and English have similar spellings and meanings. Such words are called *cognates*. Some words such as **familia** or **clase** may not look much like English to you at first, but if you study them carefully their similarity to English becomes more apparent. Some cognates you have seen already are **profesor, mucho,** and **especial.**

PRÁCTICA

Unos cognados.   ¿Cómo se dice en inglés? (*How do you say it in English?*)

persona   música   teatro   oficina   teléfono

expresión   cultura   actividad   compañía   secretaria

Anuncios (*Advertisements*)

EMPLEADO DE FARMACIA
Se necesita empleado de farmacia. Buena predisposición para atención al público. Dominio de inglés y español. Se ofrecen beneficios sociales.
Tel.: 24-52-08.

AGENCIA BILINGÜE
Compañía multinacional en expansión necesita cinco personas bilingües (español-inglés) para relaciones comerciales. Salario, comisión, beneficios.

¡EMPIECE A TRABAJAR HOY MISMO!

**Hospitales   Bancos
Hoteles y Restaurantes
Gobierno**

Tenemos posiciones administrativas de primer nivel disponibles. Llámenos hoy para más información.

The Job Center Inc.
7100 Biscayne Blvd. • Miami, Fl. 33138
(305) 758-0626

10am-3pm, Tel: 534-5788

ASISTENTES ADMINISTRATIVOS
WINZ / WZTA / WLVE. Necesita asistentes administrativos con conocimiento de computadora. Experiencia en oficina. Organización personal necesaria, facilidad de comunicación y abilidad para contestar teléfonos muy ocupados. Llame al (305) 654-9494, ext. 102.

PRÁCTICA Y CONVERSACIÓN

Los anuncios. Using the information from the advertisements, answer the following questions.

1. What qualifications does the pharmacy employee need?
2. What type of employees does the multinational firm need? What will the firm offer the employees?
3. What qualifications do the administrative assistants need?
4. What types of positions does the Job Center have?

Vocabulario activo ●●●●●●●●●●●●●●●●●●●●●●●●●●●●●

Substantivos	*Nouns*
el (la) alumno(-a)	*student*
la clase	*class*
el (la) compañero(-a) de clase	*classmate*
el encuentro	*meeting, encounter*
la familia	*family*
el mundo	*world*
el (la) profesor(-a)	*professor*
el saludo	*greeting*
el señor (Sr.)	*Mr., Sir, man*
la señora (Sra.)	*Mrs., lady*
la señorita (Srta.)	*Miss*

Saludos y presentaciones	*Greetings and introductions*
Buenas noches.	*Good evening, good night.*
Buenas tardes.	*Good afternoon.*
Buenos días.	*Good morning.*

Hola.	*Hi. (an informal greeting)*
¿Cómo te llamas?	*What's your name?*
Me llamo ___ .	*My name is ___ .*
Te presento a ___ .	*Let me introduce you to ___ .*
Mucho gusto.	*(I am) Pleased to meet you.*
El gusto es mío.	*The pleasure is mine.*

Otras expresiones	*Other expressions*
adiós	*good-bye*
bastante	*rather*
bien	*well*
¿cómo?	*how?, what?*
¿cuántos?	*how many?*
está	*he is, she is, you (formal) are*
estás	*you (familiar) are*
estoy	*I am*
gracias	*thank you*

hasta	*until*
hay	*there is, there are*
Lo siento.	*I'm sorry.*
luego	*later*
mal	*bad, sick*
mañana	*tomorrow*
menos	*less*
mucho	*much, a lot*
muy	*very*
Nada en especial.	*Nothing special.*
no	*no, not*
pues	*well*
¡Qué bueno!	*That's good! How nice!*
¿Qué hay de nuevo?	*What's new?*
¡Qué lástima!	*That's too bad!*
¿Qué tal?	*How are things? How's it going?*
regular	*all right, okay, so-so*
sí	*yes*
tu	*your*
tú	*you*
y	*and*

En la universidad

La Biblioteca de la Universidad Nacional Autónoma de México, México, D.F.

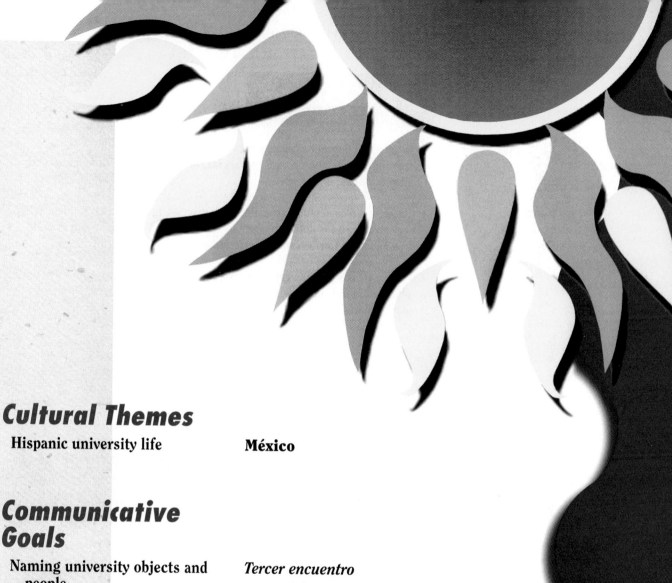

➤ Cultural Themes

Hispanic university life

México

➤ Communicative Goals

Naming university objects and people

Primer encuentro

Talking about specific things and people

Talking about non-specific things and people

Segundo encuentro

Así se habla: Expressing gratitude

Discussing what you like and don't like to do

Addressing and referring to people

Talking about common, everyday activities

Tercer encuentro

Así se habla: Classroom expressions

Expressing location

Describing emotional and physical conditions

Asking questions

Cuarto encuentro

Para leer bien: Predicting and guessing content

Lectura cultural: *La vida estudiantil*

Para escribir bien: Writing personal letters

- What part of speech (noun, verb, adjective, etc.) is generally associated with naming objects and people? *In the* **classroom** *there are* **students, desks, chairs, books,** *and* **pens.**

- What part of speech is associated with discussing everyday activities? When we explain who is doing the activity, do these verbs change form or endings? ***I work; Carlos and Roberto study; Felipe watches TV.***

- What part of speech is generally associated with describing emotional and physical conditions? *Elena is* **worried** *because Tomás is* **sick.** Do these words change form according to the person being described?

PRESENTACIÓN

VOCABULARIO EN CONTEXTO

What is there in the classroom?   ¿Qué hay en la clase?°

If desired, make and use an overhead transparency of the drawing or point to actual classroom objects to introduce and practice the vocabulary.

LA PROFESORA — EL RELOJ — LA SILLA — EL ESCRITORIO — LA ALUMNA — LA MESA — EL ALUMNO — LA PAPELERA — EL PAPEL — EL LIBRO — EL CUADERNO — EL LÁPIZ — EL BOLÍGRAFO — LA REGLA — LA MOCHILA — EL PUPITRE

Comentarios lingüísticos y culturales

a. **Hay,** meaning *there is* or *there are,* is used before singular or plural nouns.

Hay papel en el cuaderno.   *There is paper in the notebook.*

Hay profesores en la universidad.   *There are professors in the university.*

b. **Hay** is made negative by placing **no** before it.

No hay sillas en la clase.   *There aren't any chairs in the classroom.*

c. **¿Qué hay... ?** = *What is there / What are there . . . ?*

¿Qué hay en la clase?   *What is there in the classroom?*

Point out: In a question, **hay** = *Is there . . . ?* or *Are there . . . ?* Give examples: **¿Hay papel en el pupitre? ¿Hay alumnos en la clase?**

Point out: The definite article is almost never used after **hay.** Students should use the indefinite article, a number, or plural nouns (without an article). **Hay un reloj. Hay dos alumnos. Hay libros.**

Warm-up: Hold up different numbers of classroom objects and ask students to tell how many there are. **¿Cuántos hay?** (three notebooks) **Hay tres cuadernos.**

PRÁCTICA Y CONVERSACIÓN

A. **En el dibujo** (*In the drawing*).   ¿Qué hay en el dibujo? Conteste en español. (*Answer in Spanish.*)

B. **En su** (*your*) **mochila.**   ¿Qué hay en su mochila? Conteste en español.

C. **¿Qué es esto** (*this*)**?**   Point out an item in your classroom or hold up something you own. Ask your classmates what it is, and they will provide the Spanish name for the item.

Variación B: Diga lo que hay en su pupitre / en su clase.

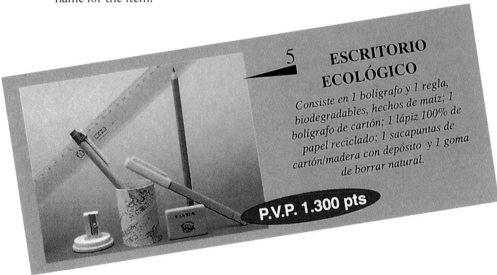

5 ESCRITORIO ECOLÓGICO

Consiste en 1 bolígrafo y 1 regla, biodegradables, hechos de maíz; 1 bolígrafo de cartón; 1 lápiz 100% de papel reciclado; 1 sacapuntas de cartón/madera con depósito y 1 goma de borrar natural.

P.V.P. 1.300 pts

D. **Rompecabezas** (*Puzzle*).   Complete el rompecabezas con la información sobre el escritorio ecológico.

Este es un escritorio ecológico porque (*because*) el _____ y la _____ son biodegradables. El _____ es de 100% _____ reciclado.

SONIDOS . . . *Vowels*

Even though the letters **a, e, i, o, u,** and sometimes **y** are used to represent vowel sounds in both English and Spanish, the pronunciation of the vowel sounds is different in the two languages. English vowel sounds are generally longer than those in Spanish. In addition, English vowel sounds often glide into or merge with other vowels to produce combination sounds. As a general rule you should pronounce Spanish vowels with a short, precise sound: **me** ≠ *may.* Do not reduce Spanish unstressed vowel sounds to *uh* as in English: **presidente** ≠ *president.*

PRÁCTICA

Escuche y repita después de su profesor(-a). (*Listen and repeat after your instructor.*)

a   alumna papel lápiz cuaderno mochila
     Hay tres alumnas en la clase.

e   mesa clase pupitre reloj escritorio
     Enrique, ¿qué hay en tu pupitre?

i   y libro silla bolígrafo mochila
     Hay sillas y escritorios en la universidad.

o   mochila bolígrafo reloj profesor libro
     No hay bolígrafos en la mochila.

u   alumnos universidad pupitre usted nueve
     Hay nueve pupitres y alumnos en la clase.

ESTRUCTURAS

• •

TALKING ABOUT SPECIFIC THINGS AND PEOPLE

Nouns and Definite Articles

In order to talk about people, places, objects, and ideas you will need to know how to use nouns and definite articles in Spanish.

All Spanish nouns whether they refer to a person, place, object, or idea have **gender**—that is, they are either masculine or feminine. It is usually possible to predict the gender of Spanish nouns. Nouns that refer to males and most nouns that end in **-o** are masculine: **el alumno, el libro.** Nouns referring to females and most nouns that end in **-a** are feminine: **la alumna, la mesa.**

In addition to having gender, all Spanish nouns show **number**—that is, nouns are **singular** when they refer to one person or object, and **plural** when they refer to more than one.

a.   The plural of Spanish nouns ending in a vowel is formed by adding **-s: libro > libros; alumna > alumnas.**

b.   The plural of nouns ending in a consonant is formed by adding **-es: papel > papeles; reloj > relojes.**

c. In a few cases other changes are made when a noun becomes plural. For example, the letter **z** becomes **c** when followed by the letter **e: lápiz > lápices.**

NOUNS ENDING IN -*o* AND -*a*		
	SINGULAR	**PLURAL**
Masculine	el libr**o**	los libr**os**
	el alumn**o**	los alumn**os**
Feminine	la mes**a**	las mes**as**
	la alumn**a**	las alumn**as**

d. The definite article *the* is expressed in Spanish by four different words: **el, la, los, las.** The definite article must agree in gender and number with the noun it precedes. For example, the masculine singular article **el** must precede a masculine singular noun such as **libro.**

e. Because of gender and number agreement, many nouns ending in **-o** that refer to people such as **el alumno** (*student*) have four forms: **el alumno, los alumnos / la alumna, las alumnas.** Nouns of this type include the following.

el alumno	*student*
el amigo	*friend*
el compañero	*companion*
el compañero de clase	*classmate*
el compañero de cuarto	*roommate*
el chico	*boy*

Point out: Los + a plural noun referring to people may denote a group of all males or a mix of males and females: **los chicos** = *the boys* or *the boys and girls.*

f. Nouns ending in a consonant that refer to people have four forms: **el profesor, los profesores / la profesora, las profesoras.** Nouns of this type include the following.

el doctor	*doctor*
el profesor	*professor*
el señor	*sir, Mr., gentleman*
la señora	*ma'am, Mrs., lady*

g. Some Spanish nouns end in **-e.** They can be either masculine (**el pupitre**) or feminine (**la clase**). Since it is not usually possible to predict the gender of nouns ending in **-e,** you need to learn the definite article along with these nouns in order to use them correctly.

1. The plural of Spanish nouns ending in **-e** is formed by adding **-s** to the singular form: **el pupitre > los pupitres.**

2. Spanish nouns that end in **-e** and refer to persons have only two forms: a singular and a plural. The gender and meaning of the noun is determined by the definite article: **el estudiante** = (*male*) *student;* **la estudiante** = (*female*) *student.*

Point out: In dialogue Spanish uses the dash (—) before a statement or question to indicate a change of speaker. It is similar to quotation marks in English.   *but*

En contexto

—¿Hay **lápices** en **la mochila?**

—No, pero° hay **bolígrafos** en **el pupitre.**

Remind students that the letter **z** becomes **c** when followed by the letter **e: lápiz > lápices.**

Have 1–2 pairs of students read the **En contexto** aloud as a role-play.

Warm-up: Have students provide the definite articles: **libro / amiga / bolígrafos / sillas / lápiz / clase / profesores / pupitres / reloj.**

PRÁCTICA Y CONVERSACIÓN

A.   En la clase de medicina.   Identify the following objects found in a medical classroom by giving the singular form of the definite article + noun.

If desired, make and use a transparency of the drawing to complete this exercise.

Keep answers in the plural form. Have each student name 5–6 items.

This exercise is designed to help build long-term memory in the target language. Divide the class into groups of 5–6; more than 7 per group makes the exercise difficult and too time-consuming. After completing **Práctica C** have students write the answer given by the last member of their group, i.e., the list of items in the university generated by their group.

B.   ¿Qué hay en la clase de español?   Diga qué personas y cosas hay en su clase de español. (*Say what people and things there are in your Spanish class.*)

C.   ¿Qué hay en la universidad?   You and your classmates will each answer this question in succession. The first student answers giving the name of one item found in the university. The second student repeats the answer of the first student and adds one new item. The third student then repeats the answer of the second student and adds another new item. The other students continue the pattern.

MODELO

¿Qué hay en la universidad?

Alumno(-a) 1:   **Hay libros en la universidad.**
Alumno(-a) 2:   **Hay libros y alumnos en la universidad.**
Alumno(-a) 3:   **Hay libros, alumnos y pupitres en la universidad.**

TALKING ABOUT NONSPECIFIC THINGS AND PEOPLE

Indefinite Articles

In order to discuss a non-specific person or thing such as a friend or some students, you will need to learn to use the indefinite articles.

	SINGULAR	PLURAL
Masculine	**un** libro	**unos** libros
	un alumno	**unos** alumnos
Feminine	**una** mesa	**unas** mesas
	una alumna	**unas** alumnas

a. In Spanish there are four forms of the indefinite article: **un, unos, una, unas.** The indefinite article must agree in gender and number with the noun it precedes.

b. The English equivalents of the indefinite articles are **un** / **una** = *a, an;* **unos** / **unas** = *some.*

En contexto

—¿Hay **un** libro en tu mochila?
—Sí, y hay **unos** lápices y **un** bolígrafo también.°

PRÁCTICA Y CONVERSACIÓN

A. ¿Qué hay en estos lugares? Ask a classmate if the following items are located in the places indicated. Your classmate should give an appropriate reply.

MODELO	reloj / clase
	Alumno(-a) 1: **¿Hay un reloj en la clase?**
	Alumno(-a) 2: **Sí, hay un reloj en la clase.**
	No, no hay un reloj en la clase.

1. mesa / clase
2. doctoras / universidad
3. libros / mochila
4. cuaderno / escritorio
5. profesora / clase
6. lápiz / pupitre

B. El Club Internacional. The **Club Internacional** of your university has a campaign to collect classroom items to send to Nicaragua. You are in charge of the booth where things are dropped off. Role-play the following scene. (A **¿?** symbol which follows the last item in an exercise means that you are free to add items of your own. Try to use as many of the new vocabulary items and structures as you can. This is your opportunity to be imaginative and to say what you would like to say.)

MODELO	Alumno(-a) 1: **Aquí** (*Here*) **hay unos lápices.**
	Alumno(-a) 2: **Gracias por los lápices.**
	(Muchas gracias.)
	Alumno(-a) 1: **De nada. (No hay por qué.)**

una mochila / unos cuadernos / un reloj / unos bolígrafos / **¿?**

VOCABULARIO EN CONTEXTO

¿Dónde estudias?

Remind students that translations of the **Presentación** material are located in **Appendix A.**

Me llamo Alicia Muñoz. **Estudio en** la Universidad de México. **Este semestre** estudio **francés, matemáticas, historia** y **biología.** Hay **un examen** en la clase de historia **hoy.** ¡Qué lástima! **No me gustan** los exámenes.

Point out: Words in boldface are new active vocabulary.

Supplemental vocabulary: el comercio / la contabilidad / la física / la programación de computadoras / la sicología / la sociología.

Me llamo Nicolás Pereda. Estudio en la Universidad de Texas. Me gusta estudiar en **el laboratorio de lenguas.** **Aquí practico el inglés con** unos compañeros de clase. Y tú, **¿dónde practicas el español?**

Point out: The English structure *language / chemistry lab* = **el laboratorio de lenguas /** química.

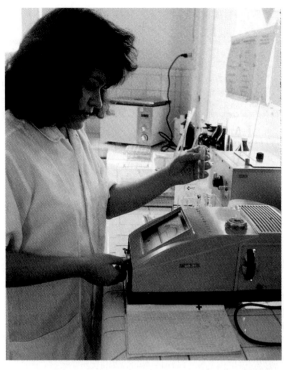

*Me llamo Matilde Ortega. ¿Dónde estudio? Estudio en **la biblioteca** y en **mi cuarto** en **la residencia.** También estudio en **el edificio** de matemáticas. Allí trabajo en **la computadora. Ahora** estoy en el laboratorio de **química.** Y tú, ¿dónde estudias?*

Point out: la residencia = *dormitory* (not *residence*).

¿Dónde estudia Raúl?

Point out: la librería = *bookstore;* **la biblioteca** = *library.*

Pancho   ¿Estudias en **casa** hoy, Raúl?

Raúl   No, hoy estudio en **la oficina.** No hay mucho trabajo **allí.** ¿Tú trabajas hoy en **la librería?**

Pancho   Sí, allí hay mucho trabajo. ¿Estudias en **el café?**

Raúl   No, no estudio allí **tampoco.**

OTROS CURSOS I.C.E.:

CURSOS CULTURALES	**CURSOS PROFESIONALES**
☐ GRADUADO ESCOLAR	☐ JEFE DE COMEDOR (MAITRE D'HOTEL)
☐ CULTURA GENERAL	☐ CAMARERO Y BARMAN
☐ JARDIN DE INFANCIA	☐ COMERCIO EXTERIOR
☐ PARAPSICOLOGIA	☐ AZAFATA Y RELACIONES PUBLICAS

¡Más que una simple enseñanza!

Sírvase <u>mandarme sin ningún compromiso</u>, **GRATIS** su folleto **"DE QUE DEPENDE EL EXITO EN LA VIDA"** y la información del curso de:_____

Nombre y Apellidos:_____

Domicilio:_____ Nº:_____ Piso:_____ Puerta:_____

Población:_____ Código Postal:_____

Província:_____ Teléfono:_____

ANCED
ASOCIACION NACIONAL DE CENTROS
DE ENSEÑANZA A DISTANCIA

I.C.E., Travessera de les Corts, 5 - 08028 BARCELONA
Miembro de la Asociación Nacional de Centros de Enseñanza a Distancia.
(Autorizado por el Minst. de Educación y Ciencia, Orden Ministerial 80.8788 de 24-03-1983)

NT-42

¿Quieres (*Do you want*) **más información?** Read the list of possible courses using your knowledge of cognates. Then decide on one or two to send away for more information. You may even try to fill out the coupon!

Comentarios lingüísticos y culturales

a. The expression **me gusta** or **te gusta** is followed by a singular noun or infinitive. **Me gustan** or **te gustan** is followed by a plural noun.

—**¿Te gusta** la clase de química?   *Do you like chemistry class?*

—Sí, pero no **me gustan** los exámenes.   *Yes, but I don't like the exams.*

b. Occasionally words that have similar spellings in English and Spanish have very different meanings. Such words are called *false cognates.* For example, **librería** is a false cognate. It means *bookstore,* not *library.* You should pay particular attention to such words and learn the proper meaning.

PRÁCTICA Y CONVERSACIÓN

A. ¿Cierto o falso? (*True or false?*) Are the following statements from the **Presentación** correct? If yes, answer **¡Cierto!** If not, answer **¡Falso!** and then correct the statement.

1. **Alicia Muñoz** Estudio en la Universidad de México.
Estudio francés, matemáticas y química.
Me gustan los exámenes.

2. **Nicolás Pereda** Estudio en la Universidad de Texas.
No me gusta estudiar en el laboratorio de lenguas.
Practico el español con unos compañeros.

3. **Matilde Ortega** Ahora estoy en el edificio de matemáticas.
Estudio en la biblioteca y en el café.
Estudio en mi cuarto en la residencia.

B. ¿Qué estudias? Using courses from the following list, explain what you do and do not study.

(No) estudio...

inglés / francés / español / matemáticas / biología / química
historia / sociología / música / física

Expansión B: Have each student explain what courses he/she is taking this term.

C. ¿Dónde estudias? Tell your classmate all the places you like to study so you can choose a convenient place to get together.

Expansión C: After completing the exercise, each pair should explain to the class where they study: **Estudiamos en _____ .**

MODELO **Me gusta estudiar en la biblioteca, en el edificio de matemáticas y en mi cuarto.**

D. ¿Estudias inglés? With a classmate ask and answer the following questions about your studies. Remember to switch roles so you both get a chance to ask and answer.

MODELO
Alumno(-a) 1: **¿Estudias inglés?**
Alumno(-a) 2: **Sí, estudio inglés.**
or **No, no estudio inglés.**

1. ¿Estudias francés?
2. ¿Estudias matemáticas?
3. ¿Estudias en un café?
4. ¿Estudias en un cuarto en la residencia?
5. ¿?

Point out: The student asking the questions uses the book; the student answering the questions does not use the book.

Point out: In Spain the word for *computer* = **el ordenador;** in Latin America *computer* = **la computadora.** Ask students: **1.** What kind of magazine is *SUPER*? **2.** What computer program is advertised here? **3.** What gift comes with the magazine?

EXPRESSING GRATITUDE

The following polite words and phrases are used to express gratitude.

Gracias.	*Thank you.*
Muchas gracias.	*Thank you very much.*
De nada.	*You're welcome.*
No hay por qué.⎱ No hay de qué. ⎰	*You're welcome. Don't mention it.*
De (por) nada.	*You're welcome.*

Videocassette segment to accompany this section; see Viewer's Guide in the Instructor's Resource Manual, Chapter 1.

En contexto

Will you lend me

Usted	¿Me prestas° tu computadora, por favor?
Compañero(-a)	Sí.
Usted	Gracias.
Compañero(-a)	De nada.

Warm-up: Pick up items from individual student desks and ask: **¿Me prestas tu lápiz / libro / cuaderno / bolígrafo?**

PRÁCTICA Y CONVERSACIÓN

Divide the class into pairs. Tell them to alternate roles so that each student gets the opportunity to ask and answer.

¿Me prestas tu lápiz, por favor?   You forgot your backpack and need to borrow items from your classmates. Ask a classmate to lend you the following things. Don't forget to thank him/her.

bolígrafo / papel / libro / cuaderno / lápiz / regla / computadora

Have students find examples of **h** and **ch** in the **Presentación.**

Model sounds for the students. Have students repeat as individuals or in a group.

ONIDOS . . . *h, ch*

The letter **h** is the only silent letter in the Spanish alphabet; it is never pronounced: **historia.**

The combination **ch** is pronounced as in the English word *church:* **mochila.**

PRÁCTICA

Escuche y repita despúes de su profesor(-a).

h   **h**istoria **h**oy **h**ola **h**ay **H**éctor
          Hay un examen en la clase de **h**istoria **h**oy.

ch   mo**ch**ila o**ch**o no**ch**e **ch**ico San**ch**o
          —¿Me prestas tu mo**ch**ila?
          —Sí. Aquí está, San**ch**o.
          —Mu**ch**as gracias, **Ch**ela.

DISCUSSING WHAT YOU LIKE AND DON'T LIKE TO DO

Infinitives

In order to express what you like and don't like to do, the infinitive is used in both Spanish and English. *I like **to dance**. I don't like **to sing**.*

a.   In English an infinitive is composed of *to* + verb: *to speak*. Spanish infinitives are only one word, ending in **-ar, -er,** or **-ir: hablar** (*to speak*); **leer** (*to read*); **abrir** (*to open*).

b.   Infinitives are used after expressions such as **me/te gusta.**

No me gusta **trabajar.**   *I don't like to work.*

¿Te gusta **estudiar?**   *Do you like to study?*

c.   Here are some useful **-ar** infinitives and expressions.

bailar	*to dance*	hablar	*to speak*
caminar	*to walk*	mirar la televisión	*to watch television*
cantar	*to sing*	necesitar	*to need*
comprar	*to buy*	practicar	*to practice*
escuchar música	*to listen to music*	trabajar	*to work*
estudiar	*to study*		

En contexto

—¿Te gusta **mirar** la televisión?
—Sí, me gusta mucho pero necesito **estudiar.**

Have 1–2 pairs of students read the **En contexto** as a role-play.

PRÁCTICA Y CONVERSACIÓN

A.   Me gusta cantar.   Explain to your classmates what you like and what you don't like to do.

(No) Me gusta...

escuchar música rock / bailar / hablar español / mirar la televisión / cantar / estudiar en la biblioteca

B. ¿Qué te gusta?   Ask a classmate if he or she likes to do the following things.

MODELO		estudiar
	Usted:	**¿Te gusta estudiar?**
	Compañero:	**Sí, (No, no) me gusta estudiar.**

bailar en una discoteca / hablar con amigos / estudiar en la biblioteca / escuchar música clásica / mirar la televisión / ¿?

ADDRESSING AND REFERRING TO PEOPLE

Subject Pronouns

In order to talk to and about other people you will need to learn subject pronouns.

	SINGULAR		PLURAL	
1st person	**yo**	*I*	**nosotros** **nosotras**	*we*
2nd person	**tú**	*you (familiar)*	**vosotros** **vosotras**	*you (familiar)*
3rd person	**él** **ella** **usted**	*he* *she* *you (formal)*	**ellos** **ellas** **ustedes**	*they* *you (formal)*

Point out: Throughout this book **vosotros** forms are included in charts, but they are not practiced in the exercises or activities. Since only a small percentage of Spanish speakers use **vosotros** forms, they are not actively taught. If you decide to use **vosotros** forms in the classroom, explain to your students your reasons for doing so.

a. In Spanish there are several words used as the equivalent of *you.* These words fall into two categories: familiar and formal.

1. **Tú** is the familiar, singular form of *you,* used to address one person that you would call by a first name, such as a relative, friend, or child.

2. **Usted** is the formal, singular form, used to address one person you do not know well or a person to whom you should show respect. In general **usted** is used with a person with whom you use a title such as **señora, profesor,** or **doctor.** It is better to use **usted** when addressing a native speaker; he or she will let you know if it is appropriate to use the **tú** form. **Usted** is generally abbreviated **Ud.**

3. In Hispanic America and in the United States **ustedes** is the plural of both **tú** and **usted.** It is used to address two or more persons regardless of your relationship with them. **Ustedes** is generally abbreviated **Uds.**

4. In Spain, **vosotros** and **vosotras** are used as the plural forms of **tú. Ustedes** is the plural form of **usted.**

b. **Nosotras** and **ellas** are used to refer to groups of females. The masculine forms **nosotros** and **ellos** are used for groups of males or for groups of both sexes. Even if there is only one male in the group the masculine form is used.

c. Study the following patterns.

One or more persons + **yo**	= **nosotros,**	*Two or more males*	
Carmen y yo	**nosotras**	**José y él**	= **ellos**
One or more persons + **tú**	= **ustedes**	**José y Pedro**	
Carmen y tú		*Two or more females*	
One or more persons + **Ud.**	= **ustedes**	**Carmen y ella**	= **ellas**
Carmen y Ud.		**Carmen y María**	
		Mixed group	
		José, Carmen y María	= **ellos**

Have students give the plural form of the following pronouns: **tú** / **él** / **yo** / **ella** / **Ud.**

Have students give the singular form of the following pronouns: **nosotras** / **Uds.** / **ellas** / **ellos** / **nosotros.**

En contexto

—**Yo** estudio en la biblioteca. ¿Y **Uds.?**

—**¿Nosotros?** En el café...ja, ja.

PRÁCTICA Y CONVERSACIÓN

A. **¿Y tú?**   The following people have just asked you how you are feeling. You reply and then ask them about their health. Use the proper Spanish form for *you.*

> **MODELO**   your friends, Ana and María
> **Bien, gracias. ¿Y Uds.?**

1. your friend, Paco
2. your neighbor, Sr. Fuentes
3. your grandmother
4. your friends, Eva and Ramón
5. your professors
6. your dentist

B. **Unos amigos del pasado.**   You and a friend are looking through an old high school yearbook. As you look at the photos you ask your friend about former acquaintances using the Spanish pronouns.

> **MODELO**   Marta y Felipe
> **¿Y ellos?**

1. los profesores de inglés
2. la profesora Ramírez
3. Pedro Mendoza
4. Carolina y Elvira
5. Carlos y Paquita
6. Roberto y tú

Warm-up: While pointing to individual students and groups of students, have a student say the form of *you* in Spanish that is used to address the indicated person(s). Include yourself in the group so students begin to see the difference between the familiar and formal *you.* While pointing to individual students and groups of students, have another student say the third-person pronoun that corresponds: **él** / **ella** / **ellos** / **ellas.**

TALKING ABOUT COMMON, EVERYDAY ACTIVITIES

Present Tense of Regular *-ar* Verbs

In order to discuss everyday activities with other people you will need to learn to conjugate verbs, that is, to form and use the verb endings that correspond to the subject of the sentence.

In Spanish all verbs have specific endings that agree in number with the subject noun or pronoun. Fortunately, you will not have to learn a separate conjugation for each Spanish verb since most Spanish verbs follow a set pattern, that is, they are *regular* verbs.

Point out: The largest category of Spanish verbs consists of infinitives ending in -ar.

HABLAR *to speak*					
	SINGULAR		**PLURAL**		
1st person	yo	habl**o**	*I speak*	nosotros nosotras } habl**amos**	*we speak*
2nd person	tú	habl**as**	*you speak*	vosotros vosotras } habl**áis**	*you speak*
3rd person	él ella usted }	habl**a**	*he speaks* *she speaks* *you speak*	ellos ellas ustedes } habl**an**	*they speak* *they speak* *you speak*

Review the list of -ar infinitives taught previously in this **encuentro**.

Have students write the stem of the following verbs: **trabajar / estudiar / bailar / practicar / mirar.**

a. To conjugate a regular **-ar** verb such as **hablar,** obtain the verb stem by dropping the **-ar** from the infinitive: **hablar > habl-.** The appropriate subject endings are then added to the stem.

Remind students if they are or are not responsible for **vosotros** forms.

b. Subject nouns also require the appropriate verb endings.

la profesora = ella   **los alumnos = ellos**

La profesora **habla** español.   Los alumnos **hablan** español.

Point out: Subject pronouns can be added for emphasis.

c. When the verb ending corresponds to only one subject pronoun, the subject pronoun is usually omitted. **Hablo** = *I speak;* **hablas** = *you speak;* **hablamos** = *we speak;* **yo, tú,** and **nosotros** are not used because the verb ending indicates the subject.

d. It is often necessary to use the third-person pronouns for clarification since the verb endings **-a** and **-an** correspond to three different subject pronouns.

In some classes it may be necessary to explain that *not* contracts to *n't* in English.

e. Verbs are made negative by placing the word **no** directly before the verb; in such cases **no** = *not.*

Paco **no estudia** español.   *Paco **doesn't study** Spanish.*

Point out: Translations of Spanish present tense verbs with *do/does* are used to form questions in English, not to provide emphasis. Contrast: *He does speak Spanish.* = **Él sí habla español.** *Does he speak Spanish?* = **¿Habla español?** Show students questions with **hablar** and point out the translations: **¿Hablan ellos?** = *Do they speak? Are they speaking?* **¿Habla David?** = *Does David speak? Is David speaking?*

f. Spanish verbs in the present tense may be translated three ways.

hablo = *I speak* *I do speak* *I am speaking*

g. When two verbs are used in sequence with no change of subject, the second is generally an infinitive.

—**¿Necesitas estudiar** mañana?   *Do you need to study tomorrow?*

—No, pero **necesito estudiar** hoy. Hay un   *No, but I need to study today.*
examen en la clase de biología.   *There's an exam in biology class.*

En contexto

—¿Dónde **practican** el español Uds.?

—Mi compañera y yo **practicamos** en el laboratorio de lenguas y también **hablamos** mucho con amigos mexicanos.

PRÁCTICA Y CONVERSACIÓN

Warm-up: Using the verb **trabajar / estudiar** have students provide the appropriate verb ending for the following subjects: **Roberto y Tomás / Miguel y yo / Paquita / tú / Arturo / yo / Catalina y Rita / Uds.**

A. Unas actividades. Using the picture, describe what the following people are doing in the student center.

1. Gustavo y Adela _____.
2. Raquel _____.
3. Tres estudiantes _____.
4. Enrique _____.
5. Claudio _____.
6. Nicolás _____ con un amigo.

B. ¿Estudian Uds. español? A Hispanic friend wants to know what you and your college friends do. **Conteste en español.**

> **MODELO**
>
> Compañero(-a): **¿Estudian Uds. español?**
> Usted: **Sí, (No, no) estudiamos español.**

Explain singular and plural *you* and respective answers: **tú > yo: ¿Estudias español? Sí, estudio español; Uds. > nosostros: ¿Estudian Uds. español? Sí, estudiamos español.**

1. ¿Estudian Uds. mucho?
2. ¿Hablan Uds. español en la residencia?
3. ¿Escuchan Uds. música rock?
4. ¿Compran Uds. libros?
5. ¿Trabajan Uds.?
6. ¿Bailan Uds. mucho?

C. Entrevista personal (*Personal interview*). Hágale preguntas a un(-a) compañero(-a) de clase sobre su vida y su compañero(-a) debe contestar. (*Ask a classmate questions about his/her life and your classmate should answer.*)

This type of exercise will be used throughout the text. Make certain students understand the interview instructions and purpose. Students should also understand that they do not use the **si** (*if*) in their questions. The student asking the questions keeps the book open; the student answering the questions should close the book.

> **MODELO**
>
> Pregúntele si (*if*) estudia historia este semestre.
> Usted: **¿Estudias historia este semestre?**
> Compañero(-a): **Sí, (No, no) estudio historia este semestre.**

Pregúntele...

1. si mira la televisión mucho.
2. si camina a la universidad.
3. si canta bien.
4. si practica el español mucho.
5. si escucha música clásica.
6. si habla francés. ¿italiano?

Point out: For items with follow-up questions (#6), the student should ask the first question, receive an answer, and then ask the second question: —**¿Hablas francés?** —**Sí, hablo francés.** —**¿Hablas italiano?** —**No, no hablo italiano.**

D. Unos estudiantes hispanos. Some Hispanic students are visiting your university. Answer their questions as you take them on a campus tour. Work in pairs with a classmate.

1. ¿Qué estudias este semestre?
2. ¿Dónde practicas el español?
3. ¿Dónde estudias?
4. ¿Trabajas este semestre? ¿Dónde?
5. ¿Trabajan tus compañeros? ¿Dónde?

Follow up the interview by asking one of the partners what the other one does: **¿Camina él / ella a la universidad?**

Expansión D: Have students report their findings to the class.

PRESENTACIÓN

VOCABULARIO EN CONTEXTO

Remind students that translations of the **Presentación** material are located in **Appendix A.**

Escuchen, por favor.

Profesor Reyes	Buenos días. **Por favor, abran** sus libros y escuchen. Ricardo, **¿cómo se dice** «*book*» en español?
Ricardo	Se dice «libro».
Profesor Reyes	Bien, Ricardo. Ahora, Margarita, **pregúntele** a otro alumno cómo está.
Margarita	**No comprendo,** señor. **Repita,** por favor.
Profesor Reyes	Pregúntele a otro alumno cómo está.
Margarita	¡Ah, sí! Roberto, ¿cómo estás?
Roberto	Estoy **cansado.** Y tú, ¿cómo estás?
Margarita	Estoy **contenta.**
Profesor Reyes	Muy bien.

Check comprehension by asking students: What does Profesor Reyes say to the following people? **la clase / Ricardo / Margarita / Ricardo / Margarita?**

Comentarios lingüísticos y culturales

In order to follow instructions in Spanish, you need to be able to recognize formal commands. In Spanish there is a command form used with a single person addressed by **usted** and another command form used with more than one person addressed by **ustedes.**

Learn to recognize commands by using the following chart.

FORMAL COMMANDS

	VERBS ENDING IN -AR LIKE HABLAR		VERBS ENDING IN -ER LIKE LEER		VERBS ENDING IN -IR LIKE ABRIR	
Singular (Ud.)	hable	speak	lea	read	abra	open
Plural (Uds.)	hablen	speak	lean	read	abran	open

Formal commands are presented here for recognition only. They are actively taught in **Capítulo 7.**

Warm-up: Have students locate command forms in the dialogue of the **Presentación.**

PRÁCTICA Y CONVERSACIÓN

¿Qué diría Ud.? (*What would you say?*) How would you reply in the following situations? **Conteste con expresiones de la Presentación.**

1. A classmate asks you how to say "notebook" in Spanish.
2. Your instructor asks you a question but you don't understand.
3. You need to ask a classmate how to say "library" in Spanish.
4. You want your instructor to repeat the question he or she just asked you.
5. You want your friends to listen to what you have to say.

Así se habla

CLASSROOM EXPRESSIONS

These are some expressions that you have been using and will use throughout your Spanish class.

ESTUDIANTE	STUDENT
No comprendo.	*I don't understand.*
Repita, por favor.	*Repeat, please.*
¿Cómo se dice «*book*» en español?	*How do you say "book" in Spanish?*
No sé.	*I don't know.*
Tengo una pregunta.	*I have a question.*
¿Mande? (*México*) ⎫ ¿Cómo? ⎭	*What? / Pardon.*

PROFESOR(-A)	INSTRUCTOR
Abran sus libros.	*Open your books.*
Pregúntele a otro(-a) alumno(-a)...	*Ask another student . . .*
Repitan.	*Repeat.*
Lean en voz alta.	*Read aloud.*
Más alto, por favor.	*Louder, please.*
Cierren sus libros.	*Close your books.*
Dígale a otro(-a) alumno(-a)...	*Tell another student . . .*
Escuchen.	*Listen.*
Escriban.	*Write.*
Contesten en español.	*Answer in Spanish.*

PRÁCTICA Y CONVERSACIÓN

A. El/La profesor(-a). Today you are assisting the instructor of your Spanish class. Tell the class to do the following things.

1. Open your books.
2. Read aloud.
3. Repeat.
4. Listen well.
5. Close your books.
6. Ask another student how he/she is.

B. La clase. Your instructor will divide the class into groups of three or four. One student will play the role of the instructor. The other members of the group are "the class." The "instructor" will then tell the "class" to open and close books, read aloud, repeat, ask the other students a question, and perform various other tasks. The "students" should follow the instructions, ask questions, and make comments.

A ESCUCHAR

As you walk by a Spanish class you hear these directions given by the instructor. Listen to what he says and write **C** (**cierto**) if the statement is true and **F** (**falso**) if it is false. Correct the false statements.

1. El profesor dice: «Abran sus libros en la página 20».
2. El libro de Ana está en la clase.
3. Ana no necesita el libro.
4. «Juntas» = «*together*» en inglés.
5. Ana y Ema trabajan juntas en clase.

ESTRUCTURAS

EXPRESSING LOCATION

Present Tense of *estar; estar* + Location

To explain where something or someone is located the expression **estar** + **en** + the name of the place is used.

Explain that there are two verbs for *to be:* **ser** and **estar.** Tell students that they will learn to distinguish them through usage. Emphasize that **estar** is used to designate location.

ESTAR *to be*						
	SINGULAR			**PLURAL**		
1st person	yo	**estoy**	*I am*	nosotros nosotras	**estamos**	*we are*
2nd person	tú	**estás**	*you are*	vosotros vosotras	**estáis**	*you are*
3rd person	él ella usted	**está**	*he is she is you are*	ellos ellas ustedes	**están**	*they are they are you are*

Ask students what forms of **estar** are irregular and how they are irregular. Point out the presence and importance of accent marks: e.g., **está / esta.**

a. Although **estar** ends in **-ar,** it does not quite follow the pattern you have already learned for regular **-ar** verbs. Since **estar** is an *irregular verb,* you will need to memorize each of its forms.

Remind students if they are or are not responsible for the **vosotros** forms.

b. REMINDER: Spanish verbs are made negative by placing the word **no** directly before the verb; **no** corresponds to the English *not.*

Yo **no estoy** en la biblioteca.   *I'm not in the library.*

Carlos **no está** en el café.   *Carlos isn't in the café.*

Point out: The negating **no** is *never* to be followed by a comma in writing. Explain the difference between **No, estoy en la biblioteca** and **No estoy en la biblioteca.**

c. Since a major use of the verb **estar** is to express location, the question word **¿dónde?** is often used with forms of **estar.**

—**¿Dónde están** los alumnos?   *Where are the students?*

—Los alumnos **están** en clase.   *The students are in class.*

En contexto

Diana   Hola, Manuel. **¿Está** aquí Enrique?

Manuel   No, **está** en el edificio de matemáticas.

Diana   ¡Qué lástima! Necesito hablar con él.°   *with him*

PRÁCTICA Y CONVERSACIÓN

A. ¿Dónde están en la universidad?   Ask a classmate where the following people or things are located.

MODELO	
	el cuaderno
Usted:	**¿Dónde está el cuaderno?**
Compañero(-a):	**El cuaderno está en el pupitre.**

el libro de español / Uds. / el (la) profesor(-a) / tú / mis amigos / la librería / yo / los lápices / el laboratorio de lenguas

B. ¿Dónde están?   Where are these people when they do the following activities?

MODELO	
	Ana habla español.
	Ana está en la clase de español.

1. Uds. escuchan música.	5. Hablas con amigas.
2. Practico el francés.	6. Los alumnos compran lápices y papel.
3. Mario y Federico estudian.	7. Catalina y yo miramos la televisión.
4. La profesora trabaja.	8. Ud. estudia química.

DESCRIBING EMOTIONAL AND PHYSICAL CONDITIONS

Estar + Adjectives of Condition

a. In addition to being used to express location, you have learned to use **estar** to express states of health. **Estar** is also used to express other physical and emotional conditions. The following list contains adjectives of condition that may follow the verb **estar.**

aburrido	*bored*	enojado	*angry, mad*
cansado	*tired*	loco	*crazy*
contento	*happy, content*	preocupado	*worried*
enfermo	*sick*	triste	*sad*

b. Spanish adjectives change form in order to agree in gender and number with the noun or pronoun they modify. Adjectives that end in **-o** have four forms. Adjectives ending in **-e** have two forms.

AGREEMENT OF ADJECTIVES

ADJECTIVES ENDING IN **-o**	*ADJECTIVES ENDING IN* **-e**
El alumno está enferm**o**.	El alumno está trist**e**.
La alumna está enferm**a**.	La alumna está trist**e**.
Los alumnos están enferm**os**.	Los alumnos están trist**es**.
Las alumnas están enferm**as**.	Las alumnas están trist**es**.

En contexto

—¿Están Uds. **tristes?**

—No, estamos **preocupados.** Hay un examen en la clase de química hoy.

PRÁCTICA Y CONVERSACIÓN

A. **¿Cómo están estas personas?**   Describa a las siguientes personas según el dibujo. (*Describe the following persons according to the drawing.*)

1. El Sr. González _____ .   2. Carlos y Marta _____ .

3. Tú _____ .   4. Lupe y Graciela _____ .

Supplemental vocabulary: alegre / confundido / de buen humor / de mal humor / enamorado / furioso / nervioso / tranquilo

Expansión B: Ask a classmate how he/she is feeling. The classmate will reply and then will ask how you are. After completing the brief conversation, explain to the entire class how your classmate is feeling today.

B.   ¿Cómo están los amigos de Catalina?   Catalina transferred to another university last term. She calls you to find out how the people she knows are.

MODELO   Nora / enfermo
Compañero(-a):   **¿Cómo está Nora?**
Usted: **Nora está enferma.**

1. Tomás y Eduardo / enojado
2. Mateo y tú / contento
3. Mónica / aburrido
4. la profesora Fernández / enfermo
5. Enrique / triste
6. tú / cansado
7. Silvia y Bárbara / preocupado
8. el doctor Guzmán / loco

C.   ¿Cómo estás?   Ask a classmate how he or she feels in certain places or situations in the university such as the language lab, an exam, Spanish class, the dorm, the café. Then tell your other classmates about his or her responses. What is a typical response for each situation?

ASKING QUESTIONS

Yes-No Question Formation

A normal conversation consists of a series of questions and answers. In this section you will learn how to ask several kinds of questions that require a *yes* or *no* as an answer.

Point out: English questions can also be formed by intonation.

Videocassette segment to accompany this section; see Viewer's Guide in the Instructor's Resource Manual, Chapter 1.

Model the intonation pattern for questions by intonation: **¿Roberto estudia en el laboratorio?**

a.   Questions Formed by Intonation
In Spanish a statement can become a written question by placing the question marks at the beginning and end of the sentence. In speech a question is indicated by raising the pitch of one's voice at the end of the sentence.

¿Eduardo está en la biblioteca?   *Eduardo is in the library?*

¿Hay pupitres en la librería?   *There are student desks in the bookstore?*

Point out: The wording of English tag questions is often quite different from Spanish; English tags generally repeat the verb or use a new verb, such as *doesn't he, aren't they.*

Model the intonation pattern for tag questions: **Hay alumnos en la clase, ¿verdad?**

b.   Tag Questions
A statement can become a question by adding the words **¿no?** or **¿verdad?** to the end of a sentence.

Debra y Susana están en el laboratorio, ¿no?   *Debra and Susana are in the lab, aren't they?*

Manolo habla inglés, ¿verdad?   *Manolo speaks English, doesn't he?*

Point out: In writing, the inverted question mark immediately precedes the tag question.

Model the intonation pattern for inversion questions: **¿Está Roberto en clase?**

c.   Inversion
A statement can also become a question by inversion, that is, by placing the subject after the verb.

¿Estudia Miguel en la residencia?   *Does Miguel study in the dormitory?*

Emphasize and model correct intonation with question formation.

En contexto
—Manolita trabaja en el laboratorio de biología, **¿verdad?**
—Sí, trabaja allí con Eduardo.
—¿Trabaja Miguel con Manolita también?
—No, Miguel trabaja en la biblioteca.

PRÁCTICA Y CONVERSACIÓN

A. Unas preguntas. Change the order of the subject and verb to make questions from the statements. Ask a classmate the questions and she/he will answer them.

1. Uds. compran libros.
2. El profesor baila en clase.
3. Antonio y Silvia estudian.
4. Tú estás en la oficina.
5. Marta y yo escuchamos música.
6. Los amigos hablan en el café.
7. Paco está en su cuarto.
8. La estudiante practica el español.

Warm-up: Form questions from the statements in **Práctica A** using the expressions **¿verdad?** or **¿no?** Have students work in pairs to ask and answer the questions.

B. Entrevista personal. Hágale a su compañero(-a) preguntas sobre su vida en la universidad y su compañero(-a) debe contestar.

Pregúntele...

1. si trabaja. ¿Dónde?
2. si estudia en su cuarto.
3. si baila mucho.
4. si necesita practicar en el laboratorio.
5. si estudia en el laboratorio de lenguas.
6. si mira la televisión en su cuarto.

Review interview instructions. Monitor pairs of students as they do the interview. Again, make sure that students are not using **si** in their questions.

C. La vida estudiantil. You work for a research firm that is studying patterns of student life at your university. Interview a classmate to find out the following information. Add at least two questions of your own.

¿Estudian los alumnos en la biblioteca?

¿Hablan mucho con amigos? ¿Dónde?

¿Practican el español en el laboratorio de lenguas?

¿Caminan a sus clases?

¿Trabajan los estudiantes?

¿Bailan mucho? ¿?

Expansión C: After completing the interviews, have students report their findings to the class.

Puente Cultural

Las universidades hispánicas

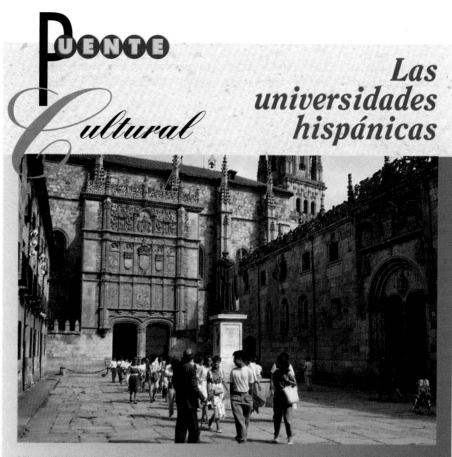

Monumento a Fray Luis de León, Patio de las Escuelas, Universidad de Salamanca, Salamanca, España

Hispanic universities have a long and proud history. The University of Salamanca in Spain dates from the thirteenth century and is one of the oldest universities in Europe. Many universities in Spanish America, including the University of Mexico, were founded before universities in the United States.

Most Hispanic universities are located in large cities and many students live at home and commute to classes. Students from outside the city live in apartments, private homes, or even hotels because dormitories are few or nonexistent.

COMPRENSIÓN CULTURAL

A. Conteste en español. ¿Qué hay en la fotografía?

B. Conteste en inglés.

1. What are some of the oldest universities in the United States? When were they founded? When was your university founded?

2. Does your university have statues and monuments on the campus? If so, of whom?

3. Does the architecture of the **Universidad de Salamanca** resemble the architecture of your university?

4. Compare the student living arrangements of your university to that of Hispanic universities. Why are they the same or different?

Videocassette segment to accompany this section; see Viewer's Guide in the Instructor's Resource Manual, Chapter 1.

EL MUNDO HISPANO — MÉXICO

Have students locate Mexico on the map provided. Have students locate major cities.

MÉXICO

Tijuana
Ciudad Juárez
Chihuahua   Monterrey
Mazatlán   Tampico
Guadalajara   México, D.F.
Puebla
Veracruz
Coatzacoalcos

Pico de Orizaba, México

México

Población	82.000.000 de habitantes
Economía	El turismo, el petróleo, productos agrícolas
Ciudades	La Ciudad de México (México, D.F.), Acapulco, Guadalajara, Monterrey, Puebla, León
Moneda	El peso
Geografía y clima	Es el tercer país más grande de la América Latina. Hay una gran variedad de geografía y clima: montañas, valles y costa tropical.

Comprehension check: Ask students: ¿Cuál es la capital de México? ¿Cuáles son otras ciudades importantes? ¿Cómo son la geografía y el clima de México? ¿Cuál es su población? ¿En que se basa la economía?

In **Capítulos 1–5** do the **Para leer bien** and **Lectura** in class with the students in order to build the habit of doing the prereading exercises.

Point out: Students can guess the meaning of many words because they are cognates. Have students locate cognates in the first paragraph.

If this **Lectura** section is read in class, monitor students so they read without using dictionaries and/or the **Vocabulary** at the end of this text.

Point out: Hispanic universities generally give the grades 0–10 rather than letter grades.

PRÁCTICA

A. La vida estudiantil.   The title of the following reading is «**La vida estudiantil**». Brainstorm possible topics that might be included in the passage.

B. ¿Qué ves?   Look at the accompanying photos. What further topics and ideas come to mind?

C. A leer.   Now you are ready to read the following passage. As you read, you will confirm, change, or discard your initial ideas about the content of the passage.

La vida estudiantil°

student life

Las universidades. La mayoría° de las universidades en España y Latinoamérica son públicas. Los estudiantes no pagan° mucho para estudiar allí y las universidades son muy grandes.° Por ejemplo,° en la Universidad Nacional Autónoma de México hay 300.000 estudiantes.

majority
pay
large / For example

Las clases. En clase los profesores hablan y los alumnos escuchan y toman apuntes.° No hay mucho intercambio° o discusión. Generalmente° hay sólo° un examen al final° del curso.

they take notes / interchange / Generally / only
end

Los cafés. Cerca de° las universidades hay cafés. Allí los estudiantes hablan de las clases, de los profesores y de los amigos y compañeros. También escuchan música o estudian. Los estudiantes están contentos en los cafés.

Near

Las actividades. Los estudiantes no estudian siempre. Los fines de semana° van° a fiestas, bailan en las discotecas, caminan por los parques, visitan a los amigos, miran la televisión o escuchan música.

weekends / they go

En la biblioteca. Cuando hay un examen importante, muchos alumnos están preocupados o nerviosos. Algunos° estudian en la biblioteca. Otros° estudian en grupos con amigos. Todos quieren recibir° un 10, la nota° superior.

Some / Others
to get / grade

La Universidad Iberoamericana, México, D.F.

Santiago, Chile

PRÁCTICA Y COMPRENSIÓN

A. ¿Cierto o falso?   Conteste con **cierto** o **falso.** Corrija las oraciones falsas. (*Answer with* **cierto** *or* **falso.** *Correct the false statements.*)

1. Hay pocos estudiantes en las universidades públicas.
2. En clase los profesores hablan y los alumnos escuchan.
3. En el café los alumnos están enojados.
4. Los estudiantes no bailan en las discotecas.
5. Unos estudiantes estudian en grupos.

B. ¡Qué ridículo! (*How ridiculous!*)   Each person will compose five true or false statements about Hispanic universities based on the **Lectura.** Each student will then say each statement to a partner. If the statement is true, the partner will say **cierto.** If the statement is false, the partner will say **¡Qué ridículo!**

ACTIVIDADES

• •

A. Un(-a) amigo(-a).   You are an exchange student in Guatemala. It is the first day of classes and you are very confused. You ask a new friend (played by a classmate) where your classes are located and where to study, buy books, chat with friends. Use the map of the campus provided on page 48.

B. Un encuentro.   As an exchange student you meet another student. With a classmate play the roles of the two acquaintances and tell each other where you

For a complete description of the **Actividades** and how to use them, see the opening pages of this instructor's edition.

Grammar incorporated   **A: Estar** + location; regular **-ar** verbs. **B:** Regular **-ar** verbs. **C:** Regular **-ar** verbs.

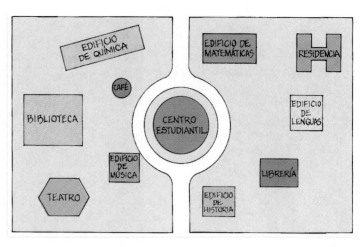

study, practice, work, and do other activities. Find a place to meet later to study Spanish. Use the map of the campus provided.

C. Mis clases en la universidad.   Explain to your classmates what courses you are taking this term, in what building your classes meet, where you study, where you talk with friends.

PARA ESCRIBIR BIEN • Writing Personal Letters

Personal notes and letters are important means of communicating with family and friends in the Hispanic world. The following are some standard ways of beginning and ending personal letters and notes.

SALUTATIONS

Querido(-a) Julio (Julia):   *Dear Julio (Julia),*
Queridos amigos / padres: *Dear friends / parents,*

CLOSINGS

Abrazos,   *Hugs* (comparable to Love,)
Hasta siempre,   *As always,*

COMPOSICIONES

A. Querido Roberto.   Roberto García was an exchange student in your high school. He has since returned to his home in Ecuador but you still keep in touch with him. Write a brief letter to him explaining that you're studying Spanish in the university. Tell him what other classes you're taking, where your classes meet, where you study and chat with friends.

B. Queridos padres.   Write a letter to a family member explaining your activities as a student. Discuss what classes you take, if you work, how you spend your free time, and other pertinent information. Describe how you feel as you engage in various activities.

Vocabulario activo •

La clase

el bolígrafo	*pen, ballpoint pen*
el cuaderno	*notebook, workbook*
el escritorio	*desk*
el lápiz	*pencil*
el libro	*book*
la mesa	*table*
la mochila	*backpack, book bag*
el papel	*paper*
la papelera	*wastebasket*
el pupitre	*student desk*
la regla	*ruler*
el reloj	*clock, watch*
la silla	*chair*

La universidad · *The university*

la biblioteca	*library*
el centro estudiantil	*student center*
la computadora	*computer*
el edificio	*building*
el laboratorio	*laboratory*
la librería	*bookstore*
la oficina	*office*
la residencia	*dormitory*

Las personas · *Persons, people*

el (la) amigo(-a)	*friend*
el (la) compañero(-a)	*companion, -mate*
el (la) compañero(-a) de clase	*classmate*
el (la) compañero(-a) de cuarto	*roommate*
el (la) chico(-a)	*boy (girl)*

el (la) doctor(-a)	*doctor*
el (la) estudiante	*student*

Las clases

la biología	*biology*
el español	*Spanish (language)*
el francés	*French (language)*
la historia	*history*
el inglés	*English (language)*
la lengua	*language*
las matemáticas	*mathematics*
la música	*music*
la química	*chemistry*

Otros sustantivos · *Other nouns*

el café	*café, coffee house*
la casa	*house*
el cuarto	*room*
el examen	*examination, exam*
la lección	*lesson*
la televisión	*television*

Verbos · *Verbs*

bailar	*to dance*
caminar	*to walk*
cantar	*to sing*
comprar	*to buy*
escuchar	*to listen (to)*
estar	*to be*
estudiar	*to study*
hablar	*to speak, talk*
mirar	*to look at, watch*
necesitar	*to need*

practicar	*to practice*
trabajar	*to work*

Adjetivos · *Adjectives*

aburrido	*bored*
cansado	*tired*
contento	*content, happy*
enfermo	*sick, ill*
enojado	*angry, mad*
loco	*crazy*
preocupado	*worried*
triste	*sad*

Otras expresiones

a	*to, toward*
abrazos	*hugs (closing for a personal letter)*
ahora	*now*
allí	*there, over there*
aquí	*here*
cierto	*true*
con	*with*
de	*of, from*
De nada.	*You're welcome.*
¿dónde?	*where?*
en	*in, on, at*
este semestre	*this semester*
falso	*false*
hasta siempre	*as always*
hoy	*today*
me gusta(-n)	*I like*
mi	*my*
pero	*but*
por favor	*please*
¿qué?	*what?*
querido	*dear*
si	*if*
también	*also, too*
tampoco	*(not) either, neither*
te gusta(-n)	*you like*
¿verdad?	*true? right?*

CAPÍTULO 2

Amigos y compañeros

Plaza Mayor, Salamanca, España

➤ Cultural Themes

Concept of friendship in the Hispanic world

Colombia

➤ Communicative Goals

Describing people and objects

Primer encuentro

Describing people

Describing objects

Segundo encuentro

Así se habla: Expressing agreement and disagreement

Describing nationality

Discussing things we do or ought to do

Tercer encuentro

Así se habla: Making introductions

Discussing other things to do

Requesting information

Cuarto encuentro

Para leer bien: Format of a reading

Lectura cultural: *Mis nuevos amigos*

Para escribir bien: Expressing frequency of actions

A pensar

- What part of speech is generally associated with describing people and objects? *Lisa is **tall, thin,** and **pretty.** She lives in a **large modern house.*** Do these descriptive words change form according to the person or object being described?

- When discussing activities, what part of speech is generally used? *During the weekend my friends and I **attend** concerts, **read** novels, and **eat** in the café.* Do these verbs change form according to who is doing the activity? How?

- What are some standard phrases used when making introductions in English? Do the phrases vary according to who is being introduced? How?

- List some common interrogative or question words we use in questions that request information.

primer encuentro

PRESENTACIÓN　　VOCABULARIO EN CONTEXTO

Remind students that translations of **Presentación** dialogues and narratives are located in **Appendix A.**

¿Cómo es tu mejor amigo?

Diego Villarreal

Remind students that adjectives agree with the noun modified. Point out examples of agreement.

Ramón es mi mejor amigo. Es **alto** y **delgado.** Trabajamos juntos en la Universidad de Costa Rica en San José. Ramón es **inteligente** y es un profesor muy **bueno.**

Alicia Gallegos   Bárbara Hurtado es mi mejor amiga. Es **colombiana** pero ahora
trabaja aquí en Lima. Es muy **simpática. Siempre** me escucha
cuando hablo de mis **problemas.**

Consuelo Ramos   Mi **novio** José Luis es mi mejor amigo. Es muy **guapo,** ¿verdad?
En **el futuro** José Luis **quiere** trabajar en una universidad y yo
quiero trabajar en una oficina en **la capital.**

Quiero, quiere are introduced here as vocabu-
lary items. Irregular verbs are introduced in
Capítulo 5. You may also introduce here **quieres**
to ask students: ¿**Dónde quieres trabajar en
el futuro? ¿Quieres trabajar en la univer-
sidad? / en una oficina / en una bi-
blioteca / en una librería / como
profesor(-a)?**

After completing dialogue ask students: **1.
¿Cómo es Ramón? 2. ¿Cómo es Bárbara
Hurtado? 3. ¿Dónde trabaja ahora?
4. ¿Cómo es José Luis? 5. ¿Dónde
quieren trabajar Consuelo y José Luis?**

TERESA   MARIANA

SR. LADO

PEPITO

Supplemental vocabulary: *mediano = medium built;* **pecoso(-a)** *= freckled;* **pelirrojo(-a)** *= redhead;* **tener el pelo lacio / ondulado /rizado** *= to have straight / wavy / curly hair.*

(a)
Teresa es **rubia; su** amiga Mariana es **morena.** Teresa y Mariana son **bonitas.** No son **feas.**

(b)
Pepito es **joven** y **pequeño.** El Sr. Lado es **viejo** y **grande.**

DON QUIXOTE

SANCHO

EDUARDO   NICOLÁS

Point out: Don Quixote and Sancho Panza are the main characters in the famous Spanish novel ***Don Quixote de la Mancha*** written by Miguel de Cervantes.

Ask questions about the people in the drawings: **¿Cómo es Teresa / Mariana / Pepito / el Sr. Lado / Don Quixote / Sancho Panza / Eduardo / Nicolás?**

(c)
Don Quixote es alto y delgado. Su amigo Sancho es **bajo** y **gordo.**

(d)
Eduardo es un niño **malo,** pero su amigo Nicolás es bueno.

Comentarios lingüísticos y culturales

a. The word for *my* has two forms. **Mi** precedes a singular noun: **Mi mejor amigo es Carlos. Mis** precedes a plural noun: **Mis amigos son simpáticos.**

b. The words **tu(-s)** = *your* and **su(-s)** = *his/her/your/their* function in the same manner as **mi(-s).**

c. The word **el (la) novio(-a)** usually translates as *boyfriend* (*girlfriend*) in English. However, the Spanish term generally implies a more serious relationship than the English term. As a result **el (la) novio(-a)** may also translate as *fiancé(-e).*

PRÁCTICA Y CONVERSACIÓN

A. Los amigos.   You and a classmate are discussing acquaintances but you can't agree on what they're like. Whatever you say, your classmate says the exact opposite.

MODELO	
	Mariana / alto
Usted:	**Mariana es alta, ¿verdad?**
Compañero(-a):	**No, Mariana es baja.**

1. Cristina / bueno
2. Diego / rubio
3. Elena / delgado
4. Tomás / pequeño
5. Rosa / bonito
6. Roberto / bajo
7. Eduardo / feo
8. Juana / joven

Warm-up: Research shows that vocabulary can be more easily learned in meaningful pairs of opposites. Give masc. sing. adjective; students provide the masc. sing. form for the adjective opposite in meaning: e.g., **bonito / feo.** Give the following adjectives: **moreno / viejo / alto / gordo / feo / bueno / pequeño.**

B. ¿Cómo son estas personas?   Describa a las personas en el dibujo. (*Describe the people in the drawing.*)

1. El señor es _____ .
2. La señorita es _____ y _____ .
3. La señorita es _____ y _____ .
4. El señor es _____ y _____ .
5. Pedro es _____ .
6. Juan es _____ .

C. ¿Cómo son?   Alejandro de la Nuez and Cristina Rosenvinge are two popular singers in Spain. Work with a classmate to complete the sentences using the information from the article on page 56.

Alejandro
1. El signo de Alejandro es _____ .
2. Él es _____ .
3. Le gusta _____ .

Cristina
1. El signo de Cristina es _____ .
2. Le gusta _____ .
3. Su chico ideal es _____ .

Ask students to read the information on the two singers and then complete the exercise in pairs. Remind them to guess meaning from cognates and format. Follow up by asking if they know the characteristics of the people from these zodiac signs.

Su intención es seguir dentro del mundo de la música diez años o más. Con mucha marcha. Como sea

Nombre: Alejandro de la Nuez.
Edad: 25 años.
Talla: 1,75 metros.
Color de ojos: Según las lentillas que me ponga.
Signo: Virgo.
Virtud principal: Soy artista.
Defecto principal: Artista=payaso.
Aficiones: Fútbol.
Definición de la chica ideal: Cualquiera a la que yo le guste.

Nombre: Cristina Rosenvinge.
Edad: 24 años.
Talla: 1,70 metros.
Color de ojos: Verde.
Signo: Géminis.
Virtud principal: Sinceridad.
Defecto principal: ¡Sinceridad!
Aficiones: Cine, lectura, viajar
Definición del chico ideal: Inteligente, con sentido del humor, sensual, guapo y muy, muy rico (por supuesto, dispuesto a regalarme su dinero).

D. ¿Cómo es tu mejor amigo(-a)?   Using the adjectives you have just learned, briefly describe your best friend to your classmates.

Variación D: Write a brief paragraph describing your best friend.

SONIDOS . . . r, rr

When the letter **r** does not begin a word, it is pronounced by a single flap of the tip of the tongue on the ridge behind the upper front teeth. This sound is similar to the English *tt* in *batter* or *dd* in *ladder*.

Emphasize that the Spanish /r/ exists in English but is spelled with different letters: /r/ = *tt* or *dd* in English (as in *kitty, daddy*).

To pronounce the letter **r** at the beginning of a word and the letter **rr** in the middle of a word, the tip of the tongue is flapped on the ridge behind the upper teeth in rapid succession. This action is called *trilling* and the **rr** sound is often called a *trilled* **r.**

PRÁCTICA

Escuche y repita después de su profesor(-a).

Have students pronounce English words with *tt* or *dd* sounds; then try similar sounding Spanish words: *batter / butter / better / Patty / Betty / pitter patter.* English *pot o'* = Spanish **para.**

r	Bárbara Hurtado mejor trabajar problemas
	Bárbara Hurtado es mi mejor amiga. Siempre me escucha cuando hablo de mis problemas.
rr	Villarreal **R**amón **R**amos rubio
	Ramón es el amigo de Diego Villarreal. **R**amón es alto, delgado y rubio.
r and **rr**	En el futuro Consuelo **R**amos quiere trabajar en la capital.

Point out: Many Spanish words are differentiated by /r/ and /rr/: **caro / carro; pero / perro.**

ESTRUCTURAS

● ●

DESCRIBING PEOPLE

Ser + Adjectives and Nouns
In order to describe traits and characteristics of people, you need to learn to use the verb **ser** = *to be.*

SER *to be*					
yo	**soy**	*I am*	nosotros	**somos**	*we are*
tú	**eres**	*you are*	vosotros	**sois**	*you are*
él		*he is*	ellos		*they are*
ella	**es**	*she is*	ellas	**son**	*they are*
Ud.		*you are*	Uds.		*you are*

Reassure students that they will learn to distinguish **ser** and **estar.** Tell them to learn the uses of **ser** explained here.

a. There are two Spanish verbs *to be:* **estar,** which you learned in **Capítulo 1,** and **ser.** Like **estar, ser** is an irregular verb that does not follow a normal pattern of conjugation.

b. **Ser** is used with adjectives that tell what someone or something is like.

Carlos **es** muy alto.   *Carlos is very tall.*
Susana y María **son** rubias.   *Susana and María are blondes.*

c. **¿Cómo está él?** = *How is he?* **Estar** in this context refers to health.
¿Cómo es él? = *What is he like?* **Ser** in this context refers to traits and characteristics.

Study the following examples.

—**¿Cómo está** Yolanda?   *How is Yolanda?*
—Yolanda **está** enferma.   *Yolanda is sick.*

—**¿Cómo es** Yolanda?   *What is Yolanda like?*
—Yolanda **es** muy bonita.   *Yolanda is very pretty.*

d. **Ser** is used with nouns to tell who or what someone or something is. In such cases **ser** is followed by professions, nationalities, or even a definition.

Mi amiga Norma **es** estudiante.   *My friend Norma is a student.*
Es una estudiante muy buena.   *She's a very good student.*

Note that the indefinite article is not used after **ser** with professions and nationalities unless the noun is modified by an adjective.

En contexto

Antonio, Miguel y yo **somos** muy buenos amigos. Antonio **es** alto y delgado; Miguel y yo **somos** bajos. Yo **soy** moreno pero Antonio y Miguel **son** rubios. Y tú, ¿cómo **eres?**

PRÁCTICA Y CONVERSACIÓN

A. ¿Cómo son estas personas?   Tell your classmates what the following people are like.

1. Yo soy _____.
2. Mi familia es _____.
3. Mis amigos son _____.
4. Mi mamá es _____.
5. Mi profesor(-a) de español es _____.
6. Mi papá es _____.
7. Mi compañero(-a) es _____.
8. Mi mejor amigo(-a) es _____.

B. Entrevista personal.   Hágale a su compañero(-a) de clase preguntas sobre las siguientes personas (*about the following people*) y su compañero(-a) debe contestar.

Pregúntele a un(-a) compañero(-a) cómo es...

1. su mejor amigo(-a).
2. su compañero(-a) de clase.
3. el presidente de los EE.UU.
4. su familia.
5. su profesor(-a) de español.
6. su actor (actriz) favorito(-a).

C. La clase de español. Observe the members of your Spanish class to find out the following information. Then tell your classmates about themselves.

¿Cuántos alumnos hay en su clase? ¿Cuántos son rubios? ¿morenos?

¿Cuántos son altos? ¿bajos? ¿simpáticos? ¿inteligentes? ¿?

DESCRIBING OBJECTS

Position and Agreement of Adjectives

In order to describe objects, you need to learn how to form and where to place adjectives of color and other descriptive adjectives.

Coches de varios colores

a. Like other adjectives denoting a characteristic, adjectives of color may follow a form of **ser.**

—¿De qué color es el coche de tu amiga?   *What color is your friend's car?*
—Su coche es **amarillo.**   *Her car is yellow.*

b. Descriptive adjectives usually follow the noun they modify.

Quiero comprar **un teléfono azul.**   *I want to buy a blue telephone.*

c. Like adjectives that are used with **ser** or **estar,** adjectives that modify a noun change form to agree in number and gender with that noun.

1. Adjectives ending in **-o** have four forms: **blanco, blancos, blanca, blancas.**
2. Adjectives ending in a vowel other than **-o** have two forms: **verde, verdes.**
3. Adjectives ending in consonant have two forms: **azul, azules / gris, grises.**

En contexto

—¿Cuál° es tu color favorito?
—**El rojo,** por supuesto.° Mi mochila es **roja.** Mis lápices y bolígrafos son **rojos** y mi coche nuevo° también es **rojo.**

PRÁCTICA Y CONVERSACIÓN

Variación A: Pregúntele cómo es... su coche / su cuarto / su casa / su cuaderno / su teléfono

Point out: Admirar is a cognate and a regular **-ar** verb. You may want to point out that the personal **a** is used before direct object nouns that refer to persons.

Encourage students to give more than one adjective.

Have students report their findings back to the class: **Juan admira a Susana porque...**

A. **Colores.** Pregúntele a un(-a) compañero(-a) de clase de qué color son las siguientes cosas (*following things*) y su compañero(-a) debe contestar.

Pregúntele de qué color es...

su coche / su cuarto / su casa / su cuaderno / su teléfono / ¿?

B. **¿Qué quieres?** Using as many different adjectives as you can, tell a classmate how you would like the following things to be.

MODELO	casa

Quiero una casa grande y bonita.

coche / amigos / novio(-a) / profesor(-a) / cuarto / casa

C. **¿A quién admiras?** Interview three people in the class and find out who they admire most and why. Use the verb **admirar.**

MODELO	Usted:	**¿A quién admiras?**
	Compañero(-a):	**Admiro a Susana porque es inteligente y bonita.**

PRESENTACIÓN   **VOCABULARIO EN CONTEXTO**

¿De dónde eres?

*Unos estudiantes internacionales **comen** y **beben** en la cafetería.*

Mario	Felipe, ¿**de dónde** eres?
Felipe	Soy colombiano; soy de Bogotá. ¿Y tú Raúl?
Raúl	Yo soy **mexicano,** de Guadalajara. Miguel, tú eres de **Chile,** ¿verdad?
Miguel	No, soy de **Venezuela** pero hay muchos alumnos **chilenos** aquí.
Héctor	¿Por qué están Uds. en esta universidad?
Fernanda	Para **aprender** otras **lenguas** porque queremos **viajar.** Si **visitamos** los EE.UU., **debemos comprender** el inglés.

After completing the dialogue ask students: **¿De dónde son Felipe, Raúl y Miguel? ¿Qué estudian y por qué?**

Point out: Adjectives of nationality are taught on pp. 65–67. Countries are not listed in the **Vocabulario activo** at the end of this chapter. Instructors can decide which names of countries are active vocabulary and which are for recognition.

OTROS PAÍSES

Alemania	*Germany*	Francia	*France*
la Argentina	*Argentina*	Inglaterra	*England*
el Canadá	*Canada*	Italia	*Italy*
Cuba	*Cuba*	el Japón	*Japan*
España	*Spain*	Puerto Rico	*Puerto Rico*
los Estados Unidos	*United States*	Rusia	*Russia*

¿Qué lenguas hablan en otros países?

En Alemania hablan **alemán.**
En Italia hablan **italiano.**
En el Japón hablan **japonés.**
En Rusia hablan **ruso.**
¿Y qué hablan en España?

Ask students: **¿Qué hablan en** Colombia / *el Japón / Francia / los EE.UU. / Alemania / Italia / Rusia / el Canadá / la Argentina?*

PRÁCTICA Y CONVERSACIÓN

Warm-up: Ask individual students: **¿Habla Ud. ruso / alemán / francés / italiano / japonés / inglés / español? ¿Qué lenguas habla?**

A. La escuela (*school*) **internacional.** ¿Qué lenguas puede Ud. (*can*) aprender en esta escuela?

madrid PLUS

ESCUELA INTERNACIONAL DE ESPAÑOL
Spanish for foreigners

- Cursos todo el año
- Intensivos/Generales
- Grupos reducidos
- Amplio programa de actividades
- Cursos en el extranjero
  inglés/francés/alemán/italiano

C/ Arenal, 21, 6 d. Telf. 559 29 04

B. Las capitales. Usando (*Using*) la información en el siguiente anuncio (*ad*), pregúntele a un(-a) compañero(-a) de clase en qué países están las capitales siguientes.

AMPLIAMOS
LA AMERICA DE AMERICAN

COSTA RICA
*En servicio.

GUATEMALA
*En servicio.

HONDURAS
*15 de agosto.

HONDURAS
*15 de agosto.

EL SALVADOR
*15 de agosto.

BELIZE
*15 de agosto.

VENEZUELA
*En servicio.

BRASIL
*1 de julio.

Ampliamos sus
Horizontes HispanoS
Todos los días a
20 destinos en 15 países
de Latinoamérica
desde nuestro Eje en Miami.
Con nuestra acostumbrada
puntualidad, calidad de
servicio, hospitalidad y
hablando su propio idioma.

BRASIL
*1 de julio.

CHILE
*1 de julio.

ARGENTINA
*1 de julio.

PANAMA
*21 de julio.

PERU
*21 de julio.

BOLIVIA
*21 de julio.

ASUNCION
PARAGUAY
*21 de julio.

COLOMBIA
*1 de agosto.

COLOMBIA
*1 de agosto.

COLOMBIA
*1 de agosto.

ECUADOR
*1 de agosto.

ECUADOR
*1 de agosto.

A partir del 1 de julio...

Consulte a su Agente de Viajes o llame a American Airlines a
nuestro teléfono hispano, libre de cargos: 1-800-633-3711,
24 horas al día, 7 días a la semana.

AmericanAirlines®
Todo es especial ©

*Fecha de iniciación del servicio.

MODELO

Bogotá

Usted: **¿Dónde está Bogotá?**

Compañero(-a): **Bogotá está en Colombia.**

Caracas / Lima / San José / Santiago / Buenos Aires / La Paz / Quito /Asunción / Tegucigalpa / San Salvador

Expansión B: Madrid / Tokio / Roma / París / Londres / Moscú

C. Las lenguas. Pregúntele a un(-a) compañero(-a) qué lenguas hablan en estos países.

MODELO

Colombia

Usted: **¿Qué hablan en Colombia?**

Compañero(-a): **En Colombia hablan español.**

1. el Japón
2. Francia
3. los Estados Unidos
4. Alemania
5. Italia
6. Rusia
7. el Canadá
8. la Argentina

D. ¿Quieres visitar la Argentina? Take a survey of at least five members of your Spanish class to find out which countries they would like to visit. Ask them if they speak the language of the countries they want to visit.

Have each student report his/her findings to the class in Spanish.

Así se habla

EXPRESSING AGREEMENT AND DISAGREEMENT

These are some expressions that can be used to agree with somebody.

Sí.	*Yes.*
¡Cómo no!	*Of course!*
¡Por supuesto!	*Of course!*
[Estoy] de acuerdo.	*I agree.*
Creo que sí.	*I think so.*
¡Claro!	*Of course!*
¡Claro que sí!	*Of course!*
Es verdad.	*It's true.*

These are some expressions that are used to disagree with someone.

Creo que no.	*I don't think so.*
No estoy de acuerdo.	*I don't agree.*
No, no es así.	*No, it's not so.*
No es verdad.	*It's not true.*
¡Qué va!	*No way!*

—¡Claro que sí!
—¡Qué va!

PRÁCTICA Y CONVERSACIÓN

Students work in pairs. One student reads the statement. The partner agrees or disagrees.

A. ¿De acuerdo o en desacuerdo? Using expressions presented in **Así se habla,** tell whether you agree or disagree with these statements.

1. Mis amigos son muy simpáticos.
2. Mañana hay un examen en la clase de español.
3. El presidente es muy bueno.
4. México es un país muy bonito.
5. La química es aburrida.

B. El primer día (*first day*) de clase. Work in pairs and answer these questions.

1. ¿Eres de los EE.UU.?
2. ¿Quieres viajar a España?
3. ¿Quieres escuchar música ahora?
4. ¿Estudias en la biblioteca?
5. ¿Estás de acuerdo con tus profesores?

S O N I D O S . . . *Diphthongs with u: ua, ue, ui, uo*

Have students find examples of diphthongs with **u** in the dialogue of the **Presentación.**

The **u** before a vowel creates a diphthong—that is, a blending or merging of two vowel sounds. The **u** in these diphthongs is pronounced like the English *w* before vowels as in *was, way, we,* and *won't.* The diphthong **ui** found in the word **muy** and **uo** found in the word **cuota** are not as common as the diphthongs **ua** or **ue.**

PRÁCTICA

Escuche y repita después de su profesor(-a).

ua   Ed**ua**rdo **Gua**dalajara **Gua**temala **gua**po **cuá**ntos
—¿**Cuá**ntos estudiantes son de **Gua**temala?
—**Cua**tro: Inés, Ed**ua**rdo, **Gua**dalupe y Roberto.

ue   Venez**ue**la P**ue**rto Rico ac**ue**rdo por sup**ue**sto Man**ue**l
—Man**ue**l es de P**ue**rto Rico, ¿verdad?
—Por sup**ue**sto. Es de la capital.

ESTURCTURAS

DESCRIBING NATIONALITY

*Emphasize this new function of **ser** expressing origin and nationality.*

Ser + Place of Origin or Adjective of Nationality

To explain where someone or something is from, you use a form of **ser** followed by the names of places or nationalities.

a. The forms of **ser** can be used to express places of origin. When followed by the preposition **de** meaning *from* + the name of a city, country, or geographic region, it can be used to tell where someone or something is from.

Somos de Bogotá.   *We are from Bogota.*
Los libros **son de** España.   *The books are from Spain.*

b. The expression **¿de dónde?** is used with **ser** to ask where someone or something is from.

Point out: Prepositions precede interrogatives. Avoid English word order.

¿De dónde es Mario?   *Where is Mario from?*
¿De dónde son los alumnos? *Where are the students from?*

c. The verb **ser** is used with the adjectives of nationality in the following list.

*Point out: Students have already learned some of the words in the list as nouns in **Capítulo 1.***

alemán	*German*	inglés	*English*
argentino	*Argentinian*	italiano	*Italian*
canadiense	*Canadian*	japonés	*Japanese*
colombiano	*Colombian*	mexicano	*Mexican*
cubano	*Cuban*	norteamericano	*North American*
español	*Spanish*	puertorriqueño	*Puerto Rican*
francés	*French*	venezolano	*Venezuelan*

*Point out: The name of the language and the masc. sing. adjective are frequently identical: **el inglés / inglés.***

d. Note the formation of adjectives of nationality.

1. Adjectives of nationality that end in **-o** such as **mexicano** have four forms: **mexicano, mexicanos, mexicana, mexicanas.**

2. Adjectives of nationality that end in a consonant, such as **español,** have the following four forms: **español, españoles, española, españolas.**

*Remind students that no indefinite article is used after **ser** + adjective or noun unless modified: **Pedro es colombiano. Pedro es un colombiano simpático.***

3. With adjectives of nationality that end in an accented syllable (**-és, -mán**), the accent mark appears only in the masculine singular form.

Roberto es **inglés.**	*Robert is English.*
Margarita es **inglesa** también.	*Margarita is English, also.*

e. The preposition **de** follows the verb **ser** to express place of origin. An adjective follows the verb **ser** to express nationality. Compare the following examples.

Pedro **es de** Colombia.	*Pedro is from Colombia.*
Pedro **es** colombiano.	*Pedro is Colombian.*

f. When an adjective is used to modify a group including both masculine and feminine nouns, the masculine form is used.

Victoria, Susana y Ricardo son **cubanos.**	*Victoria, Susana, and Ricardo are Cuban.*

En contexto

Mi mamá es **francesa** y mi papá es **español.** Mi mejor amiga es **inglesa;** es de Londres. Y mi compañera de cuarto en la universidad es **italiana.** ¿Qué hablamos? Hablamos español porque todos nosotros° somos **argentinos.**

all of us

PRÁCTICA Y CONVERSACIÓN

A. Unas personas famosas.   ¿Quiénes son estas personas famosas? ¿De dónde son? ¿Cómo son?

Julio Iglesias

Elton John

Sophia Loren

Claudia Schiffer

Jacques Cousteau

B. Nacionalidades. Conteste según el modelo.

MODELO		

Usted: **Manuel es mexicano. ¿Y Amalia?**
Compañero(-a): **Amalia es mexicana también.**

1. Juan es español. ¿Y Vicente y Emilio?
2. Los alumnos son colombianos. ¿Y Teresa?
3. Josefina es alemana. ¿Y Raúl?
4. El profesor es argentino. ¿Y las alumnas?
5. Las señoritas son francesas. ¿Y Miguel?
6. Ramón es inglés. ¿Y Francisco y Anita?

C. Autorretrato. Provide a self-portrait for your classmates by completing the following sentences.

Variación C: Assign Práctica C as a short composition topic.

1. Me llamo (*su nombre*).
2. Soy (*profesión*).
3. Soy (*nacionalidad*).
4. Soy de (*ciudad / estado*).
5. Soy el (la) amigo(-a) de (*nombre de su amigo(-a)*).
6. Soy (*adjetivo*), (*adjetivo*) y (*adjetivo*).

D. ¿De dónde son sus compañeros de clase? ¿Es internacional su clase? Find out the nationality of at least five of your classmates. What is the nationality of most of the students in the class?

DISCUSSING THINGS WE DO OR OUGHT TO DO

Present Tense of Regular *-er* Verbs

To describe and discuss activities and obligations, you need to be able to use regular *-er* verbs, the second major category of Spanish verbs.

Remind students that verbs are made negative by placing **no** directly before the conjugated form.

VENDER *to sell*			
Yo	vend**o** libros.	Nosotros	vend**emos** libros.
Tú	vend**es** libros.	Vosotros	vend**éis** libros.
Él		Ellos	
Ella	} vend**e** libros.	Ellas	} vend**en** libros.
Ud.		Uds.	

a. To form the present tense of a regular **-er** verb like **vender,** first obtain the stem by dropping the **-er** from the infinitive: **vender** > **vend-.** To this stem add the endings that correspond to the subject: **-o, -es, -e, -emos, -éis, -en.**

Have students provide the stem of these verbs: **aprender / leer / comprender / creer.**

b. REMINDER: The present tense in Spanish has three possible meanings: **vendo** = *I sell, I am selling, I do sell.*

Students should conjugate **comer**; instructor could write forms on the board.

c. Here is a list of common regular **-er** verbs.

aprender	*to learn*	deber	*to owe, ought to, should*
beber	*to drink*		
comer	*to eat*	leer	*to read*
comprender	*to understand*	vender	*to sell*
creer	*to believe*		

Point out: Deber + infinitive = obligation. **Debo estudiar más.** = *I ought to study more; I should study more.*

afterwards

Point out: Creer is follwed by **que** when a second conjugated verb is present. Remind students that *that* is optional in such cases in English but necessary in Spanish.

Warm-up: Using **comer,** have students explain that the following people eat in the café. **MODELO:** *Ramón* **come en el café. Juanita y yo / tú / Emilio y Luis / Silvia / yo / los profesores**

Review instructions for interview format if necessary. Again, the **si** is not used in the question.

En contexto

Mis amigos y yo estudiamos francés porque queremos trabajar en Francia. En clase **leemos** los diálogos y después° **aprendemos** los verbos. **Creo** que **comprendemos** bien pero **debemos** practicar mucho.

PRÁCTICA Y CONVERSACIÓN

A. Unas actividades. Explain what the following people are doing now.

MODELO   Roberto / comer en casa
Roberto come en casa ahora.

1. Nicolás y yo / comer en un café
2. tú / aprender el vocabulario
3. Paula y Berta / vender unos libros
4. Uds. / beber una limonada
5. Manolo / leer en su cuarto
6. ¿?

B. Entrevista personal. Hágale a su compañero(-a) de clase preguntas sobre sus actividades. Su compañero(-a) debe contestar.

Pregúntele...

1. si come en casa o en un café.
2. dónde estudia y lee.
3. si lee libros en español.
4. si aprende mucho en clase.
5. si comprende la lección.

C. Sus deberes (*duties*). Your instructor will divide the class into pairs. Tell each other the things you should do today.

MODELO   **Hoy debo leer el Capítulo 2 y debo _____.**
También debo _____.

tercer encuentro

PRESENTACIÓN **VOCABULARIO EN CONTEXTO** •

Te presento a mis amigos.

Palamos, España

Remind students that it is the custom in the Hispanic world to shake hands when one is introduced to new acquaintances. Point out that sometimes Hispanics will state their own name and extend their hand.

Videocassette segment to accompany this section; see Viewer's Guide in the Instructor's Resource Manual, Chapter 2

En la residencia estudiantil.

Sergio	¡Hola, Ana María! ¿Qué tal?
Ana María	Bien, gracias. Sergio, **te presento** a mis amigas Clara y Marta.
Sergio	Mucho gusto, Marta.
Marta	El gusto es mío.

Clara	**Encantada,** Sergio.
Sergio	Encantado. ¿**Viven** aquí en la residencia estudiantil?
Clara	Sí, Marta y yo somos compañeras de cuarto.
Sergio	¿Quieren **tomar** un café? Yo **invito.**
Marta	¡Ah sí! ¡Cómo no! **Aceptamos.**

After completing the dialogue ask students: **¿Cómo se llaman las amigas de Ana María? ¿Dónde viven las chicas? ¿Quién es la compañera de cuarto de Clara? ¿Aceptan las chicas la invitación de Sergio?**

1. **Siempre** tomo café **por la mañana.**

2. A **menudo** tomo té **por la tarde.**

3. **Por la noche a veces** tomo **cerveza.**

Supplemental vocabulary: Unas bebidas: el agua / el café / la cerveza / la leche / el refresco / el té / el vino.

Comentarios lingüísticos y culturales

a. Both **el gusto es mío** and **encantado(-a)** are appropriate replies to **mucho gusto. Encantado(-a)** agrees with the person speaking.

b. The verb **tomar** can mean *to drink* or *to have* when it is followed by a noun denoting a liquid.

    Tomo café por la mañana.   *I have (drink) coffee in the morning.*

c. In Hispanic society when a person says «**Yo invito**» it means that he/she is inviting you to do something and that he/she will pay for the activity.

PRÁCTICA Y CONVERSACIÓN

A. Situaciones. In the following situations someone makes a statement to which you must reply. What would you say?

1. Te presento a mi amiga Carmen.
2. Te presento a mi amigo Roberto.
3. Me llamo Marcos Guevara.
4. Me llamo Amelia del Río.
5. Mucho gusto, señor / señora / señorita.

B. ¿Por la mañana, por la tarde o por la noche? Tell your friend when you do these activities.

1. Hablo con mis amigos _____.
2. Leo las lecciones _____.
3. Como en casa _____. Como en un restaurante _____.
4. Siempre bebo café/té _____.
5. Practico en el laboratorio _____.
6. Estoy en la clase de español _____.
7. No trabajo _____.

PUENTE Cultural

La importancia de la amistad°

friendship

La connotación de la palabra° **amigo** en español es diferente de la palabra *friend* en inglés. En español, **amigo** significa una relación íntima y profunda° que dura toda la vida.° Es cierto que los jóvenes en los países hispánicos reciben su concepto de identidad de un grupo más grande de amigos, pero siempre hay uno o dos amigos que se llaman **amigos íntimos.** Con el tiempo estos° amigos son como° miembros de la familia.

word
deep
that lasts a lifetime

these
like

COMPRENSIÓN CULTURAL

A. Conteste las siguientes preguntas según la fotografía.

1. ¿Quiénes son las personas en la fotografía?
2. ¿Dónde están?
3. ¿Son amigos?

B. Explain why the following statements do not reflect the Hispanic concept of friendship.

1. I have many new friends in the university.
2. We're inviting 150 friends to our party.
3. I just can't trust my best friend with any secrets.

Así se habla

MAKING INTRODUCTIONS

These are some of the common expressions used to introduce people.

INTRODUCING OTHER PEOPLE

Luisa, te presento a Mónica.	*Luisa, let me introduce you to Mónica.*
Ésta es mi amiga Mónica.	*This is my friend Mónica.*

INTRODUCING YOURSELF

Permítame que me presente.	*Allow me to introduce myself.*
Me llamo Marcos Guevara.	*My name is Marcos Guevara.*

RESPONSES

Encantado(-a) de conocerte.	*Delighted to meet you.* (Informal)
Encantado(-a) de conocerlo(-la).	*Delighted to meet you.* (Formal)
Encantado(-a).	*Delighted.*
Mucho gusto.	*Pleased to meet you.*
Mucho gusto en conocerlo(-la).	*Pleased to meet you.* (Formal)
El gusto es mío.	*It's my pleasure.*

Videocassette segment to accompany this section; see Viewer's Guide in the Instructor's Resource Manual, Chapter 2.

Remind students to shake hands as they are introduced.

PRÁCTICA Y CONVERSACIÓN

Nuevos amigos. Your instructor will divide the class into groups of three people. Each of you should introduce one classmate to the other using the appropriate phrases.

A ESCUCHAR

A. These friends are going on a blind date on Saturday night. Listen to what they say when they meet; then circle the answer that best completes the sentence according to the conversation you have heard. Remember to listen for the gist of the conversation. Don't try to understand every single word.

1. Las muchachas están muy (bonitas / feas / cansadas).

2. Las muchachas están (muy / un poco / bastante) nerviosas.

3. Los muchachos son amigos de (Elena / Ana / Ramón).

4. Los muchachos son de (Venezuela / Bolivia / México).

5. (El grupo / Las muchachas / Ramón) decide(-n) tomar una cerveza y luego decide(-n) bailar.

ESTRUCTURAS  ●

DISCUSSING OTHER THINGS WE DO

Present Tense of Regular *-ir* Verbs
To describe and discuss certain things you and your friends do, you need to be able to use regular **-ir** verbs, the third and last category of Spanish verbs.

ESCRIBIR CARTAS *to write letters*					
Yo	escrib**o**	cartas.	Nosotros	escrib**imos**	cartas.
Tú	escrib**es**	cartas.	Vosotros	escrib**ís**	cartas.
Él			Ellos		
Ella	escrib**e**	cartas.	Ellas	escrib**en**	cartas.
Ud.			Uds.		

a. To form the present tense of regular **-ir** verbs like **escribir,** obtain the stem by dropping the **-ir** from the infinitive: **escribir > escrib-.** To this stem add the endings that correspond to the subject: **-o, -es, -e, -imos, -ís, -en.**

—¿**Viven** Uds. lejos de la universidad?   *Do you live far from the university?*

—No, **vivimos** en un apartamento cerca de la universidad.   *No, we live in an apartment near the university.*

b. Note that the endings for **-ir** verbs are like those of **-er** verbs, except for the **nosotros** and **vosotros** forms.

Remind students that verbs are made negative by placing **no** before the conjugated form. Remind students that the present tense has three possible meanings: **vivo** = *I live, I am living, I do live.*

Point out: The **a** is required after **asistir** even though it has no English translation.

c. Here is a list of regular **-ir** verbs to learn to conjugate and use.

asistir a un concierto	*to attend a concert*	recibir	*to receive*
discutir	*to discuss*	vivir	*to live*
escribir	*to write*		

En contexto

Federico   **¿Asistes** a clase por la noche?

Elena   No, **vivo** muy lejos de la universidad y **asisto** a clase por la mañana.

Warm-up: 1. Uds.: vivir / escribir **2.** yo: recibir / discutir **3.** él: asistir / recibir **4.** tú: escribir / vivir **5.** nosotros: discutir / recibir.

PRÁCTICA Y CONVERSACIÓN

A.   ¿Dónde viven?   Explain where the following people live.

Expansión A: Diego / Bolivia; Ignacio y Esteban / el Perú.

> **MODELO**   Miguel / Venezuela
> **Miguel vive en Venezuela.**

1. tú / España
2. las alumnas / los EE.UU.
3. Clara y yo / la Argentina
4. Uds. / Puerto Rico
5. yo / Ecuador
6. Lupe / México

B.   Entrevista personal.   Hágale preguntas sobre las siguientes cosas a un(-a) compañero(-a) de clase y su compañero(-a) debe contestar.

Pregúntele...

1. si vive cerca o lejos de la universidad.
2. si vive en una casa o en un apartamento.
3. si discute problemas con sus amigos.
4. si escribe muchas cartas.
5. si recibe muchas cartas de los amigos.
6. si asiste a conciertos de música rock.

Remind students to form questions using the **tú** form. Continue to check that they are not using **si** in their questions.

C.   La vida (*life*) **en la universidad.**   Interview a classmate to find out about his/her life in the university. Find out what he/she does in the morning / afternoon / evening. Report your findings to the class.

TEMAS DE CONVERSACIÓN: asistir a clases / asistir a conciertos / comer y beber en un café / escribir cartas / hablar por teléfono / visitar a amigos / discutir problemas / leer / ¿?

REQUESTING INFORMATION

Question Formation with Interrogative Words
In order to request information you must be able to form questions using interrogative words. In this section you will learn various interrogatives and how to use them.

a. Questions requesting information contain an interrogative word such as those in the following list. Note that all interrogative words use a written accent mark.

¿cómo?	*how?*	¿dónde?	*where?*
¿cuál?	*which? which one(s)?*	¿por qué?	*why?*
¿cuándo?	*when?*	¿qué?	*what?*
¿cuánto?	*how much? how many?*	¿quién?	*who?*

b. Most questions requesting information are formed by inverting the order of the subject and verb. Note that the interrogative word is the first word of the question.

—¿**Dónde** vive Enrique?   *Where does Enrique live?*
—Vive en México.   *He lives in México.*

—¿**Qué** beben Uds.?   *What are you drinking?*
—Café.   *Coffee.*

Point out: Highest pitch of intonation is on interrogative word in information-seeking questions.

c. **¿Por qué?** meaning *why?* is written as two words. The word **porque** (written as one word) means *because* and is often used in answers.

—¿**Por qué** vives en la residencia?   *Why do you live in the dorm?*
—**Porque** quiero estar con mis amigos.   *Because I want to be with my friends.*

d. **¿Quién?** is singular and usually requires a response in the singular form. **¿Quiénes?** is plural and usually requires a response in the plural form. Both **quién** and **quiénes** mean *who.*

—¿**Quién** escucha música?   *Who is listening to music?*
—Ana escucha música.   *Ana is listening to music.*

—¿**Quiénes** escuchan música?   *Who is listening to music?*
—Los alumnos escuchan música.   *The students are listening to music.*

e. **¿Cuánto?** has four forms. It agrees in number and gender with the noun that follows.

Point out: ¿Cuánto? used alone is an important word used in shopping.

1. **¿cuánto(-a)?** + noun = *how much?* + noun
    ¿Cuánta cerveza beben Uds.?   *How much beer do you drink?*

2. **¿cuántos(-as)?** + noun = *how many?* + noun
    ¿Cuántos alumnos comen en el café?   *How many students eat in the café?*

f. There are two ways to express *which?* in Spanish.

Remind students: ¿Cómo? used alone is a way of asking for clarification when you do not understand what was said. Compare it to the English *How's that again?*

1. The interrogative **¿qué?** can function as an adjective meaning *which?* or *what?*

    qué + noun   =   *which / what* + noun
    ¿En **qué** casa vives?   *In which house do you live?*

2. **¿Cuál(-es)?** is a pronoun meaning *what?, which?,* or *which one(-s)?* of a group. It is used to replace a previously mentioned noun.

    ¿cuál(-es)?   =   *what, which one(-s)?*
    ¿**Cuál** es tu coche?   *Which one is your car?*
    ¿**Cuáles** son tus clases favoritas?   *What are your favorite classes?*

Although **cuál(-es)** is used as an adjective in some parts of the Hispanic world, this text uses **cuál(-es)** only as a pronoun and **qué** as the adjective meaning *which / what.*

¿Qué? vs. **¿Cuál?** will be presented formally in **Capítulo 15.**

En contexto

—¿**Qué** tomas por la mañana?
—Tomo café por la mañana.
—¿**Y cuándo** tomas cerveza?
—Tomo cerveza por la noche.

PRÁCTICA Y CONVERSACIÓN

A. Una conversación incompleta.   You are listening to a phone conversation between your roommate and his/her mother. Since you can only hear your roommate's answers you have to supply the questions. Fill in the appropriate interrogative words and role-play the completed conversation with a classmate.

1. —Hola, Julio(-a). ¿_____ estás?
   —Estoy bien, mamá.

2. —¿_____ estudias este semestre?
   —Estudio biología, historia y matemáticas.

3. —¿Y _____ asistes a clase?
   —Por la mañana.

4. —¿_____ no asistes a clases por la tarde?
   —Porque trabajo por la tarde.

5. —Bien. ¿Con _____ estudias?
   —Con mis amigos y mi compañero(-a) de cuarto.

6. —¿Y _____ estudian Uds.?
   —En la biblioteca o en mi cuarto de la residencia.

7. —¿_____ es tu residencia?
   —Es el edificio nuevo y alto.

8. ¡Qué bien! ¿_____ estudiantes viven allí?
   —Hay cien (*a hundred*) estudiantes en mi residencia.
   —Pues, adiós, Julio(-a).
   —Hasta pronto, mamá.

*After completing **Práctica A** have 1–2 pairs of students present the telephone conversation to the entire class.*

B. Entrevista personal.   Hágale preguntas a un(-a) compañero(-a) de clase acerca de (*about*) las siguientes cosas y su compañero(-a) debe contestar.

Pregúntele...

1. cuándo asiste a clase.

2. cuál es su clase favorita este semestre.

3. dónde estudia generalmente.

4. por qué aprende español.

5. cuántas cartas escribe y recibe a la semana (*per week*).

6. con quiénes vive.

7. en qué residencia / apartamento / casa vive.

Point out: Interrogatives have written accents even when embedded in a statement, as in this exercise.

C. La nueva compañera.   You and your Cuban friend are discussing a new classmate in your English literature class. Provide the questions and your friend will answer them. Use your imagination for your answers.

1. Ask which one is the new student.

2. Ask why she is learning English.

3. Ask which dorm she lives in.

4. Ask how many roommates she lives with.

5. Ask when your friend studies with the new student.

6. ¿?

EL MUNDO HISPANO ⫽ **COLOMBIA**

Bogotá, Colombia

Colombia

Población	32.000.000 de habitantes
Economía	Café, turismo
Ciudades	Barranquilla, Bogotá, Cali, Cartagena, Medellín
Moneda	El peso colombiano
Geografía y clima	Una costa tropical y una región montañosa de clima templado

PARA LEER BIEN • Format of a Reading

The format of a reading will provide you with many clues that will allow you to better predict the content. Certain types of readings always appear in the same layout; as a result, they are immediately recognizable. In a newspaper, for example, you recognize the format or layout of the classified ads and can predict the general content without reading a word; likewise, the editorial page has a distinguishing layout and an expected content. When you first approach a new reading, look at its format and try to predict content from the clues it offers.

PRÁCTICA

Help students form the pre-reading habit of predicting content. Discuss possible content topics suggested by the title and photo. Remind students there are no right or wrong answers at this stage.

A. La forma.   Look at the format of the following reading. What type of reading is it? What are the distinguishing features of the layout that are always repeated in this type of reading? What subject and verb endings would you expect to encounter frequently in this type of reading? Why?

B. El título y la foto.   Now look at the title and accompanying photo. What specific topic might be found in the reading?

Mis nuevos amigos

Have students describe Carmen, the girl in the photo.

I already know

I don't forget

Querida Teresita,

    Estoy muy contenta de estar en los EE.UU. Ya conozco° a muchas personas con ideas muy interesantes pero yo no me olvido° de mis queridos amigos venezolanos.

Vivir con una familia estadounidense° ofrece° la posibilidad de comprender mejor° sus valores° y su forma de vida.° Por ejemplo,° la relación entre° los jóvenes es muy informal y liberal. Cuando visitan a un amigo en su casa lo° reciben en su cuarto. Nosotros en Venezuela somos mucho más formales y conservadores. También creo que las relaciones aquí son más superficiales; nosotros somos más íntimos y cariñosos.°

En la universidad hay pocos° grupos de estudio.° Generalmente,° los estudiantes preparan sus lecciones solos° en la residencia, en la biblioteca o en su casa. Para mí, es muy aburrido estudiar sola. Es más divertido° estudiar en grupos de tres o cuatro como hacemos° en Venezuela. Además, aprendemos más porque si no comprendes la lección, siempre hay un compañero en el grupo que puede° explicar el tema.

Bueno, te dejo.° Te extraño° mucho. Escríbeme pronto.°
Un abrazo fuerte° de tu amiga de siempre,

Carmen

of the U.S. / offers
better / values
life / For example / among

him

loving
few / study groups
Generally
alone

fun / as we do

can
I'm signing off / I miss you / Write to me soon.
A big hug

PRÁCTICA Y COMPRENSIÓN

¿En qué país? In what countries do people generally do the following things? **¿En los EE.UU.? ¿En Venezuela?**

1. Los jóvenes entran en el cuarto de sus amigos en _____.
2. El grupo grande de amigos existe en _____.
3. Los alumnos estudian en grupos de tres o cuatro en _____.
4. Los estudiantes preparan la tarea solos en _____.
5. Los jóvenes son más liberales en _____.
6. Las relaciones son más íntimas en _____.
7. Los jóvenes son más formales en _____.
8. Los jóvenes son más informales en _____.
9. Teresita está en _____.
10. Carmen está contenta en _____.

ACTIVIDADES

A. Su futuro(-a) esposo(-a). You have been selected to appear on a television program that offers you the possibility of meeting a future wife or husband. Since you cannot see this person, you must interview him or her about character and physical appearance. Make up five to seven questions you would like to

Grammar incorporated: A: Adjective agreement; **B:** Question formation; **C:** Adjective agreement, question formation.

Vocabulary incorporated: A: Adjectives of characteristic; **B:** Interrogative words; **C:** Adjectives of characteristic, interrogative words.

Supplemental vocabulary: rico / pobre; rebelde / independiente; generoso / egoísta; trabajador / perezoso; liberal / conservador; divertido / serio.

Expansión actividades: Una persona famosa. You are an internationally famous person and your classmates must guess who you are. They can only ask questions that can be answered with **sí** or **no**.

ask this person. A classmate will play the role of your TV partner/future spouse and will answer your questions.

B.　Una fiesta estudiantil.　You and your classmates are at a party for new students. Circulate around the room and meet at least five people you haven't talked with before. Introduce yourselves, shake hands, and find out three items of information about each other—where you are from, where you live now, why you're studying Spanish, when and where you eat, study, and so on. After the party is over your instructor will have you tell the entire class about one of the people you met.

C.　La estrella del cine.　Work in pairs and create the personality and lifestyle of a movie star. Then introduce him/her to the class. One of you will play the role of the movie star; the other will be his or her agent. The class will be the producer looking for a person to play a character in a new movie. The class must judge at the end of the presentations who will get the job.

PARA ESCRIBIR BIEN • Expressing Frequency of Actions

When describing your activities or those of a friend, you will often want to explain how often or when you do the activity. The following list contains phrases that will help you express the frequency of actions. The phrases are placed near the verb.

Escribo cartas a menudo.　　*I often write letters.*

a menudo	*often, frequently*	nunca	*never*
a veces	*sometimes*	siempre	*always*
por la mañana / tarde / noche	*in the morning / afternoon / evening*	todos los días	*every day*

Review **Writing Personal Letters** in Capítulo 1.

COMPOSICIONES

A.　Mi nuevo(-a) amigo(-a).　Write a letter to one of your parents or a friend describing someone you have met recently at the university. Using vocabulary you have learned, explain what this person is like and describe what the person does. Begin your letter with **Querida mamá, Querido papá,** or **Querido(-a)** _____ .

B.　Mis actividades.　Write a letter to a friend at another university explaining your life as a student. Explain your various activities and how frequently you do them.

Vocabulario activo ●

Unas lenguas / *Some languages*

el alemán	*German*
el italiano	*Italian*
el japonés	*Japanese*
el ruso	*Russian*

Otros sustantivos

el apartamento	*apartment*
el café	*coffee*
la capital	*capital (city)*
la carta	*letter*
la cerveza	*beer*
el coche	*car*
el color	*color*
el concierto	*concert*
la cosa	*thing*
el futuro	*future*
el gusto	*pleasure*
el (la) novio(-a)	*boyfriend (girlfriend), fiancé (fiancée)*
el país	*country, nation*
el problema	*problem*
el restaurante	*restaurant*
el té	*tea*
el teléfono	*telephone*

Los colores / *Colors*

amarillo	*yellow*
azul	*blue*
blanco	*white*
gris	*gray*
negro	*black*
pardo	*brown*
rojo	*red*
verde	*green*

Otros adjetivos

alto	*tall*
bajo	*short*
bonito	*pretty*
bueno	*good*
delgado	*thin*
feo	*ugly*
gordo	*fat*
grande	*big, large*
guapo	*attractive, handsome*
inteligente	*intelligent*
internacional	*international*
joven	*young*
malo	*bad, evil*
mejor	*best*
moreno	*dark-haired, brunette*
nuevo	*new*
otro	*other, another*
pequeño	*small, little*
rubio	*blond*
simpático	*nice*
su	*his, her, your, their*
viejo	*old*

Verbos

aceptar	*to accept*
aprender	*to learn*
asistir a	*to attend*
beber	*to drink*
comer	*to eat*
comprender	*to understand*
creer	*to believe*
deber	*to owe; ought to, should*
discutir	*to discuss*
escribir	*to write*
invitar	*to invite*
leer	*to read*
presentar	*to introduce*
recibir	*to receive*
ser	*to be*
tomar	*to take; to drink*
vender	*to sell*
viajar	*to travel*
visitar	*to visit*
vivir	*to live*

Palabras interrogativas / *Interrogative words*

¿cómo?	*how?*
¿cuál? / ¿cuáles?	*which? which one(-s)?*
¿cuándo?	*when?*
¿cuánto(-a)?	*how much?*
¿cuántos(-as)?	*how many?*
¿dónde? / ¿de dónde?	*where? / from where?*
¿por qué?	*why?*
¿qué?	*what?*
¿quién? / ¿quiénes?	*who?*

Otras expresiones

a menudo	*often, frequently*
a veces	*sometimes, at times*
cerca de	*near (to)*
¡Cómo no!	*Of course!*
Creo que no.	*I don't think so.*
Creo que sí.	*I think so.*
después	*later, afterwards*
Encantado(-a).	*Delighted.*
estar de acuerdo	*to agree, be in agreement*
lejos (de)	*far (from)*
nunca	*never*
o	*or*
por la mañana	*in the morning*
por la noche	*in the evening, at night*
por la tarde	*in the afternoon*
por supuesto	*of course*
porque	*because*
quiere	*he/she wants*
quieres	*you want*
quiero	*I want*
siempre	*always*
todos los días	*every day*

CAPÍTULO 3

En familia

Parque de Chapultepec, México, D.F.

➤ Cultural Themes

The concept of the family in the Hispanic World

España

➤ Communicative Goals

Talking about the family, family events, and problems

Primer encuentro

Talking about destination and future plans

Discussing belongings and things that have to be done

Indicating small quantities

Segundo encuentro

Así se habla: Expressing congratulations

Indicating ownership

Clarifying and adding information

Tercer encuentro

Así se habla: Denying and contradicting

Talking about schedules and time of day

Describing people and location

Cuarto encuentro

Para leer bien: Recognizing cognates

Lectura cultural: *Tal como somos*

Para escribir bien: Preparing to write

A pensar

- How is ownership indicated in English? *Lisa's mother; Ricardo's brother.* In what other way can the phrase *Lisa's mother* be expressed in English?

- What phrase is often used in English to express plans? *This weekend I'm going to study a lot.*

- In addition to counting, what are some important uses for the numbers 1–100?

- What are some common English phrases used when you want to deny or contradict what someone has suggested that you do?

- What are the uses of the verb **ser** that you have learned?

- What are the uses of the verb **estar** that you have learned?

primer encuentro

PRESENTACIÓN   **VOCABULARIO EN CONTEXTO**

¿Quién soy yo?

If desired, make and use a transparency of the drawing to introduce the members of the Rivas family prior to presenting Eduardo Rivas's monologue.

Soy Eduardo Rivas. **Tengo** diecinueve **años.** Vivo con mi familia en Madrid y estudio en la universidad. **Voy a** ser **abogado** como mi **tío.** Mi **padre** es **arquitecto** y mi madre es profesora de biología.

Check comprehension by asking the following questions: **¿Cuántos años tiene Eduardo Rivas? ¿Dónde vive? ¿Dónde estudia? ¿Cuál es la profesión del padre / de la madre / del tío?**

OTRAS PERSONAS

don	*sir, male title of respect*	la mujer	*woman*
doña	*lady, female title of respect*	el (la) nieto(-a)	*grandson (granddaughter)*
el (la) hijo(-a)	*son (daughter)*	los parientes	*relatives*
el (la) esposo(-a)	*husband (wife)*	el (la) primo(-a)	*cousin*
el hombre	*man*	el (la) sobrino(-a)	*nephew (niece)*
el ama de casa	*housewife*	el (la) menor	*the youngest*
		el (la) mayor	*the oldest*

Supplemental vocabulary: **el marido** = *husband;* **la mujer** = *wife;* **el (la) viudo(-a)** = *widower (widow);* **-astro(-a)** = *step-:* **madrastra / padrastro / hermanastro(-a).** Words for in-laws occur in **Capítulo 3, Segundo encuentro.**

OTRAS EXPRESIONES

estar casado	*to be married*
estar divorciado	*to be divorced*
estar muerto	*to be deceased, dead*
estar separado	*to be separated*

Comentarios lingüísticos y culturales

a. *The masculine plural form for family members can include both males and females in its meaning:* **los hijos** = *sons / children;* **los padres** = *fathers / parents;* **los tíos** = *uncles / aunts and uncles.*

b. **Don** is a title of respect used before the first names of men. **Doña** is a title of respect used before the first names of women. Both titles are usually reserved for persons who occupy a position of respect within a community or family. There is no real equivalent for these titles in English.

PRÁCTICA Y CONVERSACIÓN

A. **Mi árbol genealógico.** Complete los espacios con nombres (*names*) de las personas en su familia. Escoja (*Choose*) los abuelos paternos o maternos y complete el cuadro. Agregue líneas si es necesario. (*Add lines if you need more.*)

Point out: Students do not need to use their own family to complete the exercise; they can invent a genealogy if they prefer. Have students explain their family tree to another student. If they need help with the vocabulary, they can use **Práctica B.**

Los abuelos   _____   _____

**Los hijos y
sus esposos**   _____   _____

Los nietos   _____   _____   _____   _____

B. Mi familia. Complete las oraciones según el cuadro del ejercicio A y explíque-selo a su compañero(-a).

1. Mis abuelos son _____ y _____.
2. Mi tío(-a) es _____.
3. Él/Ella es _____ de mi padre/madre.
4. Mis padres tienen _____ hijos.
5. Yo tengo _____ primos.

Model this activity using your own or a fictitious family.

C. Una linda familia. Describe a family that you like. Explain how many people are in the family, what they do, who the oldest and youngest are, how old they are, etc.

D. Animales de compañía (*Pets*). En parejas contesten las siguientes preguntas.

En España hay 20 millones de animales de compañía

1. ¿Cuántos animales de compañía hay en España?
2. En España hay 40 millones de personas. ¿Cuál es la proporción entre los animales de compañía y las personas? ¿Es la mitad (*half*) o el doble (*double*)?

3. ¿Hay un animal de compañía en tu familia?

4. ¿Qué animal tienes? ¿Cómo se llama?

S O N I D O S . . . *b, v*

The letters **b** and **v** are identical in sound. At the beginning of a single word or group of words and after **m** or **n** they are pronounced like the *b* in the English word *boy*. The symbol for this sound is [b].

In the middle of a word or group of words both letters are pronounced similar to an English *b* but with the lips barely touching. This sound has no English equivalent. The symbol for this sound is [ƀ].

Reminder: All **Sonidos** sections are repeated on tape in the **Manual de laboratorio.** If you are short on class time at this point, have students complete this section on their own.

PRÁCTICA

Escuche y repita después de su profesor(-a).

[b]	**v**a **B**ogotá **b**iología tam**b**ién
	Mi hermana Maricarmen estudia **b**iología en **B**ogotá. **V**a a ser arquitecta.
[ƀ]	Ri**v**as a**b**ogado a**b**uelo no**v**io
	Mi padre es a**b**ogado. Tra**b**aja en una oficina con mi a**b**uelo y mi tío.
[b] and [ƀ]	**V**i**v**o con mi familia en **B**ogotá y estudio en la uni**v**ersidad. **V**oy a ser a**b**ogado.

Have students find examples of the /b/ and /ƀ/ sounds in the **Presentación.**

ESTRUCTURAS

● ●

TALKING ABOUT DESTINATION AND FUTURE PLANS

Dar, ir, and *ir a* + Infinitive

The irregular verbs **dar** and **ir** can be used to discuss family events. You can use them to talk about where you are going, what you are going to do, and what you give.

Model pronunciation of verb phrases; have students repeat. Point out: **ir a casa** = *to go home.*

DAR REGALOS *to give gifts*		*IR A CASA* *to go home*	
Doy	regalos.	**Voy**	a casa.
Das	regalos.	**Vas**	a casa.
Da	regalos.	**Va**	a casa.
Damos	regalos.	**Vamos**	a casa.
Dais	regalos.	**Vais**	a casa.
Dan	regalos.	**Van**	a casa.

Point out: Dar is irregular only in the 1st person singular: **doy. Ir** has an irregular stem and endings. Note it is conjugated like **dar.**

a. The phrase **ir a** + *infinitive* is a common way to describe actions and events that will take place in the near future.

Mi familia **va a dar** una fiesta.   *My family is going to give a party.*
Van a dar muchos regalos.   *They are going to give a lot of gifts.*

b. **Vamos a** + *infinitive* can mean *we are going to* (*do something*) but it is used frequently as the equivalent of *let's* (*do something*). The context will determine the meaning.

—Mamá, ¿**vamos a mirar** la televisión?   *Mom, are we going to watch television?*
—No, **vamos a escuchar** música.   *No, let's listen to music.*

Point out: There are only two contractions in Spanish. The contraction **a** + **el** = **al** is obligatory. The contraction **de** + **el** = **del** is taught later in **Capítulo 3, Segundo encuentro.**

c. The preposition **a** meaning *to* or *toward* expresses destination and is often used with **ir.** The definite article is used when **a** is followed by a noun other than a proper name or by the names of countries that use the definite article. The preposition **a** combines with the definite article **el** to form the contraction **al.**

$$a + el \rightarrow al$$

—Papá, ¿**vas a la** oficina?   *Dad, are you going to the office?*
—No, **voy al** laboratorio.   *No, I'm going to the laboratory.*

d. The preposition **a** combines with the question word **¿dónde?** to form **¿adónde?.** **¿Adónde?** meaning *(To) where?* is used with verbs of destination such as **ir** and **viajar; ¿dónde?** is used with most other verbs.

En contexto

Soy Eduardo Rivas. Vivo con mi familia en Madrid y estudio en la universidad. **Voy a ser** abogado. Mi hermana Maricarmen **va a ser** arquitecta.

Warm-up: Sustitución: 1. *Mis abuelos* van a la fiesta. mi tía Margarita / yo / mis primos / tú / mis hermanos y yo 2. *Mis hermanos* dan buenos regalos. yo / mis abuelos / tú / nosotras / mi sobrino

PRÁCTICA Y CONVERSACIÓN

A. ¿Vas a la oficina?   Your mother is trying to determine where you are going but she can never guess correctly.

Emphasis is on the use of **a** + definite article.

MODELO   oficina / laboratorio
                 Compañero(-a): **¿Vas a la oficina?**
                       Usted: **No, no voy a la oficina. Voy al laboratorio.**

1. universidad / casa de mis primos
2. fiesta / café con mi hermano
3. clase / laboratorio de química
4. residencia / edificio de lenguas
5. apartamento de José / casa de Carmen
6. laboratorio de lenguas / oficina de mi papá

Expansión A: 7. apartamento / casa 8. universidad / cuarto 9. el Japón / Francia

B. Entrevista personal.   Your instructor will divide the class into pairs. Each person will interview the other to find out what he or she is going to do this weekend.

MODELO

comer con tu familia

Usted: **¿Vas a comer con tu familia?**

Compañero(-a): **Sí, (No, no) voy a comer con mi familia.**

hablar con tus padres / ir a la casa de tus tíos / dar una fiesta / visitar a tu familia / ir al café con tus hermanos / comprar regalos para tu familia / ¿?

C. Sus planes. You and a classmate will explain to each other what activities you are going to do this weekend. Then tell the class the most interesting activity your classmate will do this weekend.

DISCUSSING BELONGINGS AND THINGS THAT HAVE TO BE DONE

Irregular Verbs *tener, venir*

To discuss belongings, what you have to do, and when you will arrive, you need to be able to use the irregular verbs **tener** and **venir**.

TENER *to have*		VENIR *to come*	
Tengo	tres hermanos.	**Vengo**	mañana.
Tienes	tres hermanos.	**Vienes**	mañana.
Tiene	tres hermanos.	**Viene**	mañana.
Tenemos	tres hermanos.	**Venimos**	mañana.
Tenéis	tres hermanos.	**Venís**	mañana.
Tienen	tres hermanos.	**Vienen**	mañana.

Point out: The verbs **tener** and **venir** have irregular 1st-person forms as well as an irregular stem in other forms.

a. **Tener... años** means *to be . . . years old.*

—¿Cuántos **años tiene** tu hermana?   *How old is your sister?*

—**Tiene** veinte **años.**   *She's twenty years old.*

b. **Tener que** + infinitive means *to have to* + infinitive.

Mi padre **tiene que ir** a la oficina hoy.   *My father has to go to the office today.*

En contexto

Un padre y su hijo hablan por teléfono.

Padre   **¿Vienen** Uds. aquí hoy?

Hijo   No, papá, **vamos** mañana. Hoy Julia y yo **tenemos que** trabajar.

PRÁCTICA Y CONVERSACIÓN

A. **¿Qué tienen que hacer?** A classmate wants to know what the following people have to do. **Conteste las preguntas de su compañero(-a).**

MODELO	
	tu padre / trabajar hoy
Compañero(-a):	**¿Tiene que trabajar hoy tu padre?**
Usted:	**Sí, (No, no) tiene que trabajar hoy.**

1. tu madre / ir a la oficina
2. tú / escribir cartas
3. tú y tus amigos / asistir a clase
4. tu familia / dar una fiesta
5. tus tíos / hablar con tus padres
6. Uds. / venir a la universidad mañana

B. **El censo.** A census bureau investigator (played by a classmate) had been sent to your house to find out some information about you, your family, and your lifestyle. **Conteste sus preguntas.**

1. ¿Cuántos años tiene Ud.?
2. ¿Cuántos hermanos tiene Ud.?
3. ¿Cuántos años tiene su hermano(-a) menor?
4. ¿Tienen Uds. un perro? ¿Cómo se llama?
5. ¿Tiene Ud. un coche? ¿Cómo es?
6. ¿Tienen un coche sus padres?
7. ¿Cuántos teléfonos tienen Uds.?

INDICATING SMALL QUANTITIES

Numbers 21–100
The numbers 21–100 are used to count, to indicate small quantities, and for phone numbers.

21	veintiuno	30	treinta	40	cuarenta
22	veintidós	31	treinta y uno	50	cincuenta
23	veintitrés	32	treinta y dos	60	sesenta
24	veinticuatro	33	treinta y tres	70	setenta
25	veinticinco	34	treinta y cuatro	80	ochenta
26	veintiséis	35	treinta y cinco	90	noventa
27	veintisiete	36	treinta y seis	100	cien, ciento
28	veintiocho	37	treinta y siete		
29	veintinueve	38	treinta y ocho		
		39	treinta y nueve		

a. The numbers 21–29 may also be written as three separate words: **veinte y uno, veinte y dos, veinte y tres,** and so forth.

b. The numbers beginning with 31 must be written as three separate words: 31 = **treinta y uno;** 56 = **cincuenta y seis;** 83 = **ochenta y tres.**

c. When **uno** occurs in a compound number (21, 31, 41, 51, etc.), it becomes **un** before a masculine noun and **una** before a feminine noun.

veinti**ún** hermanos	veinti**una** hermanas
cuarenta y **un** primos	noventa y **una** primas

Note the written accent mark on the word **veintiún.**

Point out: Unlike English, the **y** (*and*) in numbers above 115 is always placed between the tens and units. It is never used in 101–115.

d. The word **cien** is used before all nouns and may be used in counting: **cien libros; cien casas.** The word **ciento** is used in numbers above 100: 101 = **ciento uno;** 120 = **ciento veinte;** 147 = **ciento cuarenta y siete.**

PRÁCTICA Y CONVERSACIÓN

A. **¿Cuántos años tienen?**   Pregúntele a un(-a) compañero(-a) de clase cuántos años tienen estas personas y su compañero(-a) debe contestar.

MODELO

	tu hermano
Usted:	**¿Cuántos años tiene tu hermano?**
Compañero(-a):	**Tiene veintidós años.**

Warm-up: Have students count in Spanish from 20–30; 30–40; 1–100 by 10s, by 5s.

tus padres / tu mejor amigo(-a) / tu abuelo / tu compañero(-a) de cuarto / tu tía favorita / el presidente de los EE.UU.

B. **Un(-a) telefonista.**   You work as a telephone operator for the information service in Lima, Peru. Give people the following phone numbers when requested. Note that in many Hispanic countries telephone numbers are written and read in pairs.

Explain that in pairs with a zero followed by another number the zero must be read aloud: 73-08-21 = **setenta y tres—cero ocho—veintiuno.**

MODELO

	Diego Álvarez / 88-41-15
Compañero(-a):	**¿Cuál es el número de Diego Álvarez, por favor?**
Usted:	**Es ochenta y ocho—cuarenta y uno—quince.**
Compañero(-a):	**Muchas gracias.**

1. Graciela Muñoz / 82-22-43
2. Tomás Zorrilla / 31-15-83
3. la Oficina de Turismo / 76-51-12
4. Alfonso Estrada / 56-41-08
5. el Banco Nacional / 96-38-17
6. José Pacheco Díaz / 47-69-25
7. Amalia Fuentes / 65-13-44
8. el Restaurante Lima / 28-03-51

segundo encuentro

VOCABULARIO EN CONTEXTO

baptism ## Los planes del bautismo°

Supplemental vocabulary: **el yerno** = *son-in-law;* **la nuera** = *daugher-in-law.*

Note: Soltero and **casado** can be used with both **ser** and **estar.** However, usage favors **estar casado** and **ser soltero.**

Present **nació** as a lexical item meaning *he/she was born.* There is no need to explain that **nació** is a preterite tense.

Check comprehension by asking students: ¿**Es soltera o está casada Laura?** ¿**Por qué están los suegros y las cuñadas en la casa de Mercedes?** ¿**Quiénes van a ser el padrino y la madrina?** ¿**Cómo se va a llamar el bebé?** ¿**Por qué van a tener una fiesta grande?**

*Mercedes y Laura son **vecinas**. Mercedes está **casada** pero Laura es **soltera**.*

Laura   ¿Están tus **suegros** aquí hoy?

Mercedes   Sí, y mis **cuñadas** también están aquí porque vamos a **planear** el bautismo de mi nuevo **sobrino**. Mi cuñado es **el padrino** y yo voy a ser **la madrina** del **bebé**.

Laura   ¡Ah! ¿Y cómo se va a llamar el **niño**?

Mercedes   Martín, pues **nació** el día de San Martín.

Laura   Y van a **celebrar** con una fiesta grande, ¿no?

Mercedes   ¡Claro que sí! Tenemos muchos parientes que viven cerca.

Laura   ¡Qué bien! ¡Felicitaciones!

Durante el bautismo el cura echa el agua bendita en la frente del bebé

Comentarios lingüísticos y culturales

a. The baptism or christening of a new child is always an important event in Hispanic countries. There is often a party for family and friends following the religious ceremony.

b. The role of godmother or godfather is taken seriously because the godparents take over the responsibilities of parenthood if something should happen to the parents.

c. In Hispanic society it is considered a great honor to name a child after an important Biblical or religious figure. Thus, at their baptism Hispanic children are frequently given the name of the saint whose birthday falls on the day they were born. The names **José, María,** and even **Jesús** are very common. Often the names **María** or **José** are combined with a second name in order to distinguish among the many people with the same first name, for example **Maricarmen** or **José Luis. Apodos,** or *nicknames,* are used in Hispanic society just as in our own and are a sign of friendship and affection. Some common nicknames are **Paco (Francisco); Pepe (José); Tere (Teresa);** and **Mari (María).**

PRÁCTICA Y CONVERSACIÓN

A. Definiciones. Complete las oraciones siguientes.

1. El hermano de su esposo(-a) es su _____ .
2. La madre de su esposo(-a) es su _____ .
3. En un bautismo hay una _____ y un _____ .
4. Su suegro es el _____ de su _____ .
5. Su cuñada es la _____ de su _____ .

B. Libros. Aquí hay unos libros de ayuda propia (*self-help*). ¿Cuáles les recomienda a las siguientes personas? (*Which ones would you recommend for the following people?*)

You may want to read and complete the accompanying exercises of the **Puente cultural: Los apellidos** before beginning the **Práctica y conversación.**

Expansión A: 6. Las personas que viven cerca de su casa o apartamento son sus _____ . 7. Una persona que tiene un(-a) esposo(-a) está _____ .

Have students read the titles aloud before doing the exercise. They will need help with **felices** (*happy*), **superación** (*overcoming*), and **espero** (*I wait*). Then ask them to match the person to the title.

1. Una familia que tiene muchos problemas.
2. Una mujer que va a tener un hijo.
3. Una muchacha que no comprende a su novio.
4. Un esposo que no comprende a su mujer.
5. Unos padres que tienen un bebé.
6. Una madre que quiere comprender la sicología de sus hijos pequeños.
7. Una persona que trabaja con niños y adolescentes.
8. Una persona que tiene muchos parientes.

C. ¿Y Ud.?   Conteste estas preguntas.

1. ¿Está Ud. casado(-a) o es soltero(-a)?
2. ¿Cómo son los suegros de su madre? ¿y de su padre?
3. ¿Tiene Ud. cuñados(-as)? ¿Cuántos(-as)?
4. ¿Es Ud. padrino (madrina)? ¿De quién?
5. ¿Quiénes son sus vecinos? ¿Cómo son?

last names

Puente Cultural

Los apellidos°

ME LLAMO
María Inés
Nací el día 13 de julio de 1988

☆

MIS PAPITOS
Carlos A. Aguilar
Laura C. Vázquez de Aguilar

MIS PADRINOS
Rafael C. Aguilar
Ana María Vázquez de Olmos

☆

Me bautizaron el 9 de agosto de 1988

EN LA PARROQUIA
Ntra. Sra. del Valle

CORDOBA

Los apellidos hispanos son muy largos porque usan el apellido del padre y el de la madre. Por ejemplo, el apellido legal completo de María Inés es Aguilar Vázquez. Primero° se usa el apellido del padre y segundo° el de la madre. Es un error llamar a una persona por el apellido de su madre.

Emphasis here is on using authentic material for reading to obtain cultural information.

First / second

Present **bautizaron** (which is included on the Baptism announcement) as a lexical item meaning *they baptized.*

COMPRENSIÓN CULTURAL

Usando la información de la invitación, conteste las siguientes preguntas en español.

1. ¿Cuándo nació María Inés? ¿Cuándo bautizaron a María Inés?
2. ¿Cuántos años tiene María ahora?
3. ¿Cómo se llama su padre? ¿y su madre?
4. ¿Cómo se llama el padrino de María Inés? ¿y su madrina?
5. En su opinión, ¿quién es Rafael C. Aguilar? ¿Quién es Ana María Vázquez de Olmos?
6. ¿Cuál es el nombre legal de María Inés?

After completing this exercise, have students give their own names using the Hispanic system.

—¡Voy a tener un hijo!
—¡Felicitaciones!

Así se habla

EXPRESSING CONGRATULATIONS

Here are some ways to congratulate someone.

¡Felicitaciones!	*Congratulations!*
¡Te felicito!	*I congratulate you!*
¡Felicidades!	*Congratulations!*
¡Qué bien!	*How good (great)!*
¡Feliz cumpleaños!	*Happy Birthday!*

PRÁCTICA Y CONVERSACIÓN

¡Felicitaciones!   These people are very excited because of happy events in their lives. Congratulate them. Work in pairs.

1. ¡Es mi cumpleaños de quince!
2. ¡Voy a tener un hijo!
3. ¡Voy a ser abuela!
4. ¡Voy a ser papá!
5. ¡Mis padres van a celebrar 25 años de casados!
6. ¡Yo voy a ser la madrina de mi nueva sobrina!

Have students read the sentences with the correct intonation to show excitement.

*Reminder: All **Sonidos** sections are repeated in the **Manual de laboratorio.** If you are short on class time at this point, have students complete this section on their own.*

S O N I D O S . . . *Diphthongs with i: ia, ie, io, iu*

The letter **i** (and **y**) before the other vowels, **a, e, o,** and **u** creates a diphthong that is pronounced like the English *y* as in *yacht, yet, yoke,* and *you.*

PRÁCTICA

Have students find examples of diphthongs with **i** *in the* **Presentación.**

Escuche y repita después de su profesor(-a).

ia   famil**ia**   estud**ia**   Amal**ia**   residenc**ia**   universitar**ia**
Amal**ia** estud**ia** en la universidad. Por eso vive en una residenc**ia** universitar**ia.**

ie   f**ie**sta   b**ie**n   par**ie**ntes   t**ie**ne   v**ie**ne
Mis par**ie**ntes v**ie**nen a la f**ie**sta del bautismo, ¡Qué b**ie**n!

io   Anton**io**   Jul**io**   nov**io**   felicitac**io**nes   veint**io**cho
Anton**io** y Jul**io** son primos. Tienen veint**io**cho años.

iu   veint**iu**no   treinta **y u**no   cuarenta **y u**no
Tengo veint**iú**n años. Mi madre tiene cuarenta **y u**n años y mi abuela tiene sesenta **y u**n años.

ESTRUCTURAS

· ·

In some classes it may be necessary to remind students that the 's in the word it's *indicates the contraction of* it is *while the 's of* George's *indicates possession.*

INDICATING OWNERSHIP

Possession with *ser + de*

There are several ways to indicate ownership in Spanish. The expression **ser + de** is used when you mention the name of the owner of the item.

a.   In Spanish the preposition **de** is used to show possession and is the equivalent of *'s* in English. Compare the following examples and note the difference in word order in the two languages.

| el hermano **de** Jorge | *George's brother* |
| el coche **de** mi padre | *my father's car* |

b. The definite article is used when **de** is followed by a noun other than a first name. The preposition **de** combines with the definite article **el** to form the contraction **del**.

$$de + el \rightarrow del$$

Point out: The contraction **del** is obligatory in Spanish.

| —¿Es el perro **del** doctor? | *Is it the doctor's dog?* |
| —No, es el perro **de la** Srta. Marín. | *No, it's Srta. Marín's dog.* |

c. The verb **ser** is often used with the preposition **de** to express possession. **¿De quién(-es)?** is the equivalent of *whose?* in English questions.

Supply further examples: **el perro de Felipe / el perro del Sr. Guzmán / el perro de la Sra. Guzmán / el perro de los chicos / el perro de las mujeres.**

En contexto
—**¿De quién es** el bebé?
—**Es de** Marilú y Paco.

PRÁCTICA Y CONVERSACIÓN

A. En la recepción. You are at a wedding reception and your husband/wife doesn't know most of the guests. Explain to him or her who the guests are.

MODELO

Luis: hermano / Sra. Mendoza

Compañero(-a): **¿Quién es Luis?**
Usted: **Es el hermano de la Sra. Mendoza.**

1. la chica rubia: prima / Sr. Ortega
2. Fernando: hijo / Sra. Sánchez
3. el chico alto: cuñado / profesor Hurtado
4. la mujer gorda: madrina / hijo de Graciela
5. Eduardo y Javier: hermanos / doctor Gutiérrez
6. Elvira y Carlota: nietas / Sra. Ramírez

Warm-up: You and your students are looking at some baptism gifts. Have students explain who the gifts are from. **Sustitución: Es el regalo de la** *Sra. Romero.* **la abuela / los suegros / el padrino / el Sr. Guzmán / Rodolfo / la Sra. Estrada / unos primos / Rafaela**

Remind students of the use of definite articles with nouns and with titles + surnames, but not with first names.

Práctica A: Supplemental example in the plural: **Raúl y Ana: / padres de Octavio ¿Quiénes son Raúl y Ana? Son los padres de Octavio.**

B. La oficina de objetos perdidos. You are in charge of the Lost and Found Department of the university and are trying to return lost items to their owners. Collect a group of items from your classmates. Describe each item and ask to whom it belongs. Your classmates will tell you the name of the owner.

Supplemental vocabulary: **el abrigo / las gafas / la llave / el paraguas**

INDICATING OWNERSHIP

Possessive Adjectives
Possessive adjectives are used in order to avoid repeating the name of the person who owns an item.

Is that *Sam's* brother?
No, *his* brother lives in Chile.

POSSESSIVE ADJECTIVES

mi hijo **mi** hija	**mis** hijos ⎫ **mis** hijas ⎭ *my*	**nuestro** hijo **nuestra** hija	**nuestros** hijos ⎫ **nuestras** hijas ⎭ *our*
tu hijo **tu** hija	**tus** hijos ⎫ **tus** hijas ⎭ *your*	**vuestro** hijo **vuestra** hija	**vuestros** hijos ⎫ **vuestras** hijas ⎭ *your*
su hijo **su** hija	**sus** hijos ⎫ **sus** hijas ⎭ *his, her, its, your*	**su** hijo **su** hija	**sus** hijos ⎫ **sus** hijas ⎭ *their, your*

a. The possessive adjective refers to the owner/possessor but the ending agrees with the person or thing possessed: *his cousins* = **sus primos;** *our sister* = **nuestra hermana.**

b. To avoid ambiguity Spanish speakers often replace **su / sus** with the following construction: article + noun + **de** + pronoun: **la hija de ella** = *her daughter;* **el hijo de Uds.** = *your son.*

la hija de él = *his daughter*   la hija de ellos = *their daughter*

la hija de ella = *her daughter*   la hija de Uds. = *your daughter*

la hija de Ud. = *your daughter*

En contexto

Laura   ¿Están **tus** suegros aquí hoy?

Mercedes   Sí, y **mis** cuñadas también están aquí porque vamos a planear el bautismo de **mi** nuevo sobrino.

PRÁCTICA Y CONVERSACIÓN

A. **El álbum familiar.**   You and your mother are looking through an old family photo album. You are uncertain who some of your relatives are, so your mother clarifies the situation.

MODELO   hermana / tío Rodolfo
                          Usted: **¿Es la hermana de mi tío Rodolfo?**
                 Compañero(-a):   **Sí, es la hermana de él.**

1. cuñado / abuela   4. bebé / padrinos

2. primo / madrina   5. esposo / tía Anita

3. madre / primas   6. hermano / cuñado

B. Entrevista personal.   Hágale preguntas a un(-a) compañero(-a) sobre las siguientes cosas y su compañero(-a) debe contestar.

Pregúntele…

1. si vive con sus padres ahora.

2. cómo es su casa o apartamento.

3. cómo son sus clases de la universidad.

4. si tiene un(-a) novio(-a). ¿Cómo es?

5. si habla mucho por teléfono con sus amigos.

C. Su compañero(-a) llama por teléfono.   Julio(-a) Sandoval was an exchange student in your school last year. He/She is now living at home in Sevilla and calls to ask about you, your friends, and your family. A classmate will play the role of Julio(-a). **Pregunte y conteste en español.**

Temas y preguntas posibles

1. Tu novio(-a): ¿Cómo es tu novio(-a)? ¿Cómo se llama? ¿Vive cerca?

2. Tus padres y hermanos: ¿Cómo están? ¿Están contentos?

3. Tus planes: ¿Vas a dar una fiesta? ¿Por qué sí o no? ¿Qué vas a hacer (*to do*) en el verano (*summer*)?

4. Tus amigos: ¿Cómo están? ¿Qué hacen?

CLARIFYING AND ADDING INFORMATION

Relative Pronoun *que*
To supply additional information or to make two short sentences into a single, more descriptive one, use the word **que.**

a. The relative pronoun **que** meaning *who, which,* or *that* may refer to people or things. **Que** is used to join two clauses into one longer sentence.

Tenemos muchos parientes **que** viven cerca.	*We have a lot of relatives that (who) live nearby.*
La fiesta **que** planeamos va a ser muy grande.	*The party that (which) we're planning is going to be very big.*

b. Even though the relative pronoun is frequently not used in English sentences, the relative pronoun **que** cannot be omitted in Spanish. Compare these two examples.

El regalo **que** compro para mi sobrino es muy bonito.	*The gift (that) I'm buying for my nephew is very pretty.*

En contexto

Laura   Y van a celebrar con una fiesta grande, ¿no?

Mercedes   Creo que sí, porque tenemos muchos parientes **que** viven cerca.

PRÁCTICA Y CONVERSACIÓN

For ease of completion, keep Column A in the order given; phrases in the other columns will vary accordingly.

A. **La familia de Paco.**   Describe Paco's family to your classmates by combining phrases from each of the columns to form sentences.

> **MODELO**   **Eugenia es la sobrina que vive en Colombia.**
> **Eugenia es su tía que tiene 80 años.**

A	B	C	D	E
Marta	ser	su primo	que	estudia filosofía
Pepe		la sobrina		vive en Colombia
Vicente		su hermano		tiene un nuevo bebé
Susana		su tía		nació el día de San Vicente
Carlos		su tío		siempre da fiestas
Juana		su hermana		tiene 80 años

Writing: After completing the exercise orally, have students write out sentences. Have various students dictate their sentences to the entire class.

B. **Su familia.**   Complete las oraciones en español. (*Complete the sentences in Spanish.*)

Encourage creativity by having several students answer each item. Students can also talk about other students: **(Kathy) tiene un tío que...**

1. Tengo muchos parientes que _____ .
2. Tengo un(-a) tío(-a) que _____ .
3. Mi abuelo(-a) que vive en _____ es _____ .
4. Quiero visitar a mis parientes que _____ .
5. Tengo unos parientes que son de _____ .

Prior to introducing the dialogue, you may want to do **Estructuras: Telling Time.**

tercer encuentro

PRESENTACIÓN   **VOCABULARIO EN CONTEXTO**

Un problema familiar

Inés   Papá, necesito **dinero** para ir a la **discoteca.**

Padre   ¿Con quién vas?

Inés   Vamos **en un grupo** de chicas y chicos.

Padre   **¿A qué hora** vas a **regresar?**

Inés   Un poco **después de** las dos de la mañana.

Padre   **¡Ni que hablar!** Es muy tarde. A las doce y media **en punto** estás aquí o
no vas.

Inés   **¡Imposible!**

Padre   Sólo tienes dieciocho años y no está bien **llegar** a casa a las dos de la mañana.

Inés   ¡No está bien! ¡No está bien!… ¿Cuántas veces tengo que escuchar **esas
palabras?**

Padre   Eres la mayor y debes **dar el ejemplo.**

Inés   Está bien. Voy a regresar a las doce y media, pero no es **justo.**

Check comprehension by asking the students:
¿Adónde va Inés? ¿Con quién va a la discoteca? ¿Cuándo quiere regresar ella?
¿Cuándo debe estar en casa? ¿Cuántos años tiene Inés? ¿Es ella la menor de la familia?

Comentarios lingüísticos y culturales

In Hispanic culture parents encourage teenagers to go out with a group of their
friends rather than on a single date. Frequently, a lasting relationship is formed
with one of the members of the group.

PRÁCTICA Y CONVERSACIÓN

Preguntas personales.   Conteste en español.

1. ¿Hay una discoteca cerca de la universidad? ¿Van Uds. allí mucho?
2. ¿Va Ud. a una fiesta con su novio(-a) o va en grupo?
3. ¿Cuándo debe regresar a casa por la noche?
4. ¿Cuándo regresa a casa después de una fiesta?
5. ¿Es Ud. el (la) mayor de su familia? ¿Debe dar el ejemplo?

—Debes regresar temprano.
—Pero papá, no es justo.

Así se habla

DENYING AND CONTRADICTING

Videocassette segment to accompany this section; see Viewer's Guide in the Instructor's Resource Manual, Chapter 3.

There are set phrases in Spanish that are used for contradicting or denying. Some expressions are more polite, more informal, or more emphatic than others. You should choose the correct expression according to the situation and the person to whom you are speaking.

EMPHATIC

Imposible.	*Impossible.*
Nunca.	*Never.*
Ni que hablar.	*Don't even mention it.*
¡No y no!	*No and no!*
Lo siento, pero no.	*Sorry, but no.*

WEAK

No es así.	*It's not that (way).*
No está bien.	*It's not right.*
No es justo.	*It's not fair.*
Creo que no.	*I don't think so.*
no + *verb*	*don't* + verb

It's usually polite to give an alternative, an excuse, or a reason for a denial or contradiction.

Denial + reason	Ni que hablar. Es muy tarde.
Denial + excuse	No viene porque tiene que trabajar.
Denial + alternative	A las doce y media estás aquí o no vas.

PRÁCTICA Y CONVERSACIÓN

A. **Reacciones** (*Reactions*).   Use expresiones negativas para reaccionar a estas situaciones.

1. Una compañera: Tú tienes 50 años.
2. Tu amigo: ¡Oye! ¿Me prestas 100 dólares?
3. Tu hija: Mamá, quiero dar una fiesta grande en casa.
4. Profesor: Tienen que asistir a clase por la noche.
5. El director de la residencia: Tienes que regresar a las diez de la noche todos los días.

B. **El estéreo.**   Use the dialogue on pages 100–101 as a model for bargaining for what you want from your parents. Your instructor will divide the class into groups of three. Each person will choose one role to play—the teenager, the father, or the mother. Once you have decided who you are, do not read the instructions for the other roles.

Teenager: You need money to buy a new CD system. You have some money saved but you need some more and you can't wait any longer to have it. Try to convince your parents to help out. Tell them how good the CD system is. Tell them that it is going to be in your room and that it is not going to be loud.
USEFUL VOCABULARY: **Me prestas…** / **ruido** (*noise*) / **fuerte** (*loud*)

Father: At the beginning you are not willing to grant your son's/daughter's request. Give excuses. Offer some alternatives. Finally you listen to your wife's advice and come to an agreement with your son/daughter.

Mother: You are sympathetic to your son's/daughter's request, and you think you and your husband can help him/her. Suggest an agreement for your son/daughter to pay off the extra money he/she needs.
USEFUL VOCABULARY: **Tienes que…** / **Debes…**

A ESCUCHAR

Juanito and his father are having a disagreement. Listen to their conversation and choose the correct answer.

1. Juanito quiere (25.000 / 20.000 / 15.000) pesos.
2. Su padre (quiere / no quiere) prestarle el dinero.
3. Juanito (va / no va) a tener un trabajo.
4. Juanito quiere el dinero para ir a (la universidad / México / Texas).
5. Su padre (está / no está) de acuerdo con Juanito.

ESTRUCTURAS

Videocassette segment to accompany this section; see Viewer's Guide in the Instructor's Resource Manual, Chapter 3.

Point out: A new use of **ser** for telling time is introduced in this section.

Point out: In the time expressions the word **hora(s)** is understood, and therefore, the feminine article **la** or **las** is used.

TALKING ABOUT SCHEDULES AND TIME OF DAY

Telling Time

You need to learn how to tell time so that you can discuss your daily routine and when you do things.

a. To express time in Spanish you use the expression **es la** or **son las** + the time.

¿Qué hora es? (*What time is it?*)

    Es la una.   **Son las** cuatro.   **Son las** once.

Point out: y cuarto = *quarter past;* **y media** = *half past.* Point out the difference between **cuarto** and **cuatro.**

Write the following times on the board. Ask students **¿Qué hora es?** while pointing to the times: 5:45 / 7:50 / 2:35 / 11:40 / 9:55 / 6:57.

b. From the hour to half-past the hour, time is expressed by adding minutes onto the hour; the phrase **y** + number of minutes is used.

  Es la una **y ocho.**   Son las siete **y cuarto.**   Son las diez **y media.**

Point out: The following expressions are also used: 12:35 = **Son las doce y treinta y cinco.** 4:45 = **Son las cuatro y cuarenta y cinco.** 7:57 = **Son las siete y cincuenta y siete.**

c. From half past to the hour time is generally expressed by subtracting the minutes from the next hour; the phrase **menos** + number of minutes is used.

  Es la una **menos veinticinco.**   Son las cinco **menos cuarto.**   Son las ocho **menos tres.**

Point out: De la mañana / tarde / noche are used after a specific time and are the equivalent of A.M. / P.M. **Por la mañana / tarde / noche** = *in the morning / afternoon / evening* and are used in a general sense when no specific time is mentioned.

d. **De la mañana, de la tarde,** and **de la noche** are used to express A.M. and P.M.

Son las ocho **de la mañana.**   *It's 8:00 A.M.*
Son las dos **de la tarde.**   *It's 2:00 P.M.*
Son las once **de la noche.**   *It's 11:00 P.M.*

e. The preposition **a** + the hour is used to express *at* + the hour. Compare the following examples.

—¿Qué hora es?	*What time is it?*
—Son las dos.	*It is two o'clock.*
—¿A qué hora llegas aquí?	*(At) What time are you arriving here?*
—Llego **a las dos.**	*I am arriving at two o'clock.*

Explain: Contrary to English usage such as *It's two* or *I'm leaving at ten,* the **las** must be included in Spanish in order to convey the idea of expressing time.

Note: Novice level students have particular difficulty distinguishing **a la(s)** + time and **es / son la(s)** + time.

f. Here are some other useful expressions to aid you in telling time.

Es mediodía.	*It's noon.*	a tiempo	*on time*
Es medianoche.	*It's midnight.*	tarde	*late*
temprano	*early*	en punto	*on the dot, exactly*

g. In the Hispanic world timetables, schedules, and public events express time using the 24-hour system: 14:00 = 2:00 P.M. However, the 12-hour system is used in conversation.

En contexto

Padre	**¿A qué hora** vas a regresar?
Ines	**A las dos** de la mañana.
Padre	¡Ni que hablar! Es muy **tarde. A las doce y media en punto** estás aquí o no vas.

PRÁCTICA Y CONVERSACIÓN

A. ¿Qué hora es?   Conteste en español.

a. 5:10	**c.** 10:45	**e.** 1:05	**g.** 12:00 P.M.
b. 8:30	**d.** 3:24	**f.** 4:15	**h.** 9:40 A.M.

B. En el aeropuerto de Santiago.   You work at the information booth in the airport in Santiago de Compostela. Answer the travelers' questions about the arrival and departure time of various flights using the table on the next page.

Prior to beginning the exercise, locate the cities on the map of Spain located in the front of the student text.

The word **vuelo** is not new active vocabulary and need not be included in the answers.
MODELO: ¿A qué hora llega el vuelo de México? Llega a las ocho.

1. ¿A qué hora sale (*leaves*) el vuelo para… ?
   Tenerife (vía Sevilla) / Málaga / Barcelona / Sevilla / Madrid / Las Palmas (vía Málaga)

2. ¿A qué hora llega el vuelo de… ?
   Málaga / Sevilla / Barcelona / Bilbao / Madrid / Las Palmas (vía Sevilla) / Tenerife (vía Málaga)

Point out: In the Spanish-speaking world times can be expressed as in English with a colon: **6:20;** with a comma: **6,20;** or with a period as in this schedule: **6.20.**

AEROPUERTO INTERNACIONAL DE SANTIAGO DE COMPOSTELA

SALIDAS NACIONALES

DESTINO	Nº Vuelo	Frecuencia	Salida	Llegada
BARCELONA	IB-4494	DIARIO	07.35	09.00
	IB-1563	DIARIO	18.30	19.55
BILBAO	IB-5402	1,3,5	09,00	10.00
	IB-5432	2,4,6,7	09.00	10.00
	IB-0543	DIARIO	07.20	08.20
	IB-0547	1,2,3,4,5	09.30	10.30
MADRID	IB-0549	DIARIO	12,50	13.50
	IB-0553	DIARIO	19.40	20.40
	IB-0559	DIARIO	20.40	21.40
	IB-0557	DIARIO	22.00	23.00
MALAGA	IB-2963	2,4,6	15.15	16.40
SEVILLA	IB-2843	1,3,5,7	15.20	16.30
LAS PALMAS				
Vía Sevilla	IB-2843	1,3,5,7	15.20	18.45
Vía Málaga	IB-2963	2,4,6	15.15	19.00
TENERIFE				
Vía Sevilla	IB-2843	1,3,5,7	15.20	18.55
Vía Málaga	IB-2963	2,4,6	15.15	19.05

LLEGADAS NACIONALES

ORIGEN	Nº Vuelo	Frecuencia	Salida	Llegada
BARCELONA	IB-1562	DIARIO	06.40	08.15
	IB-4493	DIARIO	21.40	23.15
BILBAO	IB-5433	1,3,5	16.00	17.00
	IB-5525	2,4,6,7	16.50	17.50
	IB-0542	1,2,3,4,5	07.30	08.35
	IB-0544	DIARIO	11.00	12.05
MADRID	IB-0548	DIARIO	12.30	13.35
	IB-0552	DIARIO	13.25	14.30
	IB-0554	DIARIO	18.50	19.55
	IB-0558	DIARIO	22.05	23.10
MALAGA	IB-2964	2,4,6	17.25	18.55
SEVILLA	IB-2844	1,3,5,7	17.40	18.55
LAS PALMAS				
Vía Sevilla	IB-2846	1,3,5,7	13.30	18.55
Vía Málaga	IB-2922	2,4,6	13.05	18.55
TENERIFE				
Vía Sevilla	IB-2862	1,3,5,7	13.55	18.55
Vía Málaga	IB-2968	2,4,6	13.05	18.55

ABREVIATURAS
1-Lunes. 2-Martes. 3-Miércoles. 4-Jueves. 5-Viernes.
6-Sábado. 7-Domingo.

C. Entrevista personal. Pregúntele a un(-a) compañero(-a) de clase a qué hora hace (*does*) varias cosas y su compañero(-a) debe contestar.

Pregúntele…

1. a qué hora come por la mañana. ¿por la tarde? ¿y por la noche?
2. a qué hora regresa a casa.
3. si regresa tarde después de una fiesta.
4. cuándo habla con su familia. ¿y con sus amigos?
5. si trabaja. ¿cuándo?

DESCRIBING PEOPLE AND LOCATION

Ser versus *estar*

You have learned to use both **ser** and **estar** in various contexts and situations. Below is a list of the various uses of the two verbs so you can compare them.

Uses of ESTAR	*Uses of* SER
With adjectives to express condition or health: **¿Cómo está?** Margarita **está** cansada. **Estoy** bien pero mi tío **está** enfermo. *To express location:* **¿Dóndo está?** Acapulco **está** en México. Mis hermanas **están** en clase.	*With adjectives to express traits or characteristics:* **¿Cómo es?** Margarita **es** simpática. **Soy** alto pero mi padre **es** bajo. *To express origin:* **¿De dónde es?** Claudia **es de** Colombia. Mis sobrinos **son de** México. *With the preposition* **de** *to show possession:* **¿De quién es** la casa? **Es de** mi madre. *With nouns to express who or what someone or something is:* **¿Quién es?** **Es** mi prima Bárbara. *To express nationality:* Carmen **es** mexicana. *To tell time:* **¿Qué hora es?** **Son** las ocho y media. **Es** la una de la tarde.

Sometimes there is a change in the meaning depending upon whether **ser** or **estar** is used with the adjective.

Carlos es aburrido.	*Carlos is boring.*
Carlos está aburrido.	*Carlos is bored.*
María es mala.	*María is bad (evil).*
María está mala.	*María is sick.*

En contexto

Padre   ¿Quién **es** Felipe? Siempre tienes un novio diferente y **no está** bien.

Inés   Pero papá, Felipe **no es** mi novio.

PRÁCTICA Y CONVERSACIÓN

A. Unas oraciones. Haga oraciones usando una frase de cada columna. (*Make sentences using a phrase from each column.*)

This could be done as a written exercise as well.

A	B	C
Mi hermana y yo	somos estamos	de Colombia en Acapulco enfermas rubias estudiantes
Tú	eres estás	alto cansado doctor en España
Mis primos	son están	puertorriqueños aburridos en clase de San Juan altos

B. ¡Qué sorpresa! A classmate is very surprised to learn certain information. Confirm that what your classmate has heard is totally true.

MODELO   Compañero(-a):   ¿Tus primas? ¿Bonitas?
                      Usted: **Sí, mis primas son bonitas.**

1. ¿Tus padres? ¿En Bolivia?
2. ¿El coche nuevo? ¿De tu hermano?
3. ¿Tu madre? ¿Enojada?
4. ¿Tus tíos? ¿Argentinos?
5. ¿Tu casa? ¿Amarilla?
6. ¿Juan? ¿Alto y guapo?
7. ¿Claudio y Anita? ¿Novios?
8. ¿Tu sobrino Enrique? ¿Enfermo?

C. La carta de Manuel. Parts of Manuel's letter to his parents got wet and are impossible to comprehend. In order to read the letter you must fill in the missing parts. **Complete las oraciones con la forma adecuada de *ser* o *estar*.**

Queridos padres:

   ¿Cómo _____ Uds.? ¿Y cómo _____ mi perro? Yo _____ muy contento aquí en la universidad. Mi compañero de cuarto se llama David. _____ de Texas y también _____ hispano. Siempre hablamos español. David _____ muy inteligente y también _____ un estudiante muy bueno. Ahora _____ en la biblioteca aunque (*although*) _____ las once y media de la noche.

   Mañana tengo mi primer examen en la clase de química. Yo _____ un poco preocupado. Creo que el examen va a _____ difícil (*difficult*). Pero la profesora _____ simpática y creo que _____ justa.

   Bueno, ya _____ tarde y yo _____ cansado. Debo estudiar un poco más para mi examen. Espero (*I hope*) recibir cartas de Uds. pronto.

                      Abrazos,
                      Manuel

D. Un(-a) compañero(-a). Choose a classmate to describe to the rest of the class but do not tell the class the name of the person. The other members of the class must then guess the name of the classmate you are describing. Use as many adjectives as possible.

PUENTE Cultural

La fiesta quinceañera

Miami, Florida

El cumpleaños de quince de una muchacha se celebra con una fiesta muy grande: la fiesta quinceañera. Esta fiesta es similar a una *coming out party* en los EE.UU. Es muy importante para toda la familia y los padres hacen lo mejor que pueden.°

the best they can

COMPRENSIÓN CULTURAL

Conteste en español.

1. ¿Cuál es la ocasión representada en la fotografía?
2. ¿Cuántos años tiene la chica principal? ¿Cómo es ella?
3. ¿Quiénes son las otras personas de la foto?
4. ¿Qué van a hacer (*to do*) estas personas en la fiesta?
5. ¿Qué cumpleaños es importante para las jóvenes en nuestra cultura?

Videocassette segment to accompany this section; see Viewer's Guide in the Instructor's Resource Manual, Chapter 3.

cuarto encuentro

EL MUNDO HISPANO **ESPAÑA**

La Puerta del Sol, Madrid, España

Have students locate Spain on the map provided here or in the front of the textbook. Have students locate major cities as well.

Point out: La Puerta del Sol was once thought to be the exact center of Spain. All distances are measured from **Kilómetro Cero** located in the center of the **Puerta del Sol.**

Comprehension check. Ask students: **¿Cuál es la capital de España? ¿Cuáles son otras ciudades importantes? ¿Cómo son la geografía y el clima de España? ¿Cuál es su población? ¿En qué se basa la economía?**

España

Población	40.000.000 de habitantes
Economía	Turismo, productos agrícolas, vehículos, barcos (*ships*), productos de cuero (*leather*)
Ciudades	Barcelona, Bilbao, Madrid, Sevilla, Valencia
Moneda	La peseta
Geografía y clima	Gran variedad de geografía y clima: una costa extensa y montañas en el interior

PARA LEER BIEN • Recognizing Cognates

In order to improve your ability to read in Spanish you should learn to guess and predict the meaning of words so you do not look up every new word in a dictionary. Knowledge of word formation will greatly improve your ability to recognize cognates and will facilitate your reading. For example, there are many Spanish words that are based on an English word plus the vowels **-a, -e,** or **-o,** such as, the cognates **moderna** (*modern* + **-a**), **importante** (*important* + **-e**), and **mucho** (*much* + **-o**). Another example are words with the Spanish ending **-ción** which corresponds to the English *-tion:* **obligación** → *obligation;* **institución** → *institution.*

PRÁCTICA

Cognados.   ¿Cómo se dice en inglés?

1. concepto	5. generación	9. música
2. hispánico	6. educación	10. nación
3. adulto	7. tradición	11. ocasión
4. visita	8. fantástico	12. elegante

LECTURA CULTURAL

Tal como somos°

Have students read the short introduction in the **Lectura** to find the cognates: **tradicional / generaciones / adultos / general.**

The way we are

Aquí está el retrato° del español y la española: Dónde vive y cuándo se casa.° El español medio° tiene alrededor° de 37 años, está casado y tiene dos niños. La familia tradicional de tres generaciones es historia. Los abuelos no viven con sus hijos y nietos como antes.° Pero en algunos° hogares° tienen hijos adultos entre 23 y 32 años. En general, en los hogares españoles viven los padres y los hijos solamente. Aquí están las estadísticas.

portrait / gets married
average / around

before / some / homes

Follow-up questions: ¿Cuántos hijos tiene el español medio? ¿Cuántos años tiene? ¿Cuántas generaciones viven en la casa? ¿Son independientes los hijos adultos? ¿Dónde viven los hijos solteros de 30 años?

ESPAÑA

La Española

**Hay 17.385.890 de españolas
mayores de 10 años**

Mis Padres

Viven con sus padres
Sí 35%
No 64,8%

Se van de casa
Hasta los años 80.....25,5 años
Década de los 90......27,7 años

Siguen en casa
**El 55,1 por ciento de las que
tienen entre 23 y 32 años**
El 86,3 por ciento de las solteras

Vuelven a casa
**El 24 por ciento de las
separadas y divorciadas**

Mi Familia

Casadas...................... 51,4%
Solteras...................... 47,7%

Número de hijos 2,7

Diferencia de Edad
Con el marido .... 1-2 años
Con el hijo mayor .... 25-29 años

El Español

**Hay 16.541.720 de españoles
mayores de 10 años**

Mis Padres

Viven con sus padres
Sí 40,1%
No 59,8%

Se van de casa
Hasta los años 80.....26,5 años
Década de los 90......28,5 años

Siguen en casa
**El 69,2 por ciento de los que
tienen entre 23 y 32 años**
El 90 por ciento de los solteros

Vuelven a casa
**El 37,9 por ciento de los
separados o divorciados**

Mi Familia

Casados...................... 54,6%
Solteros...................... 44,4%

Número de hijos 2,6

Diferencia de Edad
Con la esposa .... 1-2 años
Con el hijo .... 25-29 años

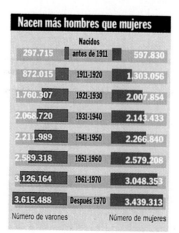

Nacen más hombres que mujeres

Número de varones	Nacidos	Número de mujeres
297.715	antes de 1911	597.830
872.015	1911-1920	1.303.056
1.760.307	1921-1930	2.007.854
2.068.720	1931-1940	2.143.433
2.211.989	1941-1950	2.266.840
2.589.318	1951-1960	2.579.208
3.126.164	1961-1970	3.048.353
3.615.488	Después 1970	3.439.313

Las estadísticas. Complete los espacios en blanco con la palabra **(los) hombres** o **(las) mujeres** según (*according to*) la información.

1. Hay más _____ que viven con sus padres que _____.

2. En los años 90 _____ se van de casa a los 27,7 años.

3. El 90 por ciento de _____ solteros(-as) viven con sus padres.

4. Más _____ divorciados(-as) van a vivir con sus padres que

   _____.

5. Hay más _____ casados(-as) que _____.

6. Hay más _____ solteros(-as) que _____.

7. Después de 1970, nacen más _____ que _____ en España.

ACTIVIDADES

●●●

A. Mi pariente favorito(-a). Tell your classmates about one of your favorite or most interesting relatives. Explain who the person is, what he/she is like, where the relative lives, his/her profession, possessions, nationality, and any other information you wish to include. Why is he/she your favorite?

B. Un problema familiar. You are a female university student home for the summer; you want to go to a party with your new boyfriend. A classmate will play the role of your strict father who doesn't want to give you permission to go. Your father will ask you who your boyfriend is, what he is like, and what his family is like. You will also be asked to explain where the party is, when you will go to the party and return home, and who will be at the party.

C. Un matrimonio. You work as a society reporter for a local newspaper and one of your classmates is planning to be married soon. Talk with your classmate about the wedding and the members of the wedding party. Have your classmate provide information about the new spouse and in-laws (what they are like, where they are from, professions, etc.).
USEFUL VOCABULARY: **el anillo** = *the ring* / **la dama de honor** = *maid of honor* / **la iglesia** = *church* / **el padrino** = *best man* / **el novio** = *groom* / **la novia** = *bride* / **la boda** = *wedding*.

Grammar incorporated A: Ser + characteristics, origin, and nationalities; B: Ser + characteristics, origin, time; C: Ser + characteristics, estar + conditions.

Vocabulary incorporated A: Family members, adjectives of characteristics; B: Phrases for denying and contradicting; C: Family members, adjectives of characteristic and condition.

Expansión B: The boyfriend (played by a class member) comes to the house to pick up his date. The father gives him the third degree, asking him many questions.

PARA ESCRIBIR BIEN • Preparing to Write

Careful preparation is the most important phase of the writing process. The following suggestions should help you plan and organize so the actual writing is less time-consuming and the composition is more interesting and readable.

1. Choose a topic that interests you and one for which you have some background knowledge and ideas.

2. Make a list of ideas that pertain to the topic. Write these ideas in Spanish.

3. Organize your key ideas into a logical sequence. These key ideas form a basic outline for your composition.

4. Fill in the outline with details that support the key ideas.

5. You are now ready to write the composition.

COMPOSICIONES

A. Mi familia.   Write a brief composition describing your family. Tell what the people are like, their nationality, their possessions, their activities, and any other important characteristics about them.

B. Un matrimonio.   After completing **Actividad C,** write a newspaper article on the approaching wedding of your classmate. Use your imagination to describe the new spouse, the in-laws, the wedding, and the reception.

Vocabulario activo ●

La familia

el (la) abuelo(-a)	grandfather (-mother)
los abuelos	grandparents
el (la) cuñado(-a)	brother (sister)-in-law
el (la) esposo(-a)	husband (wife)
el (la) hermano(-a)	brother (sister)
el (la) hijo(-a)	son (daughter)
los hijos	children
la madre	mother
la madrina	godmother
el (la) nieto(-a)	grandson (-daughter)
los nietos	grandchildren
el padre	father
los padres	parents
el padrino	godfather
el (la) pariente	relative
el (la) primo(-a)	cousin
el (la) sobrino(-a)	nephew (niece)
el (la) suegro(-a)	father (mother)-in-law
el (la) tío(-a)	uncle (aunt)

Otras personas

el (la) abogado(-a)	lawyer
el ama (f.) de casa	housewife
el (la) arquitecto(-a)	architect
el (la) bebé (beba)	baby
el hombre	man
la mujer	woman
el (la) niño(-a)	child, boy (girl)
el (la) soltero(-a)	single person; bachelor
el (la) vecino(-a)	neighbor

Otros sustantivos

el año	year
la arquitectura	architecture
el bautismo	baptism
el cuarto	quarter
el dinero	money
la discoteca	discotheque
el ejemplo	example
la fiesta	party
la hora	hour, time
el (la) mayor	the oldest
la medianoche	midnight
el mediodía	noon
el (la) menor	the youngest
la palabra	word
el perro	dog
el plan	plan
el regalo	gift

Verbos

celebrar	to celebrate
dar	to give
ir	to go
ir a + inf.	to be going to (do something)
llegar	to arrive
planear	to plan
regresar	to return
tener	to have
tener... años	to be . . . years old
tener que + inf.	to have to (do something)
venir	to come

Adjetivos

casado	married
diferente	different
divorciado	divorced
familiar	family
imposible	impossible
justo	fair, just
mayor	older
menor	younger
muerto	dead, deceased
separado	separated
soltero	single, unmarried

Otras expresiones

a casa	(to) home
¿A qué hora...?	(At) What time . . . ?
a tiempo	on time
¿adónde?	where?
al	to the (+ masc. sing. noun)
de la mañana	A.M.
de la noche	P.M.
de la tarde	P.M.
¿de quién(-es)?	whose?
del	of the (+ masc. sing. noun)
después de	after
don	male title of respect used with first names
doña	female title of respect used with first names
en grupo	in a group
en punto	exactly, on the dot
¡Felicitaciones!	Congratulations!
nació	he/she was born
¡Ni que hablar!	Don't even mention it!
No es así.	It's not that (way).
por teléfono	by telephone, on the telephone
que	that, which, who
¡Qué bien!	How nice!
tarde	late
temprano	early
vamos a + inf.	let's + verb

*You may wish to do **Repaso I** at this time (found in **Instructor's Resource Manual**).*

El tiempo pasa

Las celebraciones de Carnaval, Cádiz, España

➤ Cultural Themes

Important dates, holidays, and festivals in the Hispanic world

La Argentina

➤ Communicative Goals

Making plans

Primer encuentro

Talking about things you do

Distinguishing between people and things

Segundo encuentro

Así se habla: Extending, accepting, and declining invitations

Discussing activities and acquaintances

Giving an opinion

Expressing large quantities

Tercer encuentro

Así se habla: Making a simple telephone call

Expressing destination and purpose

Indicating the recipient of something

Cuarto encuentro

Para leer bien: Logical devices

Lectura cultural: *Las fiestas*

Para escribir bien: Extending and replying to a written invitation

If desired, make and use a transparency of the drawings in the book to introduce the seasons and weather expressions. Point out the dual meaning of **el tiempo** = *time* and *weather*.

Introduce the weather expressions of the **Presentación** by pointing to the different drawings in the book (or on the transparency). Comment on the weather for the drawing. Have students repeat the weather phrase after you. Then ask: **¿Qué tiempo hace hoy? ¿Qué tiempo hace en Alaska / Hawai / el Ecuador?**

After introducing the weather expressions, introduce the personal expressions **tener frío / calor.** Ask students: **¿Cuándo hace frío / calor? ¿Tienes frío / calor hoy?**

Practice the differences in seasons between the northern and southern hemispheres. Ask students: **Si es primavera / verano / invierno / otoño en los EE.UU., ¿qué estación es en Chile / la Argentina / el Uruguay / Bolivia?**

Videocassette segment to accompany this section; see Viewer's Guide in the Instructor's Resource Manual, Chapter 4.

A pensar

- What are the important dates, holidays, and festivals in our culture? Which are religious / patriotic / personal?

- What typical activities do you associate with each of the four seasons and/or various types of weather?

- What phrases do you use to invite a friend to do something with you? How do you accept or decline an invitation?

- In addition to counting, how do we use numbers above 100 in our daily lives?

primer encuentro

PRESENTACIÓN   VOCABULARIO EN CONTEXTO

¿Qué tiempo hace?

Alfonso   Es **el verano. Hace sol** y **tengo** mucho **calor.** Quiero **nadar.** Voy **a llamar** a mis amigos y **luego** vamos a ir en coche a **la playa.** Y hoy voy a **manejar** yo.

Julio   Es **el otoño. Hace fresco** y **viento** y también **llueve.** No **sé** qué **hacer.** Creo que voy a **poner la radio** o escuchar **discos.**

Pilar   ¡Tengo mucho **frío**! En **el invierno** aquí **hace mal tiempo.** Siempre **hace frío** y **nieva** mucho. Voy a invitar a unos amigos a ir a **esquiar.**

Rosalía   **La primavera** es mi **estación favorita. Hace buen tiempo** hoy y los colores de **las flores** y **los árboles** son muy bonitos. **Salgo** a caminar **por el parque.**

Comentarios lingüísticos y culturales

a. In Spanish, weather conditions are often expressed with a form of **hace** + *noun.* In such expressions **mucho** is used to modify the noun and corresponds to the English *very.*
   Hace mucho frío. = *It's very cold.*

b. Note that the expressions **tener calor / frío** refer to personal feelings and mean *to be hot / cold,* while **hace calor / frío** refer to the weather and mean *it is hot / cold.*

c. The infinitive **llover** means *to rain.* Only the third-person singular form is used.
   llueve = *it's raining*

d. The infinitive **nevar** means *to snow.* Only the third-person singular form is used.
   nieva = *it's snowing*

e. In countries south of the equator the seasons are reversed. Thus, the South American countries of Peru, Chile, Argentina, Paraguay, Uruguay, Bolivia, and parts of Brazil and Ecuador enjoy the warm summer weather from December to March and endure the winter from June to September.

Point out: *It*, as a subject, is not expressed in Spanish. **Hace** + *weather expression* = *It is* + *weather expression*.

Warm up: Ask yes/no questions with weather expressions. **¿Hace fresco /viento / calor / frío hoy? ¿Llueve / Nieva hoy? ¿Qué tiempo hace aquí en el invierno / el otoño / el verano / la primavera?**

Expansión A: Ask questions based on the drawings: **1. ¿Dónde están las chicas? ¿Qué hacen? ¿Qué hace el chico en el agua? 2. ¿Cómo está el hombre? 3. ¿Quiénes son las personas en el dibujo? ¿Dónde están? ¿Qué hacen? 4. ¿Cuántas personas hay en el dibujo? ¿Quiénes son? ¿Dónde están? ¿Qué hacen los novios?**

PRÁCTICA Y CONVERSACIÓN

A.   ¿Qué tiempo hace?   Conteste según los dibujos.

1.

2.

3.

4.

Answer to **Refrán** equivalent: *"You can't please all of the people all of the time."*

CLIMATOLOGIA
35

Refrán (Saying): «*Nunca llueve a gusto de todos.*» ¿Cómo se dice en inglés?

B. Curiosidad del tiempo.   El tiempo cambia constantemente. Este gráfico muestra los cambios a través de la historia. (*The weather is constantly changing. This chart shows the changes throughout history.*) Complete los espacios con las palabras **frío** o **calor.**

Los números corresponden a períodos de calor o frío en la historia. Llueve más cuando hace calor que cuando hace frío. **1** = Período cálido romano; **2** = Período frío altomedieval; **3** = Período cálido bajomedieval; **4** = Pequeña Edad Glacial.

1. En el período romano hace _____ .
2. En el período altomedieval hace _____ .
3. En el período bajomedieval hace _____ .
4. En la Pequeña Edad Glacial hace _____ .
5. En el año 8000 a.C. hace mucho _____ .
6. Llueve mucho cuando hace _____ .

C. Ud. y el tiempo.   Hágale preguntas a un(-a) compañero(-a) de clase y su compañero(-a) debe contestar.

Pregúntele…

1. cuál es su estación favorita.
2. si tiene frío o calor ahora.
3. si le gusta nadar. ¿esquiar?
4. si maneja a la universidad.
5. si llama mucho a sus amigos. ¿Cuándo?
6. si va mucho a la playa. ¿Cuándo?
7. si camina por el parque. ¿Cuándo?
8. cuándo pone la radio.

SONIDOS . . . d

The Spanish **d** has two different pronunciations; neither is like an English *d*. The **d** that occurs at the beginning of a sentence or phrase and after **n** or **l** is pronounced by pressing the front of the tongue against the back of the upper teeth; this sound is represented by [d]. The fricative **d** is pronounced like the English *th* in *this* and is represented by [đ].

PRÁCTICA

Escuche y repita después de su profesor(-a).

[d]	**d**ía **d**ónde cuán**d**o el **d**isco **D**olores **D**iego, ¿**d**ónde está el **d**isco nuevo?
[đ]	na**d**ar ra**d**io uste**d** tar**d**e Ma**d**ri**d** A**d**ela va a na**d**ar esta tar**d**e.
[d] and [đ]	Fernan**d**o y Clau**d**ia na**d**an mucho cuan**d**o hace calor. Creo que voy a poner la ra**d**io o escuchar **d**iscos.

ESTRUCTURAS

TALKING ABOUT THINGS YOU DO

Some Irregular Verbs

In order to discuss a variety of common everyday activities, you will need several new irregular verbs.

DECIR to say, tell	HACER to do; to make	PONER to put, place	SALIR to leave	TRAER to bring; to carry	SABER to know	VER to see
digo	hago	pongo	salgo	traigo	sé	veo
dices	haces	pones	sales	traes	sabes	ves
dice	hace	pone	sale	trae	sabe	ve
decimos	hacemos	ponemos	salimos	traemos	sabemos	vemos
decís	hacéis	ponéis	salís	traéis	sabéis	veis
dicen	hacen	ponen	salen	traen	saben	ven

a. Learn to use the following expressions.

hacer ejercicio	*to exercise*	poner la radio	*to turn on the radio*
hacer la tarea	*to do homework*	poner la televisión	*to turn on the television*
decir la verdad	*to tell the truth*		

b. **Salir** is followed by **de** when a location is mentioned.

No **salgo de** casa cuando nieva. *I don't leave the house when it's snowing.*

c. **Saber** means *to know (information).*

Marito tiene tres años y ya **sabe** las estaciones del año. *Marito is three years old, and he already knows the seasons of the year.*

When followed by an infinitive, **saber** means *to know how to (do something).*

Sé esquiar muy bien. *I know how to ski very well.*

En contexto

—¿Cuál es tu estación favorita?

—¡El verano, por supuesto! Yo **sé** nadar muy bien y **salgo** mucho con mis amigos y vamos a la playa.

—Y cuando llueve en el verano, ¿qué **haces?**

—Pues **veo** a mis amigos o **pongo** la televisión.

PRÁCTICA Y CONVERSACIÓN

A. **¿Qué sabes hacer?** Explique lo que *(what)* Ud. sabe y no sabe hacer.

(No) Sé…
leer ruso / bailar el tango / escribir poemas / nadar bien / manejar / cantar en italiano / ¿?

B. **¿Cuándo haces estas actividades?** Pregúntele a su compañero(-a) cuando hace las siguientes actividades. Forme preguntas y respuestas con frases de las dos columnas.

MODELO

poner la radio
Usted: **¿Cuándo pones la radio?**
Compañero(-a): **Pongo la radio cuando llueve.**

poner la televisión	en el otoño
traer cerveza a las fiestas	en la primavera
no salir de casa	cuando hace frío
ver a los compañeros de clase	cuando hace calor
hacer ejercicio	cuando llueve
poner la radio	en el invierno

C. **Actividades del invierno.** A Spanish-speaking friend of yours (played by a classmate) is interviewing people in order to write a report about typical winter activities in the United States. **Conteste las preguntas de su amigo(-a).**

1. ¿Qué haces cuando nieva?
2. ¿Pones la televisión mucho? ¿Cuándo?
3. ¿Ves mucho a tus amigos? ¿Cuándo?
4. ¿Sales a caminar a menudo? ¿Adónde vas? ¿Con quiénes?
5. ¿Esquías cuando hace frío? ¿Adónde vas?
6. ¿Haces ejercicio? ¿Cuándo? ¿Dónde?

DISTINGUISHING BETWEEN PEOPLE AND THINGS

Personal *a*

In Spanish it is necessary to distinguish between direct objects referring to people and direct objects referring to things.

Point out: Certain verbs will take a direct object in Spanish while they take an object of a preposition in English: **escuchar** = *to listen to;* **mirar** = *to look at;* **buscar** = *to look for.*

a. In English and Spanish a direct object receives the action of the verb; it answers the question *whom?* or *what?* asked in relation to the verb.

We are visiting our friends.	We are visiting whom? Whom are we visiting? }	Our friends.
Paul is doing his homework.	Paul is doing what? What is Paul doing? }	His homework.

The answer to these questions is the direct object of the verb.

b. In Spanish the word **a** is used before a direct object noun that refers to a person or persons. It is not translated in English. Compare the following sentences.

Reminder: When the personal **a** is followed by the article **el** the contraction **al** is formed: **Llaman al profesor García.**

PERSON

Buscamos **a** la doctora.   *We are looking for the doctor.*

THING

Buscamos el parque.   *We are looking for the park.*

En contexto
—¿Vas a visitar la capital en el verano?
—Bueno, voy a visitar **a** mis abuelos que viven en la capital. Si hay tiempo vamos a visitar la ciudad.

PRÁCTICA Y CONVERSACIÓN

Point out: Quién requires a personal **a** when asking about a direct object that refers to a person.

A. ¿A quién vas a visitar?   Explain to your classmates what and whom you will visit this summer by making new sentences with the direct objects provided.

> **MODELO**   mis abuelos
> **(No) Voy a visitar a mis abuelos.**

el parque / mi tía favorita / el museo de arte / mi compañero(-a) de cuarto / mis padrinos / la capital de los EE.UU. / ¿?

B. Entrevista personal.   Hágale preguntas a un(-a) compañero(-a) de clase y su compañero(-a) debe contestar.

Pregúntele…

1. si ve mucho a su familia. ¿y a sus amigos?
2. cuándo visita a sus abuelos.
3. a quiénes invita a sus fiestas.
4. a quién llama cuando quiere ir a la playa.
5. a quién busca cuando tiene un problema.

segundo encuentro

VOCABULARIO EN CONTEXTO

Una cita

Note that complete translations of the **Presentaciones** stop here. New active vocabulary is printed in boldface type. Vocabulary for recognition is indicated by the symbol°. New vocabulary is glossed in the margins of the text. Obvious cognates are represented by the symbol +.

Santiago, Chile

Introduce the dialogue by asking students: **El fin de semana yo voy al cine o a una fiesta con mis amigos. Y Ud., ¿qué hace el fin de semana? ¿Va Ud. a una fiesta o estudia Ud. todo el fin de semana? ¿A qué hora regresa Ud. de la fiesta? ¿Regresa Ud. a su casa después de una fiesta? ¿A qué hora empiezan y terminan las fiestas de los estudiantes en esta universidad?**

Point out: **Consuelo** is a female name.

Ramón	Consuelo, ¿quieres ir a una fiesta o al **cine** este **fin de semana?**	*movies / weekend*
Consuelo	¡Ay! Lo siento, pero tengo que **preparar** un **informe** sobre la música latina para el **martes** y no tengo mucho **tiempo durante** la semana.	*+ / report* *Tuesday / time / during*
Ramón	Ven° a la fiesta. Mis amigos tienen más de **ciento cincuenta** discos de música latina.	*Come / one hundred fifty*
Consuelo	¿Ciento cincuenta? Hm… ¿Quiénes son tus amigos?	
Ramón	¿**Conoces** a Ana y José?	*Do you know*
Consuelo	Ah, sí. Los° conozco° bien. Son muy **agradables.**	*them / I know / nice*

only
to rest / to have a good time

Ramón   No es bueno estudiar y trabajar **solamente.** También tienes que **descansar** y divertirte.°

around / a little

Consuelo   Mm…Está bien. Voy a llegar **a eso de** las once. Voy a estudiar **un poco** antes de ir.

last

Ramón   Bueno. Las fiestas latinas duran° hasta las cuatro de la mañana. A las once es temprano todavía.

Check comprehension by asking students: **¿Qué tiene que hacer Consuelo este fin de semana? ¿Por qué? ¿Qué va a hacer Ramón? ¿Qué música tienen los amigos de Ramón? ¿Cómo son Ana y José? ¿Va a ir a la fiesta Consuelo?**

EL CALENDARIO

LOS MESES DEL AÑO

enero	*January*	julio	*July*
febrero	*February*	agosto	*August*
marzo	*March*	septiembre	*September*
abril	*April*	octubre	*October*
mayo	*May*	noviembre	*November*
junio	*June*	diciembre	*December*

Comentarios lingüísticos y culturales

a.   The days of the week and the months of the year are masculine, singular nouns. They are not capitalized unless they begin a sentence.

b.   The ninth month has two acceptable spellings: **setiembre** and **septiembre.**

c.   **Sábado** and **domingo** add **-s** to become plural. The other days have an identical singular and plural form.

d.   When used with a day of the week the definite articles **el / los** = on.

    Tomás llega **el martes.**   *Tomás is arriving on Tuesday.*

    Trabajo **los viernes** y **los sábados.**   *I work on Fridays and Saturdays.*

e.   When a day of the week follows **hoy es,** no definite article is used: **Hoy es miércoles.**

f. The verb **estar** is often used to express that one is in a particular month or season.

¿En qué mes / estación **estamos?** *What month / season is it?*

Estamos en octubre / otoño. *It's October / autumn.*

g. In order to recognize direct object pronouns as you read and listen to Spanish, use the information of the following chart. Note that the Spanish direct object pronouns are placed before a conjugated verb and are used to avoid the unnecessary repetition of a noun.

DIRECT OBJECT PRONOUNS

me	*me*		nos	*us*
te	*you* (fam.)		os	*you* (fam.)
lo	*him, it you* (sing., formal)		los	*them you* (pl., formal)
la	*her, it you* (sing., formal)		las	*them you* (pl., formal)

—¿Conoces a Juan Vásquez? *Do you know Juan Vásquez?*

—Sí, **lo** conozco bien. *Yes, I know him well.*

Point out: **¿En qué mes estamos?** means literally *In what month are we?*

Direct object pronouns are taught here for recognition only. They will be introduced actively in **Capítulo 7.**

PRÁCTICA Y CONVERSACIÓN

Con Servivensa desde Santa Fe de Bogotá

*GUAYAQUIL **MARTES, JUEVES Y SABADO**
SALIDA: 10:05 am.

Warm-up: State a day of the week; student(s) should say the following day. **Profesor(-a): Hoy es martes. Estudiante: Mañana es miércoles.**

VALENCIA **LUNES, MIERCOLES, VIERNES**
y DOMINGO.
SALIDA: 10:05 am.

¿Qué días va Servivensa a Guayaquil?
¿a Valencia?

A. El calendario. Conteste las siguientes preguntas.

1. ¿Qué día es mañana si hoy es martes / domingo / viernes?
2. ¿Qué día es hoy si mañana es lunes / viernes / miércoles?
3. ¿Cuántos meses hay en un año? ¿Cuáles son?
4. ¿Cuáles son los meses del invierno? ¿del verano? ¿del otoño? ¿de la primavera?
5. ¿Qué tiempo hace aquí en julio / enero / abril / octubre?
6. ¿Cuántos días hay en septiembre / diciembre / febrero?

Ask an incorrect tag question about the month. Student will answer **no** and give the following month.
Profesor(-a): **Estamos en (***abril***), ¿verdad?**
Estudiante: **No, estamos en (mayo).**

B. Entrevista personal. Hágale preguntas a un(-a) compañero(-a) de clase y su compañero(-a) debe contestar.

Pregúntele…

1. cuál es su día favorito. 2. qué días no tiene clases.

3. si siempre va al cine los viernes.

4. si estudia todos los días.

5. si trabaja los fines de semana.

6. qué va a hacer el sábado. ¿y el domingo?

C. Las estaciones. Is your life in tune with the seasons? Ask a classmate what he or she does in different seasons and fill in the chart with your classmate's activities. Compare your charts to find out which season is the most fun-filled, active, boring, or interesting for each of you. Explain your results to the class.

LAS ESTACIONES			
PRIMAVERA	VERANO	OTOÑO	INVIERNO

—¿Vamos a tomar algo?
—De acuerdo.

Así se habla

Videocassette segment to accompany this section; see Viewer's Guide in the Instructor's Resource Manual, Chapter 4.

Point out: In Hispanic countries, he who invites pays. "Dutch treat" is little known.

EXTENDING, ACCEPTING, AND DECLINING INVITATIONS

There are several ways of inviting a friend to do something with you.

¿Quieres venir conmigo a _____ ?	*Do you want to come with me to _____ ?*
Vamos a (+ *inf.*).	*Let's go (+ inf.).*
Te invito a (+ *inf.*).	*I invite you to (+ inf.).*
¿Estás libre hoy?	*Are you free today?*

How can you respond to an invitation? To accept an invitation you might say:

Sí, gracias. Me encantaría.	*Yes, thank you. I'd be delighted.*
Sí, con mucho gusto.	*Yes, with pleasure.*
Encantado(-a).	*Delighted.*
Bueno, cómo no.	*Sure, why not?*
Sí, tengo el día libre.	*Yes, I have the day free.*
De acuerdo.	*Agreed.*

To decline an invitation you might say:

No, gracias.	*No, thank you.*
Lo siento pero debo estudiar.	*I'm sorry, but I should study.*
No es posible el jueves porque tengo que trabajar.	*It's not possible on Thursday because I have to work.*
¡Qué lástima! Estoy ocupado(-a) hoy.	*What a pity! I'm busy today.*

PRÁCTICA Y CONVERSACIÓN

A. Invitaciones. Work in pairs. Extend an invitation, and the other person has to accept or decline and give an explanation.

1. esquiar el fin de semana
2. bailar el viernes
3. mirar la televisión
4. escuchar discos el sábado
5. nadar con los chicos
6. ir al cine el domingo
7. comer en su casa
8. ir a visitar a mis padres

B. Un viaje a Disney World. You have won a trip to Disney World and you can take a friend with you. Invite three people to go with you. The first two will decline and give a reason. The third person will accept on one condition. Work in groups of four.

SONIDOS . . . *s, ce, ci, z*

In most of the Americas and in some parts of Spain, the letters **s, z,** and **c** before **e** or **i** are pronounced like the English *s* in *sun*.

Reminder: All **Sonidos** sections are repeated on tape in the **Manual de laboratorio.** If you are short on class time at this point, have students complete this section on their own.

PRÁCTICA

Escuche y repita después de su profesor(-a).

Have students find examples of the /s/ spelled z, ce, ci in the dialogue of the **Presentación.**

s	Con**s**uelo mú**s**ica de**s**pué**s** lune**s** **s**emana
	Trabajo de lune**s** a vierne**s** todo**s** lo**s** día**s**.
ce and **ci**	**ci**ta **ci**ne **ci**ento **ci**ncuenta ha**cer** on**ce**
	Fran**ci**sco tiene una **ci**ta a las on**ce**.

If you use Castilian **seseo**, point it out here.

z	lápi**z** a**z**ul mar**z**o Ménde**z** Sánche**z**
	La señorita Ménde**z** necesita un lápi**z** a**z**ul.
s, ce, ci, z	**Ce**ci**l**ia, ¿qué pien**s**as ha**cer** e**s**te fin de **s**emana?
	Patri**c**ia y Vi**c**ente, e**s**pérenme *a* e**s**o de la**s** on**ce**.

ESTRUCTURAS

DISCUSSING ACTIVITIES AND ACQUAINTANCES

Verbs Ending in *-cer* and *-cir; saber* versus *conocer*

You will need to learn a new category of irregular verbs in order to talk about acquaintances.

Verbs in -CER *like* **CONOCER** *to know, be* *acquainted with; to meet*		Verbs in -CIR *like* **TRADUCIR** *to translate*	
conozco	conocemos	**traduzco**	traducimos
conoces	conocéis	traduces	traducís
conoce	conocen	traduce	traducen

a. Verbs that end in **-cer** or **-cir** are irregular only in the first-person singular: the **c > zc: conozco, traduzco.** Below are some common verbs of this type.

<table>
<tr><td>conocer</td><td>to know, be
acquainted with;
to meet</td><td>conducir</td><td>to drive</td></tr>
<tr><td></td><td></td><td>traducir</td><td>to translate</td></tr>
<tr><td>merecer</td><td>to deserve, merit</td><td></td><td></td></tr>
<tr><td>ofrecer</td><td>to offer</td><td></td><td></td></tr>
</table>

Point out: *To drive* = **manejar** in the Americas and **conducir** in Spain.

Review conjugation of **saber.**

b. Both **saber** and **conocer** mean *to know.* However, each verb has more specific meanings and uses.

1. The verb **saber** means *to know* (*information or facts*).

| Yo **sé** dónde están. | *I know where they are.* |
| Mónica no **sabe** la fecha. | *Mónica doesn't know the date.* |

Saber can be followed by an infinitive; in such cases it means *to know how* (*to do something*).

Reminder: No additional word for *how* is used in the phrase **saber** + *infinitive* = *to know how* + *infinitive.*

| **¿Sabes conducir?** | *Do you know how to drive?* |
| Julio no **sabe esquiar.** | *Julio doesn't know how to ski.* |

Point out: *To know (a person)* = **conocer. Conozco a Miguel.** *To know (a fact about a person)* = **saber. Sé que Miguel estudia matemáticas. Sé dónde vive.**

2. The verb **conocer** means *to know* or *to be acquainted with* (*a person, place, or thing*); *to meet.* Remember to use the personal **a** with **conocer** when the direct object is a person.

Conocemos al Sr. Gómez pero no **conocemos a** su hijo.	*We know Mr. Gómez but we don't know his son.*
Conozco bien Madrid.	*I know Madrid well.*

En contexto

Julio　No **conozco** bien a Mariana. **¿Sabes** dónde vive?

Marta　Claro que sí. Vive cerca del parque.

PRÁCTICA Y CONVERSACIÓN

Warm-up: Sustitución: *Inés* conduce a la universidad. Graciela y su hermana / yo / Gloria / tú / Ud. y yo / Felipe y Antonio

A.　Las habilidades de Carlos.　Explain what and whom Carlos knows using the correct form of **conocer** or **saber.**

Expansión A: Using the phrases of A, students explain their own knowledge with **saber** or conocer. MODELO: 1. (No) Conozco bien California.

1. _____ bien California.
2. No _____ bailar el tango.
3. _____ a todos sus primos.
4. _____ conducir bien.
5. No _____ cuándo es el cumpleaños del presidente.
6. No _____ bien la capital.

B.　Entrevista personal.　Hágale preguntas a un(-a) compañero(-a) de clase y su compañero(-a) debe contestar.

Pregúntele…

1. si conduce a clase.
2. si conoce a una persona famosa. ¿A quién?
3. qué ciudades grandes conoce.
4. si traduce bien del inglés al español.
5. si merece más dinero.

C.　¿Qué saben hacer sus compañeros?　Your instructor will divide the class into groups of three. Interview each other to find out the following information, which you will report to the entire class. Remember to ask the questions individually.

1. ¿Cuántos alumnos saben nadar? ¿esquiar? ¿bailar bien?
2. ¿Cuántos saben hablar francés? ¿ruso? ¿japonés?
3. ¿Cuántos conocen a una persona famosa? ¿A quién(-es)?
4. ¿Cuántos conocen un país hispánico? ¿Cuál(-es)?
5. ¿Cuántos conocen otra universidad? ¿Cuál(-es)?

GIVING AN OPINION

Impersonal Expressions + Infinitive

To offer an opinion about various actions, Spanish often uses an impersonal expression such as *it's important,* followed by an infinitive.

IMPERSONAL EXPRESSIONS			
es bueno	*it's good*	es malo	*it's bad*
es difícil	*it's difficult, it's unlikely*	es mejor	*it's better*
es fácil	*it's easy, it's likely*	es necesario	*it's necessary*
es importante	*it's important*	es posible	*it's possible*
es imposible	*it's impossible*	es ridículo	*it's ridiculous*
es (una) lástima	*it's too bad*	es urgente	*it's urgent*

a. In impersonal expressions the subject of **es** is an unstated *it.* These expressions are invariable; that is, the verb and adjective do not change form.

No vamos a salir el jueves. **Es imposible.**   *We're not going to leave on Thursday. It's impossible.*

Necesito hablar con Pepe. **Es muy importante.**   *I need to speak with Pepe. It's very important.*

b. Impersonal expressions can be followed by an infinitive.

Es mejor llegar el martes.   *It's better to arrive on Tuesday.*

En contexto

Padre   Diego, Frederico… Como Uds. saben, **es necesario** estar en la casa de sus tíos a las tres. **Es importante** salir ahora.

Hijos   Pero, papá, no queremos ir. **Es mejor** estar aquí con nuestros amigos.

PRÁCTICA Y CONVERSACIÓN

A. Opiniones.   Complete las oraciones de una manera lógica.

1. Es difícil _____ todos los días.
2. _____ visitar a mis parientes los fines de semana.
3. _____ poner música para bailar.
4. Es importante _____ en la clase de español.
5. En mi opinión, no es posible _____ .
6. En mi opinión, es ridículo _____ .

B. Consejos *(Advice).*   A classmate consults you for advice about how to succeed in Spanish class and in the university in general. As your classmate explains what his/her difficulties and problems are, provide your classmate with advice for success by using impersonal expressions.

Point out: *It,* as a subject, has no expressed equivalent in Spanish.

Point out: Impersonal expressions can be made negative by placing **no** before **es.**

Point out: The adjective in the impersonal expression can be modified by adverbs such as **muy. Es difícil. No es difícil. Es muy difícil. No es muy difícil.**

Práctica A can also be assigned as a written exercise.

To promote creating with language, encourage students to come up with many possible answers.

EXPRESSING LARGE QUANTITIES

Numbers above 100

In order to express years, prices, population figures, some addresses, and other large quantities, you will need to use numbers above 100.

	NUMBERS ABOVE 100		
100	cien, ciento	1.000	mil
101	ciento uno	1.001	mil uno
102	ciento dos	1.002	mil dos
200	doscientos(-as)		
201	doscientos uno		
202	doscientos dos	100.000	cien mil
300	trescientos(-as)		
400	cuatrocientos(-as)		
500	quinientos(-as)		
600	seiscientos(-as)	1.000.000	un millón
700	setecientos(-as)	2.000.000	dos millones
800	ochocientos(-as)	100.000.000	cien millones
900	novecientos(-as)	1.000.000.000	mil millones

a. **Cien** is used instead of **ciento**

1. before any noun.

   cien hombres   cien mujeres

2. before **mil** and **millones.**

   100.000 **cien mil**   100.000.000 **cien millones**

b. The word **ciento** is used with numbers 101 to 199.

   101 **ciento uno**   115 **ciento quince**   186 **ciento ochenta y seis**

   Note that the word **y** does not follow the word **ciento(-s).**

c. The masculine forms of the numbers 200–999 are used in counting and before masculine nouns. The feminine forms are used before feminine nouns: 247 = **doscientos cuarenta y siete;** 891 pesos = **ochocientos noventa y un pesos** *(monetary unit of Mexico and other Latin American countries);* 360 pesetas = **trescientas sesenta pesetas** *(monetary unit of Spain).*

d. The word **mil** = *one thousand* or *a thousand.*

   1.000 dólares   **mil** dólares   *a thousand dollars*

   10.000 dólares   **diez mil** dólares   *ten thousand dollars*

   Numbers and years are expressed in the same manner in Spanish: 1975 = mil novecientos setenta y cinco.

   Note that with numbers Spanish uses the decimal point where English uses a comma.

Point out: Years cannot be expressed using the English system as in 1940 = nineteen-forty.

¿De qué país son los dos billetes? ¿Cuánto valen (are they worth)?

e. The Spanish equivalent of *one million* is **un millón.** The word **millón** has the plural form **millones.** When followed by a noun the word **de** follows **millón / millones.**

un millón de dólares	*one million dollars*
doce millones de pesetas	*twelve million pesetas*

En contexto

¿Por qué no vienes a la casa de mis amigos? Tienen más de **ciento cincuenta** discos de música latina.

PRÁCTICA Y CONVERSACIÓN

A. ¿Cuántas cosas hay?   Lea las frases en español.

1. 100 pesetas
2. 101 pesos
3. 500 años
4. 751 semanas
5. 365 días
6. 941 meses
7. 1.000 radios
8. 2.000 calendarios
9. 1.000.000 de dólares

B. Ciudades hispánicas. You are a student in Cali, Colombia. You must do a report on Hispanic cities and need to know their populations. Go to the local library and ask about the population of the following cities.

MODELO

Barcelona / 4.000.000

Usted: **¿Cuántas personas hay en Barcelona?**

Compañero(-a): **Hay cuatro millones de personas en Barcelona.**

1. Lima / 4.000.000
2. Buenos Aires / 9.000.000
3. Madrid / 5.000.000
4. Bogotá / 9.000.000
5. Caracas / 10.000.000
6. Ciudad de México / 20.000.000
7. San Juan / 1.000.000
8. Santiago / 4.000.000

C. ¿Cuánto cuesta? You work in a used car lot in San Antonio, Texas. Answer your classmate's questions about the price of the following cars.

MODELO

el coche azul / $22,499

Compañero(-a): **¿Cuánto cuesta el coche azul?**

Usted: **Cuesta veintidós mil cuatrocientos noventa y nueve dólares.**

1. el coche pequeño / $8,675
2. el coche rojo / $15,225
3. el coche negro / $12,789
4. el coche elegante / $30,399
5. el coche alemán / $25,950
6. el coche viejo / $4,500

PUENTE **C**ultural

El día del santo°

Saint's Day

En México la piñata es un juego (game) popular para un cumpleaños de niños.

Traditionally / gave
were born / custom

En el calendario católico se celebra un santo cada día del año. Por ejemplo, el 22 de julio es el día de San Juan. Tradicionalmente,° a los niños se les daba° el nombre del santo del día en que nacíeron.° Esta costumbre ° no es muy común ahora. Si una persona tiene el nombre del santo del día en que nació, el día de su cumpleaños celebra también el día de su santo.

COMPRENSIÓN CULTURAL

Conteste en español.

1. Tradicionalmente, ¿qué nombre reciben los niños?
2. ¿En qué calendario aparece el día de los santos?
3. Mire la foto. ¿Qué actividades hay en una fiesta de cumpleaños para niños en México? ¿Y en los EE.UU.?

tercer encuentro

PRESENTACIÓN   ## VOCABULARIO EN CONTEXTO

¿Cuándo vienes?

La calle Florida, Buenos Aires, Argentina

Eduardo llama a Jaime por teléfono.

Jaime	Aló.
Eduardo	¿Jaime? Hola, habla Eduardo.
Jaime	Hola, Eduardo.
Eduardo	¿Cuándo vienes?
Jaime	Salgo de Nueva York el viernes 23 de agosto y llego a Buenos Aires el sábado 24 a las diez de la mañana.
Eduardo	**Perfecto.** Te voy a **buscar** a Ezeiza.
Jaime	**No te molestes.** Tomo un taxi.
Eduardo	De ninguna manera.° ¿Sabes que llegas a tiempo° para mi **cumpleaños** el 5 de setiembre?
Jaime	¡Ah! ¡Qué bien! Lo vamos a celebrar.
Eduardo	¿Cuántas semanas vas a estar con nosotros?
Jaime	Dos. **Desde** el sábado 24 **hasta** el domingo 8 de setiembre.
Eduardo	Perfecto. Nos vemos el sábado **entonces.**

The dialogue takes place in Buenos Aires, Argentina. Locate the city on a map prior to introducing the dialogue.

When modeling this dialogue try to simulate a telephone call. More expressions for making a phone call appear in the **Así se habla** section of this **encuentro.**

Perfect / look for

Don't trouble yourself.

No way. / on time / birthday

Buscar = *to look for, to pick someone up (as in at the airport).*

From / to

then

Check comprehension by asking the following questions: **¿Cuándo sale Jaime de Nueva York? ¿Cuándo llega a Buenos Aires? ¿Cuándo es el cumpleaños de Eduardo? ¿Cuántas semanas va a estar Jaime con su amigo?**

Comentarios lingüísticos y culturales

a. In many countries of Latin America, **Aló** is the standard phrase used for answering the telephone.

b. In Argentina and other Hispanic countries **chau,** meaning *good-bye,* is frequently used.

c. **Ezeiza** is the name of the main airport in Buenos Aires.

d. The date in Spanish is expressed with the following formula.

article + date + **de** + month
el **once** **de** **mayo**

—¿Cuál es la fecha de hoy?   *What is today's date?*
—Hoy es el siete de noviembre.   *Today is November 7.*

Use this pattern to express the day of the week with the date.

article + day of week + date + **de** + month
el **martes** **once** **de** **mayo**

e. The word **el primero** meaning *the first,* is used to express the first day of the month. The other days are expressed with cardinal numbers.

Hoy es el treinta y uno de agosto   *Today is August 31 and*
y mañana es **el primero** de septiembre.   *tomorrow is September 1.*

Point out: These formulas for expressing dates are very much fixed; students should not try to vary them.

f. When the year is expressed with the date the following pattern is used.

article	+	date	+	**de**	+	month	+	**de**	+	year
el		veinticinco		de		julio		de		1996

¿Es ésta la revista que va a estar en el quiosco en septiembre? Compara las fechas para saber la respuesta.

PRÁCTICA Y CONVERSACIÓN

Point out: Monday is the first day of the week on many Hispanic calendars.

A. El calendario. Conteste según la información en el dibujo.

MAYO

L	M	M	J	V	S	D
			1	2	3	4
5	6	7	8	9	10	11
12	13	14	15	16	17	18
19	20	21	22	23	24	25
26	27	28	29	30	31	

1. ¿Qué día de la semana es el 4 de mayo? ¿el 9? ¿el 12? ¿el 31?

2. ¿Cuántos días hay en mayo?

3. ¿Cuántas semanas hay en mayo?

4. ¿En qué estación estamos en mayo?

B. La fecha. Exprese las fechas en español.

1. January 15, 1534	5. April 27, 1656
2. October 12, 1492	6. February 5, 1763
3. December 9, 1821	7. August 12, 1900
4. June 25, 1975	8. September 1, 2003

Expansión B: 9. March 3, 1951 **10.** July 16, 1968 **11.** November 18, 1963 **12.** December 1, 1947.

Variación B: Dictate the dates of **Práctica B.** Have students write out all numbers.

C. Entrevista personal. Hágale a un(-a) compañero(-a) de clase preguntas sobre unas fechas y su compañero(-a) debe contestar.

Pregúntele…

1. cuál es la fecha de hoy.

2. cuál es la fecha de mañana.

3. en qué año estamos.

4. en qué año va a recibir el diploma de la universidad.

5. cuándo es su cumpleaños.

Madre   Aló.

Hijo   Hola, mamá.
        Habla Ernesto.

MAKING A SIMPLE TELEPHONE CALL

In every language, there are specific ways of answering the phone, delivering a message, and ending a telephone conversation.

Videocassette segment to accompany this section; see Viewer's Guide in the Instructor's Resource Manual, Chapter 4.

PARA CONTESTAR EL TELÉFONO

Aló. (Latinoamérica en general)

Bueno. (México)

Diga. / Dígame. (España)

Hola. (Argentina)

Buenos días. Casa Rodríguez. *(A business)*

continued next page

LA PERSONA QUE LLAMA	CONTESTACIÓN
Aló. ¿Quién habla?	(Nombre) Julia.
¿Con quién hablo?	Habla Estela.
¿Adela? Habla Carlos. (Informal)	Sí, soy yo. Hola.
Habla Julieta. ¿Está Antonio? (Informal)	Sí. Él habla.
¿Está Ana?	¿Quién habla?
Habla Ernesto Santos.	¿Con quién quiere hablar?

Point out: There is no direct translation for the phrase *Speaking,* used to identify oneself on the phone. Spanish uses **Soy yo** or **Con él/ella habla** in that situation.

PRÁCTICA Y CONVERSACIÓN

A. Voy a visitarte.   Su amigo llama por teléfono para decirle que viene a visitarlo(-a). Confirme el día y la hora de la visita. Usen las expresiones para hacer una llamada telefónica.

B. ¿Quién habla?   Ud. llama por teléfono a su amigo(-a) para invitarlo(-a) a hacer una actividad juntos. Decidan adónde van a ir, la fecha, el día y la hora. Trabajen en parejas y usen las expresiones para hacer una llamada telefónica y para hacer una invitación.

A ESCUCHAR

Anita wants to have a special birthday celebration, so she decides to invite three close friends to an elegant meal in a restaurant. Listen to how she extends an invitation and after listening to the dialogue, decide if the statements are true **(cierto),** or false **(falso).** Write **C (cierto)** if the statement you hear about the dialogue is true or **F (falso)** if it is false. Correct the statements.

1. Anita cumple 20 años.
2. Su cumpleaños es el 25 de noviembre.
3. Anita invita a sus amigos a una fiesta en su casa.
4. Los amigos van a ir a un restaurante.
5. Todos tienen que estar en la casa de Anita a las seis de la tarde.

ESTRUCTURAS

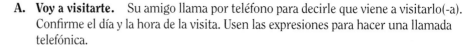

EXPRESSING DESTINATION AND PURPOSE

Some Prepositions; *por* versus *para*

In order to discuss destination, purpose, and location, you will need to learn to use prepositions and to distinguish between the prepositions **por** and **para.**

SOME PREPOSITIONS

a	*to, at*	hasta	*until*
con	*with*	para	*for, in order to*
de	*of, from, about*	por	*for, by, in, through*
desde	*from*	sin	*without*
en	*in, on, at*		

a. Some Spanish prepositions have several English equivalents. The English meaning will usually depend upon context. Study the following uses and meanings of the preposition **de.**

Félix es **de** España.	*Felix is from Spain.*
Hablan **de** Gloria.	*They are talking about Gloria.*
Bogotá es la capital **de** Colombia.	*Bogotá is the capital of Colombia.*

b. Some English prepositions have several Spanish equivalents. Study the equivalents of the English preposition *at.*

1. *At* + time = **a**

Voy a salir **a** las ocho.	*I'm going to leave at 8:00.*

2. *At* + location = **en**

Los sábados hay muchos estudiantes **en** la biblioteca.	*On Saturdays there are a lot of students at the library.*

c. Both **por** and **para** can mean *for.* These two prepositions are not interchangeable. Begin to learn to distinguish them by studying the following brief explanation.

Point out: A further and more detailed explanation of **por** versus **para** is provided in **Capítulo 14.**

1. **Para** is used to show purpose and destination.

El regalo de cumpleaños es **para** Teresa.	*The birthday gift is for Teresa.*
El viernes salgo **para** Montevideo.	*On Friday I'm leaving for Montevideo.*

Para + infinitive = *in order to* + infinitive.

Pongo la radio **para bailar.**	*I'm turning on the radio in order to dance.*

2. **Por** can be used to indicate passing *through* an area.

En el otoño caminamos **por** el parque.	*In the autumn we walk through the park.*

Por can mean *for, in exchange for.*

Los sábados reciben mucho dinero **por** su trabajo.	*On Saturdays they receive a lot of money for their work.*

Por is used in the following expressions.

¿Por qué estás aquí?	*Why are you here?*
Trabajo **por la mañana.**	*I work in the morning.*

Repita, **por favor.**

Eduardo habla **por teléfono**
con Jaime.

Repeat, please.

Eduardo is talking on the phone
with Jaime.

En contexto

Eduardo   ¿Cuántas semanas vas a estar **con** nosotros?

Jaime   Dos. **Desde** el sábado 24 **hasta** el domingo 8 **de** setiembre.

PRÁCTICA Y CONVERSACIÓN

A. En diciembre.   Describa lo que hace Silvio en diciembre usando **por** o **para**
según el contexto.

Todo el semestre trabajo mucho _____ ganar *(to earn)* dinero. Pero
desde el 10 hasta el 18 de diciembre sólo estudio _____ los exámenes
finales. Estudio mucho _____ sacar *(to get)* una A en mis clases.
Salgo _____ mi casa después de los exámenes. En casa llamo a mis
amigos _____ teléfono. Luego compro regalos _____
mi familia. El día de Navidad recibimos los regalos _____ la mañana.
_____ la tarde comemos y bebemos mucho. _____ la noche
ponemos música _____ bailar.

B. Sus actividades.   Complete las oraciones usando preposiciones. Y otras pal-
abras necesarias.

1. El sábado voy _____ .

2. No salgo de casa _____ .

3. Los fines de semana _____ .

4. Me gusta caminar _____ .

5. Compro muchos regalos _____ .

6. (No) recibo muchas cartas _____ .

C. Entrevista personal.   Pregúntele a un(-a) compañero(-a) de clase acerca de sus
actividades y su compañero(-a) debe contestar.

Pregúntele…

1. dónde le gusta celebrar su compleaños.

2. con quién(-es) celebra su cumpleaños.

3. para quién(-es) compra regalos de cumpleaños. ¿y regalos de Navidad?

4. qué hace en una fiesta estudiantil.

5. a qué hora sale de una fiesta generalmente.

6. si es posible tener una fiesta buena sin música / mucho dinero / cerveza / amigos.

INDICATING THE RECIPIENT OF SOMETHING

Prepositional Pronouns
To indicate the recipient of an action or to express with whom you are doing certain
activities, you use nouns as objects of the preposition or prepositional pronouns.

a. Prepositional pronouns replace nouns and always follow a preposition such as **para** or those taught in the preceding **Estructura.**

Hijo	¿Hay un regalo **para mí?**	*Is there a gift for me?*
Madre	Sí, hay uno **para ti** y otro **para ella.**	*Yes, there's one for you and another for her.*

¿PARA QUIÉN ES EL REGALO?

Es para **mí.**	*It's for me.*	Es para **nosotros(-as).**	*It's for us.*
Es para **ti.**	*It's for you.*	Es para **vosotros(-as).**	*It's for you.*
Es para **él.**	*It's for him.*	Es para **ellos.**	*It's for them.*
Es para **ella.**	*It's for her.*	Es para **ellas.**	*It's for them.*
Es para **Ud.**	*It's for you.*	Es para **Uds.**	*It's for you.*

Point out: Mí has a written accent; **ti** does not.

b. Note that except for **mí** and **ti** these prepositional pronouns have the same form as the subject pronouns used with verbs.

c. The first- and second-person singular pronouns (**mí** and **ti**) combine with the preposition **con** to form **conmigo** and **contigo.** The forms **conmigo** and **contigo** are both masculine and feminine.

Point out: De + él (meaning *he*) does not contract.

En contexto

Andrea	¿Vas al cine **conmigo?**
Dorotea	No, no voy **contigo.** Voy **con** Tomás.

PRÁCTICA Y CONVERSACIÓN

A. ¿De quién(-es) son los regalos?   Your little brother/sister thinks that he/she knows who gave certain Christmas gifts. Confirm his/her guesses.

> **MODELO**   planta / tía Margarita
>   Compañero(-a):   **La planta es de tía Margarita, ¿verdad?**
>   Usted: **Sí, es de ella.**

Divide the class into pairs. After finishing the exercise have students report to the class about their partner's plans for the summer.

1. flores / nuestros abuelos   4. reloj / mamá
2. libro / papá   5. perro / nuestro primo
3. discos / nuestros hermanos   6. mochila / Eduardo y tú

B. Planes para el verano.   A Cuban friend calls and wants to know all about your plans for the summer. The two of you ask and answer questions about what you're going to do using prepositions and prepositional pronouns.

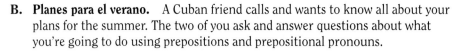

PUENTE Cultural *La feria de Pamplona*

El encierro de la Feria de San Fermín, Pamplona, España

El 7 de julio comienza° la famosa Feria de San Fermín en Pamplona, España. Durante° toda la semana la ciudad° celebra el día de su santo patrón,° San Fermín. Hay corridas de toros,° fuegos artificiales,° desfiles° y bailes. Pero lo más interesante es cuando sueltan° a los toros° para que corran° por la calle.° El canto popular de esta fiesta es: «Uno de enero, dos de febrero, tres de marzo, cuatro de abril, cinco de mayo, seis de junio, siete de julio: San Fermín.»

begins
During / city / patron saint
bullfights / fireworks / parades
let go / bulls / run / street

COMPRENSIÓN CULTURAL

Conteste en español.

1. ¿Dónde celebran la Feria de San Fermín?
2. ¿Por cuántos días celebran?
3. ¿Cuándo es la celebración?
4. ¿Quién es el santo patrón de Pamplona?
5. ¿Qué cantan los participantes en la fiesta?
6. Mire la foto. En su opinión, ¿cuáles son los colores de la Feria?

cuarto encuentro

Videocassette segment to accompany this section; see Viewer's Guide in the Instructor's Resource Manual, Chapter 4.

EL MUNDO HISPANO   **LA ARGENTINA**

La pampa entre Buenos Aires y el Río Cuarto, Argentina

Have students locate Argentina on the map provided here or in the front of the student textbook. Have students locate the major cities as well.

Comprehension check: Ask students: ¿Cuál es la capital de la Argentina? ¿Cuáles son otras ciudades importantes? ¿En qué se basa la economía? ¿Cómo son el clima y la geografía? ¿Cuál es la moneda?

La Argentina

Población	32.000.000 de habitantes
Economía	Productos agrícolas; productos manufactureros como acero (*steel*) y automóviles
Ciudades	Buenos Aires, Bahía Blanca, Córdoba, Mar del Plata, Mendoza
Moneda	El peso
Geografía y clima	Una variedad enorme de climas. El centro: La pampa (*grassland*); el norte: El Chaco con ríos y árboles; el sur: Patagonia con lagos y glaciares

PARA LEER BIEN • Logical Devices

Logical devices are words or phrases used in a text to signal what is to follow. They help make a text cohesive by joining and relating the various ideas expressed. Here are a few of those devices categorized according to function.

ADDITION

y, además, también

CONTRAST

pero, sin embargo *(nevertheless),* por otro lado, por otra parte, en cambio *(on the other hand)*

EXEMPLIFICATION

por ejemplo

REFORMULATION

es decir *(that is to say)*, en otras palabras

SUMMARY

por fin, finalmente, por último

TIME

cuando, mientras, luego, entonces, después, de vez en cuando

RESULT

por eso, pues, luego, así

PRÁCTICA

Análisis. Busque los nexos que unen el texto en la lectura siguiente. Diga a qué categoría pertenecen *(belong)*.

México, D.F.

LECTURA CULTURAL

Las fiestas

Las fiestas de fin de año son muy importantes en todos los países del mundo pero en Hispanoamérica tienen un carácter muy especial. En México, por ejemplo, comienzan° a celebrar la Navidad° nueve días antes,° el 16 de diciembre, con las Posadas.

En el mundo hispano muchas familias celebran la Nochebuena° más que la Navidad. Durante la Nochebuena van a la Misa del Gallo° a la medianoche y luego toda la familia se reúne° para comer la comida navideña. Cuando llega el 31 de diciembre, es tradición en Madrid ir a la Puerta del Sol para despedir° la Noche Vieja y esperar el Año Nuevo.

begin / Christmas / before

Christmas Eve
midnight mass
gets together
to say good-bye

Las fiestas continúan el 6 de enero con la celebración del Día de Reyes.° «Los Reyes Magos les traen regalos a los niños buenos», dicen los padres. Por eso los niños ponen sus zapatos° afuera° para recibir regalos.

El espíritu alegre de diciembre es muy diferente del espíritu triste y penitente de la Semana Santa° en marzo o abril. La Semana Santa es una fiesta religiosa muy importante. Se celebra la semana antes de Pascuas.° En muchas ciudades se ven procesiones silenciosas con penitentes encapuchados° y pasos.° Estas fiestas tienen un atractivo singular en Andalucía, la region del sur° de España.

Pero no todas las fiestas son religiosas. También hay fiestas patrióticas como el Día de la Independencia y el Día de la Raza. Este último° se celebra el 12 de octubre para conmemorar el descubrimiento° de América. Pero para los hispanos es algo más, tiene un significado° especial pues representa la unidad de su lenguaje y su tradición.

the Three Wise Men

shoes / outside

Holy Week
Easter
hooded / floats
south

The latter
discovery
meaning

PRÁCTICA Y COMPRENSIÓN

A. ¿Comprende Ud.? Conteste las preguntas según la **Lectura.**

1. ¿Cuándo comienzan los mexicanos a celebrar la Navidad?

2. ¿Cómo celebran los hispanos la Nochebuena?

3. ¿Dónde esperan el Año Nuevo los madrileños?

4. ¿Dónde ponen los Reyes los regalos?

5. ¿Qué representa el Día de la Raza para los hispanos?

B. ¿En qué lugar? Llene los espacios con el nombre del país, la ciudad o la región que corresponda.

1. La Puerta del Sol está en _____ .

2. Las Posadas se celebran en _____ .

3. La Semana Santa de _____ es muy famosa.

4. El 4 de julio es el Día de la Independencia en _____ .

5. El Día de la Raza es muy importante porque se celebra _____ .

C. Días de fiesta. Match the name of the festivals with their definition or date.

1. Las Posadas
2. La Misa del Gallo
3. La Nochebuena
4. La Navidad
5. La Pascua
6. La Noche Vieja
7. El Año Nuevo
8. La Semana Santa
9. El Día de Reyes
10. El Día de la Raza

a. Se celebra el 25 de diciembre.

b. Se celebra el 6 de enero.

c. Se celebra el primero de enero.

d. Se celebra en México antes de la Navidad.

e. Es la misa de medianoche para celebrar el nacimiento de Cristo.

f. Se celebra el 12 de octubre.

g. Se celebra la noche del 24 de diciembre.

h. Se celebra la noche del 31 de diciembre.

i. Se celebra en la primavera.

j. Es la semana antes de la Pascua.

ACTIVIDADES

Grammar incorporated: **A:** Regular and irregular verbs, prepositions **B:** Impersonal expressions **C:** Regular and irregular verbs, expressing dates

Vocabulary incorporated: **A–B:** Dates, seasonal activities **C:** Days of the week, invitations, activities

A. **Unas fechas importantes.**   Explain to your classmates some of the important dates and days in your life and/or in the life of your family. Provide a sentence or two explaining why the date is important and with whom and how you celebrate it.

B. **El (La) astrólogo(-a).**   You are an astrologer and a classmate consults you for advice. After finding out when your classmate was born, read his/her horoscope. Tell your classmate what his/her personality is like. Using impersonal expressions, tell your classmate what he/she should and should not do during the next few days. Your classmate should ask questions if certain activities are appropriate as well.

HORÓSCOPO

Por La Profesora
Isis Aluski
"Aduéñate de tu destino"

 ARIES
(21 MARZO AL 20 DE ABRIL)
Piedra: Brillante • Color: Rojo

La confianza se está convirtiendo en tu peor enemiga. Y no es que desconfíes de los demás, es que simplemente no puedes dejarte manipular por algunas personas cuyas ideas solo tienen el propósito de beneficiarse. Un familiar cercano tendrá un serio quebranto de salud. Números de suerte: 9, 4.

 TAURO
(21 ABRIL AL 20 DE MAYO)
Piedra: Esmeralda • Color: Verde

No escatimes esfuerzos en recuperar el terreno perdido. No debes rendirte, no eres el primer ser humano que luego de estar en su mejor momento, resbala y cae. Busca apoyo en tu familia y en ese ser que tanto te quiere. Son días propicios para actividades al aire libre. Números de suerte: 3, 7.

 GÉMINIS
(21 DE MAYO-20 DE JUNIO)
Piedra: Agata • Color: Plata

Desde hace mucho tiempo los excesos en todo te vienen haciendo daño, pero te has hecho el desentendido. Cuando te des cuenta de lo mucho que has abusado, será muy tarde. Procura recogerte un poco. Date un tiempo a ti mismo y no hagas sufrir a los que te quieren. Números de suerte: 6, 11.

 VIRGO
(23 AGOSTO AL 22 DE SEPT.)
Piedra: Zafiro • Color: Crema/Gris

Una persona que no te dio el valor que mereces hace muchos años, ahora te recuerda. Ese ser desea verte pero no hay manera de que ustedes coincidan nuevamente por ahora. Tú no necesitas nada. Has crecido en todo, sobre todo, espiritual y emocionalmente. No te dejes confundir. Evita los viajes largos esta semana. Números de suerte: 7, 15.

CÁNCER
(21 JUNIO AL 22 DE JULIO)
Piedra: Rubí/Perla•Color: Blanco

Estás sufriendo los problemas de una persona a quien quieres mucho porque es parte de la familia, por lo menos para ti. Tú no tienes la solución a sus decisiones, porque sin ánimos de lastimarte, eso no te concierne directamente. Deja que cada cual forje su futuro y limítate a brindar sabios consejos. Con eso basta. Números de suerte: 5, 1.

LIBRA
(23 SEPTIEMBRE AL 22 DE OCT.)
Piedra: Opalo • Color: Rosa/Azul

Cuando te alejaste de tu círculo de amistades de infancia pensaste que ese ya no era tu mundo, que tu vida había cambiado y que pertenecías a otra esfera. Hoy regresas a tus viejas amistades, porque has descubierto que esos sí te conocen bien al igual que tú a ellos y que la hipocresía no existe entre ustedes. En el amor, dale un poco más de afecto a tu pareja. Números de suerte: 2, 8.

LEO
(23 JULIO AL 22 DE AGOSTO)
Piedra: Onix • Color: Oro/Naranja

Los años pasan y aún lamentas el haber tomado un camino equivocado que te marcó para el resto de tu vida. Ya no puedes remediar esa parte de tu vida. Trata de ser mejor ser humano dándote por entero a los tuyos. En algún momento llegará alguien a tu vida y tendrás una segunda oportunidad. No vuelvas a fallar. Números de suerte: 12, 3.

ESCORPIÓN
(23 OCTUBRE AL 22 DE NOV.)
Piedra: Topacio • Color: Rojo Vino

Esta semana te sentirás mucho mejor en todos los aspectos y eso se lo debes a que has estado un tanto más consciente de las prioridades en tu diario vivir. Te hacía falta organizarte y ya comienzas a reflejar hasta en tu aspecto físico lo estable que te encuentras. En el amor, ten cuidado que alguien que no respeta tu honestidad y decencia quiere jugar con tus sentimientos. Números de suerte: 5, 19.

SAGITARIO
(23 DE NOVIEMBRE 21 DE DIC.)
Piedra: Turquesa • Color: Violeta

Como habrás podido notar, el ser que tú amas se está portando mejor contigo y suele ser tu mejor confidente. ¡Enhorabuena! Falta que te hacía un poco más de respeto y consideración. Aprovecha la ocasión para poner también de tu parte. Sé más servicial y saca más de tu tiempo para compartir. Tus números de suerte: 2, 4.

ACUARIO
(20 ENERO AL 18 DE FEB.)
Piedra:Amatista•Color:Azul Eléctrico

Estás jugando con fuego y lo sabes. Cuando te quemes, no te quejes. La vida ajena se respeta y tú últimamente estás invadiendo un terreno que no te corresponde. No juegues con los sentimientos de esa persona porque vas a pagar muy caro. Te conviene un descanso y tal vez un poco de entretenimiento al aire libre para que recapacites. Tus números de suerte: 3, 12.

CAPRICORNIO
(22 DICIEMBRE AL 19 DE ENERO)
Piedra: Granate • Color: Marrón

Tienes muchas metas y proyectos y si sigues como vas tendrás la gran satisfacción de ver como se realizan todos y cada uno de ellos. Eso de que los sueños, sueños son, no necesariamente es así. Gente como tú, dispuesta a luchar y a sacrificarse por lo que quiere, alcanza cualquier horizonte. Números de suerte: 14, 6.

PISCIS
(19 DE FEBRERO AL 20 DE MARZO)
Piedra:Agua Marina•Color:Verde Mar

Pisciano, estás superando todos los obstáculos que se te presentan con gran facilidad. Todo tiende a demostrar que estás en el momento propicio para tomar decisiones importantes en tu vida. Has desarrollado una gran juiciosidad. Mantente ahí. El momento es propicio para compartir con la familia. Cuidado con la alimentación. Números de suerte: 2, 4.

C. **¿Qué día vamos?**   Invite a classmate to go to the movies with you. After your classmate accepts the invitation, explain to each other what your activities are on various days so you can agree on a convenient day and time for both of you.

PARA ESCRIBIR BIEN • Extending and Replying to a Written Invitation

You have learned to extend, accept, and decline an oral invitation. When extending an invitation in written form, you must remember to include all the details since the person is not present to ask questions or to offer an immediate reply. When declining a written invitation, you need to add more information and reasons in order not to sound rude or abrupt. You can use phrases similar to those below or adapt the phrases of **Así se habla** for your written invitations and replies.

TO EXTEND A WRITTEN INVITATION

Mi amigo(-a) / novio(-a) / familia y yo vamos a tener una fiesta. Te (Lo / La) invitamos (a Ud.) a celebrar con nosotros el sábado catorce de abril a las siete y media en nuestra casa.

TO ACCEPT A WRITTEN INVITATION

Muchas gracias por su invitación para la fiesta / comida. Me (Nos) encantaría ir y acepto (aceptamos) con mucho gusto.

TO DECLINE A WRITTEN INVITATION

Muchas gracias por su invitación para la fiesta / comida. Lo siento mucho pero no es posible el 14 porque tengo que trabajar.

COMPOSICIONES

A. **Lo siento mucho.**   A friend at another university has invited you to spend any weekend this month on his/her campus. However, you are very busy and can't go. Write a brief note to him/her to decline the invitation. Explain what you have to do each weekend and apologize for not accepting the invitation.

B. **Una invitación.**   As a member of your student government, you are in charge of a party for all foreign students. Write a brief note to Julio Salazar inviting him to the party and providing him with all the details.

Vocabulario activo ●

El calendario — *The calendar*

el día	*day*
la estación	*season*
la fecha	*date*
el fin de semana	*weekend*
el invierno	*winter*
el mes	*month*
el otoño	*autumn*
la primavera	*spring*
el primero	*first*
la semana	*week*
el verano	*summer*

Otros sustantivos

el árbol	*tree*
el cine	*movie theater*
la cita	*date, appointment*
la comida	*meal*
el cumpleaños	*birthday*
el disco	*CD; record*
el dólar	*dollar*
el ejercicio	*exercise*
la flor	*flower*
el informe	*report*
la lástima	*pity*
el museo	*museum*
el parque	*park*
la peseta	*peseta (monetary unit of Spain)*
el peso	*peso (monetary unit of Mexico and some other Hispanic countries)*
la playa	*beach*
la radio	*radio*

la sorpresa	*surprise*
la tarea	*homework*
el tiempo	*time; weather*
el trabajo	*work*
la verdad	*truth*

Verbos

buscar	*to look for*
conducir	*to drive* (Spain)
conocer	*to know, be acquainted with; to meet*
decir	*to say, tell*
descansar	*to rest*
esquiar	*to ski*
hacer	*to do; to make*
llamar	*to call*
manejar	*to drive (Americas)*
merecer	*to deserve, merit*
nadar	*to swim*
ofrecer	*to offer*
poner	*to put, place; to turn on*
preparar	*to prepare*
saber (+ *inf.*)	*to know (how + inf.)*
salir (de)	*to leave*
traducir	*to translate*
traer	*to bring, carry*
ver	*to see*

Adjetivos

agradable	*nice*
difícil	*difficult, unlikely*
fácil	*easy, likely*
favorito	*favorite*
importante	*important*
mejor	*better*
necesario	*necessary*

perfecto	*perfect*
posible	*possible*
ridículo	*ridiculous*
todo	*all, every*
urgente	*urgent*

El tiempo

¿Qué tiempo hace?	*What's the weather like?*
Hace buen / mal tiempo.	*The weather's nice /bad.*
Hace calor.	*It's hot.*
Hace fresco.	*It's cool.*
Hace frío.	*It's cold.*
Hace sol.	*It's sunny.*
Hace viento.	*It's windy.*
Llueve.	*It's raining.*
Nieva.	*It's snowing.*

Otras expresiones

Chau.	*Good-bye.*
como	*as, like*
demasiado	*too much*
desde	*from*
durante	*during*
entonces	*then*
No te molestes.	*Don't bother. Don't trouble yourself.*
para	*for, in order to*
poner la radio / televisión	*to turn on the radio / television*
por	*for, by, in, through*
sin	*without*
solamente	*only*
tener calor / frío	*to be hot / cold*
un poco	*a little bit*

¡A comer y a beber!

Madrid, España

➤ Cultural Themes

Hispanic meals and eating
customs

Venezuela

➤ Communicative Goals

Discussing food and cooking

Primer encuentro

Discussing preferences,
recommendations, and
wishes

Pointing out people and things

Segundo encuentro

Así se habla: Expressing likes
and dislikes

Talking about having lunch,
trying new foods, and other
common activities

Discussing ordering and
serving foods

Asking and requesting

Tercer encuentro

Así se habla: Expressing
readiness

Indicating quantity

Discussing everyday activities
and occurrences

Cuarto encuentro

Para leer bien: Word order

Lectura cultural: *Pollo a la
cerveza*

Para escribir bien: Improving
accuracy

A pensar

- In our culture when are the various meals eaten? Which meal is most important? What foods and drinks are associated with these meals?

- What are some common expressions we use to indicate that we like or dislike something? Do we use the same expressions to discuss foods, things, and people that we like or dislike?

- What kind of adjectives are used to point out people and things? **This** *hamburger is really great.* **That** *soup is awful.*

- Ranging from the smallest to the largest, what are some adjectives we use to indicate quantity? *I eat **very few** desserts.*

primer encuentro

PRESENTACIÓN   **VOCABULARIO EN CONTEXTO**

¿Qué te gusta comer?

Videocassette segment to accompany this section; see Viewer's Guide in the Instructor's Resource Manual, Chapter 5.

The food and drink items for the meals mentioned in this **Presentación** are typical for the countries and cultures of the speakers.

Point out: Food items in the drawings are new active vocabulary.

Point out: Many words of English/American origin are introduced in this **Presentación: el bistec, la hamburguesa, el sandwich.**

Unas bebidas

Point out: **El agua** is a feminine word: **el agua fría, las aguas frías.**

Supplemental vocabulary: **almorzar** = *to eat (have) lunch;* **cenar** = *to eat (have) dinner / supper;* **desayunar** = *to eat (have) breakfast.* **Almorzar** and other **ue** stem-changing verbs are introduced in the **Segundo encuentro.**

Check comprehension by asking the following questions: **¿Qué toma Matilde Vargas para el desayuno? ¿Qué come a veces? ¿Dónde come Manuel Ortega el almuerzo? ¿Qué come y bebe? Generalmente, ¿qué come y bebe Octavio Ruiz para la comida? ¿Qué prepara Consuelo Dávila para la cena? ¿Por qué? ¿Qué le encanta?**

Matilde Vargas (Quito, Ecuador)

No me gusta comer mucho por la mañana. Para **el desayuno** tomo **café con leche** y a veces como un poco de pan.

breakfast / coffee with warmed milk

Manuel Ortega (San Diego, California)

Muchas veces como en el café estudiantil a la hora del **almuerzo. Prefiero algo ligero** como° **esta** hamburguesa o un sandwich de pollo. Siempre tomo un refresco.

Often / at lunch time
I prefer something light / like / this

Octavio Ruiz (Córdoba, España)

En nuestra casa **generalmente empezamos la comida** con una sopa. Luego comemos la carne: un bistec o pescado con vegetales. Bebemos un vino español. **Este** vino blanco es magnífico.

generally / we begin / main meal

This

Consuelo Dávila (Cali, Colombia)

Pues, no me gusta **cocinar.** Por eso para **la cena** preparo cosas fáciles—un sandwich de jamón o **queso,** fruta o a veces huevos. ¿Y de **postre**? Me **encantan** los pasteles pero el helado es más° fácil.

to cook / supper
cheese / dessert / love
more

For more information on meal times in the Hispanic world assign the reading **El horario de las comidas** in **Capítulo 5** of the **Cuaderno de ejercicios.**

Point out: **Encantar** functions like **gustar**. **Me encanta** = *I love* (+ *food or other objects*) as in *I love ice cream / my new car / my red sweater.*

Comentarios lingüísticos y culturales

a. The word **la comida** can mean *food, meal,* or *dinner* (*the main meal*).

b. In Hispanic countries **el desayuno** is a very light meal consisting of **café con leche** (*strong coffee mixed with warmed milk*) and possibly a roll or some bread.

c. In Spain **la comida** is the main meal of the day and is generally eaten in early afternoon. In Central and South America this meal is called **el almuerzo. La cena** is a light evening meal eaten after 9:00 P.M. **La merienda** is a light snack eaten at 11:00 A.M. and 5:00 P.M.

d. Most shops, businesses, and offices close in the afternoon for two or three hours to give people time to go home, eat their main meal of the day, and rest for a couple of hours before resuming the activities of the afternoon. This period is **la siesta.**

e. In Hispanic countries dessert is generally fresh fruit or cheese followed by coffee. Coffee is not generally served with a meal. Occasionally dessert will consist of ice cream, pastry, or baked goods.

f. The expression **me encanta** is followed by a singular noun while **me encantan** is followed by a plural noun.

Me encanta el helado.	*I love ice cream.*
Me encantan los pasteles.	*I love pastries.*

Warm-up: Pregúntele a un(-a) estudiante: 1. ¿Come Ud. tres comidas al día? ¿Qué comidas come? 2. ¿Come Ud. más carne o más pescado? 3. ¿Come Ud. muchas hamburguesas? 4. ¿Cuál es su postre favorito? 5. ¿Qué come para el desayuno? ¿y para la comida o cena? ¿Y para el almuerzo? 6. ¿Qué bebe generalmente con la comida?

Expansión A: Have students explain what foods they love. **Me encanta(-n)...**

PRÁCTICA Y CONVERSACIÓN

A. ¿Qué te gusta comer?   Explain which of the following foods and drinks you like or don't like.

(No) me gusta(-n)...

el jamón / el vino tinto / los vegetales / el pescado / los postres / el queso francés / los helados italianos / el té / ¿?

B. Entrevista personal.   Hágale a un(-a) compañero(-a) de clase preguntas y su compañero(-a) debe contestar.

Pregúntele...

1. lo que bebe cuando tiene mucho calor. ¿y cuando tiene mucho frío?

2. lo que come a la hora del almuerzo.

3. si sabe cocinar. ¿Qué cosas prepara?

4. quién cocina en su casa generalmente.

5. qué bebida toma con el desayuno. ¿con el almuerzo? ¿y con la comida?

6. cuál es su carne favorita.

¿Cuál de estas revistas (magazines) quieres leer? ¿Por qué?

SONIDOS . . . *p, t*

At the beginning of a word the English sounds *p* and *t* are pronounced with a puff of air. In contrast, the Spanish **p, t** are not pronounced with a puff of air. The English *p* in *spill* and the *t* in *still* sound like the Spanish **p** and **t.** Contrast the *p* in *pill / spill* and the *t* in *till / still.* Try to pronounce the following **p** and **t** sounds without the puff of air; it will be easier if an **s** occurs before the **p** and **t** as in **los pollos.**

PRÁCTICA

Escuche y repita después de su profesor(-a).

p	los **p**ollos los **p**ostres **p**an **p**escado so**p**a
	Para el desayuno como un **p**oco de **p**an.
t	bistec **t**é **t**omar fruta Ma**t**ilde
	Me gustan los postres, especialmente los pasteles.
p and **t**	Generalmente **t**omo una so**p**a o un **p**equeño bistec.
	Por eso, **p**reparo fruta o helado de **p**ostre.

Reminder: All **Sonidos** sections are repeated on tape in the **Manual de laboratorio.** If you are short on class time at this point, have students complete this section on their own.

Illustrate aspiration: have students hold a hand in front of their mouth and say *pill;* they should feel a puff of air. Have students say *spill;* there should be no puff of air. When practicing the Spanish **p, t** have students check their own pronunciation to see that there is no puff of air.

ESTRUCTURAS

DISCUSSING PREFERENCES, RECOMMENDATIONS, AND WISHES

Stem-Changing Verbs *e → ie*

In order to discuss such common topics as your preferences, recommendations, and wishes, you need to learn to use a new category of verbs referred to as stem-changing verbs **e → ie.**

Remind students that they have been using many forms of the verb **querer** throughout the text.

Point out: The irregular verbs **tener** and **venir** are stem-changing verbs **e → ie** in most forms. Review conjugation of **tener, venir.**

STEM-CHANGING VERBS: e → ie					
PENSAR *to think*		**QUERER** *to want, wish*		**PREFERIR** *to prefer*	
pienso	pensamos	quiero	queremos	prefiero	preferimos
piensas	pensáis	quieres	queréis	prefieres	preferís
piensa	piensan	quiere	quieren	prefiere	prefieren

a. Certain Spanish verbs change the last vowel of the stem from **e → ie** when that vowel is stressed. These verbs may have infinitives ending in **-ar, -er,** or **-ir.** Since there is no way to predict which verbs are stem-changing, these verbs must be learned through practice. In vocabulary lists and dictionaries these stem-changing verbs are frequently indicated in the following manner: **pensar (ie); preferir (ie).**

b. Here is a list of common **e → ie** stem-changing verbs.

cerrar	*to close*	preferir	*to prefer*
empezar	*to begin*	querer	*to want*
pensar	*to think*	recomendar	*to recommend*

1. When **pensar** is followed by an infinitive it means *to plan* or *to intend.*

   Pienso pedir el pescado.   *I plan to order the fish.*

2. The preposition **a** is used with **empezar** when it is followed by an infinitive.

   Empiezan a comer.   *They are beginning to eat.*

En contexto

Madre   ¿Qué **quieres** para la comida?

Hijo   **Prefiero** algo ligero—un sandwich de pollo. ¿Está bien?

Madre   Sí, como no. **Empiezo** a preparar la comida ahora.

PRÁCTICA Y CONVERSACIÓN

A. Sus preferencias. Work with a classmate to explain your family food preferences using the model as a guide.

Warm-up: Sustitución: *Rafael* quiere pescado. Mónica / tú / Roberto / yo / Uds. / Francisco y yo / Marta y Ana / Ud. After completion, re-do this exercise with the verb **recomendar.**

Point out: Questions and answers are in the plural form: ¿**Prefieren Uds... ?** → **Preferimos...**

Expansión A: vino blanco / vino tinto; helado / pastel

MODELO
　　　　　　　　　　　　fruta / helado
　　Compañero(-a):　**¿Prefieren Uds. la fruta o el helado?**
　　　　　　Usted:　**Preferimos la fruta.**

1. bistec / pescado
2. café / té
3. jamón / pollo
4. vino / cerveza
5. sopa de pollo / sopa de vegetales
6. leche / agua

B. Ayudantes. You and your friend have summer jobs as assistants in a café. Your father wants to know about the business. With a classmate complete the dialogue, following the model.

MODELO
　　Compañero(-a):　¿Recomiendan Uds. el café?
　　　　　　Usted:　**Sí, (No, no) recomendamos el café.**

1. ¿A qué hora empiezan Uds. a trabajar?
2. ¿Prefieren Uds. preparar la carne o los postres?
3. ¿Qué piensan preparar hoy?
4. ¿Qué recomiendan Uds. en el menú?
5. ¿A qué hora cierran Uds. el café?
6. ¿Quieren Uds. trabajar en el café el verano que viene (*next*)?

After completing **Práctica B,** have 1-2 pairs present their dialogue to the entire class.

C. Planes y preferencias. You live in Valencia, Spain, and share an apartment with a friend (played by a classmate). Ask each other what foods and drinks you prefer for breakfast. Use the advertisement on page 162 to help you choose what to buy. Then explain to the class what you plan to have for breakfast for the next two days.

Have various pairs explain their dinner plans to the entire class.

POINTING OUT PEOPLE AND THINGS

Demonstrative Adjectives
Demonstrative adjectives are used to point out or indicate people, places, and objects that you are discussing: *this sandwich, those vegetables.*

DEMONSTRATIVE ADJECTIVES		
este pastel	**ese** pastel	**aquel** pastel
esta bebida	**esa** bebida	**aquella** bebida
estos pasteles	**esos** pasteles	**aquellos** pasteles
estas bebidas	**esas** bebidas	**aquellas** bebidas

Point out: Masculine singular forms do not follow regular formation. Emphasize the masc. sing. forms: **este, ese, aquel.**

a. In Spanish the demonstrative adjectives must precede the noun they describe, and they must also agree with that noun in number and gender. Spanish has three sets of demonstrative adjectives: **este, ese,** and **aquel.**

In some classes it may be necessary to explain the difference between **que** = *that,* a relative pronoun, and **ese** = *that,* a demonstrative adjective.

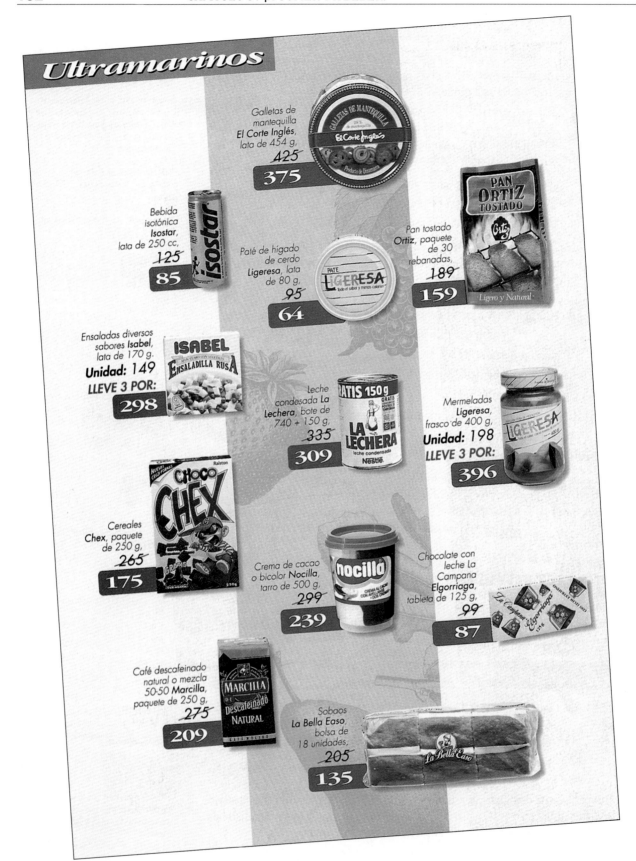

Ultramarinos

Galletas de mantequilla **El Corte Inglés**, lata de 454 g, ~~425~~ **375**

Bebida isotónica **Isostar**, lata de 250 cc, ~~125~~ **85**

Paté de hígado de cerdo **Ligeresa**, lata de 80 g, ~~95~~ **64**

Pan tostado **Ortiz**, paquete de 30 rebanadas, ~~189~~ **159**

Ensaladas diversos sabores **Isabel**, lata de 170 g. **Unidad: 149** **LLEVE 3 POR: 298**

Leche condesada **La Lechera**, bote de 740 + 150 g, ~~335~~ **309**

Mermeladas **Ligeresa**, frasco de 400 g, **Unidad: 198** **LLEVE 3 POR: 396**

Cereales **Chex**, paquete de 250 g, ~~265~~ **175**

Crema de cacao o bicolor **Nocilla**, tarro de 500 g, ~~299~~ **239**

Chocolate con leche La Campana **Elgorriaga**, tableta de 125 g, ~~99~~ **87**

Café descafeinado natural o mezcla 50-50 **Marcilla**, paquete de 250 g, ~~275~~ **209**

Sobaos **La Bella Easo**, bolsa de 18 unidades, ~~205~~ **135**

1. **este, esta / estos, estas** = *this / these*
   The forms of **este** are used to point out persons or objects near the speaker.

—¿Dónde pones los vegetales?　　*Where are you putting the vegetables?*

—Pongo **estos** vegetales en **esta** mesa.　　*I am putting these vegetables on this table.*

2. **ese, esa / esos, esas** = *that / those*
   The forms of **ese** are used to point out persons or objects near the person spoken to.

Esa fruta es de México y **esos** vegetales son de Guatemala.　　*That fruit is from Mexico and those vegetables are from Guatemala.*

Emphasize the relationship between the speaker and the person spoken to and the items pointed to.

3. **aquel, aquella / aquellos, aquellas** = *that / those (over there, in the distance)*
   The forms of **aquel** are used to point out persons or objects away from both the speaker and person spoken to.

—¿Quieres comer en **aquel** restaurante?

—No, es mejor comer en **aquella** cafetería.

Do you want to eat in that restaurant?

No, it's better to eat in that cafeteria over there.

Warm-up: Sustitución: 1. **Mario piensa comprar esta** *comida.* **vegetales / pollo / postres / fruta / queso** 2. **La Sra. Prado piensa comprar esa** *comida.* **huevos / sopa / pescado / hamburguesas / vino** 3. **Fernando piensa comprar aquella** *comida.* **helado / pasteles / vegetales / leche / pan**

En contexto

Prefiero comer algo ligero como **esta** hamburguesa o **ese** sandwich de pollo.

PRÁCTICA Y CONVERSACIÓN

A. En el mercado. You and a friend are in a large market buying groceries. Explain your food preferences as your friend points out various items.

Emphasis is on the agreement of the demonstrative adjective + noun.

MODELO

pescado grande / pequeño

Compañero(-a):　**¿Quieres este pescado grande?**

Usted:　**No, prefiero ese pescado pequeño.**

1. vino tinto / blanco
2. pasteles franceses / alemanes
3. bananas verdes / amarillas

4. sopa de vegetales / de pollo
5. helado de limón / de chocolate
6. queso italiano / español

Emphasis is on the demonstrative adjective in relation to the speaker and person(s) spoken to.

Monitor the use of demonstrative adjectives in relation to the speaker and person spoken to.

B. ¿De quién es? Point out various items to a classmate and ask to whom they belong. Your classmate will explain.

MODELO

este escritorio

Usted:　**¿De quién es este escritorio?**

Compañero(-a):　**Ese escritorio es del (de la) profesor(-a).**

este pupitre / estos cuadernos / esta mesa / aquel reloj / aquellas sillas / aquellos bolígrafos / ¿?

Puente Cultural

LA YERBA MATE,

EL LEGENDARIO "TE" DE LOS GAUCHOS SUDAMERICANOS, ES HOY

UNA INDUSTRIA DE 350 MILLONES DE DOLARES QUE DA EMPLEO A MAS DE 400.000 PERSONAS EN ARGENTINA, BRASIL Y PARAGUAY. URUGUAY Y SIRIA SON LOS PAISES COMPRADORES DE LA YERBA MATE.

EL RECIPIENTE DEL CUAL SE BEBE VARIA DE UN PAIS A OTRO... EMPERO TODOS LA BEBEN DE UNA BOMBILLA DE PLATA O DE ALUMINIO

1. ¿Qué es la yerba mate?
2. ¿De dónde viene la yerba mate?
3. ¿En qué países toman mate?
4. ¿Qué usan para tomar mate?

PRESENTACIÓN   VOCABULARIO EN CONTEXTO

Videocassette segment to accompany this section; see Viewer's Guide in the Instructor's Resource Manual, Chapter 5.

Point-out: There are two new **tener** expressions in this **Presentación: tener hambre / tener sed.**

If you are teaching peninsular Spanish forms throughout, you may want to use **la patata** for **la papa.**

Supplemental vocabulary: adelgazar = to lose weight; **engordar** = to gain weight.

Check comprehension by asking the following questions: **¿Qué quiere comer la muchacha? ¿Por qué no debe comer nada con azúcar? ¿Tiene que contar las calorías que come? ¿Qué es bueno / no es bueno comer cuando estás a dieta?**

I'm very hungry / I'd like / sweet / good / myself can / serve / nothing / sugar / count lose weight / rapidly

On a diet   A dieta°

Mm… **Tengo mucha hambre. Quisiera** algo dulce° y rico° para comer. Pero no me° **puedo servir** nada° con **azúcar** porque estoy a dieta. Y tengo que **contar** las calorías para **bajar de peso rápidamente.**

Comentarios lingüísticos y culturales

a. Frequently, the same food item will have one name in Spain and a different name in the Americas. For example, *potatoes* are known as **las patatas** in Spain but as **las papas** in the Americas. The terms employed in the Americas will be used throughout *Encuentros.*

b. As a drink **el chocolate** refers to *hot chocolate,* which in Hispanic countries is generally thick, foamy, and very rich. **El chocolate** can also refer to candy or the chocolate flavor used in other foods, such as **el helado de chocolate** = *chocolate ice cream.*

c. Certain Spanish expressions use **tener** where English uses *to be:* **tener hambre** = *to be hungry;* **tener sed** = *to be thirsty.*

Point out: The construction *food item* + **de** + *noun* is frequently used to describe flavors or varieties: **el helado de chocolate / de limón; la sopa de tomate / de cebolla.**

Estas cosas (things) están hechas (made) de un vegetal y una fruta. ¿Qué vegetal y qué fruta son?

PRÁCTICA Y CONVERSACIÓN

A. Situaciones. ¿Qué come o bebe Ud. en estas situaciones?

1. Es la hora del almuerzo y Ud. está a dieta.
2. Son las once de la mañana y Ud. tiene hambre.
3. Ud. está en una fiesta pero no debe tomar bebidas alcohólicas.
4. Es su cumpleaños.
5. Hace mucho calor y Ud. tiene sed.

B. ¿Qué hay en la ensalada? You and your classmates will each answer this question in succession. The first student answers giving the name of one item in a tossed salad. The second student repeats the answer of the first student and adds one new item. The third student then repeats the answer of the second student and adds one new item. The other students continue the pattern.

Warm-up: Pregúntele a un(-a) estudiante: 1. ¿Come Ud. mucha fruta? 2. ¿Cuál es su fruta favorita? 3. ¿Qué prefiere Ud. en una ensalada? 4. ¿Está Ud. a dieta ahora? 5. ¿Come Ud. mucho entre comidas? ¿Qué come?

This type of activity is designed to help students learn to list and enumerate; it also helps build long-term memory in the target language.

Variación B: In large classes break into groups of 6–7 students. After completing the activity, have students write the final response including all the words in the proper sequence.

MODELO	
	¿Qué hay en la ensalada?
Estudiante 1:	**En la ensalada hay lechuga.**
Estudiante 2:	**En la ensalada hay lechuga y tomates.**
Estudiante 3:	**En la ensalada hay lechuga, tomates y…**

Deborah Pérez
Cuatro años
«Me encantan los
perritos calientes.»

Point out: Perritos calientes = *hot dogs* in Spain and many other Spanish-speaking countries. In Mexico the term *hot dogs* is used with the Spanish pronunication.

Así se habla

EXPRESSING LIKES AND DISLIKES

These are some of the expressions used in Spanish to express likes or dislikes.

QUESTIONS

¿Te gusta(-n)… ?	*Do you like . . . ?* (fam. singular)
¿Le gusta(-n)… ?	*Do you like . . . ?* (form. singular)
¿Les gusta(-n)… ?	*Do you like . . . ?* (plural fam. or form.)

RESPONSES

Me gusta(-n)…	*I like . . .*
Me gusta(-n) mucho.	*I like it (them) a lot.*
Me gusta(-n) muchísimo.	*I like it (them) a lot.*
Me encanta(-n).	*I love it (them).*
No me gusta(-n).	*I don't like it (them).*
No me gusta(-n) nada.	*I don't like it (them) at all.*

Gustar and **encantar** will be presented formally in **Capítulo 13, Primer encuentro.** For now simply treat as lexical item.

PRÁCTICA Y CONVERSACIÓN

A. ¿Te gusta?   Use las expresiones de esta sección para completar las oraciones de acuerdo a sus gustos (*tastes*).

1. _____ estar a dieta.
2. _____ cocinar para mi familia.
3. _____ la cebolla y el ajo.
4. _____ comer en la cafetería estudiantil.
5. _____ contar las calorías
6. _____ esperar para comer.

B. Mis gustos.   Pregúntele a un(-a) compañero(-a) si le gustan estas cosas (*things*). Su compañero(-a) debe contestar con una expresión de la lista.

Variación B: This could also be a contest in which students try to find as many people in the class who like these items within a specified time.

MODELO

	el helado
Usted:	**¿Te gusta el helado?**
Compañero(-a):	**Sí, me encanta.**

el ajo / las ensaladas / el chocolate / las papas fritas / el vino tinto / el café sin azúcar / los pasteles franceses / la sopa de cebolla / el jugo de tomate / ¿?

Mafalda es traviesa (naughty). ¿Por qué pone jabón (soap) en la sopa?

Before using the comic strip, introduce the word **jabón** = *soap*. Point out that **sopa** is a false cognate. Ask students to look at the comic strip and explain what Mafalda is doing. Point to the first picture of the strip and ask: **¿Mafalda busca jabón o agua aquí?** Second picture: **¿La mamá ve a Mafalda?** Fourth picture: **¿Dónde pone Mafalda el jabón? ¿Por qué?** Answer: **A Mafalda no le gusta la sopa.**

S O N I D O S . . . *Linking*

Reminder: All **Sonidos** sections are repeated on tape in the **Manual de laboratorio.** If you are short on class time at this point, have students complete this section on their own.

Because of linking, that is, the running together of words, Spanish phrases and sentences often sound like one long word to beginning students. In order to speak like a native, you should learn to link words together under the following conditions.

Advise students that if they are having trouble understanding a long word they hear, it is possible that they are hearing two words linked together.

a. Identical consonants that end one word and begin the next are linked and pronounced as one consonant: **el libro   los sandwiches**

b. The final vowel of one word links with the initial vowel of the next word: **mucha hambre   quisiera algo   una ensalada**

c. A final consonant usually links with the initial vowel of the following word: **Tú estas a dieta. Preparan un helado.**

Using the dialogue of the **Presentación** of the **Segundo encuentro**, have students locate phrases in which linking will occur. Then have students read the dialogue paying particular attention to linking.

Point out: In the phrase **mucha hambre** the **h** is silent and the two **a**'s will link.

PRÁCTICA

Escuche y repita después de su profesor(-a).

el libro   unos sandwiches   las cebollas   una hamburguesa   una ensalada
¿Qué uso?

Si comes así, vas a bajar de peso.
Allí hay unas hamburguesas.
¿Por qué no te sirves una ensalada?

Point out: Linking will occur even when the final vowel of one word and the initial vowel of the next word are not identical: **tú estás.**

ESTRUCTURAS

TALKING ABOUT HAVING LUNCH, TRYING NEW FOODS, AND OTHER COMMON ACTIVITIES

Stem-Changing Verbs *o → ue*

In order to discuss many common activities such as having lunch, trying new foods, meeting new friends, remembering, returning home, and sleeping, you need to learn to use another category of stem-changing verbs: stem-changing verbs **o → ue.**

Point out: In the present tense, all stem-changing verbs change in the same pattern: **nosotros** and **vosotros** forms keep the vowel of the infinitive.

STEM-CHANGING VERBS: *o → ue*		
PROBAR *to taste*	**VOLVER** *to return*	**DORMIR** *to sleep*
pr**ue**bo	v**ue**lvo	d**ue**rmo
pr**ue**bas	v**ue**lves	d**ue**rmes
pr**ue**ba	v**ue**lve	d**ue**rme
probamos	volvemos	dormimos
probáis	volvéis	dormís
pr**ue**ban	v**ue**lven	d**ue**rmen

a. Certain Spanish verbs change the last vowel of the stem from **o → ue** when that vowel is stressed. These verbs may have infinitives ending in **-ar, -er,** or **-ir.** As in the case of the stem-changing verbs **e → ie,** there is no way to predict which verbs will make this change; such verbs must be learned through practice. These stem-changing verbs are frequently indicated in verb lists or dictionaries in the following manner: **contar (ue).**

b. Here is a list of common **o → ue** stem-changing verbs.

almorzar	*to eat lunch*	poder	*to be able*
contar	*to count*	probar	*to taste, try*
dormir	*to sleep*	volver	*to return, come back*

c. The verb **poder** + *infinitive* means *to be able to* (do something).

No **puedo comer** pasteles o chocolate porque estoy a dieta.

I can't eat pastries or chocolate because I'm on a diet.

En contexto

Ella   ¿A qué hora **vuelves** para almorzar?

Él   **Vuelvo** a las dos. **¿Puedes** preparar un bistec hoy?

Ella   ¡Sí, cómo no! **Puedo** hacer un buen pastel también. Tengo mucho tiempo porque no trabajo hoy.

PRÁCTICA Y CONVERSACIÓN

A. ¿Qué hacen Uds.? Find out what your classmates do by asking one of them the following questions.

MODELO

Usted: ¿Almuerzan Uds. a las dos?
Compañero(-a): **Sí, (No, no) almorzamos a las dos.**

1. ¿Cuentan Uds. las calorías?
2. ¿Vuelven Uds. a casa para almorzar?
3. ¿Duermen Uds. después del almuerzo?
4. ¿Pueden Uds. tomar cerveza en la universidad?
5. ¿Prueban Uds. platos nuevos?

Warm-up: Sustitución: 1. *Mi hermano siempre prueba nuevos platos. yo / Fernanda / tú / Héctor y yo / Uds.* 2. *Diego almuerza a las dos y luego vuelve a la oficina. la Srta. Gallego / yo / nosotras / Silvio y Oscar / tú*

B. Costumbres estudiantiles. Obtain information about student eating habits. Interview at least five classmates to find out the following information. Report your findings to the class.

1. ¿A qué hora almuerzan? ¿Dónde almuerzan? ¿Qué comen?
2. ¿Cuentan las calorías en la comida?
3. ¿Duermen después del almuerzo? ¿después de la cena?
4. En un restaurante, ¿prueban platos nuevos o siempre comen hamburguesas?
5. ¿Vuelven mucho a su restaurante favorito?
6. ¿?

Variación B: Assign one question per student and have the student interview the entire class asking that one question. Compile the results.

Composición B: After completing **Práctica B,** have students write a brief 8–10 line composition on student eating habits.

DISCUSSING ORDERING AND SERVING FOODS

Stem-changing Verbs $e \rightarrow i$

The third category of stem-changing verbs $e \rightarrow i$ can be used when ordering food or discussing the serving of food.

STEM-CHANGING VERBS: $e \rightarrow i$
PEDIR
to request, ask for, order

pido	pedimos
pides	pedís
pide	piden

Point out: The irregular verb **decir** is a stem-changing verb in $e \rightarrow i$ in all forms except **yo.** Review present tense of **decir.**

a. Certain Spanish verbs ending in **-ir** change the last vowel of the stem from $e \rightarrow i$ when that vowel is stressed. These stem-changing verbs are frequently indicated in the following manner in dictionaries or vocabulary lists: **pedir (i).** As in the case of the other stem-changing verbs, there is no way to predict which verbs will make this change; they must be learned through practice.

Again, point out the pattern of change of all classes of stem-changing verbs.

b. The following are some common **e → i** stem-changing verbs: **pedir** = *to ask for, request, order;* **repetir** = *to repeat, ask for a second helping* (*of food*); **servir** = *to serve.*

En contexto

Carlos ¿Qué piensas **servir** para el cumpleaños de mi papá?

Mariana Siempre **sirvo** un bistec y el helado de chocolate porque tu padre lo **pide.**

Carlos Bueno, el menú está listo. **Servimos** el bistec como siempre.

Warm-up: Sustitución: *Carlos* pide una hamburguesa. **Ricardo y Paquita / tú / Manuela / tú y yo / el Sr. Cuéllar / yo**

PRÁCTICA Y CONVERSACIÓN

A. Entrevista personal. Hágale preguntas a un(-a) compañero(-a) de clase y su compañero(-a) debe contestar.

Pregúntele…

1. quién sirve la comida en su casa.
2. quién sirve el vino. ¿y el pan? ¿y el postre?
3. lo que pide de bebida generalmente.
4. cuántas veces repite su plato favorito en una semana. ¿en un mes?
5. lo que pide para la comida de su cumpleaños.

B. Un almuerzo. You and two classmates are planning a lunch for your instructor. Ask and answer each other's questions in order to decide when to have lunch, what to serve, who is able to cook, and when to begin to cook. Explain your plans to the class.

ASKING AND REQUESTING

Pedir versus *preguntar*

In order to ask questions, ask for food and favors, or ask about people, you need to be able to distinguish between the verbs **pedir** and **preguntar.**

a. The verb **pedir** means *to ask for, request.* It is used to request something from someone.

Siempre le **pido** dulces a mi abuela. *I always ask my grandmother for candy.*

b. **Pedir** is also used to order food and drink.

En el Bar Taxco siempre **pedimos** vino blanco. *In the Taxco Bar we always order white wine.*

Point out: Preguntar will often be used with an interrogative word or with the word **si** (*if*).

c. The verb **preguntar** means *to ask a question.* It is used to inquire about something.

Pregúntele a Pablo cuándo piensa comer. *Ask Pablo when he plans to eat.*

d. **Preguntar por** is used to inquire about someone.

Cecilia, ¿sabes que tu madre
  pregunta por ti?

*Cecilia, do you know that your mother
  is asking for (inquiring about) you?*

En contexto

*Un reportero les **pregunta** a unos estudiantes acerca de la comida universitaria.*

Reportero   Señorita, ¿qué **pide** Ud. aquí en la cafetería?

Señorita   Siempre **pido** la ensalada porque estoy a dieta. Bueno, tengo que salir.
            Mi compañera de cuarto **pregunta por** mí.

PRÁCTICA Y CONVERSACIÓN

A. **¿Pedir o preguntar?**   Complete the sentences with the proper form of **pedir,**
preguntar, or **preguntar por** in order to find out what Miguel asks his babysitter.

1. _____ mucho helado.
2. _____ su mamá.
3. _____ dónde está su papá.
4. _____ si van al parque.
5. _____ un refresco.
6. _____ sus abuelos.
7. _____ si puede mirar la televisión.
8. _____ fruta.

B. **¿Qué debe hacer Ud. en estas situaciones?**   Usando la forma adecuada de **pedir**
o **preguntar (por),** explíquele a un(-a) compañero(-a) de clase lo que Ud. hace en
estas situaciones.

1. Ud. está a dieta y tiene mucha sed.
2. Ud. no tiene mucho dinero pero sí tiene hambre.
3. Ud. quiere saber la fecha.
4. Ud. viaja en España; quiere volver al hotel pero no recuerda dónde está.
5. Ud. está en la residencia estudiantil y no sabe dónde está su compañero(-a)
   de cuarto.

VOCABULARIO EN CONTEXTO

Let's set the table Vamos a poner la mesa°

Use actual utensils brought from home when you introduce the vocabulary.

Point out: **Tener cuidado** = *to be careful* is another **tener** expression found in this chapter.

Check comprehension by asking the following questions: **¿De dónde es Jung Joo? ¿Por qué necesita ayuda para poner la mesa? ¿Qué ponemos a la derecha del plato? ¿Dónde ponemos los tenedores?**

Jung Joo es de Corea y no conoce las costumbres españolas para poner la mesa pues
she has just arrived | *acaba de llegar° a Madrid.*

ready / Soon	Paz	Oye, chica, la comida está **lista.** ¿Quieres poner la mesa? **Pronto** van a
the others / all / together		llegar las **otras** y comemos **todas** juntas.°
help me / each thing	Jung Joo	Encantada. Pero tienes que ayudarme° pues no sé bien donde va **cada cosa.**
be careful	Paz	Mira, es muy simple. Debes **tener cuidado** de poner un plato para cada
cut / on the right		persona con las cucharas y los cuchillos para **cortar** la carne **a la derecha**
on the left / all		y los tenedores **a la izquierda.** Es todo.°

Comentarios lingüísticos y culturales

a. In Hispanic families it is customary for the entire family to be present for the main meal of the day. It is a time to eat and share time with one another. After the meal the members of the family stay seated at the table for some time talking over the news of the day. This time after the meal is called **la sobremesa.**

b. Since food is eaten in several courses and since the main meal is considered to be an important family occasion, the table setting tends to be on the formal side.

ESTE **JUEGO DE TÉ** DE DISEÑO, **REGALO SEGURO** PARA LAS 3.000 PRIMERAS CARTAS.

En este juego de té hay cuatro _____ y _____, una azucarera, una lechera y una tetera.

PRÁCTICA Y CONVERSACIÓN

A. El cocinero (*The cook*). Su amigo(-a) le ayuda (*helps you*) a preparar la mesa para una cena elegante. Pídale (*Ask him/her*) los utensilios que Ud. necesita para poner la mesa.

MODELO

las tazas / para el café con leche

Usted: **Dame** (*Give me*) **las tazas para el café con leche, por favor.**

Compañero(-a): **Aquí tienes las tazas.**

Usted: **Gracias.**

1. un vaso / para el agua
2. otra cuchara / para el postre
3. unas servilletas / para limpiar (*to clean*)
4. los platillos / para la ensalada
5. las cucharitas / para el té
6. los platos / para la comida

B. Mis utensilios. ¿Se llevó Ud. algunos utensilios de cocina cuando se fue (*left*) de la casa de sus padres? Dígale a su compañero(-a) cuáles se llevó (*took*).

MODELO **Llevé** (*I took*) **tres cucharas y dos tenedores...**

Teach **llevé** = *I took* as a lexical item in order to complete the exercise.

EXPRESSING READINESS

Review **ser** / **estar** by asking why **estar** is used with **listo** meaning *ready*. Ask: What does **ser listo** mean?

The following expressions can be used to state that items or people are ready or are in place.

Ya está.	*All set.*
Listo(-a).	*Ready.*
Ya está todo listo.	*Everything is ready now.*
Aquí está.	*Here it is.*
Aquí están.	*Here they are.*
_____ está listo(-a).	*_____ is ready.*

PRÁCTICA Y CONVERSACIÓN

Una cena importante.   Ud. está preparando una cena importante. Su compañero(-a) lee el menú y Ud. le dice si está listo(-a) cada cosa para los invitados o no.

> **MODELO**   Compañero(-a):   ¿Los tomates?
> Usted: **Están listos.**

la sopa de cebolla / el vino tinto / el bistec / las papas / los vegetales / la ensalada / el pan / los pasteles / el café

A ESCUCHAR

Two friends, María and Teresa, are doing a personality test together. Listen to their likes and dislikes as they answer the questions in the test. Then, complete the chart according to Teresa's preferences.

	no le gusta(-n)	le gusta(-n)	le encanta(-n)
El pescado El bistec Los dulces El chocolate Las ensaladas de vegetales Las papas fritas El café sin azúcar El helado			
Número de puntos			
Conclusión			

ESTRUCTURAS

INDICATING QUANTITY

Adjectives of Quantity

In order to describe the number or size of people, places, and things, you will need to use adjectives of quantity.

ADJECTIVES OF QUANTITY			
alguno	*some*	otro	*other, another*
bastante	*enough*	poco	*little, few*
cada	*each, every*	todo	*all, every*
mucho	*much, many, a lot of*		

Point out: Forms of **alguno** cannot be used to express *some* (+ a measured amount). *Give me some wine.* = **Dame (un poco de) vino.** **Algún vino** = *some type / brand of wine.*

a. Adjectives of quantity limit the nouns they modify in some manner. These adjectives are placed before the noun they modify and must agree in gender and number with that noun.

No es bueno comer **muchos** pasteles.　　*It's not good to eat a lot of pastries.*

b. Some of the adjectives of quantity have special forms and/or usage.

1. The words **un** and **una** are not used with **otro.**

　Necesito **otro** tenedor.　　*I need another fork.*

2. **Alguno** is shortened to **algún** before a masculine singular noun: **algún vaso.**

3. Forms of **todo** are followed by the corresponding definite article + noun.

　toda la ensalada = *all (of) the salad, the whole salad*

　todos los platos = *all (of) the plates, every plate*

Point out: The English expression *all of the bread* = **todo el pan;** the word *of* does not appear in the Spanish phrase.

4. **Cada** is invariable; it occurs with singular nouns only: **cada taza y cada platillo.**

En contexto

Tienes que poner **todos** los platos en la mesa y **cada** persona necesita **otro** platillo.

PRÁCTICA Y CONVERSACIÓN

A. Necesidades y deseos. Complete las oraciones de una manera lógica.

1. Necesito poco(-s) _____.
2. Quiero mucho(-s) _____.
3. Algunos _____ no son buenos.
4. Todos mis amigos _____.
5. No tengo bastante _____.
6. Busco otro(-s) _____.

Warm-up: Sustitución: 1. algunos *postres:* vegetales / pescado / cerveza / pasteles 2. pocas *hamburguesas:* jamón / ensaladas / huevos / fruta 3. mucho *vino:* cerveza / chocolate / refrescos / bebidas 4. otro *plato:* servilleta / platillos / vasos / cucharitas / cuchillo / cuchara

Have several students give an answer in order to provide a variety of possibilities. This type of exercise encourages creating with language.

B. Entrevista personal.   Hágale preguntas a un(-a) compañero(-a) de clase y su compañero(-a) debe contestar.

Pregúntele…

1. si toma el desayuno cada mañana. ¿Por qué (no)?
2. si siempre come toda la carne. ¿y todo el postre? ¿y todos los vegetales?
3. si recibe bastante comida en la universidad.
4. si prefiere comer muchos o pocos vegetales. ¿Por qué?
5. si debe comer otra comida. ¿Cuál?
6. si toma alguna bebida con el almuerzo. ¿Cuál?

DISCUSSING EVERYDAY ACTIVITIES AND OCCURRENCES

Oír; Verbs Ending in *-uir*

You have learned many irregular verbs that you use to discuss daily activities and occurrences. Here you will learn another class of irregular verbs—those whose infinitives end in **-uir.**

OÍR *to hear*		*CONSTRUIR* *to construct*	
oigo	oímos	construyo	construimos
oyes	oís	construyes	construís
oye	oyen	construye	construyen

Point out: Oímos needs an accent to break up the diphthong: **Construimos** does not. Model pronunciation.

a. In the present indicative tense, verbs ending in **-uir** insert **y** before any vowel in the ending except **i.**

Verbs of this type are

construir   *to construct*   destruir   *to destroy*

contribuir   *to contribute*

b. In the present indicative tense, **oír,** meaning *to hear* or *to listen to,* has an irregular first-person singular form: **oigo.** Otherwise, it is conjugated like **construir.**

En contexto

Hija   **Oye,** ¿qué uso de condimento, mamá?

Madre   Usa vinagre y un poco de ajo. El vinagre **contribuye** a bajar de peso rápidamente.

Warm-up: 1. nosotros: destruir / oír / construir **2.** Ud.: contribuir / oír / construir **3.** yo: construir / oír / destruir **4.** ellas: oír / destruir / contribuir **5.** tú: construir / oír / contribuir

PRÁCTICA Y CONVERSACIÓN

A. Un desastre.   A TV news program is broadcasting information about a recent earthquake in Central America. **Haga oraciones con los nuevos sujetos dados para saber lo que pasa.**

1. ¿Quiénes oyen el programa? *Miguel* oye el programa.

   tú / los alumnos / Cecilia y yo / Margarita / yo

2. ¿Quiénes contribuyen dinero? *Raúl* contribuye dinero.

   nosotras / Diego / yo / todos los estudiantes / tú

B. Contribuciones. Take a survey of at least five classmates to find out the following information. Then report your results to the class.

¿Cuántos alumnos contribuyen a la universidad? ¿a su educación? ¿a la Cruz (*Cross*) Roja? ¿a su familia?

¿Qué contribuyen? ¿dinero? ¿regalos? ¿comida? ¿tiempo?

Variación B: Assign one question to several students and have them ask it of each class member. Compile the results.

Puente Cultural

El jerez° — sherry

Un empleado de la bodega Domecq sirve el jérez. Jérez de la Frontera, España

vineyards

strong / amarillo
has been
for centuries

carefully

En Latinoamérica y en España hay excelentes viñedos° donde se cultivan las uvas para el vino blanco y tinto, el champán y otras bebidas alcohólicas que se pueden encontrar en todo el mundo. El jerez, un vino fuerte° de color ambar° ha sido° uno de los productos de exportación más importantes de España durante siglos.° Esta bebida es originaria de la ciudad de Jerez de la Frontera en la región de Andalucía, al sur de España. Muchas de las tradiciones en la producción del jerez han sido cuidadosamente° conservadas durante años.

COMPRENSIÓN CULTURAL

Decida si las siguientes oraciones son **ciertas** o **falsas.** Corrija las oraciones falsas.

1. Latinoamérica produce vino tinto y vino blanco.
2. Solamente Francia produce champán.
3. España exporta mucho jerez.
4. Algunos tipos de jerez son verdes.
5. Jerez de la Frontera está en la Argentina.
6. La producción del jerez es una tradición vieja en España.

cuarto encuentro

Videocassette segment to accompany this section; see Viewer's Guide in the Instructor's Resource Manual, Chapter 5.

EL MUNDO HISPANO   **VENEZUELA**

Caracas, Venezuela

Venezuela

Población	15.000.000 de habitantes
Economía	Petróleo
Ciudades	Barquisimeto, Caracas, Maracaibo, Mérida
Moneda	El bolívar
Geografía y clima	Una costa tropical y una región montañosa de clima templado; llanos (*plains*) en el centro

Have students locate Venezuela on the map provided here or in the front of the student textbook. Have students locate major cities as well.

Comprehension check: Ask students: **¿Cuál es la capital de Venezuela? ¿Cuáles son otras ciudades importantes? ¿Cómo son la geografía y el clima de Venezuela? ¿Cuál es su población? ¿En qué se basa la economía?**

Explain normal English word order = subject + verb + remainder. Have students give examples.

PARA LEER BIEN • Word Order

Word order in Spanish is not fixed as it is in English. A sentence can begin with the subject, the verb, or even the complement. The following are all correct Spanish sentences. Notice how they begin.

El almuerzo es una comida muy importante.
Conocemos muchos lugares interesantes.
Al mediodía todos regresan a su casa.

PRÁCTICA

La receta (*recipe*).   En esta receta hay cinco oraciones que empiezan con diferente elementos. Escribe la oración que empieza con lo siguiente.

1. Sujeto _____
2. Verbo _____
3. Lugar _____
4. Tiempo _____

LECTURA CULTURAL

Point out: Infinitives are often used as commands in recipes.

Pollo a la cerveza

INGREDIENTES
(para cuatro personas)
Un pollo ◆ ***2 cebollas*** ◆ ***Un ajo*** ◆ ***Un pimiento verde*** ◆ ***Medio vasito de brandy***
Una vaso de caldo° ◆ ***2 vasos de cerveza*** ◆ ***Laurel°*** ◆ ***Harina°*** ◆ ***Un tomate***

broth / bay leaf / flour

1. Cortar el pollo, y ponerle sal y pimienta.

2. En una sartén,° con un buen chorro de aceite, cocinar los vegetales cortados. Poco después, poner los trozos°de pollo en la sartén con los vegetales.

3. Después que el pollo esté dorado,° poner la harina, el brandy, el caldo y la cerveza.

4. Cocinar unos 35 minutos.

frying pan
pieces

golden brown

¡Buen provecho!

PRÁCTICA Y CONVERSACIÓN

A. El pollo a la cerveza. Ud. quiere usar esta receta esta noche. Conteste las preguntas para saber si es posible hacerla.

1. ¿Cuántas personas sirve esta receta?

2. ¿Cuántas quiere servir Ud.?

3. ¿Qué ingredientes se necesitan para hacer este pollo?

4. ¿Tiene los ingredientes en su casa o necesita ir al supermercado? ¿Qué necesita comprar?

5. ¿Cuánto tiempo se necesita para hacer la comida y cocinarla? ¿Tiene Ud. el tiempo necesario?

6. ¿Va Ud. a hacer este pollo o no? ¿Por qué (no)?

B. Su receta favorita. Dígale (*Tell*) a su amigo(-a) su receta favorita. Explíquele cómo se hace.

ACTIVIDADES

• •

A. El restaurante. You are planning to open up a restaurant and in order to be successful you need to know which foods are the most popular. Take a survey of at least five classmates to find out which types of soups, meat, vegetables, desserts, and drinks they want to see on a menu. Based on the results of your survey, create a menu for your restaurant. Explain your menu to the class.

Grammar incorporated: A: Stem-changing verbs **B:** Stem-changing verbs **C:** Stem-changing verbs; demonstrative adjectives

B. La dieta. You are on a diet. Using the following chart, plan your menu for the week without exceeding 1,000 calories per day. **¿Qué va a comer el lunes? ¿el martes? ¿el miércoles? ¿los otros días?**

Vocabulary incorporated: A: Food items, expressions of like and dislike **B:** Days of the week; food items **C:** Food items

GUÍA PARA LAS CALORÍAS

Agua	1 vaso	0 c.	Bistec	1 med.	200 c.
Arroz	1 taza	125 c.	Café o té	1 taza	5 c.
Banana	1	100 c.	Cereal	1 med.	50 c.

continued next page

Cola	1 botella pequeña	80 c.	Manzana	1	100 c.
			Naranja	1	100 c.
Chocolate	1 taza	150 c.	Pan blanco	1 tajada	75 c.
Ensalada	1 med.	75 c.	Pollo asado	100 g	125 c.
Helado	1 med.	150 c.	Queso crema	1 cucharada	50 c.
Huevo frito	1	100 c.	Sardinas	35 g	70 c.
Huevo revuelto	1	100 c.	Yogurt	1 cucharada	10 c.

C. ¿Qué vamos a servir?   You and two other classmates are going to have a dinner party this Saturday evening. The three of you should suggest the menu items and activities for the evening. You should also express your preferences. After settling the plans for your dinner party, explain them to the entire class.

PARA ESCRIBIR BIEN • Improving Accuracy

Written language is expected to be more error-free than spoken language since the writer has more time to think about the message. The following suggestions should help you improve your accuracy and make your written work more comprehensible to native speakers.

A. Plan your written compositions by making an outline of what you want to say.

B. As you write the first draft . . .

1. check the spelling and meaning of vocabulary of which you are unsure.
2. check agreement of nouns and articles or adjectives.
3. check agreement of each subject and verb.
4. check the form of each verb.

C. Reread the composition.

1. After writing the first draft, put it aside for a time.
2. Then reread the composition using the "checks" in item *B* above.
3. Rewrite or copy the composition.

COMPOSICIONES

A. La dieta.   You are a doctor for a weight-loss clinic. Prepare a pamphlet for your patients listing several general guidelines for losing weight and maintaining good health. Also list a sample menu for breakfast, lunch, and dinner based on the calorie chart on pages 183–184. The daily menu should not exceed 1,000 calories.

B. La comida universitaria.   For several years you have been writing to a pen pal whose name is Antonio(-a) Guzmán. Write to him/her explaining your changes in eating habits now that you're in the university. If your eating habits have not changed, explain why. Discuss meal times, types of food, and compare university food with what you normally eat at home.

Vocabulario activo ●

Las bebidas	Drinks
el agua (f.)	water
el café con leche	coffee mixed with warmed milk
el chocolate	hot chocolate, chocolate (candy)
el jugo	juice
la leche	milk
el refresco	soda, pop, soft drink
el vino blanco / tinto	white / red wine

La carne	Meat
el bistec	steak
la hamburguesa	hamburger
el jamón	ham
el pescado	fish
el pollo	chicken

Las comidas	Meals
el almuerzo	lunch, light afternoon meal
la cena	supper, light evening meal
la comida	dinner, main meal
el desayuno	breakfast

El cubierto	Place Setting
la cuchara	soup spoon
la cucharita	teaspoon
el cuchillo	knife
el platillo	saucer, small plate
el plato	dish, plate
la servilleta	napkin
la taza	cup
el tenedor	fork
el vaso	(drinking) glass

Otras comidas	Other foods
el aceite	oil
el ajo	garlic
el azúcar	sugar

la cebolla	onion
el condimento	dressing, condiment
la ensalada	salad
la fruta	fruit
el helado	ice cream
el huevo	egg
la lechuga	lettuce
el pan	bread
la papa	potato (Americas)
las papas fritas	French fries
el pastel	pastry
la pimienta	pepper (spice)
el postre	dessert
el queso	cheese
la sal	salt
el sandwich	sandwich
la sopa	soup
el tomate	tomato
el vegetal	vegetable
el vinagre	vinegar

Verbos	
almorzar (ue)	to eat lunch, have lunch
cerrar (ie)	to close
cocinar	to cook
construir	to construct
contribuir	to contribute
cortar	to cut
destruir	to destroy
dormir (ue)	to sleep
empezar (ie)	to begin
oír	to hear, listen to
pedir (i)	to request, ask for, order
pensar (ie)	to think
pensar + inf.	to plan, intend to (do something)
poder (ue)	to be able to (do something)
preferir (ie)	to prefer
preguntar (por)	to ask a question (ask for / inquire about someone)
probar (ue)	to taste, try
querer (ie)	to want, wish
recomendar (ie)	to recommend

repetir (i)	to repeat; to have a second helping
servir (i)	to serve
usar	to use
volver (ue)	to return

Adjetivos	
alguno	some
aquel(la)	that
aquellos(-as)	those
bastante	enough
cada	each, every
dulce	sweet
ese(-a)	that
esos(-as)	those
este(-a)	this
estos(-as)	these
ligero	light
listo	ready
mucho	much, many, a lot
otro	other, another
poco	little, few
rico	good, delicious
todo	all, every

Otras expresiones	
a la derecha	on the right
a la izquierda	on the left
algo	something
bajar de peso	to lose weight
contar (ue) calorías	to count calories
estar a dieta	to be on a diet
generalmente	generally
me encanta(-n)	I love, adore (+food or objects)
muchas veces	often
poner la mesa	to set the table
pronto	immediately, soon
quisiera	I would like
rápidamente	rapidly
tener cuidado	to be careful
tener hambre	to be hungry
tener sed	to be thirsty
ya	already, yet, now

Vamos de compras

Perisur, un centro comercial
en México, D.F.

➤ Cultural Themes

Shopping in the Hispanic World   Chile

➤ Communicative Goals

Making routine purchases

Primer encuentro

Así se habla: Indicating past time

Talking about past activities

Discussing looking for and purchasing items

Segundo encuentro

Así se habla: Complaining

Discussing everyday past activities

Making comparisons

Tercer encuentro

Así se habla: Shopping

Giving information

Talking about where you went and what you did

Cuarto encuentro

Para leer bien: The suffix -ería = *shop, store*

Lectura cultural: *La compra como actividad social*

Para escribir bien: Letters of complaint

A pensar

- In our culture, in what kinds of stores / shops / places do we purchase food / clothing / household and other items?

- In our culture, for whom is shopping a social activity? When and where do people go shopping?

- What are some standard phrases used in shopping situations?

- What verb form do you use to list activities that you did in the past? *Last Saturday I **drove** to the mall, **ate** lunch with my friends, and **bought** a new pair of shoes.*

- What words or expressions are used to compare a quality of one person or thing to another person or thing?

primer encuentro

PRESENTACIÓN   **VOCABULARIO EN CONTEXTO**

salespeople Vendedores° y clientes

Use the photos to introduce the vocabulary: **Este es un centro comercial / mercado / boutique / elegante. ¿Qué venden en el mercado? (comida / fruta / vegetales) La fruta es de hoy, está fresca. En esta boutique elegante venden ropa de hombres. La ropa cuesta mucho. Es muy cara.**

Emphasize the variety of city shopping areas from simple to elegant.

Irene Díaz

Me gusta **ir de compras** al **centro comercial.** Allí hay una **tienda** de **ropa** muy buena donde **compré el vestido** para **la boda** de mi hermana. No compro allí muy **a menudo** porque **los precios** de todos los **artículos** son muy altos.

to go shopping / shopping mall / store
clothing / I bought / dress / wedding
often / prices
+

Montevideo, Uruguay

Point out: People in rural areas still tend to make many of their food purchases in the market, while persons living in the city tend to use more modern shopping areas.

Ana Guevara

Hay **un supermercado** cerca de mi casa pero no me gusta mucho. Prefiero **hacer las compras** en **el mercado.** Allí se puede **escoger** frutas y vegetales muy **frescos;** no es necesario **hacer cola** para **pagar** y ¡no hay **precios fijos!** Cada semana la comida está más **cara. Ayer pagué** mil pesos por la carne ¡y solamente porque **regateé** bastante!

+
to shop / market / to choose
fresh / to stand in line
to pay / fixed prices
expensive / Yesterday / I paid
I bargained

Santiago, Chile

Check comprehension by asking: **¿Adónde va de compras Irene? ¿Compra en esa tienda a menudo? ¿Por qué no? ¿Dónde hace las compras Ana Guevara? ¿Cuánto pagó por la carne ayer? ¿Es necesario hacer cola en el mercado? ¿Se puede regatear? ¿Por qué? ¿Dónde trabaja Antonio ahora? ¿Por qué tiene mucha responsabilidad ahora?**

I worked / clerk
+ / + / downtown
city / cashier's desk / cashier / earn
Last week / I earned

Antonio Cordero

Durante mucho tiempo **trabajé** como **dependiente** en **una boutique** de ropa muy **elegante** para hombres, en **el centro** de **la ciudad.** Ahora trabajo en **la caja** como **cajero** y **gano** más dinero porque tengo mucha responsabilidad. ¡**La semana pasada gané** cien mil pesos!

Comentarios lingüísticos y culturales

a. In Hispanic countries there are many types of places where people can shop for food and household items. In rural areas and small towns most food is purchased in **el mercado** or **el mercado al aire libre** (*outdoor market*) where merchants display the products that they are offering for sale. In the market, prices are generally not fixed and clients and merchants can bargain until they agree on a suitable price. **El supermercado** has fixed prices and is similar to a supermarket in the U.S. Some people prefer the convenience of **el supermercado** while other people prefer **el mercado** for the freshness of the products and the congenial atmosphere.

b. Clothing can also be purchased in several types of places. Again, in small towns and rural areas people buy clothing or the fabric to make it in the market. In large towns and cities, people buy clothing in **la boutique** (*small speciality shop*) or in **los almacenes** (*department store*). In large cities in Mexico, Spain, and other countries, there are **los centros comerciales** where all types of goods can be purchased.

c. **Ir de compras** = *to go shopping*

Los sábados **voy de compras** con mis amigos.

On Saturdays I go shopping with my friends.

Hacer compras = *to shop / buy / make purchases*

Siempre **hago** muchas **compras** en el centro comercial.

I always buy a lot at the shopping mall.

¿Qué oferta tiene la tienda ARMI?

PRÁCTICA Y CONVERSACIÓN

Emphasis is on type of shopping area according to the situation / region.

A. **Situaciones.** ¿Adónde va de compras Ud. en estas situaciones?

1. Ud. vive en una región rural en Guatemala y necesita tomates y frijoles.
2. Ud. vive en la Ciudad de México y necesita ropa nueva.
3. Ud. vive en Barcelona y necesita un regalo para la boda de un amigo.
4. Ud. vive en Caracas y necesita comida.
5. Ud. vive en una ciudad pequeña en el Perú y necesita papas.

B. **Entrevista personal.** Hágale preguntas a un(-a) compañero(-a) de clase y su compañero(-a) debe contestar.

Pregúntele…

1. quién compra la comida en su familia.
2. adónde va para comprar ropa.
3. si sabe regatear.
4. cuándo va de compras generalmente.
5. si prefiere ir de compras al centro o a un centro comercial. ¿Por qué?

C. **¿Prefiere Ud. el mercado o el supermercado?** Escoja **A** o **B** dentro de cada número.

1. A. Prefiero regatear.
   B. Prefiero los precios fijos.
2. A. Prefiero hablar con los dependientes.
   B. No es importante hablar con los dependientes.

Expansión C: After completing exercise, ask the entire class questions based on the survey items such as: **¿Cuántos de Uds. prefieren regatear? ¿Cuántos de Uds. prefieren los precios fijos?** Tally results on the board to see if the entire class prefers the supermarket or the market.

3. A. Quiero escoger las frutas y los vegetales.
   B. Un(-a) dependiente debe escoger las frutas y los vegetales.

4. A. Prefiero ir a muchos lugares (*places*) para comprar comida.
   B. Prefiero ir solamente a un lugar para comprar comida.

5. A. No quiero hacer cola para pagar.
   B. Prefiero pagar en la caja.

¿Cuántas respuestas de **A** tiene Ud.?

4–5   Ud. prefiere los mercados.

3   Ud. puede comprar comida en un mercado o en un supermercado.

1–2   Ud. prefiere los supermercados.

INDICATING PAST TIME

Point out: The expressions of this section are generally used with the preterite tense.

The following expressions are used to indicate past time.

ayer	*yesterday*	la semana pasada	*last week*
ayer por la mañana	*yesterday morning*	el viernes pasado	*last Friday*
anteayer	*day before yesterday*	el mes pasado	*last month*
anoche	*last night*	el año pasado	*last year*
el fin de semana pasado	*last weekend*	la Navidad pasada	*last Christmas*

Explain: When discussing past events, the first-person singular of regular **-ar** verbs is formed by adding **-é** to the verb stem: **hablé** = *I talked, spoke.*

En contexto

Ana Guevara   **La semana pasada** pagué 900 pesos por la carne y ayer pagué mil pesos.

PRÁCTICA Y CONVERSACIÓN

To complete these exercises students need only the first-person singular of regular **-ar** verbs; there is no need yet to teach the entire conjugation.

A.   ¿Cuándo hizo Ud. (*did you do*) **estas acciones?**   Use las palabras que expresan tiempo pasado.

Prior to doing **Práctica A** have students give English meaning of the preterite verbs in the exercise.

MODELO   **El mes pasado** compré libros para mis clases.

1. _____ manejé al supermercado.
2. _____ pagué mucho por la ropa.
3. _____ gané mucho dinero.
4. _____ compré un regalo para mi hermano(-a).
5. _____ hablé con la dependiente en una tienda.
6. _____ caminé por el centro comercial.

B. ¿Qué hizo Ud. ayer?   Cuéntele (*Tell*) a su compañero(-a) lo que hizo o no hizo ayer. Use algunos de estos verbos en el pasado.

hablar / descansar / comprar / mirar / visitar a / preparar / ¿?

MODELO	Yo (no) escuché la radio ayer.

This exercise could also be assigned as a brief composition.

SONIDOS . . . *m, n, ñ*

The Spanish **m** and **n** are pronounced as in English. However, an **n** before the letters **p, b, v,** and **m** is pronounced like an **m: un poco** = [umpoko]. The **ñ** is similar to the English sound *ny* in *canyon*: **año.**

Reminder: All **Sonidos** sections are repeated on tape in the **Manual de laboratorio.** If you are short on class time at this point, have students complete this section on their own.

PRÁCTICA

Escuche y repita después de su profesor(-a).

Have students find examples of **n** before **p, b, v,** and **m** in the **Presentación.**

m   **m**es   **m**ercado   co**m**ida   a **m**enudo
A **m**enudo hago las co**m**pras en el **m**ercado.

un poco   un bistec   un vestido   un mercado
En México pagué cien pesos por un bistec.

n   **n**o   ce**n**tro   ga**n**o   depe**n**diente
Trabajé como depe**n**diente e**n** u**n**a tienda de ropa elega**n**te.

ñ   a**ñ**o   ma**ñ**ana   ni**ñ**a   pi**ñ**ata
El se**ñ**or Nú**ñ**ez compró una pi**ñ**ata para el cumplea**ñ**os de su ni**ñ**a.

ESTRUCTURAS

TALKING ABOUT PAST ACTIVITIES

Preterite of Regular *-ar* Verbs

Spanish, like English, has several past tenses that are used to talk about past activities. You will first learn the preterite, the Spanish past tense that corresponds to the simple past tense in English.

PRETERITE: REGULAR -ar VERBS

COMPRAR   to buy

compré	*I bought*	compramos	*we bought*
compraste	*you bought*	comprasteis	*you bought*
compró	*he bought* *she bought* *you bought*	compraron	*they bought* *you bought*

Point out: compro = *I buy* / **compró** = *he bought;* **compre** = *buy* (**Ud.** command) / **compré** = *I bought.* Emphasize that the stress and/or accent marks determine person and tense (form).

Point out: To form the preterite of regular **-ar** verbs, obtain the stem by dropping the **-ar** from the infinitive. To the stem add the endings that correspond to the subject: **-é, -aste, -ó, -amos, -asteis, -aron.**

a. Note that the first- and third-person singular endings have written accent marks.

b. Note also that the endings for the first-person plural of the present indicative and preterite are the same. Context will determine the verb tense and meaning.

Siempre **compramos** carne en   *We always buy meat in the market*
el mercado cerca de casa pero ayer   *near home, but yesterday we*
la **compramos** en el centro.   *bought it downtown.*

c. The preterite has several possible English translations: **compré** = *I bought, I did buy.*

d. Most **-ar** verbs that stem-change in the present tense follow a regular pattern in the preterite.

Siempre **cierran** el almacén a las   *They always close the department store*
cinco pero el sábado pasado lo   *at 5:00, but last Saturday they closed*
cerraron a las nueve.   *it at 9:00.*

En contexto

Ayer Ana Guevara y su hija **caminaron** al mercado y **compraron** carne. Después **regresaron** a casa y **prepararon** la comida.

PRÁCTICA Y CONVERSACIÓN

Warm-up: Sustitución: *Ana Guevara* compró carne ayer. Adolfo y Rosa / Felipe / yo / mi amigo y yo / Uds. / Juanita / tú / las amas de casa

A. En el centro comercial.   Cada día las siguientes personas van al centro comercial y hacen las mismas actividades. Usando el pretérito, explique lo que hicieron ayer.

MODELO   Carlos compra ropa hoy.
Ayer compró ropa también.

1. Trabajo en la boutique.   4. Tomás llama por teléfono.
2. Miramos a la gente.   5. El Sr. Rojo espera a su esposa.
3. Los viejos descansan.   6. Uds. toman un refresco.

B. Entrevista personal.   Hágale preguntas a un(-a) compañero(-a) de clase y su compañero(-a) debe contestar.

Pregúntele…

1. si miró la televisión anoche. ¿Qué programas?

Variación B: Ask about another student and a family member using **Uds.** verb forms; responses would use the **nosotros** form.

2. si manejó a un supermercado anteayer. ¿A qué hora?

3. si trabajó en una tienda el verano pasado. ¿Cuál?

4. cuándo caminó por un centro comercial.

5. qué compró en una boutique el mes pasado.

6. si celebró una fiesta el fin de semana pasado. ¿Dónde?

C. Los centros comerciales. Interview at least five classmates to find out what types of activities they did in the mall the last time they went. Explain your findings to the class. You can use some of the following suggestions in your interview and then add other activities of your own.

tomar refrescos / comprar ropa, comida, libros / hablar con amigos / mirar a la gente / descansar / ¿?

Emphasis is on shopping as a social activity in native culture.

Writing: Have students write down 5 activities they did last time they were in a mall. In pairs students must guess 3–4 activities on their partner's list by asking and answering questions orally.

DISCUSSING LOOKING FOR AND PURCHASING ITEMS

Preterite of *-ar* Verbs with Spelling Changes

Certain Spanish **-ar** verbs have spelling changes in the first-person singular of the preterite.

PRETERITE: *-ar* VERBS WITH SPELLING CHANGES		
Verbs ending in -CAR **BUSCAR to look for**	**Verbs ending in -GAR** **PAGAR to pay for**	**Verbs ending in -ZAR** **EMPEZAR to begin**
busqué	**pagué**	**empecé**
buscaste	pagaste	empezaste
buscó	pagó	empezó
buscamos	pagamos	empezamos
buscasteis	pagasteis	empezasteis
buscaron	pagaron	empezaron

Point out: These verbs are not irregular in their oral form. Changes occur in written form only to preserve the consonant sound found in the infinitive.

a. Verbs whose infinitives end in **-car** change the **c** to **qu** in the first-person singular: **buscar** > **busqué.** Some verbs of this type are **buscar, practicar,** and **tocar.**

b. Verbs whose infinitives end in **-gar** change the **g** to **gu** in the first-person singular: **pagar** > **pagué.** Some verbs of this type are **llegar** and **pagar.**

c. Verbs whose infinitives end in **-zar** change the **z** to **c** in the first-person singular: **almorzar** > **almorcé.** Some verbs of this type are **almorzar, comenzar** (*to begin*), and **empezar.**

Point out: Comenzar (*to begin*) is a new verb.

En contexto

Madre   ¿Qué compraste?

Hija   Pues, **busqué** un nuevo vestido y compré uno muy bonito.

Madre   ¿Pagaste mucho?

Hija   Bastante —**pagué** cien dólares.

PRÁCTICA Y CONVERSACIÓN

A. Un robo.   En el almacén donde Ud. trabaja hubo (*there was*) un robo ayer a las cinco de la tarde. Explíquele al detective cuándo Ud. hizo varias actividades para establecer (*to establish*) una coartada (*alibi*).

MODELO	llegar al almacén / 9:30

Compañero(-a): **¿Cuándo llegó Ud. al almacén?**

Usted: **Llegué al almacén a las nueve y media.**

1. llegar a la caja / 9:45
2. empezar a trabajar / 10:00
3. almorzar / 1:00

4. buscar comida / 5:00
5. pagar la comida / 5:30
6. tocar el piano / 8:30

B. Entrevista personal.   Hágale preguntas a un(-a) compañero(-a) de clase y su compañero(-a) debe contestar.

Pregúntele…

1. a qué hora llegó a la universidad hoy.
2. a qué hora almorzó ayer. ¿y anteayer?
3. a qué hora empezó a estudiar español ayer. ¿y hoy?
4. si tocó el piano la semana pasada.
5. si buscó algo en el centro comercial el fin de semana pasado. ¿Qué buscó?
6. cuándo pagó la matrícula (*tuition*) este semestre.

PRESENTACIÓN
VOCABULARIO EN CONTEXTO

¡Gran oferta!°

sale

Nieves está muy contenta con su compra.

Prior to having students read the dialogue aloud, you may wish to do the **Sonidos** section of this **encuentro** on stress and accentuation in the preterite tense.

Introduce the dialogue of the **Presentación** with the following questions. **1. ¿Cuál es el título del diálogo? 2. ¿Compras mucha ropa en oferta? ¿Por qué? 3. ¿Es buena la ropa de oferta generalmente? 4. ¿Qué almacenes tienen oferta en esta ciudad? 5. ¿Cuándo tienen oferta?**

Point out: viste / vi are irregular preterite forms of **ver.**

Point out: La peseta is the monetary unit of Spain. If available, show students peseta coins or bills of different values. Provide (or have students provide) a current exchange rate for **pesetas** / dollars.

Point out: No se puede = *they cannot be* (*returned*). The passive **se** will be studied in the **Tercer encuentro.**

Nieves	**¿Viste el anuncio** de los Almacenes Rodríguez? ¡Están **de oferta**!	*Did you see / the advertisement / on sale*
Inmaculada	No, **no lo vi. No salí** de casa en todo el día.	*I didn't see it / I didn't leave*
Nieves	Pues, yo **acabo de venir** de allí. Tienen precios más bajos que en Casa Tía. Allí compré este **suéter** que **llevo.**	*I have just come* *+ / llevar = to wear*
Inmaculada	¡Qué **lindo**! ¿Cuánto te **costó?**	*pretty / costar = to cost*
Nieves	Muy **barato. Sólo gasté** mil quinientas pesetas.	*cheap / only / gastar = to spend*
Inmaculada	¡Es una **ganga!**	*bargain*
Nieves	Hay un sólo problema: no se puede **cambiar** ni **devolver.**	*to exchange / to return*
Inmaculada	Con esos precios no importa.° Voy a ir esta tarde.	*it doesn't matter*
Nieves	**¡Buena suerte!**	*Good luck!*

Comentarios lingüísticos y culturales

a. **Acabar de** + *infinitive* means to *have just* (*done something*). Note that the present tense Spanish verb translates as an equivalent of a past tense in English.

Acabo de venir del mercado.   *I have just come from the market.*

b. **Costar** = *to cost* is a stem-changing verb **o → ue** in the present tense.

—¿Cuánto **cuesta** este suéter?   *How much does this sweater cost?*

—Dos mil pesetas. Y esos pantalones sólo **cuestan** 3.500 pesetas.   *Two thousand pesetas. And those pants cost only 3.500 pesetas.*

PRÁCTICA Y CONVERSACIÓN

A. **¿Caro o barato?** Su amigo(-a) acaba de comprar ropa. Dígale si Ud. piensa que es **cara, barata** o **una ganga.**

MODELO
            un suéter / $20
     Compañero(-a):   **Acabo de pagar $20 por este suéter.**
         Usted: **¡Es una ganga! (¡Qué caro! ¡Qué barato!)**

1. un par de botas / $200
2. una falda / $30
3. un traje / $50
4. 3 pares de medias / $5

5. una camisa / $14
6. una corbata / $25
7. dos jeans / $15
8. un par de zapatos / $120

B. La Zapatería Luis.   Ud. y su amigo(-a) miran la vidriera (*window display*) de la Zapatería Luis. Uno(-a) dice algo sobre los en la pagina 198 y el (la) otro(-a) debe contestar. (*One of you makes a comment on the items articulos and the other person agrees or disagrees.*)

MODELO	Usted:	**Los zapatos de tacón bajo son lindos.**
	Compañero(-a):	**Sí, parecen** (*they seem*) **cómodos.**

Cliente	Quisiera cambiar esta camisa, por favor.
Dependiente	Sí, como no.

Así se habla

COMPLAINING

Whenever you are dissatisfied with a service or product, you can complain, expecting that the situation will be corrected. Notice how to do it. First, you can state in a simple sentence what is wrong. Then, you can explain to the agency or persons involved what you would like them to do.

CLIENTE

Esta blusa está **sucia.**	*This blouse is dirty.*
Quisiera cambiarla por otra.	*I'd like to exchange it for another.*
Estos pantalones son **cortos.**	*These pants are short.*
Quisiera devolverlos.	*I'd like to return them.*
Este suéter está **roto.**	*This sweater is torn.*
Quisiera otro, por favor.	*I'd like another one, please.*
Esta camisa está muy pequeña.	*This shirt is too small.*
Quisiera devolverla y que me devuelvan el dinero.	*I'd like to return it and get my money back.*

Point out: These phrases will be used again in the writing strategy for this chapter: Letters of complaint.

The words **sucio** (*dirty*), **corto** (*short*), **roto** (*torn, broken*) are new active vocabulary. Practice them before doing the **Así se habla** section.

Be sure to talk to the person who has the authority to do what you expect. If this person is not able to help you, these are some of the answers you may hear.

DEPENDIENTE

Lo siento pero no puedo hacer nada.	*I'm sorry but I can't do anything.*
Lo siento pero no puede ser.	*I'm sorry but it can't be.*
Perdone, pero no es posible.	*I'm sorry, but it's not possible.*
No podemos devolverle el dinero sin recibo.	*We can't give you a refund without a receipt.*

If the person can't help you, ask to speak to the manager.

CLIENTE

| Quisiera hablar con el encargado (el dueño). | *I'd like to talk to the person in charge (the owner).* |
| ¿Podría hablar con el gerente? | *Could I speak to the manager?* |

PRÁCTICA Y CONVERSACIÓN

El (La) dependiente y un(-a) cliente.   Working in pairs develop short dialogues between a salesperson or store manager and a customer.

1. State the problem.
2. Tell what you expect to be done.
3. Be polite.
4. Talk to the right person.

USEFUL VOCABULARY: **sucio** / **roto** / **corto** / **grande** / **pequeño.**

S O N I D O S . . . *More on Accentuation and Accent Marks*

Reminder: All **Sonidos** sections are repeated on tape in the **Manual de laboratorio.** If you are short on class time at this point, have students complete this section on their own.

Have students read aloud the dialogue of this **encuentro** paying particular attention to stress of preterite forms.

You have learned that in Spanish accent marks and stress can distinguish one word from another: **está** = *is;* **esta** = *this.* These accent marks and stress distinctions are especially important in verbs, for they often determine tense and person. For example: **compro** = *I buy* (present indicative) / **compró** = *he bought* (preterite); **gaste** = *spend* (**Ud.** command) / **gasté** = *I spent* (preterite).

PRÁCTICA

Escuche y repita después de su profesor(-a).

First-person singular present indicative / third-person singular preterite

| compro / compró | trabajo / trabajó | llevo / llevó |
| gasto / gastó | miro / miró | pago / pagó |

Siempre **compro** la ropa en los Almacenes Rodríguez.
Ayer mi madre **compró** mucha ropa allá.

Ud. command / first-person singular preterite

hable / hablé	pague / pagué	compre / compré
llegue / llegué	descanse / descansé	espere / esperé

El dependiente dijo (*said*): «**Espere** un momento». Y **esperé** una hora.

DISCUSSING EVERYDAY PAST ACTIVITIES

Preterite of Regular *-er* and *-ir* Verbs

By learning the formation of regular **-er** and **-ir** verbs in the preterite, you will be able to discuss many common everyday events and activities.

PRETERITE OF REGULAR *-er* AND *-ir* VERBS	
Verbs ending in *-er* like *VENDER*	**Verbs ending in *-ir* like *ABRIR***
vend**í**	abr**í**
vend**iste**	abr**iste**
vend**ió**	abr**ió**
vend**imos**	abr**imos**
vend**isteis**	abr**isteis**
vend**ieron**	abr**ieron**

Point out: To form the preterite of regular -er and -ir verbs, obtain the stem by dropping the -er or -ir from the infinitive. To the stem add the endings that correspond to the subject: **-í, -iste, -ió, -imos, -isteis, -ieron.**

a. The first- and third-person singular forms have a written accent mark.

b. The first-person plural endings for **-ir** verbs are the same in the present and preterite. Context will determine meaning. However, **-er** verbs have different forms for the first-person plural in the present and preterite.

c. The **-er** verbs that are stem-changing in the present conjugate in a regular manner in the preterite. Compare the following examples.

Vuelve al mercado cada día.	*He returns to the market every day.*
Volvió al mercado ayer.	*He returned to the market yesterday.*

En contexto

Have students give infinitives for boldfaced verbs in the **En contexto.** Point out that **vi** and **vio** are one-syllable words and therefore need no accent marks.

Nieves	¿**Viste** el anuncio de los Almacenes Rodríguez? ¡Están de oferta!
Inmaculada	No, no lo **vi.** No **salí** de casa en todo el día.

PRÁCTICA Y CONVERSACIÓN

Warm-up: Sustitución: *Carmen* devolvió un suéter rojo. Uds. / yo / Carlos y Julio / Felipe y yo / Marianela / tú.

Expansión A: 7. discutir muchos problemas 8. perder mucho tiempo.

A. La boutique de Yolanda Ortega.   Yolanda Ortega es la dueña (*owner*) de una boutique pequeña. Explique lo que Yolanda hace todos los días y lo que hizo ayer para dirigir (*manage*) bien la boutique.

> **MODELO**   salir de casa temprano
> **Todos los días sale de casa temprano.**
> **Ayer salió temprano también.**

1. escribir anuncios
2. escoger nueva ropa
3. vender muchos regalos
4. aprender los nuevos precios
5. ver a muchos clientes
6. volver tarde a casa

B. ¿Qué hizo Ud.?   Ud. es Yolanda Ortega. Usando las frases de **Práctica A,** conteste las preguntas de su compañero(-a) de clase.

> **MODELO**   salir de casa temprano
> Compañero(-a):   **¿Saliste de casa temprano ayer?**
> Usted: **Sí, salí temprano.**

C. Entrevista personal.   Hágale preguntas a un(-a) compañero(-a) de clase y su compañero(-a) debe contestar.

Pregúntele…

1. a qué hora volvió a casa anoche.
2. a qué hora salió de casa esta mañana.
3. lo que comió y bebió anoche.
4. si vio a su familia ayer por la noche.
5. lo que escribió anoche para la clase de español.
6. si perdió algo la semana pasada.
7. ¿?

Students could use the questions as a guide to a brief composition written in the first person.

MAKING COMPARISONS

Comparisons of Inequality

In normal conversation we frequently make comparisons of people or things that are not equal in certain qualities, such as size, age, or appearance.

Point out: In English the comparative is formed by adding -*er* to the end of the adjective or by placing *more* or *less* in front of the adj., adv., or noun.

a. When comparing the qualities of two unequal persons or things, the following structure is used:

más **menos**	+	*adjective* *adverb* *noun*	+	**que**

Adjective:

La boutique en el centro comercial es **más elegante que** la boutique cerca de nuestra casa.

The boutique in the mall is more elegant than the boutique near our house.

Vary the examples by substituting **menos** for **más.** Point out translations of examples.

Adverb:

Ana hace las compras **más rápidamente que** Gloria.

Ana does the shopping more rapidly than Gloria.

Noun:

Generalmente una ciudad tiene **más tiendas que** un pueblo.

Generally a city has more stores than a town.

b. There are a few adjectives with irregular comparative forms.

IRREGULAR COMPARATIVE FORMS

ADJECTIVE		COMPARATIVE FORM	
bueno	*good*	mejor(-es)	*better*
malo	*bad*	peor(-es)	*worse*
joven	*young*	menor(-es)	*younger*
viejo	*old*	mayor(-es)	*older*

You may wish to point out that **mayor** and **menor** can also be the comparative forms of **grande** and **pequeño.**

Point out: Mayores / mejores / menores / peores are used with plural nouns.

Mis hermanos son **mayores que** yo.

La Zapatería Moda es **mejor que** la Zapatería Novedades.

My brothers are older than I.

Moda Shoe Store is better than Novedades Shoe Store.

c. A few adverbs also have irregular comparative forms.

IRREGULAR COMPARATIVE FORMS

ADVERB		COMPARATIVE FORM	
bien	*well*	mejor	*better*
mal	*bad, sick*	peor	*worse*
mucho	*a lot*	más	*more*
poco	*a little*	menos	*less*

Provide examples of adverbs: **Canto / bailo / cocino mejor (peor) que mi hermana. Estudio / como / bebo más (menos) que mis amigos.**

En contexto

Nieves   Acabo de venir de los Almacenes Rodríguez. Tienen precios **más bajos que** en Casa Tía. Mira este suéter rojo. Es **más barato que** el suéter negro que compré el año pasado.

PRÁCTICA Y CONVERSACIÓN

A. En su opinión, ¿cuál es mejor? Conteste con una oración completa.

MODELO   un mercado / un supermercado
En mi opinión, un mercado es mejor que un supermercado.

1. los almacenes / una boutique
2. los pantalones / los jeans
3. los zapatos de tacón bajo / los zapatos de tacón alto
4. un pueblo / una ciudad
5. la música clásica / la música rock
6. un coche pequeño / un coche grande

B. Entrevista personal. Hágale preguntas a un(-a) compañero(-a) de clase y su compañero(-a) debe contestar.

Pregúntele…

1. si tiene más ropa que su mejor amigo(-a).
2. si es más alto(-a) que su padre. ¿y su madre?
3. si la comida en su casa es mejor que la comida de la universidad.
4. si trabaja más que sus amigos.
5. si habla español más rápidamente que su profesor(-a).
6. si come y bebe más que sus compañeros.

C. Comparaciones. Compárese a un(-a) hermano(-a), amigo(-a), compañero(-a) o esposo(-a) usando por lo menos seis características.

P UENTE
Cultural

La casa de artículos regionales

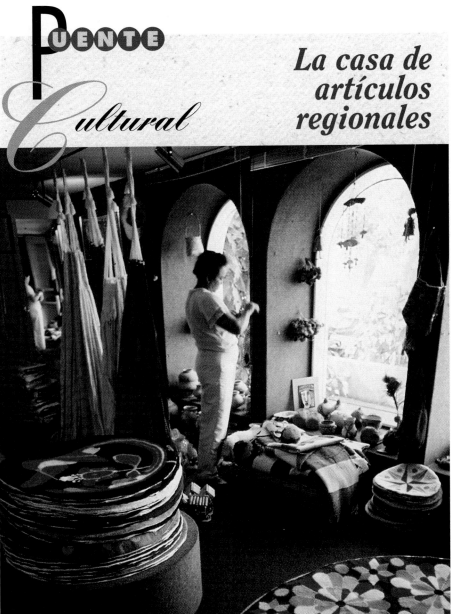

Maracaibo, Venezuela

La casa de artículos regionales es una tienda donde los turistas pueden comprar artículos típicos que representan las costumbres° del país. Según° la región se puede encontrar° objetos tales como mates y bombillas° de plata,° artículos de cuero° hechos a mano,° ponchos, sarapes, y colchas° de colores vivos,° o cerámica pintada° a mano. También venden caramelos,° dulces, conservas° y licores hechos en la localidad. Esta industria doméstica es una fuente de ingreso° importante para las personas que viven en lugares remotos donde florecen las artes manuales° tradicionales. Estas artes son el orgullo° y la identidad de una región. Todos los sectores de la sociedad aprecian esta expresión popular de tradición y cultura.

customs / Depending on
to find / utensils for drinking mate / silver /
leather / handmade / blankets /
bright / painted / sweets / preserves
source of income
handicrafts
pride

COMPRENSIÓN CULTURAL

A. Complete las siguientes oraciones con la frase apropiada.

1. La casa de artículos regionales es para los
   a. indios.
   b. profesores.
   c. turistas.

2. Allí venden bombillas de
   a. oro.
   b. plata.
   c. cuero.

3. Allí no venden
   a. coches.
   b. ponchos.
   c. dulces.

4. Las conservas y los licores están hechos en
   a. el Japón.
   b. la región.
   c. la universidad.

5. Los artículos que venden son
   a. tradicionales.
   b. baratos.
   c. feos.

6. Esta industria es importante para
   a. los dependientes.
   b. los animales.
   c. las personas rurales.

B. Discusión. ¿Existen tiendas similares en los EE.UU.? ¿Dónde? ¿Qué venden?

Videocassette segment to accompany this section; see Viewer's Guide in the Instructor's Resource Manual, Chapter 6.

PRESENTACIÓN VOCABULARIO EN CONTEXTO

En la tienda de regalos°

gift shop

BOUTIQUE MARIBEL
10:00 SE ABRE
18:00 SE CIERRA

Introduce the **Presentación** with the following questions. **¿Cuál es el título de la Presentación? ¿Dónde están las personas en el dibujo? ¿Quiénes son? ¿Qué hay en la tienda?**

Point out: A size 38 in Europe or Latin America is the equivalent of a U.S. size 10.

Dependiente	**¿En qué puedo servirles,** señores?	*May I help you?*
Alberto	Buscamos un regalo para una **muchacha** de 16 años.	*girl*
Dependiente	Puede ser **un cinturón** de **cuero, joyas,** flores de **seda… ¿Desean** algo en particular?	*belt / leather / jewelry / silk / Do you want*
Rosalía	No sé. El año pasado le **dimos** un suéter de **lana** y **fue** un regalo **hermoso.**	*gave / wool / it was* *beautiful*
Dependiente	Bueno, **las camisetas** siempre **están de moda** y acabamos de recibir unas de **algodón.** ¿Qué **talla** necesitan?	*tee shirts / in style* *cotton / size*
Alberto	Creo que ella usa talla 38.	
Dependiente	Aquí la tiene.	
Rosalía	¡Qué **linda!** Esto le va a gustar. ¿Puede **envolverla** para regalo?	*nice / wrap*
Dependiente	Sí, como no.	

Check comprehension by asking the following questions: **¿Qué buscan Alberto y Rosalía en la tienda? ¿Qué recibió de regalo esa chica el año pasado? ¿Tienen la talla 38 en una camiseta? ¿Cuándo se abre la tienda? ¿Cuándo se cierra?**

Comentarios lingüísticos y culturales

a. Clothing and shoe sizes in Europe and Latin America are based on a different system than those in the U.S. Most stores that cater to tourists have conversion charts available to assist U.S. customers in purchasing the correct sizes.

b. The word **lindo** can mean *pretty, nice,* or *first-rate;* the context will determine the meaning. **¡Qué lindo coche!** = *What a nice car!*

c. To explain what items are made of, the phrase **de** + *noun indicating material* is used.

Tenemos unas camisetas **de algodón**   *We have some cotton tee shirts*
y esos suéteres **de lana.**   *and those wool sweaters.*

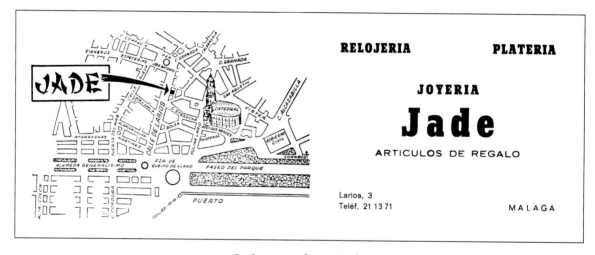

RELOJERIA   PLATERIA

JOYERIA

Jade

ARTICULOS DE REGALO

Larios, 3
Teléf. 21 13 71   MALAGA

¿Qué se vende en Jade?

PRÁCTICA Y CONVERSACIÓN

A. Los regalos. Ud. tiene que comprar regalos para varias personas. ¿Qué les va a comprar? ¿Por qué?

> **MODELO** su primo
> **Voy a comprar una camisa azul para mi primo porque le gusta el color azul.**

1. su mejor amigo(-a)
2. una niña de 12 años a quien le gusta el color verde
3. su profesor(-a) de español
4. una mujer de 60 años que es muy activa
5. su sobrino de 4 años que siempre tiene la ropa sucia
6. su novio(-a) / esposo(-a)
7. un tío soltero a quien le gusta llevar ropa moderna
8. una muchacha que tiene de todo

B. **De compras.** Durante la Fiesta de la Primavera en la universidad, hay kioscos donde se puede comprar muchas cosas. Trabajen en parejas y decidan lo que van a comprar. Ud. puede gastar (*spend*) $30, pero su amigo(-a) puede gastar $100. ¿Qué compran?

1. flores de seda / entre $5 y $10
2. joyas de oro (*gold*) / entre $30 y $50
3. vestidos de algodón / entre $15 y $50
4. cinturones de cuero / entre $10 y $50
5. aretes (*earrings*) de plástico / entre $3 y $12
6. suéteres de lana / entre $60 y $120
7. camisetas de algodón / entre $15 y $70

C. **En el centro comercial.** Ud. y su amigo(-a) van al centro comercial. En este cartel (*sign*) aparece todo lo que se ofrece en este lugar. Miren el cartel y decidan lo que van a hacer allí, adónde van a ir, qué van a comprar, cuánto van a gastar (*spend*), cuándo y dónde van a comer, etc.

GRANDES ALMACENES

| Vendedora | ¿En qué puedo servirle? |
| Turista | ¿Cuánto cuesta esa falda roja y azul? |

SHOPPING

Videocassette segment to accompany this section; see Viewer's Guide in the Instructor's Resource Manual, Chapter 6.

Point out: La talla is used for clothing; **el número** is used for shoes/gloves.

Here are some phrases that you will hear or use when you shop.

DEPENDIENTE

¿En qué puedo servirle(-s)?	*May I help you?*
¿Qué busca?	*What are you looking for?*
¿Qué necesita?	*What do you need?*
¿Qué talla / número necesita?	*What size do you need?*
No nos queda(-n) más.	*We don't have any left.*
Aquí lo (la, las, los) tiene Ud.	*Here you are.*

CLIENTE

Busco _____.	*I'm looking for _____.*
Quisiera ver _____.	*I'd like to see _____.*
¿Cuánto cuesta(-n)?	*How much does it (do they) cost?*
¿Cuánto vale(-n)?	*How much does it (do they) cost?*
Quisiera algo más barato.	*I'd like something cheaper.*
¿Podría probármelo / la?	*Could I try it on?*
Me lo (la) llevo.	*I'll take it.*
Lo (La) compro.	*I'll buy it.*
¿Puede Ud. envolvérmelo, por favor?	*Can you wrap it for me, please?*

PRÁCTICA Y CONVERSACIÓN

A. Situaciones. ¿Qué dice o pregunta en estas situaciones?

1. Ud. es el (la) dependiente y un señor acaba de entrar en su tienda.
2. Ud. es el (la) dependiente y necesita saber la talla del (de la) cliente.
3. Ud. es el (la) cliente y desea saber el precio de algo.
4. Ud. es el (la) cliente y quiere comprar algo que cueste menos.
5. Ud. es el (la) dependiente y le da el artículo al (a la) cliente.
6. Ud. es el (la) cliente y quiere que le muestren (*show*) algo.
7. Ud. es el (la) cliente y decide comprar un traje.
8. Ud. es el (la) dependiente y no tiene la camisa que el (la) cliente le pide porque ya las vendió todas.

B. En la tienda. In groups of three play the roles of a store clerk and two shoppers. Tell the clerk that you are looking for a gift, but you are not sure what you want. The clerk should suggest possibilities. Consult with your friend. Your friend gives his/her opinion. Choose something. Pay for it. Leave the store.

A ESCUCHAR

Estela is shopping. Listen to the dialogue she has with the clerk. Then read and correct the following statements according to the dialogue.

1. Estela busca una falda negra.
2. Estela necesita un vestido para la boda de su prima.
3. La dependiente tiene un vestido de algodón negro para vender.
4. A Estela le gustan los vestidos de lana.
5. Estela se prueba un vestido de lana francés.
6. El vestido de seda es verde.
7. El vestido negro es talla 38.
8. El vestido es barato.

ESTRUCTURAS

GIVING INFORMATION

Se in Impersonal and Passive Constructions

In English when we want to stress an action and not the person doing the action, we use an impersonal subject such as *one, they, you,* or *people.* These subjects refer to people in general instead of to a specific person.

People say it's the best store in town.
You can find nice clothes in that store.

However, Spanish uses a completely different construction to express these ideas.

a. In Spanish, **se** + *a third-person singular verb* is used as the equivalent of these impersonal subjects + *verb.*

Se dice que es una tienda muy elegante.	*They (people) say it's a very elegant store.*
Se paga en la caja.	*You (one) pay(s) at the counter.*

b. This impersonal **se** can also be used to express an action in the passive voice when no agent is expressed. In such cases the following format is used.

Se	+	*third-person singular*	+	*singular subject*
Se	+	*third-person plural*	+	*plural subject*

Se abre el supermercado a las ocho.	*The supermarket is opened (opens) at 8:00.*
Se abren las tiendas a las diez.	*The stores are opened (open) at 10:00.*

c. The **se** passive is a very common construction and is often seen in shop windows or signs giving information or warning. The **se** passive can be translated in a variety of ways.

Point out: To make these expressions negative, place **no** before **se: No se permite fumar.**

Se arreglan relojes.	*Watches repaired.*
Se habla español.	*Spanish (is) spoken.*
Se necesita dependiente.	*Salesperson needed.*
Se ruega no tocar.	*Please don't touch.*
Se prohíbe fumar.	*No smoking.*
Se alquila(-n).	*For rent.*
Se vende(-n).	*For sale.*

En contexto

Alberto	¿Cuándo **se cierra** la tienda?
Dependiente	En una hora.
Alberto	¿Y a qué hora **se abre** mañana?
Dependiente	A las diez.

PRÁCTICA Y CONVERSACIÓN

A. El Corte Inglés. Conteste las siguientes preguntas usando el anuncio (*advertisement*) para El Corte Inglés, una cadena (*chain*) de grandes almacenes de España.

1. ¿Dónde se venden libros dentro de la tienda?

2. ¿Dónde se venden botas y zapatos?

3. ¿Dónde se venden joyas de oro?

4. ¿Dónde se almuerza?

5. ¿Dónde se puede obtener (*obtain*) información para un viaje a Chile?

6. ¿Qué servicios se ofrecen para turistas?

7. ¿En qué ciudades españolas se puede ir de compras en El Corte Inglés?

B. Entrevista personal.   Hágale preguntas sobre las cosas siguientes a un(-a) compañero(-a) de clase y su compañero(-a) debe contestar.

Pregúntele…

1. a qué hora se abre la biblioteca.

2. a qué hora se cierran las oficinas de la universidad.

3. si se come bien en su casa. ¿y en la universidad?

4. dónde se puede escuchar música y bailar en su pueblo/ciudad.

5. dónde se vive muy bien.

C. La Oficina de Servicios Estudiantiles.   You work in the Student Services Office of your university and it is your job to help new students adjust to campus life. Explain to the Hispanic students where they can obtain at least eight items or services. Use the following suggestions as a guide and add others of your own. Using the **se** construction, tell them where they can eat well near the university / where books are sold / where students meet /¿?

TALKING ABOUT WHERE YOU WENT AND WHAT YOU DID

Preterite of *dar, ir, ser,* and *hacer*

The verbs **dar, ir, ser,** and **hacer** are among the common irregular verbs in the preterite tense whose forms you will need to learn individually.

PRETERITE: SOME IRREGULAR VERBS			
DAR	*IR*	*SER*	*HACER*
di	fui	fui	hice
diste	fuiste	fuiste	hiciste
dio	fue	fue	hizo
dimos	fuimos	fuimos	hicimos
disteis	fuisteis	fuisteis	hicisteis
dieron	fueron	fueron	hicieron

a.   Note that no written accent marks are used on the first- and third-person singular forms.

b.   **Dar** is conjugated as if it were a regular **-er** verb.

c. Since the forms of **ir** and **ser** are alike in the preterite, the context will determine meaning.

Ir

Fue a la tienda de regalos.   *He went to the gift shop.*

Ser

Fue muy lindo.   *It was very nice.*

d. Note that the third-person singular form of **hacer** is spelled **hizo.**

En contexto

—¿Qué van a comprar para el cumpleaños de Elena?
—No sé todavía.
—¿Qué **hicieron** el año pasado?
—Pues, le **dimos** un suéter de lana y **fue** un regalo muy hermoso.

PRÁCTICA Y CONVERSACIÓN

Warm-up: ella: ir / ser / dar   nosotros: hacer / dar / ser   yo: ser / ir / hacer   Uds.: ir / dar / ser   tú: ser / hacer / ir.

A. ¿Adónde fueron estas personas para hacer compras?   Conteste según el modelo.

MODELO	la Sra. Mendoza / mercado
	La Sra. Mendoza fue al mercado.

1. tú / tienda de regalos
2. Patricia / mercado
3. nosotras / zapatería
4. Ud. / tienda
5. yo / supermercado
6. los Ortega / centro comercial
7. el doctor Vargas / librería
8. Uds. / boutique

B. Entrevista personal.   Hágale preguntas a un(-a) compañero(-a) de clase y su compañero(-a) debe contestar.

Pregúntele…

1. si fue de compras ayer. ¿anteayer?
2. lo que hizo ayer. ¿y anoche?
3. cuándo fue al cine. ¿Qué vio? ¿Cómo fue la película?
4. a quiénes les dio regalos de Navidad. ¿Qué les dio?
5. adónde fue el fin de semana pasado. ¿Qué hizo?
6. lo que hizo ayer en sus clases.

Puente Cultural

Los vendedores ambulantes

Málaga, España

Almost / any

street vendors

souvenirs / cleaning

Casi° a cualquier° hora del día y en casi todas las ciudades de España e Hispanoamérica es posible comprar una gran variedad de cosas sin entrar en una tienda o mercado. ¿Cómo? Es muy simple—se puede comprar de los vendedores ambulantes.° Algunos de ellos venden la comida o bebida típica de la región, otros venden ropa o accesorios y hay también los que venden recuerdos° para turistas o artículos de limpieza° para la casa. Esta forma tan conveniente de comprar lo que se necesita es tradicional en la vida hispana.

COMPRENSIÓN CULTURAL

Conteste en español.

1. Además de (*Besides*) las tiendas, ¿de quiénes compran los hispanos muchos artículos?

2. ¿Qué venden los vendedores ambulantes?

3. ¿Por qué son populares los vendedores ambulantes?

4. ¿Qué vende el vendedor ambulante en la foto?

5. ¿Hay vendedores ambulantes en la cultura Norteamericana? ¿Dónde? ¿Qué venden?

Videocassette segment to accompany this section; see Viewer's Guide in the Instructor's Resource Manual, Chapter 6.

EL MUNDO HISPANO **CHILE**

Santiago, Chile, con los Andes al fondo

Have students locate Chile on the map of South America provided. Have students locate major cities as well.

Chile

Población	12.600.000 de habitantes
Economía	El cobre (*copper*), las uvas, el vino, el turismo
Ciudades	Santiago, Valparaíso, Viña del Mar
Moneda	El peso chileno
Geografía y clima	Gran variedad de geografía y clima: una costa larga y montañas en el interior; desierto en el norte y glaciares en el sur

Comprehension check: Ask students: **¿Cuál es la capital de Chile? ¿Cuáles son otras ciudades importantes? ¿En qué se basa la economía? ¿Cómo son el clima y la geografía? ¿Cuál es la moneda?**

PARA LEER BIEN • *The Suffix* -ería = *Shop, Store*

In many countries the small store is more common than the big department store or supermarket. These small shops have a name that is related to the products they sell. In Spanish the ending **-ería** meaning *shop* or *store* is added to the original word denoting the product: **verdura** = *vegetables, greens;* **verdulería** = *vegetable store, green grocer.*

PRÁCTICA

Adivinanza (*Riddle*). What is sold in these stores?

panadería / carnicería / lechería / relojería / florería / heladería / joyería / perfumería / pastelería

LECTURA CULTURAL

La compra como actividad social

surprised

basket

El año pasado viajé por el Perú y Bolivia. De las cosas que más me sorprendieron,° una fue el ritual de la compra en estos países. Cada mañana muchas amas de casa salen con su canasta° para comprar la comida necesaria para ese día. Todos los días van a la panadería, a la carnicería, a la verdulería y a la lechería para comprar pan, carne, verduras y leche.

acquaintance

signs

goods / display windows

En los pueblos rurales el ritual es mayor, pues los dependientes conocen a sus clientes personalmente. Por lo tanto la compra es como una visita a un conocido.° En los pueblos muchas tiendas no tienen carteles° ni tampoco muestran la mercadería° en los escaparates°, pero todos en el pueblo saben dónde pueden comprar lo que necesitan.

discoveries

Uno de los mejores descubrimientos° de mi viaje fueron los mercados al aire libre. Una vez a la semana, los vendedores llevan sus productos a un lugar central. En algunos mercados sólo se puede comprar comida, mientras que en otros se vende de todo, desde ropa hasta artículos muy baratos para la casa, obras de arte o televisores. Los artículos en estos mercados son muy baratos pues no hay precios fijos y se puede regatear.

continued next page

Muchas de estas costumbres están cambiando,° sobre todo en las ciudades grandes donde hay almacenes y supermercados donde compran las personas de las clases media y alta. Además la mujer que trabaja fuera de su casa no tiene mucho tiempo para dedicarle° a la compra. Ella por lo general es más práctica.

Fue una gran suerte para mí poder visitar estos países.

changing

to devote

PRÁCTICA Y CONVERSACIÓN

A. **¿Comprende Ud.?**   Corrija las oraciones según la lectura.

1. Las amas de casa hacen su compra cada quince días.
2. En los pueblos rurales el dependiente no conoce a los clientes.
3. Todos los días hay un mercado al aire libre.
4. En los mercados no se puede regatear.
5. No hay supermercados en las grandes ciudades.

B. **De compras.**   Escoja las palabras que mejor completen las oraciones.

1. En la verdulería compramos	tomates / lechuga / ajo / aceite.
2. En la lechería compramos	queso / carne / crema / leche.
3. En la librería se venden	flores / lápices / libros / cuadernos.
4. En la relojería arreglan	joyas / relojes / anillos / sombreros.
5. En los mercados al aire libre se venden	televisores / ropa / niños / comida.
6. En la frutería venden	bananas / fruta / camisas / melones.

ACTIVIDADES

A. **Regalos Guadalajara.**   A classmate is the owner of a gift store in Guadalajara, Mexico. You are a tourist and go into the store to purchase three gifts for friends and family. You ask to see various items and inquire about their price. Since there are no fixed prices in the store, bargain to get the best price possible. After making your purchases, explain to your classmates what you bought, for whom you bought it, and the price you paid. Make an additional comment about the quality of each purchase.

B. **Una blusa nueva.**   You sell clothing in a department store. A classmate comes in and wants to buy a blouse as a gift for his or her mother. Your classmate is very indecisive and asks to see many styles of blouses before making a decision. Help your classmate make the purchase by asking questions and offering advice.

C. **¿Qué compró Ud.?**   You work as a host/hostess for a local talk show. Yesterday your show gave $10,000 to a person to spend in a shopping mall. Today the person returns to the show to talk about how he/she spent the money. You have five minutes to interview him/her and find out what he/she bought, what he/she paid for the items, where he/she ate, and what he/she did all day in the mall.

Grammar incorporated: A: Preterite tense; comparison of adjectives **B:** Making comparisons; **se** in impersonal and passive constructions **C:** Preterite tense.

Vocabulary incorporated: A: Gift and clothing items; phrases for making purchases **B:** Gift and clothing items; phrases for making purchases **C:** Articles of clothing; names of shops.

Variación A: Set up a gift store by preparing pictures, vocabulary words on index cards, or actual items as merchandise for the gift store. Establish a range of prices and a current exchange rate for students.

PARA ESCRIBIR BIEN • Letters of Complaint

If you are dissatisfied with a product you purchased, it is often necessary to write a letter of complaint in order to resolve the problem. To complain effectively, first present a brief history of the problem, then state the problem, and finally explain what you would like the person or company to do. Many of the phrases you learned in **Así se habla** on pages 199–200 can also be used in a letter of complaint.

NOTE: Business letters have a different salutation and closing than personal letters.

Muy señor(-es) mío(-s):   *Dear Sir(-s):*
Atentamente,   *Sincerely yours,*

HISTORIA DEL PROBLEMA

El 16 de enero / El mes pasado / Ayer compré un traje en su tienda. En casa / Más tarde descubrí un problema.

On January 16 / Last month / Yesterday I bought a suit in your store. At home / Later I discovered a problem.

EL PROBLEMA

El traje me queda demasiado pequeño / grande / corto / largo.

The suit is too small / big / short / long for me.

Los pantalones están rotos / sucios / descosidos.

The pants are torn / dirty / unsewn.

LA SOLUCIÓN

Quisiera cambiar el traje por otro.

I would like to exchange the suit for another.

Quisiera devolver el traje y que me devuelvan el dinero.

I would like to return the suit and get my money back.

COMPOSICIONES

A. **La Boutique Última.**   Last week you bought a pair of jeans and a shirt at La Boutique Última. When you got home you discovered that the jeans are too short and the shirt is ripped. Write the company asking to get your money back.

B. **Una oferta.**   You work for a large department store in Los Angeles. Write a one-page advertising flier announcing a big sale on a variety of items. Describe which items are on sale, explain what the items cost, and tell how long the sale will last.

Vocabulario activo •

La ropa — *Clothing, clothes*

la blusa	*blouse*
la bolsa	*purse*
la bota	*boot*
los calcetines	*socks*
la camisa	*shirt*
la camiseta	*tee shirt*
el cinturón	*belt*
la corbata	*tie, necktie*
la falda	*skirt*
los jeans	*jeans*
las joyas	*jewelry*
las medias	*stockings, hose*
los pantalones	*pants, slacks*
el suéter	*sweater*
el traje	*suit*
el vestido	*dress*
el zapato	*shoe*

Las tiendas — *Stores*

los almacenes	*department stores*
la boutique	*boutique, specialty shop*
el centro comercial	*shopping mall, shopping center*
el mercado	*market*
el supermercado	*supermarket*
la tienda de regalos	*gift store, shop*
la zapatería	*shoe store*

Otros sustantivos

el algodón	*cotton*
el anuncio	*advertisement*
el artículo	*article*
la boda	*wedding*
la caja	*cash register, cashier's desk*

el (la) cajero(-a)	*cashier*
el centro	*downtown, center*
la ciudad	*city*
la comida	*food*
el cuero	*leather*
el (la) dependiente	*salesperson, clerk*
la ganga	*bargain*
la lana	*wool*
la moda	*fashion, style*
el (la) muchacho(-a)	*boy (girl)*
el número	*size* (of shoes and gloves)
la oferta	*sale*
el par	*pair*
el precio	*price*
el precio fijo	*fixed price*
el pueblo	*town*
el reloj	*watch*
la seda	*silk*
el tacón	*heel*
la talla	*size*
el (la) vendedor(-a)	*salesperson*

Verbos

abrir	*to open*
arreglar	*to fix, repair*
cambiar	*to change, exchange*
comenzar (ie)	*to begin*
costar (ue)	*to cost*
desear	*to want, desire, wish*
devolver (ue)	*to return* (an object)
envolver (ue)	*to wrap*
escoger	*to choose*

fumar	*to smoke*
ganar	*to earn*
gastar	*to spend*
llevar	*to wear*
pagar	*to pay*
regatear	*to bargain*

Adjetivos

barato	*cheap, inexpensive*
caro	*expensive*
corto	*short*
elegante	*elegant*
fresco	*fresh*
hermoso	*beautiful*
lindo	*pretty, nice, first-rate*
pasado	*last*
peor	*worse*
roto	*broken, torn*
sucio	*dirty*

Otras expresiones

acabar de + *inf.*	*to have just (done something)*
anoche	*last night*
anteayer	*day before yesterday*
ayer	*yesterday*
¡Buena suerte!	*Good luck!*
de oferta	*on sale*
estar de moda	*to be in style*
hacer cola	*to stand in line*
hacer compras	*to purchase, shop*
ir de compras	*to go shopping*
se prohíbe + *inf.*	*it is prohibited (+ inf.)*
se ruega	*please*
sólo	*only*

You may want to do **Repaso II** at this time (found in Instructor's Resource Manual).

CAPÍTULO

7

¿A qué restaurante vamos?

Un restaurante en Valencia, España

➤ Cultural Themes

Eating in Hispanic cafés
and restaurants

Las regiones de España

➤ Communicative
Goals

Reading a menu and ordering a
meal

Primer encuentro

Avoiding repetition of some-
thing already mentioned

Discussing some past activities

Segundo encuentro

Así se habla: Ordering a meal

Discussing more past activities

Avoiding repetition of someone
already mentioned

Tercer encuentro

Así se habla: Expressing food
preferences

Expressing how long ago ac-
tions were done

Talking about a series of com-
pleted actions in the past

Cuarto encuentro

Para leer bien: Understanding
meaning through context

Lectura cultural: *Vamos a
tomar algo*

Para escribir bien: Using the
dictionary

A pensar

- In our culture, do menu items vary according to region? How and why?

- What are some common expressions used to order food and drink?

- What are some common expressions used to comment about food?

- What type of words do we use when we do not want to repeat a direct object noun frequently during a conversation? *Are you going to order onion soup? No, I don't like **it** but Bill is going to have **it.***

- To enumerate past activities, what verb forms are used in English? In Spanish?

primer encuentro

PRESENTACIÓN **VOCABULARIO EN CONTEXTO**

El Restaurante Valencia

Un restaurante en Valencia, España

Querida Ana:

Espero que estés mejor.° Ayer mis padres vinieron° a visitarme y fuimos al Restaurante Valencia. La comida fue muy buena y los músicos estuvieron° fantásticos. Tuvimos° que esperar un poco **antes de conseguir** una mesa pero ¡valió la pena!° Aquí te **mando el menú** y una **fotografía** así° tienes una mejor idea del lugar.

Hasta la próxima.   Abrazos,

Luisa

I hope you are better / came

were

We had / before getting / it was worth it!

I am sending / + / + / so

El Restaurante Valencia
MENU
TURÍSTICO

*Entremeses	**Appetizers**
Ensalada	Tossed Salad
*Chorizo	Spanish-style Sausage
Jamón serrano	Cured Mountain Ham
*Tortilla a la española	Egg and Potato Omelette
Sopas	**Soups**
*Gazpacho andaluz	Gazpacho Andalusian-style
Sopa de cebolla	Onion Soup
Sopa de pescado	Fish Soup
Sopa del día	Soup of the Day
*Entradas	**Entrees**
*Paella valenciana	Paella Valencian-style
*Especialidad de la casa	House speciality
Pescado del día	Fish of the Day
Bistec	Steak
¼ de pollo con patatas fritas o *arroz	¼ Chicken with French Fries or Rice
*Ternera asada	Roast Veal
Postres	**Desserts**
Fruta	Fresh Fruit
*Flan	Flan—Baked Custard
Queso manchego	Cheese from La Mancha
Helados variados	Assorted Flavors of Ice Cream
Bebidas	**Drinks**
*Agua mineral	Mineral Water
con *gas	Carbonated
sin gas	Non-Carbonated
Vino blanco	White Wine
Vino tinto	Red Wine
*Sangría	Sangria—Wine Punch
Cerveza	Beer
Refrescos	Soft Drinks
*Café solo	Black Coffee
Té	Tea
Servicio 10%	Gratuity 10%

*Indicates a new vocabulary item.

Point out: Although most Spanish menus do not generally say so, the main dishes are served with one or two accompaniments, such a potatoes, rice, and/or a vegetable or salad.

The gratuity in Spain is normally 10% of the total bill. It is generally added onto the bill and is paid when paying for the meal. If the service has been particularly good, it is customary to leave a few small coins for the server in addition to regular gratuity.

Check comprehension by asking: **¿Quiénes vinieron a visitar a Luisa? ¿Adónde fueron a comer? ¿Por qué tuvieron que esperar? ¿Le gustó a Luisa el restaurante?**

Point out: Each region of Spain has its own style of cooking and the adjective denoting the region is often used along with the name of the food: **jamón serrano; gazpacho andaluz; paella valenciana; queso manchego.** See **El mundo hispano, Capítulo 7, Cuarto encuentro.** Use a map to locate the regions of Spain whose foods are mentioned on the menu.

Point out: The names of the fruit items are new active vocabulary.

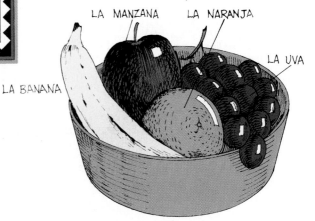

LA MANZANA   LA NARANJA

LA UVA

LA BANANA

Comentarios lingüísticos y culturales

a. **La tortilla española** is an omelette made from eggs, potatoes, and generally onions. It is a staple in the Spanish diet and is often eaten as the main dish in a light meal or as a first course in a complete dinner.

b. **El chorizo** is the most common variety of Spanish sausage. It can be eaten alone or used in sandwiches, soups, and casseroles.

c. **El gazpacho andaluz** is a chilled soup composed primarily of tomatoes, cucumbers, green peppers, and onions. The ingredients are then blended until a thick liquid results. The soup is served chilled and makes a fine beginning to a meal on a hot day. The soup originated in Andalucía, the southern region of Spain where temperatures are frequently high: the word **andaluz** refers to the region.

d. **La paella** originated in Valencia, an eastern seaport of Spain. **La paella** is made of rice seasoned with saffron, vegetables such as green beans and red pimentos, and a variety of fish, seafood, and/or a meat—chicken, pork, or even rabbit.

e. Fresh fruit is a common dessert in all Hispanic countries as is **el flan,** a baked custard topped with caramel sauce.

f. **La sangría** is a wine punch made with a red wine to which fruit such as oranges and lemons have been added. It is served chilled.

PRÁCTICA Y CONVERSACIÓN

A. Los platos típicos.   Ud. está en España y desea probar unos platos típicos. ¿Qué va a pedir Ud…

de entremés / de sopa / de entrada / de postre / de bebida?

B. El asistente y el cocinero.   Ud. es cocinero (*cook*) en un restaurante español. Dígale a su asistente los ingredientes que necesita para preparar estas comidas o bebidas.

una tortilla española / la sangría / una paella / una ensalada / el flan

C. El gazpacho.   Usando la receta (*recipe*) conteste las preguntas acerca de la preparación del gazpacho.

Warm-up: Have students read **Comentarios lingüísticos y culturales** on their own. After reading the menu, ask students: **¿Qué te gustaría comer? ¿Por qué? ¿Prefieres sopa o ensalada? ¿Sopa de pollo o de pescado? ¿Ternera o paella? De postre, ¿prefieres fruta o helado? ¿Flan o queso manchego? Para beber, ¿prefieres vino o refrescos? ¿Vino tinto o blanco?**

Gazpacho

Ingredientes para seis personas: 1 kg de tomate. 1 pepino grande. 1 pimiento verde. 1 diente de ajo. 1 huevo duro. 1/4 l de aceite de oliva. 1/2 vaso de vinagre de jerez. 1/2 cebolla. 100 gr de pan remojado en agua. Agua y sal al gusto.

Preparación: Se pasan todos los ingredientes en crudo por la batidora y luego por el chino. Se sirve muy frío acompañado de una guarnición de tomate, pimiento, cebolla, pepino y pan frito en cuadraditos muy pequeños.

1. ¿Cuáles son los ingredientes principales?
2. ¿Qué equipo (*equipment*) se usa para prepararlo?
3. ¿Cómo se sirve el gazpacho?
4. Cuando se sirve, ¿qué cosas acompañan el gazpacho?
5. ¿Qué significa **kg / l / gr?**

D. **El Restaurante Valencia.** Un(-a) compañero(-a) de clase y Ud. están en el Restaurante Valencia. Hágale preguntas sobre la comida y él o ella debe contestar.

Pregúntele…

1. qué va a pedir para beber con la entrada. ¿y después de la comida?
2. si va a probar la especialidad del restaurante.
3. qué va a pedir de entremés. ¿y de entrada?
4. si desea el agua mineral con o sin gas.
5. si desea tomar una sopa. ¿Cuál?
6. qué va a pedir de postre.

Use the menu for the Restaurante Valencia with this exercise.

SONIDOS . . . c, qu

The letter **c** before a consonant (except **h**) or the vowels **a, o, u,** and **qu** before **e** or **i** are represented by the sound [k]. The [k] sound is similar to the English [k] but without the puff of air that accompanies the [k] sound in *cat*.

PRÁCTICA

Escuche y repita después de su profesor(-a).

cliente   pes**c**ado   **c**omer   **c**uchara   **qu**eso   **qu**iero

Camarero   ¿Y **qué qu**iere Ud., señora?

Cliente   El pes**c**ado **c**on papas fritas y después un **c**afé solo.

ESTRUCTURAS

• •

AVOIDING REPETITION OF SOMETHING ALREADY MENTIONED

Direct Object Pronouns Referring to Things

In order to avoid the repetition of a direct object noun, you frequently replace the noun with a pronoun, as in the following exchange.

Noun:

"Do you know how to prepare *pastries?*"

Pronoun:

"Of course I know how to prepare *them.*"

Spanish also uses direct object pronouns to avoid repeating the direct object noun.

En el restaurante	*In the restaurant*
¿Pescado? Sí, **lo** preparamos aquí.	*Fish? Yes, we prepare it here.*
¿Sopa? Sí, **la** preparamos aquí.	*Soup? Yes, we prepare it here.*
¿Pasteles? Sí, **los** preparamos aquí.	*Pastries? Yes, we prepare them here.*
¿Ensaladas? Sí, **las** preparamos aquí.	*Salads? Yes, we prepare them here.*

a.   In both affirmative and negative sentences the direct object pronoun is placed directly before a conjugated verb.

—¿Tienen Uds. pasteles franceses?   *Do you have French pastries?*

—Sí, **los** tenemos hoy.   *Yes, we have them today.*

—¿Y pan italiano?   *And Italian bread?*

—No, no **lo** tenemos.   *No, we don't have it.*

b.   Direct object pronouns must agree in person, gender, and number with the nouns they replace.

¿Prepara Juana las ensaladas?   *Is Juana preparing the salads?*

fem. pl

Sí, Juana **las** prepara.   *Yes, Juana is preparing them.*

c. Direct object pronouns may be attached to the end of infinitives.

Van a cocinar**la** mañana. }
La van a cocinar mañana. }

They are going to cook it tomorrow.

En contexto

Madre Anita, ¿compraste el pollo para la cena?

Anita Sí, mamá. **Lo** compré esta mañana. Está en el refrigerador.

Madre ¡Qué bien! ¿Y preparaste las ensaladas?

Anita Sí, por supuesto. Aquí **las** tienes.

PRÁCTICA Y CONVERSACIÓN

A. Planes para una fiesta. Ud. y un(-a) amigo(-a) planean una fiesta. Decida quién va a encargarse de (*to take charge of*) las preparaciones.

> **MODELO**
>
> comprar el helado
> Usted: **¿Quién va a comprar el helado?**
> Compañero(-a): **Yo voy a comprarlo. (Tú vas a comprarlo.)**

1. planear el menú
2. comprar las bebidas
3. preparar el pastel
4. cocinar las hamburguesas
5. traer discos
6. poner la mesa

B. Entrevista personal. Hágale preguntas a un(-a) compañero(-a) de clase y su compañero(-a) debe contestar usando un pronombre de complemento directo (*direct object pronoun*).

Pregúntele...

1. si siempre toma el desayuno. ¿y la cena?
2. si sabe preparar las hamburguesas. ¿y la paella?
3. quién compra la comida en su casa.
4. quién prepara la comida en su casa.
5. si desea probar el jamón serrano. ¿y la tortilla a la española?
6. si va a cocinar el jamón para el desayuno mañana.

C. ¿Qué come su compañero(-a)? Adivine (*Guess*) lo que su compañero(-a) come para el desayuno, el almuerzo y/o la cena.

> **MODELO**
>
> Usted: **¿Comes jamón para el desayuno?**
> Compañero(-a): **Sí, (No, no) lo como.**

Warm-up: Sustitución: 1. *¿La leche?* Sí, *la tomo.* el té / el agua / la cerveza / el vino blanco. 2. Yolanda prepara *un sandwich* y después *lo come.* el pollo / unos pasteles / la comida / las ensaladas

Warm-up: Ask students: *¿Comes bistec?* Sí, (No, no) lo como. pasteles / arroz / uvas / ternera / huevos / pescado / ensaladas *¿Bebes café?* Sí, (No, no) lo bebo. té / sangria / refrescos / agua mineral / café solo / cerveza

Monitor students to make sure that direct object pronouns are being placed before the verb.

Have students vary who will do the work.

Monitor students to check correct pronoun placement with infinitives.

Variación C: Have students report to the entire class on their partner's meals. **Composición C:** Have students write out what their partners have for breakfast, lunch, or dinner.

DISCUSSING SOME PAST ACTIVITIES

Irregular Preterites with *-i-* and *-u-* Stems

You have already learned to form regular and a few irregular verbs in the preterite. Here you will learn how to form other irregular preterite verbs so that you can discuss many more activities in the past.

Reminder: Hacer is an **i** stem irregular preterite. Hacer was taught in **Capítulo 6, Tercer encuentro.**

IRREGULAR PRETERITES		
***u* STEM**	***i* STEM**	**ENDINGS**
estar **estuv-**	querer **quis-**	-e
poder **pud-**	venir **vin-**	-iste
poner **pus-**		-o
saber **sup-**		-imos
tener **tuv-**		-isteis
		-ieron

Verbs that change meaning in the preterite will be treated in **Capítulo 10, Primer encuentro.** You may want to point out the preterite meanings of these irregular verbs: **poder:** affirmative = *to manage,* negative = *to fail;* **querer:** affirmative = *to try,* negative = *to refuse;* **saber** = *to find out.*

a. Some irregular preterites can be grouped according to the formation of the stem. The above verbs are divided into those with the vowel **u** in the stem and those with the vowel **i** in the stem. The stem remains the same in all forms of the preterite.

b. The **u** and **i** stem preterites use a special set of endings. Note that the first- and third-person singular endings do not have written accent marks.

c. The irregular preterite of **hay (haber)** is **hubo.**

Hubo un accidente cerca del Restaurante Valencia ayer pero no **hubo** heridos.

There was an accident near Valencia Restaurant yesterday but there weren't any injuries.

d. In the preterite, **saber** = *to find out.*

Supe que Carlos trabaja en el Restaurante Valencia.

I found out that Carlos is working at the Valencia Restaurant.

En contexto

Luisa   Ayer mis padres **vinieron** a visitarme y fuimos al Restaurante Valencia.

Warm-up: él: tener / venir / poner / estar nosotros: poder / saber / querer / poner tú: saber / estar / tener / poder Uds.: venir / querer / poner / tener yo: poder / tener / saber / venir

PRÁCTICA Y CONVERSACIÓN

Expansión A: 3. ¿Quiénes tuvieron que salir temprano? *Mi hermano* tuvo que salir temprano. tú / Federico / nosotras / yo / todos mis amigos

A. Una fiesta en el Restaurante Valencia.   Conteste las preguntas usando los sujetos indicados.

1. ¿Quiénes quisieron ir a la fiesta?
   Mi padre quiso ir.
   yo / Felipe y Antonio / mi novio / tú / nosotros

2. ¿Quiénes no pudieron ir?
   Rafael no pudo ir.
   Uds. / Vicente y yo / tú / Claudia / yo

B. Sus actividades. Complete las oraciones de una manera lógica.

1. Desde niño(-a) (*Since I was small*) quise _____.

2. Una vez tuve la oportunidad de _____.

3. Vine a la universidad _____.

4. No estuve en clase _____.

5. La semana pasada supe que _____.

6. Puse la televisión _____.

C. Una fiesta informal. Hágale preguntas a un(-a) compañero(-a) de clase acerca de (*about*) una fiesta informal. Su compañero(-a) debe contestar.

Pregúntele…

1. cuándo y dónde fue la fiesta.

2. cuándo supo algo de los planes.

3. si tuvo que preparar algo para la fiesta. ¿Qué?

4. por cuánto tiempo estuvo en la fiesta.

5. quiénes vinieron.

6. si pusieron la radio para bailar.

7. si pudo dormir después de la fiesta.

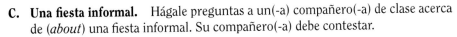

PRESENTACIÓN **VOCABULARIO EN CONTEXTO**

En el Restaurante Xochimilco

Pablo y Mónica almuerzan en el Restaurante Xochimilco en San Antonio, Texas.

You might want to introduce the food vocabulary for the **Segundo encuentro** by using the menu for Restaurante Xochimilco on p. 253.

Point out: The **x** in **Xochimilco** is pronounced /s/.

Mesero	Buenos días, señores. **¿Qué se van a servir?**	*What would you like?*
Pablo	No sabemos **todavía.** ¿Qué son las **enchiladas?**	*yet / +*
Mesero	Son **tortillas** con queso, carne y **salsa** de tomate y **chile.**	*+ / sauce / hot pepper*
Mónica	Bueno, yo quisiera enchiladas de carne con **guacamole,** por favor.	*avocado dip*
Pablo	Y para mí, **tacos** de pollo con salsa **picante** y **frijoles,** por favor.	*+ / hot, spicy / beans*
Mesero	Muy bien. Gracias.	

(*Más tarde…*)

	Mónica	¿Dónde está el mesero? Necesito llamarlo.
	Pablo	Pero, ¿por qué?
brought	Mónica	Porque a mí me trajo° los tacos y a ti las enchiladas.
Let's change.	Pablo	No hay problema. Cambiemos.°
		(*Más tarde…*)
	Pablo	Mesero.
	Mesero	Sí, señor.
	Pablo	¿Qué hay de postre?
	Mesero	Helado, flan, fruta y pasteles. ¿Desean algo?
nothing	Mónica	Para mí, **nada,** gracias.
	Mesero	¿Y Ud., señor?
strawberry	Pablo	Helado de **fresa** y café.
	Mesero	Lo siento, pero no hay más helado de fresa.
bill, check	Pablo	Entonces, tráigame **la cuenta,** por favor.

Point out: El (la) camarero(-a) is the word used in Spain for *waiter* (*waitress*). **El (la) mesero(-a)** is used in Mexico and other parts of Latin America. Restaurants in the Hispanic world tend to employ waiters more frequently than waitresses.

Have students point out phrases used in a restaurant situation.

Check comprehension by asking the following questions: **¿Qué va a comer Mónica? ¿Qué son las enchiladas? ¿Qué pide Pablo? ¿Qué hay de postre? ¿Qué pide Mónica de postre? ¿Come postre Pablo? ¿Por qué?**

San Antonio, Texas: Un restaurante mexicano

Comentarios lingüísticos y culturales

Point out: In this chapter students are learning about regional foods of the Hispanic world. The food items mentioned here are typical Mexican foods; they are not normally found in Spain or South American countries.

Point out: The food served in many U.S. "Mexican" restaurants is often quite different from authentic Mexican cuisine.

a. The basis for Mexican cooking is **la tortilla**. A **tortilla** is made of corn meal and shaped like a pancake. There are many different dishes using a filled **tortilla** as the main ingredient; **tacos** and **enchiladas** are two such dishes. The **tortilla** can also be cut into pieces, fried until crisp and eaten with a variety of sauces or foods as an appetizer. In addition, the plain **tortilla** can be eaten as we eat bread, an accompaniment to a meal.

b. **Los frijoles** are pinto beans which have been cooked in water until tender. When they are cooked in a skillet and mashed, they are often called *refried beans* in English and are a traditional accompaniment to **tortilla** dishes.

c. Mexican dishes are flavored with a variety of spices; some dishes are subtly and mildly seasoned while others use very hot peppers. In general, however, **la salsa picante** is used sparingly and in most restaurants the hot sauce is served in a small bowl so that clients may eat as much or as little of this hot sauce as they desire.

d. Like Spanish cooking, Mexican cooking varies considerably from region to region and from household to household. Many Mexican families rarely eat what is considered "typical Mexican food."

PRÁCTICA Y CONVERSACIÓN

Warm-up: Use the menu for the Restaurante Xochimilco on p. 253. Explain menu items. Then ask individual students: **En el Restaurante Xochimilco, ¿qué desea Ud. de** *antojito* / **entrada / postre / bebida? ¿Prefiere Ud. probar un taco de carne o de pollo? ¿Prefiere Ud. probar una enchilada de queso o de carne? ¿En qué consiste un taco / una botana / huevos rancheros?**

A. **¿En México? ¿En España? ¿En los dos países?** ¿En qué país va a pedir Ud. esta comida o bebida?

 MODELO   jamón serrano
Voy a pedir jamón serrano en España.

la sangría / una enchilada / una paella / el guacamole / un taco / una ensalada / el flan / el gazpacho / el queso manchego

B. **En México.**   Ud. está en México y quiere probar unos platos típicos. ¿Qué va a pedir hoy? ¿y mañana?

C. **Entrevista personal.**   Hágale preguntas a un(-a) compañero(-a) de clase y su compañero(-a) debe contestar.

Monitor students so they give answers that are culturally appropriate.

Pregúntele…

1. si hay un restaurante mexicano cerca de su casa. ¿Cómo se llama?

2. si come mucho en restaurantes mexicanos.

3. si sabe preparar platos mexicanos. ¿Cuáles?

4. si prefiere la comida mexicana o la comida española.

5. si prefiere probar enchiladas de queso o de carne.

6. lo que pide en un restaurante mexicano.

D. El Restaurante Zacarías.   Conteste las preguntas usando el anuncio (*advertisement*) del Restaurante Zacarías.

Point out: Restaurante Boite = club nocturno, a place where people can dance and have a drink.

Abierto hasta las 4 de la madrugada.
Cenas hasta las 3 de la madrugada.
Baile de Salón y tangos
jueves, viernes y sábados.
C/. Miguel Angel, 29-31. Parking gratis.
Reservas: Tels.: 441 32 85 - 442 00 22.

1. ¿Qué se puede hacer en el restaurante además de comer?
2. ¿A qué hora se cierra el restaurante?
3. ¿Hasta qué hora se sirve comida?
4. ¿Qué días hay bailes?
5. ¿Aceptan reservaciones?

ORDERING A MEAL

Videocassette segment to accompany this section; see Viewer's Guide in the Instructor's Resource Manual, Chapter 7.

These are some expressions you need to know to order a meal in a restaurant.

CAMARERO / MESERO	WAITER (SPAIN / MEXICO)
¿Una mesa para cuántos?	(*A table for*) *How many / How many in your party?*
¿Quieren ver el menú?	*Do you want to see the menu?*
¿Qué se va(-n) a servir?	*What will you have?*
¿Qué va(-n) a beber?	*What will you drink?*
¿Qué desea(-n) como primer plato / como segundo plato / de postre?	*What would you like as a first course / second course / dessert?*
¿Desea repetir?	*Would you like a second helping?*
¿Algo más?	*Anything else?*
Lo siento pero no hay más. Lo siento pero no queda más. }	*I'm sorry, but we've run out.*
¡Buen provecho!	*Enjoy your meal!*

CLIENTE	CLIENT
Señor / Señorita. Camarero(-a) / Mesero(-a). }	(*Used to call the attention of the waiter / waitress.*)
¿Podría ver el menú, por favor?	*Could I see the menu, please?*
Yo quisiera _____.	*I would like _____.*
Yo quiero _____.	*I want _____.*
No quiero nada más, gracias.	*I don't want anything else, thank you.*
Tráigame la cuenta, por favor.	*Bring me the bill, please.*
Me muero de hambre.	*I'm starving.*

PRÁCTICA Y CONVERSACIÓN

A. El cliente y el mesero.   ¿Qué necesita decirle al mesero en estas situaciones?

1. Ud. no tiene tenedor.
2. Ud. quiere saber cuál es el postre.
3. Ud. necesita el menú.
4. Ud. necesita pagar.
5. El mesero le pregunta «¿Qué desea de postre?» y Ud. no desea postre.
6. Ud. quiere más pan.

Expansión B: After completing this exercise, have several pairs present their dialogue to the entire class.

B. En el Restaurante Xochimilco. Ud. entra en un restaurante en San Antonio. Complete el diálogo según el menú del Restaurante Xochimilco en la página 253.

Mesero	¿Una mesa para cuántos?
Usted	_____.
Mesero	Por aquí, por favor.
Usted	¿_____ el menú _____?
Mesero	Aquí tiene el menú. ¿_____?
Usted	Yo quisiera _____.
Mesero	Lo siento pero _____.
Usted	Entonces, _____.
Mesero	Muy bien. ¿Qué va a beber?
Usted	_____.
Mesero	Gracias.

C. En un café. Ud. está en un café. Con un compañero(-a) haga el papel (*play the role*) de mesero(-a) y cliente.

Reminder: All **Sonidos** sections are repeated on tape in the **Manual de laboratorio.** If you are short on class time at this point, have students complete this section on their own.

Have students find examples of **l** and **ll** in the dialogue of the **Presentación.**

SONIDOS . . . l, ll, y

The single **l** sound in Spanish resembles the **l** sound in English. The **ll** is pronounced like the consonant **y** in most parts of the Spanish-speaking world. The **ll/y** sound is like the *y* in the English words *yes* or *yellow*.

PRÁCTICA

Escuche y repita después de su profesor(-a).

l   salsa   chile   enchilada   guacamole   frijoles.
          —Tráigame enchiladas de carne con guacamole y frijoles.
          —¿Y de postre?
          —El helado de chocolate, por favor.

After completing **Sonidos,** have students role-play the dialogue of the **Presentación.** Pay particular attention to the **l** and **ll** sounds.

ll / y   tortilla   pollo   paella   Guillermo   Yolanda
          Guillermo va a pedir el pollo en mole con tortillas.
          Yolanda y yo queremos la paella.

ESTRUCTURAS

DISCUSSING MORE PAST ACTIVITIES

Irregular Preterites with *j* and *y* stems

The last major groups of irregular verbs in the preterite tense are those having **j** and **y** stems. After learning these verb forms, you can discuss a wide variety of activities in the past.

IRREGULAR PRETERITES *j* STEM			IRREGULAR PRETERITES *y* STEM		
			LEER	**CONSTRUIR**	**OÍR**
		-e	leí	construí	oí
		-iste	leíste	construiste	oíste
decir	dij-	-o	leyó	construyó	oyó
traer	traj-	-imos	leímos	construimos	oímos
traducir	traduj-	-isteis	leísteis	construisteis	oísteis
		-eron	leyeron	construyeron	oyeron

a. Certain irregular preterites have a stem that ends in **j.** These include the irregular verbs **decir** and **traer,** as well as verbs whose infinitives end in **-cir** such as **traducir** or **conducir.** The preterite stems of verbs ending in **-cir** are formed by dropping the **-ir** infinitive ending and changing the **c > j: traducir = traduj-.**

b. The **j** stem preterites use a special set of endings. Note that there are no written accent marks on the first- and third-person singular endings.

c. The **y** stem preterites change the **i** to **y** in the third-person singular and plural. Verbs of this type include **leer, creer, oír,** and verbs ending in **-uir** such as **construir, destruir,** and **contribuir.** Note the use of the written accent marks on all forms of **leer** and **oír** except in the third-person plural.

En contexto

Raúl   ¿Quién te **dijo** que finalmente abrieron el Restaurante Juárez?

Pepe   Un amigo lo **leyó** en el periódico° y me **trajo** el artículo.

Raúl   ¡Qué bien! ¿Por qué no almorzamos allá hoy?

PRÁCTICA Y CONVERSACIÓN

A. **Los planes para hoy.**   Ud. es un(-a) nuevo(-a) camarero(-a) en el Restaurante Xochimilco. Explique si Ud. ha terminado (*have finished*) todos sus quehaceres (*tasks*) para hoy.

Point out: The **-ducir** verbs are almost always cognates since the **-ducir** = *-duce*: **deducir, introducir, producir, reducir,** etc.

Warm-up 1: Sustitución: tú: leer / destruir / traer   ellas: decir / oír / contribuir   yo: traducir / creer / construir   nosotros: traer / decir / destruir   él: conducir / leer / oír

Warm-up 2: Sustitución. Have students explain what the following people did to help with a retirement party for the chef at Restaurante Salazar. 1. *Mario* trajo un regalo. el Sr. Cuesta / yo / Lupe y yo / tú / Alfonso y Bernardo   2. *La Sra. Cela* contribuyó dinero. Uds. / nosotras / la familia Duarte / yo / tú   3. *Laura* condujo al mercado para comprar comida. yo / sus hijos / Julio y yo / tú / Esteban

newspaper

MODELO

traer las frutas del mercado
Compañero(-a): **¿Trajiste las frutas del mercado?**
Usted: **Sí, las traje esta mañana.**

oír las nuevas ideas del cocinero (*chef*) / traer la comida al restaurante / traducir el nuevo menú al inglés / destruir los viejos menús / leer las instrucciones / contribuir dinero para el cumpleaños del cocinero

B. Telepizza. Ud. y dos compañeros de clase van a pedir una pizza de Telepizza. Usando el anuncio (*advertisement*), lea el menú y escoja (*choose*) una pizza.

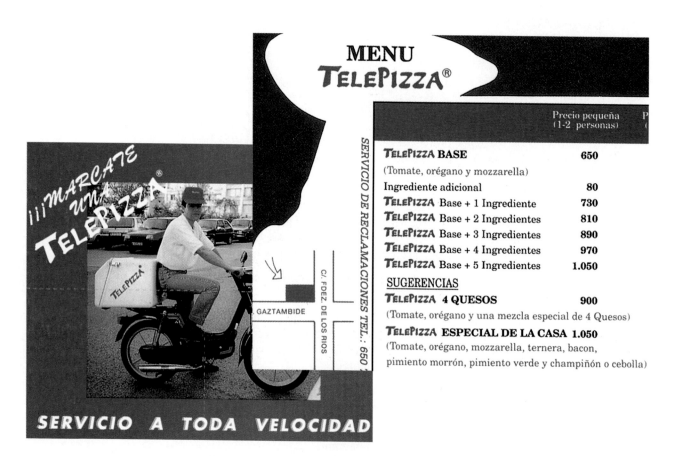

Después de escoger (*After choosing*) su pizza, conteste las siguientes preguntas sobre su pedido (*order*).

1. ¿Cómo oyeron Uds. de Telepizza?
2. ¿Quién leyó el menú?
3. ¿Tradujeron Uds. el menú?
4. ¿Condujeron Uds. a la pizzería para comprar su pizza?
5. ¿Quién y cómo trajo la pizza a la universidad?

AVOIDING REPETITION OF SOMEONE ALREADY MENTIONED

Direct Object Pronouns Referring to People

In Spanish as in English the direct object noun that refers to a person can be replaced with a pronoun as in the following example: *"Do you know Ana's sisters?" "Yes, I know them."*

Paco	**me**	visita.	*Paco visits me.*
Paco	**te**	visita.	*Paco visits you.* (informal sing.)
Paco	**lo**	visita.	{ *Paco visits him.* { *Paco visits you.* (formal masc. sing.)
Paco	**la**	visita.	{ *Paco visits her.* { *Paco visits you.* (formal fem. sing.)
Paco	**nos**	visita.	*Paco visits us.*
Paco	**os**	visita.	*Paco visits you.* (informal pl.)
Paco	**los**	visita.	{ *Paco visits them.* (masculine pl.) { *Paco visits you.* (formal pl.)
Paco	**las**	visita.	{ *Paco visits them.* (feminine pl.) { *Paco visits you.* (formal pl.)

a. Direct object pronouns referring to people follow the same rules for placement and agreement as the direct object pronouns that refer to things.

—¿Conoces a Susana Flores? *Do you know Susana Flores?*

—Sí, **la** conozco bien. *Yes, I know her well.*

—¿Vas a invitar**la** a la fiesta mañana? *Are you going to invite her to the party tomorrow?*

—No, no **la** voy a invitar. *No, I'm not going to invite her.*

> Remind students that in Spanish the personal **a** is used before a noun direct object that is a person. **Vemos la casa. Vemos a Pedro.**

b. The pronouns **me, te, nos, os** refer only to people. The pronouns **lo, la, los, las** may refer to people or things and have a variety of meanings.

—¿Vas a visitar a tus padres hoy? *Are you going to visit your parents today?*

—No, voy a visitar**los** este fin de semana. *No, I'm going to visit them this weekend.*

En contexto

Inés ¿Vas a invitar a Bárbara a comer con nosotros?

Ana Por supuesto, voy a llamar**la**.

Inés ¿Vas a poner la mesa después?

Ana No, voy a poner**la** ahora.

PRÁCTICA Y CONVERSACIÓN

A. **¿A quiénes conoce Ud.?**   Conteste usando un pronombre de complemento directo.

MODELO
Julio Iglesias
Compañero(-a): **¿Conoces a Julio Iglesias?**
Usted: **Sí, (No, no) lo conozco.**

todas las estudiantes de la clase / el presidente de los EE.UU. / sus vecinos / la mejor amiga de su madre / el jefe (*boss*) de su padre / todos sus primos

B. **Un(-a) vecino(-a) de seis años.**   Your six-year-old neighbor is moving away and wants to know if you will continue to be his or her friend. Reassure him or her by answering the questions affirmatively.

MODELO
Compañero(-a): ¿Me visitas en abril?
Usted: **Por supuesto, te visito en abril.**

1. ¿Me llamas por teléfono?
2. ¿Me buscas en mi casa nueva?
3. ¿Me escuchas si tengo problemas?
4. ¿Me invitas a tu casa en el verano?
5. ¿Me visitas en julio?
6. ¿Me llevas a tu casa?

C. **Una llamada de su primo(-a).**   Ud. habla por teléfono con su primo(-a) y su madre interrumpe (*interrupts*) constantemente. Conteste las preguntas de su madre.

1. ¿Quién te llama? *Explain that your cousin Álvaro is calling you.*
2. ¿Te invita a comer con él mañana? *Explain that he is inviting both of you to eat dinner with him tomorrow.*
3. ¿Prepara su plato especial —pollo con vino blanco? *Say yes, he plans to prepare it.*
4. ¿Va a comprar esos pasteles especiales? *Say yes, he is going to buy them.*
5. Bueno, quiero comer con él mañana. ¿y tú? *Say yes that you want to eat with him also.*
6. ¿?

After completing Exercise C have 2–3 pairs perform the completed dialogue for the entire class.

La comida de origen hispano-americano

Have students identify the foods shown in the photo.

¿Sabían Uds.° que la salsa de tomate italiana, el chocolate suizo,° las papas ir-landesas° y la piña hawaiana° son originarios de las Américas? Muchos vege-tales y frutas que ahora son comunes en todo el mundo, fueron cultivados primero por los indios de las Américas y luego fueron llevados° a Europa por los conquistadores españoles. Algunos de estos alimentos son el maíz,° la papa, la calabaza,° la banana, la papaya, el aguacate,° el tomate, la piña y el cacao.° Éstos enriquecieron° la dieta europea y la de todo el mundo.

Did you know / Swiss
Irish / Hawaiian pineapple

taken
corn
pumpkin / avocado / cocoa
enriched

COMPRENSIÓN CULTURAL

Empareje (*Match*) los platos con los ingredientes principales de origen his-pánico.

1. *corn on the cob*
2. *spaghetti sauce*
3. *banana split*
4. *pumpkin pie*
5. *baked potato*
6. *pineapple upside-down cake*
7. *chocolate pudding*

a. la banana
b. el cacao
c. la piña
d. el maíz
e. la papa
f. la calabaza
g. el tomate

tercer encuentro

VOCABULARIO EN CONTEXTO

¿Qué salsa prefiere Ud.?

Point out: Picante = *hot, spicy;* **caliente** = *hot in temperature.*

Point out: Saber = *to taste* is used only in the third person. **Saber a** (+ noun) = *to taste like* (*something*).

Check comprehension by asking the following questions: **¿Le gusta al señor la salsa picante? ¿Qué piensa el señor de la salsa caliente? ¿Qué salsa prefiere la señora? ¿Cómo sabe la salsa fría? ¿Sabemos la decisión de los cocineros?**

Un reportero del Canal 5 le hace preguntas al público en un concurso° de salsas mexicanas.

contest

Reportero	¿Qué salsa prefiere Ud.?
Señor	Ésta está **riquísima** pero es demasiado picante para mí.

very delicious

Reportero	¿Qué piensa de aquella otra?
Señor	Muy buena porque todavía está **caliente.**

hot

Reportero	¿Cuál prefiere Ud., señora?
Señora	Mm, esta salsa fría aquí **sabe** bien pero las que probé **hace una hora** me gustaron más.

tastes / an hour ago

Reportero	Muchas gracias, señora. Y ahora vamos a escuchar la decisión de los **cocineros.** ¿Cuál es la mejor salsa?

cooks, chefs

Comentarios lingüísticos y culturales

a. Sauces are an important part of Mexican cooking and a great variety of them are used. Two of the more common include «**pico de gallo**» (*rooster's beak*), the popular sauce made of fresh tomatoes, onions, and peppers and often served with tortilla-based dishes and «**mole**», a dark, cooked sauce made of chicken broth, peppers, spices, and a bit of cocoa; it is typically served with chicken or turkey.

b. **Saber** = *to taste* when followed by an adverb that describes food or drink.

Esta salsa fría **sabe bien.**   *This cold sauce tastes good.*

c. Note that **gustar** can be used in the preterite. As in the present tense, **gustar** will be singular or plural depending on the subject.

—¿Te **gustó** la salsa que probaste esta mañana?   *Did you like the sauce that you tried this morning?*

—Sí, pero me **gustaron** más las que probé ayer.   *Yes, but I like the ones I tried yesterday better.*

PRÁCTICA Y CONVERSACIÓN

A. Opiniones. Use un adjetivo para dar su opinión sobre estas comidas.

 MODELO   el guacamole
Este guacamole está riquísimo.

el helado de chocolate / la sopa de cebolla / los tacos / el té / el guacamole / la sangría / el agua mineral / los frijoles

B. Preguntas personales.   Conteste las siguientes preguntas.

1. ¿Le gustan las comidas picantes?
2. ¿Prefiere Ud. la sopa fría o muy caliente?
3. Para Ud., ¿es muy picante la comida mexicana? ¿la francesa? ¿y la italiana?
4. En esta ciudad, ¿dónde venden comida riquísima? ¿y comida picante?
5. ¿Cocina Ud. comida picante?
6. ¿Es Ud. un(-a) buen(-a) cocinero(-a)? ¿Qué sabe preparar?

—Mm… esto está muy sabroso.

EXPRESSING FOOD PREFERENCES

Here are some ways of expressing preference:

PREFERENCIA

Prefiero _____.	*I prefer _____.*
Está riquísimo / delicioso / muy sabroso / bueno.	*It's really delicious / delicious / very tasty / good.*
Sabe bien / mejor.	*It tastes good / better.*

COMPARACIONES

Me gusta más éste(-a) que aquél(-la).	*I like this one more than that one.*
Éste(-a) es mejor / peor que aquél(-la).	*This is better / worse than that one.*

COMENTARIOS GENERALES

Es demasiado picante / dulce / pesado / seco.	*It's too hot / sweet / heavy / dry.*
Sabe mal.	*It tastes bad.*
Es horrible / malísimo.	*It's horrible / very bad.*

PRÁCTICA Y CONVERSACIÓN

A. **¿Qué te gusta más?** Pregúntele a su compañero(-a) sobre sus preferencias.

MODELO

	el café / el té
Usted:	**¿No te gusta el café?**
Compañero(-a):	**Sí, pero me gusta más el té.**

1. el Taco Bell / el restaurante Valencia
2. el flan / el queso
3. el guacamole / los nachos
4. los pasteles / la fruta
5. la paella / el pollo asado
6. la comida picante / los dulces

B. **Mi opinión.** Complete las oraciones de acuerdo con sus preferencias.

1. _____ delicioso.
2. _____ riquísimo.
3. _____ muy sabroso.
4. _____ es mejor que _____ .
5. _____ demasiado picante para mí.
6. _____ horrible.
7. _____ pesado.
8. _____ sabe muy mal.

A ESCUCHAR

Jorge y Lucía van a comer en un restaurante. Escoja la respuesta que mejor complete la oración.

1. Jorge y Lucía van a comer _____ .
   a. con un amigo
   b. solos
   c. con su familia

2. La especialidad de la casa es _____ .
   a. enchiladas con salsa especial
   b. carne asada
   c. tacos

3. A Lucía no le gusta(-n) _____ .
   a. las enchiladas
   b. el pollo
   c. la salsa picante

4. Sirven la carne asada con _____ .
   a. flan
   b. arroz y frijoles
   c. vino tinto

5. Lucía y Jorge van a comer _____ .
   a. tacos
   b. carne asada
   c. ensalada

6. Lucía va a comer flan porque _____.
   a. necesita energía
   b. es su plato favorito
   c. siempre come postre

7. Lucía y Jorge son _____.
   a. estudiantes
   b. turistas
   c. meseros

ESTRUCTURAS

• •

EXPRESSING HOW LONG AGO ACTIONS WERE DONE

Hace + Preterite Tense
Spanish uses an expression with **hace** to talk about how long ago an action was completed.

a. When used with a verb in the preterite tense, the word **hace** + *a unit of time* = unit of time + *ago*. Note that the word order within the phrase is different in the two languages.

Almorzaron en el Restaurante Xochimilco **hace dos meses.**	*They had lunch at Xochimilco Restaurant two months ago.*

b. The expression **hace** + *unit of time* can be placed at the beginning or end of a sentence.

Fueron a México **hace un año.** ⎫
Hace un año fueron a México. ⎭   *They went to Mexico a year ago.*

En contexto

Reportero   ¿Qué salsa prefiere Ud., señora?

Señora   Mm, esta salsa fría sabe bien, pero las salsas que probé **hace una hora** me gustaron más.

PRÁCTICA Y CONVERSACIÓN

Have students provide answers using the current year as a reference point for **hace** phrases.

A. Un cocinero famoso. Ud. es el (la) anfitrión(-ona) (*host / hostess*) de un programa de la televisión. Hoy Ud. va a entrevistar (*to interview*) a un cocinero famoso para saber más de su carrera.

MODELO   empezar a cocinar / 1970
         Usted: **¿Cuándo empezó Ud. a cocinar?**
   Compañero(-a):   **Empecé a cocinar hace veinte y ocho años.**

1. estudiar en París / 1980
2. abrir su restaurante / 1985
3. escribir su primer libro / 1987
4. inventar su postre famoso / 1990
5. recibir el premio (*prize*) de Cocinero del Año / 1993
6. enseñar en la universidad / 1994

B. ¿Cuándo fue la última vez?   Pregúntele a un(-a) compañero(-a) de clase cuándo fue la última vez (*the last time*) que hizo las siguientes cosas. Su compañero(-a) debe contestar usando una expresión con **hace.**

Expansión A: Have students explain their own life and how long ago they did various things.

MODELO

comer tacos

Usted: **¿Cuándo fue la última vez que comiste tacos?**

Compañero(-a):   **Comí tacos hace una semana.**

1. ir a un café
2. preparar una comida
3. probar una salsa nueva
4. almorzar en casa
5. comer comida mexicana
6. celebrar en un restaurante

C. ¿Dónde estuvieron sus compañeros de clase?   Haga una encuesta (*Take a survey*) de cinco compañeros de su clase de español utilizando (*using*) **hace** + el pretérito en sus preguntas y respuestas. Después de hacer la encuesta, cuéntele a su clase lo que Ud. aprendió.

1. ¿Dónde estuvieron sus compañeros hace un año? ¿hace cinco años? ¿hace diez años?
2. ¿Cuándo fueron a un restaurante mexicano / italiano / chino / francés?
3. ¿Cuándo comieron tacos / un bistec / pescado / ternera?
4. ¿Cuándo bebieron agua mineral / café solo / sangría / cerveza mexicana?

Expansión C: After completing this exercise, have students write a brief report on their findings.

TALKING ABOUT A SERIES OF COMPLETED ACTIONS IN THE PAST

Uses of the Preterite

There are two tenses in Spanish that are used to narrate in the past. Each of these tenses has its specific uses; they are not interchangeable. You have been using the preterite primarily to talk about completed past actions or states of being. Some of the uses of the preterite are listed below.

a.   The preterite expresses an action or state of being that took place in a definite, limited time period. The beginning and/or end of the action is stated or implied.

Anoche **fuimos** a un restaurante mexicano.

Last night we went to a Mexican restaurant.

Certain words and phrases are often associated with the preterite since they indicate a limited time period. These phrases tell when the action started and/or stopped.

1. a specific time: **a** + **la(-s)** + hour
2. a general time: **por la mañana / tarde / noche**

Emphasize the uses of preterite at this point so that when narrating in the past is introduced, learning the distinctions between preterite/imperfect is less of a problem.

3. a date: **el martes / el 25 de junio de 1817 / en 1965**

4. *last* + period of time (*last week*): **el (la) + mes / año / verano / otoño / invierno / fin de semana / primavera / semana + pasado(-a)**

5. certain adverbs of time: **tarde / temprano / pronto / después / luego / ayer / anteayer / anoche**

6. a certain amount of time: **por dos años / por una hora / por cinco meses**

Since these expressions all indicate a limited time period and determine the use of the preterite, any one of them could be substituted in the sentence **Fuimos a un restaurante mexicano anoche.**

b. The preterite is used to express a series of completed actions or events.

El cocinero **condujo** al mercado, **compró** muchos vegetales, los **trajo** al restaurante, y **preparó** un gazpacho muy rico.	*The chef drove to the market, bought a lot of vegetables, brought them to the restaurant, and prepared a delicious gazpacho.*

c. The preterite is used to express a fact about an event that has been completed or took place during a specific time period.

Roberto Montoya **fue** el cocinero en el Restaurante Xochimilco en 1945.	*Roberto Montoya was the chef at the Restaurante Xochimilco in 1945.*

d. The preterite is used for verbs of speaking such as **hablar, decir, contestar, preguntar, llamar** when they introduce a direct or indirect quote.

El reportero **preguntó:** «¿Qué salsa prefiere Ud.?»	*The reporter asked, "Which sauce do you prefer?"*
La señora **contestó** que le gustó la salsa que probó anoche.	*The lady answered that she liked the sauce she tried last night.*

En contexto

Reportero   ¿Qué salsa **probó** Ud., señora?

Señora   **Probé** esta salsa fría pero no me **gustó** mucho.

PRÁCTICA Y CONVERSACIÓN

A. El fin de semana pasado.   Explique seis cosas que Ud. hizo el fin de semana pasado.

B. ¿Qué dijo su compañero(-a)?   Uds. van a trabajar en grupos de tres. Pregúntele a un(-a) compañero(-a) de su grupo lo que él/ella hizo en algún momento del pasado. Después, dígale a la otra persona de su grupo lo que dijo la segunda (*second*) persona.

MODELO		anteayer
	Usted:	**¿Qué hiciste anteayer?**
	Compañero(-a):	**Fui a un restaurante.**
	Usted:	**Dijo que fue a un restaurante.**

1. el fin de semana pasado
2. ayer
3. el verano pasado
4. en 1995

5. el año pasado
6. esta mañana
7. la semana pasada
8. anoche

C. Entrevista personal. Hágale preguntas a un(-a) compañero(-a) de clase sobre lo que hizo y su compañero(-a) debe contestar.

Pregúntele…

1. si preparó una comida esta semana. ¿Cuándo? ¿Qué preparó?
2. si fue a un restaurante la semana pasada. ¿Cuándo?
3. si aprendió a cocinar. ¿Cuándo? ¿Qué?
4. si probó un plato nuevo el mes pasado. ¿Cuál?
5. si comió con su familia en un restaurante el verano pasado. ¿Por qué?
6. si fue al supermercado la semana pasada. ¿Qué compró?

Videocassette segment to accompany this section; see Viewer's Guide in the Instructor's Resource Manual, Chapter 7.

Point out: España was treated in the **El mundo hispano** section of **Capítulo 3.** Have students review that section prior to reading the material on the regions of Spain.

EL MUNDO HISPANO   LAS REGIONES DE ESPAÑA

Cada domingo los catalanes se reúnen enfrente de la Catedral de Barcelona para bailar la sardana, un baile regional.

Las regiones de España

España se divide en diecisiete regiones que se llaman las comunidades autónomas. Cada región es distinta en cuanto a sus tradiciones y costumbres. Algunas regiones tienen su propia (*own*) lengua como Cataluña (el catalán), Galicia (el gallego) o el País Vasco (el vascuence). Estas regiones celebran sus fiestas locales usando los bailes y canciones (*songs*) particulares de la comunidad. También comen y beben especialidades de la región como la paella valenciana o el gazpacho andaluz. Los habitantes de cada región son muy orgullosos (*proud*) de su patria chica (*native region*).

PARA LEER BIEN • Understanding Meaning Through Context

In order to better understand what you are reading, it is important to be aware of words that have more than one meaning. If you encounter the word **tomar,** you are presented with several meanings; **tomar** can mean *to take, to have,* or *to drink.* When **tomar** is followed by the name of a liquid, you can assume it means *to drink.* To discover the real meaning of a word, continue reading and the full context will often provide the meaning for you.

PRÁCTICA

Varios sentidos. ¿Cómo se traduce al inglés las formas de **tomar** en estas oraciones?

1. Claudia siempre toma té para el desayuno.
2. Voy a tomar un examen en mi clase de biología.
3. ¿Qué deseas tomar con tu sandwich?
4. Julio tomó el autobús a California.
5. Vamos a tomar algo en ese café.

LECTURA CULTURAL

Vamos a tomar algo

Reminder: In Spain, **la tortilla** is an omelette, usually containing potatoes.

«Vamos a tomar algo.» Esta invitación es muy común entre viejos y jóvenes en todo el mundo hispano. Los amigos íntimos, los compañeros de trabajo, los estudiantes y las familias se encuentran en bares, cafés, confiterías° o restaurantes para conversar y pasar el rato° mientras toman algo.

En España los bares de tapas son populares. Las tapas son pedacitos° de tortilla de patatas fría o caliente, pedacitos de jamón serrano, aceitunas° o diferentes tipos de pescados que se sirven en platillos individuales. Las tapas varían de una región a otra y muchos bares tienen su propia especialidad.

Si una persona quiere comer pasteles exquisitos, helados deliciosos, postres y refrescos en un ambiente° tranquilo, debe visitar las confiterías de la Argentina o el Uruguay. Éstos son lugares elegantes donde es posible tener una conversación íntima.

Para los hispanos, reunirse alrededor de° la mesa tiene un significado especial. En las largas sobremesas° es donde la familia y los amigos resuelven° los problemas del mundo y los de cada miembro de la familia.

sweet shops
while away the time
small pieces
olives

atmosphere

gathering around
after-dinner conversations / solve

PRÁCTICA Y COMPRENSIÓN

A. ¿Comprende Ud.? Conteste las preguntas siguientes.

1. ¿Adónde pueden ir las personas para tomar algo en España?
2. ¿Qué sirven en los bares de tapas?
3. ¿Qué es una confitería?
4. ¿Qué es la sobremesa?
5. ¿Qué hacen las personas durante la sobremesa?

Grammar incorporated: A and **B:** Asking and answering questions **C:** Preterite tense; direct object pronouns

B. Comidas y lugares.   ¿En qué lugar puede Ud. pedir… ?

tapas / hamburguesas / postres / patatas con salsa picante / pasteles riquísimos / sopa / café / helados

ACTIVIDADES

Vocabulary incorporated: A: Spanish food items; general food and drink items **B:** Mexican food items; expressions for ordering in a restaurant **C:** Restaurant vocabulary; food and drink items

A. Unos restaurantes madrileños.   You and a friend (played by a classmate) are vacationing in Madrid and you must decide where you will eat your evening meal. Using the following advertisements discuss the menus of the restaurants, the atmosphere, and advantages and disadvantages of eating in each one. Choose one of the restaurants. Explain your choice to your classmates.

NIKE

RESTAURANTE
CAFE TEATRO

"Excelente menú del día",

con productos frescos comprados todos los días en el mercado, y elaborados por la dueña y un gran equipo de cocina, para comer bien y apalear así la crisis.

1.000 pesetas menú mediodía

1.450 pesetas menú noche

Además disponemos de amplios comedores y salón privado donde puede comer a la carta a precios de crisis.
En un marco agradable y climatizado.

Todos los días actuación en directo desde las 11:30 de la noche y Piano desde las 8:30 de la tarde
La casa invitará a una caña de cerveza o copa de vino de la Ribera del Duero, por cada menú
Chocolate con churros todos los días desde las 5:30 de la mañana

la dirección
C/ Felipe V, 4 (junto al Teatro Real y Plaza de Oriente)
Teléfonos 548 05 28 - 548 04 74
plano a la vuelta

CAFETERIA-RESTAURANT
Para comer buen jamón

MUSEO
DEL
JAMON

Los museos más sabrosos de Madrid
Paseo del Prado, 44
Carrera de San Jerónimo, 6
Alcalá, 155-Atocha, 54-Gran Vía, 72
Menú del día: 900 ptas.

ABIERTO TODOS LOS DIAS

RESTAURANTE
12.30 h. - 02.00 h.

TIENDA
10 00 h. - 01.30 h.

Para reservas de grupos y eventos especiales, llamar al Departamento de Ventas.

Teléfono: 435 02 00
Fax: 431 84 83

MADRID

CUARTO ENCUENTRO **253**

B. El Restaurante Xochimilco. Two of your classmates are American tourists in the Mexican restaurant where you work as a waiter/waitress. They will ask you questions about the dishes on the menu. You should explain what these dishes are and help them order a complete meal.

EL RESTAURANTE XOCHIMILCO

ANTOJITOS
  NACHOS
  GUACAMOLE
  ENSALADA MIXTA
  BOTANA

ENTRADAS
  POLLO EN MOLE
  HUEVOS RANCHEROS
   TORTILLAS Y FRIJOLES
  ENCHILADAS DE CARNE
  ENCHILADAS DE QUESO
  CARNE ASADA
  TACOS DE POLLO CON
   SALSA PICANTE
  TACOS DE CARNE CON
   SALSA PICANTE

POSTRES
  FLAN
  FRUTA
  HELADOS VARIADOS
  PASTELES

BEBIDAS
  VINO
  CERVEZA
  SANGRÍA
  REFRESCOS
       CAFÉ, TÉ

C. Una comida especial. Describe a meal you ate in a place other than a private home. Explain how long ago the meal occurred, where it took place, what the special occasion was, what you ate and drank, who the guests were, and what else you did while there.

PARA ESCRIBIR BIEN • Using the Dictionary

There are certain techniques that can make using a bilingual English-Spanish dictionary more effective.

1. Use a dictionary sparingly. Try to express as much as you can using vocabulary you know and by rewording something in a different way.

2. Look up only those words that are essential for writing your composition. Those words would include key words in the title and frequently repeated words.

The most difficult task facing you when using the dictionary is to select the best Spanish equivalent from the many possible entries. This task is made easier if you know the part of speech and form of the word in question. Examine the following two examples.

*I **left** Restaurante Valencia at 11:00.*
*Restaurante Valencia is on the **left**.*

In the first example, *left* is a verb in the past tense; the Spanish equivalent will be located under the English infinitive *to leave*. In the second example, *left* is a noun; the Spanish meaning will be located under the English noun *left*. Cross-checking can also help you determine the best Spanish equivalent when an entry provides multiple translations. After selecting the Spanish equivalent from the several provided, look up the Spanish word in the Spanish-English section of the dictionary. Use that entry to help you accept or reject your vocabulary choice.

COMPOSICIONES

A. **Una tarjeta postal.** You are traveling in Mexico/Spain. Write a postcard to a friend or family member and discuss Mexican/Spanish food. Talk about the restaurants where you have eaten and explain what you ordered.

B. **Mi restaurante favorito.** Write a brief composition describing your favorite restaurant. Explain where it is located, what they serve, and what you ordered the last time you were there.

Vocabulario activo ●●●●●●●●●●●●●●●●●●●●●●●●●●●●●●●●●●●●●●●

El menú	The menu
el agua mineral	bottled water, mineral water
el arroz	rice
el café solo	black coffee
la carne asada	grilled beef
el chile	hot pepper
el chorizo	sausage
los dulces	sweets, candy
la entrada	main dish, entree
el entremés	appetizer
la especialidad	specialty
el flan	baked custard with caramel sauce
el frijol	bean
el gas	gas, carbonation
la salsa	sauce
la sangría	wine punch
la ternera	veal

Las frutas	Fruit
la banana	banana
la fresa	strawberry
la manzana	apple
la naranja	orange
la uva	grape

La comida mexicana

la enchilada	cheese- or meat-filled tortilla
el guacamole	avocado sauce or dip
el taco	tortilla filled with meat, lettuce, tomatoes, cheese
la tortilla	flat, pancake-shaped bread usually made with corn meal

La comida española

el gazpacho	cold vegetable soup
la paella	seafood, meat, and saffron rice casserole
la tortilla	omelette with potatoes

Otros sustantivos

el (la) camarero(-a)	waiter (waitress) (Spain and other countries)
el (la) cliente	client, customer
el (la) cocinero(-a)	cook, chef
la cuenta	bill, check
la foto(grafía)	photograph
el lugar	place

el (la) mesero(-a)	waiter (waitress) (Mexico)
el plato	plate, dish, course
el primer plato	first course
el segundo plato	second course

Verbos

conseguir (i)	to obtain, get
haber	(there) to be
mandar	to send
saber	to taste

Adjetivos

caliente	hot (temperature)
delicioso	delicious
horrible	horrible
pesado	heavy
picante	hot, spicy
riquísimo	very good, very delicious
terrible	terrible

Otras expresiones

antes de	before
Buen provecho.	Enjoy your meal.
nada	nothing
saber bien / mal	to taste good/ bad
todavía	yet

CAPÍTULO 8

La vida diaria

➤ Cultural Themes

Daily life in the Hispanic world

Centroamérica

➤ Communicative Goals

Discussing and describing daily routine

Primer encuentro

Discussing daily routine

Describing daily routine

Segundo encuentro

Así se habla: Expressing frequency and sequence of actions

Discussing daily routine in the past

Talking about other people

Tercer encuentro

Así se habla: Discussing clothing

Giving commands

Denying and contradicting

Cuarto encuentro

Para leer bien: Cognates: Words ending in **-dad** and **-tad**

Lectura cultural: *La dignidad*

Para escribir bien: Sequencing events

A pensar

- What activities are part of your daily routine in the morning / afternoon / evening?

- What are some common English expressions used to explain events in a sequence? *First, I wake up, then I get up and take a shower.*

- What are some common English expressions used to explain the frequency of actions? *I wash my hair every day.*

- What kinds of words are used to deny and contradict? *Do you shower in the morning? No, I never shower in the morning or evening. I always take a bath.*

- What verb forms are used in English to tell someone to do something? Do these verb forms change according to the person you are talking to? *Timmy and Suzy, get up and put on your school clothes.*

- What are some common expressions used to comment about the way that clothing looks or fits on a person?

At this point do not explain the entire conjugation of reflexive verbs. In the **Presentación** students practice only the first-person singular. They are introduced to the **Ud.** form in the questions, however. Introduce the first-person singular of the reflexive by narrating your daily routine. **MODELO: Me despierto temprano todos los días y me levanto inmediatamente...** Then ask students: **¿A qué hora se despierta Ud.? ¿Se levanta Ud. inmediatamente?** Etc.

primer encuentro

PRESENTACIÓN   **VOCABULARIO EN CONTEXTO**

daily routine La rutina diaria°

Point out: Male in drawings is Pablo. Ask questions about Pablo's daily routine; students reply using the **se** form.

*I wake up / **sonar** = to ring / alarm clock*   Pablo   Todas las mañanas **me despierto** a las siete cuando **suena el despertador.**
to get ready   Tengo que **arreglarme** rápidamente para ir a trabajar.

Como soy **perezoso no me levanto inmediatamente. Generalmente** estoy en la cama hasta las siete y media. A veces no tengo tiempo para **desayunar** porque **tengo mucha prisa.**

lazy / I don't get up / immediately / generally
to eat breakfast
I'm in a big hurry

*Point out: Most Hispanics use **lavarse los dientes** as the equivalent of to brush one's teeth.*

*Point out: **La mano** is a feminine word even though it ends in **-o.***

Después de **ducharme, me afeito primero. Luego** me lavo **los dientes,** después **me seco la cara, las manos** y **la cabeza** y **por último me peino.**

ducharse = to shower / I shave / first / Then / teeth / I dry / face / hands / head / finally / I comb (my hair)

*Point out: Female in drawing is Yolanda. Ask questions about Yolanda's daily routine; students should reply using the **se** form.*

Yolanda **La ducha** me ayuda a **despertarme completamente.** Cuando **me baño** también **me lavo el pelo.**

The shower / to wake up / completely / I take a bath / I wash my hair

I brush / before putting on make-up   Todas las mañanas **me cepillo** el pelo **antes de maquillarme.**

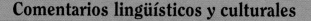

Comentarios lingüísticos y culturales

a. The verb form **me levanto** and many other verbs used in this **Presentación** are reflexive verbs. In the first-person singular verb form, the reflexive pronoun **me** is placed before the conjugated verb. Although the reflexive pronoun **me** means *myself,* it is often not translated as such into English.

b. When parts of the body or articles of clothing follow a reflexive verb, definite articles and not possessive adjectives are used.

Me seco **la** cara y **las** manos.   *I dry my face and my hands.*

PRÁCTICA Y CONVERSACIÓN

A. ¿Qué hace Pablo todas las mañanas? Arregle (*Arrange*) las actividades según la secuencia de la **Presentación.**

1. Me peino.
2. Me seco la cara y las manos.
3. Me lavo los dientes.
4. Me levanto a las 7:30.

5. Me despierto.
6. Suena el despertador a las 7:00.
7. Me afeito.
8. Me ducho y me lavo el pelo.

B. Y tú, ¿qué haces por la mañana? Explíquele a su compañero(-a) su rutina diaria.

C. Horóscopo. Encuentre su signo y dígale a su compañero(-a) qué día va a tener. ¿Regular, bueno, malo, excelente?

Horóscopo

Del 2 al 8 de junio / Por el Profesor S. PIQUERAS

Aries   21-3 al 20-4
Normal:

Salud: Bien. **Dinero:** Bien.
Trabajo: Muy bien. **Amor:** Muy bien.
Suerte: Regular.

Tauro   21-4 al 20-5
Muy favorable:

Salud: Excelente. **Dinero:** Muy bien.
Trabajo: Muy bien. **Amor:** Muy bien.
Suerte: Muy bien.

Leo   23-7 al 23-8
Regular:

Salud: Bien. **Dinero:** Regular.
Trabajo: Bien. **Amor:** Regular.
Suerte: Regular.

Cáncer   22-6 al 22-7
Normal:

Salud: Bien. **Dinero:** Bien.
Trabajo: Bien. **Amor:** Muy bien.
Suerte: Regular.

Virgo   24-8 al 23-9
Mal:

Salud: Regular. **Dinero:** Mal.
Trabajo: Regular. **Amor:** Mal.
Suerte: Mal.

Libra   24-9 al 23-10
Regular:

Salud: Bien. **Dinero:** Mal.
Trabajo: Regular. **Amor:** Regular.
Suerte: Mal.

Piscis   19-2 al 20-3
Favorable:

Salud: Muy bien. **Dinero:** Muy bien.
Trabajo: Muy bien. **Amor:** Excelente.
Suerte: Muy bien.

Capricornio   22-12 al 20-1
Favorable:

Salud: Muy bien. **Dinero:** Bien.
Trabajo: Bien. **Amor:** Muy bien.
Suerte: Bien.

Escorpio   24-10 al 22-11

Salud: Muy bien. **Dinero:** Muy bien.
Trabajo: Bien. **Amor:** Excelente.
Suerte: Bien

Sagitario   23-11 al 21-12
Normal:

Salud: Bien. **Dinero:** Bien.
Trabajo: Bien. **Amor:** Muy bien.
Suerte: Regular.

Acuario   21-1 al 18-2
Excelente:

Salud: Excelente. **Dinero:** Excelente.
Trabajo: Muy bien. **Amor:** Excelente.
Suerte: Muy bien.

Géminis   21-5 al 21-6
Muy favorable:

Salud: Excelente. **Dinero:** Muy bien.
Trabajo: Excelente. **Amor:** Excelente.
Suerte: Muy bien.

SONIDOS . . . x

Reminder: All **Sonidos** sections are repeated on tape in the **Manual de laboratorio.** If you are short on class time at this point, have students complete this section on their own.

The Spanish **x** is generally pronounced /ks/ as represented by the English letters *xc* in *exceed* or *excellent*. The **x** in many proper names is pronounced like the Spanish **j**: México.

PRÁCTICA

Point out: Frequently x = /j/ in words of Mexican Indian origin such as **mexicano / Oaxaca / Texas.**

Escuche y repita después de su profesor(-a).

   x = ks   e**x**amen e**x**celente e**x**actamente e**x**plicar
              Pablo me e**x**plicó e**x**actamente lo que hace cada mañana.

   x = h   Mé**x**ico Oa**x**aca **X**avier Don Qui**x**ote
              Xavier vive en Mé**x**ico en el estado de Oa**x**aca.

Point out: Some Spanish speakers pronounce the x as /s/ especially when followed by a consonant: **texto** = /testo/.

Videocassette segment to accompany this section; see Viewer's Guide in the Instructor's Resource Manual, Chapter 8.

DISCUSSING DAILY ROUTINE

Present Tense of Reflexive Verbs

Many Spanish verbs used to discuss daily routine such as *to get up, to get dressed,* or *to go to bed* are reflexive verbs, that is, verbs that use a special reflexive pronoun throughout the conjugation. These reflexive pronouns indicate that the subject does the action to or for himself or herself. In Spanish these verbs can be identified by the infinitive form which has the reflexive pronoun **se** attached to it: **levantarse** = *to get up.*

a. The reflexive pronouns refer to the subject of the verb. The English meaning of the Spanish reflexive is often a pronoun that ends in *self/selves.*

REFLEXIVE PRONOUNS			
me	*myself*	**nos**	*ourselves*
te	*yourself*	**os**	*yourselves*
se	*himself* / *herself* / *yourself*	**se**	*themselves* / *yourselves*

b. The reflexive pronoun always precedes a conjugated verb and agrees in person and number with the subject.

PRESENT INDICATIVE: REFLEXIVE VERBS *LEVANTARSE* to get up			
yo	me	levanto	*I get up*
tú	te	levantas	*you get up*
él / ella / Ud.	se	levanta	*he gets up, she gets up, you get up*
nosotros(-as)	nos	levantamos	*we get up*
vosotros(-as)	os	levantáis	*you get up*
ellos / ellas / Uds.	se	levantan	*they get up, you get up*

c. The reflexive pronoun will not always appear in the English translation. Compare the following examples.

Luisa **se levanta** a las ocho.   *Luisa gets up at 8:00.*

Luego **se lava.**   *Then she washes up.*

d. Reflexive pronouns follow the same rules for position as other object pronouns.

1. Reflexive pronouns precede an affirmative or negative conjugated verb.

   Me despierto a las seis. *I wake up at 6:00.*

   Pero **no me levanto** hasta las siete. *But I don't get up until 7:00.*

2. Reflexive pronouns attach to the end of an infinitive. When both a conjugated verb and an infinitive are used, the reflexive pronoun may precede the conjugated verb or attach to the end of the infinitive.

   ¿Vas a **levantarte** a las nueve?
   ¿**Te vas a levantar** a las nueve? *Are you going to get up at 9:00?*

e. The following list contains some common reflexive verbs that refer to daily routine.

afeitarse	to shave	lavarse	to wash (oneself)
arreglarse	to get ready	levantarse	to get up
bañarse	to take a bath, to bathe	llamarse	to be called, to be named
		maquillarse	to put on make-up
cepillarse	to brush	peinarse	to comb one's hair
despertarse (ie)	to wake up	secarse	to dry off
ducharse	to take a shower, to shower	sentirse (ie) bien/mal	to feel good/bad

En contexto

—¿Qué haces para **arreglarte,** Pablo?
—Después de **ducharme, me afeito,** luego **me lavo** los dientes, después **me seco** la cara y las manos y por último **me peino.**

PRÁCTICA Y CONVERSACIÓN

A. En la residencia estudiantil. Explique lo que hacen unos estudiantes por la mañana.

MODELO Ricardo / despertarse a las siete
Ricardo se despierta a las siete.

1. Tomás / ducharse primero
2. Uds. / levantarse temprano
3. yo / lavarse los dientes
4. Olivia / maquillarse
5. nosotros / arreglarse rápidamente
6. tú / peinarse después de ducharse
7. Pepe y Silvio / afeitarse
8. Ud. / secarse el pelo por último

B. Entrevista personal. Hágale preguntas a un(-a) compañero(-a) de clase y su compañero(-a) debe contestar.

Pregúntele...

1. cómo se siente hoy.
2. si prefiere bañarse o ducharse. ¿Cuándo?

Point out: Students have been using llamarse since the course began: ¿Cómo te llamas? Me llamo ____ .

Point out: Peinarse = to comb one's hair; el pelo is understood in the phrase.

Sentirse is generally followed by an adverb: Me siento bien / mal.

Lavarse is generally followed by a part of the body: Me lavo el pelo / los dientes / las manos.

Note: Students frequently confuse the l / ll of levantarse / llamarse / lavarse. Review Sonidos on l / ll on p. 236 to help avoid the problem.

Warm-up 1: tú: lavarse / secarse / ducharse ella: maquillarse / peinarse / bañarse nosotros: arreglarse / despertarse / cepillarse yo: sentirse bien / llamarse / lavarse Ud.: afeitarse / levantarse / peinarse

Warm-up 2: Have students explain in order six activities that are a part of their normal morning routine.

3. cuántas veces a la semana se lava el pelo.

4. cuántas veces al día se lava los dientes.

5. a qué hora se despierta durante la semana.

6. cuándo se levanta los sábados. ¿y los domingos?

Composición C: After completing the exercise orally, have students write a list of typical activities for the three situations.

C. Para arreglarse.   Explique lo que Ud. hace para arreglarse antes de ir a clase / salir con una persona especial / ir a trabajar. Compare lo que Ud. hace con lo que hacen los otros estudiantes. Prepare una lista de actividades típicas para las tres situaciones.

DESCRIBING DAILY ROUTINE

Adverb Formation

Adverbs are words that modify or describe a verb, an adjective, or another adverb. You have already learned many adverbs that exist as independent words. Some of these adverbs are **aquí, bien, mucho, muy, siempre.** There are also ways to form descriptive adverbs from adjectives.

Point out: Adverbs ending in **-mente** explain or describe *how* something is done.

a.   Some descriptive adverbs are formed by adding **-mente** to the adjective. The **-mente** corresponds to the English adverb ending *-ly:* **generalmente** = *generally.* The suffix **-mente** is attached to the end of adjectives having only one singular form.

final → **finalmente**   *final → finally*

Supplemental grammar: When two or more adverbs ending in **-mente** are used within one sentence, the suffix **-mente** is attached to the final adverb only: **Se levantó puntual y rápidamente.**

b.   The suffix **-mente** is attached to the feminine form of adjectives that have both a masculine and feminine singular form.

rápido → rápida → **rápidamente**   *rapid → rapidly*

c.   Adjectives that have a written accent mark will retain it in the adverb form.

fácil → **fácilmente**

En contexto
—Pablo, ¿te levantas **rápidamente?**
—Como soy perezoso no me levanto **inmediatamente. Generalmente** estoy en la cama hasta las 7:30.

PRÁCTICA Y CONVERSACIÓN

Warm-up: Have students form adverbs from adjectives: **claro / final / fácil / triste / sincero / directo.** Ask students for English equivalents of adverbs formed.

A. La rutina de Sara.   Explique cómo Sara se arregla por la mañana.

MODELO   lavarse / rápido
Sara se lava rápidamente.

1. despertarse a las 6:30 / general
2. no levantarse / puntual
3. ducharse / inmediato
4. lavarse el pelo / rápido
5. peinarse / perfecto
6. maquillarse / final

B. **¿Cómo hace Ud. unas actividades?** Complete las oraciones de una manera lógica.

1. No puedo _____ fácilmente.
2. Siempre manejo _____.
3. Hablo _____.
4. Generalmente yo _____ los sábados.
5. Yo no _____ pacientemente.

¿Cómo se llama esta revista (magazine)? ¿Cuándo y cómo llega a su casa? ¿Qué tipo de artículos hay en la revista? ¿Hay consejos (advice) para la rutina diaria en esta revista?

PRESENTACIÓN

VOCABULARIO EN CONTEXTO

El detective Jaime Aguilar

Introduce the dialogue by having students look at the title and photo and predict dialogue content. Ask: **¿Quiénes son estos hombres? ¿Qué hacen? ¿Por qué toma apuntes el hombre? ¿Qué pasó?**

Point out: Reflexive verbs can also be conjugated in the preterite tense.

Put infinitives of reflexive verbs introduced in this dialogue on the board / overhead. Have students conjugate **acostarse / ponerse** in the preterite.

murdered / to interview
suspect / to discover / committed

*La **Sra. Roca** fue asesinada.° El detective Jaime Aguilar debe entrevistar° a un sospechoso° para **descubrir** quién cometió° el crimen.*

acostarse = *to go to bed*

Jaime Aguilar	¿A qué hora **se acostó** Ud. anoche?

divertirse = *to have a good time*

Sospechoso	A las tres de la mañana porque fui a una fiesta latina donde **me divertí** mucho.

ponerse = *to put on*

Jaime Aguilar	¿Qué **se puso** para ir a la fiesta?

vestirse = *to dress*
coat / **preocuparse** = *to worry*

Sospechoso	¡Oh! **Me vestí** con algo informal: unos pantalones, un suéter y **un abrigo.°** No me preocupo por la ropa.

irse = *to leave*

Jaime Aguilar	¿A qué hora **se fue** de la fiesta?
Sospechoso	A las dos y media de la mañana.

Jaime Aguilar	Después de acostarse, **¿se durmió** Ud. inmediatamente?	**dormirse** = *to go to sleep*
Sospechoso	No. Me gusta leer antes de dormirme. Siempre lo hago.	
Jaime Aguilar	¿A qué **se dedica** Ud.?	**dedicarse** = *to devote oneself to (profession)*
Sospechoso	Soy joyero.° Tengo una joyería en el centro.	*jeweler*
Jaime Aguilar	¿Cuándo vio Ud. a la Sra. Roca **por última vez?**	*the last time*
Sospechoso	Ayer a las dos de la tarde. Ella vino a mi tienda a **quejarse** de **un anillo** que me compró hace dos meses y ahora le iba° chico.	**quejarse** = *to complain* / *ring / was*
Jaime Aguilar	Muchas gracias, señor. **Es todo por ahora.**	*That's all for now.*
Sospechoso	**A sus órdenes.**	*At your service.*

PRÁCTICA Y CONVERSACIÓN

A. ¿Comprende Ud.?   Complete las oraciones según la **Presentación.**

1. El sospechoso se acostó tarde porque _____ .
2. Se fue de la fiesta a _____ .
3. Le gusta leer antes de _____ .
4. El sospechoso es _____ . Trabaja en _____ .
5. Vio a la mujer por última vez _____ .
6. La mujer fue a la tienda para _____ .

B. ¿Cuáles son sus hábitos?   Complete las oraciones con las palabras **siempre, nunca** o **a veces.**

1. _____ me acuesto a las tres de la mañana.
2. _____ me duermo inmediatamente después de acostarme.
3. _____ me voy de una fiesta temprano.
4. _____ me divierto en la discoteca.
5. _____ me preocupo por el dinero.
6. _____ me quejo de los profesores.
7. _____ me visto rápidamente.

C. Preocupaciones y quejas.   Interview other students in the class to find out what their worries and complaints are.

Have each student interview 2–3 other students. When they have finished, divide the class into groups of four. Have them compile their information and present it to the rest of the class.

¿Cuál es la palabra que es sinónimo de joyas en estos anuncios? ¿Qué compra y vende esta gente?

Así se habla

EXPRESSING FREQUENCY AND SEQUENCE OF ACTIONS

The following phrases can be used to express frequency of actions. They answer the questions: **¿Cuántas veces?** = *How many times?, How often?* or **¿Cuándo?** = *When?*

a veces	*sometimes*	de vez en cuando	*from time to time*
a menudo	*often*	frecuentemente	*frequently*
siempre	*always*	una vez	*once*
nunca	*never*	dos veces al día	*twice a day*
todos los días	*every day*	tres veces a la semana	*three times a week*
todas las mañanas	*every morning*		

Some common phrases used to express when actions take place in relationship to other actions are

primero	*first*	más tarde	*later*
luego	*then*	finalmente	*finally*
después	*later, then, afterwards*	por último	*lastly, finally*

Antes de + infinitive = *before* + *-ing* form of the verbs: **antes de ducharme** = *before taking a shower.* **Después de** + infinitive = *after* + *-ing* form of the verb: **después de ducharme** = *after taking a shower.*

PRÁCTICA Y CONVERSACIÓN

A. **¿Cuántas veces a la semana?**   Explique cuántas veces a la semana Ud. hace las siguientes actividades.

1. Me levanto a las seis de la mañana.
2. Me baño.
3. Me lavo el pelo.
4. Preparo el desayuno.
5. Voy a la clase de español.
6. Me acuesto tarde.

B. **Mi coartada** (*alibi*).   Explíquele a su compañero(-a) lo que hizo anoche desde las seis de la tarde hasta que se acostó. Use las palabras de **Así se habla.**

SONIDOS . . . *Intonation*

Native Spanish speakers vary the intonation, that is, the rise and fall of a speaker's voice, according to the type of sentence spoken. Note the differences in the intonation for the following three sentence patterns.

a. Normal statement   Tengo una joyería en el centro.

b. Yes-no question   ¿Se durmió Ud. inmediatamente?

c. Information question   ¿Qué se puso para ir a la fiesta?

> **Reminder:** All **Sonidos** sections are repeated on tape in the **Manual de laboratorio.** If you are short on class time at this point, have students complete this section on their own.
>
> **Point out:** English varies intonation more than Spanish and uses a greater range of pitches.
>
> Emphasize the difference in intonation between a yes-no question and an information question.

PRÁCTICA

Escuche y repita después de su profesor(-a).

Normal statements

Es todo por ahora.
Una mujer muy rica fue asesinada.
Me gusta leer antes de dormirme.

Yes-no questions

¿Es joyero el sospechoso?
¿Se acostó a las tres anoche?
¿Tiene una joyería en el centro?

Information questions

¿A qué hora se acostó Ud. anoche?
¿Por qué se acostó tan tarde?
¿Cuándo vio Ud. a la Sra. Roca por última vez?

ESTRUCTURAS

DISCUSSING DAILY ROUTINE IN THE PAST

Preterite of Stem-Changing Verbs

Many verbs that are needed to talk about daily routine are also stem-changing verbs. You have already learned that **-ar** and **-er** verbs that stem-change in the present tense follow a normal pattern in the preterite. However, **-ir** verbs that stem-change in the present tense also stem-change in the preterite.

Preterite of Stem-Changing Verbs: e → i		Preterite of Stem-Changing Verbs: o → u	
PEDIR	**DIVERTIRSE**	**DORMIR**	**DORMIRSE**
pedí	me divertí	dormí	me dormí
pediste	te divertiste	dormiste	te dormiste
pidió	se divirtió	durmió	se durmió
pedimos	nos divertimos	dormimos	nos dormimos
pedisteis	os divertisteis	dormisteis	os dormisteis
pidieron	se divirtieron	durmieron	se durmieron

Review stem-changing verbs in the present tense: **Capítulo 6.**

a. In the preterite there are two types of stem changes: **e → i** and **o → u.** These stem changes occur only in the third-person singular and plural forms of both reflexive and non-reflexive verbs. These stem changes are often indicated in parentheses next to the infinitive: **pedir (i, i); divertirse (ie, i); dormir (ue, u).** The first set of vowels refers to stem changes in the present tense; the second set of vowels refers to stem changes in the preterite.

b. Only **-ir** verbs that are stem-changing verbs in the present tense are also stem-changing verbs in the preterite. Verbs of this type include the following.

ie, i *Verbs*

divertirse	*to have a good time*
preferir	*to prefer*
sentirse	*to feel*

i, i *Verbs*

despedirse	*to say good-bye*
pedir	*to request, ask, order*
repetir	*to repeat*
servir	*to serve*
vestirse	*to get dressed*

ue, u *Verbs*

dormir	*to sleep*
dormirse	*to go to sleep*
morir	*to die*

En contexto

Jaime Aguilar	¿Por qué se acostó tan tarde?
Sospechoso	Porque fui a una fiesta latina donde **me divertí** mucho.
Jaime Aguilar	Después de acostarse, **¿se durmió** Ud. inmediatamente?
Sospechoso	No, **me dormí** después de leer.

Warm-up 1: Preterite tense **yo: divertirse / dormirse   nosotros: preferir / dormir   tú: despedirse / repetir   ellas: pedir / morir   Ud.: servir / vestirse**

Warm-up 2: Sustitución: *Antonio y yo nos divertimos en la fiesta.* su hija / los jóvenes y yo / tú / nosotros   *Fernanda se durmió tarde anoche.* Héctor / yo / nosotras / tú / todos

PRÁCTICA Y CONVERSACIÓN

A. **Entrevista personal.** Hágale preguntas a un(-a) compañero(-a) de clase.

Pregúntele si generalmente…

1. se duerme pronto.

2. se siente bien.

3. se viste rápidamente por la mañana.

4. pide leche con la comida.

5. se divierte en la clase de español.

6. se despide de sus compañeros al final de la clase de español.

7. repite el diálogo en el laboratorio.

B. **La rutina del sábado pasado.** Explíqueles a sus compañeros de clase lo que Ud. hizo el sábado pasado. Dígales cuándo Ud. se levantó, cuándo se vistió, adónde fue, si se divirtió y otras cosas. Describa por lo menos ocho actividades.

C. **La rutina estudiantil.** Después de hacer **Práctica B** y oír las actividades de sus compañeros, describa una típica rutina estudiantil para el sábado pasado. Explique el día en orden cronológico.

Variación A. Have students ask questions in the preterite by deleting **generalmente** from the question and adding **ayer** to the end of the question. **MODELO: 1. Pregúntele a un(-a) compañero(-a) si se durmió pronto ayer.**

Variación B: Each student writes down 8 activities of last Saturday. Then, with a partner each person asks questions to guess 5 of the 8 activities on the partner's list.

Composición C: Write a paragraph of 8–10 sentences on what students did last Saturday.

TALKING ABOUT OTHER PEOPLE

Uses of the Indefinite Article

In Spanish as in English the indefinite article points out one or several nouns that are not specific.

Una mujer rica fue asesinada.   *A rich lady was murdered.*

El detective habla con **unos** sospechosos.   *The detective talks with some suspects.*

a. Sometimes the indefinite article is not used in Spanish as it is in English.

1. After forms of **ser** or **hacerse** meaning *to become,* the indefinite article is omitted before an unmodified noun denoting profession, nationality, religion, or political beliefs.

El Sr. Pérez **se hizo abogado.**   *Mr. Pérez became a lawyer.*

Enrique **es español.**   *Enrique is a Spaniard.*

Fue protestante, pero ahora **es católica.**   *She was a Protestant, but now she's a Catholic.*

El nuevo presidente **es republicano.**   *The new president is a Republican.*

2. However, when such nouns are modified, the indefinite article is used.

El Sr. Pérez **se hizo un abogado famoso.**   *Mr. Pérez became a famous lawyer.*

Enrique es **un español que estudia en nuestra universidad.**   *Enrique is a Spaniard who studies in our university.*

Have students locate examples of usage of the indefinite article in the dialogue of the **Presentación.**

b. The indefinite article is never used with forms of **otro** = *another.*

Voy a ponerme **otro** suéter.   *I'm going to put on another sweater.*

En contexto

Jaime Aguilar   ¿A qué se dedica Ud.?

Sospechoso   **Soy joyero.** Tengo **una** joyería en el centro.

Warm-up: Sustitución. Have students add adjectives to the phrases and make all necessary changes. **MODELO: Federico es profesor. (excelente). Es un profesor excelente. 1. Jaime Aguilar es detective. (mexicano) 2. El sospechoso es joyero. (rico) 3. Carmen es puertorriqueña. (que vive en Nueva York) 4. Meryl Streep es actriz. (famosa) 5. Mi hija se hizo arquitecta. (de centros comerciales)**

Point out: Students should pick very famous people that classmates are likely to be familiar with.

PRÁCTICA Y CONVERSACIÓN

A. Entrevista personal.   Hágale preguntas a un(-a) compañero(-a) de clase.

Pregúntele…

1. quién en su familia es republicano y demócrata.

2. si su madre es una abogada famosa.

3. a qué se dedica su padre.

4. de qué nacionalidad son sus abuelos.

5. si necesita otro abrigo para el invierno. ¿Qué otra ropa?

B. ¿Quién soy yo?   Pretend that you are a famous person. Give one general clue at the beginning of the activity as to your profession. Your classmates must then guess who you are by asking appropriate yes-no questions.

MODELO

Usted: **Soy actor. ¿Quién soy yo?**
Compañero(-a):   **¿Es Ud. un actor famoso?**
¿Es Ud. moreno / alto / guapo?
¿Es Ud. Tom Hanks?

PRESENTACIÓN   **VOCABULARIO EN CONTEXTO**

ponerse = to put on   Mami, ¿qué **me pongo?**

Point out: When the mother speaks to both children to tell them what to do, she uses the **Uds.** command forms.

Point out: El pijama is a masculine word even though it ends in **-a.** It is used in the singular in Spanish and in the plural in English.

Laura	Mami, ¿qué nos ponemos?
Madre	**Pónganse** las camisetas verdes con los jeans y un suéter.
Laura	Hoy yo voy a salir a jugar en la **nieve** y Julito también.
Madre	Si van **afuera,** tienen que ponerse el abrigo, la **bufanda,** los **guantes** y el **sombrero.**
Laura	¡Pero mamá! **Nadie** lleva **tanta** ropa cuando sale a jugar.
Madre	No **se quejen.** ¡Vamos, no **se sienten** allí sin hacer nada! **¿Quítense** la **bata,** el **pijama** y las **pantuflas** y vístanse para ir a jugar!
Laura	Sí, pero ¿qué hago yo? No tengo nada que **me quede** bien. Todo **me va chico** o no me gusta.

Put on

snow

outside / scarf / gloves
hat

No one / so much

quejarse = *to complain* / **sentarse** = *to sit* / **quitarse** = *to take off / robe / pajamas / slippers*

fits me / is too small for me

Check comprehension by asking the following questions: **¿Qué se van a poner Julito y Laura hoy? ¿Qué quieren hacer los chicos hoy? ¿Qué deben ponerse para jugar en la nieve? ¿Qué llevan ellos ahora? ¿Se viste Laura rápidamente? ¿Por qué no?**

PRÁCTICA Y CONVERSACIÓN

A. La fiesta de disfraces (*Costume party*). Estos amigos van a una fiesta de disfraces. ¿Qué lleva cada uno de ellos?

Sonia **Arturo** **Marcos**

B. Mi ropa favorita. Descríbale a su compañero(-a) la ropa que le gusta llevar.

—¿Cómo me queda?
—¡Fantástico!

DISCUSSING CLOTHING

The following are some expressions used to describe how well or how badly an article of clothing fits you.

¿Cómo me queda?	*How does it look on me?*
La chaqueta te queda bien.	*The jacket suits you.*
Los guantes me quedan grandes/largos.	*The gloves are big/long for me.*
¿Cómo te va el sombrero?	*How does the hat fit you?*
El sombrero me va bien.	*The hat fits me well.*
Los pantalones me van chicos.	*The pants are small for me.*

To ask how something looks on someone, you use the following constructions.

subject + indirect object pronoun + **quedar**
subject + indirect object pronoun + **ir**

Another way of describing how something fits you or another person is with the verb **ser.**

La falda es angosta.	*The skirt is tight.*
Estos zapatos son anchos para mí.	*These shoes are wide for me.*

PRÁCTICA Y CONVERSACIÓN

A. En la tienda de ropa.   Diferentes personas están en una tienda y se prueban ropa. ¿Cómo les queda? Siga el modelo. Haga todos los cambios necesarios.

MODELO   la bufanda / quedar / corto / a ella
La bufanda le queda corta.

1. la bata / quedar / chico / a él
2. el pijama / ir / bien / a él
3. las pantuflas / quedar / grande / a ti
4. la chaqueta / ir / corto / a mí

5. el abrigo / ser / ancho / para él
6. la camiseta / ir / largo / a ti
7. los zapatos / ser / angosto / para mí
8. el sombrero / quedar / mal / a mí

B. Diálogo guiado.   Su amigo(-a) tiene ropa de invierno para dar. Ud. se prueba (*try on*) la ropa para ver si puede usarla. Haga el siguiente diálogo con un compañero(-a). Una persona hace el papel de A y la otra el de B.

ESTUDIANTE A	ESTUDIANTE B
1. Ask what he/she has in the box (**caja**).	1. Answer that you have some winter clothes to give away.
2. Ask if you may see them.	2. Consent. Show him/her a tee shirt, a pair of gloves, a hat, and a gray coat.
3. Ask if you may try the gray coat on.	3. Agree. Tell him/her that you think that you wear the same size.
4. Tell B that it fits you well.	4. Tell A that it suits him/her. Ask A if he/she likes it.
5. Tell B that you like it very much.	5. Tell A that he/she can have it.
6. Thank him/her. Express excitement.	6. Respond.

A ESCUCHAR

Pilar and Aurora are discussing clothing. Listen to their conversation and then correct the following false statements according to the dialogue.

1. Pilar va a ir a una fiesta de cumpleaños.

2. Pilar necesita un vestido elegante; por eso va a ir de compras a los Almacenes Roque.

3. Aurora le va a prestar un abrigo.

4. El vestido azul le queda muy bien porque es su color favorito.

5. El vestido rojo le va grande.

6. El vestido negro tiene una falda angosta.

7. Pilar no tiene vestido para ir a la fiesta.

8. La fiesta es el domingo.

¿Qué ropa para el invierno venden en esta tienda? ¿De qué país es la ropa?

ESTRUCTURAS

GIVING COMMANDS

Formal Commands

In order to tell people what to do, you will need to learn the command form of the verb. Spanish has a separate command form for each type of *you:* **tú, Ud.,** and **Uds.** To give a command to one person with whom you use the **Ud.** form or to more than one person you address with **Uds.,** you would use the following forms.

FORMAL COMMANDS			
	Verbs ending in - ar like **LAVAR**	*Verbs ending in - er like* **BEBER**	*Verbs ending in -ir like* **ESCRIBIR**
Singular (Ud.)	lave	beba	escriba
Plural (Uds.)	laven	beban	escriban

a. To form the **Ud.** and **Uds.** commands of regular verbs

1. Obtain the stem by dropping the **-o** ending from the first-person singular of the present tense.

   lavar: lavo > lav-   beber: bebo > beb-   escribir: escribo > escrib-

2. To this stem add the endings **-e / -en** for **-ar** verbs and **-a / -an** for **-er** and **-ir** verbs.

   lav- > lave / laven   beb- > beba / beban   escrib- > escriba / escriban

b. Most verbs such as **salir** that are irregular in the present tense form the formal command in a regular manner, that is, the **yo** form is used for the stem.

   salir (salgo) > salga / salgan

c. Stem-changing verbs form the formal command in a regular manner; that is, the **yo** form is used for the stem.

   cerrar (ie: cierro) > cierre / cierren   volver (ue: vuelvo) > vuelva / vuelvan
   repetir (i: repito) > repita / repitan

d. Some regular commands will have spelling changes in the stem.

1. With verbs ending in **-gar,** such as **llegar,** the **g → gu.**

   llegar > llegue / lleguen

2. With verbs ending in **-car,** such as **buscar,** the **c→ qu.**

   buscar > busque / busquen

3. With verbs ending in **-zar,** such as **empezar,** the **z → c.**

   empezar (ie) > empiece / empiecen

e. The verbs with irregular formal command stems are **dar, estar, ir, saber,** and **ser.** You must learn these forms individually.

DAR	dé / den	*IR*	vaya / vayan	*SER*	sea / sean
ESTAR	esté / estén	*SABER*	sepa / sepan		

NOTE: The **Ud.** command of **dar** has a written accent mark to distinguish it from the preposition **de.** Both the **Ud.** and **Uds.** commands of **estar** have written accent marks.

Place **no** before an affirmative command to make it negative.

No pongan la radio ahora.   *Don't turn on the radio now.*

g. The use of the pronoun **Ud.** and **Uds.** is optional. When used, they follow the command and make it more polite.

Vengan Uds. aquí el sábado.   *Come here on Saturday.*

h. Object and reflexive pronouns must be attached to the end of affirmative commands. A written accent mark is placed over the stressed vowel of commands of more than one syllable when the object or reflexive pronoun is attached.

Pónganse las camisetas verdes.   *Put on your green tee shirts.*
¡Hágalo ahora!   *Do it now!*

i. Object and reflexive pronouns must precede negative commands.

No se pongan los suéteres nuevos.   *Don't put on your new sweaters.*
No lo hagan después.   *Don't do it later.*

En contexto

Madre   Bueno, **no se sienten** allí sin hacer nada. **Quítense** la bata, el pijama y las pantuflas y **vístanse** para ir a jugar.

PRÁCTICA Y CONVERSACIÓN

A. Un(-a) paciente cansado(-a).   Ud. es doctor(-a) y uno(-a) de sus pacientes es muy gordo(-a) y siempre está muy cansado(-a). Conteste las preguntas de su paciente diciéndole (*telling him/her*) lo que debe hacer o no debe hacer para mejorarse (*to get well*).

MODELO   trabajar los fines de semana
               Compañero(-a):   **¿Debo trabajar los fines de semana?**
                        Usted: **No, no trabaje (Ud.) los fines de semana.**

1. descansar todas las tardes   5. comer mucho helado
2. fumar   6. comenzar a bajar de peso
3. dormir ocho horas cada noche   7. hacer ejercicio
4. ver más a mi familia   8. beber mucho vino

Have students form **Ud.** / **Uds.** commands: **Ud.**: comprar / salir / dar / beber / saber / escribir   **Uds.**: ser / llegar / estar / aprender / ir / hacer

Have students form affirmative/negative commands. Affirmative **Ud.** commands: **levantarse / ponerse / divertirse / afeitarse** Negative **Ud.** commands: **preocuparse / acostarse / vestirse / arreglarse**

Variación A: Have students use direct object pronouns when possible. **¿Debo comer mucho helado? No, no lo coma.**

B. Los gemelos (*Twins*). Ud. es la madre / el padre de dos pequeños gemelos muy traviesos (*mischievous*). Dígales a los gemelos lo que no deben hacer formando mandatos según el modelo.

MODELO		despertarse temprano
	Compañero(-a):	Mami/Papi, queremos despertarnos temprano.
	Usted:	¡No, por favor! ¡No se despierten temprano!

1. levantarse a las 5
2. quitarse la ropa
3. ponerse la ropa de papá
4. afeitarse
5. bañarse con el perro
6. vestirse para una fiesta

C. En la universidad. Déles consejos (*advice*) a unos amigos que van a matricularse (*to enroll*) en la universidad. Dígales cuándo y con qué frecuencia deben hacer varias cosas para tener éxito (*to be successful*) en la universidad.

DENYING AND CONTRADICTING

Indefinite and Negative Expressions

You have already learned to deny or contradict a statement by using the words **no** and **nunca.** There are many other negative words and phrases such as *no one, nothing,* or *neither* that deny the existence of people and things. These negatives are frequently contrasted with indefinite words and phrases such as *someone, something,* or *either* that refer to nonspecific people and things.

INDEFINITE EXPRESSIONS		NEGATIVE EXPRESSIONS	
algo	*something*	nada	*nothing*
alguien	*someone*	nadie	*no one, nobody*
algún	*any, some, someone*	ningún	*no, none, no one*
alguno(-a)		ninguno(-a)	
algunos(-as)			
siempre	*always*	nunca	*never*
también	*also, too*	tampoco	*neither, not . . . either*
o... o	*either . . . or*	ni... ni	*neither . . . nor*

a. When a negative expression precedes the verb the following pattern is used.

Negative + Verb phrase

Nunca me levanto tarde.

Nadie lleva tanta ropa.

I never get up late.

No one wears so much clothing.

Point out: Spanish frequently uses a double negative where English does not. **No quiero comer nada.** = *I don't want to eat anything.*

When a negative expression follows the verb the pattern is

No + Verb phrase + Negative

No me levanto tarde **nunca.**   *I never get up late.*

No veo a **nadie.**   *I don't see anyone.*

b. Indefinite expressions are frequently used in questions while the negative expressions often occur in answers.

—¿Quieres comer **algo?**   *Do you want to eat something?*

—No, no quiero comer **nada.**   *No, I don't want to eat anything.*

—¿Quieres ponerte el suéter **o** el abrigo?   *Do you want to put on your sweater or your coat?*

—**No** quiero ponerme **ni** el suéter **ni** el abrigo.   *I don't want to put on either the sweater or the coat.*

Point out: Nunca is the standard negative of **algún día. Ningún día** is not standard Spanish.

c. **Algún** and **ningún** are used before masculine singular nouns.

Algún día voy a comprar un coche magnífico.   *Someday I'm going to buy a wonderful car.*

Forms of **alguno** may be used in the singular or plural; forms of **ninguno** are generally used only in the singular.

Supplemental grammar: Ningunos(-as) is used with words that exist only in the plural: **No tengo ningunos pantalones amarillos. No tengo ningunas gafas francesas.**

—¿Vas a comprar **algunos** suéteres para el invierno?   *Are you going to buy some sweaters for the winter?*

—No, no voy a comprar **ningún** suéter para el invierno.   *No, I'm not going to buy any sweaters for the winter.*

d. **También** is used to confirm an affirmative statement.

—Siempre me arreglo rápidamente.   *I always get ready quickly.*

—**Yo también.**   *Me too. (I do too.)*

Tampoco is used to confirm or agree with a negative statement.

—No puedo levantarme temprano.   *I can't get up early.*

—**Yo tampoco.**   *Me neither. (Neither can I.)*

En contexto

Madre   Vístanse para ir a jugar.

Laura   Sí, pero ¿qué hago yo? **No** tengo **nada** que me quede bien. Todo me va chico **o** no me gusta.

PRÁCTICA Y CONVERSACIÓN

A. Yo también. Para ser simpático(-a) Ud. siempre se pone de acuerdo con (*agree with*) todo lo que dice su compañero(-a). Confirme las siguientes oraciones.

> **MODELO** Compañero(-a): No puedo levantarme temprano.
> Usted: **Yo tampoco.**

1. Me preocupo mucho por mis clases.
2. Siempre me divierto en las fiestas estudiantiles.
3. No puedo comer mucho por la mañana.
4. No me gusta quejarme de mi familia.
5. Siempre me pongo algo informal para ir a clase.

Variación A: Students should please the instructor by agreeing with what you say. Instructor should add personal sentences to items in A. **MODELO: Me arreglo en 15 minutos todos los días. Nunca manejo rápidamente. Siempre digo la verdad. No me despierto fácilmente.**

B. ¿Cómo es Felipe? Un(-a) compañero(-a) de clase y Ud. hablan de Felipe, otro compañero de clase. Pero su compañero(-a) siempre contradice (*contradicts*) todo lo que Ud. dice.

> **MODELO** Usted: Felipe siempre estudia en la biblioteca.
> Compañero(-a): **No, Felipe nunca estudia en la biblioteca.**

1. Felipe siempre se levanta tarde.
2. Tiene muchos primos en la universidad.
3. Siempre se viste bien.
4. Se pone una chaqueta y pantalones o un traje para ir a clase.
5. También lleva corbata.
6. Es muy activo —siempre hace algo.

C. Entrevista personal. Hágale preguntas a un(-a) compañero(-a).

Pregúntele…
1. si se levanta tarde los sábados. ¿y los domingos también?
2. si tiene algunos amigos en Bolivia.
3. si sale con alguien todas las noches.
4. si siempre se pone un vestido / un traje para ir a clase.
5. si tiene algo que hacer esta noche. ¿y mañana?
6. si practica el español antes o después de clase.

Puente Cultural

El paseo

**Las Ramblas,
Barcelona, España**

to go for a stroll

vicinity
display windows

chat / flirt
open-air café
dusk

El paseo es una costumbre muy común en todo el mundo hispano. A todos, grandes y niños, jóvenes y viejos les encanta salir de paseo° por la calle principal de la ciudad o del pueblo. Antes y después de la cena es cuando todos aparecen en la plaza central y en las calles a su alrededor.° Los padres caminan lentamente mientras miran los escaparates.° Los niños se divierten corriendo entre sus padres y su grupo de amigos. Y los jóvenes salen en grupos de amigos para charlar° y coquetear.° Muchas veces el paseo termina en un café al aire libre° donde se sientan a tomar un refresco y descansar. Si Ud. visita una ciudad o pueblo hispano debe pasear por la plaza principal al atardecer° para conocer mejor el espíritu de fiesta hispano.

COMPRENSIÓN CULTURAL

Complete las siguientes oraciones con la información del **Puente cultural.**

1. El paseo es una costumbre muy común _____.
2. A _____ les encanta salir de paseo.
3. Todos aparecen en la plaza central _____.
4. Los padres caminan _____ y miran _____.
5. _____ corren entre sus padres y _____.
6. Los jóvenes salen _____ para _____ y coquetear.
7. Muchas veces el paseo termina en _____. Allí todos _____ para tomar _____ y _____.
8. Para conocer mejor el espíritu de fiesta hispano un(-a) turista debe _____.

Videocassette segment to accompany this section; see Viewer's Guide in the Instructor's Resource Manual, Chapter 8.

Have students locate the countries of Central America on the map provided here or in the front of the student textbook. Have students locate the major cities within the countries as well.

EL MUNDO HISPANO ▸ CENTROAMÉRICA

El volcán Arenal, Costa Rica

Centroamérica	
Países	Costa Rica, Guatemala, El Salvador, Honduras, Nicaragua, Panamá
Población	25.000.000 de habitantes
Economía	Productos agrícolas, café, turismo
Ciudades	Costa Rica: San José; Guatemala: Ciudad de Guatemala; El Salvador: San Salvador; Honduras: Tegucigalpa; Nicaragua: Managua; Panamá: Ciudad de Panamá.
Moneda	Costa Rica y El Salvador: el colón; Guatemala: el quetzal; Honduras: el lempira; Nicaragua: el nuevo córdova; Panamá: el balboa.
Geografía y clima	Centroamérica es el puente (*bridge*) entre la América del Norte y la América del Sur. Tiene una costa tropical y una región montañosa de clima templado.

Comprehension check: Ask students: ¿Cuál es la capital de Costa Rica / El Salvador / Guatemala / Honduras / Nicaragua / Panamá? ¿Cómo son la geografía y el clima de Centroamérica? ¿Cuál es su población? ¿En qué se basa la economía? ¿Cuál es la moneda de cada país?

PARA LEER BIEN • Cognates: Words ending in -*dad* and -*tad*

The Spanish endings **-dad** and **-tad** correspond to the ending -*ty* in English. Recognition of this suffix will help you discover the meaning of many words that are similar in both languages.

PRÁCTICA

¿Cómo se dice en inglés?

1. la claridad
2. la libertad
3. la solidaridad
4. la autenticidad
5. la formalidad
6. la realidad
7. la capacidad
8. la vanidad
9. la universidad

LECTURA CULTURAL

La dignidad

Uno de los valores° tradicionales más importantes de la cultura hispana es «la dignidad de la persona». Éste es un concepto básico del espíritu hispano que se refiere a la convicción profunda° que cada persona tiene su propio° valor° como ser humano.°

El amor propio° del hispano se puede observar en su forma de hablar, de vestirse, de arreglarse, de comportarse° y de tratar° a otras personas. En el lenguaje, por ejemplo, se usan títulos como «don», «doña», «profesor» o «ingeniero» en toda conversación. Existe además una tendencia a usar frases y expresiones indirectas y diplomáticas para no ofender o ser descortés.°

Algunos jóvenes se rebelan contra la formalidad estricta de sus padres y abuelos. Para ellos la dignidad se expresa de otra forma. Ellos buscan una autenticidad que no sea superficial, una forma de ser que no sea exterior, sino interior.

Finalmente, la dignidad es también algo que va más allá de lo personal. Es el orgullo° de sentirse identificado° con un grupo. Para los mexico-americanos es «la raza», para los hispanoamericanos es «la patria°», para los españoles es «su región» y para todos en general es «la familia».

values

deep / own / worth
human being
self-esteem
behaving / treating

discourteous

pride / identified
country

PRÁCTICA Y COMPRENSIÓN

¿Comprende Ud.?   Indique la frase que **no** complete la oración correctamente.

1. Una idea principal de la **Lectura cultural** es
   a. el amor propio de los hispanos.
   b. la importancia de la dignidad.
   c. el uso de títulos en una conversación.

2. En la cultura hispana, la dignidad de la persona es un valor
   a. importante.
   b. tradicional.
   c. nuevo.

3. La dignidad se puede ver en
   a. los jóvenes rebeldes.
   b. el trato con otras personas.
   c. el lenguaje.

4. Los hispanos se expresan con frases indirectas porque
   a. no quieren ser descorteses.
   b. no quieren ofender a la otra persona.
   c. no les gusta la claridad en la conversación.

5. Algunos jóvenes buscan
   a. la autenticidad.
   b. la dignidad interior.
   c. la formalidad de sus padres y abuelos.

6. La dignidad es parte del orgullo que se siente por
   a. la familia.
   b. el grupo.
   c. la casa.

ACTIVIDADES

Grammar incorporated A: Preterite tense of reflexive verbs **B:** Preterite tense of reflexive verbs **C:** Formal commands; reflexive verbs

Vocabulary incorporated A: Daily routine; expressions of sequence **B:** Daily routine; expressions of sequence; descriptions of clothing **C:** Daily routine; clothing

A. La residencia estudiantil por la mañana.   You are a reporter for a talk show and are spending a week on a college campus. This morning you are in a co-ed dorm. As the students leave the dorm for class, interview five of them to find out what they did to get ready for class. You only have about one minute per interview; prepare interesting questions to find out when they got up, what they put on and why, what they did and how long they took to get ready for class.

B. La residencia estudiantil por la noche.   Later that evening interview five people as they leave the dorm for a party. Find out the same information. Comment about their clothing and describe the differences in their morning and evening routines.

C. Para vestirse bien.   You are conducting a workshop for college students on good grooming. Three students will ask you how to prepare for the following situations: a job interview, a special date, to impress fellow classmates. Tell them what to do to get ready, what to wear, and how to have a good time.

PARA ESCRIBIR BIEN • Sequencing Events

When writing about events in the present or past, you often need to explain in what order the various activities take or took place. The following expressions can be used to indicate the proper sequence of activities.

primero	*first*
antes de + *inf.*	*before* + *-ing* form of verb
el primer día / mes / año	*the first day / month / year*
la primera hora / semana	*the first hour / week*
la segunda hora / semana	*the second hour / week*
el tercer día / mes / año	*the third day / month / year*
luego / después	*then / later / afterwards / next*
más tarde	*later*
después de + *inf.*	*after* + *-ing* form of verb
a la(-s) _____	*at* _____ *o'clock*
por fin / finalmente / por último	*finally / last*

COMPOSICIONES

Point out: The expressions taught in the **Así se habla** section of **Capítulo 8, Primer encuentro** can be used for oral and written sequencing.

A. La residencia estudiantil por la noche.   After completing **Actividad B** orally, write up your interviews as an article for the Hispanic student newspaper. Place the activities in the proper sequence.

B. El diario.   Write a one-page diary entry for yesterday. Explain in the proper sequence the things that you did. Include your daily routine.

Vocabulario activo

La ropa

el abrigo	coat
la bata	robe
la bufanda	scarf
el guante	glove
la pantufla	slipper
el pijama	pajamas
el sombrero	hat

El cuerpo — The body

la cabeza	head
la cara	face
el diente	tooth
la mano	hand
el pelo	hair

Otros sustantivos

el anillo	ring
el despertador	alarm clock
la ducha	shower
la nieve	snow

La rutina diaria — Daily routine

acostarse (ue)	to go to bed
afeitarse	to shave
arreglarse	to get ready
bañarse	to take a bath
cepillarse	to brush (oneself)
despertarse (ie)	to wake up
dormirse (ue, u)	to go to sleep
ducharse	to take a shower
lavarse	to wash (oneself)
levantarse	to get up
maquillarse	to put on makeup
peinarse	to comb one's hair
ponerse	to put on
quitarse	to take off
secarse	to dry (oneself)
vestirse (i, i)	to get dressed

Otros verbos

dedicarse a	to devote oneself to
desayunar	to have breakfast, eat breakfast
descubrir	to discover
despedirse (de) (i, i)	to say good-bye
divertirse (ie, i)	to have a good time
hacerse	to become
irse	to go away, leave
llamarse	to be called, be named
morir (ue, u)	to die
preocuparse (por)	to worry (about)
quejarse (de)	to complain (about)
sentarse (ie)	to sit down
sentirse (ie, i)	to feel
sonar (ue)	to ring

Adverbios

completamente	completely
fácilmente	easily
finalmente	finally
frecuentemente	frequently
inmediatamente	immediately

Otras expresiones

a la semana	per week; a week
A sus órdenes.	At your service.
afuera	outside
ancho	wide
angosto	tight, narrow
de vez en cuando	from time to time
entendido	understood
Es todo por ahora.	That's all for now.
luego	then, afterwards
Me queda bien.	It looks good on me.
Me va chico.	It's small on me.
perezoso	lazy
por último	finally
por última vez	for the last time
primero	first
tanto(-a) tantos(-as)	so much so many
tener prisa	to be in a hurry
último	last (in a series)

CAPÍTULO 9

La vida estudiantil

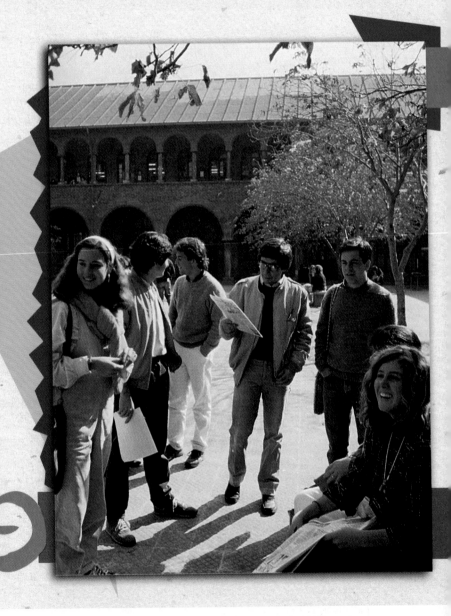

Santiago, Chile

➤ Cultural Themes

High school and university educational systems

El Paraguay y el Uruguay

➤ Communicative Goals

Talking about how life used to be

Primer encuentro

Talking about past routine

Discussing and describing past actions

Segundo encuentro

Así se habla: Expressing sympathy and giving encouragement

Talking about how life used to be

Describing previous friends and activities

Describing life in the past

Tercer encuentro

Así se habla: Changing direction in a conversation

Indicating to whom or for whom actions are done

Expressing endearment

Cuarto encuentro

Para leer bien: Words with the same root

Lectura cultural: *Asignatura pendiente*

Para escribir bien: Describing events in the past

- What schools or colleges are part of typical large universities in our culture?

- What is the relationship between students and faculty members like in our culture? On your campus?

- Do students in our culture have political power? How do students try to influence the actions of politicians and others in positions of authority?

- In English, what verb forms are used to talk about what life was like in the past? *When I **was** little, I **used to go** to the park every day. I **would** always **play** on the swings.*

- What are some expressions used to express sympathy? What are some expressions used to encourage someone to keep trying despite setbacks?

- What part of speech is used to indicate to whom or for whom actions are done? *My friend Elena did **me** a favor and so I sent **her** some flowers.*

- When speaking to or about children, what endings are often added to names and words to make them seem more appealing? ***Johnny,** look at the **kitty** over there.*

Warm-up: Explain that the **Universidad del Litoral** is located in Argentina. Then ask the following general questions: **¿Qué facultades hay en la Universidad del Litoral? ¿Qué facultades hay en nuestra universidad? ¿En qué facultad quisieras estudiar en el futuro? ¿En qué facultad estudias ahora?**

PRESENTACIÓN **VOCABULARIO EN CONTEXTO**

La Universidad del Litoral

Colleges of:

1. Journalism
2. Fine Arts
3. Political Science
4. Education
5. Law
6. Psychology & Sociology
7. Pharmacy
8. Medicine
9. Engineering
10. Architecture
11. Philosophy & Letters = Liberal Arts
12. Economics

Supplemental vocabulary: la anatomía / la antropología / la contabilidad / la física / la literatura

Check comprehension by asking the following questions: **¿A qué universidad va a asistir Alicia? ¿Por qué no puede seguir la carrera de Administración de Empresa? ¿En qué carrera se matriculó? ¿Cuántos años tiene que estudiar ella?**

Point out: The verb **seguir** = *to follow, pursue* is used with the name of a course of study or career.

Alicia pensaba° **seguir** la **carrera** de **Administración de Empresas** pero en la Universidad del Litoral no tienen esa **especialización.** Entonces Alicia **se matriculó** en **Programación de Computadoras** y va a tomar **cursos** en la **Facultad** de **Ciencias Exactas.** ¡Tiene cinco años de **estudios!** Ella es buena alumna y va a **graduarse** con medalla de honor.°

was thinking of / to pursue / career
Business Administration
major
matricularse = *to register*
Computer Programming / courses
School / Natural Sciences
studies
to graduate / honors

Comentarios lingüísticos y culturales

a. **La facultad** and **el colegio** are false cognates. **La facultad** refers to a school or college within a university. **El colegio** in some countries refers to a college preparatory high school, while in other countries it can mean *elementary school*. **El instituto** or **el liceo** are other words used for *high school* within the Hispanic world. When referring to the type of high school typically found in the U.S., the phrase **la escuela secundaria** is normally used.

Después de graduarme **del Instituto San Lorenzo** pienso matricularme en **la Facultad de Farmacia** en la universidad.

b. Another false cognate is the word **la carrera.** In Spanish one's career begins when one enters the university because professional training starts in the freshman year.

Sigo la carrera de medicina.   *I am pursuing a career in medicine.*

PRÁCTICA Y CONVERSACIÓN

A. Las facultades.   Mire el mapa de la Universidad del Litoral y decida en qué facultades estudiaron estas personas.

1. La Srta. Muñoz, abogada
2. Carlos Díaz, arquitecto
3. La Sra. Martínez, artista
4. La Dra. Fuentes, profesora de literatura italiana
5. El Dr. Salazar, médico
6. El Sr. Reyes, ingeniero eléctrico

If desired, make and use a transparency of the map of the **Universidad del Litoral** to complete exercise A.

B. La vida estudiantil.   Conteste estas preguntas personales.

1. ¿Cuántas facultades hay en su universidad? ¿Cuáles son?
2. ¿En qué facultad estudia Ud.?
3. ¿Necesita Ud. seguir cursos de matemáticas? ¿de ciencias? ¿de sicología?
4. ¿Qué carrera sigue Ud. ahora?
5. Para Ud., ¿qué cursos son más difíciles: los cursos de letras o los cursos de ciencias?
6. ¿Cuál es su especialización?
7. ¿Cuándo piensa graduarse?

C. ¿Qué carrera quieres seguir?   Elija (*Choose*) una de estas carreras. Planee los años de estudio que va a tener y explique por qué eligió esa carrera. Trabajen en parejas.

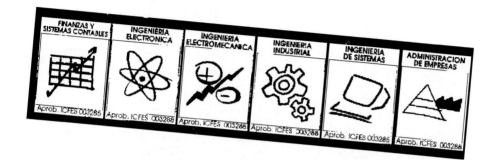

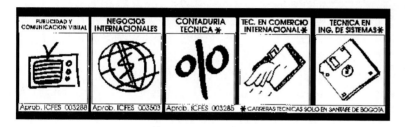

Sonidos . . . *ga, go, gu*

At the beginning of a word or group of words or after **n** or **m,** the Spanish **g** + a consonant or the vowels **a, o,** or **u** is pronounced like the *g* in the English word *gas.* The sound is represented phonetically as [g].

In other positions the **g** + consonant or **a, o, u** is pronounced like the *g* in the English word *sugar;* it is represented phonetically as [ǥ].

PRÁCTICA

Escuche y repita después de su profesor(-a).

[g]   graduarse **G**ustavo gracias ganga gordo

[ǥ]   seguir programación Uruguay Paraguay amigo

[g] and [ǥ] Alicia **G**ómez sigue cursos de Programación de Computadoras.
     Gustavo va a graduarse en agosto.

Reminder: All **Sonidos** sections are repeated on tape in the **Manual de laboratorio.** If you are short on class time at this point, have students complete this section on their own.

Have students find examples of /g/ and /ǥ/ in the **Presentación.**

Have students read the narration of the **Presentación** paying particular attention to the /g/ and /ǥ/ sounds.

ESTRUCTURAS

TALKING ABOUT PAST ROUTINE

Imperfect of Regular *-ar* Verbs

Spanish has two simple past tenses: the preterite, which you have already learned, and the imperfect. The imperfect is used to talk about repetitive past action and to describe how life used to be. The imperfect has two forms; there is one set of endings for regular **-ar** verbs and another set of endings for regular **-er** and **-ir** verbs.

IMPERFECT: REGULAR *-ar* VERBS		
ESTUDIAR	*PENSAR*	*MOSTRAR*
estudi**aba**	pens**aba**	mostr**aba**
estudi**abas**	pens**abas**	mostr**abas**
estudi**aba**	pens**aba**	mostr**aba**
estudi**ábamos**	pens**ábamos**	mostr**ábamos**
estudi**abais**	pens**abais**	mostr**abais**
estudi**aban**	pens**aban**	mostr**aban**

Point out: There is an accent mark on the first-person plural ending: **estudiábamos. Práctica: Repitan:** estudiábamos / pensábamos / mostrábamos / estábamos / trabajábamos.

a. To form the imperfect of regular **-ar** verbs, obtain the stem by dropping the infinitive ending: **estudiar** > **estudi-**. Add the endings that correspond to the subject: **-aba, -abas, -aba, -ábamos, -abais, -aban.**

b. Note that the first- and third-person singular forms use the same ending: **-aba.** It will frequently be necessary to include a noun or pronoun to clarify the subject of the verb.

Pedro siempre **estudiaba** en su cuarto   *Pedro always studied in his room,*
pero **yo estudiaba** en la biblioteca.   *but I studied in the library.*

c. There are no stem-changing verbs in the imperfect. Verbs that stem-change in the present and preterite are regular in the imperfect. Study the conjugation of **pensar (ie)** and **mostrar (ue)** in the chart.

Point out: The imperfect can also translate with *would. When we were in high school, we* **would** *go to a party every weekend.*

d. There are several possible English equivalents for the imperfect. Context will determine the best translation.

José estudiaba.   ⎧ *José was studying.*
                  ⎨ *José used to study.*
                  ⎩ *José studied.*

En contexto

did you used to do   Hijo   ¿Qué hacías° en la residencia?

          Padre   **Estudiábamos** mucho y a la hora de las comidas **nos sentábamos** alrededor
we sat around   de° la mesa y **hablábamos** de nuestros cursos y profesores.

PRÁCTICA Y CONVERSACIÓN

A. La rutina de Carlos. Un(-a) compañero(-a) de clase y Ud. comparan la rutina de Carlos de este semestre con su rutina del semestre pasado. Use el imperfecto para explicar lo que hacía el semestre pasado.

Warm-up 1: Uds.: mostrar / hablar / sentarse / cerrar   él: estar / comprar / ducharse / pensar   nosotros: acostarse / probar / celebrar / usar   yo: pagar / mirar / levantarse / encontrar   tú: peinarse / trabajar / tocar / jugar

MODELO	levantarse temprano

Warm-up 2: Sustitución. *Angela* siempre se despertaba temprano. nosotros / tú / Uds. / Ignacio / yo   A veces *Olga* no almorzaba porque estaba a dieta. yo / Julio y Tomás / tú / Andrea / Cristina y yo

Usted: **Este semestre Carlos se levanta temprano.**
Compañero(-a):   **Se levantaba temprano el semestre pasado también.**

1. trabajar en la Facultad de Ingeniería
2. acostarse a medianoche
3. mirar la televisión
4. manejar a clase
5. gastar mucho dinero
6. almorzar en la cafetería

B. El semestre pasado. Explique cinco cosas que Ud. hacía todos los días el semestre pasado. Compare su rutina con la de un(-a) compañero(-a).

C. Entrevista personal. Hágale preguntas a un(-a) compañero(-a) de clase sobre el semestre pasado.

Pregúntele…

1. dónde y con quién estudiaba generalmente.
2. si se quejaba de sus clases a menudo. ¿y de sus profesores?
3. si estaba de buena salud.
4. dónde encontraba a sus amigos después de clase.
5. si caminaba o manejaba a clase.
6. ¿?

DISCUSSING AND DESCRIBING PAST ACTIONS

Some Uses of the Imperfect

You have learned that the preterite is used to express actions or states of being which took place in a definite, limited time period in the past. In contrast, the imperfect is used to express ongoing or repetitive past actions or states of being that occurred in the past for an unspecified period.

Point out: Students will soon need to learn to distinguish the uses of the preterite and imperfect. Explain the importance of learning the uses of the imperfect now.

a. The common English equivalents of the imperfect are *used to* and *was/were +* the present participle (*-ing* form of the verb) as well as the simple English past (*-ed* form).

Ana **estudiaba** los verbos y Tomás y yo **practicábamos** el diálogo.
Ana was studying the verbs, and Tomás and I practiced the dialogue.

Yo siempre **hablaba** más.
I always used to talk more.

b. The imperfect is often used to describe how life used to be in the past.

Los estudiantes **se levantaban** temprano.
The students used to get up early.

Estudiaban inglés y español en el instituto.
They studied English and Spanish in high school.

c. The imperfect is used to express habitual or repeated past actions.

Todos los sábados **escuchaban**
discos compactos y **bailaban.**

*Every Saturday they listened to
CDs and danced.*

The words and phrases in the following list are generally associated with the imperfect because they indicate habitual or repeated past actions.

Point out: Any phrase in the list could be substituted for **todos los sábados** in the example: **Todos los sábados escuchaban discos y bailaban.** Have students make the substitution and then explain what the sentence means in English.

cada día/todos los días	day
cada semana/todas las semanas	week
cada mes/todos los meses	*every* month
cada año/todos los años	year
todos los lunes	*every* + day of the week: *every Monday*
los lunes	*on* + day of the week: *on Mondays*
generalmente/por lo general	*generally*
frecuentemente	*frequently*
siempre	*always*
a veces/algunas veces	*sometimes*
a menudo/muchas veces	*often*

d. The imperfect is used to express interrupted ongoing action in the past.

Cuando José entró, Marta
preparaba su tarea.

*When José entered, Marta was
preparing her homework.*

In this example Marta's preparing her homework is the interrupted action which was going on; the preparing was interrupted by José's entering.

En contexto

Hijo   ¿Qué **estudiaban** tus amigos en la universidad?

Padre   Muchos **estudiaban** derecho. Otros **pensaban** hacerse ingenieros o médicos. Y unos **estaban** en la Facultad de Bellas Artes.

PRÁCTICA Y CONVERSACIÓN

Point out: The imperfect is used for interrupted action in **Práctica A.**

A. La vida estudiantil.   ¿Qué hacían (*were doing*) estas personas cuando Ud. regresó a la residencia estudiantil?

MODELO   Eva y Norma / charlar
Cuando regresé a la residencia, Eva y Norma charlaban.

1. nadie / estudiar
2. Marcos / ducharse
3. Rebeca y Andrés / escuchar música rock
4. Laura / arreglarse para salir
5. Catalina / descansar en la sala
6. Javier / tocar la guitarra

B. La vida del pasado. Pregúntele a su abuela cómo era su vida cuando ella era joven.

Point out: The imperfect is used for describing in the past in **Práctica B.**

MODELO

mirar la televisión / nunca

Usted: **¿Mirabas la televisión?**

Compañero(-a): **Nunca miraba la televisión.**

1. llevar pantalones / casi nunca
2. ayudar a tu madre / todos los días
3. preparar la comida / muchas veces
4. practicar el piano / cada día
5. caminar a las tiendas / siempre
6. visitar a tus amigas / los sábados

C. El verano pasado. Think of seven things that you did repeatedly last summer. Ask a partner questions to try to guess four of the items on his/her list. Your partner will then ask you questions to try to guess four of the items on your list. When you have finished, explain to the class what your partner used to do last summer.

Variación C: Students could write a brief composition explaining what their partners used to do last summer.

Los estudiantes y la política

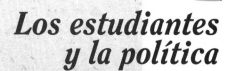

Have students discuss the photo by asking: **¿Qué hay en la foto? ¿Qué pasa?**

En general los estudiantes hispanoamericanos son muy conscientes° de los problemas sociales y económicos de sus países. Cuando hay malestar° social, ellos se hacen eco del problema con protestas, manifestaciones° y hasta huelgas° estudiantiles. Durante las huelgas los estudiantes publican° sus demandas y las facultades se cierran por uno o dos días y a veces hasta por semanas o meses.

aware
unrest
demonstrations / strikes
publicize

COMPRENSIÓN CULTURAL

Decida si las siguientes oraciones son **ciertas** o **falsas.** Luego corrija las oraciones falsas.

1. A los estudiantes hispanos sólo les interesan sus estudios.
2. Los estudiantes hispanos son conscientes de los problemas de su país.
3. Los estudiantes no hacen protestas porque son ilegales.
4. Los estudiantes se hacen eco del malestar social con manifestaciones y huelgas.
5. A veces las facultades se cierran por semanas o meses a causa de las huelgas.

¿Son diferentes los estudiantes hispanos de los estudiantes de su universidad? ¿En qué manera?

segundo encuentro

PRESENTACIÓN   **VOCABULARIO EN CONTEXTO**

I failed / subject   Suspendí° la asignatura°

Warm-up: If desired, make and use a transparency of the drawing. Ask students: **¿Qué hay en el dibujo? ¿Quiénes son los dos jóvenes? ¿Cómo están? ¿Por qué?**

Point out: The new verb forms are the imperfect of regular **-er** and **-ir** verbs or one of the three irregular imperfect verbs.

Point out: ayudar = *to help;* **asistir** = *to attend.* Students often confuse the two verbs.

Check comprehension by asking the following questions: **¿Por qué no quería Félix llegar tarde a la clase? ¿Cómo salió en el examen? ¿Por qué no sabía el problema que le tocó? ¿Cómo son los apuntes de Hilario?**

Hilario	¿Adónde ibas° con tanta prisa esta mañana?	*were you going*
Félix	Tenía° un examen de **física** y no quería° llegar tarde.	*I had / physics / I didn't want*
Hilario	¿Cómo te fue?	
Félix	Mal. Me **suspendieron** otra vez.	*suspender = to fail*
Hilario	**¡Qué pena!** Lo siento porque estudiaste mucho y merecías **aprobar.** ¿Qué **pasó?**	*What a shame! / to pass* *pasar = to happen*
Félix	Me tocó° un problema que no sabía.° Los muchachos me dijeron que el profesor lo explicó el viernes que estuve enfermo.	*I got / I didn't know*
Hilario	¡Qué mala suerte! Pero no es **el fin** del mundo. Si quieres, puedo **ayudarte.** Yo era° **miembro** del club de física en mi **escuela secundaria.**	*the end* *ayudar = to help / I was / member / high school*
Félix	Gracias. ¿Podrías prestarme° tus **apuntes?**	*Could you lend me / notes*
Hilario	Sí, cómo no. Están completos porque yo asistí a todas las **conferencias** que **dictó** el profesor González.	*lectures* *dictar = to give*
Félix	Gracias. Tengo que aprobar esta **materia** o no voy a recibir la **beca** que pedí.	*subject / scholarship*

Comentarios lingüísticos y culturales

a. Other false cognates associated with school are **asistir** = *to attend,* **la conferencia** = *lecture,* **la lectura** = *reading,* **pasar** = *to happen,* and **aprobar (ue)** = *to pass* (*a course or exam*).

b. The verb **dictar** meaning *to dictate* can also be used in idiomatic expressions: **dictar una clase/una conferencia** = *to give a class/lecture.*

c. **El (la) profesor(-a)** teaches in a university or high school. **El (la) maestro(-a)** teaches in an elementary school.

FICHAS PERSONALES DE CONOCIMIENTO

METODOS HOLISTICOS

NUEVAS TECNICAS PARA APRENDER MEJOR

¿Qué técnicas para aprender recomiendan aquí? ¿Qué técnicas usan Uds.?

PRÁCTICA Y CONVERSACIÓN

A. ¿El profesor o el estudiante?   ¿Quién hace estas actividades? Conteste con **el profesor** o **el estudiante.**

1. Dicta la clase.
2. Toma apuntes.
3. Queda suspendido.
4. Dicta la materia.
5. Escribe una composición.
6. Da una conferencia.
7. Suspende a los estudiantes que no estudian.
8. Recibe becas.

B. Mi semestre.   ¿Cómo es su semestre? Conteste las siguientes preguntas.

1. ¿Qué materias toma Ud. este semestre?
2. ¿Aprobó todas sus materias el semestre pasado?
3. ¿En qué materia quedó suspendido(-a)?
4. ¿Es Ud. miembro del club de español?
5. ¿Cuántas veces por semana asiste Ud. a la clase de español?
6. ¿Cuántas composiciones debe escribir para su clase de inglés?
7. ¿Qué es más importante en la clase de español: hablar en español o tomar apuntes?
8. ¿De qué organizaciones es Ud. miembro?

Así se habla

Videocassette segment to accompany this section; see Viewer's Guide in the Instructor's Resource Manual, Chapter 9

Have students locate the new phrases in the dialogue of the **Presentación.**

EXPRESSING SYMPATHY AND GIVING ENCOURAGEMENT

When someone tells us his/her sorrows or worries, it is expected that the other person will express sympathy or give encouragement. Here are some expressions that you can use in those circumstances.

CONMISERACIÓN	SYMPATHY
¡Cuánto lo siento!	*I'm so sorry!*
Lo siento mucho.	*I'm very sorry.*
¡Qué lástima!	*What a pity!*
¡Qué pena!	*What a shame!*
¡Qué mala suerte!	*What bad luck!*
¡Pobre! ¡Pobrecito(-a)!	*Poor thing!*

PARA DAR ÁNIMO	GIVING ENCOURAGEMENT
¡No se (te) preocupe(-s)!	*Don't worry!*
No es el fin del mundo.	*It's not the end of the world.*
No es para tanto.	*It's not so bad.*
No debe(-s) preocuparse(-te) tanto.	*You shouldn't worry so much.*
Podría ser peor.	*It could be worse.*
Ya vas a salir adelante.	*Soon you're going to make it.*

PRÁCTICA Y CONVERSACIÓN

A. Mis problemas. Ud. tiene muchos problemas. Cuénteselos (*Tell them*) a su compañero(-a). Él/Ella debe demostrarle simpatía y darle ánimo.

Dígale que…

1. no aprobó un examen importante.
2. perdió su trabajo.
3. no recibió la beca que esperaba.
4. no ganó el premio que esperaba.
5. no puede graduarse porque no tiene los créditos necesarios.
6. no puede pagar la matrícula porque perdió su dinero.

B. Las confidencias. Un(-a) amigo(-a) le cuenta (*tells*) los problemas que tiene en estos días. ¿Qué le dice Ud.? Trabajen en grupos de dos.

SONIDOS . . . j, ge, gi

Reminder: All **Sonidos** sections are repeated on tape in the **Manual de laboratorio.** If you are short on class time at this point, have students complete this section on their own.

The **x** in most words is not pronounced **j**.

The Spanish **j**, **g** before **e** or **i**, as well as the **x** in **México** and **Texas** are similar to the English *h* in *house*. However, in some Spanish dialects, the sound is more pronounced and similar to the sound you make when breathing on a pair of glasses to clean them.

PRÁCTICA

Escuche y repita después de su profesor(-a).

j	**j**oven **J**osé le**j**os relo**j** e**j**ercicio
ge, gi	in**ge**niería sicolo**gí**a pá**gi**na Ar**ge**ntina **ge**neralmente
x	México Texas mexicano
j, ge, gi, x	La profesora **J**iménez enseña sociolo**gí**a en un cole**gi**o. **G**eneralmente Ser**gi**o via**j**a a México en **j**unio.

ESTRUCTURAS ●

TALKING ABOUT HOW LIFE USED TO BE

Imperfect of Regular *-er* and *-ir* Verbs
The imperfect forms of **-er** and **-ir** verbs use a different set of endings than **-ar** verbs. All imperfect forms can be used to describe how life used to be.

IMPERFECT: REGULAR *-er* AND *-ir* VERBS			
APRENDER	***QUERER***	***ESCRIBIR***	***DORMIR***
aprend**ía**	quer**ía**	escrib**ía**	dorm**ía**
aprend**ías**	quer**ías**	escrib**ías**	dorm**ías**
aprend**ía**	quer**ía**	escrib**ía**	dorm**ía**
aprend**íamos**	quer**íamos**	escrib**íamos**	dorm**íamos**
aprend**íais**	quer**íais**	escrib**íais**	dorm**íais**
aprend**ían**	quer**ían**	escrib**ían**	dorm**ían**

a. To form the imperfect of regular **-er** and **-ir** verbs obtain the stem by dropping the infinitive ending: **aprender** > **aprend-.** Add the endings that correspond to the subject: **-ía, -ías, -ía, -íamos, -íais, -ían.**

b. Note that the first- and third-person singular forms use the same ending: **-ía.** It will frequently be necessary to include a noun or pronoun to clarify the subject of the verb.

> **Anita aprendía** francés mientras **yo aprendía** italiano.   *Anita was learning French while I was learning Italian.*

c. Note the use of the written accent mark on all forms.

d. There are no stem-changing verbs in the imperfect. Study the conjugations of **querer (ie)** and **dormir (ue)** in the chart. They are conjugated as regular **-er** and **-ir** verbs.

e. REMINDER: There are several possible English equivalents for the imperfect.

> Félix aprendía física. $\begin{cases} \textit{Félix was learning physics.} \\ \textit{Félix used to learn physics.} \\ \textit{Félix learned physics.} \end{cases}$

En contexto

Hilario   ¿Adónde **conducías** con tanta prisa esta mañana?

Félix   **Tenía** un examen de física y no **quería** llegar tarde.

PRÁCTICA Y CONVERSACIÓN

A. Mi compañero(-a) de cuarto.   Su compañero(-a) de cuarto le vuelve loco(-a) (*is driving you crazy*) a Ud. Cuando Ud. habla de su compañero(-a) con otro(-a) amigo(-a), Ud. descubre (*discover*) que su compañero(-a) hacía las mismas cosas el semestre pasado.

MODELO   Usted: No quiere hacer nada.
Compañero(-a): **El semestre pasado no quería hacer nada tampoco.**

1. No tiene compasión.
2. Se siente mal siempre.
3. No dice la verdad.
4. Me pide dinero muchas veces.

5. No asiste a sus clases.

6. No se duerme hasta las dos.

7. No sale durante la semana.

8. Siempre come y bebe.

B. **En la escuela secundaria.** Describa su vida del pasado. Hable de su familia, sus amigos, sus actividades y sus habilidades en la escuela secundaria.

DESCRIBING PREVIOUS FRIENDS AND ACTIVITIES

Imperfect of *ir, ser,* and *ver*

There are only three verbs that are irregular in the imperfect: **ir, ser,** and **ver.** After learning these verbs you can discuss and describe many previous activities.

IMPERFECT: IRREGULAR VERBS		
IR	**SER**	**VER**
iba	era	veía
ibas	eras	veías
iba	era	veía
íbamos	éramos	veíamos
ibais	erais	veíais
iban	eran	veían

En contexto

Claudia ¿Participabas en muchas actividades en la escuela secundaria?

Patricia ¡Por supuesto! Yo **era** miembro de muchos clubes. Siempre **iba** a las reuniones donde **veía** a mis amigos.

PRÁCTICA Y CONVERSACIÓN

A. **El semestre pasado.** Forme por lo menos seis oraciones usando una frase de cada columna para describir su semestre pasado. Ponga el verbo en el imperfecto.

A	B	C	D
mi compañero(-a) de cuarto	(no) ir	una película nueva	frecuentemente
tú	(no) ser	a clase	siempre
Enrique y yo	(no) ver	bueno	generalmente
los profesores		a unos amigos	los martes
yo		al café	todos los días
Josefina			

B. **La vida de un(-a) compañero(-a) de clase.** Hágale preguntas a un(-a) compañero(-a) de clase sobre su vida en la escuela secundaria y su compañero(-a) debe contestar.

Pregúntele…

1. si iba tarde o temprano a la escuela secundaria.

2. si era estudioso(-a).

3. si iba al cine con amigos o solo(-a).

4. si veía a sus amigos frecuentemente.

5. si era popular entre los compañeros de clase.

6. si iba a muchas fiestas.

DESCRIBING LIFE IN THE PAST

Review uses of the imperfect taught in **Capítulo 9, Primer encuentro.**

More Uses of the Imperfect

You have learned that the imperfect is used to describe how life used to be, to express habitual or repeated actions in the past, and to express interrupted actions in the past. Study these additional uses of the imperfect.

Remind students of the importance of learning uses of the imperfect before having to distinguish preterite / imperfect.

Videocassette segment to accompany this section; see Viewer's Guide in the Instructor's Resource Manual, Chapter

a. When the imperfect is used to explain how life used to be, it is often associated with phrases such as **cuando era joven** (*when I was young*), **cuando éramos niños** (*when we were children*), or **cuando tenía… años** (*when I was . . . years old*).

Cuando tenía 20 años asistía a la Universidad de San Marcos.	*When I was 20 years old, I attended the University of San Marcos.*

b. The imperfect is generally used to express emotional or mental states in the past.

Quería estudiar medicina.	*I wanted to study medicine.*

c. The imperfect can be used to express conditions or states of being in the past.

Julio **estaba** enfermo. **Se sentía** muy mal.	*Julio was sick. He felt very bad.*
Era un día magnífico; **hacía** sol.	*It was a wonderful day; the sun was shining.*

d. The imperfect is used to tell time in the past.

Eran las tres de la tarde cuando llegó a la universidad.	*It was 3:00 P.M. when he arrived at the university.*

En contexto

Jaime	¿Por qué no **te sentías** bien esta mañana?
Fernando	Porque **tenía** que estudiar para un examen y no **quería**. **Era** un día magnífico y **quería** jugar al golf.

PRÁCTICA Y CONVERSACIÓN

Expansión A: ¿A qué escuela asistía? ¿Cómo se llamaba su maestro(-a) favorito(-a)? ¿Qué hacía los fines de semana? ¿Qué comía su familia?

A. ¿Cómo era Ud.?   Explain to your classmates what you and your family were like when you were small. Here are some questions to guide you, but use other information as well. Begin your description with **Cuando yo era niño(-a)…**

¿Cómo era Ud.? ¿Dónde vivía? ¿Cómo era su casa/apartamento? ¿Cómo era su familia? ¿Dónde trabajaba su padre/madre? ¿Quiénes y cómo eran sus amigos? ¿Dónde jugaban Uds.? ¿?

B. ***Las Meninas*** (*Ladies-in Waiting*).   *Las Meninas* is the most famous painting by the Spanish artist Velázquez. The painting shows how the royal family lived in the seventeenth century. Using the information from the painting and your imagination, explain how their life was, what they used to do, what they were like, where they lived, what they ate, what they wore, and so on.

Supplemental vocabulary: **el palacio; el rey Felipe IV y la reina Mariana de Austria** (in mirror); **la infanta Margarita** (in center); **el artista Velázquez** (on left). You may wish to provide more historical background.

Diego Velázquez. Las Meninas. 1656. Oil on canvas, 10′ 5-1/4″ × 9′ 3/4″ (3.18 × 2.76 m). Museo del Prado, Madrid.

Puente Cultural

Estudiantes y profesores

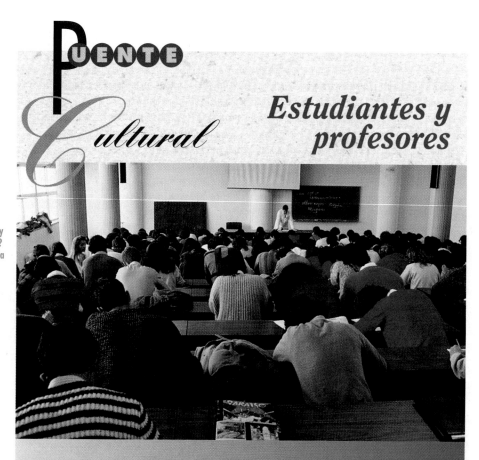

questioned

which / doesn't allow

one another

Por lo general, la relación entre profesores y estudiantes en la mayoría de las escuelas y universidades hispanas es más formal que en los Estados Unidos. En la clase, el (la) profesor(-a) es una autoridad que no se cuestiona° mucho. En las universidades los profesores dictan sus conferencias delante de grupos muy numerosos, lo cual° no deja lugar° para la atención individual. Por eso los estudiantes forman grupos de estudios de dos a seis personas donde se ayudan los unos a los otros.°

COMPRENSIÓN CULTURAL

Decida si las siguientes oraciones describen las universidades hispanas, norteamericanas o de las dos culturas. Explique sus decisiones.

1. Los estudiantes estudian solos.
2. El (La) profesor(-a) es una autoridad que no se cuestiona mucho.
3. Hay mucha atención individual.
4. Los estudiantes forman grupos de estudios.
5. La relación entre profesores y estudiantes es bastante informal.
6. Los profesores dictan conferencias delante de grupos numerosos.
7. Los estudiantes se ayudan los unos a los otros.

PRESENTACIÓN — VOCABULARIO EN CONTEXTO

El Club Latino

Check comprehension by asking the following questions: **¿Para qué es la reunión del Club Latino? ¿Por qué no es una buena idea hacer el baile durante la semana internacional? ¿Cómo ayudan los miembros del club al profesor Murillo? ¿Qué idea tiene el secretario? ¿Qué propone el presidente?**

Secretario	Bueno, muchachos, a ver° si empezamos con **la reunión.**	*let's see / meeting*
Presidente	Hay que **decidir** la fecha para **el baile estudiantil.**	*+ / dance / student (adj.)*
Manuelita	Yo **propongo** hacerlo durante la semana internacional.	**proponer** = *to propose*
Roberto	Mm… no es una buena idea porque hay muchas actividades esa semana.	
Manuelita	Ya lo sé, pero **por otro lado,** no hay nada por la noche.	*on the other hand*
Roberto	**Te equivocas,** hay una **película** africana y la conferencia sobre Centroamérica que **organizamos** nosotros.	**equivocarse** = *to be mistaken / movie* *+*
Manuelita	**Perdón,** pero nosotros no la organizamos solos. **Les** dije que íbamos a ayudar al profesor Murillo con los anuncios.	*Excuse me / You*
Joaquín	**Hablando de** anuncios, ¿los vamos a escribir en español o en inglés?	*Speaking about*
Secretario	**Un momento.** Volvamos al tema° de la fecha. ¿Qué les parece el viernes 17 de diciembre en honor a° Bolívar?	*Wait a minute. / Let's return to the topic* *in honor of*
Presidente	¡Es una idea magnífica! Yo propongo que votemos.°	*we vote*

Comentarios lingüísticos y culturales

a. Compound verbs such as **proponer** = *to propose* or **devolver** = *to return* are composed of a prefix and a main verb: **pro** + **poner** and **de** + **volver.** These compound verbs are conjugated like the main verb and show the same irregularities: **propongo, propuse,** etc.

b. Simón Bolívar was born in Caracas in 1783. Because of his skills as a statesman and general, he became one of the leaders in the South American independence movement during the nineteenth century. Today he is regarded as one of the great heroes of Latin America, and the country of Bolivia was named in his honor. He died December 17, 1830.

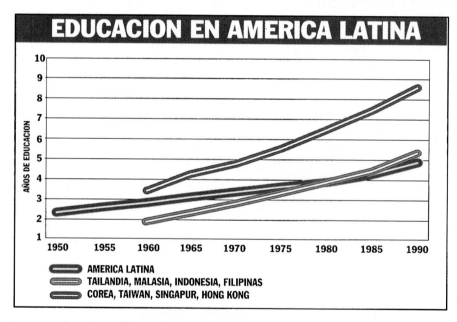

Compare la educación en la América Latina con los otros países en 1960, 1980 y 1990. ¿Es igual (the same), más o menos que los otros?

PRÁCTICA Y CONVERSACIÓN

A. **Asociaciones.**   Elimine la palabra que no está relacionada con la palabra en cursiva (*italics*).

1. *empezar*   iniciar / comenzar / equivocarse
2. *música*   departamento / radio / discoteca
3. *reunión*   especialización / miembro / grupo
4. *preparar*   planear / ir / organizar
5. *proponer*   idea / lengua / tema

B. **El quinto aniversario.**   Los escogieron a Ud. y a sus compañeros(-as) para organizar la reunión de su clase. En grupos de tres planeen lo que van a hacer.

Así se habla

CHANGING DIRECTION IN A CONVERSATION

During a discussion with your friends or a group meeting, you may wish to put forward your ideas, change the topic of conversation, or interrupt the speaker. The following are expressions you can use in these circumstances.

PUTTING FORWARD AN IDEA

Se me ocurrió esta idea.	*This idea occurred to me.*
Tengo otra idea.	*I have another idea.*
Ya que estamos en el tema _____.	*Since we are on the topic _____.*
Yo propongo _____.	*I propose _____.*
Hablando de _____.	*Speaking of/about _____.*
Yo quisiera decir que _____.	*I would like to say that _____.*

CHANGING THE SUBJECT

Cambiando de tema _____.	*Changing the subject _____.*
Pasemos a otro punto.	*Let's move on to something else.*
Por otro lado _____.	*On the other hand _____.*
En cambio _____.	*On the other hand _____.*

INTERRUPTING

Un momento.	*Wait a minute.*
Escuche(-n).	*Listen.*
Antes que me olvide _____.	*Before I forget _____.*
Perdón, pero yo _____.	*Excuse me, but I _____.*

RETURNING TO THE TOPIC

¿De qué estábamos hablando?	*What were we talking about?*
Volviendo a _____.	*Going back to _____.*
Volvamos a _____.	*Let's go back to _____.*

PRÁCTICA Y CONVERSACIÓN

A. Análisis. Vuelva a leer el diálogo de la **Presentación.** ¿Cuántas veces cambian de tema? ¿Qué expresiones usan para introducir un nuevo tema?

B. Divagaciones. Trabajen en grupos de cuatro. Una persona dice algo sobre el semestre pasado. Otra persona cambia la conversación usando una de las frases de **Así se habla.** La tercera y cuarta persona continúan cambiando de tema.

MODELO		
	Usted:	**El semestre pasado no aprobé el curso de inglés.**
	Compañero(-a):	**Hablando de inglés, tengo que leer una novela muy larga para el lunes.**

A ESCUCHAR

Estos dos amigos están discutiendo las actividades del fin de semana. Escuche cómo pasan de un tema a otro, y luego escriba los números del 1-8 según la secuencia en que aparecen los temas siguientes.

a. _____ El fin de semana   **e.** _____ Arturo Quintana

b. _____ El dinero del decano   **f.** _____ El dinero del baile de la primavera

c. _____ Hacer la tarea   **g.** _____ Cambiar la fecha de la excursión

d. _____ Cambiar el secretario   **h.** _____ El senado estudiantil

ESTRUCTURAS

INDICATING TO WHOM AND FOR WHOM ACTIONS ARE DONE

Point out: Indirect object pronouns and direct object pronouns are alike except for third-person forms.

Indirect Object Pronouns

When you indicate to whom you offer your help or for whom you do a favor, you use indirect object nouns and pronouns. In this section you will learn how to indicate these recipients of actions in Spanish.

Provide students with a list of common verbs that will use indirect objects: dar, decir, escribir, explicar, hablar, mandar, ofrecer, preguntar, prestar, recomendar, traer.

Ana	me	dio un regalo.	*Ana gave a gift to me.*
Ana	te	dio un regalo.	*Ana gave a gift to you.* (fam. s.)
Ana	le	dio un regalo.	*Ana gave a gift to him, her, you.* (formal s.)
Ana	nos	dio un regalo.	*Ana gave a gift to us.*
Ana	os	dio un regalo.	*Ana gave a gift to you.* (fam. pl.)
Ana	les	dio un regalo.	*Ana gave a gift to them, you.* (formal pl.)

a. In both affirmative and negative sentences the indirect object pronoun is placed directly before a conjugated verb.

—¿Por qué no **me** prestas tus apuntes para la clase de química?   *Why don't you lend me your notes for chemistry class?*

—Bueno, **te** doy mis apuntes porque yo no los necesito.   *Okay, I'll give you my notes because I don't need them.*

Point out: The placement of indirect object pronouns follows the same general rules for the placement of direct object or reflexive pronouns.

b. Indirect object pronouns are attached to the end of affirmative commands. They precede negative commands. When an object pronoun is attached to the end of an affirmative command, a written accent mark is usually placed over the stressed vowel of that command.

—**Tráiganme** sus apuntes mañana pero **no me den** los libros todavía.   *Bring me your notes tomorrow but don't give me your books yet.*

c. When both a conjugated verb and an infinitive are used, the indirect object pronoun can precede the conjugated verb or can be attached to the end of the infinitive.

Voy a mandar**te** una tarjeta.
Te voy a mandar una tarjeta. } *I'm going to send you a card.*

d. Indirect object pronouns can be clarified or emphasized by using **a** + *prepositional pronoun.*

Le doy este cuaderno **a él** y   *I'm giving him this notebook and*
    a ti te doy el diccionario.   *I'm giving you the dictionary.*

e. In Spanish sentences that contain an indirect object noun, the corresponding object pronoun is used as well.

This construction causes difficulty for English speakers and needs considerable practice.

      pronoun   noun

Pregúnte**le a su profesor** cuándo es   *Ask your professor when the*
    la reunión.   *meeting is.*

However, after the identity of the indirect object noun is made clear, the indirect object pronoun can be used alone.

Primero, **le** escribí una tarjeta **a mi**   *First I wrote a card to my*
    madre y después **le** mandé un regalo.   *mother and then I sent her a gift.*

En contexto

Secretario   ¿Qué **les** parece el viernes 15 de octobre?

Roberto   No es posible. **Les** dije que hay una película africana esa noche.

PRÁCTICA Y CONVERSACIÓN

Warm-up: Sustitución: 1. Le traigo un libro a *la Sra. Gómez.* a Silvia / a los profesores / a ti / a Uds. / a Juan 2. Les doy los apuntes *a mis compañeros.* a Rebeca / a ti / a Fernando / a Ud. / a Roberto y a Ricardo

A. Un(-a) profesor(-a) particular (*private tutor*).   Ud. necesita un(-a) profesor(-a) particular para su clase de matemáticas. Ud. va a una agencia de profesores particulares y les hace preguntas sobre sus servicios.

MODELO	explicar sus servicios
Usted:	**¿Van a explicarme sus servicios?**
Compañero(-a):	**Sí, vamos a explicarle nuestros servicios. (Sí, le vamos a explicar nuestros servicios.)**

explicar los problemas / recomendar a un(-a) profesor(-a) particular / dar un buen precio / enseñar las fórmulas / traer los libros / ofrecer apuntes

B. Una tienda de regalos.   Ud. está de vacaciones y entra en una tienda de regalos con unos amigos. Dígales a sus amigos lo que pueden darles a varias personas como recuerdos (*souvenirs*).

MODELO	Miguel / la camiseta
	Denle la camiseta a Miguel.

1. Margarita / el suéter
2. yo / un cinturón
3. Pablo / unos dulces
4. Carmen y Sara / las flores de seda
5. Ana y yo / los guantes
6. la abuela / una bufanda

C. En Montevideo.   You are in a card and gift shop in Montevideo, Uruguay. You need to buy a birthday card and gift, some photos of the city, and some candy. You want to send the card and gift to your mother; you plan to give the candy to some friends; you want to show the photos to your family. Role-play the situation with a classmate who will be the salesperson. **Vocabulario:** *candy* = **los dulces;** *card* = **la tarjeta.**

EXPRESSING ENDEARMENT

Diminutives

To express endearment, smallness, or cuteness in English the suffix *-y* or *-ie* is often added to the ends of proper names and nouns: *Bobby, Barbie, daddy, kitty.* In Spanish to make a nickname of endearment or to indicate smallness or cuteness the suffix **-ito(-a)** can be attached to certain nouns and adjectives.

a.   Masculine nouns ending in **-o** drop the **-o** ending and add **-ito: Pablo** > **Pablito; el regalo** > **el regalito.** Feminine nouns ending in **-a** drop the **-a** ending and add **-ita: Eva** > **Evita; casa** > **casita.**

b.   Nouns ending in a consonant except **n** or **r** add the suffix to the end of the noun: **Miguel** > **Miguelito; el papel** > **el papelito.**

c.   Some words undergo minor spelling changes before the suffix **-ito(-a)** is added.

   1.   Words ending in **-co/-ca** change the **c** to **qu: chico** > **chiquito.**

   2.   Words ending in **-z** change the **z** to **c: la taza** > **la tacita.**

d.   Alternate forms of this suffix are **-cito** and **-ecito: la mujer** > **la mujercita; nuevo** > **nuevecito.**

En contexto

Manuelita   Yo propongo escribir un **librito** para describir las actividades de la semana internacional.

Roberto   ¡Qué buena idea, **Manuelita**!

PRÁCTICA

A. Unos nombres.   Dé el diminutivo de estos nombres.

Juan / Juana / Paco / Teresa / Pepe / Isabel / Tomás / Ana / Julio / Lupe

B. ¿Qué son estas cosas?   Dé una definición o una descripción de las siguientes cosas.

una casita / un gatito / un librito / una chiquita / un niñito / un cochecito / la abuelita

PUENTE *Cultural* La UNAM

Discuss the photo. Ask students: **¿Qué hay en la foto? ¿Dónde está el edificio? ¿Qué es el edificio?**

La biblioteca de la Universidad Autónoma de México, México, D.F.

La Universidad Nacional Autónoma de México (la UNAM) se encuentra° en la capital. Con alrededor de 300.000 estudiantes es una de las universidades más grandes del mundo. ¡Y también es una de las más hermosas! Muchos de los edificios tienen pinturas, esculturas o mosaicos hechos° por los grandes artistas del país. La famosa biblioteca de la foto es la obra° del arquitecto-artista Juan O'Gorman. Los mosaicos representan la historia de México desde los aztecas hasta el presente.

is located

made
work

COMPRENSIÓN CULTURAL

A. Complete las siguientes oraciones.

1. La UNAM es _____.
2. La UNAM se encuentra en _____.
3. Tiene _____ estudiantes.
4. El edificio en la foto es _____ de UNAM.
5. Muchos otros edificios de la universidad también tienen _____, _____ o _____.
6. El arquitecto-artista de la biblioteca es _____.
7. Los mosaicos representan _____.

B. Compare la biblioteca de la foto con la biblioteca de su universidad.

Videocassette segment to accompany this section; see Viewer's Guide in the Instructor's Resource Manual, Chapter 9.

Point out: Paraguay is one of two countries in South America without access to the sea (Bolivia is the other). Uruguay is the smallest Spanish-speaking country in South America.

EL MUNDO HISPANO   EL PARAGUAY Y EL URUGUAY

Have students locate Paraguay / Uruguay on the map provided here or in the front of the student textbook. Have students locate the capitals as well.

Montevideo, Uruguay

Comprehension check: Ask students: ¿Cuál es la capital del Paraguay / Uruguay? ¿Cómo son la geografía y el clima del Paraguay / Uruguay? ¿Cuál es la población del Paraguay / Uruguay? ¿En qué se basa la economía de los dos países?

El Paraguay y El Uruguay

Población	Paraguay: 4.000.000 de habitantes; Uruguay: 3.000.000 de habitantes
Economía	Paraguay: Productos agrícolas —el algodón y la soja; Uruguay: Ganadería, productos agrícolas, la lana
Ciudades	Paraguay: Asunción; Uruguay: Montevideo
Moneda	Paraguay: el guaraní; Uruguay: el peso uruguayo
Geografía y clima	El Uruguay y el Paraguay se encuentran en el sur del continente. Tienen veranos calientes y húmedos; llueve mucho durante el invierno.

PARA LEER BIEN • Words with the Same Root

In Chapter 5 you learned about guessing the meaning of words from the context. This task is easier when you find recognizable roots in words such as **graduación–graduarse–graduado.** Even if you do not know the exact meaning, you can infer that these words are related to the one that is familiar to you. They are either their noun, adjective, verb, or adverb counterpart.

PRÁCTICA

Mezcla de palabras. Escoja las palabras que pertenecen a la misma familia.

| MODELO | general–generalmente–generalidades |

estudiar / matrícula / universitario / educativo / especializarse / estudioso / exacto / ingresar / matricularse / universidad / especialización / decidir / orientar / exactamente / ingreso / estudiante / educación / estudios / decisión / orientación / educado

Asignatura pendiente

continued next page

ABRAHAM CASTRILLO
21 años. Tercero de Ingeniería de Caminos Canales y Puertos. Universidad Politécnica de Madrid.

"APROBAR TODO ES MILAGROSO"

SONIA SERODIO
21 años. Tercero de Derecho. Universidad Complutense.

"POCOS SUSPENSOS SON INJUSTOS"

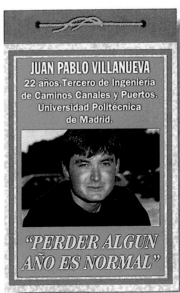

JUAN PABLO VILLANUEVA
22 años. Tercero de Ingeniería de Caminos Canales y Puertos. Universidad Politécnica de Madrid.

"PERDER ALGUN AÑO ES NORMAL"

Asignatura Pendiente

Más de la mitad de los estudiantes suspenden en junio y al menos un curso de la carrera. Y en verano tienen que hincar el codo. Unos lo hacen por su cuenta y otros eligen una academia o un internado

hincar el codo = *bear down*

per cent

second / time

Según el Centro de Investigación y Documentación Educativa (CIDE) el 60 por ciento° de los estudiantes universitarios en España no terminan su carrera. También se sabe que tres de cada cuatro estudiantes suspenden alguna asignatura en junio y deben tomar los exámenes por segunda° vez° en septiembre.

PRÁCTICA

A. Comprensión. Complete las oraciones según la información de la **Lectura cultural.**

1. Este artículo habla de _____ .
2. El número de estudiantes que suspenden en junlio es _____ .
3. El número de estudiantes que no terminan la carrera es _____ .
4. En el bachillerato el fracaso es de _____ .
5. Los estudiantes universitarios piensan que _____ .

B. ¿Cuáles son las materias más difíciles? Entreviste a su compañero(-a) para saber cuál es la asignatura más difícil entre sus compañeros de clase.

ACTIVIDADES

• •

Grammar incorporated: A: Question formation **B:** Imperfect tense **C:** Imperfect tense

Vocabulary incorporated: A: Expressions for changing directions within a conversation **B:** Names of courses; school-related activities **C:** Names of courses; school-related activites

A. La reunión del club de español. In groups of five or more conduct the first meeting of the year for the Spanish Club. Decide what will be your first activity, when and where it will be held, and who will be in charge of food, drinks, music, and publicity.

B. Un día típico. Work with a partner. Explain what a typical day was like for you last semester. Explain your routine, classes, when you studied, worked, relaxed. The two of you should discover what activities you had in common. Explain to the class which activities you both did. Are there certain activities common to the entire class? Which ones? Remember to use the imperfect to describe these repetitive actions in the past.

C. *Cómo vivíamos…* You and two other classmates are the stars of the popular TV program *Cómo vivíamos.* This week's theme is U.S. high school life in the 1950s. One of you is a male student, another a female student, and the third a faculty member. Explain your typical activities, your clothing, school routine, after-school routine, what are the best and worst things about school, what you like and don't like to do.

Variación C: Have students create other situations or themes for the program and then discuss them.

PARA ESCRIBIR BIEN • Describing Events in the Past

In letters, journals, diaries, and compositions when you want to describe what past events were like, you will need to use the imperfect tense. Phrases such as *When I was young / at camp / in high school* will trigger the use of the imperfect to discuss repeated or habitual actions that took place during those time periods. The imperfect will also be used to express emotional or mental states and conditions in the past. Review the uses of the imperfect and the phrases generally associated with it to help you understand how to use the imperfect tense to describe.

COMPOSICIONES

A.   **La escuela secundaria.**   Describe what a typical day was like during your senior year in high school. Discuss both in-school and out-of-school routines and activities.

B.   **Una persona famosa del pasado.**   Choose a famous person from the past and pretend you are that person. Explain who you were, where you lived, what you were like, and what you did.

Vocabulario activo ●●●●●●●●●●●●●●●●●●●●●●●●●●●●●●●●

Los cursos — *Courses*

las ciencias exactas	*natural sciences*
las ciencias políticas	*political science*
la economía	*economics*
la física	*physics*
la programación de computadoras	*computer programming*
la sicología	*psychology*
la sociología	*sociology*

Las Facultades de... — *Schools, Colleges, of . . .*

Administración de Empresas	*Business & Management*
Arquitectura	*Architecture*
Bellas Artes	*Fine Arts*
Ciencias de la Educación	*Education*
Derecho	*Law*
Farmacia	*Pharmacy*
Filosofía y Letras	*Liberal Arts*
Ingeniería	*Engineering*
Medicina	*Medicine*
Periodismo	*Journalism*

You may want to do **Repaso III** at this time.
(found in Instructor's Resource Manual).

Otros sustantivos

los apuntes	*notes*
el baile	*dance*
la beca	*scholarship*
la carrera	*career*
el colegio	*elementary school, college preparatory high school, boarding school*
la conferencia	*lecture*
la escuela secundaria	*high school*
la especialización	*major*
el estudio	*study*
el fin	*end*
el instituto	*high school*
el (la) maestro(-a)	*teacher* (in elementary school)
la materia	*subject matter*
el miembro	*member*
los negocios	*business*
la película	*movie*
la reunión	*meeting*
la tarjeta	*card*

Los verbos

aprobar (ue)	*to pass* (a course, exam)
ayudar	*to help*
decidir	*to decide*
enseñar	*to teach*
equivocarse	*to make a mistake, be mistaken*
graduarse	*to graduate*
matricularse	*to enroll, register*
organizar	*to organize*
pasar	*to happen*
proponer	*to propose*
seguir (i, i)	*to follow, pursue*
suspender	*to fail*

Otras expresiones

algunas veces	*sometimes*
dar ánimo	*to encourage*
dictar una conferencia	*to give a lecture*
estudiantil	*student* (adj.)
hablando de	*speaking about*
mientras	*while*
otra vez	*again*
Perdón.	*Excuse me.*
popular	*popular*
por lo general	*generally*
por otro lado	*on the other hand*
¡Qué pena!	*What a shame!*
Un momento.	*Wait a moment.*

En la agencia de empleos

Una oficina moderna en Miami, Florida

➤ Cultural Themes

The concept of work in the
Hispanic world

**Los hispanos en los EE.UU.:
Los cubanos**

➤ Communicative Goals

Discussing jobs and the work
situation

Primer encuentro

Talking about meeting, finding
out, and refusing in the past

Discussing past events

Segundo encuentro

Así se habla: Complimenting

Narrating in the past

Pointing out people and things

Tercer encuentro

Así se habla: Expressing anger

Avoiding repetition of previ-
ously mentioned people and
things

Making statements and giving
commands

Cuarto encuentro

Para leer bien: Skimming

Lectura cultural: *Las profe-
siones del medio ambiente*

Para escribir bien: Filling out
an application

A pensar

- What verb forms are used in English when you discuss and describe a past activity? *Last Thursday **I interviewed** for a job as a manager for a sports store. **I was** very nervous but the interview **went** well and they **offered** me the job with good benefits and a nice salary.*

- What are some common phrases used to compliment other people?

- What are some common phrases used to express anger in English?

- What words are used to point out items or people? *Is **this** your coat? No, **that one** is Diana's.*

- What kinds of pronouns are used to replace previously mentioned people and things? *Did you give the contracts to Mónica? Yes, I gave **them** to **her** this morning.*

primer encuentro

PRESENTACIÓN   VOCABULARIO EN CONTEXTO

As a child / firefighter

De niño° yo quería ser bombero.°

computer programmer / engineer
business

¿Qué quieres ser? **¿programador(-a) de computadoras? ¿ingeniero(-a)?** ¿hombre o mujer de **negocios?** ¿Qué querían ser estas personas cuando eran niños?

soñar con = *to dream about*
a period of time / police officer
letter carrier
accountant

Cuando era niño, Ricardo **soñaba con** ser bombero. Luego tuvo un período° en que quería ser **policía** o **cartero.** Pero cuando llegó la hora de escoger su carrera quiso hacerse **contador.**

Warm-up: Ask questions about the art before introducing the **Presentación.** ¿A qué juega el niño? ¿A qué juega la niña? ¿Qué son estos hombres? ¿Qué se imagina Ud. que hacen estas mujeres? ¿Qué profesión representan? ¿Qué quería ser Ud. de niño(-a)? ¿Qué le gustaría hacerse?

Cuando tenía seis años yo quería ser **médica** porque quería trabajar en una **clínica** como mi tía Juanita que era **enfermera.**

doctor

clinic, hospital

nurse

A Pilar le gustaba ayudar a otras personas. Pensó hacerse **sicóloga** o **socióloga.** Pero con el tiempo ella llegó a ser una buena **asistente social** y ahora trabaja en la Oficina de **Servicios Sociales.**

+ / +

social worker

+

Yo quería ser **electricista, plomero** o **tal vez carpintero** porque me gustaba trabajar en **la construcción.** Pero mi padre siempre me decía: «Mariano, ése es un trabajo muy **duro».** Entonces decidí hacerme arquitecto.

electrician / plumber / perhaps / carpenter

+

hard

Comentarios lingüísticos y culturales

a. There are three common suffixes for names of professions.

1. **-ista** = *-ist*

   The suffix **-ista** as in **electricista** or **dentista** is masculine or feminine. The article determines the gender: **el dentista** = (*male*) *dentist;* **la dentista** = (*female*) *dentist.*

2. **-ero(-a)** = *-er, -or*

   The suffix **-ero(-a)** as in **plomero** (*plumber*) or **consejero** (*counselor*) can be made feminine by changing the noun ending from **-o** to **-a: el enfermero** = (*male*) *nurse;* **la enfermera** = (*female*) *nurse.*

3. **-dor(-a)**

   The suffix **-dor** has no consistent English equivalent. It is made feminine by adding **-a: el contador** = (*male*) *accountant;* **la contadora** = (*female*) *accountant.*

b. The expression **hacerse** + name of profession/occupation = *to become a* + name of profession/occupation is used when effort or study is involved in the process: **Pablo quería hacerse contador. Llegar a ser** + name of profession/occupation also means *to become* and is used when time and circumstances are the major factors determining the outcome.

Después de muchos años Pilar **llegó a ser** una buena asistente social.

Ingeniero Electrónico y/o Electricista

El interesado (hombre), debe estar recién graduado y poseer máximo 1 año de experiencia laboral, así como conocimientos en electrónica industrial, control y programación.

Los interesados pueden enviar hoja de vida, con fotografía reciente y su aspiración salarial, al Anunciador No. 346, EL TIEMPO.

Empresa Multinacional

Requiere **secretaria recepcionista bilingüe**

Requisitos: - No mayor de 30 años
- Excelente presentación personal
- Excelentes relaciones públicas
- Dinámica y creativa
- Con manejo del procesador de palabra y hoja electrónica
- Dominio del inglés, escrito y conversado.

Interesadas enviar hoja de vida, con foto reciente y aspiración salarial, A.A. 151245, Santa Fe de Bogotá.

CONTADOR

Requiere importante hotel en Girardot.

Requisitos:
- Profesional en contaduría con tarjeta profesional
- Amplia experiencia en contabilidad hotelera
- Excelentes conocimientos fiscales.

Los interesados enviar hoja de vida, con fotografía reciente, indicando aspiración salarial, al Apartado Aéreo No. 90188 de Santa Fe de Bogotá.

Mercaderista / Vendedora

Bien presentada, menor de 35 años y experiencia en atención de almacenes de cadena, con productos alimenticios.

Presentarse con hoja de vida, el miércoles 5 de julio/95, en la carrera 27 No. 74-19, Bogotá.

¿Cuál de estos trabajos le interesa a Ud.? ¿Por qué?

PRÁCTICA Y CONVERSACIÓN

A. Profesiones. ¿Qué profesiones tienen estas personas?

1. Trabaja en una clínica. Es _____ o _____.
2. Reparte (*delivers*) las cartas. Es _____.
3. Escucha los problemas de otras personas. Es _____.
4. Arregla los dientes. Es _____.
5. Trabaja con la electricidad. Es _____.
6. Hace muebles. Es _____.

B. Sueños (*Dreams*) y ambiciones. Descubra cuáles son los sueños de sus compañeros. En parejas hagan y contesten estas preguntas.

Pregúntele a un(-a) compañero(-a) de clase…

1. qué le gustaría ser en el futuro.
2. qué quería ser cuando era niño(-a).
3. dónde le gustaría trabajar.

4. si escogió la misma profesión que sus padres. ¿Por qué sí o no?
5. cuáles son sus ambiciones.

C. ¿Qué querían ser? Pregúntele a cinco compañeros(-as) lo que querían ser cuando eran niños(-as), luego cuando estaban en la escuela secundaria y lo que quieren ser ahora. ¿Cuáles son las profesiones más comunes en las diferentes etapas? ¿Hay una diferencia entre las mujeres y los hombres?

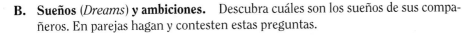

ESTRUCTURAS

TALKING ABOUT MEETING, FINDING OUT, AND REFUSING IN THE PAST

Point out: The imperfect meaning of these verbs is the normal meaning of the infinitive: **conocía** = *he knew / was acquainted with;* **sabía** = *he knew;* **podía** = *he was able to;* **quería** = *he wanted.*

Verbs That Change Meaning in the Preterite

Several Spanish verbs have a meaning in the preterite that is different from the normal meaning of the infinitive.

a. **conocer** = *to know, be acquainted with*

Preterite = *met*

Conozco bien al doctor Amado. *I know Dr. Amado well.*
Lo **conocí** hace cuatro años. *I met him four years ago.*

b. **saber** = *to know information, know how*

Preterite = *found out*
Finalmente **sabemos** lo que hace. *Finally we know what he does.*
Anoche **supimos** que es ingeniero. *Last night we found out that he's an engineer.*

c.   **poder** = *to be able*

Preterite Affirmative = *managed to; succeeded in*

Preterite Negative = *failed*

Aunque su hermano **no pudo,** Carlos **pudo** hacerse abogado.	*Although his brother failed, Carlos managed to become a lawyer.*
Ahora **puede** defender a sus clientes.	*Now he can defend his clients.*

d.   **querer** = *to want*

Preterite Affirmative = *tried*

Preterite Negative = *refused*

Anita **quiso** hacerse médica pero **no quiso** ser enfermera.	*Anita tried to become a doctor, but she refused to be a nurse.*
Ahora **quiere** ser mujer de negocios.	*Now she wants to be a business-woman.*

En contexto

—De niño, ¿qué querías ser?

—**Conocí** a un policía muy simpático y, claro, quería hacerme policía también. Entonces **supe** que había un examen muy difícil y aunque estudié mucho **no pude** aprobarlo.

PRÁCTICA Y CONVERSACIÓN

A.   **Deseos y habilidades.**   Complete las oraciones de una manera lógica.

1. El verano pasado quise _____ pero no pude.
2. Mis padres pudieron _____ .
3. La semana pasada no quise _____ .
4. No pude _____ de niño(-a).
5. Ayer supe _____ .
6. El mes pasado conocí a _____ .

B.   **El asesinato de Tomás Silva.**   Tomás Silva has been murdered. José Navarro is the accused murderer. One of your classmates is the chief witness at the murder trial and you are the chief lawyer for the prosecution. You must question your witness about the murder. Here are some questions to guide you.

¿Cuándo conoció Ud. a Tomás Silva? ¿Cómo fue?

¿Cuándo conoció Ud. a José Navarro? ¿Lo conoce bien?

¿Cómo es el Sr. Navarro?

¿Dónde estuvo Ud. el día cuando murió el Sr. Silva?

¿Qué vio Ud.?

¿Cómo supo Ud. quién lo mató (*killed*)?

¿Quiso ayudar al Sr. Silva? ¿Pudo ayudarlo? ¿Por qué sí o no?

DISCUSSING PAST EVENTS

Imperfect versus Preterite

You have been studying the formation and general uses of the imperfect and preterite for several chapters. However, you have been using either the imperfect or the preterite as directed in exercises or activities. Now you will learn to choose between the two so you can use them to discuss and narrate in the past.

Preterite

Expresses an action or state of being which was completed or took place in a definite, limited time period.

Point out: Students have studied preterite form and uses in **Capítulos, 6, 7, 8.**

1. is used when the beginning and/or end of the action is stated or implied.

2. expresses a series of successive completed actions or events in the past.

3. expresses a past fact about something done or completed.

Imperfect

Expresses an ongoing past action or state of being with an indefinite beginning and/or ending.

1. expresses how life used to be.

Point out: Students have studied form and uses of the imperfect in **Capítulo 9.**

2. expresses habitual or repeated past actions.

3. expresses emotional or mental activity.

4. expresses conditions or states of being.

5. expresses time in the past.

a. Sometimes the preterite and imperfect will occur together in the same sentence.

Cuando Ricardo **entró** en la oficina, todos **trabajaban.**	*When Ricardo entered the office, everyone was working.*

The imperfect is used to express the interrupted action: **trabajaban.** The preterite is used to express the action that does the interrupting: **entró.**

Remind students that phrases that indicate a limited time period are often associated with the preterite. These phrases were taught in **Capítulo 7, Tercer encuentro.**

b. Although you have learned that certain phrases are generally associated with a particular tense, these phrases do not automatically signal the use of that tense. Study the following examples with **ayer,** which is generally associated with the preterite.

Phrases that may indicate habitual or repetitive actions are associated with the imperfect. These phrases were taught in **Capítulo 9, Primer encuentro.**

Ayer fuimos al trabajo.	*Yesterday we went to work.*
Ayer íbamos al trabajo cuando vimos al Sr. del Río.	*Yesterday we were going to work when we saw Mr. del Río.*

The use of the imperfect or preterite is determined by the context of the entire sentence, not by one word or phrase.

c. Often it is what the speaker wants to say that determines the tense. When the speaker wants to emphasize a time-limited action, the preterite is used. When the speaker wants to emphasize an ongoing condition, the imperfect is used.

Point out: There are no precise English equivalents for the examples in Explanation C. What is shown in Spanish by a simple change of tense must be explained with many additional words in English.

Anoche Julio **estuvo** enfermo.	*Julio was sick last night. (But is no longer sick.)*
Anoche Julio **estaba** enfermo.	*Julio was sick last night. (He may or may not still be sick.)*

En contexto

Cuando **era** niño, Pablo **soñaba** con ser bombero. Luego **tuvo** un período en que **quería** ser policía o cartero. Pero cuando **llegó** la hora de escoger su carrera **quiso** hacerse contador.

Warm-up: Have students explain the use of the imperfect and/or preterite in the phrases of the **Presentación** and **En contexto.**

PRÁCTICA Y CONVERSACIÓN

A. ¿Imperfecto o pretérito?   Escoja el imperfecto o el pretérito en las oraciones siguientes.

Emphasis in this section is on choosing the correct verb form. Actual narration in the past is taught and practiced in the **Segundo encuentro.**

1. Cuando Mario *era/fue* niño, *quería/quiso* ser médico.

2. Cuando *entraba/entré* en el hospital, las enfermeras *trabajaban/trabajaron.*

3. Después de trabajar, Fernanda *volvía/volvió* a casa, *comía/comió* un poco, *leía/leyó* el periódico y *miraba/miró* la televisión.

4. En la Compañía Castillo todos *llamaban/llamaron* por teléfono y *vendían/vendieron* mucho cada día.

5. Aunque *conocía/conocí* al doctor Vargas por muchos años, sólo *conocía/conocí* a su esposa anoche.

6. Esta mañana el camarero *estaba/estuvo* enfermo pero se siente bien ahora.

B. Su vida.   Complete las oraciones de una manera lógica usando el imperfecto o el pretérito.

1. Cuando yo era niño(-a) _____.

2. Cuando yo era niño(-a), mis padres _____.

3. Ayer un(-a) amigo(-a) y yo _____.

4. Anoche yo estudiaba mientras mi compañero(-a) _____.

5. Cuando vine a clase hoy los otros estudiantes _____.

C. Entrevista personal.   Hágale preguntas a un(-a) compañero(-a) de clase.

Pregúntele...

1. lo que quería hacer anoche.

2. lo que hizo anoche.

3. qué hora era cuando se levantó hoy.

4. qué tiempo hacía cuando salió de casa.

5. cómo estaba al llegar a la universidad.

6. lo que hacía en clase mientras hablaba el (la) profesor(-a).

Puente Cultural

Las mujeres y las carreras profesionales

Discuss the photo. Ask students: ¿Cómo es la mujer en la foto? ¿Cuál es su profesión? ¿Dónde trabaja?

En todo el mundo hispano es evidente que los papeles° tradicionales del hombre y la mujer están cambiando.° Hay más mujeres que entran en la fuerza° laboral como obreras y que trabajan como ejecutivas en empresas. El Uruguay es uno de los países que está a la vanguardia en cuanto al° porcentaje° de mujeres en carreras profesionales. En la Argentina, México, Chile y Venezuela la mujer tiene un papel activo en la política, la industria, la ciencia, la medicina y la educación. En España, la mujer ha tomado° su lugar al lado del hombre en la mayoría de las profesiones. Sin embargo,° todavía hay muchos lugares donde los papeles tradicionales predominan.

roles
are changing / force

with regard to / percentage

has taken
Nevertheless

COMPRENSIÓN CULTURAL

Conteste en español.

1. ¿Cuál es el papel tradicional de la mujer en nuestra cultura? ¿y en la cultura hispana?

2. ¿Cómo cambió (*changed*) este papel en nuestra cultura en los últimos años?

3. ¿Qué país hispano está muy avanzado en el número de mujeres en carreras profesionales?

4. ¿Cuál es el papel de la mujer en México, Chile, la Argentina y Venezuela?

5. ¿Cuál es el papel de la mujer española?

6. ¿Predomina el nuevo papel de la mujer en todo el mundo hispano? En su opinión, ¿dónde se puede encontrar ejemplos (*examples*) del papel tradicional? ¿Por qué?

segundo encuentro

PRESENTACIÓN   **VOCABULARIO EN CONTEXTO**

Warm-up: Prior to introducing the dialogue, ask students: **¿Tuvo Ud. una entrevista de trabajo el verano pasado? ¿Cómo se preparó para la entrevista? ¿Qué ropa llevó? ¿A qué hora llegó a la entrevista? ¿Llegó Ud. temprano o tarde? ¿Dónde era la entrevista? ¿Le dieron el trabajo?**

Videocassette segment to accompany this section; see Viewer's Guide in the Instructor's Resource Manual, Chapter 10.

employment agency

Feliz Futurama, agencia de empleos°

+ / name	Agente°	¿Cuál es su **nombre?**
candidate, applicant	Aspirante°	Elvira Palacio.
applying / job / worker / factory	Agente	¿Ud. está **solicitando el puesto** de **obrera** en una **fábrica?**
chemist / +	Aspirante	No, ese puesto no. Me interesa éste que anuncian aquí en el periódico. Yo quisiera trabajar como **química** con **productos** de perfumería.

Agente	¡Ah, sí! La Línea Galatea necesita **personal** con experiencia en el **uso** de productos químicos. Pero veo en su **solicitud** que Ud. sólo tiene experiencia en **ventas**.	personnel / +
		application form
		sales
Aspirante	Sí, es verdad, pero en mi otro **trabajo** vendía productos químicos. **Además** yo soy licenciada° en química.	job
		Furthermore, Besides / university degree
Agente	¡Ah! Ya veo. ¡Qué buena experiencia! ¿Por qué **dejó** su otro trabajo?	**dejar** = to leave
Aspirante	No me pagaban bien y no estaba contenta con el trabajo.	
Agente	¿Cuánto quiere ganar?	
Aspirante	Alrededor° de 35.000 dólares por año.	around
Agente	Este trabajo tiene un **sueldo** más bajo, pero se puede **negociar** pues Ud. tiene **las cualificaciones** necesarias.	salary / negotiate
		+
Aspirante	Quisiera saber si **el contrato** es por uno o dos años.	contract
Agente	Al principio° es por seis meses con posibilidad de renovarse° según las **evaluaciones**. Es una **compañía** pequeña. Los **dueños** trabajan junto° a los **empleados**.	In the beginning / to renew
		+ / + / owners / together with
		employees
Aspirante	**Me parece** perfecto.	It seems to me
Agente	Muy bien, le voy a dar otra **entrevista** con la Sra. Galatea.	interview

Review **Sonidos: m, n, ñ** (Capítulo 6, Primer encuentro).
m: nombre química además un vendedor un banco en ventas n: negociar contenta contrato anuncio ñ: años compañía dueño Es una compañía pequeña. Los dueños trabajan junto a los empleados.

Check comprehension: ¿Qué puesto solicita Elvira? ¿Qué experiencia tiene ella? ¿Por qué dejó su otro trabajo? ¿Cuánto pagan en este puesto? ¿Qué cualificaciones tiene Elvira para este trabajo? ¿Por cuánto tiempo es el contrato?

Comentarios lingüísticos y culturales

a. The use of **quisiera** is preferable over **quiero** o **deseo** when you are requesting something. It is more polite and not so direct. **Quisiera** is generally followed by the infinitive.

Quisiera saber si el contrato es de uno o dos años.

b. The expression **trabajar como** means *to work as*. Unlike English, the indefinite article is not needed.

Quisiera trabajar como química.

PRÁCTICA Y CONVERSACIÓN

A. Definiciones. Empareje la palabra con su definición.

1. la fábrica
2. la entrevista
3. el contrato
4. el sueldo
5. la solicitud
6. el puesto

a. dinero que recibe un empleado por su trabajo
b. lugar donde trabajan los obreros
c. posición dentro de una compañía
d. conversación entre un(-a) agente de la oficina de empleos y un(-a) aspirante
e. acuerdo oficial de trabajo entre la compañía y el empleado
f. papel que se debe completar con información personal para pedir un empleo

B. Fábrica de Galletitas Gallo. Ud. y su compañero(-a) son los (las) dueños(-as) de una compañía de galletitas (*cookies*) que necesita más personal porque las ventas son muy buenas.

Decidan juntos…

1. cuántos empleados necesitan.
2. qué sueldo les van a ofrecer.
3. cuántas horas deben trabajar.
4. qué cualificaciones necesitan tener.

Después de decidir, escriban un anuncio para el periódico.

C. Mi primer puesto. Su profesor(-a) va a dividir la clase en dos grupos: **los agentes de empleos** y **los aspirantes.** Los aspirantes deben escoger uno de estos anuncios y deben presentarse para una entrevista en la agencia de empleos. Durante la entrevista el (la) aspirante debe pedir una descripción del trabajo, negociar el sueldo, las horas de trabajo y las vacaciones. El (La) agente debe hacerle preguntas para averiguar (*to find out*) cómo es el (la) aspirante, qué estudios tiene, qué experiencia tiene, qué le interesa hacer, y otras cosas.

EMPRESA LIDER

Seleccionará para su Sucursal San Isidro

UN GRUPO DE MUJERES DE EXCELENTE NIVEL

Requerimos:

Edad 25 a 45 años. Predisposición para relacionarse.
Disponibilidad de horarios. Dinamismo e iniciativa personal.

Ofrecemos:

Incorporación inmediata. Capacitación permanente.
Inmejorable remuneración. Excelente clima laboral.

**Presentarse para preselección únicamente lunes 3 y martes 4 de 10 a 17 hs.
en Av. del Libertador 16.188 - San Isidro**

EMPRESA NORTEAMERICANA

de primer nivel
proyecta cubrir una vacante de

SECRETARIA DE DIRECTORIO

Las interesadas deberán escribir a:

CASILLA DE CORREO 5284 (1000) CORREO CENTRAL

sin dilación, detallando sus antecedentes,
incluyendo la plena posesión del idioma inglés
y manejo de computación aplicada (PC).
Las candidatas serán entrevistadas
personalmente en la Empresa
Indicar en el sobre referencia 07/95

SEA UN LIDER

Editorial Voluntad S.A.

Le invita a compartir el liderazgo en el ramo de textos escolares.

Solicitamos:

PROMOTORES Y COORDINADORES DE VENTAS

Requisitos

* Edad entre 20 y 35 años
* Buena presentación personal
* Facilidad de expresión
* Preferiblemente con formación mínima de dos semestres en carreras educativas o económicas.

Ofrecemos:

* Vinculación inmediata
* La mejor remuneración del sector: sueldo básico, comisiones y magníficas bonificaciones
* Auxilio de vehículo o moto
* Excelente programa de capacitación y asesoría permanente
* Oportunidades de desarrollo laboral

Interesados enviar o presentar hoja de vida 1003, a la calle 46 No. 24-25
Tels: 248 1815 - 338 1816 ó a la calle 7A. Sur No. 31- 85 (Arriba de la Cra. 30)
Tels: 227 4557 - 201 5279. Santafé de Bogotá, D.C.

COMPLIMENTING

¡Qué lindo / bueno / agradable / bien / interesante / inteligente!

¡Eres muy bueno(-a) en (ventas)!

¡Qué guapo(-a) / chulo(-a) estás!

¡Qué muchacha tan bonita!

¡Qué bonito(-s) ojos / cabello / vestido tienes!

How pretty / good / pleasant / good / interesting / intelligent!

You are very good in (sales)!

How good / nice you look!

What a pretty young woman!

What pretty eyes / hair / dress you have!

Point out: The word **qué** has a written accent mark when used in exclamatory sentences.

REACTING TO A COMPLIMENT

As a general rule, people who speak Spanish react to compliments in a way that may seem dry and undemonstrative. It is not uncommon for them to simply say, **Gracias.**

PRÁCTICA Y CONVERSACIÓN

Work in pairs and find five things on which you can compliment each other.

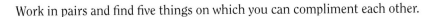

NARRATING IN THE PAST

More Uses of the Imperfect and Preterite

The imperfect and preterite often appear together in both oral and written narration; that is, in normal conversation, radio and television reporting as well as in letters, newspaper and magazine articles, short stories, and novels when past events are described and related.

a. In narration, the preterite is generally used to relate what happened; it advances the story or plot. The imperfect provides the background information and describes conditions or continuing events.

b. The following sentences form a brief narration. Note the use of preterite for plot and the imperfect for background information.

 Plot: Ayer **fui** a una agencia de empleos para buscar trabajo.

 Background: Yo **estaba** muy contento con la entrevista porque el agente **era** muy simpático conmigo.

 Plot: Me **ofrecieron** un buen puesto en una compañía pequeña.

En contexto

Agente   ¿Por qué **dejó** su otro trabajo?

Aspirante   No me **pagaban** bien y no **estaba** contenta con el trabajo.

PRÁCTICA Y CONVERSACIÓN

Variación A: This may also be assigned as a written composition.

A.   Emociones y acciones.   Explíqueles a sus compañeros de clase cómo era el día anterior. Usando por lo menos ocho oraciones, describa el tiempo, sus sentimientos (*feelings*), lo que quería o necesitaba hacer y lo que Ud. hizo. ¡Cuidado con el uso del imperfecto y el pretérito!

B.   Entrevista personal.   Hágale preguntas a un(-a) compañero(-a) de clase sobre su primera entrevista para un trabajo. Las siguientes preguntas le sirven de modelo pero haga sus propias preguntas también.

Pregúntele…

1. cuál era la fecha y la hora de la entrevista.
2. qué tiempo hacía.
3. qué llevaba a la entrevista.
4. cómo se sentía.

5. cómo era el agente.
6. de qué hablaron.
7. si le dieron el puesto.
8. ¿?

Variación C: Students could write a brief narrative about their partner's interview.

C.   La primera entrevista.   Después de terminar **Práctica B,** explíquele a un(-a) tercer(-a) compañero(-a) de clase cómo era la entrevista de su compañero(-a). El (La) tercer(-a) compañero(-a) debe hacer preguntas sobre la entrevista.

POINTING OUT PEOPLE AND THINGS

Demonstrative Pronouns
In **Capítulo 5** you learned to form and use demonstrative adjectives to point out people and objects. Demonstrative adjectives are always followed by a noun: **este puesto; aquella compañía.** Demonstrative pronouns are used to replace the indicated person(s) or object(s). They occur alone without the noun.

DEMONSTRATIVE PRONOUNS					
éste ésta	*this (one)*	ése ésa	*that (one)*	aquél aquélla	*that (one)*
éstos éstas	*these*	ésos ésas	*those*	aquéllos aquéllas	*those*
esto	*this*	eso	*that*	aquello	*that*

a. The demonstrative pronouns in Spanish are the same words as the demonstrative adjectives except that the pronouns have a written accent mark. The accent marks are used to distinguish the pronouns from the adjectives and do not affect pronunciation. Demonstrative pronouns replace the demonstrative adjective + noun. They agree in number and gender with the noun replaced.

b. The three neuter demonstrative pronouns are **esto** = *this,* **eso** = *that,* and **aquello** = *that.* These neuter pronouns do not have corresponding adjective forms, and they exist only in the singular. The neuter forms point out an item whose identity is unknown, or they replace an entire idea, situation, or previous statement.

Point out: The neuter pronouns have no written accent marks.

¿Qué es **esto?**	*What is this?*
Eso no es verdad.	*That isn't true.*
Aquello fue increíble.	*That was unbelievable.*

c. REMINDER: The demonstrative pronouns indicate the same relationships of distance as the demonstrative adjectives; that is, forms of **éste** refer to items close to the speaker, forms of **ése** refer to items close to the person spoken to, and forms of **aquél** refer to items away from the speaker and person spoken to.

Demonstrative adjective:

—¿Trabajas en **esta** oficina?   *Do you work in this office?*

Demonstrative pronoun:

—No, trabajo en **ésa.**   *No, I work in that one.*

En contexto

Agente   ¿Ud. está solicitando el puesto de obrera en una fábrica?

Aspirante   No, ese puesto no. Me interesa **éste** aquí en el periódico.

PRÁCTICA Y CONVERSACIÓN

A. **¿Qué va a decir Ud. en estas situaciones?**   Use una oración de la columna a la derecha para responder.

1. Ud. ve algo raro sobre su escritorio.
2. Un amigo recibió un contrato por un millón de dólares.
3. Una compañera le pregunta si hay más trabajo.
4. La agente de empleos le pregunta acerca de su vida personal.
5. Un amigo le dijo que ganó $100 pero Ud. sabe que no es verdad.

a. No quiero hablar de esto.
b. No, eso es todo.
c. ¿Qué es esto?
d. Aquello fue increíble.
e. ¡Eso no es verdad!

B. **¿Qué es esto?**   Usando **qué** o **quién,** hágale preguntas a un(-a) compañero(-a) de clase y su compañero(-a) debe contestar según el modelo.

MODELO

	este papel / contrato nuevo
Usted:	**¿Qué es este papel?**
Compañero(-a):	**¿Ése? Es el contrato nuevo.**

1. esta oficina / agencia de empleos
2. esos hombres / dueños de la compañía
3. esa mujer / programadora de computadoras
4. estos papeles / solicitudes de empleo
5. aquel edificio / fábrica de coches
6. aquella compañía / perfumería Galatea

Puente Cultural

Los estudiantes y el trabajo

Discuss photos. ¿Quiénes son las personas en las fotos? ¿Qué estudian? ¿De dónde son?

JOAQUIN GOMEZ

25 años, de Madrid. Estudia Técnica de Programación. Trabaja en Heladerías Palazzio. Cobra al mes 110.000 pesetas.

"Trabajar y Estudiar es muy Duro"

«Compaginar el trabajo y el estudio es muy duro, apenas se tiene tiempo para dormir y el autobús o el metro se convierte en la segunda cama».

CAROLINA HERNANDEZ

20 años, estudia 2º de Biológicas. Trabaja en Telepizza Gana 30.000 pesetas al mes.

"Lo compagino Muy bien"

«Encontré el trabajo por una amiga y yo he metido a más de un compañero de estudio. Aquí tienes un horario muy flexible y se puede compaginar muy bien con los estudios. Trabajo 47 horas al mes. No es mucho tiempo y mi carrera no lo nota.

En el pasado los estudiantes universitarios hispanos no solían° trabajar; consideraban los estudios como su profesión. Actualmente muchos estudiantes hispanos trabajan porque necesitan el dinero. Joaquín Gómez y Carolina Hernández son típicos de los estudiantes modernos que tratan de compaginar° el estudio y el trabajo.

were not accustomed to

combine

COMPRENSIÓN CULTURAL

Corrija las siguientes oraciones falsas usando la información anterior.

1. En el pasado los estudiantes universitarios hispanos trabajaban más.
2. Los estudiantes trabajan porque les gusta.
3. Joaquín Gómez trabaja en una farmacia.
4. Joaquín piensa que es fácil compaginar el estudio y el trabajo.
5. Joaquín solamente duerme en casa.
6. Carolina Hernández piensa que es difícil compaginar el estudio y el trabajo.
7. Carolina trabaja 47 horas por semana.
8. La carrera universitaria de Carolina sufre por su trabajo.

tercer encuentro

PRESENTACIÓN — VOCABULARIO EN CONTEXTO

farewell **La fiesta de despedida°**

Review **Sonidos: Diphthongs with u (Capítulo 2, Segundo encuentro).**
ua: cuándo cuánto cuál situación Guadalajara ue: sueldo acuerdo suerte nuevo ¿Cuándo empezaste a trabajar en Guadalajara? Por suerte llegamos a un acuerdo.

Jefe°	Atención, por favor. Hagamos un brindis° para Ana. Cuando me dijo que tenía una buena oferta para ser **gerente general** en una **empresa** en Miami, no se lo podía creer. Le ofrecimos un **aumento** de **salario,** mejores **beneficios sociales** y un nuevo **seguro de desempleo** pero no pudimos **llegar a un acuerdo.** Así es como hoy estamos todos aquí para desearle lo mejor en su nuevo trabajo. ¡Salud!°
Colegas	¡Que hable!° ¡Que hable!
Ana	Por suerte° **renuncié** y no me **despidieron.**
Colegas	¡Ja Ja!
Ana	Voy a recordarlos siempre con afecto. Muchas gracias por esta linda fiesta. ¡Salud! ¡A divertirse!°

boss / Let's toast
general manager / firm
increase / wage
fringe benefits / unemployment insurance
reach an agreement
Cheers!

Speech!

*Luckily / **renunciar** = to resign / **despedir** = to fire*

Enjoy!

PRÁCTICA Y CONVERSACIÓN

A. En el lugar de trabajo.   Complete las oraciones con las palabras de la lista.

beneficios sociales / despedir / llegar a un acuerdo / aumento / salario / gerente general

1. Si me pagan poco dinero, pido un _____ .
2. Cuando trabajamos por hora recibimos un _____ .
3. Un buen trabajo tiene buenos _____ .
4. El jefe de los jefes es el _____ .
5. Si un empleado hace mal su trabajo, el jefe lo va a _____ .
6. El jefe y los empleados conversan para _____ sobre las condiciones de trabajo.

Check comprehension: ¿Por qué hay una fiesta para Ana? ¿Adónde va a trabajar Ana? ¿Qué puesto va a tener en la nueva empresa? ¿Despidió el jefe a Ana? ¿Cree Ud. que Ana es una buena empleada? ¿Por qué sí o no?

B. Las condiciones de trabajo.   Uds. son empleados de una empresa y no están contentos con las condiciones de trabajo. Como miembros del sindicato (*union*) deben hacer una lista de demandas para los directores de la empresa. En grupos de tres decidan qué les van a pedir y expliquen por qué quieren estos cambios. Éstas son algunas frases que se pueden usar:

Primero que todo queremos _____ .

También necesitamos _____ .

Además quisiéramos _____ .

Por último nos gustaría _____ .

*The class can be divided between **los jefes** and **los obreros.** Have the groups of workers negotiate their demands with the bosses.*

Variación B: The lists of demands can also be done as a written assignment.

C. El aumento.   Trabajen en parejas. Ud. va a hablar con su jefe(-a) para conseguir un aumento de sueldo. Dígale a su jefe(-a) lo que hizo este mes, las buenas evaluaciones que recibió, las ideas que tiene para mejorar la empresa, los cursos que toma por la noche para mejorarse. Luego pídale un aumento. El (La) jefe(-a) debe hacerle preguntas sobre el trabajo, las horas que trabaja, si llega tarde y otras cosas. Deben negociar el aumento.

—¡Estoy harto de este trabajo!
—Necesitas unas vacaciones.

Así se habla

EXPRESSING ANGER

Videocassette segment to accompany this section; see Viewer's Guide in the Instructor's Resource Manual, Chapter 10.

Here are some expressions that convey anger:

¡Esto es lo último que faltaba!	*That's all I needed!*
¡Esto es el colmo!	*This is the last straw!*
¡Esto es lo último!	
¡No faltaba más!	*That's all we needed!*
¡Estamos hartos!	*We are fed up!*
¡Me (Nos) pega en los nervios!	*It gets on my (our) nerves!*
¡Basta! ¡Se acabó!	*Enough! I've had it!*
¡Esto es demasiado!	*This is too much!*

PRÁCTICA Y CONVERSACIÓN

A. Jefes y empleados. Imagínese que Ud. es la persona en las siguientes situaciones. ¿Cómo reacciona Ud.?

Jefe(-a)

1. Esta semana Inés llegó tarde todos los días. ¡Hoy llegó una hora más tarde!
2. Ud. entra en la oficina; Santiago charla con otro empleado y los dos no trabajan.
3. La nueva secretaria hace muchos errores en las cartas que Ud. le dicta.

Empleado(-a)

1. ¡No quieren darnos un aumento de sueldo!
2. El jefe despidió a 50 obreros de la fábrica.
3. Los jefes no quieren aceptar nuestras demandas.

B. Personalidad. Cuéntele a su compañero(-a) cuáles son las cosas que lo (la) enojan (*anger*) mucho y qué dice en esas ocasiones.

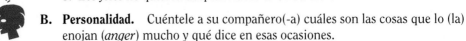

A ESCUCHAR

Estas empleadas están muy descontentas con su jefe. Escuche sus razones. Luego, complete las oraciones.

1. Las empleadas están descontentas porque su jefe quiere que _____ .

    a. trabajen más   **b.** vengan más temprano   **c.** tomen mucho café

2. La semana pasada el problema era _____ .

    a. el café   **b.** el trabajo   **c.** el salario

3. Las empleadas van a renunciar si el jefe _____ .

    a. no les aumenta el salario   **b.** no les habla   **c.** no cambia

4. Ellas piensan que el jefe _____ .

    a. es bueno   **b.** está loco   **c.** les va a hablar bien

ESTRUCTURAS

AVOIDING REPETITION OF PREVIOUSLY MENTIONED PEOPLE AND THINGS

Review direct object pronouns in **Capítulo 7, Primer encuentro.** Review indirect object pronouns in **Capítulo 9, Tercer encuentro.**

Double Object Pronouns

In normal conversation we try to avoid the repetition of previously mentioned people and things by using direct and indirect object pronouns. For example: *Who gave John that job? His uncle gave **it** to **him.*** These double object pronouns are also used in Spanish.

a. When both an indirect object pronoun and a direct object pronoun are used with the same verb, the indirect object pronoun precedes the direct object pronoun.

Point out: Both object pronouns will precede an affirmative or negative conjugated verb. The order is always indirect before direct object pronoun.

—¿Quién te explicó los beneficios?   *Who explained the benefits to you?*

—El jefe **me los** explicó.   *The boss explained them to me.*

b. Both object pronouns must be attached to the end of affirmative commands. They both precede negative commands.

—Voy a darle un aumento de sueldo a Juan en enero.   *I'm going to give a raise to John in January.*

—**No se lo dé** en enero. **Déselo** este mes.   *Don't give it to him in January. Give it to him this month.*

c. When both a conjugated verb and an infinitive are used, the two object pronouns can precede the conjugated verb or be attached to the end of the infinitive.

¿La fábrica?	*The factory?*
Van a **mostrárnosla** mañana. ⎫	*They're going to show it to us tomor-*
Nos la van a mostrar mañana. ⎭	*row.*

d. When both indirect and direct object pronouns are in the third person, the indirect object pronouns **le** and **les** become **se.**

Le damos el nuevo producto.	*We are giving him the new product.*
↓	
Se lo damos.	*We are giving it to him.*
Les mostré la nueva oficina.	*I showed them the new office.*
↓	
Se la mostré.	*I showed it to them.*

e. Since the pronoun **se** can refer to so many persons, the phrase **a** + *prepositional pronoun* is often used to clarify **se.**

Se lo mandan	{ a él. a ella. a Ud. a ellos. a ellas. a Uds.	*They send it*	{ *to him.* *to her.* *to you.* (form. s.) *to them* (masc. or masc. & fem.) *to them.* (fem.) *to you.* (pl.)

En contexto

Empleado 1	Se dice que vamos a negociar un nuevo contrato.
Empleado 2	¿Quién **te lo** dijo?
Empleado 1	El gerente general **me lo** dijo ayer.

PRÁCTICA Y CONVERSACIÓN

A. La oficina de Ana.   Como Ana acaba de recibir un nuevo puesto en Miami, ella va a limpiar su vieja oficina y regalar algunas cosas. Explique a quiénes Ana va a darles sus artículos de oficina.

MODELO   a su compañero
Ana va a dárselos a su compañero.
Ana se los va a dar a su compañero.

1. a mí	4. a ti
2. al dueño de la compañía	5. a su jefe
3. a los obreros	6. a Uds.

B. Una tienda de regalos.   Ud. está en una tienda de regalos en la Calle Ocho en Miami, Florida, buscando un regalo para su novio(-a) / esposo(-a) que acaba de obtener un nuevo puesto. Pídale al (a la) dependiente que le muestre (o no le muestre) los artículos que Ud. piensa que le van a gustar a su novio(-a) / esposo(-a).

MODELO	unos libros
	Dependiente: **Tenemos unos libros muy interesantes.**
	Usted: **Bueno, muéstremelos.**
	No me los muestre.

un nuevo disco compacto / unas flores de seda / una nueva novela romántica / un bolígrafo de oro / una maletín (*briefcase*) de cuero / unos cuadernos / ¿?

C. Unos obreros latinos.   Some workers from South America are coming to your university to learn how U.S. students are trained for their jobs. With a classmate ask and answer questions about their activities and what the university will do for them during their visit. Use the following questions as a guide, but add others during your conversation. Use double object pronouns in your answers whenever possible.

1. ¿Les mandan cartas a los obreros antes de su visita?
2. ¿Qué edificios van a mostrarles a los obreros? ¿Cuándo van a mostrárselos?
3. ¿Quién les explica la rutina diaria aquí?
4. ¿Qué les sirven para comer? ¿y para beber?
5. ¿Les van a dar regalos?
6. ¿?

MAKING STATEMENTS AND GIVING COMMANDS
Position of Reflexive and Object Pronouns
Since object and reflexive pronouns are used very frequently in Spanish, you need to know where to place them in statements and commands.

This summary of pronoun placement may be omitted if you are short on class time. If you use this section, do not expect mastery of pronoun placement at this point in time.

PRONOUN PLACEMENT WITH:	
Conjugated Verb	Precede verb
Conjugated Verb + Infinitive	Attach to end of infinitive or precede conjugated verb
Affirmative Command	Attach to end of verb
Negative Command	Precede verb

a.   In both affirmative and negative statements, reflexive and object pronouns are placed directly before a conjugated verb.

REFLEXIVE PRONOUNS

Después de trabajar, Tomás **se ducha** y **se lava** el pelo pero **no se afeita.**

After work, Tomás takes a shower and washes his hair but he doesn't shave.

OBJECT PRONOUNS

¿Quién **te dio** estas cartas?   *Who gave you these letters?*

La secretaria **me las** dio.   *The secretary gave them to me.*

b.   When a conjugated verb is followed by an infinitive, reflexive and object pronouns can precede the conjugated verb or be attached to the end of the infinitive.

REFLEXIVE PRONOUNS

Los obreros **van a levantarse** temprano.

Los obreros **se van a levantar** temprano.

The workers are going to get up early.

OBJECT PRONOUNS

—**Necesitas darme** el contrato para el nuevo puesto.   *You need to give me the contract for the new position.*

—Sí, **te lo voy a dar** esta tarde.   *Yes, I'll give it to you this afternoon.*

c.   Reflexive and object pronouns must attach to the end of formal and familiar affirmative commands. They must precede formal and familiar negative commands.

REFLEXIVE PRONOUNS

Affirmative Commands

Formal: **Levántese** temprano.

Familiar: **Levántate** temprano.

Get up early.

Negative Commands

Formal: **No se levante** tarde.

Familiar: **No te levantes** tarde.

Don't get up late.

OBJECT PRONOUNS

Affirmative Commands

Formal: **Dígame** la verdad.

Familiar: **Dime** la verdad.

Tell me the truth.

Negative Commands

Formal: **No me diga** mentiras.

Familiar: **No me digas** mentiras.

Don't tell me lies.

En contexto

Jefe   **Le** deseamos a Ana lo mejor en su nuevo trabajo.

Have students supply rules for placement of the pronouns in the examples of the **En contexto.**

Ana   Gracias. Voy a recordar**los** siempre con afecto. ¡A divertir**se**!

PRÁCTICA Y CONVERSACIÓN

A. Unos regalos. Su esposo(-a) le dio / Sus padres le dieron muchos regalos para su cumpleaños y Ud. se los muestra a un(-a) amigo(-a).

MODELO	
	el disco compacto
Usted:	**Mira este disco compacto.**
Compañero(-a):	**Muéstramelo. ¿Dónde lo conseguiste?**
Usted:	**Mis padres / Mi esposo(-a) me lo dieron / dio.**

los libros / el reloj de oro / el suéter de lana / la computadora / el cinturón de cuero / las camisetas / ¿?

B. El (La) gerente general. As the general manager for your firm it is your job to inform new employees about various aspects of the training program. A classmate is a new employee. Answer his/her questions about the company, salary, benefits, raises, and other items. Give commands explaining the daily work routine, office schedules, lunch time, and other aspects of the job.

PUENTE Cultural

Los hispanos y el trabajo

Gloria Estefan   Antonio Banderas   Henry Cisneros   Celia Cruz

Muchos hispanos de los EE.UU. ocupan puestos de importancia y son famosos.

El cine, el teatro y la televisión:	Antonio Banderas, Andy García, Ricardo Montalbán, Rita Moreno, Edward James Olmos, Rosie Pérez
Los deportes:	Roberto Alomar, José Canseco, Mary Joe Fernández, Nancy López, Lee Treviño
La moda:	Adolfo, Carolina Herrera, Oscar de la Renta
La música:	Rubén Blades, Celia Cruz, Gloria Estefan, Jon Secada

| La política: | Henry Cisneros, Secretario de HUD; Federico Peña, Secretario de Transportes; Ileana Ros-Lehtinen, primera hispana elegida al Congreso de los EE.UU. |

COMPRENSIÓN CULTURAL

1. Nombre unos hispanos famosos por su trabajo en los deportes / la música / la política / el cine o la televisión / la moda. ¿Por qué son famosos?
2. ¿Qué otros hispanos famosos puede Ud. mencionar?

cuarto encuentro

Videocassette segment to accompany this section; see Viewer's Guide in the Instructor's Resource Manual, Chapter 10.

EL MUNDO HISPANO

LOS HISPANOS EN LOS EE.UU.: LOS CUBANOS

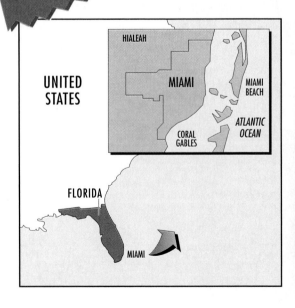

La Pequeña Habana, Miami, Florida

Después de la revolución cubana y el triunfo de Fidel Castro en 1959, muchos cubanos huyeron° de su patria. Entre 1960 y 1980 casi un millón de cubanos salieron de Cuba y se establecieron en Miami y el sur de la Florida. Actualmente los cubanos como grupo tienen mucho éxito° y en parte son responsables de la prosperidad económica de Miami. Ocupan una gran variedad de puestos en muchos sectores económicos.

Have students locate Cuba on the map of the Caribbean. Have students locate area(s) on a U.S. map where Cuban Americans have settled.

fled

success

Have students review the map «Los hispanohablantes en los Estados Unidos,» which appears at the beginning of this textbook.

Comprehension check: **¿Cuándo vinieron los cubanos a los EE.UU.? ¿Por qué vinieron? ¿Dónde viven actualmente? ¿Qué hacen para ganarse la vida?**

PARA LEER BIEN • Skimming

In previous chapters you have learned different strategies for tackling a text. Let's recapitulate.

1. Try to guess the content from the illustrations and the title.

2. Try to guess the meaning of unknown words. Do not look up every word. Cognates, borrowed words, words with recognizable roots, and the context will help you.

   Keeping these points in mind, let's consider now the first reading of any text. In the first reading you should be looking for general ideas or key points; you need to read for the main idea. Do not pay attention to details, but rather get the gist of the reading. In other words, read for general understanding, not for details.

PRÁCTICA

Examinar un texto. ¿Cuál es el tema principal de la **Lectura cultural** siguiente? ¿Qué cognados hay en la **Lectura cultural?**

Las profesiones del medio ambiente°

La naturaleza° se encuentra en todas las facetas de nuestra vida.° El control de la contaminación,° el reciclaje de residuos° o la educación ambiental ya no son un ideal. Trabajar en favor del medio ambiente abre caminos a nuevas profesiones. He aquí°algunas de ellas.

environment

nature / life
pollution / garbage

Here are

BIOTECNOLOGO

Genética al servicio de los cultivos.

Investigación aplicada

FOTOGRAFO

La naturaleza en cien mil imágenes

El fotógrafo naturalista precisa mucha paciencia y espíritu de sacrificio en su trabajo.

MONITOR DE MEDIOAMBIENTE

La formación en vivo

Los monitores de medio ambiente tienen un amplio campo.

Curso de Turismo Medioambiental: Centro de Información Juvenil.

AIRE Y AGUA

Biòlogos, químicos, ingenieros y técnicos analistas se ocupan de vigilar la calidad del aire de nuestras ciudades.

Análisis, control y vigilancia del aire

RECICLADOS

Se puede vivir de las bolsas de basura

Técnicos superiores y de grado medio son los ancargados de determinar el tratamiento de residuos.

RUIDOS

Cuidar de los decibelios

Ellos miden la contaminación acústica.

PRÁCTICA Y COMPRENSIÓN

Nombre las profesiones que se encuentran en la lectura y explique el trabajo de cada una. Luego piense en otras profesiones relacionadas con el medio ambiente y preséntelas a la clase.

ACTIVIDADES

A. **Mi primer puesto.** Describe your first day on your first job. Your job might have been a neighborhood job such as baby-sitting or cutting lawns, or a job working in a business firm. If you have never worked, describe a volunteer job you have had or use your imagination. Explain when your first day on your first job took place, what the weather was like, what you wore, how you felt, where you went, and what you did.

B. **¿Cuál es mi profesión?** Your instructor will divide the class into groups of five to play this TV game show. One student is the guest on the show and will represent a certain profession which he or she chooses. The other four students will form a panel and must guess what the guest's profession is. In turn each panel member will ask one yes/no question about where, when, how, or with whom the guest works until the panel guesses the profession. Each member of the group should have the opportunity to be a panel member as well as the guest.

C. **Los aspirantes.** You are a counselor in an employment agency and a classmate is a candidate for a job. There are four openings in a new firm that supplies products to car factories: a worker in the factory, a computer programmer, a salesperson, and a general manager. Interview the candidate to find out his or her educational background, work experience, interests, and demands as well as for which job he or she is most qualified.

Have students use circumlocution to explain other professions. **La persona que trabaja para proteger el ambiente en el mar; personas que buscan energía alternativa, por ejemplo, energía solar o de viento; personas que trabajan con animales de los que quedan pocos en números.**

Grammar incorporated: A: Imperfect vs. preterite; narrating in the past   **B:** Question formation   **C:** Imperfect vs. preterite; narrating in the past

Vocabulary incorporated: A: Names of professions; job-related vocabulary   **B:** Names of professions; job-related vocabulary   **C:** Names of professions

Variación A: Have students take notes about a classmate's first job description while listening to **Actividad A** . Then, have students individually write a resumé of one other classmate's first job experience.

Variación B: Write the name of each profession for which students have the vocabulary word on a small piece of paper. One student should pick a piece of paper and represent that profession.

PARA ESCRIBIR BIEN • Filling Out an Application

If you want to work with Hispanics or visit Spanish-speaking countries, you need to know how to fill out applications and other forms. The following vocabulary will help you complete the task.

Nombre	*Name*
Apellido	*Last name*
Dirección	*Address*
Edad	*Age*
Fecha de nacimiento	*Date of birth*
Estado civil	*Marital status*

COMPOSICIONES

A. La solicitud de empleo. You are a Hispanic who has recently immigrated to the U.S. Fill out the following application so the agency will help you find a job.

Fecha _____

Nombre _____

Dirección _____

Teléfono _____ (Si no tiene teléfono, ponga el teléfono de un amigo o familiar.)

Fecha de nacimiento _____

Estado civil _____ ¿Tiene Hijos? _____

   ¿Cuántos? _____ Sus edades _____

¿Hasta que año estudió en la escuela? _____ ¿Dónde? _____

¿Sacó el título de la escuela secundaria? _____ ¿Dónde? _____

¿Estudió inglés? _____ ¿Cuánto tiempo? _____

   ¿Dónde? _____

B. El (La) presidente(-a) de la compañía. After many years as the president of a large firm that manufactures clothing, you are retiring. You must write a speech for your retirement banquet. Talk about your early years with the company. Discuss your first interview, your starting salary, your qualifications for the job, your experience, your contract, and how you obtained the job.

Vocabulario activo ●●●●●●●●●●●●●●●●●●●●●●●●●●●●●●●●●●●●●

Las profesiones — *Professions*

el (la) agente	*agent*
el (la) asistente social	*social worker*
el (la) bombero(-a)	*fire fighter*
el (la) carpintero(-a)	*carpenter, cabinet-maker*
el (la) cartero(-a)	*mail carrier*
el (la) consejero(-a)	*advisor, counselor*
el (la) contador(-a)	*accountant*
el (la) dentista	*dentist*
el (la) electricista	*electrician*
el (la) enfermero(-a)	*nurse*
el hombre (la mujer) de negocios	*businessman(-woman)*
el (la) ingeniero(-a)	*engineer*
el (la) médico(-a)	*doctor*
el (la) plomero(-a)	*plumber*
el policía	*policeman*
el (la) programador(-a) de computadoras	*computer programmer*
el (la) químico(-a)	*chemist*
el (la) sicólogo(-a)	*psychologist*
el (la) sociólogo(-a)	*sociologist*

La agencia de empleos — *Employment agency*

el (la) aspirante	*applicant*

los beneficios sociales	*fringe benefits*
el contrato	*contract*
la cualificación	*qualification*
la entrevista	*interview*
la evaluación	*evaluation*
el salario	*wages*
el seguro de desempleo	*unemployment benefits*
la solicitud	*application form*
el sueldo	*salary*

La empresa — *Firm*

la compañía	*company*
el (la) dueño(-a)	*owner*
el (la) empleado(-a)	*employee*
el (la) gerente general	*general manager*
el (la) jefe(-a)	*boss*
el (la) obrero(-a)	*worker*
el personal	*personnel, staff*
el producto	*product*
el puesto	*job, position*

Otros sustantivos

el apellido	*last name, surname*
el aumento	*raise*
la clínica	*clinic, hospital*
el colmo	*last straw*
la construcción	*construction*
la edad	*age*
la fábrica	*factory*
el nombre	*name*
los servicios sociales	*social services*
el uso	*use*
las ventas	*sales*

Los verbos

conocer	*to meet* (preterite)

dejar	*to leave* (behind)
despedir (i, i)	*to fire*
explicar	*to explain*
negociar	*to negotiate*
poder	*to manage* (preterite affirmative); *to fail* (preterite negative)
prestar	*to lend*
querer	*to try* (preterite affirmative); *to refuse* (preterite negative)
renunciar	*to resign*
saber	*to find out* (preterite)
solicitar	*to apply*
soñar (ue) con	*to dream about*

Otras expresiones

a ver	*let's see*
además	*besides, furthermore*
aquél(-la)	*that* (one)
aquello	*that* (neuter pronoun)
aquéllos(-as)	*those*
de niño(-a)	*as a child*
duro	*hard*
ése(-a)	*that* (one)
eso	*that* (neuter pronoun)
ésos(-as)	*those*
estar harto(-a)	*to be fed up*
éste(-a)	*this* (one)
esto	*this* (neuter pronoun)
éstos(-as)	*these*
increíble	*unbelievable, incredible*
llegar a un acuerdo	*to reach an agreement*
me parece	*it seems to me*
tal vez	*perhaps, maybe*

La vida en casa

Una casa moderna en México, D.F.

➤ Cultural Themes

Hispanic home life

**Los hispanos en los EE. UU.:
Los puertorriqueños**

➤ Communicative Goals

Describing a house or
apartment

Primer encuentro

Expressing possibility

Expressing hope and opinion

Segundo encuentro

Así se habla: Expressing
spatial relations

Expressing need, opinion, and
advice

Expressing hope and opinion

Tercer encuentro

Así se habla: Enlisting help

Comparing people and things
with equal qualities

Comparing the possessions of
people

Cuarto encuentro

Para leer bien: Learning new
vocabulary

Lectura cultural: *La
arquitectura bioclimática*

Para escribir bien: Giving
written instructions

A pensar

- What does typical housing look like in our culture? In what way does the housing reflect lifestyle?

- In English when we express a wish, hope, or opinion about someone or something, what verb form is often used? *I wish **I were** in Mexico right now. It's important that **you study** a lot.*

- What are some expressions we commonly use to ask someone for help?

- In English, how do you compare people and things with equal qualities? *Carol is **as tall as** Jennifer.*

- How do you compare the possessions of people? *Mr. Anderson has **as much money as** Mr. Williams. Robert's house has **as many rooms as** Anne's.*

primer encuentro

PRESENTACIÓN   ## VOCABULARIO EN CONTEXTO

Mi nueva casa

Warm-up: If desired, make and use a transparency of the house. 1. Have students identify rooms. 2. Ask questions about the house such as the following: **¿Cuántos dormitorios hay? ¿De quiénes son? ¿Hay una chimenea? ¿En qué cuarto? ¿Para qué sirve la escalera? ¿Hay un garaje? ¿Para cuántos coches?**

Ignacio Hurtado habla de su casa.

Mi familia es de Puerto Rico pero ahora vivimos en Nueva York en una casa de dos **pisos;** es muy moderna y **típica** de los EE.UU. Nuestra casa aquí es muy **distinta** de la casa de Puerto Rico. Aquí tenemos más cuartos. Tenemos un **sótano** con una **sala de recreo** donde mis amigos y yo **tocamos la guitarra,** escuchamos música y a veces **charlamos.** Es muy bueno que **yo tenga** un lugar **cómodo** y **privado** para estar con mis amigos. También tenemos una **sala de estar** con una **chimenea** muy bonita. Pero, ¡qué **sorpresa** para nosotros! ¡El **patio** está en el **jardín!**

stories / + / different

basement

recreation room / **tocar** *= to play / +*

charlar *= to chat / I have / comfortable / private*

family room / fireplace

+ / yard, garden

Check comprehension: ¿**De dónde es Ignacio Hurtado?** ¿**Dónde vive ahora?** ¿**Cuántos pisos tiene su casa?** ¿**Es una casa típica del mundo hispano?** ¿**Cómo es distinta su casa en Nueva York de su casa en Puerto Rico?** ¿**Qué hacen Ignacio y sus amigos en la sala de recreo?** ¿**Dónde está el patio en la casa de Ignacio?** En el mundo hispano, ¿**dónde están los patios generalmente?**

1) A veces no **entro** en mi casa por la puerta.
2) Siempre **subo** a mi cuarto por la escalera.
3) Pero a veces **bajo** de esta manera.
4) **Espero** a mis padres en la sala.

esperar *= to wait for*

The boy in the cartoon series is named Paquito. If desired, make and use a transparency of the cartoon without Spanish captions. Ask students: Scene 1: ¿**Entra en la casa por la puerta Paquito?** ¿**Cómo entra a veces?** Scene 2: ¿**Cómo sube Paquito a su cuarto?** Scene 3: ¿**Baja por la escalera siempre?** Scene 4: ¿**Dónde está Paquito?** ¿**Qué hace en la sala?** ¿**Cómo es Paquito?** ¿**Cuántos años tiene?** ¿**Qué ropa lleva en cada escena?**

You may wish to do **Puente cultural: El patio español** (Primer encuentro) at this time. Or simply refer students to the photo in that **Puente cultural** in order to clarify **Comentario a.**

Comentarios lingüísticos y culturales

a. A traditional Spanish-style house is generally constructed around an interior **patio.** In addition, the house has a balcony on the upper floor, a tiled roof, and windows and doors covered with iron grillwork. Older Spanish-style houses that were constructed in the heart of a town or city do not have a yard; they were built to occupy the entire lot and the walls begin at the edge of the street or where the neighboring buildings end.

b. The word **el cuarto** has the general meaning *room.* In some countries **el cuarto** can also mean *bedroom.*

c. **Entrar** is followed by **en** when a location is mentioned.

Entramos en el comedor a las seis.   *We enter the dining room at 6:00.*

Review **Sonidos:** /d/, /đ/ (Capítulo 4, Primer encuentro).
/d/: dos donde el dormitorio distinta /đ/: Hurtado privado el comedor la pared /d/ and /đ/: La ciudad donde vivimos es muy moderna.

PRÁCTICA Y CONVERSACIÓN

A. Los cuartos.   Conteste las preguntas siguientes.

¿En qué cuarto de su casa…

1. duerme Ud.?
2. hace Ud. la tarea?
3. charla Ud. con amigos?
4. escucha Ud. música?
5. come Ud.?
6. baila Ud.?
7. prepara Ud. la comida?
8. mira Ud. la televisión?
9. tiene Ud. una fiesta?

B. Entrevista personal.   Hágale preguntas sobre su casa a un(-a) compañero(-a) de clase. Pregúntele…

1. cuántos cuartos hay en su casa. ¿Cuáles son?
2. cuántos pisos tiene su casa.
3. si hay una chimenea en su casa. ¿Dónde?
4. cuál es su cuarto favorito. ¿Por qué?
5. cómo es la sala. ¿y la cocina?
6. si hay un garaje. ¿Para cuántos coches?
7. si tiene un lugar cómodo y privado en su casa.

C. Buscando casa.   Ud. y su compañero(-a) quieren comprar una casa. Hagan una lista de lo que la casa tiene que tener. Luego comparen la lista con este aviso y decidan si van a pedir más información o no y por qué.

VENTA VIVIENDAS DE LUJO

UN SUEÑO CARIBE PARA DISFRUTAR HOY MISMO!
BALCONES DE ANDALUCIA

PENT HOUSE
- Vista al mar
- 254.72 m2
- 3 alcobas
- 2 baños
- Baño social
- Cocina integral
- 2 garajes
- Aire acondicionado central

INFORMES
- B/quilla:(953) 513022
  Fax:(953) 410128

ASODANLAC

ESTRUCTURAS

EXPRESSING POSSIBILITY

Present Subjunctive of Regular -*ar* Verbs

The present tense verbs that you have been using up to this point have been in the *indicative mood*. The indicative mood is used for statements and questions that are objective or factual.

Regresamos a casa a las dos.   *We are returning home at 2:00.*

The *subjunctive mood* is used for subjective or doubtful statements and questions.

Es posible que regresemos a casa a las dos.   *It's possible that we will return home at 2:00.*

The expression **es posible** is one of many Spanish expressions that can create a doubtful situation and require the use of the subjunctive mood.

The forms of present tense verbs in the subjunctive mood are different from present tense verbs in the indicative mood.

Indicative

Esperan en la sala.   *They are waiting in the living room.*

Subjunctive

Es posible que **esperen** en la sala.   *It's possible that they will wait (are waiting) in the living room.*

Point out: While the subjunctive exists in English, English usage will rarely help students use the subjunctive correctly in Spanish because English uses the infinitive, future tense, etc., instead of the subjunctive.

Point out: Both indicative and subjunctive statements may be affirmative or negative. **Juan no está aquí. Es posible que Juan no esté aquí.**

PRESENT SUBJUNCTIVE: REGULAR -*ar* VERBS			
Es posible que	yo	esper**e**	en la sala.
Es posible que	tú	esper**es**	en la sala.
Es posible que	él / ella / Ud.	esper**e**	en la sala.
Es posible que	nosotros / nosotras	esper**emos**	en la sala.
Es posible que	vosotros / vosotras	esper**éis**	en la sala.
Es posible que	ellos / ellas / Uds.	esper**en**	en la sala.

a.   To obtain the stem for the present subjunctive, drop the **-o** ending from the first-person singular of the present indicative tense: **espero > esper-.**

b. To form the present subjunctive of **-ar** verbs, add the following endings to the stem: **-e, -es, -e, -emos, -éis, -en.** For **-ar** verbs the vowel of the present subjunctive endings is that of **-er** verbs in the present indicative. Note that the **Ud.** and **Uds.** commands are formed in the same way as the present subjunctive.

c. Several **-ar** verbs have irregular subjunctive forms.

PRESENT SUBJUNCTIVE: SOME IRREGULAR -ar FORMS

DAR	ESTAR	Verbs ending in -car like BUSCAR	Verbs ending in -gar like LLEGAR	Verbs ending in -zar like EMPEZAR
dé	esté	busque	llegue	empiece
des	estés	busques	llegues	empieces
dé	esté	busque	llegue	empiece
demos	estemos	busquemos	lleguemos	empecemos
deis	estéis	busquéis	lleguéis	empecéis
den	estén	busquen	lleguen	empiecen

1. **Dar** has written accent marks on the first- and third-person singular forms to distinguish these forms from the preposition **de.**

2. **Estar** has written accent marks on all forms except the first-person plural.

3. Verbs ending in **-car** change the **c** to **qu.** Verbs ending in **-gar** change the **g** to **gu.** Verbs ending in **-zar** change the **z** to **c.**

En contexto
—¿Dónde van a escuchar música mañana?
—Es posible que **escuchen** discos en la sala de estar.

PRÁCTICA Y CONVERSACIÓN

A. **Unas actividades posibles.**   Ud. necesita encontrar a varias personas para hablarles más tarde hoy. Pregúntele a un(-a) compañero(-a) de clase dónde van a estar estas personas. Su compañero(-a) le va a explicar dónde están y qué hacen posiblemente.

MODELO
Cristina / en su cuarto / escuchar la radio
Usted: **¿Va a estar en su cuarto Cristina?**
Compañero(-a):   **Sí. Es posible que escuche la radio.**

1. Eduardo / en la sala / charlar con sus amigos
2. mis hermanos / en la sala de estar / mirar la televisión
3. mi madre / en la cocina / preparar la comida
4. mi padre / en el sótano / trabajar un poco
5. Carolina / en su cuarto / hablar por teléfono
6. Fernando / en la sala de recreo / tocar la guitarra

B. Esta noche. Ud. va a informarse sobre (*to find out about*) las actividades posibles de sus compañeros de clase para esta noche.

MODELO	escuchar música

Usted: **¿Van a escuchar música Uds.?**

Compañero(-a): **Sí, es posible que escuchemos música.**

Have students report back to the class on the possible activities of fellow students.

1. charlar con unos amigos
2. tocar la guitarra
3. visitar a la familia
4. tomar algo en un café
5. regresar a casa
6. preparar la tarea
7. descansar un poco
8. bailar en una discoteca

EXPRESSING HOPE AND OPINION

Subjunctive Used with Impersonal Expressions

In order to express hope and opinion about the actions of others, you will need to use the subjunctive in Spanish.

Remind students they learned several impersonal expressions in **Capítulo 4.** Write the following list on the board or use an overhead projector. **es bueno / es difícil / es fácil / es importante / es imposible / es (una) lástima / es malo / es mejor / es necesario / es posible / es ridículo / es urgente.**

a. You have learned that an impersonal expression such as **es posible** can be followed by an infinitive: **Es posible regresar mañana.** You have also learned that **es posible** can be followed by a verb in the subjunctive mood: **Es posible que Uds. regresen mañana.** An impersonal expression is followed by an infinitive when there is no change of subject. When there is a change of subject, and when a subjective or doubtful situation is created, the subjunctive is used.

Es importante llegar a tiempo. — *It's important to arrive on time.*

Es importante que Juan llegue a tiempo — *It's important that Juan arrive on time.*

```
        ┌─── change of subjects ───┐
      "It"                        Juan
```

Note that the impersonal expression is followed by **que** when the subjunctive is used.

Point out: *Impersonal expressions + change of subject* require a subjunctive only when a subjective or doubtful situation is created. Impersonal expressions of fact or certainty such as **es cierto / claro / verdad** do not require a subjunctive even with a change of subject. **Es cierto que vienen mañana.**

b. In English an impersonal expression may be followed by a variety of verb forms. Compare the following examples.

Es bueno que estudie en su cuarto. — *It's good that he is studying in his room.*

Es necesario que estudie en su cuarto. — *It's necessary that he study in his room.*

Es importante que estudie en su cuarto. — *It's important for him to study in his room.*

Point out: The Spanish subjunctive construction is consistent. When there is a change of subject, the impersonal expression is followed by **que** + subjunctive. Explain that the word *that* in the English expressions may be omitted. Point out the lack of a pattern in the English constructions following the impersonal expressions. The English impersonal expression may be followed by: Future tense: It's possible (that) he will study. Present progressive: It's good (that) he is studying. Infinitive: It's difficult for him to study. Subjunctive: It is necessary that he study.

c. The expression **ojalá que,** meaning *it is to be hoped that* or *I hope that,* creates a doubtful situation and will always be followed by a subjunctive form.

Ojalá que Julia **esté** en su cuarto. — *I hope that Julia is in her room.*

In conversational Spanish **ojalá** is often used without **que,** while in written language the **que** is generally included.

Point out: Ojalá (que) is a set expression; it is not a verb and does not change form.

En contexto

Ignacio Hurtado   Tenemos un sótano con una sala de recreo donde mis amigos y yo tocamos la guitarra, escuchamos música y a veces charlamos. **Es muy bueno que yo tenga** un lugar cómodo y privado.

PRÁCTICA Y CONVERSACIÓN

A. Un(-a) psiquiatra. Ud. es un(-a) psiquiatra para niños. Una madre muy preocupada se queja de las actividades raras de sus hijos. Explíquele a la madre lo que es mejor que hagan sus hijos.

| MODELO | Compañero(-a): | Mi hija prepara la tarea en el garaje. / su cuarto |
| | Usted: | **Pues, es mejor que ella prepare la tarea en su cuarto.** |

1. Mis hijos practican la guitarra en el baño. / la sala de estar
2. Mi hija charla con su novio en su cuarto. / la sala
3. Mi hijo entra en casa por la ventana. / la puerta
4. Mis hijos bailan en el garaje. / la sala de recreo
5. Mis hijas miran la televisión en el jardín. / su cuarto

B. Opiniones. Complete las oraciones de una manera lógica.

Obtain a variety of possibilities from many students. This exercise helps students learn to create with language.

1. Es posible que yo _____.
2. Es importante que mis compañeros y yo _____.
3. Es difícil que yo _____.
4. Ojalá que mi profesor(-a) de español _____.
5. Es bueno que mis padres _____.
6. Es ridículo que _____.

C. ¿Qué creen sus compañeros de clase? Infórmese acerca de (*Find out about*) las opiniones de sus compañeros de clase sobre el comportamiento (*behavior*) estudiantil.

Pregúnteles…

1. si es malo que bailen en las discotecas.
2. si es bueno que llamen a sus padres todos los días.
3. si es mejor que caminen a la universidad.
4. si es ridículo que miren la televisión cuando estudian.
5. si es importante que viajen a otros países.
6. si es bueno que inviten a sus novios(-as) a sus cuartos.

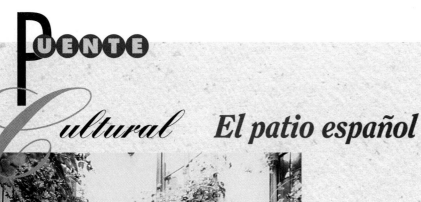

Puente Cultural　*El patio español*

Un patio típico de Córdoba, España

Ask students: ¿Qué hay en el patio de la foto?

Así como° las ciudades españolas están construidas° generalmente alrededor° de una plaza central, las casas españolas están construidas alrededor de un patio interior. Este tipo de arquitectura es común en el sur de España, aunque° ahora se puede encontrar en todas partes del mundo hispano. Los patios generalmente son blancos y decorados con una variedad de plantas y flores de distintos colores. En algunos se puede encontrar fuentes° y árboles. Córdoba, en España, es una de las ciudades donde hay muchos de estos patios tradicionales.

Just as / are built / around

although

fountains

COMPRENSIÓN CULTURAL

Conteste en español.

1. ¿Cómo están construidas muchas típicas casas españolas?
2. ¿Dónde es común el patio interior?
3. ¿De qué color son los patios generalmente?
4. ¿Qué se puede encontrar en los patios?
5. ¿Qué ciudad española es famosa por sus patios tradicionales?
6. ¿Cuál es la diferencia entre un patio español y un patio norteamericano?

segundo encuentro

PRESENTACIÓN · VOCABULARIO EN CONTEXTO

Let's straighten up	**Arreglemos° la casa.**

change / furniture *people*	Jerónimo	Tenemos que cambiar° de lugar **los muebles** de la sala porque va a venir mucha **gente** a la fiesta esta noche.
	Concepción	Sí, pero ¿dónde los ponemos?
+ / against / wall / In this way	Modesto	Pongan **el sofá contra la pared. Así** hay más lugar en la sala.
lamp / next to / music system	Jerónimo	Podemos poner esta **lámpara al lado del estéreo.**
armchair / television set	Concepción	¿Qué hacemos con este **sillón** y **el televisor?**
on top of / dresser *+*	Modesto	Pongan el televisor **sobre la cómoda** en mi cuarto y es necesario que ese sillón esté cerca del **piano.**
sacar = *to take out / rug*	Jerónimo	Generalmente **sacamos la alfombra** de la sala. Así bailamos sin problemas.
	Concepción	¿Dónde vamos a poner la comida y la bebida?
refrigerator *stove*	Modesto	Las bebidas van en **el refrigerador** y la comida puede estar sobre **la cocina** y en la mesa.
turns out / enjoyable	Jerónimo	Buena idea. Ojalá que todo salga° bien. Va a ser muy **divertido.**

Point out: In Spanish **la gente** is singular and requires a singular verb even though the English equivalent *people* is plural and requires a plural verb.

Point out: Los muebles = *furniture;* **el mueble** = *piece of furniture.*

Point out: El sofá is a masculine word even though it ends in **-a.**

Check comprehension: **¿Quiénes preparan una fiesta? ¿Cuándo es la fiesta? ¿Por qué deben cambiar de lugar los muebles? ¿Dónde es necesario que esté el sillón? ¿Por qué van a sacar la alfombra de la sala?**

Review Sonidos: s, ce, ci, z (Capítulo 4, Segundo encuentro).
s: el sofá   el televisor   así   ce, ci: necesario   la cocina   Concepción   z: Méndez   azul   marzo   s, ce, ci, z: Concepción, ¿qué vamos a hacer con la mesa de la cocina?

PRÁCTICA Y CONVERSACIÓN

A. **¿Dónde ponemos esto?**   Use el diálogo para explicar cómo van a arreglar los muebles en la casa.

Warm-up: ¿Con qué cuarto de la casa se asocian las palabras siguientes? el televisor / el sofá / la cama / una mesa y seis sillas / el piano / una cómoda

> **MODELO**   el televisor
> **Van a poner el televisor sobre la cómoda en el cuarto.**

la lámpara / el sofá / el sillón / la comida / las bebidas

B. **Mi cuarto.**   Descríbale (*Describe*) a un(-a) compañero(-a) su cuarto en la universidad o el de su casa. Explíquele los muebles que tiene, los colores que hay, lo que tiene en la pared y cuántas puertas y ventanas hay.

C. **Entrevista personal.**   Hágale preguntas sobre su casa a un(-a) compañero(-a) de clase y su compañero(-a) debe contestar.

Pregúntele…

1. qué muebles hay en la sala de su casa / apartamento.
2. cuántos teléfonos hay en su casa y dónde están.
3. cuántos televisores y radios hay en su casa y dónde están.
4. qué muebles usa para estudiar.
5. qué hay en la cocina de la casa.
6. cómo es la sala. ¿Qué muebles hay?

¿En qué parte de la casa se encuentra esta placa? ¿Cuál es el sentido del refrán (proverb)? ¿Existe un refrán similar en inglés?

Así se habla

EXPRESSING SPATIAL RELATIONS

The prepositions **sobre** / **al lado de** / **contra** / **debajo de** / **delante de** / **detrás de** are new active vocabulary. **Cerca de** / **lejos de** / **en** have been taught previously.

These are some words to describe location.

El perro está **debajo del** sofá.	debajo de	*under*
El televisor está **sobre** la cómoda.	sobre	*on (top of)*
La mesa está **en** el comedor.	en	*in*
La lámpara está **al lado del** estéreo.	al lado de	*next to*
El sofá está **contra** la pared.	contra	*against*
El sillón está **cerca del** piano.	cerca de	*near (to)*
Hay un coche **delante de** la casa.	delante de	*in front of*
El garaje está **detrás de** la casa.	detrás de	*behind*
El coche está **lejos de** aquí.	lejos de	*far from*

PRÁCTICA Y CONVERSACIÓN

A. La mudanza. Ud. se mudó (*moved*) de casa y sus amigos le ayudan a poner los muebles donde Ud. quiere. Dígales dónde los tienen que poner usando los mandatos y las preposiciones de la lista.

MODELO	la mesa
	Compañero(-a): **¿Dónde ponemos la mesa?**
	Usted: **Pongan la mesa en el comedor contra la pared.**

el piano / el estéreo / el sillón / la lámpara grande / la alfombra oriental / la cómoda / el refrigerador

B. Mi casa. Complete las oraciones para describir su casa / apartamento.

1. Sobre la cómoda en mi cuarto hay _____.
2. Hay una lámpara al lado de _____.
3. Delante de la casa / del edificio (*building*) hay _____.
4. Detrás de la casa / del edificio hay _____ y _____.
5. En el comedor hay _____ y _____.
6. _____ está cerca del sofá.
7. El refrigerador está contra _____.
8. Mi cuarto está lejos de _____.

ESTRUCTURAS

EXPRESSING NEED, OPINION, AND ADVICE

Present Subjunctive of Regular *-er* and *-ir* Verbs Plus *ir, saber,* and *ser*
You will need to learn the forms for the present subjunctive of regular **-er** and **-ir** verbs and the irregular verbs in order to express your opinions or give advice regarding the activities of other people.

PRESENT SUBJUNCTIVE: REGULAR *-er* AND *-ir* VERBS SOME IRREGULAR VERBS				
APRENDER	***ESCRIBIR***	***IR***	***SABER***	***SER***
aprend**a**	escrib**a**	**vaya**	**sepa**	**sea**
aprend**as**	escrib**as**	**vayas**	**sepas**	**seas**
aprend**a**	escrib**a**	**vaya**	**sepa**	**sea**
aprend**amos**	escrib**amos**	**vayamos**	**sepamos**	**seamos**
aprend**áis**	escrib**áis**	**vayáis**	**sepáis**	**seáis**
aprend**an**	escrib**an**	**vayan**	**sepan**	**sean**

Remind students that in order to obtain the stem for the present subjunctive, drop the **-o** ending from the first-person singular of the present indicative tense: **aprendo > aprend-.**

Point out: To form the present subjunctive of **-ar** verbs the vowel **e** is used in the endings, whereas in **-er** and **-ir** verbs the vowel **a** is used.

Remind students that formal commands are subjunctive forms.

a. To form the present subjunctive of **-er** and **-ir** verbs, add the following endings to the stem: **-a, -as, -a, -amos, áis, -an.** The vowel of these present subjunctive endings is that of **-ar** verbs in the present indicative.

b. Many verbs that are irregular in the present indicative are regular verbs in the present subjunctive since they form the stem in a regular manner:
hacer > haga   poner > ponga   salir > salga   traer > traiga   ver > vea.

c. The following three verbs have an irregular stem for the present subjunctive:
ir > vay-   saber > sep-   ser > se-.

En contexto

Modesto   Las bebidas van en el refrigerador y la comida puede estar sobre la cocina y en la mesa.

Jerónimo   Buena idea. Ojalá que todo **salga** bien.

PRÁCTICA Y CONVERSACIÓN

Warm-up 1: Ojalá que nosotros: salir / venir / beber ahora   Ojalá que tú: leer / saber / escribir la lección   Ojalá que Uds.: discutir / ver / comprender el libro   Ojalá que ella: traer / abrir / no vender el regalo

Warm-up 2: The Méndez family has just hired you to decorate their home. Explain what you must do. MODELO: ir a su casa Es necesario que yo vaya a su casa. discutir mis ideas con ellos / ver muchos muebles / hacer una lista de ideas / vender las sillas viejas / traer una alfombra nueva / poner unos muebles nuevos en la sala

Students should vary the phrases requiring the subjunctive: es mejor / es bueno / es malo. Monitor students so that affirmative and negative statements are logical and appropriate.

A.   En una fiesta.   Un(-a) amigo(-a) inepto(-a) le explica a Ud. lo que él/ella piensa hacer esta noche durante una fiesta. Ud. le aconseja (*advise*) a su amigo(-a) que haga o no haga varias actividades.

 MODELO

poner la televisión
Compañero(-a):   **Creo que voy a poner la televisión.**
Usted: **Es mejor que no pongas la televisión.**

venir temprano / beber mucha cerveza / no traer un regalo / subir a los dormitorios / comer en la sala / discutir religión / no decir la verdad / salir tarde / ¿?

B.   Un muchacho de cinco años.   Ud. necesita cuidar (*baby-sit*) a un niño de cinco años que es muy travieso (*mischievous*) y que sólo habla español. Utilizando expresiones que requieren el uso del subjuntivo, explíquele al niño cómo debe comportarse (*to behave*).

 MODELO

no hablar por teléfono
Es mejor que no hables por teléfono.

ser bueno / no comer en la cama / mirar la televisión / no escribir en la pared / no bailar sobre la mesa / no salir de casa /¿?

C.   El sábado próximo (*next*).   Explíqueles a sus compañeros de clase lo que es posible que Ud. y sus amigos hagan el sábado próximo.

MODELO   **Es posible que comamos en un restaurante.**

EXPRESSING HOPE AND OPINION

Subjunctive of Stem-Changing Verbs

You have learned to use the subjunctive to express opinions and hopes. You can use the subjunctive of stem-changing verbs to express ideas such as *it is necessary for your sister to come home early this evening* or *you hope that your friends will have a good time this weekend.*

Subjunctive: Stem-Changing Verbs in *-ar:* e → ie RECOMENDAR		Subjunctive: Stem-Changing Verbs in *-er:* o → ue VOLVER	
recomiende	recomendemos	vuelva	volvamos
recomiendes	recomendéis	vuelvas	volváis
recomiende	recomienden	vuelva	vuelvan

Point out: Some common -ar and -er stem-changing verbs include: e → ie cerrar, empezar, pensar, querer, recomendar; o → ue almorzar, contar, poder, probar, volver.

In the present subjunctive **-ar** and **-er** stem-changing verbs make the same vowel changes as they do in the present indicative. That is, the **e → ie** and **o → ue** when that vowel is stressed. All forms undergo the change except the first- and second-person plural forms, since the vowel is unstressed.

Es importante que la fiesta **empiece** a las nueve.

It's important that the party begin at 9:00.

Point out: Verbs of this type include: e → ie: preferir, divertirse; o → ue: dormir(se), morir; e → i: pedir, repetir, servir, conseguir, despedirse, sentirse, vestirse.

SUBJUNCTIVE: STEM-CHANGING VERBS IN *-ir*

e → ie PREFERIR	o → ue DORMIR	e → i SERVIR
prefiera	duerma	sirva
prefieras	duermas	sirvas
prefiera	duerma	sirva
prefiramos	durmamos	sirvamos
prefiráis	durmáis	sirváis
prefieran	duerman	sirvan

In the present subjunctive stem-changing **-ir** verbs do not follow the same pattern as they do in the present indicative. The **nosotros** and **vosotros** forms change **e → i** and **o → u.**

En contexto

Concepción   Ojalá que todos **se diviertan.** Va a ser una fiesta muy buena.

PRÁCTICA Y CONVERSACIÓN

A. Una fiesta en México.   Ud. viaja en México con un grupo de turistas y esta
noche todos Uds. van a ir a una fiesta. Utilizando expresiones impersonales
como **es malo / ridículo / bueno / importante** exprese su opinión sobre el com-
portamiento (*behavior*) de los turistas dentro de otra cultura.

MODELO   Unos turistas quieren salir temprano.
Es una lástima que unos turistas quieran salir temprano.

1. Unos turistas prueban platos nuevos.
2. Unos turistas piden leche con la comida.
3. Unos turistas vuelven al hotel a las ocho de la noche.
4. Muchos se divierten.
5. Algunos se duermen.
6. Otros empiezan a bailar.

B. En casa.   You and two other friends are organizing a large party in your
house / apartment. You plan to serve a meal and then dance. Role-play the
preparations for the party. Incorporate impersonal expressions + subjunctive
into your conversation by explaining what is necessary / important / possible for
each person to do.

Puente Cultural   *Los apartamentos*

dwelling
size
rent
sea

conveniences / luxurious

Aunque el apartamento es la vivienda° más típica de las ciudades del mundo
hispano, hay mucha variedad en el estilo, el tamaño° y el precio de ellos. Hay
hispanos que compran su apartamento y otros que los alquilan.° También hay
algunos hispanos que tienen otro apartamento cerca del mar° o en las mon-
tañas donde pasan sus vacaciones. Los apartamentos modernos tienen muchas
comodidades° y algunos son muy lujosos.°

COMPRENSIÓN CULTURAL

Corrija las oraciones falsas usando información del anuncio para Las Rampas.

1. Las Rampas es un edificio de apartamentos baratos.
2. Es necesario que los habitantes vayan a otra ciudad para comprar co-
   mida.

3. No es posible que los habitantes miren la televisión en casa.

4. La gente necesita ir al mar para nadar.

5. Todos los apartamentos ya tienen aire acondicionado.

6. No hay seguridad en el edificio.

7. Los habitantes solamente pueden comprar regalos en el centro comercial de Las Rampas.

LAS RAMPAS

LUJOSOS APARTAMENTOS
DE UNO, DOS Y TRES DORMITORIOS

ALGUNAS CARACTERISTICAS:

-Jardín privado con piscina.°
-Portero electrónico con sistema de video.
-Ascensores° de super lujo.
-Solerías en mármol de 1.ª calidad.
-Agua caliente por energía solar.
-Tomas para instalación de aire acondicionado.
-Plazas de garaje disponibles.
-Guarda jurado nocturno.
-Antena parabólica
-Puertas blindadas

En el Centro comercial LAS RAMPAS podrá encontrar:

Capilla, Estafeta de Correos, Supermercado, Restaurante, Cafetería, Salón recreativo, Agencia de Viajes, Escuela de baile, Hogar del jubilado, Pub, Tienda de regalos, Papelería, Joyería, Calzados, Lencería, Perfumería, Floristería, y Hotel.

swimming pool

elevators

El Centro Comercial *LAS RAMPAS* dispone del local ideal para su negocio.

C/. JACINTO BENAVENTE
FUENGIROLA

tercer encuentro

PRESENTACIÓN   ## VOCABULARIO EN CONTEXTO

chores   ¿Quién hace los quehaceres domésticos°?

Videocassette segment to accompany this section; see Viewer's Guide in the Instructor's Resource Manual, Chapter 11.

Point out: ayudar = *to help, assist;* **asistir a** = *to attend.* Students frequently confuse these verbs.

Have students locate formal commands and present subjunctive forms in the dialogue.

Check comprehension: ¿Por qué deben limpiar la casa? ¿Qué van a hacer Antonio y Tomás? ¿Quiénes van a sacar la basura? ¿Quiénes van a lavar los platos? ¿Qué va a hacer la madre? ¿Tiene que sacudir los muebles Antonio?

Review **Sonidos:** Linking (Capítulo 5, Segundo encuentro).
la abuela   las sillas   debe estar deben ayudar   vamos a   En pocas horas la abuela va a estar aquí.

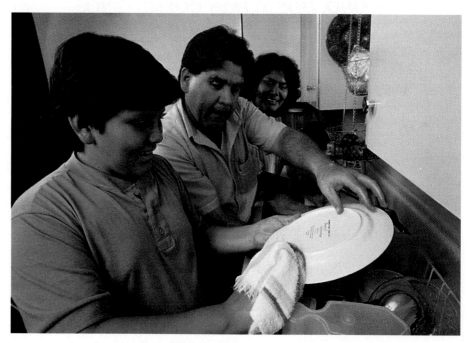

to help / clean *about*	Madre	Chicos, todos deben **ayudar** a **limpiar** la casa. La abuela llega de Puerto Rico **a eso de** las cuatro.
as much as / to make the beds	Tomás	Antonio nunca trabaja **tanto como°** yo. Él debe **hacer las camas.**
straighten up / sweep / clean	Madre	Uds. dos **arreglen** y **barran** su cuarto. Debe estar tan **limpio** como mi cuarto.
	Padre	Yo también ayudo. ¿Qué quieres que haga?
take out / garbage / wash	Madre	Tú y Manuelita **saquen la basura** y luego **laven** los platos.

Manuelita	Mamita, yo pongo la mesa.	
Madre	No, es mejor que **sacudas** los muebles y **el estante para libros** en la sala. Si cada persona hace un poco no es mucho para nadie.	*dust / book shelf*

PRÁCTICA Y CONVERSACIÓN

A. **¿Y en su casa?**   ¿Quién hace los quehaceres domésticos en su casa?

MODELO		limpiar el baño
	Compañero(-a):	**En tu casa, ¿quién limpia el baño?**
	Usted:	**Mi madre limpia el baño.**

hacer las camas / sacudir los muebles / sacar la basura / barrer / lavar los platos / preparar la comida / lavar la ropa

B. **¡Qué sucio está mi cuarto!**   ¿Qué quehaceres domésticos hace Ud. los lunes / los miércoles / los jueves / los fines de semana / todos los días?

OFERTA DORMITORIO JUVENIL en color natural con detalles en rojo. Compuesto de cama de 90 cm., mesilla y mesa-escritorio.
LLEVANDOTELO TU MISMO:
11.995
Si te lo llevamos nosotros: 13.895.
Armarios de 2 y 3 puertas y estantería, opcionales.

Precios con I.V.A. incluido.

¿Para qué tipo de persona es este dormitorio? ¿Qué muebles incluyen en la oferta? ¿Qué muebles opcionales no están incluidos en el precio?

—Necesito ayuda.

Así se habla

ENLISTING HELP

Videocassette segment to accompany this section; see Viewer's Guide in the Instructor's Resource Manual, Chapter 11.

Point out: There are a variety of ways of enlisting help. Emphasize the differences in expressions using the command, infinitive, and subjunctive.

The following expressions can be used when you want to enlist someone's help.

INTRODUCTIONS FOR ENLISTING HELP

Tengo que pedirte un favor.	*I have to ask you a favor.*
Necesito pedirte un favor.	*I need to ask you a favor.*

NOUN

¿Me puedes ayudar con + *noun?*	¿Me puedes ayudar con este problema?	*Can you help me with this problem?*

INFINITIVE

¿Me ayudarías a + *inf.?*	¿Me ayudarías a poner la mesa?	*Would you help me set the table?*
¿Podrías ayudarme a + *inf.?*	¿Podrías ayudarme a organizar la fiesta?	*Could you help me organize the party?*
¿Puedes ayudarme a + *inf.?*	¿Puedes ayudarme a hacer la tarea?	*Can you help me do the homework?*
¿Quisieras ayudarme a + *inf.?*	¿Quisieras ayudarme a arreglar mi cuarto?	*Would you like to help me clean my room?*
¿Podrías + *inf.?*	¿Podrías sacar la basura, por favor?	*Could you take out the garbage, please?*

COMMAND

Command form + **por favor**	Limpien la casa, por favor.	*Clean the house, please.*

PRÁCTICA Y CONVERSACIÓN

Ayúdenme, por favor.   Ud. tiene mucho trabajo y necesita que le ayuden. Pídale a estas personas que le ayuden con estos quehaceres. Use las expresiones de **Así se habla.**

Personas

madre / novio(-a) / compañero(-a) / padre / hermano(-a)

Quehaceres

sacar la basura / sacudir los muebles / hacer la cama / lavar la ropa / arreglar el cuarto / lavar el coche / barrer la cocina

Variación A: Have students use the phrase **Por favor, ayude(-n) me a** + *inf.* to complete the exercise.

A ESCUCHAR

Estas personas necesitan ayuda. Escuche cómo les piden ayuda a sus amigos. Luego complete las oraciones.

1. —Vicente, te busqué por todas partes ayer y no te encontré. _____.
    —¡ _____ ! ¿Qué pasa?

2. —Mira, te molesto porque _____.
    —Dime. ¿ _____ ?

3. —Elena, _____. ¿ _____ la fiesta de fin del semestre?
    —Mm… _____ Pablo. Si es mucho trabajo, _____.
    —¡ _____ ! Pepita y José van a ayudar también.

ESTRUCTURAS

COMPARING PEOPLE AND THINGS WITH EQUAL QUALITIES

Comparisons of Equality with Adjectives and Adverbs

Spanish uses a slightly different construction than English to compare people or things with equal qualities.

a. For making comparisons of equality with adjectives and adverbs the following formula is used.

Adjective

tan + adjective + **como**		*as* + adjective + *as*
Paquita es **tan inteligente como** Raúl.	=	*Paquita is as intelligent as Raúl.*

Adverb

tan + adverb + **como**		*as* + adverb + *as*
Paquita limpia **tan bien como** Raúl.	=	*Paquita cleans as well as Raúl.*

b. The phrase **tanto como** means *as much as.*

En casa Antonio no ayuda **tanto como** Tomás.

At home Antonio doesn't help as much as Tomás.

En contexto

Madre   Uds. dos arreglen y barran su cuarto. Debe estar **tan limpio como** mi cuarto.

PRÁCTICA Y CONVERSACIÓN

A.   Comparaciones.   Combine las dos oraciones usando una comparación de igualdad.

 Esta casa es buena. Esa casa es buena también.
Esta casa es tan buena como ésa.

1. La casa de Julio es nueva. La casa de Manuela es nueva también.
2. Los muebles de Ana son cómodos. Los muebles de Rosario son cómodos también.
3. La Sra. Méndez limpia su casa rápidamente. La Sra. García limpia su casa rápidamente también.
4. El apartamento de Modesto está muy limpio. El apartamento de Fernanda está muy limpio también.

B.   Entrevista personal.   Hágale preguntas a un(-a) compañero(-a) de clase acerca de su vivienda (*dwelling*) y su compañero(-a) debe contestar.

Pregúntele...
1. si está tan contento(-a) con su vivienda como sus amigos.
2. si su vivienda es tan grande y cómoda como la de sus padres. ¿y la de sus amigos?
3. si sus muebles son tan nuevos como los de sus amigos.
4. si arregla su vivienda tanto como su madre.
5. si saca la basura tan regularmente como sus vecinos.
6. si limpia su cuarto y sacude los muebles tanto como debe.

COMPARING THE POSSESSIONS OF PEOPLE

Comparisons of Equality with Nouns
When you compare people's possessions and you want to explain, for example, that Enrique's house has as many rooms as Susan's house, you will need to use a construction for comparing nouns.

a. For making comparisons of equality with nouns, the following construction is used.

$$
\begin{array}{l}
\textbf{tanto(-a)} \\
\textbf{tantos(-as)}
\end{array}
+ \text{noun} + \textbf{como} =
\begin{array}{l}
\textit{as much} + \text{noun} + \textit{as} \\
\textit{as many} + \text{noun} + \textit{as}
\end{array}
$$

Olga tiene **tanto dinero** **como** Raúl.	*Olga has as much money as Raúl.*
Olga tiene **tantos quehaceres** **como** Pilar.	*Olga has as many chores as Pilar.*

b. When the noun is not directly mentioned in the comparison of equality, the structure **tanto(-a) como** = *as much as* or **tantos(-as) como** = *as many as* is used.

¿Espacio? Tengo **tanto como** mis amigos.	*Space? I have as much as my friends.*
¿Dormitorios? Tengo **tantos como** mis amigos.	*Bedrooms? I have as many as my friends.*

Note that in these sentences **tanto** agrees with the noun it replaces.

En contexto

En la casa de los Rodríguez el padre hace **tantos quehaceres como** la madre y el hijo Tomás hace **tantas camas como** su hermano Antonio.

PRÁCTICA Y CONVERSACIÓN

A. Gemelas idénticas (*Identical twins*).   Rita y Rosa son gemelas idénticas. Todo es igual en su vida. Conteste según el modelo.

> **MODELO**   ¿Qué hermana tiene más amigos?
> **Rita tiene tantos amigos como Rosa.**

Items 1 & 2 use comparisons of equality with nouns. Items 3 & 4 use comparisons of equality with adjectives & adverbs.

1. ¿Qué hermana tiene más dinero? ¿más cuartos en su casa? ¿más flores en su jardín?
2. ¿Qué hermana compra más muebles? ¿más lámparas? ¿más ropa?
3. ¿Qué hermana es más alta? ¿más inteligente? ¿más simpática?
4. ¿Qué hermana arregla más la casa? ¿sacude más los muebles? ¿lava más la ropa?

B. ¿Cómo es Ud.?   Complete las oraciones de una manera lógica.

1. El año pasado recibí tanto sueldo/salario como _____.
2. Me gustaría tener tanto dinero como _____.
3. Tengo tanto _____ como mi mejor amigo(-a).
4. No tengo tanto _____ como mi mejor amigo(-a).
5. Quisiera tener tanto _____ como _____.
6. Todavía no tengo tanta experiencia como _____.
7. No quisiera tener tanto _____ como _____.

Point out: Students may use any appropriate noun in items 3, 4, 5, and 7, and should change **tanto** to agree.

C. Comparación de casas.   Compare su casa/apartamento con la/el de un(-a) compañero(-a) de clase. Compare el número de cuartos, los muebles, el estilo, la edad y otras características.

PUENTE Cultural

Las casas coloniales

Una típica casa colonial in San José, Costa Rica

Point out: In Spanish-speaking countries *ground floor* or *first floor* in English translates as **planta baja.** What Americans call the "second floor" is **el primer piso** in Spanish.

facade / stucco
iron work / second floor
around / built
pitched roof / roof tile / flat roof
time
*gate / **dar a** = to face*
fountains

Las casas coloniales se caracterizan por su fachada° de estuco° pintado de blanco, sus balcones con rejas° negras en el primer piso° y su patio interior alrededor° del cual está construida° la casa. Algunas de ellas tienen techos a dos aguas° de tejas° rojas; otras simplemente tienen techos planos o azoteas.°

En la época° colonial la entrada a las casas de los señores ricos era por un portón° de madera grande que daba° directamente al patio interior. Algunos patios tenían hermosas fuentes° de agua adornadas con plantas del lugar. Todos los cuartos se abrían al patio donde transcurría la vida familiar.

COMPRENSIÓN CULTURAL

¿Verdadero o falso?
Las casas coloniales…

1. no tienen balcones.
2. son casas de dos pisos.
3. están construidas alrededor de un patio interior.
4. no tienen techos rojos.

FUNDICIONES Y ACCESORIOS MARTINO

Fundición para Cerrajería Artística
Accesorios para Puertas Metálicas
Herrajes - Alumbrado Público
Maquinaria

Balcones / Rejas

Faroles Artísticos

*Varios modelos
Solicite catálogo*

Videocassette segment to accompany this section; see Viewer's Guide in the Instructor's Resource Manual, Chapter 11.

EL MUNDO HISPANO

LOS HISPANOS EN LOS EE.UU.: LOS PUERTORRIQUEÑOS

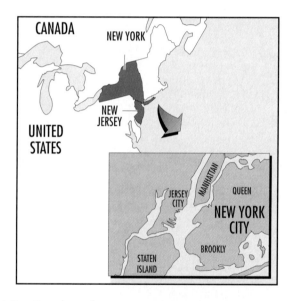

CANADA

NEW YORK

UNITED STATES

NEW JERSEY

JERSEY CITY

MANHATTAN

QUEEN

NEW YORK CITY

BROOKLY

STATEN ISLAND

Have students locate Puerto Rico on the map of the Caribbean. Have students locate area(s) on a U.S. map where Puerto Ricans have settled.

Have students review the map «Los hispanohablantes en los Estados Unidos», which appears at the beginning of this textbook.

Check comprehension: ¿Dónde vive la mayoría de los puertorriqueños en los EE.UU.? ¿Cómo llegaron a ser ciudadanos? ¿Por qué inmigraron los puertorriqueños a los EE.UU.?

Un barrio puertorriqueño en Nueva York

became / war

Entre los 22.000.000 de hispanos dentro de los EE.UU. el doce por ciento son puertorriqueños. La mayoría de ellos vive en Nueva York y la región metropolitana. Puerto Rico llegó a ser° territorio de los EE.UU. después de la guerra° de 1898 con España y en 1917 los puertorriqueños llegaron a ser ciudadanos estadounidenses. Así, en los años 20 y 30 muchos puertorriqueños salieron de Puerto Rico para buscar trabajo en Nueva York. Algunos inmigraron para siempre pero otros se quedaron para ganar dinero y pronto salieron otra vez para Puerto Rico.

PARA LEER BIEN • Learning New Vocabulary

Many students find it easier to learn vocabulary by reading the same passage several times. Repeated reading of new words in context will help you memorize the vocabulary better than making long lists of Spanish and English words. It is not necessary to look up every single word that is unfamiliar to you. Try to guess the meaning of unknown words from their context.

PRÁCTICA

Palabras desconocidas. In the following reading try to guess the meaning of the unknown words without referring to the glosses on the side of the page. Then, read it a second time using the glosses. How many did you guess right?

LECTURA CULTURAL

La arquitectura bioclimática

Estas son tres casas hechas° por expertos españoles y optimizadas climáticamente. Las paredes orientadas al norte° son compactas, con pequeñas ventanas, mientras que las paredes al sur° tienen grandes ventanas para que entre el sol.

made
north
south

Nowadays / wasting
environment

save
To get / saving / percent
already / achieve the goal
ways
spend

Hoy día° en nuestro mundo no podemos continuar desperdiciando° energía. Las energías tradicionales son muy caras y contaminan el medio ambiente° en general. Un concepto revolucionario, la arquitectura bioclimáctica, ofrece la posibilidad de que ahorremos.°

Conseguir° un ahorro° energético del 70 por ciento° no es ninguna utopía. En España ya° existen casas que lo logran,° gracias al uso de energías alternativas, como la energía solar, y nuevos modos° de construcción.

Nosotros pasamos° dos tercios (2/3) de nuestra vida en casa. Por eso, la casa es el medio ambiente más importante. Lo que hagamos por ella va a beneficiarnos a nosotros y a nuestro mundo.

(Adaptado de La revista *Natura*)

PRÁCTICA Y COMPRENSIÓN

A.   ¿Cierto o falso?   Decida si estas oraciones son **ciertas** o **falsas.** Corrija las oraciones falsas.

1. Es importante ahorrar energía.

2. El problema con las energías tradicionales es solamente que son caras.

3. La solución es la arquitectura bioclimática.

4. La arquitectura bioclimática es una utopía.

5. Las casas bioclimáticas usan la energía solar solamente.

B.   Una casa ecológica.   Con un(-a) compañero(-a) hagan una lista de las cosas que una casa ecológica debe tener.

ACTIVIDADES

A. Mi casa. Explain to your classmates what your house, apartment, or room in the dormitory is like. Express your opinion about various features.

B. Un apartamento limpio. You are moving out of your apartment, but before you leave you want to make sure that you will receive your security deposit back. Enlist several friends to help you clean the apartment well. Tell them what they need to help you do.

C. Decorador(-a) de interiores. You are moving into your first apartment and have a limited budget so you get some used pieces of furniture from several relatives. You have managed to obtain the following items: three old chairs, a small table, an armchair, an old telephone, a dirty rug, a new lamp. How are you going to use these items? Where are you going to put them? What else do you need to buy? Here is the floor plan of your apartment.

Grammar incorporated: **A:** Impersonal expressions + present subjunctive **B:** Impersonal expressions + present subjunctive **C:** Prepositions of location

Vocabulary incorporated: **A:** Rooms of a dwelling; furniture **B:** Rooms of a dwelling; furniture; household chores **C:** Rooms of a dwelling; furniture; household chores

Supplemental vocabulary: el aire acondicionado / la calefacción / la lavadora / el lavaplatos / la ducha / la piscina / el inquilino

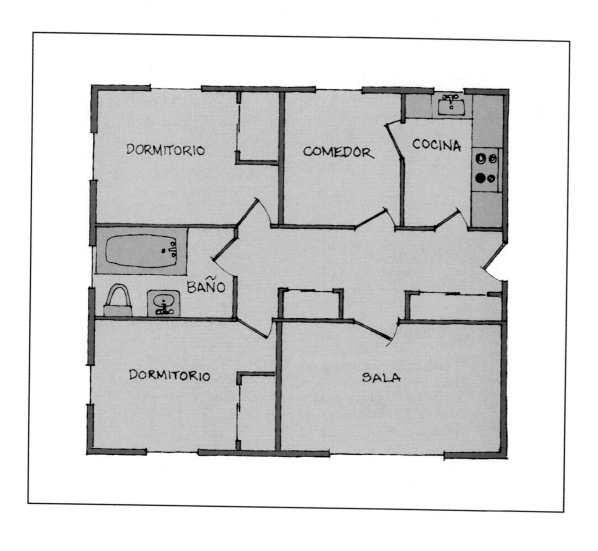

PARA ESCRIBIR BIEN • Giving Written Instructions

It is often necessary to leave written instructions about tasks others must do in your absence. These instructions for family members, cleaning personnel, and delivery persons can be formal or informal depending on the person(s) addressed.

INSTRUCTIONS TO ONE FAMILY MEMBER OR SERVANT: *tú* FORMS

Hazme el favor de + *infinitive:*

> **Hazme el favor de lavar** mi ropa sucia.

Tú commands (Regular commands have the same form as third-person singular of present indicative):

> **Lava** los platos, **sacude** los muebles y **arregla** mi cuarto.

Subjunctive

> Es necessario que **limpies** tu cuarto.

INSTRUCTIONS TO SERVICE PERSONNEL: *Ud.* FORMS

Ud. *commands*

> Por favor, **arregle** el televisor.
> **Mándeme** la cuenta, por favor.

Subjunctive

> Es importante que Ud. **arregle** el televisor lo más pronto posible.

INSTRUCTIONS TO MORE THAN ONE PERSON: *Uds.* FORMS

Uds. *commands*

> **Limpien** la casa, por favor.

Subjunctive

> Es necessario que Uds. **limpien** la casa.

The phrases of the **Así se habla** section in the **Tercer encuentro** can also be used to give instructions.

Point out: In Spain **vosotros** commands are generally used to give instructions to two or more family members or servants. You may wish to teach students how to form **vosotros** commands at this time.

COMPOSICIONES

A. **Una visita.**   Your parents just called to tell you that they'll be coming to visit you and your roommate in two hours. You have to go to an important exam and don't have time to clean. Leave a note for your roommate, who is returning soon. Explain what he or she needs to do to get the apartment ready for your parents.

B. **La casa ideal.**   You decide to enter a contest to win the house of your dreams. Winners will be judged on the originality of their description of a dream house. Entries cannot exceed a page in length.

Vocabulario activo ●●●

La casa

el baño	bathroom
la chimenea	fireplace, chimney
la cocina	kitchen
el comedor	dining room
el cuarto	bedroom, room
el dormitorio	bedroom
la escalera	stairway
el garaje	garage
el jardín	garden, yard
la pared	wall
el patio	patio
el piso	floor, story
la puerta	door
la sala	living room
la sala de estar	family room
la sala de recreo	recreation room
el sótano	basement
el techo	roof
la ventana	window

Los muebles — *Furniture*

la alfombra	rug
la cama	bed
la cocina	stove
la cómoda	dresser
el estante	shelf
el estante para libros	bookshelf
el estéreo	system containing cassette / CD player(s), radio, and speakers

la lámpara	lamp
el piano	piano
el refrigerador	refrigerator
el sillón	armchair
el sofá	sofa
el televisor	television set

Otros sustantivos

la gente	people
la guitarra	guitar
la vez	time
la vida	life

Los quehaceres domésticos — *Chores*

arreglar	to arrange, tidy up
barrer	to sweep
hacer la cama	to make the bed
lavar	to wash
limpiar	to clean
sacar la basura	to take out the trash
sacudir	to dust

Verbos

bajar	to go down
charlar	to chat
entrar (en)	to enter
esperar	to wait (for)
subir	to go up
tocar	to play an instrument

Adjetivos

cómodo	comfortable
distinto	different
divertido	enjoyable, funny, fun
limpio	clean
moderno	modern
privado	private
típico	typical

Otras expresiones

a eso de (+ *time*)	about (+ *time*)
al lado de	next to, beside
así	so, in this way
contra	against
debajo de	under
delante de	in front of
detrás de	behind
en vez de	instead of
igual	equal
ojalá que	hopefully, I hope, it is to be hoped that
sobre	on (top of)
tan... como	as much . . . as
tanto	as much, many
tanto... como	as much . . . as

¿Qué tal el partido?

➤ Cultural Themes

Sports and games in the Hispanic world

Los hispanos en los EE.UU.: Los chicanos

➤ Communicative Goals

Discussing sports events

Primer encuentro

Expressing hopes and wishes

Making comparisons

Segundo encuentro

Así se habla: Talking about a game

Giving commands

Tercer encuentro

Así se habla: Expressing opinions

Talking to and about other people and things

Discussing general characteristics

Cuarto encuentro

Para leer bien: Borrowed words

Lectura cultural: *Los ídolos del siglo XXI*

Para escribir bien: Keeping a diary or journal

A pensar

- What are the typically American sports and games? What sports and games are typical in Hispanic countries? Are they different from sports in our culture?

- What verb forms are used in English to express hope and desire? *I hope our team wins* the championship. *I want our team to win* the final game.

- What structure is used to compare one person or thing to all others in a category? *Juan López is **the tallest** basketball player in the university.*

- Is the English command form used to tell someone you address with a first name different from the command form used with persons you address with a title and last name?

- What are some English expressions used to express an opinion? *I think that . . . . I believe that . . . .*

PRESENTACIÓN   **VOCABULARIO EN CONTEXTO**

¿Qué deporte° practicas°?

*sport / **practicar** = to go out for; to play*

*Adrián Ramírez, el famoso **jugador** de **fútbol,** habla de su profesión.*

player / soccer

tener suerte = to be lucky

Desde niño quise jugar al fútbol. **Tuve suerte** porque en la Argentina los niños aprenden a **patear la pelota** cuando aprenden a caminar. El fútbol es un **juego** de **equipo** como **el básquetbol** o **el béisbol.** Es un deporte qué **requiere** una condición física excelente. Espero que mi equipo **llegue a ser campeón** este año.

to kick / ball / game

*team / + / + / **requerir (ie)** = to require*

llegar a ser = to become / champion

one of the best tennis players

*Arantxa Sánchez Vicario es **una de las mejores tenistas** del mundo.*

participar = participate / matches

Desde muy joven **participó** en muchos **partidos** internacionales en Bruselas, Francia y EE.UU. En 1988 **salió** campeona de tenis por primera° vez en el **torneo** de Bruselas. En 1993 se **clasificó** segunda° en el mundo.

came out as / first / tournament

was classified / second

Buenos Aires, Argentina

Point out: El fútbol = *soccer;* el fútbol norteamericano = *football.*

Check comprehension: ¿Qué deporte practica Adrián Ramírez? ¿De dónde es? ¿Qué espera Adrián este año? ¿De qué país es Arantxa Sánchez Vicario? ¿Qué posición ocupaba en el mundo del tenis en 1993?

Y tú, ¿qué deporte practicas? ¿El **fútbol norteamericano?** ¿El **hockey?** ¿El **golf?** ¿El **vólibol?** ¿La **gimnasia?** ¿El **boxeo?**

football / + / +
+ / + / +

Comentarios lingüísticos y culturales

a. In the present tense the verb **jugar** is a special stem-changing verb **u →
ue.** In the first-person singular of the preterite, **jugar** has the same
spelling change as other verbs ending in **-gar.**

Present:

juego, juegas, juega, jugamos, jugáis, juegan

Preterite:

jugué, jugaste, jugó, jugamos, jugasteis, jugaron

b. When the name of the game or sport is mentioned, **jugar** is generally fol-
lowed by **a** + article.

¿Juegas al golf con tus amigos?   *Do you play golf with your friends?*

c. The names of sports such as **el béisbol** or **el básquetbol** reflect the fact
that they originated in the United States. Nonetheless, many of these tra-
ditionally North American sports have become very popular in the His-
panic world.

d. The suffix **-ista** added to the name of a sport means *player;* it can refer to a
male or female. **El futbolista** = *(male) soccer player;* **la tenista** = *(female)
tennis player.*

Review **Sonidos: b, v** (Capítulo 3, Primer encuentro).
/b/: Buenos Aires Vicario también vender bailar   /b̶/: el básquetbol el béisbol el fútbol el vólibol el boxeo
/b/ and /b̶/: Arantxa Sánchez Vicario salió campeona por primera vez en Bruse-las.

Point out: In some dialects and regions **jugar** is not followed by **a.** Again, remind students that **jugar** = *to play sports, games;* **tocar** = *to play a musical instrument.*

PRÁCTICA Y CONVERSACIÓN

A.   ¿Qué opina Ud.?   Conteste con una oración completa.

1. ¿Prefiere Ud. el fútbol o el fútbol norteamericano?
2. ¿Es violento el fútbol? ¿el fútbol norteamericano? ¿el hockey?
3. ¿Es difícil jugar al golf? ¿Sabe Ud. jugarlo?
4. ¿A qué deporte(-s) juega Ud.?
5. ¿Qué deporte(-s) mira Ud. en la televisión?
6. ¿Cuál es el deporte más aburrido? ¿y el más divertido?

B.   Entrevista personal. Hágale preguntas a un(-a) compañero(-a) de clase.

Pregúntele…

1. cuál es su deporte favorito.
2. cuál es su equipo favorito.
3. qué deporte(-s) practica.
4. qué deportes no le gustan.
5. qué deporte(-s) prefiere mirar.

Arantxa se lo lleva todo.

Las hay que tienen suerte hasta aburrir. Como Arantxa Sánchez Vicario que además de ganar el Open de Alemania en el Torneo de Berlín, va a una fiesta en el Hard Rock Café de la ciudad y le toca el Gran Premio de la Tómbola (raffle).

¿Qué ganó Arantxa? ¿Dónde los ganó?

ESTRUCTURAS

EXPRESSING HOPES AND WISHES

Subjunctive after Verbs of Hope and Desire

When you express what you hope or want other people to do, you need to use the subjunctive in Spanish.

a. You have learned to use the subjunctive after impersonal expressions when a change of subject occurs. The subjunctive is also used after verbs of desire and hope, such as **desear, esperar,** and **querer,** when a change of subject occurs.

Esperamos que nuestro equipo **gane** el campeonato.

We hope that our team will win the championship.

Quiero que mi hermano **salga** campeón.

I want my brother to come out a winner.

b. The subjunctive is used in these cases because the situation referred to in the dependent clause (the subject and verb following **que**) is subjective. The hope that our team will win the championship or the desire for my brother to be a winner does not mean that our team or my brother will win. The action described is not an accomplished fact; therefore, the subjunctive is used.

Point out: **Desear / querer** + *subjunctive* are translated as an infinitive in English. **Esperar** + *subjunctive* is translated as a future tense in English. Indicate to students the change of subjects in the examples.

Point out: Two conditions must be met in order for a subjunctive to be used: (1) the presence of a phrase which may require the subjunctive; (2) a change of subject.

Remind students that when verbs of desire and hope are not followed by a change of subject, the infinitive is used: **Quieren jugar al tenis. Esperamos ganar el campeonato.**

En contexto

Esposo   Elvira, los Guevara quieren que **vayamos** con ellos al partido de fútbol el domingo.

Esposa   Sabes que no me gusta el fútbol; pero es necesario ir. ¡Espero que **regresemos** temprano!

Before doing exercises review the formation of the present subjunctive in **Capítulo 11, Primero** y **segundo encuentros.**

PRÁCTICA Y CONVERSACIÓN

A. Ud. no quiere trabajar.   Ud. trabaja en la universidad en el departamento de atletismo pero no tiene ganas de (*don't feel like*) hacer mucho hoy. Ud. sugiere que los otros hagan sus quehaceres hoy.

MODELO	
	limpiar la oficina / Francisco
Compañero(-a):	**¿Quieres limpiar la oficina?**
Usted:	**No, quiero que Francisco la limpie.**

1. buscar las pelotas / Eduardo
2. barrer el piso / tú
3. planear el campeonato / el director
4. hacer ejercicio / los jugadores
5. preparar las entradas (*tickets*) / Uds.
6. conducir al partido / el Sr. Cuevas

Warm-up: When the soccer coach gives orders, no one can hear him because of the noise. So one player (a student) must tell the other players what the coach wants them to do. **MODELO Ud.: Julio y Martín, corran más rápidamente. Estudiante: Quiere que Julio y Martín corran más rápidamente. 1. Félix y Paco, hagan más ejercicios. 2. Eduardo y Emilio, no descansen. 3. Gustavo y Luis, despiértense. 4. Manuel y Víctor, no toquen la pelota. 5. Tomás y Sergio, practiquen más. 6. Antonio y Javier, siéntense.**

Have students replace noun direct objects with the appropriate direct object pronoun whenever possible.

B. ¿Qué desea Ud. que hagan los otros?   Complete las oraciones de una manera lógica.

1. Quiero que mis amigos _____ .

2. Deseo que mi compañero(-a) de cuarto _____ .

3. Espero que mis padres _____ .

4. No quiero que mi profesor(-a) de español _____ .

5. Espero que la universidad _____ .

C. Entrevista personal.   Ud. va a entrevistar (*interview*) a un(-a) compañero(-a) de clase para saber lo que él/ella quiere o espera que hagan sus padres, amigos, profesores y compañeros. Después de la entrevista, explíqueles a sus compañeros de clase lo que Ud. aprendió.

Composición C: After discussing the results of the interview, have students write a composition of 7–10 sentences on what their classmates want and hope that other people will do.

MAKING COMPARISONS

Superlative Forms of Adjectives

In conversation you often compare an object or person with other objects and persons: *My brother is the fastest player on the team; our team is the most aggressive in the league.*

a.   In Spanish the superlative of adjectives is formed using the following construction.

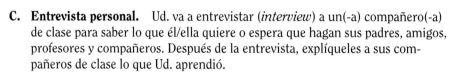

definite article + (noun) + $\frac{\text{más}}{\text{menos}}$ + adjective + **de**

Point out: The definite article agrees in number and gender with its noun.

Olga es **la tenista más fuerte de** la universidad.

Olga is the strongest tennis player in the university.

NOTE: In the superlative construction **de** is used as the equivalent of the English *in*.

*De can also mean on. **Olga es la tenista más fuerte del equipo.** Olga is the strongest tennis player on the team.*

b.   In superlative constructions the irregular comparatives **mejor** and **peor** will usually precede the noun.

Manolo es **el mejor jugador** del país.

Manolo is the best player in the country.

The irregular forms **mayor** and **menor** usually follow the noun.

*Point out: Mayor can also mean major, main, or principal: **el problema mayor** = the principal problem.*

Paco es **el jugador menor** del equipo.

Paco is the youngest player on the team.

c.   Note that frequently the noun is omitted from superlative constructions after **ser.**

Anita es **la más alta** del equipo pero Bárbara es **la mayor.**

Anita is the tallest (player) on the team but Barbara is the oldest.

En contexto

Arantxa Sánchez Vicario es una de **las mejores tenistas** del mundo. En 1988, por primera vez salió **la mejor tenista** de un torneo.

PRÁCTICA Y CONVERSACIÓN

A. El equipo de fútbol.   Usando la forma superlativa de los adjetivos, describa a los jugadores de un equipo de fútbol venezolano.

 MODELO   Raúl Gómez / alto
Raúl Gómez es el más alto del equipo.

1. Felipe Corona / rápido
2. Bernardo y Oscar / grande
3. Pancho y Ernesto / bueno
4. Paco González / viejo
5. Héctor Ocampo / joven
6. Mateo León / fuerte

B. Entrevista personal.   Hágale preguntas sobre los deportes a un(-a) compañero(-a) de clase y su compañero(-a) debe contestar.

Pregúntele…

1. cuál es el deporte más popular del país. ¿de la universidad?
2. quién es el mejor jugador de béisbol / básquetbol / fútbol americano.
3. quién es el mejor tenista del mundo. ¿la mejor tenista?
4. quién es el atleta más conocido del mundo.
5. qué deporte profesional es el menos interesante / popular.
6. de todos los deportes cuál es el más violento / aburrido / estúpido.

C. Su clase de español.   You have just obtained a new job helping the university update its statistical files and records. You must supply information about the members of your Spanish class. Find out the answers to the following questions and report them to the class. Add other questions of your own as well.

Divide the class into groups of 7—8 students. Assign one question per student and he/she should ask each student that question. Compile the results and share them with the class.

¿Quién es el mayor de la clase? ¿el menor?

¿Quién tiene la familia más grande de la clase?

¿Quién es de la ciudad más grande? ¿y del pueblo más pequeño?

De todos, ¿quién vive en la casa o residencia más cerca de la universidad? ¿y la casa o residencia más lejos?

¿Quién tiene el mejor trabajo?

¿?

PUENTE
Cultural
La corrida de toros°

bullfight

Discuss the photo by asking: **¿Qué hay en la foto? ¿Dónde están? ¿Cómo es el torero? ¿Qué lleva? ¿Cómo es el toro?**

bullfighter
faces / danger / bullring
shouts

La corrida de toros todavía es un espectáculo muy popular en España. También se practica en México, Colombia, el Perú, Venezuela y otros países hispanos. Su popularidad cambia de acuerdo con el torero° del momento. Durante una corrida el torero tranquilamente se enfrenta° con el peligro° en la plaza de toros° mientras el público grita° para animarlo. Muchos dicen que la corrida no es un deporte sino un arte; estas personas comparan la corrida a un ballet.

COMPRENSIÓN CULTURAL

Decida si las siguientes oraciones son **ciertas** o **falsas.** Después corrija las oraciones falsas.

1. Se practica la corrida de toros solamente en España.
2. La persona en la foto se llama boxeador.
3. El toro es un animal pequeño y débil (*weak*).
4. Durante la corrida el público no dice nada.
5. La corrida de toros tiene lugar (*takes place*) en la plaza de toros.
6. La corrida de toros es un arte por la gracia del torero.

segundo encuentro

PRESENTACIÓN **VOCABULARIO EN CONTEXTO**

¡El campeonato° de básquetbol!   *championship*

Pepe	Analía, **pon** la televisión por favor, que el partido de básquetbol está por comenzar.°	*turn on* *is about to begin*
Analía	¡Ay qué suerte! porque **no tengo más ganas de estudiar.**°	*I don't feel like studying anymore*
Jacinto	Espero que no **pierdan.**	**perder** = *to lose*

Don't be / + / to win	Pepe	No seas° **pesimista.** ¡Claro que van a **ganar**!
How did they do?	Jacinto	**¿Cómo salieron** en el partido de ayer?
result / great / fans	Pepe	El **resultado** fue **estupendo.** Ganaron 114 a 87. Los **aficionados** deben estar contentos.
very good	Analía	La verdad es que los Basqueteros es un equipo de básquetbol **buenísimo.**
points	Pepe	Así es. Con los **puntos** de ayer nos clasificamos para el campeonato nacional.
magazine / sports (adj.) / + journalist / confidence / coach	Jacinto	Hay un artículo en la **revista deportiva «El Gol»** sobre los Basqueteros. El **periodista** tiene mucha **confianza** en el nuevo **entrenador.**
Already / It seems	Analía	Ya° salen los jugadores a la cancha. **Parece que** va a empezar el partido.

Check comprehension: ¿Por qué quiere Pepe que Analía ponga la televisión? ¿Cómo salieron los Basqueteros en el partido de ayer? ¿Para qué se clasificó el equipo? ¿Qué dice el periodista de la revista «El Gol» sobre el entrenador?

Review **Sonidos:** p, t (Capítulo 5, Primer encuentro).
p: pon pesimista campeón equipo partido
t: revista resultado tengo campeonato tú
p and t: Hay un artículo en la revista deportiva «El Gol». El periodista tiene mucha confianza en el nuevo entrenador.

Comentarios lingüísticos y culturales

a. The verb **salir** is often used to express the idea of *to come out* or *to turn out to be* in English.

¿Cómo salieron en el partido de ayer?	*How did they come out (do) in yesterday's game?*
En una de ésas **salen campeones.**	*One of these times they'll turn out to be champions.*

b. **Ser aficionado(-a) a** + name of a sport = *to be a fan of.*

Soy muy aficionada al golf.	*I'm a great golf fan.*

c. **Tener ganas de** + *infinitive* = *to feel like* + *-ing* form

No tengo ganas de jugar al básquetbol.	*I don't feel like playing basketball.*

PRÁCTICA Y CONVERSACIÓN

A. Practique el vocabulario.   Complete con la forma adecuada de la palabra necesaria. Escoja las palabras de la lista.

la revista deportiva / clasificarse / un jugador / salir campeón / tener suerte / aficionada

1. El equipo de básquetbol de nuestra universidad _____ el año pasado.
2. No ganamos el partido. No _____.
3. Mi universidad _____ para las semifinales de fútbol.
4. Leí la noticia en _____.
5. Mi hermana es muy _____ al béisbol. Va a todos los partidos.
6. Pelé fue _____ de fútbol fantástico.

B. **¿Jugador(-a) o aficionado(-a)?**   Pregúntele a un(-a) compañero(-a) de clase qué deportes y atletas le gustan. Su compañero(-a) debe contestar.

Pregúntele…

1. a qué deportes juega.

2. a qué deportes es aficionado(-a).

3. a qué deportes no es aficionado(-a). ¿Por qué?

4. quién es su atleta favorito(-a).

5. en su opinión, cómo son los atletas profesionales.

6. cómo son los equipos de la universidad.

C. **El mundial de fútbol.**   En parejas lean el cuadro de los equipos que juegan en el mundial y luego contesten las preguntas.

Have several students report their results to the class.

1. ¿Qué países juegan en el grupo A?

2. En el grupo B, ¿quién juega contra los EE.UU.?

3. En el grupo C, ¿cuántos partidos juega España?

4. En el grupo D, ¿quién cree Ud. que es el equipo más fuerte?

Programa de partidos

Día	Grupo A en Cuenca	Grupo B en Quito	Grupo C en Riobamba	Grupo D en Ibarra
3		Ecuador v. EE. UU.		
3		Ghana v. Japón		
4	Argentina v. Portugal		Nigeria v. Qatar	Brasil v. Alemania
4	C. Rica v. Guinea		España v. Australia	Canadá v. Omán
5		Ecuador v. Ghana		
5		EE. UU. v. Japón		
6	Argentina v. C. Rica		Nigeria v. Australia	Brasil v. Omán
6	Portugal v. Guinea		España v. Qatar	Alemania v. Canadá
8		Ecuador v. Japón		
8		EE. UU. v. Ghana		
9	Argentina v. Guinea		Nigeria v. España	Brasil v. Canadá
9	Portugal v. C. Rica		Qatar v. Australia	Alemania v. Omán

—¿Cómo salió el partido de fútbol de ayer?
—Fantástico. Ganamos 3 a 0.

TALKING ABOUT THE GAME

Videocassette segment to accompany this section; see Viewer's Guide in the Instructor's Resource Manual, Chapter 12.

Here are some expressions to use when talking about a game.

PARA INFORMARSE

¿Qué tal el partido?	*How was the game?*
¿Cómo salieron en el partido?	*What was the outcome of the game?*
¿Cómo salió Almagro?	*How did Almagro do?*
¿Te (Le) gustó el partido?	*Did you like the game?*

COMENTARIOS NEGATIVOS

Nos derrotaron.	*They defeated us.*
Terrible, perdimos 8 a 0.	*Terrible, we lost 8 to 0.*
Un desastre, perdimos.	*A disaster, we lost.*
Como siempre, perdimos.	*As usual, we lost.*

COMENTARIOS POSITIVOS

Increíble,		*Incredible,*	
Súper,		*Super,*	
Estupendo,	ganamos 114 a 87.	*Great,*	*we won 114 to 87.*
Buenísimo,		*Very good,*	
Fantástico,		*Fantastic,*	

PRÁCTICA Y CONVERSACIÓN

Warm-up: Prior to doing the exercise, review how to react to good news (**Así se habla, Capítulo 3, Segundo encuentro**) and how to react to bad news (**Así se habla, Capítulo 9, Segundo encuentro**). ¿Cómo reacciona Ud. si alguien le dice… ? ¡Salimos campeones de hockey! Perdimos 2 a 1. No nos clasificamos por 4 puntos. Mi hermano me derrotó en el partido de tenis. Este año salimos en segundo lugar en el campeonato de béisbol. ¡Somos los campeones de vólibol! ¡Gané la lotería!

En parejas.   Una persona debe contestar la pregunta y la otra persona debe reaccionar con la frase apropiada.

MODELO

¿Cómo salió Agassi en la Copa Davis?
Usted: **Un desastre, perdió 3 partidos.**
Compañero(-a):   **¡Qué lástima!**

1. ¿Cómo salió el equipo de básquetbol de la universidad en el campeonato de las universidades?

2. ¿Cómo salió tu equipo favorito en el campeonato de fútbol norteamericano?

3. ¿Se clasificó tu equipo favorito para el campeonato nacional?

4. ¿Cómo salió el equipo de hockey de la universidad en el campeonato?

5. Y tú, ¿juegas a algún deporte? ¿Cómo saliste en el último partido?

ESTRUCTURAS

GIVING COMMANDS

Regular Familiar Commands

You have already learned to form and use the formal commands. Now you will learn the familiar commands so you can tell friends and family members what to do.

REGULAR FAMILIAR COMMANDS		
	Verbs ending in -*ar*	**Verbs ending in -*er***	**Verbs ending in -*ir***
Affirmative	habla	come	escribe
Negative	no hab**les**	no co**mas**	no escri**bas**

a. Familiar commands are second-person singular commands. They are used for giving a command to a friend, relative, small child, pet, or anyone with whom you normally use the **tú** form.

b. The affirmative familiar command of regular and stem-changing verbs has the same form as the third-person singular of the present indicative tense.

c. The negative familiar command has the same form as the second-person singular (**tú**) form of the present subjunctive.

Descansa después del partido.   *Rest after the game.*

No descanses ahora.   *Don't rest now.*

d. As is the case with formal commands, object and reflexive pronouns are attached to the end of the affirmative familiar commands but must precede negative familiar commands. A written accent mark is placed over the stressed vowel of the affirmative command when pronouns are attached.

Míralo.   *Watch it.*

No lo mires.   *Don't watch it.*

Supplemental grammar: Accent marks are placed on commands only when the addition of pronouns makes the command a 3 + syllable word: **da → dame → dámelo; pon → ponlo → póntelo.**

Dictado: Emphasis is on written accent marks with commands. **Escúchame, por favor. Practícalo ahora. Cómpralos mañana. Prepáralas hoy. Estúdialo bien.**

En contexto

Jugador   ¿Y qué debo hacer antes del campeonato?

Entrenador   Bueno, Rafael, **acuéstate** temprano la noche anterior. El día del partido **practica** un poco por la mañana, **no comas** mucho y ¡**no te preocupes!**

PRÁCTICA Y CONVERSACIÓN

Warm-up: As instructor you play the role of a very overweight athlete; your students play the role of the doctor. Ask the doctor if you ought to eat and drink certain items and the students will tell you to eat or drink them. **MODELO Ud.: lechuga ¿Debo comer la lechuga? Estudiante: Sí, cómela. jugo ¿Debo beber el jugo? Sí, bébelo. tomates / fruta / papas fritas / pescado / vegetales / pasteles / cerveza / té / refrescos**

A. Los Juegos Olímpicos.   Explíquele a su amigo Raúl lo que necesita hacer o no debe hacer para prepararse para los Juegos Olímpicos.

MODELO	Raúl necesita practicar todos los días. **Raúl, practica todos los días.**

Raúl no debe comer demasiado.
Raúl, no comas demasiado.

1. Raúl necesita…

   nadar mucho / levantarse temprano / dormir bien / caminar por el parque / dedicarse a su deporte

2. Raúl no debe…

   comer demasiado / preocuparse / fumar / acostarse tarde / trabajar todos los fines de semana

Have 2–3 pairs present the completed dialogue of **Práctica B** to the entire class.

B. Un accidente de tenis.   Yesterday you sprained an ankle while playing tennis but you want to play in a tournament next week. A Hispanic friend agrees to help you recuperate. Role-play the situation by asking your friend for advice and your friend will tell you at least six things to do or not to do.

MODELO	Usted:	**¿Qué necesito comer / beber?**
		¿Qué puedo hacer?
		¿Qué no debo hacer?
	Compañero(-a):	**¡No corras!**

GIVING COMMANDS

Irregular Familiar Commands

Several of the most common verbs in Spanish have irregular familiar commands. While living in a Spanish-speaking country or household, you will probably use these command forms more than others as you go about your daily activities.

Point out: To form the affirmative familiar commands of **poner, salir, tener, venir** remove the infinitive ending: **poner → pon.**

IRREGULAR FAMILIAR COMMANDS

INFINITIVE	AFFIRMATIVE COMMAND	NEGATIVE COMMAND
decir	**di**	**no digas**
hacer	**haz**	**no hagas**
ir	**ve**	**no vayas**
poner	**pon**	**no pongas**
salir	**sal**	**no salgas**
ser	**sé**	**no seas**
tener	**ten**	**no tengas**
venir	**ven**	**no vengas**

a. The affirmative familiar command of several Spanish verbs is irregular. Since these verbs do not follow the normal pattern, you must memorize them. The corresponding negative familiar command is regular in that it has the same form as the second-person singular of the present subjunctive.

NOTE: **Sé** always has a written accent mark to distinguish it from the pronoun **se**.

b. As is the case with all commands, object and reflexive pronouns are attached to the end of the affirmative commands but precede the negative commands.

En contexto

Pepe   **Pon** la televisión, que el partido de básquetbol está por comenzar.

Analía   Pero, ¿por qué? Sabemos que los Basqueteros van a perder.

Pepe   **No seas** pesimista y **no hagas** malos comentarios.

PRÁCTICA Y CONVERSACIÓN

Warm-up: Provide the negative for the following commands. **1. Pon la pelota aquí. 2. Di la verdad. 3. Pon la televisión. 4. Sé bueno. 5. Sal de la casa. 6. Haz ejercicio. 7. Ven acá.**

A. Su amigo Antonio.   Su amigo Antonio quiere hacerse un buen atleta. Usando mandatos familiares, dígale lo que debe o no debe hacer.

ir al gimnasio para practicar / hacer ejercicio todos los días / decir la verdad siempre / poner la televisión para mirar a otros jugadores / tener disciplina y dedicación / no ser arrogante

B. Unos consejos (*advice*).   Ud. es la madre / el padre de un(-a) niño(-a) de ocho años que va a salir para pasar dos semanas en un campamento de fútbol. Dígale a su hijo(-a) por lo menos ocho cosas que debe o no debe hacer cuando esté en el campamento.

Expansión B: This exercise can also be done as a written activity in the form of a letter.

PUENTE

Cultural

El jai alai

Discuss the photo by asking: **¿Qué hay en la foto? ¿A qué juegan los hombres? ¿Dónde están?**

Basque
especially
attracts
rubber / baskets / tied / arm

is thrown

El jai alai o la pelota vasca° es un deporte de origen vasco. Es un juego muy popular en España, sobre todo° en las provincias vascas. En Cuba, México y la Florida atrae° a gran número de aficionados. Se juega este deporte con una pelota de goma° y unas canastas° que se atan° al brazo° de los jugadores. La cancha es un rectángulo con tres paredes o frontones. Hay cuatro jugadores, dos en cada equipo. Es un juego muy rápido. Los jugadores deben tener mucha coordinación pues se tira° la pelota contra el frontón a gran velocidad. En lenguaje vasco «jai alai» quiere decir «fiesta alegre».

COMPRENSIÓN CULTURAL

Complete las siguientes oraciones.

1. El jai alai es _____ de origen vasco.
2. Se juega al jai alai con _____ y _____ que se atan al brazo de los jugadores.
3. La cancha tiene _____ paredes o frontones.
4. Hay cuatro _____, _____ en cada equipo.
5. El jai alai es un juego _____.
6. El jai alai es popular en _____, _____ en las provincias vascas.
7. También es popular en _____, _____ y _____.

PRESENTACIÓN VOCABULARIO EN CONTEXTO

Los mejores asientos°

seats

*Modesto, Francisco y Patricia están en un **estadio** en Texas **esperando**° que comience el partido de béisbol.*

stadium / waiting

Modesto	Estos asientos son buenísimos. Lo **increíble**° es que se ve toda la cancha desde aquí.
Francisco	El tío de Patricia consiguió las **entradas.**
Modesto	¿Cómo las consiguió?
Patricia	Pues él conoce al señor que trabaja en la **boletería.**
Francisco	¡Qué suerte que tuvimos! ¿Quién crees que va a ganar?
Patricia	**Me parece** que Texas porque tienen a Juan González.
Francisco	No estés tan **segura.** Mira que Baltimore tiene al cubano Rafael Palmeiro.

The incredible thing

tickets

ticket office

It seems to me

sure

The best thing / trained

Modesto   Lo mejor° es que los dos equipos están muy bien **entrenados.**

correr = *to run / audience / to shout / Go for it!*

*Los equipos **corren** a la cancha y el **público** comienza a **gritar:** ¡Dale° campeón!
¡Dale campeón!*

Check comprehension: ¿Dónde están los amigos? ¿Qué partido van a mirar? ¿Son buenos los asientos que tienen? ¿Quién se los consiguió? ¿Cuáles son los dos equipos que van a jugar? ¿Qué grita el público cuando salen los jugadores a la cancha?

Review **Sonidos:** ch (Capítulo 1, Segundo encuentro); ca co cu (Capítulo 7, Primer encuentro); ce, ci (Capítulo 4, Segundo encuentro).
ch: cancha charlar chico chocolate   **ca co cu:** conseguir creer colombiano correr campeón   **ce ci:** Patricia agradecer parece Francisco   Francisco y Patricia están en la cancha esperando que comience el partido.

Comentarios lingüísticos y culturales

a.   Baseball is played in many Spanish-speaking countries, particularly those near the United States. It is quite popular in Mexico, Colombia, Venezuela, Cuba, and the Dominican Republic, as well as in Puerto Rico.

b.   **La cancha** refers to the playing area of a number of sports and is translated several ways: **la cancha de béisbol** = *baseball field* or *diamond;* **la cancha de básquetbol** = *basketball court*.

PRÁCTICA Y CONVERSACIÓN

A.   Definiciones.   Dé las palabras que corresponden.

1. el papel necesario para entrar al estadio
2. el lugar donde se juega un partido
3. el último partido de la temporada (*season*)
4. las personas que miran un partido
5. el lugar donde una persona se sienta
6. el lugar para competiciones deportivas
7. el lugar donde se compran las entradas

B.   Asociaciones.   ¿Qué palabras asocia Ud. con… ?

asiento	cancha	entrada	boletería	estadio
público	entrenarse	campeonato	final	correr

C.   En la boletería.   Ud. quiere ver un partido de fútbol. Vaya a la boletería y compre dos entradas. Escoja buenos asientos. Trabajen en parejas. Una persona es el (la) aficionado(-a) y la otra persona trabaja en la boletería.

—Pienso que Baltimore va a ganar.
—Yo creo que no.

EXPRESSING OPINIONS

Some commonly used phrases to express an opinion are the following.

STRONG OPINION

Estoy seguro(-a) que _____.   *I'm sure that _____.*

Creo que _____.   *I believe that _____.*

NOT SO STRONG OPINION

Pienso que _____.   *I think that _____.*

Me parece que _____.   *It seems to me that _____.*

Sospecho que _____.   *I suspect that _____.*

PRÁCTICA Y CONVERSACIÓN

A. ¿Qué piensa Ud.? Su compañero(-a) y Ud. no están de acuerdo sobre el mundo futuro. Uno(-a) de Uds. es muy pesimista y el (la) otro(-a) muy optimista. Hagan un diálogo expresando sus ideas sobre estos temas. Expresen si están de acuerdo o no con la opinión de la otra persona.

MODELO

Usted: Estoy seguro que se va a poder viajar de Nueva York a Tokio en dos horas.

Compañero(-a): **No lo creo. Me parece que no va a ser posible. No estoy de acuerdo contigo.**

1. El problema del hambre no va a existir más.

2. Va a haber viajes espaciales para turistas.

3. La medicina del futuro va a ser mejor.

4. Los países pobres van a recibir más ayuda de los países ricos.

5. Las personas van a vivir muchos años más.

6. Los coches del futuro van a ser manejados completamente por computadoras.

Variación B: Add names of local or school personalities to the list.

B. Opiniones.   Exprésele su opinión a un(-a) compañero(-a) de clase sobre las siguientes personalidades.

el Presidente de los EE.UU.	David Letterman	Madonna
Michael Jordan	Oprah Winfrey	Gloria Estefan

A ESCUCHAR

Estos amigos son jugadores de fútbol. Escuche lo que dicen. Luego corrija las oraciones falsas.

1. Los amigos juegan para diferentes equipos.

2. Ellos perdieron el partido del sábado.

3. A ellos no les gusta su entrenador.

4. Uno de ellos hizo dos goles en el partido contra los del Barrio Norte.

5. El equipo de la Escuela de Arte ganó el partido contra el Barrio Norte.

6. El equipo de estos amigos se clasificó para la final.

7. Los del Barrio Norte son los mejores.

After students have read the information about the folding bicycle, ask these questions: ¿Conoce Ud. la bicicleta plegable? ¿Hay alguna tienda en esta ciudad que venda bicicletas plegables? ¿Es una novedad esta bicicleta? ¿Creen Uds. que se va a vender muchas de estas bicicletas? ¿Por qué?

LLEGA EL PEDALEO PLEGABLE

FLASH PRESS

Si es Ud. aficionado(-a) al ciclismo, pero no tiene dónde poner su bicicleta, puede interesarle la Microbike. Abierta mide 1,20 metros de longitud, y cerrada 35 centímetros.

ESTRUCTURAS

TALKING TO AND ABOUT OTHER PEOPLE AND THINGS

Uses of the Definite Article

In certain instances the use of the definite article is the same in English and Spanish. For example, in both languages the definite article is used to indicate a specific noun: **Los jugadores están en el estadio.** *The players are in the stadium.* Study the following ways that the two languages differ in their use of the definite article.

In Spanish the definite article is used

a. before abstract nouns and before nouns used in a general sense.

> En mi opinión, **el boxeo** es un deporte violento.

> *In my opinion, boxing is a violent sport.*

Point out: English generally does not require a definite article with abstract nouns used as the subject; Spanish does.

b. with the names of languages except when they follow **de, en,** or forms of **hablar.** In addition, the article is often omitted after **aprender, enseñar, escribir, estudiar, leer,** or **saber.**

> Se dice que **el italiano** es una lengua musical.

> *They say that Italian is a musical language.*

> **Habla español** y **estudia portugués.**

> *He speaks Spanish and is studying Portuguese.*

c. instead of a possessive pronoun with articles of clothing and parts of the body.

> Se puso **los zapatos de tenis** y salió para el partido.

> *He put on his tennis shoes and left for the game.*

> Me lavo **el pelo** después de jugar al vólibol.

> *I wash my hair after playing volleyball.*

d. before a title (except **don/doña**) when speaking about a person.

> **El profesor** Murillo enseña educación física.

> *Professor Murillo teaches physical education.*

> **La Srta.** Sánchez es una periodista muy buena.

> *Miss Sánchez is a very good journalist.*

However, the article is omitted when speaking directly to the person.

> ¿Cómo está Ud., Srta. Flores?

> *How are you, Miss Flores?*

e. with days of the week to mean *on.*

> Hay un partido **el martes** 3 de enero.

> *There is a game on Tuesday, January 3.*

> No hay campeonatos **los jueves.**

> *There are no championship games on Thursdays.*

f. with the time of day.

> El partido empezó a **las siete.**

> *The game began at seven (o'clock).*

Point out: The use of the definite article with certain countries and geographical regions is decreasing over time.

g.   with the names of certain countries and geographical locations.

la Argentina	la India
el Brasil	el Japón
el Canadá	el Paraguay
el Ecuador	el Perú
los Estados Unidos	la República Dominicana
la Florida	el Uruguay

En contexto

Modesto   ¿Vas a ir **al** partido de béisbol este fin de semana?

Francisco   No sé. ¿Cuándo es?

Modesto   Es **el** domingo a **las** tres de **la** tarde.

PRÁCTICA Y CONVERSACIÓN

Warm-up: Sustitución. 1. Esta mañana me puse *los calcetines.* botas / jeans / sombrero / camiseta / abrigo   2. Los estudiantes van a visitar *el Brasil.* Canadá / Italia / Argentina / Japón / Florida

A.   Entrevista personal.   Hágale preguntas a un(-a) compañero(-a) de clase.

Pregúntele…

1. qué ropa se puso esta mañana.
2. qué clases tiene los martes.
3. qué lenguas sabe leer.
4. cuándo se lava el pelo.
5. si prefiere visitar la Argentina o el Perú.
6. qué cursos son difíciles en su opinión.

B.   Descripciones.   Complete las oraciones de una manera lógica.

1. _____ es una cosa importante en mi vida.
2. Deseo visitar _____ algún día.
3. _____ es mi profesor(-a) preferido(-a).
4. Los sábados yo siempre _____ .
5. El domingo pasado yo _____
6. Ahora tengo el pelo _____ .

DISCUSSING GENERAL CHARACTERISTICS

Lo + Adjective
To describe the best thing or the worst thing about your favorite team and players, you can use the Spanish expression formed with the neuter article **lo.**

a.   Spanish combines the neuter article **lo** with the masculine singular form of the adjective to create a noun: **lo bueno** = *the good thing, the good part.*

Lo bueno de los deportes es   *The good thing about sports*
   el ejercicio.   *is the exercise.*

b. **Lo** + *adjective* is used to describe general characteristics. The words **más** or
menos can precede the adjective.

Lo más interesante del campeonato   *The most interesting part of*
   fue el último partido.   *the championship was the last game.*

Point out: A plural noun and verb can follow the expressions **lo** + *adjective:* **Lo mejor de mi equipo favorito son los jugadores.**

c. Learn to use the following common expressions.

lo bueno *the good thing*   lo peor   *the worst thing*

lo malo   *the bad thing*   lo mismo   *the same thing*

lo mejor *the best thing*

En contexto

Modesto   Estos asientos son buenísimos. **Lo increíble** es que se ve toda la cancha
             desde aquí.

PRÁCTICA Y CONVERSACIÓN

A. Los deportes.   Complete las oraciones de una manera lógica.

Exercise A helps students learn to create with language. Try to obtain a variety of answers.

1. Lo mejor de ser un(-a) atleta profesional es _____ .

2. Lo peor del fútbol norteamericano _____ .

3. Para un(-a) atleta lo más importante _____ .

4. Lo bueno de ir a un partido _____ .

5. Lo mejor de mi equipo favorito _____ .

B. Entrevista personal.   Hágale preguntas sobre los deportes a un(-a) com-
pañero(-a) de clase y su compañero(-a) debe contestar.

Pregúntele…

1. qué es lo bueno de su deporte favorito.

2. qué es lo más interesante de su vida actual.

3. si siempre hace lo mismo los fines de semana.

4. qué es lo malo de su casa / apartamento / cuarto.

5. qué es lo bueno de su novio(-a) / esposo(-a).

6. ¿?

Videocassette segment to accompany this section; see Viewer's Guide in the Instructor's Resource Manual, Chapter 12.

Discuss the photo by asking: **¿Qué hay en la foto? ¿Qué hacen las personas? ¿Dónde están? ¿Hay carreras de bicicletas en los EE.UU.?**

La Vuelta de Colombia

race

UENTE
Cultural

Otros deportes populares

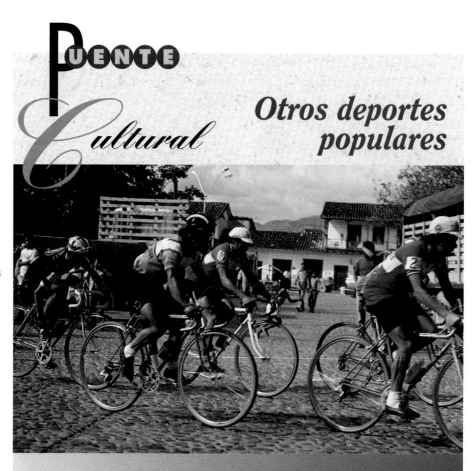

En el mundo hispano hay otros deportes populares además del fútbol. El tenis, el golf, el ciclismo, el boxeo, el básquetbol y el béisbol son deportes que atraen la atención de muchos aficionados. En Colombia se corre la carrera° de bicicletas «La Vuelta de Colombia». Muchos de los ganadores pasan a competir en las carreras europeas. El béisbol y el básquetbol son muy populares en la región de la costa de Colombia y Venezuela y en las islas del Caribe. En los EE.UU. hay muchos atletas hispanos que forman parte de los equipos universitarios y profesionales.

COMPRENSIÓN CULTURAL

Conteste en español.

1. ¿Cuáles son los deportes más típicos del mundo hispano?
2. Nombre otros tres deportes populares.
3. ¿En qué país hay una carrera de bicicletas famosa? ¿Cómo se llama la carrera?
4. ¿Dónde son populares el béisbol y el básquetbol?
5. ¿Quiénes son algunos atletas hispanos en los EE.UU.? ¿Con qué deportes se asocian?

Videocassette segment to accompany this section; see Viewer's Guide in the Instructor's Resource Manual, Chapter 12.

EL MUNDO HISPANO — LOS HISPANOS EN LOS EE.UU.: LOS CHICANOS

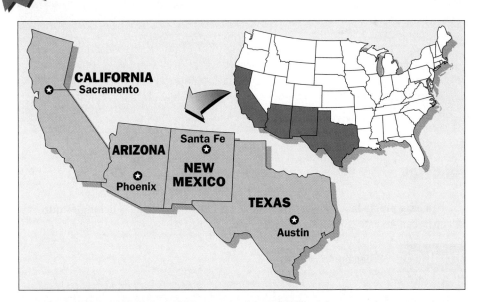

Have students locate Mexico on map of North America. Have students locate area(s) with high concentration of Mexican Americans.

Have students use the map «Los hispanohablantes en los Estados Unidos» located at the beginning of this textbook

Mural en San Diego, California

Los chicanos, estadounidenses de origen mexicano, representan el grupo más grande de hispanos dentro de los EE.UU.; constituyen el 63% de la población hispana o unos 14.000.000 de habitantes. Principalmente se encuentran en el suroeste de los EE.UU. Algunos de los chicanos son inmigrantes o descendientes de inmigrantes recientes. Otros son descendientes de mexicanos que vivían en el territorio de Texas y fueron incorporados a los EE.UU. como resultado de la guerra de 1848. Muchas de las ciudades de Arizona, California, Nuevo México y Texas tienen una concentración de hispanos y se puede ver la influencia mexicana en los nombres geográficos, la comida y otros aspectos de la cultura.

PARA LEER BIEN • Borrowed Words

Languages borrow words from one another. For example, the word *restaurant* is a word borrowed from French. Borrowed words are assimilated into the language with some changes in the pronunciation and spelling to conform to the rules of the new language. Spanish has borrowed many of its sports words from English.

PRÁCTICA

Palabras prestadas.   Haga una lista de las palabras prestadas del inglés que aparecen en este capítulo.

MODELO   el béisbol

twenty-first century

Los ídolos del siglo XXI°

PRÁCTICA Y CONVERSACIÓN

¿Quiénes son?   Ud. tiene que presentar a los atletas de la siguiente lectura delante de un panel de televisión para recibir el premio que el diario *El Tiempo* les va a dar. En un párrafo corto diga el nombre, los años que tiene, su deporte y los logros (*achievements*).

DEPORTES

La atleta Bertha Sánchez, el golfista José Manuel Garrido, el ciclista Jorge Iván González y el patinador Jorge Iván Botero fueron los jóvenes escogidos por EL TIEMPO como los más destacados del mes de junio.

JORGE IVAN GONZALEZ B.

Nombre completo: Jorge Iván González Balaguera

Lugar y fecha de nacimiento: Chocontá (Cundinamarca), 3 de junio de 1977.

Edad: 18 años.

Estatura: 1,75

Estudios: bachiller del Colegio Técnico Gustavo Jiménez, de Sogamoso.

Deporte: ciclismo.

Logros: cinco marcas nacionales en la categoría prejuvenil –2 en pista y 3 en ruta–. Ganó la Vuelta

Nacional del Futuro en el 93, la Vuelta Nacional Juvenil del Valle-93, fue cuarto en la prueba de ruta del Mundial de Ciclismo, en Quito-94. Oro y plata en la ruta individual y la contrarreloj individual de los Panamericanos de Ciclismo, el mes pasado en Quito.

Su meta: llegar a correr y terminar el Tour de Francia.

BERTHA OLIVA SANCHEZ .

Nombre completo: Bertha Oliva Sánchez Rivera

Lugar y fecha de nacimiento: Sevilla (Valle), 4 de noviembre de 1978.

Edad: 16 años.

Estatura: 1,60

Estudios: cursa noveno grado en el Colegio General Santander, en Sevilla.

Deporte: atletismo.

Logros: segunda en el Cross Internacional de Cali, en el 90. Ganó los 1.500 y los 3.000 metros en el Suramericano de Menores en Cochabamba, Bolivia; donde además quedó de segunda en los 800 metros. En el Nacional Mayores de este año, ganó en 1.500 y 3.000 metros. Tercera en los 5.000 durante el Suramericano de Mayores, en Manaos, Brasil. Medalla de plata en la prueba de 1.500 metros, en los Juegos del Pacífico.

Su meta: ganar en unos Juegos Olímpicos.

JOSE MANUEL GARRIDO G.

Nombre completo: José Manuel Garrido Guzmán.

Lugar y fecha de nacimiento: Cali, junio 9 de 1978.

Edad: 17 años.

Estatura: 1,86

Estudios: entra a once grado en el colegio Colombo Británico de Cali.

Deporte: golf.

Logros: fue varias veces campeón infantil. Octavo en el Mundial Juvenil en Estados Unidos, en el 93, y sexto en el Miami-94. Campeón Suramericano 93 y 94, en Chile y Paraguay. El mes pasado ganó el Internacional *Jeans & Jackets*, en Bogotá.

Su meta: ser golfista profesional

ACTIVIDADES

Grammar incorporated: **A:** Question formation **B:** Preterite tense; subjunctive after verbs of hope and desire **C:** Preterite tense; subjunctive after verbs of hope and desire

Vocabulary incorporated: **A:** Sports vocabulary **B:** Sports vocabulary; expressing an opinion **C:** Sports vocabulary

Supplemental vocabulary: **el (la) entrenador (-a)** = *coach;* **entrenar** = *to coach.*

Supplemental vocabulary: esquiar / nadar / correr / pescar / patinar.

A.   ¿Quién soy yo?   You will pretend to be a famous athlete and your classmates will try to guess who you are. Your classmates will ask you questions about what, where, and when you played, your other activites, your personality, your family, the awards you (or your team) have won, and so on. Play the game in groups of four; rotate so all four members of the group have a chance to ask and answer questions.

B.   El (La) director(-a) del programa atlético.   You are interviewing for the position of athletic director of a major university. A classmate will interview you and ask about your past job experience—what sports you played or coached, games won or lost, your best teams, sports programs developed, athletic buildings constructed, and so on. You will also be asked about your hopes and wishes for sports, teams, and players at this new job. Remember you need lots of experience and ideas to get the job. Use your imagination.

C.   Su experiencia deportiva.   Share some sports experiences with a classmate. Explain what you did at camp one summer, one year in elementary or high school, or during a recent vacation. Did you coach, play, watch? What sports were involved? Did you win or lose? Also discuss your hopes and wishes about your future sports-related activities.

PARA ESCRIBIR BIEN • Keeping a Diary or Journal

There are many situations for which diary or journal entries are useful. In the business world journals can be used for logging phone calls and discussions with clients, remembering the content of meetings, and recording travel experiences and expenses. Personal journals and diaries provide interesting records of daily life, special occasions, and family or school activities. Spanish journal or diary entries have a format similar to that of letters.

Date	el 31 de marzo de 1997
Salutation	Querido diario:
Pre-closings	Bueno, querido diario, mi mamá / papá / amigo me llama. Como siempre, querido diario, tengo que irme.
Closings	Hasta mañana, (*your name*) Hasta pronto, (*your name*)

COMPOSICIONES

A.   Querido diario.   After completing **Actividad C** orally, write a diary entry on the same topic.

B.   El campeonato.   Write a diary entry for two days prior to the championship game. Explain what you and your team did to prepare. Explain your hopes and desires for how well you want to play and what you want to happen.

Vocabulario activo ●

Los deportes / *Sports*

el básquetbol	*basketball*
el béisbol	*baseball*
el boxeo	*boxing*
el fútbol	*soccer*
el fútbol norte-americano	*football*
la gimnasia	*gymnastics*
el golf	*golf*
el hockey	*hockey*
el tenis	*tennis*
el vólibol	*volleyball*

El partido / *Game, match*

el (la) aficio-nado(-a)	*fan*
el (la) atleta	*athlete*
la boletería	*ticket office*
el (la) cam-peón(-ona)	*champion*
el campeonato	*championship, tournament*
la cancha	*field, court*
la entrada	*ticket*
el (la) entrena-dor(-a)	*coach*
el equipo	*team*
el estadio	*stadium*
la final	*finals*
el gimnasio	*gymnasium*
el (la) juga-dor(-a)	*player*
la pelota	*ball*
el punto	*point*

Otros sustantivos

el asiento	*seat*
el cambio	*change*
la condición	*condition*
la confianza	*confidence*
el desastre	*disaster*
la entrada	*ticket*
el juego	*game, sport*
la noticia	*piece of news*
las noticias	*news*
el (la) perio-dista	*journalist*
el público	*audience, public*
la raqueta	*racket*
el resultado	*result*
la revista	*magazine*
el (la) tenista	*tennis player*
los zapatos de tenis	*tennis shoes*

Verbos

clasificarse	*to qualify; to classify*
correr	*to run*
ganar	*to win*
gritar	*to shout*
jugar (ue)	*to play a game, sport*
mostrar (ue)	*to show*
participar (en)	*to participate (in)*
patear	*to kick*
perder (ie)	*to lose*
practicar	*to go out for; to play*
requerir (ie)	*to require*
salir	*to turn out to be, come out*

Adjetivos

buenísimo	*very good*
deportivo	*sport*
entrenado	*coached, trained*
estupendo	*great*
fantástico	*fantastic*
físico	*physical*
fuerte	*strong*
profesional	*professional*
seguro	*certain, sure*
varios(-as)	*several, various*

Otras expresiones

como siempre	*as usual*
llegar a ser	*to become*
lo bueno	*the good thing*
lo malo	*the bad thing*
lo mejor	*the best thing*
lo mismo	*the same thing*
lo peor	*the worst thing*
parece que	*it seems that*
el (la) peor	*the worst*
¿Qué tal ___?	*What was ___ like?*
tener ganas de + *inf.*	*to feel like + -ing form of verb*
tener suerte	*to be lucky*

You may want to do **Repaso IV** at this time (found in Instructor's Resource Manual).

Intereses y diversiones

Playa Quintana Roo, Cancún, México

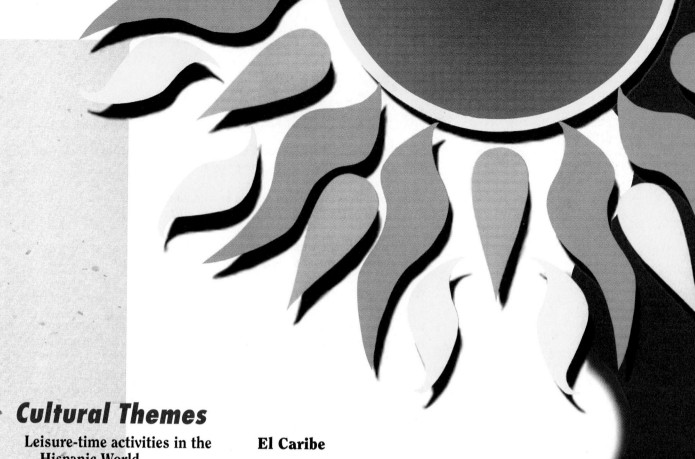

► Cultural Themes

Leisure-time activities in the
Hispanic World

El Caribe

► Communicative Goals

Expressing likes, dislikes, and
interests

Primer encuentro

Expressing likes, dislikes, and
interests

Talking about people and things
in a series

Segundo encuentro

Así se habla: Making decisions

Requesting and commanding
others

Discussing sequence of actions

Tercer encuentro

Así se habla: Expressing dis-
belief

Doubting and denying actions
of others

Linking ideas

Cuarto encuentro

Para leer bien: Scanning

Lectura cultural: *Así sería la
televisión cultural*

Para escribir bien: Support-
ing an opinion

A pensar

- In our culture what are the most typical leisure-time activities? Do the activities vary by region? By age group? By economic status?

- What verb forms are used to request or command others? *The doctor advises you **to quit** smoking. I insist **that you quit** smoking.*

- Cardinal numbers are used for counting. For what do we use ordinal numbers? *I can't remember if Michael lives on the **fifth** or **sixth** floor.*

- What are some common phrases used to express disbelief?

- What verb forms are used to discuss the sequence of actions when prepositions are used? ***After swimming** we will go to the café. I want to play tennis **instead of playing cards.***

- What verb forms are used to doubt the actions of others? *I doubt that we will go swimming today; it's too cold.*

Videocassette segment to accompany this section; see Viewer's Guide in the Instructor's Resource Manual, Chapter 13.

primer encuentro

PRESENTACIÓN   ## VOCABULARIO EN CONTEXTO

pastimes   ¿Cuáles son tus pasatiempos°?

Warm-up: Prior to introducing the Presentación, ask: **¿Cuáles son tus pasatiempos favoritos? ¿Te gustan las novelas policíacas? ¿Te gusta escribir cuentos cortos / patinar sobre hielo / montar en bicicleta / navegar / montar a caballo? ¿Dónde navegas / montas a caballo? ¿Cuántas millas recorres tu bicicleta en una semana? ¿Tocas un instrumento musical? ¿Cuál?**

second
success
Éste es el **segundo** año que en la Universidad de Santo Domingo la computadora va a decidir qué estudiantes van a ser compañeros de cuarto. El primer año fue un **éxito**

total y se espera lo mismo este año. Los estudiantes deben llenar una tarjeta con su nombre, sus intereses y sus pasatiempos. Luego la ponen en la computadora y esperan el resultado.

Éstas son algunas de las respuestas.°

Nombre: María Gomila

Intereses: A mí **me encanta** tocar **la flauta** y **los tambores**.

Nombre: Leandro Aguilar

Intereses: A mí **me interesa el ciclismo.** Yo **monto en bicicleta** por **todas partes.** También **me fascinan las novelas policíacas.**

Nombre: Lidia Ortega

Intereses: Me gusta **ir de pesca** y también me gusta nadar.

Nombre: Lourdes Quintana

Intereses: Practico **patinaje sobre hielo** en el invierno y **monto a caballo** en el verano.

Nombre: Marta Altina

Intereses: Me gusta **pasar** el tiempo **navegando** en un **velero**.

Nombre: Benito Flores

Intereses: Yo quiero ser periodista; por eso trabajo para **el periódico** de la universidad y escribo **cuentos** en mis **ratos libres**.

replies

I love / flute / drums

I'm interested / cycling / ride a bike / everywhere / I'm fascinated by / mystery novels

to go fishing

ice skating / ride a horse

to spend (time) / sailing / sailboat

newspaper
(short) stories / free time

Comentarios lingüísticos y culturales

a. The verb **jugar** means *to play sports, games;* **tocar** means *to play a musical instrument* such as, **tocar la flauta / el piano / los tambores / la guitarra.**

b. Many activities have both a noun and a verb form: **el patinaje** = *skating /* **patinar** = *to skate;* **la pesca** = *fishing /* **pescar** = *to fish.*

Remind students they studied sports vocabulary in **Capítulo 12.**

Vocabulary variation: In some regions of the Spanish-speaking world the word **policial** is used instead of **policíaco.** Example: **unas novelas policiales.**

Check comprehension: ¿Qué información necesita la universidad sobre los estudiantes que van a vivir allí? ¿Por qué necesita esta información? ¿A quién le gusta pescar? ¿Quién lee novelas policíacas? ¿Quién toca un instrumento musical? ¿Qué hace Lourdes Quintana en el verano? ¿Qué hace Benito Flores en sus ratos libres?

Review **Sonidos:** ga, go gu (Capítulo 9, Primer encuentro).
ga: navegar Ortega Delgado   go: Gomila luego navego   gu: gusta alguna segundo
Me gusta pasar el tiempo navegando.
Este es el segundo año del programa en la universidad.

PRÁCTICA Y CONVERSACIÓN

A. En el parque.   Conteste las preguntas según el dibujo. El número de la pregunta corresponde al número de cada persona en el dibujo.

If desired, make and use a transparency of the drawing to complete **Práctica A.**

Expansión A: Ask students: **¿Qué tiempo hace? ¿Dónde están estas personas? ¿Qué llevan?** After completing the exercise orally, have students write a brief description of the drawing and what the people are doing.

1. ¿Qué hacen el hombre y la mujer?
2. ¿Qué hacen esos dos muchachos?
3. ¿Qué hace la señorita?

4. ¿Qué hace la señora?
5. ¿Qué hace el hombre?
6. ¿Qué hacen los músicos?

B. Hay diferentes tipos de personas.   Cada grupo tiene una inclinación distinta. Algunas personas son más deportistas, otras son más intelectuales y otras tienen inclinaciones artísticas. ¿En qué actividades participan las personas en estas categorías? Dé por lo menos tres actividades para cada categoría.

C. ¿Qué te gusta a ti?   Dígale a su compañero(-a) cuáles son sus intereses.

Í N D I C E

4	CONCIERTOS / CONCERTS	20	MISCELANEA / MISCELLANEOUS
9	ZARZUELA / SPANISH OPERETTA	23	BALLET / BALLET
10	OPERA / OPERA	24	DEPORTES / SPORTS
10	EXPOSICIONES / EXHIBITIONS	24	NIÑOS / CHILDREN
18	TEATRO / THEATRE	24	FIESTAS / FIESTAS
20	FERIAS / FAIRS	25	FLAMENCO / FLAMENCO
		27	MUSICA / MUSIC

ESTRUCTURAS

Point out: Students have been using forms of **me gusta(-n) / te gusta(-n)** since **Capítulo 1.**

EXPRESSING LIKES, DISLIKES, AND INTERESTS

Verbs Like *gustar*

For some time you have been using the verb **gustar** to explain what you like and don't like. In Spanish there are several other verbs that function like **gustar** and can be used to talk about interests and likes.

a. The verb **gustar,** meaning *to be pleasing* (equivalent to English *to like*), is one of a number of common Spanish verbs that use an indirect object where English uses a subject. Study the following examples.

Point out: The literal translations of the examples in grammar point **a:** *This novel is pleasing to me. / These novels are pleasing to me.*

Me	gusta	esta novela.	I	like	this novel.
↓	↓	↓	↓	↓	↓
Indirect Object	Verb	Subject	Subject	Verb	Direct Object
↑	↑	↑	↑	↑	↑
Me	gustan	estas novelas.	I	like	these novels.

Remind students that the indirect object pronoun does not determine the verb ending. The indirect object pronoun refers to the person doing the action.

Note that with verbs like **gustar** the subject usually comes at the end of the sentence; it is this subject that determines a singular or plural verb.

b. The use of the phrase **a** + prepositional pronoun with **gustar** is at times necessary. It serves to clarify or emphasize the indirect object pronoun.

Point out: The word order in questions is the same as in statements: **¿Te gustan los cuentos? ¿A Uds. les gusta esquiar?**

¿Te gusta montar a caballo?   *Do you like to ride horseback?*

Sí, pero **a ellos** no **les** gusta.   *Yes, but they don't like it.*

c. The phrase **a** + noun can also be used with the indirect object pronoun.

Point out: The word **no** precedes the indirect object pronoun.

A mis hermanas no **les** gusta correr.   *My sisters don't like to run.*

A Felipe le gustan los tambores.   *Felipe likes drums.*

d. The following verbs also function like **gustar.**

Provide paradigm for students: **A mí me encanta esta novela. A ti te / A él/ella/Ud. le / A nosotros(-as) nos / A vosotros(-as) os / A ellos/ellas/Uds. les encanta esta novela.**

1. **encantar** equivalent to English *to adore, love* (*inanimate things*).

   A María **le encanta** tocar la flauta.   *María loves to play the flute.*

2. **faltar** equivalent to English *to need*

Point out: **Encantar** is used when the English construction uses *to love inanimate things*: **Me encanta la música clásica. Encantar** is used mainly in the affirmative. Remind students that **querer** is most commonly used for loving people: **Quiero a mi mamá.**

   Nos falta música para la fiesta.   *We need music for the party.*

3. **fascinar**   *to fascinate*

   Me fascinan las películas italianas.   *Italian movies fascinate me.*

4. **importar**   *to be important, matter*

Point out: **Importar** is generally used in the negative.

   No **me importa** si lo hacemos o no.   *I don't care if we do it or not.*

5. **interesar**   *to be interesting, interest*

   A Roberto no **le interesa** la pesca.   *Fishing doesn't interest Roberto.*

6. **pasar**   *to happen*

¿Qué **les pasó** a tus amigos?   *What happened to your friends?*

7. **quedar**   *to remain, have left*

No **nos queda** mucho dinero.   *We don't have much money left.*

En contexto

Leandro Aguilar   **A mí me interesa** el ciclismo. Monto en bicicleta por todas partes. También **me fascinan** las novelas policíacas.

Warm-up 1: ¿Qué te gusta hacer? esquiar / leer novelas / montar en bicicleta / navegar / ir de pesca / tocar el piano

Warm-up 2: Sustitución: A *mi madre le interesan las novelas policíacas.* a mi padre / a mi vecina / a Ud. / a nosotros / a mí / a Uds. / a ti / a Felipe y a mí / a Carmen y a Pedro

PRÁCTICA Y CONVERSACIÓN

A. **¿Qué le encanta a Ud.?**   Explique qué diversiones y pasatiempos le encantan a Ud.

B. **Unos intereses.**   Complete las oraciones de una manera lógica.

1. No me importa(-n) _____.
2. A mis amigos _____ interesa(-n) _____.
3. Me gusta(-n) mucho _____.
4. Me fascina(-n) _____.
5. A mis padres _____ encanta(-n) _____.
6. A mi amigo(-a) y a mí no _____ gusta(-n) _____.

C. **Entrevista personal.**   Hágale preguntas a un(-a) compañero(-a) de clase sobre sus intereses y su compañero(-a) debe contestar.

Pregúntele…

1. lo que no le gusta hacer.
2. lo que le interesa de esta ciudad.
3. lo que le importa en su vida.
4. lo que le encanta hacer en sus ratos libres.
5. lo que le pasó ayer.
6. si le queda mucho tiempo en la universidad.
7. si le falta algo en su vida. ¿Qué?
8. ¿?

TALKING ABOUT PEOPLE AND THINGS IN A SERIES

Point out: The chapter divisions of this textbook provide good examples of ordinal numbers and their forms: **Primer encuentro / Segundo encuentro / Tercer encuentro / Cuarto encuentro.**

Ordinal Numbers

Cardinal numbers such as *one, two, three* are used to count and express quantity. Ordinal numbers such as *first, second, third* are used to discuss people or things in a series.

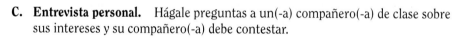

ORDINAL NUMBERS			
primer(-o)	*first*	sexto	*sixth*
segundo	*second*	séptimo	*seventh*
tercer(-o)	*third*	octavo	*eighth*
cuarto	*fourth*	noveno	*ninth*
quinto	*fifth*	décimo	*tenth*

a. Ordinal numbers agree in number and gender with the nouns they modify. In addition, they generally precede these nouns.

> Es la **cuarta novela** que leo este mes.
> *It's the fourth novel I've read this month.*

b. The ordinal numbers **primero** and **tercero** drop the **-o** before a masculine, singular noun.

> Al **primer** estudiante le interesa el ciclismo mientras que al **tercer** estudiante le encanta el patinaje.
> *The first student is interested in biking while the third student loves skating.*

c. Cardinal numbers are generally used to express numbers above *tenth*.

> el siglo XIX
> el siglo diecinueve } *the nineteenth century*

En contexto

Éste es el **segundo** año que la computadora va a decidir qué estudiantes van a ser compañeros de cuarto. El **primer** año fue un éxito total.

PRÁCTICA Y CONVERSACIÓN

A. En El Corte Inglés. Ud. trabaja en el quiosco (*booth*) de información en el almacén El Corte Inglés en Madrid. Utilice la información en la página 422 para decirles a los clientes dónde se encuentran varios departamentos y servicios.

MODELO		lámparas
	Compañero(-a):	**¿Dónde se venden lámparas?**
	Usted:	**Se venden lámparas en la sexta planta.**

libros / toallas / sombreros / ropa para niños / zapatos de tenis / regalos / ropa para hombres / fotografías / ropa para mujeres / comida

B. Entrevista personal. Hágale preguntas a un(-a) compañero(-a) de clase y su compañero(-a) debe contestar.

Pregúntele…

1. en qué año de sus estudios está.
2. cuándo fue la primera vez que montó en bicicleta. ¿y que montó a caballo?
3. cuál fue el primer deporte que practicó. ¿y el segundo?
4. adónde fue la primera vez que salió con su novio(-a).
5. si es el (la) primer(-a) hijo(-a) de la familia.

Warm-up 1: Have students give the next highest ordinal number: **quinto** / **segundo** / **sexto** / **primero** / **séptimo** / **noveno**.

Warm-up 2: Have students give the next lowest ordinal number: **segundo** / **quinto** / **noveno** / **séptimo** / **tercero** / **décimo**.

Warm-up 3: Pregúntele a otro(-a) estudiante: ¿Cuál es el primer día de la semana? **cuarto** / **sexto** / **tercer** / **quinto** / **segundo** / **séptimo**

Point out: In Spain **la planta** is generally used for *floor/story of a building*, while in the Americas **el piso** is more common.

Servicios:
Aparcamiento.

Servicios:
Aparcamiento. Carta de compra. Taller de Montaje de accesorios de automóvil. Oficina postal.

Departamentos:
Librería. Papelería. Juegos. Fumador. Mercería. Supermercado de Alimentación. Limpieza.

Servicios:
Estanco. Patrones de moda.

Departamentos:
Complementos de Moda. Bolsos. Marroquinería. Medias. Pañuelos. Sombreros. Bisutería. Relojería. Joyería. Perfumería y Cosmética. Turismo.

Servicios:
Reparación de relojes y joyas. Quiosco de prensa. Óptica 2.000. Información. Servicio de intérpretes. Objetos perdidos. Empaquetado de regalos.

Departamentos:
Hogar Menaje. Artesanía. Cerámica. Cristalería. Cubertería. Accesorios automóvil. Bricolaje. Loza. Orfebrería. Porcelanas, (Lladró, Capodimonte). Platería. Regalos. Vajillas. Saneamiento. Electrodomésticos.

Servicios:
Listas de boda. Reparación de calzado. Plastificación de carnés. Duplicado de llaves. Grabación de objetos.

Departamentos:
Niños/as. (4 a 10 años). Confección. Boutiques. Complementos. Juguetería. **Chicos/as.** (11 a 14 años) Confección. Boutiques. **Bebés.** Confección. Carrocería. Canastillas. Regalos bebé. Zapatería de bebé. **Zapatería.** Señoras, caballeros y niños. **Futura Mamá.**

Servicios:
Estudio fotográfico y realización de retratos.

Departamentos:
Confección de Caballeros. Confección ante y piel. Boutiques. Ropa interior. Sastrería a medida. Artículos de viajes. Complementos de Moda. Zapatería. Tallas especiales.

Servicios:
Servicio al Cliente. Venta a plazos. Solicitudes de tarjetas. Devolución de I.V.A. Peluquería de caballeros. Agencia de viajes y Centro de Seguros.

Departamentos:
Señoras. Confección. Punto. Peletería. Boutiques Internacionales. Lencería y Corsetería. Tallas Especiales. Complementos de Moda. Zapatería. Pronovias.

Servicios:
Peluquería de señoras. Conservación de pieles. Cambio de moneda extranjera.

Departamentos:
Juventud. Confección. Territorio Vaquero. Punto. Boutiques. Complementos de moda. Marcas Internacionales. **Deportes.** Prendas deportivas. Zapatería deportiva. Armería. Complementos.

Departamentos:
Muebles y Decoración. Dormitorios. Salones. Lámparas. Cuadros. **Hogar textil.** Mantelerías. Toallas. Visillos. Tejidos. Muebles de cocina.

Servicios:
Creamos Hogar. Post-Venta. Enmarque de cuadros. Realización de retratos.

Departamentos:
Oportunidades y Promociones.

Servicios:
Cafetería. Autoservicio "La Rotonda". **Restaurante** "Las Trébedes".

ANEXOS

Preciados, 1. Tienda de la Electrónica: Imagen y Sonido. Hi-Fi. Radio. Televisión. Ordenadores. Fotografía.　　　**Servicios:** Revelado rápido.

Preciados, 2 y 4. Discotienda: Compact Disc. Casetes. Discos. Películas de vídeo.　　　**Servicios:** Venta de localidades.

PUENTE

Cultural   *Pintores°* españoles   *painters*

Pablo Picasso. Guernica. 1937. Oil on canvas, 11′ 5-1/2″ × 25′ 5-3/4″ (3.49 × 7.77 m); Museo Nacional Reina Sofía, Madrid.

On the morning of April 26, 1937, during the Spanish Civil War, the Basque village of Guernica was attacked by air and almost totally destroyed. This incident became the inspiration for Picasso's painting.

A muchas personas les gusta pasar su tiempo libre en los museos de arte donde pueden mirar las obras° de artistas como Pablo Picasso, Salvador Dalí o Joan Miró que son pintores de fama internacional. Estos artistas han contribuidos° mucho al desarrollo° de nuevas formas de arte en este siglo.° El cuadro *Guernica* de Picasso representa las atrocidades de la guerra° civil en España.

works
contributed
development / century
war

COMPRENSIÓN CULTURAL

1. ¿Cuáles son los colores del cuadro? ¿En qué manera se parece (*resembles*) a un periódico este cuadro?

2. ¿Qué personas hay en el cuadro? ¿Qué hacen?

3. ¿Qué animales hay?

4. En su opinión, ¿qué simbolizan las siguientes cosas en el cuadro: la flor / la luz y la lámpara / la espada rota (*broken sword*)?

VOCABULARIO EN CONTEXTO

¿Qué hacemos esta noche?

What if / showing +	Doña Rosalía	**¿Qué tal si** vamos a ver la nueva película que están pasando° en el cine Odeón? Dicen que es un poco **trágica.**
cards this evening	Don Mauricio	Mm… No sé qué hacer. Jerónimo me invitó a jugar a **las cartas esta noche,** pero no tengo ganas de ir al club.
+ +/+/+	Doña Rosalía	Yo **insisto** en que vayamos al cine. Podemos ver otra película si quieres. Algo **cómico** o **romántico,** o **de aventura.**
quedarse = to stay chess	Don Mauricio	Mm,… no sé. No me decido. ¿Qué tal si **nos quedamos** en casa y jugamos al **ajedrez?**
to take a walk	Doña Rosalía	Yo prefiero que salgamos a **pasearnos.**
+	Don Mauricio	Mira, si hoy juegas al ajedrez conmigo, mañana podemos ir al **teatro** a ver a Antonio Gades.
It's a deal.	Doña Rosalía	Muy bien. **Trato hecho.**

Comentarios lingüísticos y culturales

The following expressions are often confused: **el cine** = *the movie theater;* **la película** = *movie, film;* **ir al cine** = *to go to the movies;* **las cartas** = *playing cards;* **la tarjeta** = *card with information or a message written on it.*

Review **Sonidos: j, ge, gi (Capítulo 9, Primer encuentro); x = /j/ (Capítulo 8, Primer encuentro). j:** Jerónimo jugar mexicano ajedrez **ge, gi:** generalmente trágico gimnasio Jerónimo me invitó a jugar a las cartas esta noche. Generalmente no estoy para ver cosas trágicas.

PRODUCCIONES INTERNACIONALES
BROKSHOW
PRESENTA:

ANTONIO GADES

CARMEN
AGOSTO 21
SEPTIEMBRE 1

FUENTEOVEJUNA
SEPTIEMBRE 2 Y 3

LOCALIDADES
EN VENTA
DESDE $ 15.-
ABONOS HASTA
EL 10 DE JULIO

TEATRO COLON
FUNCIÓN ESPECIAL
30 DE AGOSTO
FUENTE OVEJUNA

LUNA PARK
Informes: 311-5100

PRÁCTICA Y CONVERSACIÓN

A. Asociaciones. ¿Qué palabra no corresponde al grupo?

1. quedarse en casa / mirar la televisión / ir al teatro
2. jugar a las cartas / pasear / jugar al ajedrez

3. orquesta sinfónica / música de cámara / música rock

4. novela / obra de teatro / ópera

5. charlar con un amigo / mirar una película / ir al cine

B. Sobre gustos no hay nada escrito (*To each his own*).   Conteste las preguntas dando sus preferencias.

1. ¿Le gusta el teatro o prefiere el cine?

2. ¿Qué películas le gustan a Ud.? ¿cómicas? ¿policíacas? ¿tristes? ¿románticas? ¿trágicas? ¿de aventuras? ¿Por qué?

3. ¿Le gusta jugar a las cartas? ¿Cuándo juega?

4. ¿Sabe jugar al ajedrez? ¿Con quién juega?

5. ¿Sale a pasearse Ud.? ¿Por dónde se pasea? ¿Con quién(-es)?

6. ¿Le gusta la película que están pasando en el centro esta semana? ¿Cómo se llama?

C. Tiempo libre.   Formen grupos de tres o cuatro. Díganle a sus compañeros(-as) lo que quisieran hacer Uds. esta noche. ¿Hay alguien en el grupo que quiera hacer lo mismo que Ud.? ¿Pueden hacerlo juntos? Discutan las posibilidades.

—¿Por qué no vemos Bebé?
—No sé por cuál decidirme.

Videocassette segment to accompany this section; see Viewer's Guide in the Instructor's Resource Manual, Chapter 13.

Así se habla

MAKING DECISIONS

You go through several steps in the process of decision making. First, something is suggested to you, or several options present themselves. Sometimes you remain undecided as to what you should do or choose. Finally, you make up your mind to accept or refuse the suggestion or option. The following expressions can be used in conversation for suggesting options and indicating indecision, acceptance, or refusal.

SUGERENCIAS

Yo le (te) sugiero que + (*pres. subj.*).	*I suggest you* _____.
Podría(-s)/Podríamos _____.	*You/We could* _____.
Puede(-s)/Podemos _____.	*You/We can* _____.
¿Qué tal si _____?	*How about if* _____?
¿Por qué no _____?	*Why don't* _____?
(*Command*) Ve al cine.	*Go to the movies.*

INDECISIÓN

Mm,… no sé qué hacer.	*Mm, . . . I don't know what to do.*
No me decido.	*I can't decide.*
No sé por cuál decidirme.	*I don't know which one to choose.*
Tengo que pensarlo.	*I have to think about it.*
Lo voy a pensar.	*I'll think about it.*
No estoy seguro(-a).	*I'm not sure.*

ACEPTACIÓN

¡Qué buena idea!	*What a good idea!*
Me encantaría.	*I'd love it.*
Me gusta la idea.	*I like the idea.*
¡Trato hecho!	*It's a deal!*

RECHAZO

No tengo ganas de hacer eso.	*I don't feel like doing that.*

PRÁCTICA Y CONVERSACIÓN

A. Ideas y sugerencias.   Su compañero(-a) le pide sugerencias para estas situaciones. ¿Qué le sugiere Ud.? Él (Ella) acepta o rechaza las sugerencias.

1. Me gustaría jugar a las cartas pero no tengo compañero(-a).
2. Quisiera escuchar música rock esta noche.
3. Quiero ver una película cómica.
4. Mi coche no va.
5. El estéreo que yo quiero está en venta por $800 pero sólo tengo $500.
6. Quiero salir a pasearme pero llueve.

Do item 1 of Exercise A with the entire class as a model; then put students in pairs to complete the exercise.

B. ¿Qué vamos a ver?   Uds. están pasando sus vacaciones en una pequeña isla en el Caribe donde hay un solo cine que recibe películas viejas. Lean la cartelera y decidan cuál van a ir a ver. Una persona sugiere una película pero la otra contesta con una de las frases de indecisión y explica por qué no se decide.

Cine

◆ **Tommy Lee Jones y Jim Carrey:** *'Dos caras'* y *'El Acertijo'*

Batman eternamente

De la serie iniciada por Tim Burton en 1989, esta película es la mejor de todas.

El Mago de Oz (1939): el Hombre de hojalata, Dorothy y el Espantapájaros recorren la Carretera de Ladrillos Amarillos hacia la Ciudad Esmerelda.

CARTELERA

★★★★ No se la pierda
★★★ Buena
★★ Regular
★ Mala

POCAHONTAS: Para los niños tal vez es demasiado sofisticada y para los adultos, demasiado simple.
★★

CASPER: Hermosa, conmovedora y con el sello tecnológico de Steven Spielberg.
★★★

REFUGIO DE AMISTAD: Una poética dramatización de la realidad de los desposeídos de Nueva York.
★★★

DOS POLICIAS REBELDES: Acción y humor mezclados en una parodia sin ninguna motivación.
★

Películas

El candidato

Intérpretes: Robert Redford, Peter Boyle, Melvyn Douglas, Don Porter.
Director: Michael Ritchie.
EE.UU, 1972, Color, 106 min.

DRAMA

Un joven abogado, hijo de un gobernador retirado, se convierte en blanco de las ambiciones de una empresa dedicada a hacer política. Pronto es candidato a senador. Tiene ideas propias y sentido de la justicia, pero está en manos de un grupo que sabe lo que quiere y lo que él debe querer.

Robert Redford interpreta a un joven candidato político al que quieren manipular.

REQUESTING AND COMMANDING OTHERS

Subjunctive after Verbs of Request, Command, and Judgment

You have learned to use the subjunctive in clauses after impersonal expressions such as **es posible** and the verbs **querer** or **esperar** when there is a change of subject. In Spanish, verbs that belong to the categories of requesting, commanding, and expressing judgments also require the use of the subjunctive when there is a change of subject.

a. The following verbs can be used to advise or command others.

REQUEST		COMMAND		JUDGMENT	
pedir	*to request, ask for*	decir	*to tell*	aconsejar	*to advise*
		insistir en	*to insist on*	preferir	*to prefer*
		mandar	*to order*	sentir	*to regret, be sorry*
		permitir	*to permit, allow*		

Note the use of these verbs in the following examples.

Prefiero que Uds. vayan al cine.
    ↑ change of subject ↑

I prefer that you go to the movies.

Insisten en que Diego toque el piano.
    ↑ change of subject ↑

They insist that Diego play the piano.

b. Many of these verbs will take indirect objects. Note that in these structures the indirect object pronoun and the subjunctive verb ending refer to the same person.

    2nd-person sing.

Te aconsejo que corras todas las mañanas.

I advise you to run every morning.

c. These subjunctive structures can be translated in a variety of ways: Study the translations of previous examples as well as the examples below.

Prefiero que Uds. jueguen al ajedrez.

I prefer that you play chess.

Siente que Tomás no pueda venir.

He's sorry that Tomás cannot come.

d. **Decir** is followed by the subjunctive when someone is told or ordered to do something. **Decir** is followed by the indicative when information is given. Compare the following.

Le dice a Juan que **se quede** en casa.

He tells Juan to stay at home.

Dice que Juan **se queda** en casa.

He says that Juan is staying at home.

Remind students that these verbs will not use a subjunctive form unless there is a change of subject. **Prefiero ir ahora. Prefiero que Uds. vayan ahora.**

Point out: **Insistir en, preferir,** and **sentir** do not use indirect objects. Emphasize that the indirect object functions as the subject for the subjunctive verb.

Supplemental grammar: **Insistir en que** takes the indicative when one is insisting that a fact is true. **Insisto en que Juan va al cine todos los fines de semana.**

En contexto

Doña Rosalía   **Insisto en que vayamos** al cine esta noche.

Don Mauricio   Mm,… no sé. ¿Qué tal si nos quedamos en casa?

Doña Rosalía   Pues **prefiero que salgamos** a pasearnos.

PRÁCTICA Y CONVERSACIÓN

A. **¿Qué le dice su madre?**   Explique lo que su madre le dice que haga.

Mi madre (no) me dice que…

tocar el violín / leer muchas novelas / montar a caballo / hacer ejercicio todos los días / correr / jugar al ajedrez

B. **Mi amigo(-a) no tiene éxito** (*isn't successful*).   Su amigo(-a) no comprende por qué no tiene éxito en la universidad. Ud. le pide a su amigo(-a) que le explique cómo estudia. Reaccione a las oraciones de su amigo(-a) utilizando un verbo de pedido (*request*), mandato (*command*) o juicio (*judgment*).

MODELO	Compañero(-a):	Siempre llego tarde a mis clases.
	Usted:	**Te aconsejo que no llegues tarde.**

1. No estudio mucho.
2. No me gusta ir a la biblioteca.
3. No practico en el laboratorio.
4. No me interesan mis clases.
5. Duermo en mis clases.
6. No hago la tarea.
7. Juego mucho a las cartas.
8. Voy al cine todas las noches.

C. **En un crucero** (*cruiseship*).   Ud. es el (la) director(-a) de actividades sociales en un crucero del Caribe. Déles aconsejos (*advice*) y mandatos (*commands*) a los pasajeros para que (*so that*) se diviertan haciendo todas las actividades posibles.

Los pasajeros	**Las actividades**
1. Pedro y Susana Ramírez / 75 años	jugar a las cartas
2. Inés Apaza / 23 años / soltera	ver la nueva película argentina
3. Pablo Ruiz / 30 años / gordo	hacer ejercicio o correr
4. Julia Escobar / 40 años / enferma	bailar en la discoteca
5. Amalia Núñez / 60 años / tímida	jugar al ajedrez
6. Gregorio Cuesta / 11 años / muy activo	quedarse en el cuarto
7. Ramón Torres / 28 años / profesor	nadar en la piscina
8. Ignacio y Yolanda Méndez / 50 años	leer una novela policíaca
	¿?

DISCUSSING SEQUENCE OF ACTIONS

Infinitives after Prepositions

To express ideas such as what you did after swimming or before going to the movies, Spanish uses a different structure than English.

a. In English the present participle is the verb form generally used after prepositions: *after dancing, before running.* Contrary to English, Spanish always uses the infinitive after prepositions.

Point out: In English the present participle is the form that ends in *-ing.*

Spanish		*English*
preposition + infinitive	=	preposition + present participle
después de nadar		*after swimming*
en vez de patinar		*instead of skating*

b. **Al** + infinitive is the equivalent of *on* or *upon* + the present participle or *when* + a verb in a past tense.

Al salir vi a mi amigo Tomás.

{ *Upon leaving, I saw my friend Tomás.*
{ *When I left, I saw my friend Tomás.*

En contexto

Doña Rosalía   ¿Tienes ganas **de ir a ver** la nueva película mexicana?

Don Mauricio   No estoy **para ver** cosas trágicas esta noche. **Después de descansar** un poco, quisiera jugar a las cartas.

PRÁCTICA Y CONVERSACIÓN

A. **Entrevista personal.**   Hágale preguntas a un(-a) compañero(-a) de clase y su compañero(-a) debe contestar.

Pregúntele…

1. lo que hace antes de estudiar cada noche. ¿y después?
2. lo que prefiere hacer en vez de trabajar.
3. lo que hizo anoche al volver a su cuarto.
4. si le gusta ir a fiestas sin conocer a nadie.
5. si siempre insiste en hacer lo que quiere.
6. si tiene ganas de jugar a las cartas esta noche.

B. **¿Cuándo hace Ud. estas cosas?**   Complete las oraciones de una manera lógica.

1. Llamo a mis padres después de _____.
2. Prefiero _____ en vez de estudiar.
3. Antes de salir con mi novio(-a) siempre _____.
4. Al llegar a mi cuarto después de las clases, _____.
5. Siempre estudio hasta _____.
6. Hoy no tengo ganas de _____.

Puente Cultural

El cine hispánico

Pedro Almodóvar, director español

recognized / level

whose
winner

produced

Varios directores hispanohablantes son reconocidos° a nivel° mundial por sus buenas películas. Entre los directores jóvenes se encuentran a los españoles Pedro Almodóvar, cuyas° películas más populares son *Mujeres al borde de un ataque de nervios* y *Átame*, y Fernando Trueba, ganador° del Oscar a la mejor película extranjera con *Belle Epoque*. Otro de ellos es el mexicano Alfonso Arau quien produjo° junto con la escritora Laura Esquivel la película *Como agua para chocolate*. Los cubanos Tomás Gutiérrez Alea y Juan Carlos Tabio se hicieron famosos con *Fresa y chocolate*.

No se puede hablar del cine español sin mencionar a Luis Buñuel que en los años veinte y treinta ganó su fama con películas surrealistas como *Un perro andaluz* y *La edad de oro*.

COMPRENSIÓN CULTURAL

Combine el nombre del director con sus películas.

1. Luis Buñuel   *Mujeres al borde de un ataque de nervios*
2. Fernando Trueva   *Como agua para chocolate*
3. Gutiérrez Alea   *El perro andaluz*
4. Alfonso Arau   *Fresa y chocolate*
5. Pedro Almodóvar   *Belle Epoque*

tercer encuentro

PRESENTACIÓN   **VOCABULARIO EN CONTEXTO**

De picnic en la playa

LA SOMBRILLA

LA LANCHA

LA CANASTA

LA TOALLA

LAS GAFAS DEL SOL

LAS SANDALIAS

Warm-up: If desired make and use a transparency of the drawing to introduce the new vocabulary items.

Before introducing the dialogue, ask students: ¿Cuántas personas hay en el dibujo? ¿Quiénes son? ¿Dónde están? ¿Qué llevan las dos mujeres? ¿Qué hay en la canasta? Preguntas personales: 1. ¿Cuándo va Ud. a la playa? ¿A qué playa va? 2. ¿Sabes nadar? 3. ¿Prefiere nadar en un lago, en el mar o en una piscina? 4. ¿Hace esquí acuático? 5. ¿Tiene una lancha? ¿Cómo es?

Matilde	¡Qué **bronceado** tan **fabuloso!**	*tan / +*
Raquel	Gracias. Estuve en la República Dominicana por dos semanas. Acabo de regresar.	
Matilde	**¿De veras? ¿Qué tal lo pasaste?**	*Really? / How did it go?*
Raquel	**¡De maravillas!** Me pasé el tiempo en la playa, tirada° en la **arena, tomando sol** y bañándome en **el mar.** Me encanta flotar° en las **olas.**	*Marvelous! / lying / sand / sunbathing* *sea / to float / waves*

quemarse = *to burn*

+

lake / and
waterskiing / swimming / therefore
swimming suit / swimming pool

next / **dudar** = *to doubt / I'll let*

+

we'll see

Check comprehension: ¿Dónde están estas mujeres? ¿Están nadando o tomando sol? ¿Dónde estuvo de vacaciones Raquel? ¿Adónde fueron Ester y Matilde? ¿Qué hicieron allí?

Review **Sonidos: l, ll, y** (Capítulo 7, Segundo encuentro).
1: ola sol sandalias lancha   **ll, y:** maravillas allí toalla sombrilla yo Yolanda ¿Qué tal lo pasaste? ¡De maravillas! ¿Trajiste las toallas y la loción? Sí, y también yo traje una sombrilla.

Matilde	¿Y no **te quemaste?**
Raquel	Un poco el primer día pero tenía una **loción** muy buena. ¿Y tú qué hiciste?
Matilde	Fuimos con Ester a **un lago** cerca de aquí por unos días **e** hicimos **esquí acuático.** Ya sabes cuánto le gusta a Ester la **natación,** así que° nos lo pasamos en **traje de baño** nadando en la **piscina** del hotel o en el lago.
Raquel	Tal vez quieras ir conmigo la **próxima** vez. Yo **dudo** que deje° pasar mucho tiempo antes de volver a la República Dominicana. Es un lugar **magnífico.**
Matilde	Mm,... veremos.°

Comentarios lingüísticos y culturales

a. The verb **pasar** = *to pass* or *to spend time.* It is used in the following idiomatic expressions: **pasarlo bien / mal / de maravillas** = *to have a good / bad / wonderful time.* It is also used with the reflexive pronoun to indicate how one spends one's own time.

Me lo pasé tomando sol.	*I spent the time sunbathing.*
Se pasa la vida soñando.	*He spends his life dreaming.*

b. The Spanish ending **-ndo** = *ing:* **tomando sol** = *sunbathing;* **bañándome** = *bathing;* **nadando** = *swimming.*

PRÁCTICA Y CONVERSACIÓN

A. ¿Cuál es la palabra?   Complete las oraciones con la forma correcta de las palabras en la lista. Haga los cambios necesarios.

piscina / olas / toalla / tomar sol / lancha / loción / sombrilla / natación

1. Cuando quiero broncearme, _____.
2. Si no quiero quemarme, me pongo una _____.
3. Yo practico la _____ en la _____ del club.
4. No me gustan los lagos porque no tienen _____ altas.
5. Cuando voy a la playa llevo mi _____ y mi _____.
6. Para hacer esquí acuático se necesita una _____ muy rápida.

B. ¿Qué necesitamos llevar?   La clase de español va a ir de picnic a la playa. Díganle a su profesor(-a) lo que quieren llevar para divertirse.

Have each student say something that he or she wants to bring and write the list on the board. Elicit words for food and games as well as the vocabulary that appears in the **Presentación.**

> **MODELO**   **Hay que llevar una sombrilla.**

C. La vida al aire libre (outdoors).   Uds. son los organizadores de un club de jóvenes de secundaria los cuales están interesados en la vida al aire libre. Uds. deben organizar un viaje de dos días para un grupo de 20 jóvenes. ¿Adónde los van a llevar? ¿Cómo van a llegar allí? ¿Cuándo van a volver? ¿Qué van a hacer allí? Trabajen en grupos de tres. Utilicen la información en los anuncios en la página 435.

Julio Iglesias en concierto

—¿Sabes que Julio Iglesias va a dar un concierto el martes?
—¡No te creo!

Así se habla

EXPRESSING DISBELIEF

Here are some ways of expressing yourself when someone tells you something you find hard to believe.

No puede ser.	*It can't be.*
No es posible.	*It's not possible.*
Imposible.	*Impossible.*
Es difícil de creer.	*It's difficult to believe.*
No lo creo.	*I don't believe it.*
¿De veras?	*Really?*
Es increíble.	*It's incredible.*
Está(-s) bromeando.	*You're joking.*
Me está(-s) tomando el pelo.	*You're pulling my leg.*
¡No me diga(-s)!	*You don't say!*

PRÁCTICA Y CONVERSACIÓN

A. ¡No te creo!   Exprese incredulidad cuando su compañero(-a) le dice lo siguiente.

> **MODELO**   Compañero(-a):   Este niño tiene 3 años y hace esquí acuático.
>   Usted: **¡No! ¡Es increíble!**

1. Me pasé el verano estudiando chino (*Chinese*).
2. Estuve todo el día en el sol y no me quemé nada.
3. Mi hermana se pasa el tiempo comiendo chocolate y mirando la televisión.
4. No me gusta viajar.
5. La playa es aburrida.
6. No me gustan las olas.
7. El padre de Octavio no sabe nadar.
8. Yo tengo una lancha pero no sé manejarla.

Variación B: The instructor should tell a student what he or she saw on the beach and the student should react to it. **Ayer en la playa vi *a un hombre usando un abrigo y sombrero / un burro / un elefante / una piscina / una lancha sin conductor / a mucha gente.***

B. Es difícil de creer.   Dígale a su amigo(-a) lo que vio ayer en la playa. Su amigo(-a) no puede creer lo que Ud. le dice.

> **MODELO**   Usted: **Ayer vi un burro en la playa.**
>   Amigo(-a):   **¡No! Me estás tomando el pelo.**

A ESCUCHAR

Estas amigas quieren decidir sobre el programa para el fin de semana. Escuche las posibilidades que tienen, luego indique qué actividades van a hacer este fin de semana con **sí** o **no.**

1. montar en bicicleta	**5.** patinar sobre el hielo
2. ir al teatro	**6.** escuchar un concierto de la universidad
3. jugar un partido de tenis	**7.** jugar al ajedrez
4. hacer un picnic	**8.** dormir toda la mañana

ESTRUCTURAS

● ●

DOUBTING AND DENYING ACTIONS OF OTHERS

Subjunctive after Verbs of Doubt, Denial, and Uncertainty
In addition to the uses you have already learned, the subjunctive is used to doubt or deny the actions of others.

a. The subjunctive is used after expressions of doubt or denial when the speaker expresses uncertainty or negation about the situation he/she is discussing.

b. The subjunctive is used after the verbs **dudar** (*to doubt*), **negar** (*to deny*), **no creer,** and **no pensar** when there is a change of subject.

Point out: Creer / pensar in the affirmative use the indicative.

No hace sol. **Dudo que te quemes** hoy.   *It's not sunny. I doubt that you'll get burned today.*

c. Verbs following the expressions **quizás/tal vez** meaning *perhaps, maybe* will be in the subjunctive when the speaker doubts that the situation will happen.

Tal vez nademos en el lago.   *Perhaps we'll swim in the lake.*

d. Interrogative forms of **creer** and **pensar** require the use of the subjunctive when the speaker is uncertain that something will happen.

¿Crees que vayamos a la playa?   *Do you think we will go to the beach?*

En contexto

Raquel   **Tal vez quieras** venir conmigo la próxima vez. **Dudo que deje** pasar mucho tiempo antes de volver a la República Dominicana.

PRÁCTICA Y CONVERSACIÓN

A. Dudas.   Ud. no puede creer todo lo que dice su compañero(-a). Use las expresiones **dudar, no creer** o **no pensar** para expresar sus dudas.

MODELO   Compañero(-a):   Carlos tiene una piscina en su casa.
                    Usted: **Dudo que Carlos tenga una piscina en su casa.**

1. Nunca me quemo en la playa.
2. Nado 50 kilómetros cada día.
3. Mi padre es el dueño de un hotel en la República Dominicana.
4. Mis abuelos hacen esquí acuático todos los días.
5. Voy a la universidad en velero.
6. En nuestro garaje hay cuatro lanchas.

Point out: Appendix B has charts on the metric system equivalencies.

B. Sus opiniones.   Complete las oraciones de una manera lógica.

1. Tal vez mis amigos y yo _____.
2. Mis compañeros no creen que yo _____.
3. Mis padres niegan que yo _____.
4. No pienso que _____.
5. ¿Creen Uds. que _____?

C. Entrevista personal.   Hágale preguntas sobre las cosas siguientes a un(-a) compañero(-a) de clase y su compañero(-a) debe contestar.

MODELO   El (La) profesor(-a) viaja a México mañana.
            Usted: **¿Crees que el profesor viaje a México mañana?**
   Compañero(-a):   **Sí, creo que viaja para allá mañana.**
                    (No, dudo que viaje para allá mañana.)

1. Todos los estudiantes saben nadar.
2. El esquí acuático es peligroso (*dangerous*).

3. El (La) profesor(-a) monta a caballo todas las mañanas.

4. Soy campeón(-ona) de ajedrez.

5. Toco la flauta, los tambores y el piano.

6. Me gustan las películas románticas.

LINKING IDEAS

Supplemental grammar: Y will not become e before **hie** as in **hielo** o **hierro.**

Changes of *y* → *e* and *o* → *u*

The words **y** (*and*) and **o** (*or*) undergo changes before certain words so that they will be heard distinctly and understood.

a. When the word **y** meaning *and* is followed by a word beginning with **i** or **hi,** the word **y** changes to **e.**

español **e** inglés   *Spanish and English*

hijos **e** hijas   *sons and daughters*

b. When the word **o** meaning *or* is followed by a word beginning with **o** or **ho,** the word **o** changes to **u.**

setiembre **u** octubre   *September or October*

ayer **u** hoy   *yesterday or today*

En contexto

Fuimos con Ester a un lago cerca de aquí por unos días **e** hicimos esquí acuático.

PRÁCTICA Y CONVERSACIÓN

A. ¿Cuál es?   Complete las preguntas con **o** o **u.**

1. Señora, ¿tiene Ud. siete _____ ocho hijos?

2. ¿Quién es mayor, Laura _____ Olga?

3. ¿Es de plata _____ oro su nuevo reloj?

4. En su opinión, ¿es simpático _____ inteligente este perro?

5. ¿Dijo Ud. siete minutos _____ horas?

B. Sus vacaciones.   Con un(-a) compañero(-a) de clase discuta sus vacaciones. Haga y conteste preguntas según el modelo, usando la forma correcta de **o** en la primera frase, y la forma correcta de **y** en la segunda.

> **MODELO**   ¿Viniste con Miguel _____ Osvaldo?
> Compañero(-a):   **¿Viniste con Miguel u Osvaldo?**
> Usted: **Vine con Miguel y Osvaldo.**

1. ¿Nadaste _____ hiciste esquí acuático?

2. ¿Montaste en la bicicleta de Claudio _____ Ignacio?

3. ¿Montaste a caballo _____ fuiste de pesca?

4. ¿Te gusta nadar en una piscina _____ en el mar?

5. ¿Te gustó más navegar _____ ir de pesca?

P UENTE
Cultural

El Ballet Folklórico de México

Ballet Folklórico de México

Este magnífico grupo de bailarines mexicanos es famoso en todo el mundo. Representan las danzas típicas de su país —danzas antiguas de los indios y danzas de la época colonial. Su música es alegre, sus trajes son coloridos y los bailarines son estupendos. Se puede ver una función° del Ballet Folklórico en el Palacio de Bellas Artes en la Ciudad de México.

performance

COMPRENSIÓN CULTURAL

Conteste en español.

1. ¿Cómo se llama el grupo de la foto? ¿Dónde se puede ver una función del grupo?
2. ¿Qué danzas representan? ¿Hay un grupo similar en los EE.UU.?
3. Describa la escena de la foto.

Videocassette segment to accompany this section; see Viewer's Guide in the Instructor's Resource Manual, Chapter 13.

cuarto encuentro

EL MUNDO HISPANO   EL CARIBE

El Moro, fortaleza antigua de San Juan, Puerto Rico

Have students locate **Cuba, Puerto Rico,** and **República Dominicana** on a map of **El Caribe.**

Países	Cuba, Puerto Rico y la República Dominicana.
Población	Cuba: 10.000.000; Puerto Rico: 3.300.000; la República Dominicana: 6.700.000.
Economía	Cuba y la República Dominicana: el azúcar y otros productos agrícolas; Puerto Rico: el turismo y productos agrícolas.
Ciudades	Cuba: La Habana; Puerto Rico: San Juan; la República Dominicana: Santo Domingo.
Monedas	Cuba: el peso; Puerto Rico: el dólar; la República Dominicana: el peso.
Geografía y clima	Cuba y Puerto Rico son islas; La República Dominicana ocupa 2/3 (dos tercios) de la isla La Española (la otra parte está ocupada por Haití). Los tres países tienen un clima tropical.

Check comprehension: ¿Cuál es la capital de Cuba / Puerto Rico / la República Dominicana? ¿Cómo son la geografía y el clima de los tres países? ¿Cuál es la población de Cuba / Puerto Rico / la República Dominicana? ¿En qué se basa la economía de los tres países?

PARA LEER BIEN • Scanning

It is not always necessary to read the whole text when you are looking for specific information. For example, when you want to find out about the time that a train or bus leaves or arrives, you do not read the entire bus or train schedule. On the contrary, you look for the specific details that will give you the necessary information.

The same is true when you read a text looking for particular information. You can skip through the text to find the specific information you need. This method of reading is called *scanning*.

PRÁCTICA Y CONVERSACIÓN

A. **Programación de la tele.**   Lea la guía de televisión para el fin de semana y conteste las preguntas.

1. ¿A qué hora pasa *El coche fantástico?*

2. ¿Qué día pasan *Los Simpsons?*

3. ¿En qué canal dan las noticias a las 20.30?

4. ¿*MacGyver* pasa por la mañana o por la tarde?

B. **Miramos la tele.**   En grupos de tres decidan qué programas van a mirar este fin de semana. Luego busquen a qué hora dan los programas que Uds. quieren ver.

SABADO 3 **DOMINGO** 4

A3

06.30 Tele-N
07.00 Club Megatrix
09.25 Mi amada Beatriz
10.10 Santa Bárbara
11.05 Matinal de cine
13.00 Bonanza
14.00 Salvados por la campana
14.30 Cosas de casa
15.00 Noticias
15.35 Telecine
17.35 Alto riesgo
18.30 El coche fantástico
19.25 Los Simpson
20.00 Los mejores años
20.30 A toda página
21.00 Noticias
21.35 Canguros
22.00 ¡A quién se le ocurre!
00.30 Los intocables
01.30 Noticias
02.00 Cine de madrugada
03.30 Televenta
05.00 Cine de madrugada

TELE 5

06.00 Las noticias. Titulares
08.35 Fuego salvaje
09.25 Inés Duarte, secretaria
10.20 La traidora
11.15 Cine: Un trabajo tranquilo
13.00 ¿De qué parte estás?
14.00 Veredicto
14.30 Las noticias
15.00 Tarzán
15.30 MacGyver
16.30 Cobra
18.00 Power Rangers
18.30 SuperBoy
19.00 La ruleta de la fortuna
19.30 Su media naranja
20.30 Las noticias
21.00 Telecupón
21.15 Karaoke
21.30 Expediente X
23.15 El señor de las Tinieblas
01.10 Entre hoy y mañana
01.40 Cine: Cannonball
03.00 Novedades increíbles

Así sería la televisión cultural

State Programming Agency / could
To this end / poll
percent

rest

percentage

En Colombia, la programadora del Estado° quería saber cómo podría° ser un canal de televisión cultural. A estos fines° se hizo una encuesta° en diferentes ciudades de este país. De 1.145 personas encuestadas, el 30 por ciento° incluyó los programas ecológicos; 13 por ciento mencionó aquéllos relacionados con el arte; 3 por ciento optó por musicales; 11 por ciento se refirió a las entrevistas en general y el 10 por ciento restante° mencionó otros.

También se les preguntó por la programación que no incluirían en la televisión cultural. Así, las telenovelas y los programas de violencia tuvieron un porcentaje° muy bajo.

Programas que no incluirían en un canal cultural

● Telenovelas	18%
● Programas de contenido de violencia	17%
● Programas con contenido político	8%
● Deportes	7%
● Ballet / danza	6%
● Sexo y pornografía	6%
● Pintura y escultura	4%
● Noticieros	3%
● Ninguno	7%

Hábito *de Medios*

Base: 1.145 pers.

● Ven televisión diariamente	100%
● Escuchan radio	89%
● Leen periódico	69%
● Leen revistas	63%

Frecuencia *con que los televidentes ven los programas culturales*

Base: 1.452 pers.

Total Nacional

● Diariamente	7%
● 3 veces por semana	7%
● 1 vez por semana	53%
● Mensualmente	4%
● Ocasionalmente	2%

PRÁCTICA Y CONVERSACIÓN

A. Análisis de la encuesta. Con un compañero(-a) haga una lista de los programas que se incluirían y los que no se incluirían en el canal cultural según esta encuesta. Luego discutan cómo se compara con la programación de los canales públicos en los EE.UU.

B. ¿Cierto o falso? Diga si estas oraciones son **ciertas** o **falsas** según la información. Corrija las falsas.

1. Todos los entrevistados escuchan la radio.

2. El porcentaje más bajo son los que leen las revistas.

3. El porcentaje más alto son los que ven programas culturales tres veces por semana.

4. El cuatro por ciento de las personas ven programas culturales todos los días.

5. El siete por ciento ve televisión diariamente.

ACTIVIDADES

A. Intereses y pasatiempos. Your instructor will divide the class into pairs. You will interview each other to find out two things that you like / that you don't like / that you love / that are important to you / that interest you. Explain your findings to the class.

B. ¿Qué hacemos esta noche? You and a classmate will play a middle-aged married couple who try to decide what to do one Friday evening. Each of you has very definite ideas about what to do. Finally you compromise and agree to go to the movies to see a romantic adventure story.

C. Las vacaciones de primavera. During spring break many of the Hispanic students stay on campus since there really isn't time to return home for vacation. You are the chairperson of a committee to help plan activities for these students. Two other classmates will play the role of the Hispanic student committee members. The three of you should decide on two or three activities for each day of the week-long vacation. Base your suggestions on student interests. Then explain what you've chosen for the first to the seventh day.

Grammar incorporated: **A:** Verbs like **gustar B:** Subjunctive after verbs of request, doubt, and judgment **C.** Subjunctive after verbs of request, doubt, and judgment; infinitives after prepositions

Vocabulary incorporated: **A:** Leisure-time activities **B:** Decision-making phrases; leisure-time activities **C:** Ordinal numbers; leisure-time activities

Supplemental vocabulary: el director / el actor / la actriz / el argumento / tener lugar

PARA ESCRIBIR BIEN • Supporting an Opinion

The following expressions will help you state your opinions.

STRONG OPINION

Personal

Estoy seguro(-a) que...	*I'm certain that* . . .
Creo que...	*I believe that* . . .
No creo que (+ *subjunctive*)...	*I don't believe that* . . .

Impersonal

Es cierto que...	*It's certain that* . . .
Es verdad que...	*It's true that* . . .
No hay duda que...	*There is no doubt that* . . .

LESS STRONG OPINION

Personal

Pienso que...	*I think that* . . .
No pienso que (+ *subjunctive*)...	*I don't think that* . . .
Me parece que...	*It seems to me that* . . .
Dudo que (+ *subjunctive*)...	*I doubt that* . . .

Impersonal

Tal vez / Quizás (+ *subjunctive*)...	*Perhaps* . . .
Es dudoso que (+ *subjunctive*)...	*It's doubtful that* . . .
Es posible que (+ *subjunctive*)...	*It's possible that* . . .

COMPOSICIONES

A. **Una película maravillosa.**   You are the movie critic for the Hispanic student newspaper. Write a brief description of a recent movie you have seen. State your opinion about the movie and then support that opinion with information and examples from the film.

B. **Mis intereses.**   In 12 to 15 sentences explain what you like to do (or don't like to do) when you have some free time. State opinions about why the activities are good (or bad) for you.

Vocabulario activo ●

Las diversiones / *Hobbies, amusements*

el ajedrez	chess
la bicicleta	bicycle
el caballo	horse
la carta	(playing) card
el ciclismo	biking, cycling
el interés	interest
la natación	swimming
el pasatiempo	pastime
el patinaje	skating
el patinaje sobre hielo	ice skating
la pesca	fishing
el teatro	theater
el velero	sailboat

La playa / *The beach*

la arena	sand
el bronceado	suntan
la canasta	basket
el esquí acuático	waterskiing
las gafas de sol	sunglasses
el lago	lake
la lancha	motorboat
la loción	lotion
el mar	sea
la ola	wave
el picnic	picnic
la piscina	swimming pool
las sandalias	sandals
la sombrilla	beach umbrella
la toalla	towel
el traje de baño	bathing suit

Otros sustantivos

el cuento	(short) story
el éxito	success
la flauta	flute
la novela	novel
el periódico	newspaper
el siglo	century
el tambor	drum

Verbos como *gustar*

encantar	to love, adore (inanimate objects); to delight
faltar	to be lacking, missing (to need)
fascinar	to fascinate
importar	to be important, matter
interesar	to interest
quedar	to remain, be left

Otros verbos

aconsejar	to advise
dudar	to doubt
insistir (en)	to insist (on)
mandar	to order
navegar	to sail
negar (ie)	to deny
pasar	to spend (time)
pasearse	to take a walk, stroll
patinar	to skate
permitir	to permit
pescar	to fish

quedarse	to remain, stay
quemarse	to burn
sentir (ie, i)	to regret, be sorry

Adjetivos

cómico	funny
de aventura	adventurous
fabuloso	fabulous
magnífico	wonderful, marvelous
policíaco	mystery, detective
próximo	next
romántico	romantic
trágico	tragic

Otras expresiones

de veras	really
e	and (after *i, hi*)
esta noche	this evening; tonight
ir de pesca	to go fishing
montar a caballo	to ride horseback
montar en bicicleta	to ride a bicycle
pasarlo bien / mal / de maravilla	to have a good / bad / wonderful time
¿Qué tal si... ?	What if . . . ? What about . . . ?
quizás	perhaps, maybe
los ratos libres	free time
todas partes	everywhere
tomar el sol	to sunbathe
Trato hecho.	It's a deal.
u	or (before *o, ho*)

¿Cómo te sientes?

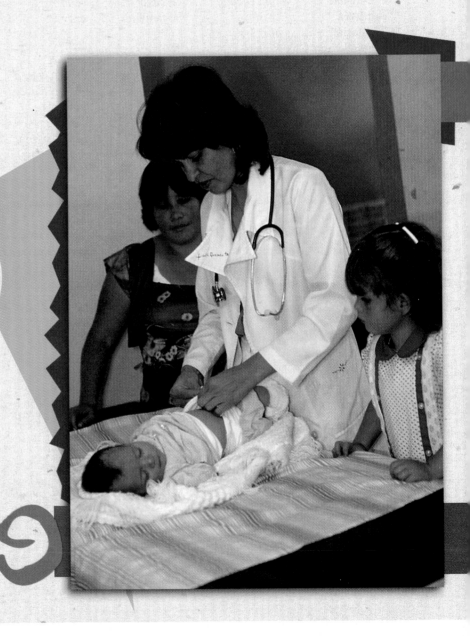

➤ Cultural Themes

Doctors, hospitals, and
pharmacies in the Hispanic
world

Bolivia y el Ecuador

➤ Communicative Goals

Discussing one's health

Primer encuentro

Talking about actions in
progress

Expressing duration of actions

Segundo encuentro

Así se habla: Making a
telephone call

Discussing accidents and
unexpected events

Describing exceptional qualities

Tercer encuentro

Así se habla: Giving advice

Expressing destination, purpose,
motive, and duration of time

Cuarto encuentro

Para leer bien: Main ideas and
supporting elements

Lectura cultural: *¿Dónde hay
un doctor?*

Para escribir bien:
Summarizing

A pensar

- In English what verb form is used to explain what someone is doing at this very moment? *Right now Roberto **is sleeping.***

- What phrase is used to express the duration of actions? ***I have been living** here **for** six years.*

- When making a personal phone call, what phrases do you use to answer the phone / to greet the other party / to end the conversation? What do you say when you reach a wrong number / the person you called is not available?

- What phrases are used in English to explain an accident or occurrence for which no one is to blame? *The glass **slipped** from my hand. The number just **slipped** my mind.*

- What are some phrases that can be used to give advice?

primer encuentro

PRESENTACIÓN   **VOCABULARIO EN CONTEXTO**

body El cuerpo° humano

If desired make and use a transparency of the body builder to introduce the new vocabulary.

EL DEDO   LA CABEZA
EL PELO
EL OJO
LA NARIZ
LA OREJA
LA BOCA
EL CUELLO
LA ESPALDA
EL PECHO
EL BRAZO
LA CADERA
LA PIERNA
EL PIE

Ester	¿Qué te pasa?
Azucena	Me **duelen el oído** y **los huesos** en todo el cuerpo.
Ester	¿Y **la garganta**?
Azucena	Un poco. Pero me duele **el estómago** también. **Tengo** mucho **sueño.**
Ester	Lo siento mucho. Justo° estoy leyendo° un artículo sobre **los síntomas** de **la gripe** y aconsejan tomar mucho té de limón. ¿Quieres que te haga uno?
Azucena	Bueno. Gracias.

doler = to hurt / ear / bones

throat

stomach / I'm sleepy

Coincidentally / reading / +
flu

Comentarios lingüísticos y culturales

a. The verb **doler (ue)** belongs to the category of verbs like **gustar.** Ya no **me duelen** los ojos pero todavía **me duele** mucho la cabeza.

b. REMINDER: In Spanish the definite article is used with parts of the body where English frequently uses a possessive adjective.

   Me duele **el** estómago.   *My stomach hurts.*

c. **La oreja** refers to the visible part of the ear; **el oído** refers to the inner ear. Thus, *I have an earache* = **Me duele el oído.**

PRÁCTICA Y CONVERSACIÓN

A. ¿Qué te duele?   Diga lo que les duele a las siguientes personas.

> **MODELO**   a Roberto / el dedo
> **A Roberto le duele el dedo.**

1. a Uds. / la espalda
2. a Dolores / los pies
3. a ti / las piernas
4. a mis hijos / la garganta

5. a Ud. / el estómago
6. a nosotros / la cabeza
7. a mí / el oído
8. a Marcos / los ojos

B. Su mejor amigo(-a).   En parejas, describa a su mejor amigo(-a) a su compañero(-a). ¿Cómo es físicamente?

Supplemental vocabulary: la nariz fina/ancha; el pelo lacio/rizado/ondulado; la cara ovalada/risueña. Give students 2–3 minutes to prepare description.

> **MODELO**   **Tiene grandes ojos azules.**
> **Su nariz es corta.**

Guía:

ojos: azules, negros, pardos, grises, tristes, verdes, dulces

cabello: castaño, negro, rubio, pelirrojo

nariz: pequeña, larga, corta, grande

boca: pequeña, grande, fina, mediana

cara: joven, vieja, linda, fea, delgada, redonda

C. El monstruo (*The monster*).   Ud. y su compañero(-a) trabajan para una productora de cine. Ahora están haciendo una película que necesita un monstruo. Uds. dos deben crear el monstruo para la película. ¿Cómo es su monstruo? ¿Tiene nariz, orejas, boca? ¿Cuántas piernas, manos, ojos? ¿Qué come? ¿Cómo se mueve? ¿Es bueno o malo? Dibújenlo y luego descríbanselo a otro grupo. ¿Cómo se llama?

ESTRUCTURAS

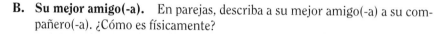

TALKING ABOUT ACTIONS IN PROGRESS

Progressive Tenses

The present progressive tense emphasizes actions that are taking place at this particular moment. The English present progressive is composed of *to be* + present participle: *I am washing my hands; they are brushing their teeth.*

a.   In Spanish the present progressive tense is composed of the present tense of **estar** + the present participle.

PRESENT PROGRESSIVE TENSE

ESTAR	+	**PRESENT PARTICIPLE**	
estoy		**hablando**	*I am talking*
estás		**bebiendo**	*you are drinking*
está		**escribiendo**	*he/she is, you are writing*
estamos	+	**pidiendo**	*we are ordering*
estáis		**durmiendo**	*you are sleeping*
están		**leyendo**	*they, you are reading*

Supplemental grammar: Three verbs have irregular present participles: **ir** → **yendo**; **poder** → **pudiendo**; **venir** → **viniendo**. These verbs are rarely used in progressive tenses.

b. To form the present participle.

1. add **-ando** to the stem of **-ar** verbs: **tomar > tom- > tomando.**

2. add **-iendo** to the stem of **-er** and **-ir** verbs: **comer > com- > comiendo; abrir > abr- > abriendo.**

3. When the stem of the verb ends in a vowel, the ending **-iendo** changes to **-yendo: leer > le- > leyendo; traer > tra- >trayendo.**

4. Stem-changing **-ir** verbs whose stem vowel changes **e → i** or **o → u** in the third-person of the preterite will also show this stem change in the present participle: **pedir > pid- > pidiendo; dormir > durm- > durmiendo.**

c. The Spanish present progressive is used only to show or emphasize an action that is currently in progress. Contrary to English, the Spanish present progressive is not used to refer to present actions that take place over a long period of time or to an action that will take place in the future. Note that English uses the present progressive in both of the following examples whereas Spanish does not.

Roberto estudia medicina este año. Ahora mismo **está estudiando** matemáticas.

Roberto is studying medicine this year. Right now he is studying mathematics.

Lisa **está saliendo** en este momento. Eduardo sale mañana.

Lisa is leaving at this moment. Eduardo is leaving tomorrow.

Point out: With double object pronouns, both pronouns are in the same position: they both precede the conjugated verb or they are both attached to the end of the present participle.

d. With verbs in the progressive tenses, direct and indirect object pronouns as well as reflexive pronouns may either precede the conjugated verb or attach to the end of the present participle.

Clara **está lavándose** la cara.
Clara **se está lavando** la cara.
Clara is washing her face.

Note that a written accent mark is placed over the stressed vowel of the present participle when one or more pronouns is attached.

e. To express or describe an action that was in progress at a particular moment in the past, the imperfect progressive is used. It is formed with the imperfect of **estar** + present participle.

En ese momento Roberto **estaba lavándose** las manos.

At that moment Roberto was washing his hands.

Warm-up 1: Form the present participle of these verbs: **llamar / estudiar / comer / escribir / leer / oír / traer / destruir / pedir / dormir**

Warm-up 2: Sustitución: 1. *Elena* **está leyendo. tú / Enrique y yo / ellos / yo / Inés 2.** *Carlos* **estaba lavándose la cara. Uds. / nosotras / tú / yo / ella**

Variación A: Add names of famous people such as Antonio Banderas / Madonna / Denzel Washington / Geraldo Rivera / Gloria Estefan

Vocabulary C: correr / levantar pesas / nadar / montar en bicicleta / caminar rápidamente / mirarse en el espejo / jugar al tenis / jugar al vólibol. After completing the exercise orally, have students write a brief composition explaining what the various people were doing **En el centro deportivo.**

En contexto

—¿Qué **estás haciendo**?

—Justo **estoy leyendo** un artículo sobre los síntomas de la gripe y aconsejan tomar mucho té de limón.

PRÁCTICA Y CONVERSACIÓN

A. **Ahora mismo.** En su opinión, ¿qué están haciendo estas personas ahora mismo?

1. Mi madre _____.
2. Mi mejor amigo(-a) _____.
3. Mi padre _____.
4. El presidente de los EE.UU. _____.
5. Mi dentista _____.
6. Mi tío(-a) favorito(-a) _____.

B. **Entrevista personal.** Pregúntele a un(-a) compañero(-a) de clase lo que estaba haciendo en esos momentos. Su compañero(-a) debe contestar.

Pregúntele lo que estaba haciendo…

1. esta mañana a las siete.
2. ayer al mediodía.
3. cuando conoció a su novio(-a).
4. anoche a las diez.
5. cuando llegó el (la) profesor(-a) hoy.
6. el primero de enero a la medianoche.

C. **El (La) reportero(-a).** You are a reporter for a local TV station and you have been assigned to cover the activities at a health club. In your live news broadcast explain to the viewers what the various people are doing as the camera focuses in on eight different activities.

MODELO **Estos atletas están jugando al básquetbol.**

EXPRESSING DURATION OF ACTIONS

Hace + Expressions of Time

To explain how long a certain action has been continuing, as in the sentence, *I have been sick for five days,* requires a very different construction in Spanish than in English. Spanish uses the following construction to talk about the duration of actions and situations.

Question:

¿Cuánto tiempo hace que? *(For) how long +* $\frac{has}{have}$ *+ subject + been + -ing*
+ present tense

Answer:

Hace + unit of time + **que** Subject + $\frac{has}{have}$ *been + -ing + for + time*
+ present tense

Reportero: **¿Cuánto tiempo hace que** corre Ud.? *(For) how long have you been running?*

Musculoso: **Hace tres horas que** corro hoy. *I have been running for three hours today.*

En contexto

Doctor   **¿Cuánto tiempo hace que** estás enfermo?

Paciente   **Hace tres días que** no me siento bien.

PRÁCTICA Y CONVERSACIÓN

A. En el consultorio del médico.   Como médico(-a) Ud. necesita saber cuánto tiempo hace que sus pacientes tienen ciertas condiciones. Con un(-a) compañero(-a) de clase haga y conteste las siguientes preguntas.

MODELO   dolerle la cabeza / 2 semanas
Médico(-a):   **¿Cuánto tiempo hace que le duele la cabeza?**
Paciente: **Hace dos semanas que me duele la cabeza.**

1. dolerle la garganta / 3 días
2. dolerle el estómago / un mes
3. estar cansado(-a) / 4 meses
4. no sentirse bien / 2 semanas
5. tener fiebre (*fever*) / 5 días
6. dolerle los pies / años y años

B. Entrevista personal.   Hágale preguntas a un(-a) compañero(-a) de clase y su compañero(-a) debe contestar.

Pregúntele cuánto tiempo hace que…

1. habla español.
2. estudia en la universidad.
3. maneja.
4. no ve a su familia.
5. conoce a su novio(-a).
6. vive en el mismo lugar.
7. trabaja.
8. ¿?

Puente Cultural

La atención médica

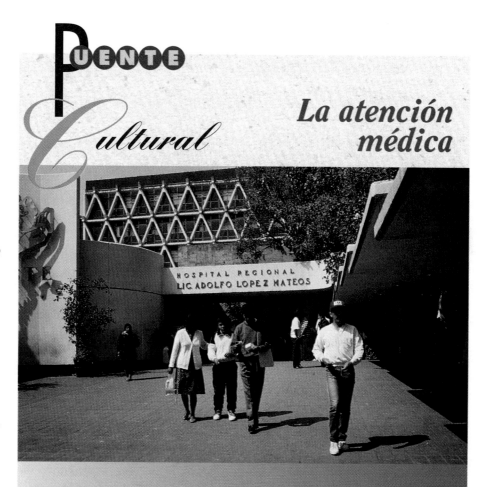

Discuss the photo. **¿Qué hay en la foto? ¿Cómo es?**

Hospital Regional Licenciado Adolfo López Mateos, Coyoacán, México, D.F.

state (adj.)
free of charge

En la mayoría de los países hispanos las personas que no pueden pagar sus gastos médicos son atendidos en hospitales estatales° donde reciben atención médica gratis.° Por otro lado, los que pueden pagar van a las clínicas privadas donde reciben mejor atención médica que en los hospitales estatales. La mayoría de los empleados reciben un seguro social para la atención médica que es pagada por la compañía y en parte por el gobierno.

COMPRENSIÓN CULTURAL

Complete las siguientes oraciones.

1. La mayoría de los trabajadores hispanos reciben _____ para la atención médica.

2. El seguro social es pagado por _____ y en parte por _____.

3. Las personas que no pueden pagar sus gastos médicos van a _____ donde reciben atención médica _____.

4. Los que pueden pagar van a _____ donde reciben _____ que en los hospitales estatales.

Compare el sistema médico hispano con el sistema en nuestro país.

Videocassette segment to accompany this section; see Viewer's Guide in the Instructor's Resource Manual, Chapter 14.

PRESENTACIÓN ▸ **VOCABULARIO EN CONTEXTO**

Una llamada al consultorio°

doctor's office

Warm-up: Before introducing the dialogue, ask about the drawings. **¿Quién es la persona en el primer dibujo? ¿Dónde está? ¿Qué hace? ¿Quién es la persona en el segundo dibujo? ¿Dónde está? ¿Cómo está?**

La Sra. Gómez llama por teléfono al consultorio del Dr. Roldán.

Sra. Gómez	Buenos días, doctor. Lo llamo porque Ricardito **se puso** enfermo anoche.	**ponerse** = to become
Doctor	**¿Qué le pasa?**	What's wrong?
Sra. Gómez	Tiene **una tos** muy fuerte. **Tosió** toda la noche y ahora está **cansadísimo** y muy **débil.**	cough / **toser** = to cough / very tired / weak
Doctor	¿Le tomó **la temperatura**?	+
Sra. Gómez	Sí, tiene **fiebre** muy alta y **está resfriado.**	fever / he has a cold
Doctor	**¿Tiene náuseas?**	**tener náuseas** = to be nauseous
Sra. Gómez	No doctor, pero no quiere comer nada. Además **tiene dolor de** oído.	has a pain in
Doctor	Por los síntomas parece una gripe. Ud. está **embarazada, ¿**no?	pregnant
Sra. Gómez	Sí, doctor, pero me siento muy bien.	
Doctor	**Cuídese** de no **enfermarse** Ud. también.	**cuidarse** = to be careful / to become sick
Sra. Gómez	Yo estoy tomando mis **vitaminas** todos los días. No se me **olvida.**	+ / **olvidar** = to forget
Doctor	Bien, entonces déle mucho líquido a Ricardito y yo le voy a **recetar un jarabe** para la tos. ¿Puede venir a buscar **la receta** Ud.?	to prescribe / syrup / prescription
Sra. Gómez	Sí, cómo no.	
Doctor	Si no se **mejora** mañana, me gustaría **examinar**lo. Hoy no tengo tiempo de verlo. Hay muchos **pacientes** en **la sala de espera.** Pero no se preocupe que no es **una enfermedad grave.** Pronto va a estar **sano.**	**mejorarse** = to get better / + / + / waiting room / illness / serious / healthy

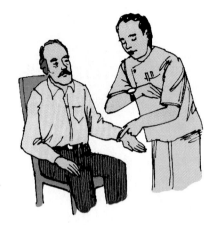

La enfermera **venda la herida** (*bandages the wound*).

El doctor le **toma la presión sanguínea** (*takes the blood pressure*) al paciente. Está muy alta.

El enfermero le **toma el pulso** (*takes the pulse*) al paciente.

Check comprehension: ¿Quién llama por teléfono a la oficina del Dr. Roldán? ¿Qué le pasa a Ricardito? ¿Cómo está el niño esta mañana? ¿Qué síntomas tiene? ¿En qué estado está la madre? ¿Cómo se siente ella? ¿Qué escribe el doctor para Ricardito? ¿Por qué no puede examinarlo hoy? ¿Es grave la enfermedad de Ricardito?

Review **Sonidos: d** (Capítulo 4, Primer encuentro).
/d/: Roldán doctor tomando venda
/đ/: Granada enfermedad resfriado cansadísimo   Doctor, Ricardito tosió toda la noche y ahora está cansadísimo y muy débil.

Ask questions about the three small drawings. ¿Quién es la mujer en el primer dibujo? ¿Qué hace? ¿Quiénes son los dos hombres en el segundo dibujo? ¿Qué hace el doctor? ¿Por qué? ¿Quiénes son los dos hombres en el tercer dibujo? ¿Qué hace el enfermero?

Comentarios lingüísticos y culturales

a. **El consultorio** refers to a doctor's or dentist's office.

b. Be careful with the false cognate **embarazada;** it means *pregnant.*

c. To express what hurts in Spanish, **doler** and **tener dolor de** + noun are used.

Me duele la cabeza.	*My head hurts.*
Tengo dolor de cabeza.	*I have a headache.*

d. **Ponerse** + adjective = *to become* + adjective; it is generally used to describe physical and emotional changes.

Ricardito **se puso enfermo.**	*Ricardito became ill.*

PRÁCTICA Y CONVERSACIÓN

A. Unas enfermedades.   Haga oraciones con los sujetos dados.

1. ¿Tiene Ud. dolor de cabeza? No, no tengo dolor de *cabeza.*
   estómago / garganta / espalda / oído

2. ¿Cómo se siente Anita hoy? Se siente *enferma.*
   sano / cansado / débil / mejor / fuerte

If desired, make and use a transparency of the drawing to complete the exercise.

B. En el consultorio del doctor.   Conteste las preguntas según el dibujo.

1. ¿Cuántas personas hay en el dibujo? ¿Dónde están?

2. ¿Quiénes son las personas?

3. ¿Qué tiene el paciente No. 1? ¿Qué está haciendo la enfermera?

4. ¿Cómo sabemos que el paciente No. 2 está herido?

5. ¿Cómo está la paciente No. 3?

6. ¿Qué tiene el paciente No. 4? ¿Qué le duele?

7. ¿Qué le duele a la señora No. 5?

C. Médicos y pacientes.   Ud. tiene una de estas enfermedades. Explíquele al médico los síntomas que tiene. ¿Qué le aconseja el médico? En parejas hagan el papel de médico(-a) y paciente.

1. resfriado   4. dolor de estómago

2. gripe   5. dolor de garganta

3. tose mucho   6. dolor de oído

¿Qué le duele a la mujer? ¿Por qué? ¿Cuáles son las ventajas (advantages) de este producto?

Videocassette segment to accompany this section; see Viewer's Guide in the Instructor's Resource Manual, Chapter 14.

Prior to introducing the phrases of the **Así se habla,** review how to make a simple telephone call in **Capítulo 4; Tercer encuentro: Así se habla.**

Point out: There is no direct translation for the phrase, "Speaking," used to identify oneself on the phone. Spanish uses **Soy yo** or **Con él/ella habla** in that situation.

MAKING A TELEPHONE CALL

In **Capítulo 4** you learned how to make a simple telephone call. Here are some phrases that will help when you need to leave a message or you dial the wrong number.

DESPUÉS QUE LA PERSONA QUE LLAMA SE IDENTIFICA

Antonio no está en este momento. ¿Quiere dejar un mensaje/recado?	*Antonio is not here right now. Do you want to leave a message?*
Número equivocado.	*Wrong number.*
Un momento, por favor.	*One moment, please.*

PARA DECIR EL PROPÓSITO DE LA LLAMADA

Llamo para ver si _____.	*I'm calling to find out if _____.*
Quisiera saber _____.	*I'd like to know _____.*
¿Podría (puede) decirme _____?	*Could (can) you tell me _____?*
Hablo para saludarte.	*I'm calling to say hi.*

PARA TERMINAR LA LLAMADA

Bueno, te dejo.	*Well, I'll let you go.*
Bueno, no tengo nada más para contarte.	*Well, that's all.*

PRÁCTICA Y CONVERSACIÓN

A.   ¿Quién habla?   Ud. llama por teléfono a su amigo(-a) y una persona que Ud. no conoce contesta. Ud. pide hablar con su amigo(-a) y la persona lo (la) va a buscar. Cuando su amigo(-a) viene al teléfono no tiene tiempo para hablar mucho. Trabajen en grupos de tres.

B.   El (La) recepcionista.   Ud. llama por teléfono a su doctor(-a) porque se siente mal. El (La) recepcionista contesta el teléfono y toma su mensaje porque el (la) doctor(-a) no está en este momento. Explíquele al (a la) recepcionista cómo se siente. Trabajen en grupos de dos.

DISCUSSING ACCIDENTS AND UNEXPECTED EVENTS

Reflexive for Unplanned Occurrences

In English we frequently describe unintentional actions, accidents, and unexpected events with the words *slipped* or *got*. For example: *The medicine slipped out of my hands. The prescription got lost.* Spanish uses a completely different construction to convey such ideas.

a. To express when something happens to someone accidentally or unexpectedly, Spanish uses **se** + indirect object pronoun + verb in the third person.

Se me perdió la receta.	*My prescription got lost.*
Se le perdieron las vitaminas.	*His vitamins got lost.*

b. In these constructions the subject normally is placed after the verb. The verb will take a third-person singular form when the subject is singular and a third-person plural form when the subject is plural.

Se nos **olvidaron** las llaves.   *We forgot the keys.*

c. The indirect object pronoun refers to the person who experienced the action. The indirect object pronoun can be clarified or emphasized with the phrase **a** + noun or pronoun.

A nosotros se nos olvidaron las llaves.

A Elena se le perdió el número de teléfono de su médico.

Point out: The indirect object pronoun can be translated as the subject of the sentence or even as a possessive.

d. Verbs frequently used in this construction include the following.

acabar	*to finish, run out of*	olvidar	*to forget*
caer	*to fall*	perder	*to lose*
ocurrir	*to occur*	romper	*to break*

En contexto

Doctor   Cuídese de no enfermarse Ud. también.

Madre   Yo estoy tomando mis vitaminas todos los días. **No se me olvida** hacerlo.

PRÁCTICA Y CONVERSACIÓN

A. En el consultorio. Ud. es un(-a) enfermero(-a) en un consultorio y Ud. descubrió que algunos pacientes dejaron (*left behind*) varios artículos. Explíquele a la recepcionista quién dejó los siguientes artículos para que (*so that*) ella pueda llamarlos.

Warm-up: Sustitución: *A Rafael* se le rompieron las gafas. a los Heredia / a mí / a la Sra. Cuesta / a Carolina y a mí / a Raúl Mendoza

Rosa Gallegos / la receta
A Rosa Gallegos se le olvidó la receta.

1. los Núñez / la medicina
2. la Sra. Vargas / las llaves
3. Norma Camila / los guantes
4. Adela Morillo / el jarabe
5. Nicolás Valera / el suéter
6. el Sr. Ramírez / las vitaminas

B. **Un día miserable.**   Enrique ha tenido un día miserable. Explique lo que le pasó a Enrique y por qué no puede hacer las siguientes actividades. Haga oraciones usando las frases a la derecha.

1. No puede llamar por teléfono a una chica muy linda que acaba de conocer.
2. No puede manejar el coche.
3. Quiere tomar una cerveza pero no queda cerveza en casa.
4. No puede comprar más cerveza.
5. No puede ver bien.

a. perder / las llaves
b. olvidar / el número
c. romper / las gafas
d. caer / el dinero en la calle
e. acabar / la cerveza

C. **Entrevista personal.**   Pregúntele a un(-a) compañero(-a) lo que le pasó recientemente y su compañero(-a) debe contestar.

Pregúntele…

1. si se le perdió algo importante. ¿Qué cosa(-s)?
2. si se le olvidaron nombres. ¿y direcciones? ¿y números de teléfono?
3. lo que se le olvidó al venir a la universidad.
4. si se le acabó el dinero alguna vez. ¿Cuándo?
5. qué ideas se le ocurrieron.
6. si se le cayó y se le rompió algo muy caro. ¿Qué? ¿Cuándo?

DESCRIBING EXCEPTIONAL QUALITIES

Absolute Superlative

The absolute superlative is the adjective form ending in **-ísimo;** it is used to describe exceptional qualities or to denote a high degree of the quality described. In English the words *very, extremely,* or *exceptionally* + adjective are used as a translation of the Spanish forms.

a.   The suffix **-ísimo** is added to the end of Spanish adjectives to form the absolute superlative. This suffix has four forms to agree in number and gender with the noun it modifies: **-ísimo, -ísima, -ísimos, -ísimas.**

Tiene una fiebre **altísima.**

Hay **muchísimos** pacientes en la sala de espera.

He has an extremely high fever.

There are many, many patients in the waiting room.

b. To form the absolute superlative of

1. adjectives that end in a consonant, add **-ísimo** to the singular form: **fácil** >
facilísimo.

2. adjectives that end in a vowel, drop the final vowel and then add **-ísimo:**
cansado > **cansadísimo; grande** > **grandísimo.**

c. Certain spelling changes will occur when **-ísimo** is added to adjectives ending in
-co or **-go.**

c > qu	**rico** > **riquísimo**	*very rich*
g > gu	**largo** > **larguísimo**	*extremely long*

Point out: Spelling changes occur in the feminine forms as well: **riquísima; larguísima.**

En contexto

Doctor   ¿Qué le pasa a Ricardito?

Madre   Tosió toda la noche y ahora está **cansadísimo.**

PRÁCTICA Y CONVERSACIÓN

A. ¿Cómo están los pacientes?   Forme una oración nueva usando el superlativo
absoluto de los adjetivos.

MODELO   Dolores / cansado
Dolores está cansadísima.

1. Ricardo / cansado
2. Ángela / débil
3. los niños / grave
4. el Sr. Azaña / aburrido
5. la Srta. Reyes / enojado
6. Raquel y Clara / contento

B. Cortés y simpático(-a).   Con un(-a) compañero(-a) de clase haga los papeles de
cada situación. Use el superlativo absoluto de los adjetivos.

MODELO   Madre: Llevo un vestido nuevo. (hermoso)
Hija: **Mamá, tu vestido es hermosísimo.**

1. Compañero(-a) de cuarto: Acabo de comprar este disco. (bueno)
2. Mejor amigo(-a): ¿Te gusta el cuento que escribí? (interesante)
3. Novio(-a): Te compré este suéter. (lindo)
4. Compañero(-a): ¿Qué te parecen mis zapatos nuevos? (hermoso)
5. Padre: ¿Te gustó la película? (divertida)

Puente Cultural   La partera

En los pueblos pequeños y regiones rurales de Hispanoamérica donde hay muy pocos médicos, las parteras° juegan un papel° muy importante en el parto.° Ellas ayudan a las madres a dar a luz° en sus propias casas porque en estos lugares aislados no existe la conveniencia de hospitales y clínicas como en las ciudades. Algunas mujeres prefieren a las parteras y evitan° los grandes hospitales aunque sean gratis.

midwives / play a role / delivery
to give birth

avoid

COMPRENSIÓN CULTURAL

Conteste en español.

1. ¿Qué es una partera y qué hace?
2. ¿Dónde trabajan?
3. ¿Hay parteras en los EE.UU.? ¿Quiénes las usan?
4. En su opinión, ¿por qué prefieren algunas mujeres a las parteras y no usan los hospitales gratis?

tercer encuentro

PRESENTACIÓN **VOCABULARIO EN CONTEXTO**

Farmacia° Falca

Pharmacy

Warm-up: Before introducing the dialogue, ask questions about the photo. **¿Quiénes son las personas en la foto? ¿Dónde están? ¿Qué hay en la farmacia?**

Point out: Dolor de muelas = *toothache;* **la muela** = *molar.*

Madrid, España

Farmacéutica	Buenas tardes, señor. ¿En qué puedo servirle?	*Pharmacist*
Cliente	¿Tiene algo para **el dolor de muelas**?	*toothache*
Farmacéutica	**Aspirina.**	+
Cliente	Mm… no. Soy **alérgico a** la aspirina. Creo que tengo **una infección** en la boca.	+ / +
Farmacéutica	Entonces va a necesitar **antibióticos.** Y para ese **tipo** de **remedio** se necesita la receta del dentista. Aquí tengo **unas pastillas** que le van a **calmar** el dolor.	+ / type / medicine
pills
to ease
Cliente	Bien. También necesito **pasta dentífrica.** ¿Cuál me recomienda?	*toothpaste*

cigarettes / **masticar** = *to chew / chewing gum*	Farmacéutica	Ésta es muy buena. Y le aconsejo que no coma dulces ni fume **cigarrillos** ni **mastique chicle** por unas semanas.
to try	Cliente	Hm,… Es fácil decirlo pero… Voy a **tratar.**
	Farmacéutica	¿Algo más?
shampoo *That's all.*	Cliente	¡Ah, sí! Se me olvidaba. Necesito ese **champú** que está en el estante. No sé cómo se llama. **Es todo.**
	Farmacéutica	Espero que se mejore pronto.

Check comprehension: ¿Qué le duele al cliente? ¿Por qué no puede tomar aspirina? ¿Qué remedio necesita para curar la infección? ¿Qué le vende la farmacéutica? ¿Qué más compra el cliente? ¿Qué le aconseja la farmacéutica? ¿Dónde está el champú que el cliente quiere?

Review Sonidos: Diphthongs with i (Capítulo 3, Tercer encuentro).
ia: farmacia familia residencia   ie: tiene recomienda cliente   io: remedio Antonio novio   La Farmacia Falca tiene muchos remedios.

Comentarios lingüísticos y culturales

a. In general, drugstores in the Hispanic world sell mainly prescription drugs, a few over-the-counter medicines, and personal hygiene products. They are not as large as the typical American drug store nor do they sell as wide a range of products.

b. Items that we normally buy in a drugstore such as tobacco products, cosmetics, magazines, candy, snacks, and school supplies are sold in small specialty shops or kiosks, not in the drugstore.

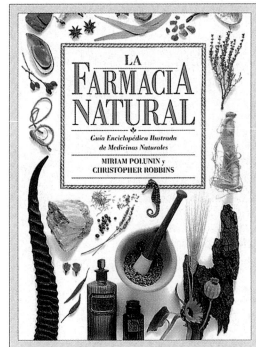

LA FARMACIA NATURAL
Guía Enciclopédica Ilustrada de Medicinas Naturales
MIRIAM POLUNIN y CHRISTOPHER ROBBINS

Los otros caminos de los conocimientos médicos

PRÁCTICA Y CONVERSACIÓN

A. ¿Para qué compra Ud. estos productos?   Conteste según el modelo.

> **MODELO**   aspirinas
> **Compro aspirinas para el dolor de cabeza.**

el champú / los antibióticos / los dulces / el chicle / la pasta dentífrica / los cigarrillos / los remedios

B. Encuesta sobre la salud.   Hágale preguntas a un(-a) compañero(-a) de clase y su compañero(-a) debe contestar.

Pregúntele…

1. adónde va cuando el médico le receta una medicina.

2. lo que hace cuando tiene dolor de cabeza.

3. qué toma cuando tose mucho.

4. si es alérgico(-a) a los antibióticos. ¿a las aspirinas?

5. si toma vitaminas todos los días.

C. Me siento mal.   Ud. se siente muy mal. Vaya a la farmacia a comprar un remedio. Descríbale los síntomas al (a la) farmacéutico(-a) y pregúntele qué puede tomar. El (la) farmacéutico(-a) le va a hacer algunas preguntas sobre su salud y luego le va a vender un remedio. En parejas, hagan los papeles del (de la) farmacéutico(-a) y del (de la) cliente.

—Tengo una tos que no se me va.
—Te aconsejo que descanses.

Así se habla

Videocassette segment to accompany this section; see Viewer's Guide in the Instructor's Resource Manual, Chapter 14.

GIVING ADVICE

What do you say when someone needs advice? Here are some phrases you can use.

Es mejor que (pres. subj.).	*It's better that* _____.
Te (Le) aconsejo que (pres. subj.).	*I advise you* _____.
(No) debe(-s) _____.	*You should(-n't)* _____.
¿Por qué no _____?	*Why don't* _____.
(No) tiene(-s) que _____.	*You (don't) have to* _____.
Siga (Sigue) mi consejo, _____.	*Follow my advice,* _____.

You could also use the command form to give advice.

Ve (Vaya) al médico.

PRÁCTICA Y CONVERSACIÓN

A. **¿Qué consejo me da?**   En parejas, hagan este diálogo. Una persona es **A** la primera vez y luego cambian. Continúen alternativamente.

A   Tengo un ____(1)____ fuertísimo. ¿Qué hago?

B   ____(2)____ .

A   Pero ya lo hice.

B   Entonces, ____(2)____ .

(1)	(2)
dolor de oído	¿Por qué no… ?
dolor de muelas	Te aconsejo que…
dolor de cabeza	(No) Debes…
dolor de cadera	Es mejor que (no)…
dolor de piernas	(No) Tienes que…
resfriado	(*informal command*)

B. **El gordo y el flaco.**   Ud. y su amigo(-a) son lo opuesto. El/Ella es muy gordo(-a) y Ud. demasiado delgado(-a). Su amigo(-a) debe darle consejos a Ud. para engordar y Ud. debe darle consejos a él/ella para bajar de peso. Trabajen en parejas.

OBESIDAD
Claves para adelgazar de forma saludable

A ESCUCHAR

Aurora llama por teléfono. Escuche el diálogo y luego escoja la letra que mejor complete la oración de acuerdo a lo que escuchó.

1. La primera llamada es _____.
    a. con la casa de los Aguirre
    b. con un número equivocado
    c. con Raquel

2. En la segunda llamada Aurora _____.
    a. deja un mensaje para Raquel
    b. habla con Raquel
    c. tiene un número equivocado

3. Raquel llama a Aurora para decirle que _____.
   a. se siente mal
   b. está en el hospital
   c. Pedro está en el hospital

4. Aurora le cuenta a Raquel que Pedro _____.
   a. se quebró el brazo
   b. fue a la facultad en bicicleta
   c. está en su casa ahora

5. Raquel va a _____.
   a. visitar a Pedro en el hospital
   b. llamar a Pedro por teléfono
   c. ver a Pedro en su casa mañana

ESTRUCTURAS

EXPRESSING DESTINATION, PURPOSE, MOTIVE, AND DURATION OF TIME

Por versus *para*

In an early chapter you learned the very basic distinctions between the prepositions **por** and **para.** You will now learn other uses of the two prepositions that often have the English equivalent *for.*

*Por/para was introduced in **Capítulo 4, Tercer encuentro.***

a. **Para:** The many uses and meanings of **para** frequently indicate destination, purpose, comparison, or deadline.

   1. Destination or recipient involving persons or places: *for*

Esta receta es **para** Manuel.	*This prescription is for Manuel.*
Salimos **para** Toledo mañana.	*We're leaving for Toledo tomorrow.*

   2. Purpose with infinitives: *in order to;* with nouns: *for, used for*

Estudia **para** hacerse médico.	*He is studying (in order) to become a doctor.*
Es una taza **para** café.	*It's a coffee cup (a cup used for coffee).*

3. Deadline: *by*

Tenemos que terminarlo **para** las tres.	*We have to finish it by 3:00.*

4. Comparison with others: *for*

Para un hombre viejo, tiene buena salud.	*For an old man he has good health.*
Este suéter es demasiado grande **para** mí.	*This sweater is too big for me.*

5. In the employ of: *for*

Trabajo **para** una farmacia pequeña.	*I work for a small pharmacy.*

b. **Por:** In general the uses and meanings of **por** indicate an imprecise location, duration of time, motive, or exchange.

1. Imprecise location: *around, through, along*

Caminaron **por** el centro y **por** el río.	*They walked around downtown and along the river.*

2. Duration of time: *for, during, in*

Estuvieron en el consultorio **por** tres horas.	*They were in the doctor's office for three hours.*

3. Motive: object of a search: *for;* reason: *because of*

Vengo **por** Jorge.	*I'm coming for Jorge.*
No puede ir **por** su gripe.	*He can't go because of his flu.*

4. Exchange, substitution: *for, in exchange for*

Le di diez dólares al farmacéutico **por** las pastillas.	*I gave the pharmacist $10 for the pills.*

5. Means: *by, by means of, in*

Hablé **por** teléfono con Ernesto.	*I talked by (on the) phone with Ernesto.*
Viajaron a España **por** avión.	*They traveled to Spain by plane.*

FIXED EXPRESSIONS WITH *por*

por ejemplo	*for example*	por lo general	*generally, in general*
por eso	*that's why, for that reason*	por lo menos	*at least*
por favor	*please*	por primera/última vez	*for the first/last time*
por fin	*finally, at last*	por supuesto	*of course*

c. In certain sentences either **por** or **para** could be used. Compare the meanings of the following examples.

Trabajó **por** su hermano.	*He worked for (in place of) his brother.*
Trabajó **para** su hermano.	*He worked for his brother('s company).*
Caminamos **por** el parque.	*We're walking through the park.*
Caminamos **para** el parque.	*We're walking to (toward) the park.*

Le di $20 **por** las pastillas.

Le di $20 **para** las pastillas.

I gave him $20 for (in exchange for) the pills.

I gave him $20 for (in order to buy) the pills.

En contexto

Cliente   ¿Tiene algo **para** el dolor de muelas?

Farmacéutica Aspirina. Y le aconsejo que no coma dulces ni mastique chicle **por** unas semanas.

PRÁCTICA Y CONVERSACIÓN

Warm-up: Use **Práctica A** of the por/para exercises in **Capítulo 4, Tercer encuentro** as a warm-up.

A. En el hospital. Complete con una de las expresiones usando **por.**

1. Nuestro amigo Carlos está en el hospital; _____ fuimos a visitarlo.
2. Pero a Roberto no le gustan los hospitales, _____ no vino con nosotros.
3. El hospital es muy grande; tiene _____ veinte pisos.
4. _____ hay muchos pacientes allí.
5. El hospital está muy lejos de nuestras casas pero _____ llegamos.
6. Al llegar al hospital una enfermera nos dijo: «Pasen por aquí, _____.»

B. En la farmacia. Ud. es el (la) cliente y un(-a) compañero(-a) de clase es el (la) farmacéutico(-a). Complete el diálogo usando **por** o **para** según el caso.

Farmacéutico(-a) Buenas tardes, Sr./Sra./Srta. ¿En qué puedo servirle?

Cliente Lo (La) llamé _____ teléfono hace una hora. Quisiera algo _____ la tos, _____ favor.

Farmacéutico(-a) ¿ _____ quién es el remedio?

Cliente _____ mi hija de cinco años. Corrió _____ el parque anoche y ahora está resfriada.

Farmacéutico(-a) Bueno. Este jarabe no es muy fuerte _____ una niña. Se lo doy pero hay que tomarlo _____ tres días solamente.

Cliente Muchas gracias. ¡ _____ fin todos nosotros vamos a poder dormir!

After completing **Práctica B** have students give reasons for the use of **por/para.**

C. Entrevista personal. Hágale preguntas a un(-a) compañero(-a) de clase y su compañero(-a) debe contestar.

Pregúntele…

1. si viaja mucho por avión. ¿Adónde?
2. por cuántas horas durmió anoche.
3. para quiénes compra regalos de cumpleaños por lo general.
4. si el español es fácil para él/ella.
5. si habla mucho por teléfono.
6. para qué compañía quiere trabajar en el futuro.
7. lo que hace por la tarde.
8. lo que tiene que hacer para mañana.

PUENTE
Cultural

Los curanderos°

healers

Ask questions about the photo and the contents before doing the reading and exercise.

Mercado Sonsora, México, D.F.

Los curanderos son personas que practican una forma antigua° de medicina
alternativa. Usan conocimientos° populares sobre las propiedades° de ciertas
hierbas° para curar las enfermedades de sus clientes. Parte del tratamiento°
emplea oraciones° y palabras especiales que ayudan a mejorar al enfermo. Los
naturalistas modernos también hacen uso de este conocimiento del pasado en
la medicina alternativa contemporánea.°

old
knowledge / properties
herbs / treatment
prayers

contemporary

COMPRENSIÓN CULTURAL

Conteste en español.

1. ¿Qué es un curandero?

2. ¿Qué usan los curanderos para curar?

3. ¿Se usan las plantas medicinales en nuestra cultura?

4. ¿Se usan las palabras y la imaginación para curar en nuestra cultura?

Videocassette segment to accompany this section; see Viewer's Guide in the Instructor's Resource Manual, Chapter 14.

cuarto encuentro

EL MUNDO HISPANO ▶ BOLIVIA Y EL ECUADOR

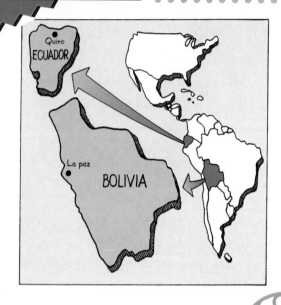

El Altiplano de Bolivia dentro de la Cordillera de los Andes tiene una altitud de más de 4.000 metros.

Have students locate **Bolivia / el Ecuador** on a map of South America; have students locate important cities as well.

Población	Bolivia: 6.730.000; el Ecuador: 9.900.000.
Economía	Bolivia: productos agrícolas; el Ecuador: el petróleo, productos agrícolas.
Ciudades	Bolivia: La Paz, Sucre, Potosí; el Ecuador: Quito, Guayaquil.
Moneda	Bolivia: el boliviano; el Ecuador: el sucre.
Geografía y clima	Bolivia: uno de los dos países sudamericanos sin costa; muy montañoso con un clima árido y frío en los Andes. El Ecuador: montañoso en el centro con una costa tropical al oeste; la línea del ecuador pasa cerca de la ciudad de Quito.

Check comprehension: ¿Cuál es la capital de Bolivia / del Ecuador? ¿Cómo son la geografía y el clima de los dos países? ¿Cuál es la población de Bolivia / del Ecuador? ¿En qué se basa la economía de los dos países?

PARA LEER BIEN • Main Ideas and Supporting Elements

In every text you will find the main idea and the supporting elements that help to develop the main idea. It is important to be able to decide which are the details and which is the main message in the passage. Generally, you can find that the main idea is stated in the first paragraph and the following paragraphs develop it further or exemplify what has been said. Each subsequent paragraph will have one point that it emphasizes, or its own message to convey.

PRÁCTICA

El tema principal. Lea la **Lectura cultural.** ¿Cuál es la idea principal de cada párrafo?

Párrafo 1	La medicina naturalista
Párrafo 2	La medicina moderna
Párrafo 3	El conocimiento incaico
Párrafo 4	El uso de la coca
	Tipos de medicina

LECTURA CULTURAL

¿Dónde hay un doctor?

En Hispanoamérica se practican dos tipos de medicina: la medicina indígena° y la medicina moderna. La medicina indígena tiene sus raíces° en los tiempos precolombinos. Los doctores incaicos° conocían la cura para la malaria cuando Pizarro llegó al Perú en el año 1524. Usaban la quinina para curar esta enfermedad, algo totalmente desconocido° en Europa en aquel tiempo.

native
roots
Incan

unknown

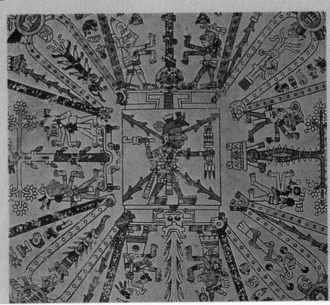

Un verdadero mapa medicinal de los incas, por el 1500. Las plantas medicinales eran la base de las prácticas curativas de aquella civilización.

leaf from which cocaine is extracted

high plain in the Andes

+

conduct / research

Esta tradición continúa hoy en día con la práctica de métodos naturalistas que se aplican para curar el asma, la bronquitis, la indigestión, los desórdenes nerviosos, la esterilidad y otras enfermedades.

Entre las hierbas usadas se encuentra la coca.° Aunque su cultivo está prohibido, se sigue usando en muchos lugares como, por ejemplo, en el aeropuerto de la Paz en Bolivia, donde se sirve té de coca a los pasajeros para calmar el estómago y la ansiedad o para la enfermedad de la altitud en el Altiplano.°

Por otro lado, los avances° médicos del siglo XX están representados en los grandes hospitales y clínicas privadas que no sólo atienden pacientes, sino que también conducen° investigaciones° en todas las áreas de la medicina moderna.

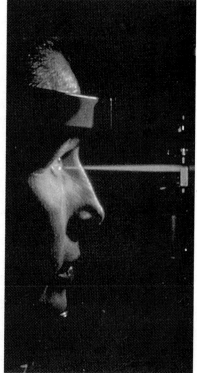

El láser—la gran revolución tecnológica del siglo— también sumó sus ventajas a la medicina, especialmente en el campo de la microcirugía.

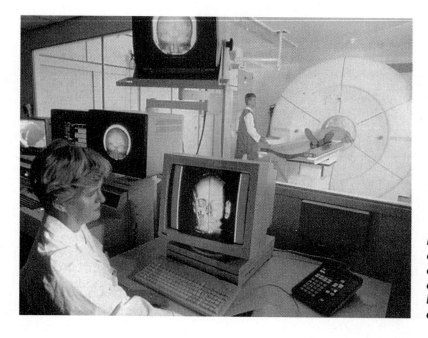

La posibilidad de monitorear al cuerpo humano hasta el más mínimo detalle se debe a la técnica del scanner, herramienta eficaz desde la década del 70.

PRÁCTICA

¿Comprende Ud.?   Conteste las preguntas según la información de la **Lectura cultural.**

1. ¿Cuáles son los dos tipos de medicina que se practican en Hispanoamérica?
2. ¿Qué cura tenían los incas en 1524 que no se conocía en Europa?
3. ¿Qué enfermedades se curan con hierbas medicinales?
4. ¿Dónde se sirve el té de coca y para qué se usa?
5. ¿Qué actividades se hacen en las clínicas privadas?

ACTIVIDADES

A. **La gripe.**   You are feeling very ill and probably have the flu so you call your doctor (played by a classmate). Explain to the doctor how you feel and answer the doctor's questions about how long you have had various symptoms. The doctor will give you a prescription for some antibiotics and advice on getting well.

B. **En la farmacia.**   Take your prescription for some antibiotics to the pharmacy. Tell the pharmacist to fill the prescription. Ask him/her to recommend a cough syrup. You also need some shampoo and toothpaste. Buy the other products you need.

C. **Una encuesta.**   Take a survey of your classmates to find out where they were and what they were doing last Sunday afternoon at 3:00. How many people were doing the same thing? What? Who was doing the most interesting thing, the most unusual, the most boring?

Grammar incorporated A: Hace + expressions of time; giving advice **B:** Asking questions; reflexive for unplanned occurrences **C:** Past progressive; absolute superlative

Vocabulary incorporated A: Body parts; illness vocabulary; phone call expressions **B:** Drugs and medicines **C:** Daily routine and activities

PARA ESCRIBIR BIEN • Summarizing

A summary is a brief version of an oral or written text. A good summary is basically a restatement of the main idea of the text followed and supported by the topic sentences of major paragraphs. Use the following steps to help you prepare a summary.

1. Identify the main idea and the supporting elements. In newspaper and magazine articles the main idea is generally located in the first paragraph. The paragraphs that follow develop the main idea by providing details and examples.

2. Arrange the main idea and supporting elements into a unit. You may need to rearrange elements so that they follow each other more logically.

3. Write the summary. You may need to add words and phrases that will link the ideas into a cohesive unit.

COMPOSICIONES

Variación A: Have students write a brief summary of each of the **Puente cultural** sections instead of the **Lectura cultural.**

A. **¿Dónde hay un doctor?**   Write a brief one- to two-paragraph summary of the **Lectura cultural** in this chapter.

B. **El domingo pasado a las tres.**   After completing **Actividad C: Una encuesta,** write a brief composition on your classmates' activities last Sunday at 3:00. Discuss the most unusual, most interesting, and most boring activities.

Vocabulario activo ••

El cuerpo — *The body*

la boca	*mouth*
el brazo	*arm*
la cadera	*hip*
el corazón	*heart*
el cuello	*neck*
el dedo	*finger; toe*
la espalda	*back*
el estómago	*stomach*
la garganta	*throat*
el hueso	*bone*
la nariz	*nose*
el oído	*(inner) ear*
el ojo	*eye*
la oreja	*(outer) ear*
el pecho	*chest*
el pie	*foot*
la pierna	*leg*

El consultorio — *Doctor's or dentist's office*

la enfermedad	*illness*
la fiebre	*fever*
la gripe	*flu*
la herida	*wound*
la infección	*infection*
el jarabe	*syrup*
el (la) paciente	*patient*
la presión sanguínea	*blood pressure*
el pulso	*pulse*
el (la) recepcionista	*receptionist*
la receta	*prescription*
el remedio	*remedy, medicine*

la sala de espera	*waiting room*
la salud	*health*
el síntoma	*symptom*
la temperatura	*temperature*
la tos	*cough*

La farmacia — *Pharmacy*

el antibiótico	*antibiotic*
la aspirina	*aspirin*
el cigarrillo	*cigarette*
el champú	*shampoo*
el chicle	*chewing gum*
el (la) farmacéutico(-a)	*pharmacist*
la llave	*key*
la pasta dentrífica	*toothpaste*
la pastilla	*pill*
el tipo	*type, kind*
la vitamina	*vitamin*

Verbos

acabar	*to finish, run out*
caer	*to fall*
calmar	*to calm; to ease*
cuidarse	*to be careful*
curar	*to cure*
doler (ue)	*to hurt, ache*
enfermarse	*to become sick*
examinar	*to examine*
masticar	*to chew*
mejorar	*to get better*
ocurrir	*to happen*
olvidar	*to forget*
ponerse	*to become*
quebrarse	*to break* (a bone)

recetar	*to prescribe*
romper	*to break*
toser	*to cough*
tratar	*to try*
vendar	*to bandage*

Adjetivos

débil	*weak*
embarazada	*pregnant*
grave	*serious*
-ísimo	*very, extremely, exceptionally (added to ending of adjectives)*
largo	*long*
sano	*healthy*

Otras expresiones

Es todo.	*That's all.*
estar resfriado	*to have a cold*
por ejemplo	*for example*
por fin	*finally*
por lo menos	*at least*
por primera vez	*for the first time*
¿Qué le pasa?	*What's wrong?; ¿What's he/she got?*
ser alérgico a	*to be allergic to*
tener dolor de _____	*to have a(n) _____ ache; to have a pain in _____*
tener dolor de muelas	*to have a toothache*
tener náuseas	*to be nauseous*
tener sueño	*to be sleepy*

De viaje

Las cataratas del Iguazú,
el punto de unión entre
Argentina, Brasil, y
Paraguay

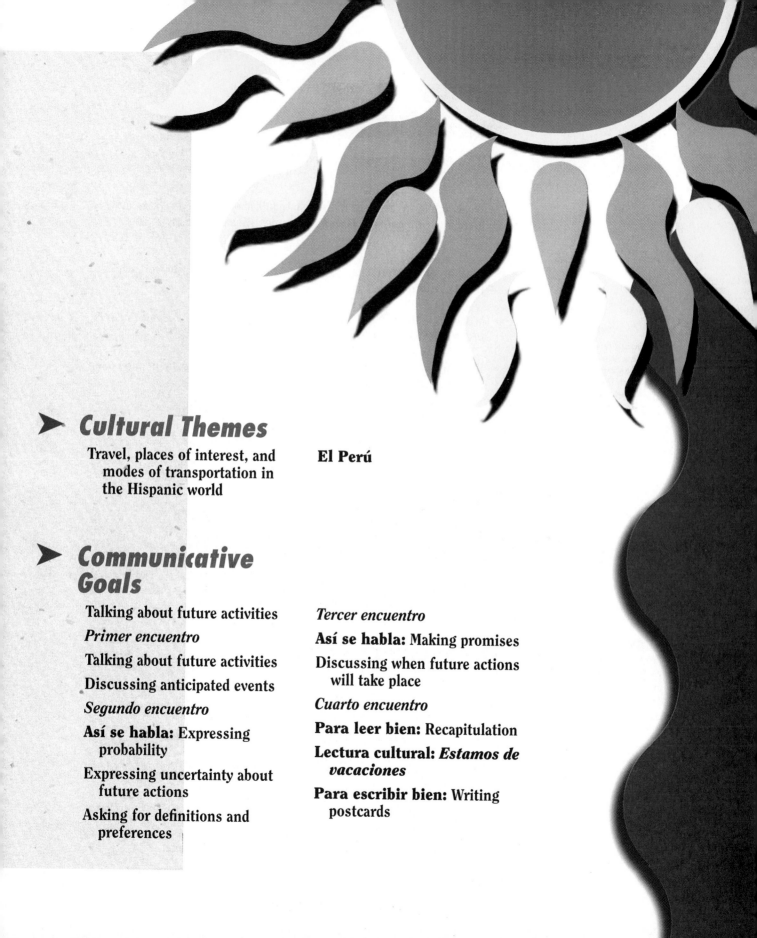

➤ Cultural Themes

Travel, places of interest, and modes of transportation in the Hispanic world

El Perú

➤ Communicative Goals

Talking about future activities

Primer encuentro

Talking about future activities

Discussing anticipated events

Segundo encuentro

Así se habla: Expressing probability

Expressing uncertainty about future actions

Asking for definitions and preferences

Tercer encuentro

Así se habla: Making promises

Discussing when future actions will take place

Cuarto encuentro

Para leer bien: Recapitulation

Lectura cultural: *Estamos de vacaciones*

Para escribir bien: Writing postcards

A pensar

- What are some famous tourist spots in South America? In Central America? In the Caribbean Islands? In Mexico? In Spain?

- What verb forms are used in English to talk about future activities and events? *We **are going** to Peru this summer. We **will go** to Peru this summer.*

- What are some expressions you will need to learn in order to work with a travel agent to plan a trip?

- What are some ways of expressing probability in English? ***I wonder** who is at the door. **It must be** John.*

- What are some expressions you will need to learn in order to function in an airport in a Spanish-speaking country?

- What are some expressions used for making promises?

Before introducing the dialogue, discuss the photos. Ask students questions such as the following: **¿Cómo se llama el lugar de la primera foto? ¿Dónde está? ¿Qué hay en la otra foto? ¿Cuáles son otros sitios de interés en el Perú? ¿En Sudamérica? ¿En México? ¿En el Caribe? ¿En Centroamérica?**

Use the maps in the student text to point out the location of the sites mentioned in the dialogue.

primer encuentro

Videocassette segment to accompany this section; see Viewer's Guide in the Instructor's Resource Manual, Chapter 15.

PRESENTACIÓN   **VOCABULARIO EN CONTEXTO**

Travel agency	**Agencia de viajes**° «La Buena Vida»
couple / honeymoon	*Esta **pareja** quiere encontrar un lugar ideal para su **luna de miel.***
trips / fares / +	Agente Aquí tienen dos **viajes** con **tarifas** muy **económicas.** Uno es a México y el otro al Perú.
was on vacation	Lorenzo Yo **estuve de vacaciones** en Machu Picchu y no quiero volver al Perú.
*+ / **incluir** = to include* *ticket / round-trip / plane / +*	Agente La otra posibilidad es esta **excursión** a las pirámides de México. **Incluye boleto de ida y vuelta** en **avión** y nueve noches de **hotel.**
to take a trip / ship / island	Pilar A mí me gustaría **hacer un viaje** en **barco** a alguna **isla** en el Caribe.

Machu Picchu, el Perú

El lago Titicaca en Bolivia

Agente	Pueden visitar la República Dominicana y Puerto Rico en **un crucero** que sale de Miami durante los meses de primavera.	*cruise ship*
Lorenzo	No coincide° con nuestra fecha. Nosotros **nos casaremos** en diciembre.	*+ / **casarse** = to get married*
Agente	En ese caso, les recomiendo Bolivia y la Argentina.	
Pilar	Y allí será° verano si vamos en diciembre.	*will be*
Agente	En Bolivia visitarán° el lago Titicaca. En la Argentina verán° las cataratas° del Iguazú.	*you will visit / you will see* / *falls*
Lorenzo	Parece **una ruta** interesante. **¿El vuelo** a Bolivia es **directo** o con **escalas?**	*route / flight / + / stops*
Agente	Hace escala en Lima antes de llegar al **destino.**	*destination*
Pilar	A mí me parece bien. Podremos° planear el viaje tranquilamente y leer **una guía turística** sobre esos países.	*We'll be able to* / *tourist guide book*
Agente	Muy bien. Entonces les hago **las reservaciones.** Irán° por avión desde Los Ángeles y parte del viaje en Bolivia será en **tren.**	*+ / You will go* / *train*
Lorenzo	¡Qué aventura! Vamos a divertirnos mucho.	

Comentarios lingüísticos y culturales

a. **Machu Picchu** was a city built by the Incas in the Andes Mountains northwest of Cuzco, Peru. Even though it was discovered by archeologists in 1911, it is still known as the lost city of the Incas.

b. **Las pirámides de México** generally refer to the pyramids of **Teotihuacán** near present-day Mexico City. (See the **Puente cultural** of this **Encuentro** for more information.)

c. **El lago Titicaca** on the border between Bolivia and Peru is the world's highest navigable lake. It is located in the Andes Mountains in the area called **el Altiplano.**

continued next page

Check comprehension: ¿Cuáles son los viajes con tarifas económicas? ¿Dónde está Machu Picchu? ¿Qué es? ¿Qué incluye la excursión a México? ¿Qué se puede visitar en México? ¿Qué viaje quiere hacer Pilar? ¿Qué tiempo hace en Sudamérica en diciembre? ¿Qué va a visitar la pareja en su luna de miel? ¿Tiene vuelo directo desde Los Ángeles a Bolivia?

Review Sonidos: c, qu (Capítulo 7, Primer encuentro).
ca, co, cu: Caribe cataratas Titicaca México económico coincide excursión cultura
c + consonant (except h): crucero incluye
que, qui: tranquilamente querer quisiera
En ese caso les recomiendo Sudamérica. Aquí hay un viaje que incluye la belleza natural de Bolivia y la Argentina.

d. The spectacular **cataratas del Iguazú** lie on the border between Argentina and Brazil. The falls are located in a tropical jungle and extend for more than four miles. There are some 275 separate cataracts.

e. Spanish uses the plural **las vacaciones,** whereas English uses the singular *vacation.*

PRÁCTICA Y CONVERSACIÓN

A. ¿Qué palabras se necesitan?　Complete estas oraciones con las expresiones correctas.

1. Quiero ir de Los Ángeles a Bogotá y volver a Los Ángeles. Necesito comprar _____ .

2. No conozco bien Barcelona. Debo leer _____ de la ciudad.

3. Los trabajadores europeos no tienen que trabajar ni en julio ni en agosto. _____ en uno de estos meses.

4. Los aviones que van directamente a su destino no _____ en ningún sitio.

5. —¿Cuánto es el _____ de aquí a México? —Es $500,00.

6. Un _____ trabaja en una agencia de viajes.

7. Si Ud. quiere viajar a un país europeo, necesita hacer _____ con anterioridad.

B. En la agencia de viajes.　Ud. es un(-a) agente de viajes en Miami y su compañero(-a) quiere hacer un viaje para sus vacaciones. Ayúdele a decidir adónde ir.

Pregúntele…

1. qué categoría de hotel quiere.
2. cuánto quiere gastar.
3. cuánto tiempo tiene para sus vacaciones.

4. si prefiere viajar solo(-a) (*alone*) o en grupo.

5. si quiere hacer reservaciones para una de estas excursiones.

6. qué excursión le gusta más y por qué.

TALKING ABOUT FUTURE ACTIVITIES

Future Tense of Regular Verbs

The future tense in English is formed by the auxiliary verb *will* + main verb: *I will travel*. The Spanish future tense, however, does not use an auxiliary verb.

FUTURE: REGULAR *-ar, -er,* AND *-ir* VERBS		
VISITAR	***VER***	***VIVIR***
visitar**é**	ver**é**	vivir**é**
visitar**ás**	ver**ás**	vivir**ás**
visitar**á**	ver**á**	vivir**á**
visitar**emos**	ver**emos**	vivir**emos**
visitar**éis**	ver**éis**	vivir**éis**
visitar**án**	ver**án**	vivir**án**

Have students locate the future tense verbs in the dialogue of the **Presentación.**

a. The future tense is formed by adding the endings **-é, -ás, -á, -emos, -éis, -án** to the infinitive. Note that all future endings except the first-person plural (**-emos**) have a written accent mark.

Point out: The English verb *will* does not always indicate a Spanish future tense. *I hope they will visit México* requires the subjunctive.

b. The future tense is translated as *will* + main verb and is used to discuss activities that will take place at a future time.

> El verano próximo **visitaremos** México y **veremos** las pirámides.
>
> *Next summer we will visit Mexico, and we will see the pyramids.*

Point out: In the dialogue of the **Presentación** there are future actions expressed with **ir a** + *infinitive* (**vamos a divertirnos**); present tense (**les hago las reservaciones**), and future tense (**irán, será**). Have students locate these and other examples.

c. There are three ways to express a future action in Spanish.

1. The construction **ir a** + infinitive corresponds to the English *to be going* + infinitive.

> **Vamos a visitar** la capital. *We are going to visit the capital.*

2. The present tense can be used to express a future idea that will take place within a day or so.

> **Visitamos** la capital mañana. *We will visit the capital tomorrow.*

3. The future tense can describe actions that will take place in the near or distant future.

La semana que viene **visitaremos** la capital.   *Next week we will visit the capital.*

En contexto

Agente En ese caso, les recomiendo Sudamérica.

Pilar A mí me parece bien. Vamos a divertirnos mucho.

Agente Entonces, les hago las reservaciones. **Irán** por avión desde Los Ángeles y parte del viaje en Bolivia **será** en tren.

PRÁCTICA Y CONVERSACIÓN

A. En la agencia de viajes. Ud. ya tiene sus planes de vacaciones. Conteste las preguntas del (de la) agente.

MODELO   Compañero(-a): ¿Qué país piensa visitar? (el Perú)
               Usted: **Visitaré el Perú.**

1. ¿Cuándo va a estar de vacaciones? (en agosto)
2. ¿Con quién piensa viajar? (mi esposo[-a])
3. ¿Cómo prefiere ir? (en avión y en tren)
4. ¿Qué cosas quiere ver? (la capital y Machu Picchu)
5. ¿Quiere visitar otros países? (no)
6. ¿Va a comer la comida peruana? (claro)
7. ¿Cuándo va a volver aquí? (en septiembre)
8. Uds. van a divertirse mucho, ¿no? (por supuesto)

B. Unas vacaciones ideales. Hágale preguntas sobre sus vacaciones ideales a un(-a) compañero(-a) de clase y su compañero(-a) contestará.

Pregúntele…

1. cuándo estará de vacaciones.
2. adónde y cómo viajará.
3. cuánto tiempo pasará allí.
4. con quién(-es) irá.
5. qué cosas visitará y verá.
6. cómo se divertirá.
7. qué cosas comerá y beberá.
8. qué cosas comprará allá.

C. El verano próximo. Explíqueles a sus compañeros de clase lo que Ud. hará (*will do*) el verano próximo. Incluya por lo menos ocho actividades.

DISCUSSING ANTICIPATED EVENTS

Future Tense of Irregular Verbs

There are few Spanish verbs that do not use the infinitive as a stem to form the future tense.

IRREGULAR FUTURE STEMS

Infinitive	Future Stem	Infinitive	Future Stem	Infinitive	Future Stem
haber	**habr-**	poner	**pondr-**	decir	**dir-**
poder	**podr-**	tener	**tendr-**	hacer	**har-**
querer	**querr-**	valer	**valdr-**		
saber	**sabr-**	salir	**saldr-**		
		venir	**vendr-**		

a. The eleven verbs with an irregular stem can be grouped into three categories.

  1. verbs that drop the vowel from the infinitive ending: **haber, poder, querer, saber.**

  2. verbs that substitute a **d** for the vowel in the infinitive ending: **poner, tener, valer** (*to be worth*), **salir, venir.**

  3. verbs that use a special form: **decir, hacer.**

b. The future tense of **hay (haber)** is **habrá** = *there will be.*

En contexto

Agente   Les recomiendo un viaje a España en otoño. No **habrá** muchos turistas y **podrán** ver más.

Cliente   Muy bien. Entonces **saldremos** el quince de octubre.

PRÁCTICA Y CONVERSACIÓN

A. **La luna de miel.**   Usando el futuro explique lo que unos recién casados (*newly-weds*) harán en su viaje por Sudamérica.

Warm-up: Uds.: decir / poner / poder yo: querer / tener/ hacer   nosotras: saber / salir / venir   ella: hacer / tener / decir   tú: poder / querer / salir

MODELO

Van a salir en el invierno.
Saldrán en el invierno.

1. Van a salir en diciembre.

2. Primero van a hacer escala en Lima.

3. Claro que no van a visitarnos.

4. Van a poder visitar el lago Titicaca.

5. El viaje es tranquilo; no van a tener prisa.

6. Van a ponerse ropa ligera (*light*) porque hace calor en la Argentina en diciembre.

7. Después van a decirnos lo que pasó.

B. **Este fin de semana.**   Complete estas oraciones usando el futuro.

Este fin de semana…

1. mis padres _____.

2. yo _____.

3. mi mejor amigo(-a) _____.

4. mi profesor(-a) de español _____.

5. mis compañeros de clase _____.

6. mi novio(-a)/esposo(-a) y yo _____.

C. Dentro de diez años.   Entreviste (*Interview*) a un(-a) compañero(-a) de clase para saber cómo será su vida dentro de diez años. Utilice las siguientes preguntas pero hagan otras preguntas también para saber más acerca de su vida futura.

¿Dónde trabajará / vivirá?

¿Estará casado(-a)? ¿Con quién?

¿Tendrá hijos? ¿Cuántos?

¿Cómo será? ¿rico(-a)? ¿famoso(-a)? ¿importante? ¿?

Puente Cultural

Las pirámides de México

Estatua de Chac Mool, Chichén Itzá

Pirámide del Sol, Teotihuacán

remains
south
present-day

tribe
moon
Nowadays

En México se puede visitar los restos° de muchas civilizaciones indígenas. En el sur° se encuentran las hermosas ciudades de los mayas como Chichén Itzá o Uxmal. Los aztecas vivían en el centro de México. La capital actual° de México está construida sobre las ruinas de Tenochtitlán, la antigua capital azteca. Cerca de la Ciudad de México está Teotihuacán que fue el centro religioso y cultural de una tribu° desconocida. Entre los años 300 y 650 esta tribu construyó un gran número de templos y las famosas pirámides del Sol y de la Luna.° Hoy día° estos edificios altos y misteriosos son un símbolo de un pasado magnífico.

COMPRENSIÓN CULTURAL

Combine las fechas, lugares y descripciones con las tribus indígenas.

la pirámide de la Luna

Tenochtitlán

el sur de México

los mayas   Chichén Itzá

los aztecas   el centro de México

una tribu desconocida   Teotihuacán

la pirámide del Sol

Uxmal

los años 300 a 650

segundo encuentro

PRESENTACIÓN   VOCABULARIO EN CONTEXTO

La lista° de una viajera°

list / traveler

Review **Sonidos: l ll, y** (Capítulo 7, Segundo encuentro).
l: lunes julio maleta   **ll:** llamar llevar llegada   Llamar a Jesús para que me lleve al aeropuerto.

Check comprehension: ¿Por qué necesita llamar a la embajada la viajera? ¿Qué tiene que hacer el martes? ¿Adónde viaja? ¿Cuándo va a hacer las maletas? ¿Cuánto puede pesar el equipaje? ¿Cómo va al aeropuerto? ¿A qué hora es el vuelo?

LUNES, 10 DE JULIO
- LLAMAR A LA EMBAJADA *EN CASO QUE* NECESITE VISA.*
- LLEVAR EL PASAPORTE A LA EMBAJADA.

MARTES, 11 DE JULIO
- CAMBIAR DINERO* Y COMPRAR LOS CHEQUES DE VIAJERO.*
- AVISARLE* A ANITA CUÁL ES LA HORA DE LLEGADA* A LIMA PARA QUE* ME VAYA A BUSCAR.

MIÉRCOLES, 12 DE JULIO
- HACER LAS MALETAS*.
- EL EQUIPAJE* NO PUEDE PESAR MÁS DE 20 KG.

JUEVES, 13 DE JULIO
- LLAMAR A JESÚS A LAS 7:30 PARA QUE ME LLEVE AL AEROPUERTO*.
EL VUELO NO. 307 DE AERO PERÚ SALE A LAS 10:30.

VIERNES, 14 DE JULIO
¡EL PERÚ!

embassy in case / visa

passport

change money
traveler's checks
Let her know
arrival
so that

pack suitcases
luggage

airport

Aeropuerto Jorge Chávez, Lima

Point out: See **Appendix B** for metric units of measurement.

Comentarios lingüísticos y culturales

a. An embassy is the official headquarters of a country in a foreign land, and is usually located in the capital city. The ambassador and the staff working in the embassy can answer questions and give help to persons planning to travel to the country they represent.

b. A passport is an official document issued by the government to its citizens allowing them to travel to foreign countries and to reenter the native country. The passport offers proof of identity, citizenship, and requests protection for them while traveling abroad.

c. A visa is a permit or endorsement stamped on a passport allowing a passport holder to enter into and/or travel through the foreign country or grants special permission (such as a student visa).

d. The letters **kg** represent the abbreviation for **kilogramo** = *kilogram*. A kilo(gram) = 2.2 pounds.

PRÁCTICA Y CONVERSACIÓN

A. **¿Qué tengo que hacer?**   Ponga esta lista en orden. ¿Qué debo hacer primero, segundo, tercero,… ?

Antes de salir de viaje para Lima necesito…

_____ comprar el boleto.   _____ comprar cheques de viajero.

_____ hacer las maletas.   _____ sacar un pasaporte.

_____ reservar los pasajes.   _____ cambiar dinero.

B. **Una aventura para campeones.**   Ud. y su amigo(-a) están preparándose para una aventura internacional. ¡Viajarán en sus bicicletas de montañas! Decidan qué países van a visitar, lo que van a llevar, los documentos que necesitan y el tiempo que van a emplear en su viaje.

Un viaje repleto de sensaciones, paisajes, pueblos y gentes vividos desde una bicicleta.

LA VUELTA AL MUNDO EN **bicicleta**

70,000 kilómetros en bicicleta descritos continente a continente

Juanjo Alonso

Con consejos útiles y trucos para el que quiera realizar en todo o en parte esta fantástica aventura.

ANAYA TOURING

Jesús García Ávila • Miguel A. Delgado
Bicicleta de Montaña: Manual Práctico
COORDINACIÓN: JOSÉ L. PERTIERRA

PENTHALON

EXPRESSING PROBABILITY

In order to express probability in Spanish, you can use the future tense. There are several English equivalents: *wonder, bet, can, must, might, probably.*

¿Dónde estará Lucía?	*I wonder where Lucía is.*
	Where can / might Lucía be?
¿Qué hora será?	*I wonder what time it is.*
Serán las cuatro.	*It must be around four.*
¿Qué será esto?	*I wonder what this is.*
	What could / can / might this be?
Como siempre, llegará tarde.	*He will probably be late, as usual.*
¿Saldrá a tiempo el tren?	*I wonder whether the train will leave on time.*

OTHER EXPRESSIONS OF PROBABILITY

Quizás / tal vez.	*Maybe / perhaps.*
Probablemente.	*Probably.*
Casi seguro.	*Very likely.*
Me parece que sí.	*I think so.*
Espero.	*I expect so. I hope so.*
Puede ser.	*It may be.*
Probablemente no.	*Probably not.*
No creo.	*I don't think so.*
No es (muy) probable.	*It's not (very) likely / probable.*

PRÁCTICA

¿Qué le parece?   Conteste las preguntas según el modelo.

MODELO   ¿Cuántas horas de vuelo habrá entre Nueva York y Caracas?
No sé. Habrá nueve horas.

1. ¿Cuántas horas de vuelo habrá entre San Francisco y la Ciudad de México?
2. ¿A cuánto estará el cambio de pesos a dólares?
3. ¿Cuántas personas viajarán a México cada año?
4. ¿Qué aeropuerto de los Estados Unidos tendrá más tráfico?
5. ¿Para qué países se necesitará visa?
6. ¿Quién será la persona más inteligente del mundo?

ESTRUCTURAS

EXPRESSING UNCERTAINTY ABOUT FUTURE ACTIONS

Subjunctive in Adverb Clauses

In Spanish the subjunctive is used in clauses when it is uncertain when or if an action will happen.

Saldré **antes que lleguen** Uds.   *I will leave before you arrive.*

a. In Spanish the subjunctive is always used in adverbial clauses introduced by the following conjunctions:

a menos que	*unless*	en caso que	*in case that*
antes que	*before*	para que	*so that*
con tal que	*provided that*	sin que	*without*

Point out: Some native speakers use the de in the expressions **antes de que / con tal de que / en caso de que.**

b. Note that frequently other future activities are dependent upon the outcome of these uncertain actions or events.

future activity

Visitaré Madrid   *I will visit Madrid*
   con tal que tenga el dinero.   *provided that I have the money.*

uncertain event

Point out: The infinitive is generally used with **antes de / para** when there is no change of subject: **Saldremos antes (de) que mi hermano almuerce. Saldremos antes de almorzar.**

En contexto

Llevaré el pasaporte a la embajada **en caso que necesite** visa.

PRÁCTICA Y CONVERSACIÓN

A. Una llamada telefónica.   Un(-a) amigo(-a) llama para discutir su viaje a México. Hágale preguntas según el modelo.

MODELO
                salir mañana: a menos que / estar enfermo
        Usted: **¿Saldrán Uds. mañana?**
   Compañero(-a):   **Saldremos mañana a menos que estemos enfermos.**

1. comprar cheques de viajero: en caso que / perder el dinero
2. hacer reservaciones: para que / tener un buen hotel
3. pasar 15 días allá: con tal que / divertirse
4. visitar la capital: antes que / ver las pirámides
5. regresar pronto: a menos que / visitar todos los museos

B. Las vacaciones.   Complete las oraciones de una manera lógica.

1. Estaré de vacaciones a menos que _____.
2. Nunca viajo sin que _____.
3. Llamaré a un(-a) amigo(-a) para que _____.
4. Compraré cheques de viajero en caso que _____.
5. Saldré antes que _____.
6. Iré con tal que _____.

C. El (La) agente de viajes.   Ud. trabaja en una agencia de viajes. Déle consejos (*advice*) a un cliente que planea un viaje de negocios (*business*) a la Argentina y otro cliente que planea sus vacaciones en México. Mencione por lo menos seis actividades.

MODELO   **Ud. debe cambiar dinero antes que llegue a la Argentina.**

ASKING FOR DEFINITIONS AND PREFERENCES

¿Qué? versus *¿cuál?*
The English questions *What is . . . ?* or *What are . . . ?* can be expressed two ways in Spanish.

a.   **¿Qué es... ?** and **¿Qué son... ?** are used when the expected answer is a definition or explanation.

—**¿Qué es** Machu Picchu?   *What is Machu Picchu?*
—Es la ciudad perdida de los incas   *It's the lost city of the Incas*
  cerca de Cuzco.   *near Cuzco.*

b.   **¿Cuál es... ?** and **¿Cuáles son... ?** are used when the expected answer gives one of a number of possible choices.

—**¿Cuáles son** tus lugares turísticos   *What are your favorite tourist spots?*
  preferidos?
—Las cataratas del Iguazú y las playas   *Iguazú Falls and the beaches*
  de México.   *of Mexico.*

En contexto
—**¿Cuál es** la hora de su llegada?
—La una y veinte.

PRÁCTICA Y CONVERSACIÓN

A. Preguntas para el agente de viajes.   Ud. quiere tener más información sobre su viaje. Complete estas preguntas con **¿Qué es? / ¿Qué son?** o **¿Cuál es? / ¿Cuáles son?**

1. ¿ _____ una visa?
2. ¿ _____ unos lugares interesantes para unas vacaciones?

3. ¿ _____ un buen lugar para una luna de miel?

4. ¿ _____ las cataratas del Iguazú?

5. ¿ _____ la hora de la salida del avión?

6. ¿ _____ la capital del Perú?

7. ¿ _____ los cheques de viajero y dónde los compro?

B. Una visita a Sudamérica. Su amigo(-a) acaba de regresar de un viaje a Sud-américa y le explica a Ud. lo que él/ella hizo y vio. Cuando su amigo(-a) menciona ciertos sitios y lugares, Ud. le interrumpe (*interrupt*) para aprender lo que son. Su amigo(-a) le da una explicación.

Use the information in the **Presentación** and **Comentarios lingüísticos y culturales** of the **Primer encuentro** for answers to these questions.

MODELO		Lima
	Usted:	**¿Qué es Lima?**
	Compañero(-a):	**Es la capital del Perú.**

1. Titicaca

2. tu país preferido

3. Buenos Aires

4. Iguazú

5. Acapulco y Cancún

6. Machu Picchu

7. unas islas del Caribe

8. tus ciudades preferidas

PUENTE **C**ultural   *El Museo de Oro*

Unas piezas del Museo de Oro, Bogotá, Colombia

continued next page

astonished / conquerors
gold / emeralds

which

necklaces / pendants / earrings
crowns / needles

Los indios chibchas de Colombia asombraron° a los conquistadores° españoles con los objetos de oro° y las esmeraldas° que usaban para adornar sus casas y su persona. Muchos de estos objetos precolombinos están ahora en el Museo de Oro en Bogotá, el cual° tiene unas treinta y cinco mil piezas de oro y una colección de esmeraldas que se cuenta entre las más grandes del mundo. Entre estos objetos se encuentran collares,° anillos para la nariz, pendientes,° aretes,° diademas° y también objetos útiles como agujas,° y artefactos usados en ceremonias religiosas.

COMPRENSIÓN CULTURAL

Complete las oraciones.

1. Los indios chibchas de _____ usaban objetos de _____ y _____ para adornar sus casas y su persona.
2. Muchos de los objetos de los chibchas están en _____ en _____ .
3. El museo tiene _____ piezas de oro.
4. Su colección de _____ se cuenta entre las más grandes del mundo.
5. Entre los objetos de oro se encuentran _____ , _____ para la nariz, _____ y objetos _____ .

No es ORO *todo lo que reluce*

¿Puede Ud. adivinar (guess) el significado de este proverbio?

Videocassette segment to accompany this section; see Viewer's Guide in the Instructor's Resource Manual, Chapter 15.

PRESENTACIÓN **VOCABULARIO EN CONTEXTO**

If desired, make and use a transparency of the drawing to introduce vocabulary for the airport / airplane. Discuss the scene: **¿Quiénes están en el aeropuerto? ¿Qué hacen? ¿Qué traen los pasajeros? ¿Qué necesitan mostrar antes de subir al avión? ¿Quiénes son las tres personas en el avión? ¿Qué hacen?**

En el aeropuerto

Altavoz°	Atención, los **pasajeros** de AeroChile con destino a Santiago de Chile deben **presentarse** en **la puerta de embarque** número 20.	*loud-speaker / +* *to appear / boarding gate*
Montserrat	¡Ése es tu vuelo, Ana María! Lo están **anunciando.**	**anunciar** = *to announce*
Ana María	¿Dónde **facturo** el equipaje?	**facturar** = *to check*
Montserrat	Por aquí. ¡Ven pronto! ¡**Uy,** mira **la cola** que hay en **el mostrador** de AeroChile!	*Oh! / line / counter*
Ana María	Bueno, cálmate.° El avión no se irá sin todos los pasajeros.	*stay calm*

En el mostrador

Empleada	¿Qué boleto tiene Ud., **clase económica** o **primera clase?**	*+ / +*
Ana María	Clase económica. Estoy en **la lista de espera.**	*waiting list*
Empleada	¡Ah! Ya veo. El vuelo no está **completo.** Creo que va a tener suerte. Permítame° su pasaporte.	*full* *Let me see*

As soon as	Ana María	¡Qué bien! **Tan pronto como** suba al avión, todo va a ser más calmo.
customs **registrar** = *to check*	Montserrat	Pero todavía te espera pasar **la aduana** en Santiago. ¡Ya sabes cómo **registran** todo!
boarding pass / departure *Have a good trip!*	Empleada	Mm,... bien, todo en orden. Ésta es su **tarjeta de embarque. La salida es a las seis en punto. ¡Buen viaje!**
departing from / to land	Altavoz	El vuelo de Líneas Andinas **procedente de** Bogotá acaba de **aterrizar.** Los pasajeros saldrán por la puerta número 25.

Check comprehension: ¿Dónde deben presentarse los pasajeros con destino a Santiago de Chile? ¿Qué hace Ana María en el mostrador de AeroChile? ¿Es fácil pasar por la aduana en Santiago? ¿Qué necesita Ana María para subir al avión? ¿Cuál es la hora de salida de su vuelo? ¿De dónde procede el vuelo que acaba de aterrizar?

Review **Sonidos:** Intonation (Capítulo 8, Segundo encuentro).
Normal statement: **Ese es tu vuelo, Ana María. Estoy en la lista de espera.** Information question: ¿**Dónde facturo el equipaje? ¿Qué boleto tiene Ud.?** Yes/No question: ¿**Es fácil pasar por la aduana? ¿Está Ud. en la lista de espera?**

N° 0402118 A

Cargo uso aeroestación de la Dirección General de Circulación Aérea y Aeródromos

Airport Charge

Pasajeros Internos

Ley 13.041, Decreto 1674/76, Art. 48

RECIBO PARA EL PASAJERO PASSENGER RECEIPT

¿Cuál de estas dos tarjetas se usa para subir al avión?

Comentarios lingüísticos y culturales

a. **Facturar el equipaje** = *to check luggage* as at an airport for loading on the plane. **Registrar el equipaje** = *to check, examine,* or *search luggage* as in customs.

b. **Ser** is used to express the time of an event or activity: **El vuelo es a las seis en punto.**

PRÁCTICA Y CONVERSACIÓN

A. **Señor, por favor, me puede decir...** Ud. trabaja en Ezeiza, el aeropuerto de Buenos Aires, y tiene que ayudar a los pasajeros. Conteste preguntas según el dibujo en la página 497.

1. ¿Cuándo aterriza el vuelo 512?

2. ¿Hay un vuelo con destino a Quito esta tarde? ¿A qué hora sale? ¿De qué puerta sale?

3. ¿Cuál es el número del vuelo de Lima? ¿A qué hora aterriza?

LLEGADAS			
NÚMERO	**PROCEDENTE DE**	**HORA**	**PUERTA**
MX 422	Guadalajara	10:10	11
AV 037	Bogotá	10:47	06
PA 512	San Juan	11:02	17
WA 092	Los Angeles	11:21	02
AP 381	Lima	12:17	15

If desired, make and use a transparency of the Departure/Arrival boards to complete the exercise.

SALIDAS			
NÚMERO	**DESTINO**	**HORA**	**PUERTA**
EA 183	Quito	14:18	03
IB 056	Barcelona	14:50	19
VA 472	Caracas	15:24	08
AA 062	Montevideo	15:41	14
EA 268	La Paz	16:03	01

4. ¿Llega el vuelo 472 a la puerta 14?
5. ¿Hay un vuelo procedente de Colombia? ¿Cuál? ¿A qué hora aterriza?
6. ¿Hay un vuelo con destino a Bolivia? ¿A qué hora y por qué puerta sale?
7. ¿Se pasa por la aduana antes del vuelo 056? ¿Qué se necesita mostrar en la aduana?

Portillo, Chile

B. Vamos a esquiar.   Ud. y su compañero organizan un grupo de estudiantes para ir a esquiar en Chile. Explíquenles lo que deben hacer al llegar al aeropuerto y lo que va a pasar cuando lleguen a Chile. Usen las siguientes palabras en su guía.

puerta de embarque / hacer cola / clase económica / tarjeta de embarque / salida / aterrizar / llegada / aduana / registrar / taxi / hotel

MAKING PROMISES

Here are some phrases that you can use to promise something to someone.

¿Me promete(s) que no se lo dirá(s) a nadie?	*Do you promise me that you won't tell it to anyone?*
Te (Se) lo prometo.	*I promise you.*
Te (Se) lo aseguro.	*I assure you.*
No se lo diré a nadie.	*I will not tell anyone.*
Lo siento, pero no puedo prometérte(se)lo.	*I'm sorry, but I can't promise you.*

PRÁCTICA Y CONVERSACIÓN

A. ¡Prométemelo!   Su madre se va de viaje por una semana. ¿Cómo le asegura Ud. que hará todo lo que ella quiere? Conteste sus preguntas.

1. Harás tus tareas, ¿no?
2. No te olvidarás de ir a buscar a tu hermano a la escuela, ¿verdad?
3. Arreglarás el televisor como me prometiste, ¿no?
4. ¿Me prometes que irás a ver a tu abuela?
5. No dejarás la casa abierta cuando salgas, ¿verdad?

B. Más promesas.   Pídale a su compañero(-a) que haga o no haga ciertas cosas. Él (Ella) debe prometerle que lo hará o no.

A ESCUCHAR

La madre de Paquita está preocupada porque no se ha podido (*hasn't been able to*) comunicar con su hija. Escuche el diálogo y decida si las siguientes oraciones son verdaderas o falsas. Corrija las oraciones falsas.

1. El padre de Paquita está preocupado.
2. La madre de Paquita recibió una llamada de su hija.
3. Paquita tiene que viajar del Perú a los Estados Unidos.

4. Paquita llega a Minneapolis en un vuelo de Northwest.

5. El avión llega en siete u ocho horas.

6. La madre de Paquita quiere llamar al director del programa de estudios internacionales en Lima.

7. El padre se va a dormir.

DISCUSSING WHEN FUTURE ACTIONS WILL TAKE PLACE

Subjunctive in Adverb Clauses of Time

You have learned to use the subjunctive after phrases that always express an uncertainty, such as **a menos que, antes que, con tal que, en caso que, para que,** and **sin que.** Other adverbs of time will sometimes be followed by the subjunctive and sometimes by the indicative depending on the amount of uncertainty.

ADVERBS OF TIME	
cuando	*when*
después que	*after*
hasta que	*until*
mientras	*while, as long as*
tan pronto como	*as soon as*

Point out: Hasta / después de are followed by the infinitive when there is no change of subject. **Pasamos por la aduana después de facturar el equipaje.**

Supplemental grammar: Adverbs of place, manner, and condition such as **aunque, como,** and **donde** will also use the subjunctive when they express an uncertainty. **Iremos aunque llueva. Viajaré como me diga el agente.**

a. When the above adverbs of time are followed by an action that has not yet happened, that is, an action whose completion is uncertain, they are followed by verbs in the subjunctive mood.

El avión no se irá **hasta que suban** todos los pasajeros.

The plane won't leave until all the passengers are aboard.

b. When the adverbs of time express a completed action in the past or a habitual action in the present, they are followed by verbs in the indicative mood. Compare the following examples.

Future action:

El vuelo saldrá **tan pronto como llegue** el otro.

The flight will leave as soon as the other one arrives.

Completed action:

El vuelo salió **tan pronto como llegó** el otro.

The flight left as soon as the other one arrived.

Future action:

Emilio va a esperar aquí **hasta que anuncien** su vuelo.

Emilio is going to wait here until they announce his flight.

Habitual action:

Emilio siempre espera aquí **hasta que anuncian** su vuelo.

Emilio always waits here until they announce his flight.

En contexto

Pasajero   Estoy tan nervioso.

Empleado   No se preocupe Ud. **Tan pronto como suba** al avión todo va a ser más calmo.

PRÁCTICA Y CONVERSACIÓN

A.   ¿Qué harás?   Complete las oraciones de una manera imaginativa.

1. Mientras estemos en la universidad debemos _____.
2. Cuando me haga rico(-a) voy a _____.
3. Voy a _____ tan pronto como yo pueda.
4. No voy a salir de la universidad hasta que _____.
5. Después que nos graduemos mis amigos y yo _____.

B.   Entrevista personal.   Hágale preguntas sobre sus actividades futuras a un(-a) compañero(-a) de clase y su compañero(-a) debe contestar.

Pregúntele…

1. lo que hará cuando salga de clase hoy.
2. lo que va a hacer mientras esté de vacaciones.
3. dónde vivirá hasta que compre una casa.
4. adónde irá después que se gradúe.
5. lo que comprará tan pronto como reciba bastante dinero.
6. dónde trabajará cuando termine sus estudios.

C.   Un mundo nuevo.   Imagínese que Ud. va a ser uno de los primeros colonizadores de un planeta deshabitado. Describa lo que Ud. hará al llegar allí.

MODELO   **Buscaré comida tan pronto como llegue allí.**

A	B
buscar	cuando
construir	hasta que
hacer	tan pronto como
tener	
necesitar	
¿?	

PUENTE Cultural — La costa española

Videocassette segment to accompany this section; see Viewer's Guide in the Instructor's Resource Manual, Chapter 15.

Costa Brava, España

España tiene una larga costa. Cada región de costa tiene su característica particular y su nombre propio. La costa de Galicia, al noroeste de España, se destaca° por sus rías° que son muy buenas para la pesca. Al sureste, sobre el mar Mediterráneo, se encuentra la Costa Brava, conocida por sus acantilados° y belleza natural. Pero las playas más famosas están al sur, en la costa de Andalucía, llamada la Costa del Sol. Marbella y Torremolinos son dos de las muchas playas que atraen a turistas de todas partes del mundo.

stands out / inlets
cliffs

COMPRENSIÓN CULTURAL

Combine las características con el nombre de la costa española.

las playas más famosas
la pesca
la belleza natural
los turistas de todo el mundo   la Costa del Sol
los acantilados   la Costa Brava
las rías   la Costa de Galicia
el Mediterráneo
el Atlántico

Videocassette segment to accompany this section; see Viewer's Guide in the Instructor's Resource Manual, Chapter 15.

EL MUNDO HISPANO   EL PERÚ

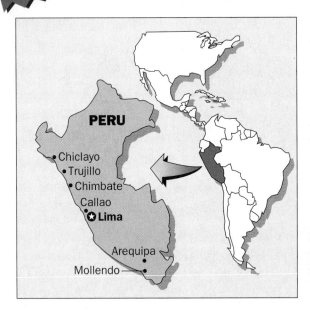

PERU

- Chiclayo
- Trujillo
- Chimbate
- Callao
- ★ Lima
- Arequipa
- Mollendo

Have students locate **el Perú** on a map of South America; have students locate important cities as well.

Check comprehension: ¿Cuál es la capital del Perú? ¿Cómo son la geografía y el clima? ¿Cuál es la población? ¿En qué se basa la economía?

Plaza de Armas, Lima, Perú

Población	21.300.000 de habitantes.
Economía	La industria minera —el cobre, la plata, el plomo y otros metales; la pesca; el petróleo.
Ciudades	Lima, Cuzco, Arequipa, Iquitos.
Moneda	El nuevo sol de oro.
Geografía y clima	Tercer país más grande de Sudamérica. Tres regiones distintas: el oeste-la costa; el centro-las montañas; el este-el río Amazonas y la selva.

PARA LEER BIEN • Recapitulation

Remember that there are three steps in reading a text.

FIRST: Look at the title and illustrations and try to predict the content of the text. Formulate some general questions in your mind that you want the text to answer.

SECOND: Skim the text to get the gist. Do not stumble over unknown words. Try to guess their meaning from the context. Pay attention to cognates. Pick out key words and ideas. Were your questions answered? Formulate more detailed questions based on the new information.

THIRD: Do a more detailed reading and try to answer your new questions.

PRÁCTICA

Apply the three steps mentioned to the **Lectura cultural.**

Primer paso

Preguntas

1. _____

2. _____

3. _____

Segundo paso

Respuestas

1. _____

2. _____

3. _____

Gist: _____

Nuevas preguntas

1. _____   3. _____

2. _____   4. _____

LECTURA CULTURAL

Estamos de vacaciones

¡ESTAMOS DE VACACIONES! Por fin ha llegado el periodo del año más deseado por todos nosotros. Para que sean auténticamente efectivas, sigue con atención los consejos de estas páginas. Estamos seguros que te ayudarán a disfrutar más y mejor del tiempo de ocio.

Finally / has arrived

advice
enjoy / leisure

No dejas a un lado la ALIMENTACION° Una dieta ligera y equilibrada° te ayudará a mantenerte en forma y a limpiar tu organismo de las impurezas° acumuladas durante todo el año. Apúntate° a los baños de SOL Eso sí, con cuidado° y una buena protección.

nutrition
balanced

impurities

Put your name down

carefully

Y por último, realiza EJERCICIO físico. Un poquito de deporte siempre ayuda a llevar una vida más sana. ¡Vamos!, no te duermas. Estás de vacaciones.

TEXTO: EULALIA SACRISTAN

Disfruta del tiempo libre

Paloma Sada, psicoteraupeuta, nos da una serie de pautas: ● **Ocho horas de descanso**, como mínimo; es preferible acostarse temprano y levantarse pronto. ● **Largos paseos** por el mar o la montaña. ● **Tomar el sol** es muy relajante, favorece la eliminación del estrés siempre que se haga con la protección adecuada. ● **Practica los deportes** que siempre quisiste ejercitar y que durante el invierno no tuviste tiempo. ● **Haz vida al aire libre** y observa una dieta equilibrada, con abundancia de frutas y verduras. ● **Evita** alcoholes y excitantes. ● **Trata de leer** y escuchar música en lugares relajados que nos inviten a meternos en nosotros mismos. ● **Evitar cualquier situación** que nos pueda desestabilizar.

FOTO:CEDIDA MIA

PRÁCTICA Y CONVERSACIÓN

Vacaciones. Haga una lista de los consejos para las vacaciones que hay en este artículo. ¿Hay otros consejos que Ud. quiere agregar (*add*)?

Grammar incorporated A: Future tense **B:** Future tense **C:** Subjunctive in adverbial clauses

Vocabulary incorporated A: Travel vocabulary; tourist spots in Spanish-speaking world **B:** Expressions for travel **C:** Expressions for travel; making promises

A. **¡Ud. acaba de ganar un viaje para dos!**   You have just won a trip for two through the Spanish-speaking world; you may visit ten different places of your choice. Explain to your classmates with whom you will travel, when and how you will travel, and what places you will visit and why. Use the information contained in this and other chapters to help you decide what places you will visit.

B. **En la agencia de viajes «La Buena Vida».**   A classmate will play the role of a travel agent and you will be the client. You have three weeks' vacation this year and you want it to be special. Explain when your vacation is and what type of vacation you want. The agent will offer suggestions, and you will ask questions about the suggestions. Finish the conversation by making ticket and hotel reservations.

C. **Antes del viaje.**   Your son/daughter is going to spend a semester studying and traveling in Spain. Help him or her with the preparations for travel by answering questions about when and what to pack; how, when, and where to get a passport, buy traveler's checks, change money, and so on. Explain which activities to do before or after others, and why certain things must be done. Remember to use the subjunctive to express uncertainties. Ask your son/daughter to promise to write often and to be careful.

PARA ESCRIBIR BIEN • Writing Postcards

Postcards are in reality short personal letters and consist of a salutation, brief body, and a closing. In a postcard you have room for only 4–5 sentences in which you explain where you are, what you have done or will be doing, your reaction to the place, and how you are feeling. A postcard should provide a capsule summary of your trip.

COMPOSICIONES

A. **Unas tarjetas postales.**   It is the second day of the week-long vacation of your dreams. Write a postcard to two family members and/or friends explaining what you did the first day and what you will be doing the remaining days of your trip.

B. **Mi agenda.**   You are leaving on a trip the day after your last final exam. Write a list for the seven days before your trip explaining what you will do or have to do each day in order to complete your school work and prepare for the trip.

Vocabulario activo ●●●

La agencia de viajes — *Travel agency*

el barco	*ship*
el boleto	*ticket*
de ida y vuelta	*round-trip ticket*
el cheque de viajero	*traveler's check*
el crucero	*cruise ship*
el destino	*destination*
la escala	*stop (-over)*
la excursión	*tour*
la guía turística	*tourist guidebook*
el hotel	*hotel*
la reservación	*reservation*
la ruta	*route*
la tarifa	*fare*
el tren	*train*
el viaje	*trip*
el (la) viajero(-a)	*traveler*

El aeropuerto — *Airport*

la aduana	*customs*
el avión	*airplane*
la azafata	*stewardess*
el camarero	*steward*
la clase económica	*economy class*
la lista de espera	*waiting list*
la llegada	*arrival*
el mostrador	*(ticket) counter*

el (la) pasajero(-a)	*passenger*
el (la) piloto	*pilot*
la primera clase	*first class*
la puerta de embarque	*gate / boarding gate*
la salida	*departure*
la tarjeta de embarque	*boarding pass*
el vuelo	*flight*

Otros sustantivos

la cola	*line (of people)*
la embajada	*embassy*
el equipaje	*luggage*
la isla	*island*
la lista	*list*
la luna de miel	*honeymoon*
la maleta	*suitcase*
la pareja	*couple, pair*
el pasaporte	*passport*
la visa	*visa*

Verbos

anunciar	*to announce*
aterrizar	*to land*
avisar	*to tell, advise*
casarse (con)	*to get married (to)*
facturar	*to check (luggage)*
incluir	*to include*

presentarse	*to appear*
prometer	*to promise*
registrar	*to check, examine*
valer	*to be worth*

Otras expresiones

a menos que	*unless*
antes que	*before*
¡Buen viaje!	*Have a good trip!*
cambiar dinero	*to change money*
completo	*full*
con destino a	*with destination to*
con tal que	*provided that*
después que	*after*
directo	*direct, non-stop*
económico	*inexpensive; economical*
en caso que	*in case that*
estar de vacaciones	*to be on vacation*
hacer escala	*to make a stop (-over)*
hacer las maletas	*to pack (one's suitcases)*
hacer un viaje	*to take a trip*
hasta que	*until*
ir por / en (+ transportation)	*to go by (+ transportation)*
para que	*so that*
procedente de	*departing from*
sin que	*without*
tan pronto como	*as soon as*
¡Uy!	*Oh!*

En la ciudad

México, D.F.

➤ Cultural Themes

Urban life in the Hispanic world   **México, D.F.**

➤ Communicative Goals

Functioning in a city

Primer encuentro

Explaining what you would do
in certain situations

Softening requests and criti-
cism

Segundo encuentro

Así se habla: Asking for and
giving directions

Talking about completed past
actions

Discussing what you have done,
seen, and said

Tercer encuentro

Así se habla: Making apologies

Talking about actions completed
before other actions

Cuarto encuentro

Para leer bien: Personal letters

Lectura cultural: *Saludos de
México*

Para escribir bien: Making a
reservation by letter

A pensar

- What verb form is used in English to explain what you would do in certain situations? *I **would go** to Mexico in your situation.*

- What kind of information do you need to tell a travel agent or hotel registration clerk when you want to reserve a room? What are some standard expressions used to ask for and give directions?

- What verb form is used in English to explain what you have done? *I **have** already **reserved** the hotel for my vacation.*

- What are some common phrases needed when banking?

- In what kinds of situations do we apologize in our culture? What are some common expressions used to make apologies?

- What verb form is used in English to talk about actions completed before other actions? *I **had** already **eaten** before John arrived.*

primer encuentro

PRESENTACIÓN — VOCABULARIO EN CONTEXTO

En el Distrito Federal

Irene	Ahora que por fin tengo un buen trabajo, necesito pensar en **el transporte.** No sé si debo comprar **un carro** o usar el transporte **público.** ¿Qué harías° tú?

+ / + / +
would you do

*indecisive / **quedar** = to be located*

Antonia	¡Ay, niña! Tú siempre tan **indecisa.** Pues, ¿dónde **queda** el trabajo que tienes?

outskirts / subway
+ / line

Irene	Queda en **las afueras** de la ciudad. Pero **el metro** llega hasta allí. Es la última **estación** en **la línea** Cuatro Caminos.

Paseo de la Reforma, México, D.F.

Antonia	Pues, yo no compraría° un carro. Es muy difícil conducir en esta ciudad con tanto **tráfico.**	*would... buy* +
Irene	Sí, en eso **tienes razón.** Pero por otro lado es muy conveniente tener un carro.	**tener razón** = *to be right*
Antonia	¿Quieres **aumentar la contaminación del aire** con un automóvil más?	*to increase / +*
Irene	Hm… Eso lo decide. Usaré el transporte público. Además puedo sacar un pase mensual.°	*monthly pass*

Teach transportation vocabulary prior to introducing the dialogue. If desired, make and use a transparency of the drawing showing the various modes of transportation.

Follow the introduction of the new vocabulary by doing **Práctica A** of the **Presentación.**

Check comprehension: ¿Qué problema tiene Irene? ¿Dónde queda su trabajo? ¿Hay transporte público para llegar allí? ¿Cuál? ¿Qué le aconseja Antonia? ¿Por qué? ¿Hay contaminación del aire en esta ciudad? ¿Y en su ciudad?

Review **Sonidos: p, t (Capítulo 5, Primer encuentro).**

p: transporte público pensar por fin pues
t: distrito transporte estación contaminación metro   Pero por otro lado es muy conveniente tener un carro. Ahora que por fin tengo un buen trabajo, necesito pensar en el transporte.

Comentarios lingüísticos y culturales

a. Mexico City is located in the **Distrito Federal** (similar to the U.S. District of Columbia) and is the capital of the country and center of the government. The abbreviation **México, D.F.** or simply **D.F.,** is similar to the English *Washington, D.C.* (*D.C.*).

b. Because of its size, Mexico City suffers many of the same problems as other large cities. Traffic jams in the **Distrito Federal** are some of the worst in the world. Air pollution and smog are also of tremendous concern. The city lies in a valley surrounded by mountains which trap the contaminated air.

c. There are several words for *car* in Spanish. **El carro** is commonly used in the Americas; **el coche** is generally used in Spain and is understood in all parts of the Hispanic world. **El automóvil** is the equivalent of *automobile*.

d. Several of the words for means of transportation have shortened forms: **el automóvil = el auto; el autobús = el bus; la motocicleta = la moto.**

PRÁCTICA Y CONVERSACIÓN

A. **Palabras nuevas.**   Complete con el vocabulario de la **Presentación.**

1. Un medio de transporte sin motor con dos ruedas es _____.
2. Un medio de transporte con dos ruedas y un motor es _____.
3. Un tren subterráneo se llama _____.
4. El medio de transporte que lleva a muchas personas y que va por la calle es _____.
5. En los EE.UU. transportan las cosas grandes como automóviles en _____.

B. **Los medios de transporte en la vida diaria.**   Conteste estas preguntas.

1. ¿Hay un metro en su ciudad? ¿Qué medios de transporte público hay en su ciudad?
2. ¿Tiene Ud. bicicleta o motocicleta? ¿La usa? ¿Está aquí en la universidad?
3. ¿Tiene Ud. carro? ¿Cómo es?
4. ¿Puede Ud. conducir un camión? ¿Es difícil?
5. El año pasado, ¿viajó Ud. en avión? ¿en tren? ¿en coche? ¿en barco?
6. ¿Le gusta viajar en avión? ¿en tren? ¿en autobús? ¿en coche? ¿Por qué?
7. ¿Qué medio de transporte prefiere Ud. para viajar?

C. **El boleto de autobús.**   Irene viaja en autobús a todas partes. Para saber adónde va, busque la información en estos boletos.

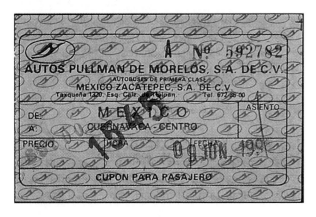

1. ¿Adónde viajó el 9 de junio?
2. ¿Cuánto pagó por el viaje en el grupo Flecha Amarilla?
3. ¿En qué autobús viajó para ir a Cuernavaca (Casino)?

ESTRUCTURAS

EXPLAINING WHAT YOU WOULD DO IN CERTAIN SITUATIONS

Point out: Sometimes the word *would* does not indicate a conditional tense but rather *used to*. When *would* = *used to*, the imperfect tense is used. *When I was little, I would go to the park to play.*

Conditional of Regular Verbs

In English the conditional is formed with the auxiliary verb *would* + main verb; *they would leave, we would travel.*

CONDITIONAL TENSE: REGULAR *-ar, -er,* AND *-ir* VERBS

TOMAR

tom**aría**	*I would take*
tom**arías**	*you would take*
tom**aría**	*he, she, you would take*
tom**aríamos**	*we would take*
tom**aríais**	*you would take*
tom**arían**	*they, you would take*

Point out: The endings used for the conditional tense are the same as the imperfect endings for -er and -ir verbs.

a. In Spanish the conditional of regular verbs is formed by adding the endings **-ía, -ías, -ía, -íamos, -íais, -ían** to the infinitive.

b. The conditional is often used to explain what someone would do in a certain situation or under certain conditions.

¿**Tomarías** el autobús para llegar al trabajo?   *Would you take the bus to work?*

No, pero **tomaría** el metro.   *No, but I would take the subway.*

En contexto

Irene   No sé qué hacer. ¿**Usarías** el transporte público para ir a la oficina?

Antonia   Claro. Nunca **compraría** un coche. Es muy difícil conducir en esta ciudad con tanto tráfico.

PRÁCTICA Y CONVERSACIÓN

Warm-up: tú: ir / tomar / comprender   ellas: manejar / correr / descubrir   nosotros: vivir / leer / llegar   yo: conducir / dar / ser   él: estar / vender / permitir

A.   Medios de transporte.   Explique cómo irían estas personas a la oficina bajo condiciones ideales.

MODELO   el jefe / carro grande
El jefe iría en un carro grande.

1. Pedro y yo / moto
2. los dueños / taxi
3. la Srta. Casona / autobús
4. yo / carro
5. Uds. / metro
6. tú / bicicleta

Point out: The phrase **en** + mode of transportation = *by* + mode of transportation. **En taxi** = *by taxi.* No definite article is used in this expression.

B.   En el Distrito Federal.   Forme por lo menos seis oraciones describiendo lo que harían las siguientes personas en el Distrito Federal.

mi hermana	caminar por el Parque Chapultepec
yo	ir al Museo de Antropología
mis padres	visitar los Jardines Flotantes de Xochimilco
tú	subir a las pirámides antiguas
Carlos y yo	ver el Ballet Folklórico
Uds.	asistir a un partido de fútbol

C. ¿Qué haría su compañero(-a)? Hágale preguntas a un(-a) compañero(-a) de clase.

Pregúntele…

1. si visitaría el Distrito Federal algún día. ¿Con quién(-es)?

2. si viviría en el Distrito Federal. ¿en Madrid? ¿en Buenos Aires?

3. en qué ciudad no trabajaría nunca.

4. a qué ciudad preferiría viajar.

5. qué carro compraría. ¿Por qué?

6. si tomaría el transporte público o usaría un carro en Nueva York. ¿Por qué?

7. si iría a la universidad en bicicleta. ¿Por qué?

8. si compraría una moto. ¿Por qué?

SOFTENING REQUESTS AND CRITICISM

Conditional of Irregular Verbs

There are several Spanish verbs with irregular stems in the conditional.

CONDITIONAL TENSE: SOME IRREGULAR STEMS					
INFINITIVE	**CONDITIONAL STEM**	**INFINITIVE**	**CONDITIONAL STEM**	**INFINITIVE**	**CONDITIONAL STEM**
haber	**habr-**	poner	**pondr-**	decir	**dir-**
poder	**podr-**	salir	**saldr-**	hacer	**har-**
querer	**querr-**	tener	**tendr-**		
saber	**sabr-**	valer	**valdr-**		
		venir	**vendr-**		

a. Note that these verbs use the same irregular stems for both the future and conditional.

b. The conditional of **hay (haber)** is **habría** = *there would be.*

c. In addition to explaining what you would do in certain situations, the conditional can be used to soften a request or criticism.

—Perdone, señor, **¿podría Ud.** decirme dónde queda la estación del metro?

Pardon me, sir, could you tell me where the subway station is located?

—Oh, está muy lejos de aquí. **Debería** tomar un taxi.

Oh, it's very far from here. You should take a taxi.

En contexto

Irene   Me **gustaría** comprar un coche pero no tengo mucho dinero. En mi situación, ¿qué **harías**?

Antonia   Pues yo no **compraría** un coche. **Sería** mejor tomar el autobús.

Point out: Verbs frequently used to soften a request or criticism include **me gustaría** = *I would like;* **¿querría Ud.?** = *would you want?;* **¿podría Ud.?** = *could you?;* **debería** = *you should;* **sería mejor** = *it would be better.*

Warm-up: Uds.: poder / decir / saber nosotras: poner / hacer / tener tú: querer / salir / venir ella: saber / tener / poder yo: tener / decir / querer

PRÁCTICA Y CONVERSACIÓN

A. Un nuevo alcalde (*mayor*).   Un(-a) compañero(-a) se queja de su ciudad. Explique cómo sería la ciudad con un nuevo alcalde.

> **MODELO**   Compañero(-a):   No hay buen transporte público.
>
> Usted: **Habría buen transporte público con un nuevo alcalde.**

1. Los oficiales no dicen la verdad.
2. No podemos salir por la noche.
3. Muchas personas no tienen trabajo.
4. La policía no viene cuando llamamos.
5. Las casas de la ciudad no valen nada.

B. ¿Qué diría Ud. en estas situaciones?   A menudo es necesario pedir algo o expresar quejas (*complaints*). ¿Qué diría Ud. en las situaciones siguientes para ser cortés y bien educado(-a)?

1. Ud. está en una calle en el Distrito Federal y no sabe dónde queda el Museo de Antropología. ¿Qué le preguntaría a una mujer que camina cerca?
2. Ud. está en una tienda de regalos y quiere ver los pantalones que están en el escaparate (*display window*). ¿Qué le preguntaría al dependiente?
3. Ud. necesita saber si su abuela prefiere tomar té o café con el postre hoy. ¿Qué le preguntaría a su abuela?
4. Ud. necesita saber si su amigo(-a) quiere ir al cine esta noche. ¿Qué le preguntaría?
5. Ud. no quiere que su novio(-a) fume tanto. ¿Qué le diría a su novio(-a)?
6. Ud. quiere usar el coche esta noche. ¿Qué le diría o preguntaría a su papá?

C. La vida ideal.   En grupos de tres hagan y contesten preguntas para aprender lo que Uds. harían con su vida bajo circunstancias ideales.

Composición C: La vida ideal. After completing **Exercise C** orally, have students write a brief paragraph about what their own life would be like or describe what a classmate's life would be like under ideal conditions.

Puente Cultural   La plaza

El Zócalo o la Plaza de la Constitución, México, D.F.

Muchas ciudades del mundo hispano están construidas alrededor de una plaza central donde se encuentran los edificios principales como la iglesia o catedral, los edificios del gobierno° y algunas tiendas. No sólo es el centro administrativo y comercial del lugar sino también un centro de diversiones.

government

Es el lugar donde se va de paseo y de compras, se reúne con los amigos, se escucha conciertos, se toma un refresco en los bares de alrededor mientras se ve a niños corretear° por todas partes, o simplemente se descansa en un banco y se lee el periódico.

run around

COMPRENSIÓN CULTURAL

El diseño urbano. En parejas dibuje el plano del centro de una ciudad hispana de acuerdo a la descripción en el **Puente cultural.** Agregue (*Add*) detalles y luego explíqueselo a otro grupo.

Videocassette segment to accompany this section; see Viewer's Guide in the Instructor's Resource Manual, Chapter 16.

> PRESENTACIÓN

VOCABULARIO EN CONTEXTO

alojarse = *to stay, find lodging*

¿Dónde nos alojamos°?

Before introducing the dialogue, ask questions about the drawing. **¿Qué personas hay en el dibujo? ¿Cómo son? ¿Dónde están? ¿Qué hacen las dos personas? ¿Qué tipo de libro lee la mujer? ¿Por qué? ¿Adónde van?**

Ask students about the differences between **un hotel / un motel / un hotel de lujo / una pensión. Preguntas: ¿Dónde se encuentra un hotel / un motel / un hotel de lujo? ¿Hay pensiones en nuestra cultura? ¿Cuál es el mejor alojamiento para una familia grande que viaja en coche / para un hombre de negocios / para las vacaciones de sus sueños?**

Doña María	He comprado una buena guía.
Don Julio	¿Qué hotel recomiendan en la guía?
Doña María	**Depende de** lo que queramos gastar. Aquí hay para escoger: hoteles, **moteles, pensiones,** y hasta hoteles **de lujo.**
Don Julio	¿Qué quieres tú?
Doña María	Yo prefiero **parar** en un hotel **sencillo** y **tranquilo.**
Don Julio	Quiero un hotel que tenga baño privado y **aire acondicionado** porque ha hecho muchísimo calor° estos días y va a **continuar** así.
Doña María	Aquí hay un hotel que tiene **habitaciones dobles** con **ascensor, vista** al mar y baño con **lavabo,** ducha e **inodoro** por un precio **moderado.**
Don Julio	Podemos ir a verlo y si nos gusta, nos quedamos. ¿Dónde queda?°
Doña María	En la avenida Costanera. El hotel está en el 2071.
Don Julio	Me gusta la idea de estar cerca del mar.

Glosses (left margin):

depender de = *to depend on*
+ / *bed and breakfast inns / luxury*

to lodge, stay / simple / quiet

air-conditioning
it has been very hot / to continue

double rooms / elevator / view
sink / toilet / +

Where is it located?

Check comprehension: ¿Qué posibilidades de alojamiento hay en la guía? ¿Dónde quiere alojarse doña María? ¿Qué quiere don Julio? ¿Qué ofrece el hotel que van a ver? ¿Cuál es la dirección del hotel?

Review Sonidos: h (Capítulo 1, Segundo encuentro).
h: hotel hay hasta habitación ha hecho Aquí hay un hotel que dice tener habitaciones dobles con vista al mar.

Comentarios lingüísticos y culturales

a. The word **sencillo** = *simple*, but **una habitación sencilla** = *single room*. **Una habitación doble** = *double room*.

b. **Alojarse** = *to lodge / to stay*, as in a hotel; **quedarse** = *to stay / to remain* for a period of time; **parar** = *to stop / to stay* in a place.

c. **Una pensión** is a small, privately owned and managed hotel that serves meals but generally has few of the other services offered by luxury hotels. They are often similar to bed and breakfast establishments in our culture.

PRÁCTICA Y CONVERSACIÓN

A. Asociaciones. ¿Qué palabra **no** se relaciona con la palabra a la izquierda?

1. baño — lavabo / ducha / piscina
2. hotel — habitación doble / aire acondicionado / azafata
3. motel — piloto / coche / habitación para uno
4. pensión — familiar / boleto / barata
5. parar — alojarse / quedarse / salir

B. De vacaciones. ¿Qué es lo más importante para Ud. cuando va de vacaciones y por qué?

Cuando voy de vacaciones prefiero…

1. alojarme en — una pensión / un hotel de lujo / un motel.
2. tener una habitación — con baño privado / con una linda vista / sencilla.
3. un hotel con — piscina / cancha de tenis / discoteca.
4. un lugar — tranquilo / económico / de lujo.
5. un hotel con — todas las comidas / desayuno solamente / aire acondicionado.
6. parar en un lugar — lejos de la ciudad / al lado de la playa / cerca de las tiendas para turistas.

C. El hotel. Ud. y su compañero(-a) salen de vacaciones juntos. Terminen el diálogo siguiente con la información del folleto.

A. ¿Cómo es el hotel que escojimos?
B. Aquí tengo la información.

EL PLAN INCLUYE: *Alojamiento en habitación Superior o si lo prefiere Junior Suite, con vista al mar y en la cual pueden dormir hasta 2 niños menores sin costo adicional (sólo pagan sus consumos). *Desayuno americano diario.

GRATIS: 1. Seguro hotelero diario por persona. **2.** Coctel de bienvenida en el Bar Giratorio Olimpo. **3.** Teléfono, llamadas locales. **4.** Entrada a la discoteca La Escollera. **5.** Entrada al Sauna y Gimnasio Eros del hotel. **6.** Sillas, carpas y toallas para la piscina, playa frente al hotel. **7.** Un día de alquiler de auto con International Car Rental (no incluye impuestos, seguro y gasolina).

Videocassette segment to accompany this section; see Viewer's Guide in the Instructor's Resource Manual, Chapter 16.

Así se habla

ASKING FOR AND GIVING DIRECTIONS

When traveling in a foreign country, it is essential to be able to ask for and understand directions to a place.

ASKING DIRECTIONS

¿Me podría decir cómo llegar a _____?	Could you tell me how to get to _____?
¿Dónde está _____?	Where is _____?
¿Dónde queda _____?	Where is _____?

GIVING DIRECTIONS

Tome la calle _____ .	*Take _____ Street.*
Siga la calle de _____ hasta _____ .	*Follow _____ Street to _____ .*
Doble a la derecha (izquierda) en la calle _____ .	*Turn right (left) at _____ Street.*
Siga derecho.	*Go straight.*
Cruce la avenida _____ .	*Cross _____ Avenue.*
Camine dos cuadras hasta _____ .	*Walk two blocks to _____ .*
El edificio está a mano derecha (izquierda).	*The building is on the right- (left-) hand side.*

PRÁCTICA Y CONVERSACIÓN

A. Todo queda muy cerca. Ud. es un(-a) turista en Madrid y está en la Puerta del Sol, Kilómetro 0 de España. Pregúntele a un(-a) madrileño(-a) cómo llegar a estos lugares. Junto con su compañero(-a) hagan los papeles de turista y madrileño(-a). Túrnense al hacer ambos papeles. Usen el mapa como referencia.

1. La Biblioteca Nacional
2. El Museo del Prado
3. El Parque del Retiro
4. El Jardín Botánico
5. La Chopera
6. El Teatro Real
7. La Plaza de Oriente
8. El Palacio Real
9. Los Jardines de Sabatini
10. La Plaza de la Armería

B. Una visita a Madrid. Ud. está en el Hotel Los Álamos en Madrid y tiene dos días para visitar la ciudad. Pídale al recepcionista que le ayude a hacer un programa de los lugares más importantes para ver. Luego pregúntele cómo llegar a cada lugar. Usen el mapa como referencia.

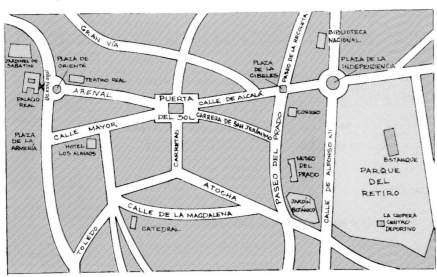

ESTRUCTURAS

TALKING ABOUT COMPLETED PAST ACTIONS

Present Perfect Indicative of Regular Verbs

In both Spanish and English the present perfect indicative is used to express a completed action in the past. In English this tense is formed with the present tense of the auxiliary verb *to have* + the past participle: *I have worked; we have finished; he has gone.*

PRESENT PERFECT TENSE		
HABER + Past Participle		
he		*I have arrived*
has		*you have arrived*
ha	+ llegado	*he, she has arrived*
		you have arrived
hemos		*we have arrived*
habéis		*you have arrived*
han		*they, you have arrived*

a.   In Spanish the present perfect indicative is formed with the present tense of the auxiliary verb **haber** followed immediately by the past participle.

b.   The past participle of regular **-ar** verbs is formed by adding **-ado** to the stem: **parar > par- > parado.** The past participle of regular **-er** and **-ir** verbs is formed by adding **-ido** to the stem: **beber > beb- > bebido; salir > sal- > salido.** If the stem of the past participle ends with **-a, -e,** or **-o,** a written accent mark is required over the first vowel of the ending of the past participle **-ído: leer > leído; traer > traído.**

c.   To make a present perfect indicative verb negative, **no** is placed before the auxiliary verb.

Todavía **no han llegado** al hotel.   *They still haven't arrived at the hotel.*

d.   Reflexive and object pronouns must precede the conjugated verb **haber.**

Anita ya **se ha dormido.**   *Anita has already fallen asleep.*
Carlos no **le ha hablado.**   *Carlos hasn't talked to her.*

En contexto

Don Julio   ¿**Has leído** la guía sobre esta región?

Doña María   Pues, claro. Y **he decidido** que debemos alojarnos en un hotel sencillo y tranquilo. Hay muchos por aquí.

PRÁCTICA Y CONVERSACIÓN

Warm-up 1: Have students form the past participles of these verbs: **viajar** / **entrar** / **bajar** / **beber** / **comer** / **correr** / **asistir** / **subir** / **decidir** / **leer** / **traer** / **oír**.

Warm-up 2: Sustitución: *Tomás* ya ha comido. Elvira / tú / yo / los Montalvo / Mónica y yo / Uds.

A. **En la habitación.** Don Julio y doña María han llegado al hotel. Explique lo que han hecho antes de llegar.

> **MODELO** hablar con un agente de viajes
> **Han hablado con un agente de viajes.**

1. leer una guía turística
2. discutir el viaje
3. escoger un hotel
4. reservar una habitación
5. comprar boletos
6. viajar por tren
7. almorzar en el tren
8. divertirse durante el viaje

B. **Entrevista personal.** Hágale preguntas sobre las cosas siguientes a un(-a) compañero(-a) de clase y su compañero(-a) debe contestar.

Pregúntele…

1. si ha viajado a un país extranjero. ¿Cuál(-es)? ¿Cuándo?
2. si ha viajado por tren alguna vez. ¿por avión? ¿por barco?
3. si se ha alojado en un hotel de lujo alguna vez. ¿Cuál(-es)? ¿Dónde?
4. en qué restaurantes de lujo ha comido. ¿Le han gustado?
5. en qué lugares ha vivido. ¿Cuándo?
6. dónde se ha divertido en sus vacaciones.

DISCUSSING WHAT YOU HAVE DONE, SEEN, AND SAID

Present Perfect Indicative of Irregular Verbs

Although certain Spanish verbs have irregular past participles, they form the present perfect indicative tense in the usual manner: **haber** + past participle.

IRREGULAR PAST PARTICIPLES					
abrir	**abierto**	*opened*	poner	**puesto**	*put, placed*
decir	**dicho**	*said, told*	resolver	**resuelto**	*solved*
descubrir	**descubierto**	*discovered*	romper	**roto**	*broken, torn*
escribir	**escrito**	*written*	ver	**visto**	*seen*
hacer	**hecho**	*done, made*	volver	**vuelto**	*returned*
morir	**muerto**	*died, dead*			

Point out: Compound verbs with irregular past participles form the past participle in the same way as the root verb: **volver** > **vuelto** / **devolver** > **devuelto**.

En contexto

Don Julio Para mí lo más importante es que la habitación tenga baño privado y aire acondicionado porque **ha hecho** muchísimo calor estos días.

Doña María Muy bien. Entonces **hemos resuelto** el problema del hotel. Vamos a parar en el hotel con vista al mar.

PRÁCTICA Y CONVERSACIÓN

A.   **Preparaciones para un viaje.**   Ud. y su esposo(-a) planean unas vacaciones estupendas. Pregúntele a su esposo(-a) si ha hecho varias preparaciones.

MODELO

hacer la reservación

Usted: **¿Hiciste la reservación?**

Compañero(-a):   **No, todavía no la he hecho.**

1. hacer las maletas
2. poner los pasaportes en mi bolsa
3. devolver las guías a la biblioteca

4. resolver el problema con los boletos
5. escribirle una carta al hotel
6. arreglar la excursión por la ciudad

B.   **¿Qué ha hecho Ud. hoy?**   Explíquele a un(-a) compañero(-a) de clase siete u ocho cosas que Ud. ha hecho hoy y su compañero(-a) le explicará lo que él o ella ha hecho. ¿Qué actividades en común han hecho Uds.?

PUENTE Cultural

Los paradores nacionales de España

Parador Castillo de Orpresa, España

Comedor del Parador Castillo de Carmona, España

Si Ud. quiere alojarse en un monasterio medieval, en el palacio de un duque o en el castillo de una princesa, haga reservas en los paradores nacionales de España. En 1926, el gobierno español puso en práctica una nueva idea para fomentar° el turismo: la renovación de antiguos palacios, castillos, monasterios y conventos para transformarlos en hoteles de lujo. Estos hoteles son muy populares porque combinan el encanto° del pasado con todas las comodidades° de la vida moderna.

Point out: In Spain, **la reserva** is used instead of **la reservación.**

to encourage

charm / conveniences

COMPRENSIÓN CULTURAL

Complete las siguientes oraciones.

1. El edificio de la foto es un _____.
2. En 1926 el gobierno español empezó a renovar _____, _____, _____ y _____ para transformarlos en hoteles.
3. Los paradores son hoteles _____.
4. Muchos paradores son populares porque tienen todas las _____ de la vida moderna.
5. Los paradores también tienen mucho _____.

PRESENTACIÓN

VOCABULARIO EN CONTEXTO

You may want to introduce the abbreviations in **Comentarios lingüísticos y culturales** *prior to introducing the dialogue.*

bank   En el banco°

Teller / Next.	**Cajero**	**El que sigue.**
to cash / + / cash	Cliente 1	Buenos días. Quisiera **cobrar** este **cheque.** Necesito **efectivo.**
to endorse **firmar** = *to sign*	Cajero	Cómo no. Este cheque es de la Cía. Carrera, S.A. Necesita **endosar**lo. **Firme** aquí, por favor.
	Cliente 1	Cómo no.

* * *

	Cajero	El que sigue.
to keep / safe deposit box	Cliente 2	Quisiera **guardar** algo en mi **caja de seguridad.**
to take care of	Cajero	Pase por aquella puerta, allí lo van a **atender.**

* * *

Cliente 3	Buenos días. Necesito **depositar** esto en mi **cuenta corriente** y este cheque en mi **cuenta de ahorros.** Además quisiera **sacar** 5.000 pesos.	*+ / checking account savings account / to withdraw*
Cajero	Se lo puedo **descontar** del depósito si quiere.	*to discount*
Cliente 3	Sí, está bien.	

* * *

Point out: At the time of publication 7.5 Mexican pesos = approximately $1.00. Explain current value of pesos in terms of dollars.

Banquero	Lo felicito, Sr. Irujo. Ha conseguido **el préstamo** para pagar su **hipoteca** con **un interés** muy bajo.	*Banker / loan mortgage / +*
Sr. Irujo	Muchas gracias. Nunca **había pedido dinero prestado** antes.	*had borrowed money*
Banquero	Aquí tiene esta **chequera** para que lleve control.	*checkbook*
Sr. Irujo	Muy bien. Gracias.	

Check comprehension: ¿Qué quiere hacer el primer cliente? ¿Por qué tiene que firmar el cheque? ¿Por qué quiere su caja de seguridad el segundo cliente? ¿Qué quiere hacer el tercer cliente? ¿Para qué es el préstamo del Sr. Irujo?

*Review **Sonidos g, ga, gu** (Capítulo 9, Primer encuentro); **j, ge gi** (Capítulo 9, Segundo encuentro).*
gu, gui, gue: pague sigue llegue seguridad conseguir ge, gi: gente general Argentina gimnasio biología Quisiera guardar algo en mi caja de seguridad. Ha conseguido el préstamo para pagar su hipoteca.

Comentarios lingüísticos y culturales

Here are some Spanish abbreviations commonly used in the business world.

Cía. = compañía = *company*
S.A. = Sociedad Anónima = *Incorporated (Inc.)*
Hnos. = hermanos = *brothers*

PRÁCTICA Y CONVERSACIÓN

A. Complete. ¿Qué palabras se necesitan?

1. Me puedes dar un _____. Necesito dinero. Te lo devuelvo la semana que viene cuando me paguen.

2. Te escribo un _____ de mi _____ si puedes darme 10 dólares en _____.

3. Abrí una _____ y una _____ en el Banco de La Nación.

4. El _____ de este préstamo es muy alto.

B. El préstamo. Ud. necesita dinero para pagar la matrícula (*tuition*) de este semestre. Vaya al banco y pida un préstamo. Pregunte cuál es el interés y cuánto tiempo tiene para devolver el dinero. En parejas, túrnense al representar el papel de banquero(-a) y estudiante.

Bancomer
SOCIEDAD NACIONAL DE CREDITO

DEPOSITO A CUENTA DE CHEQUES
MONEDA NACIONAL

ESTIMADO CLIENTE REVISE QUE SUS CHEQUES ESTEN ENDOSADOS Y/O QUE LLEVEN LA ANTEFIRMA Y No. DE CUENTA EL BANCO RECIBIRA LOS CHEQUES SUJETOS A POSTERIOR COMPROBACION DE IMPORTES. SALVO BUEN COBRO Y LOS NO PAGADOS SE LE CARGARAN SIN PREVIO AVISO

NOMBRE DEL CLIENTE

CUENTA DE CHEQUES

CHEQUES A CARGO DE BANCOS LOCALES MONEDA NACIONAL Y/O EQUIVALENTE DE MONEDA EXTRANJERA		CHEQUES A CARGO DE BANCOS FORANEOS MONEDA NACIONAL Y/O EQUIVALENTE DE MONEDA EXTRANJERA		COMISION POR CHEQUES FORANEOS	
CHEQUE NUMERO	IMPORTE	CHEQUE NUMERO	IMPORTE		CHEQUES A CARGO DE BANCOS LOCALES $
1					CHEQUES A CARGO DE BANCOS FORANEOS $
2					EFECTIVO MON. NAL. $
3					
4					BILLETE MON. EXT. (EQUIVALENTE M.N.) $
5					
6					TOTAL $
7					
8					MENOS COMISIONES CHEQUES FORANEOS $
9					
10					NETO $
SUBTOTAL	$	SUBTOTAL	$	$	

R.F.C. BAN-830831 H69

CAJERO

(left margin: N 882 · CHEQ. 124 A PROGRASA. 582-1500)

—Discúlpame, pero este mes no puedo devolverte el dinero que me prestaste.
—No te preocupes. Puedo esperar otro mes.

Así se habla

MAKING APOLOGIES

If you have offended someone or made some mistake, it is polite to excuse yourself or offer an apology. Generally speaking, you offer an explanation for your action, you assure the other person that it won't happen again, or you offer a solution. Politeness requires that the other person accept the apology. Here are some expressions for apologizing and accepting an apology.

APOLOGIZING

Perdóname, por favor. Perdóne(-me), por favor. Discúlpame. Discúlpeme.	*Forgive me / Excuse me, please.*
Lo siento (mucho).	*I'm (really) sorry.*
Es mi culpa, lo siento.	*It's my fault. I'm sorry.*
Lo siento, no era mi intención.	*I'm sorry, I didn't mean it.*
Perdón, no lo hice a propósito.	*Sorry, I didn't do it on purpose.*
Perdone el malentendido.	*Sorry for the misunderstanding.*

ACCEPTING THE APOLOGY

Está bien.	*It's OK.*
No hay problema.	*No problem.*
Sí, entiendo.	*Yes, I understand.*
No se (te) preocupe(s). No es nada.	*Don't worry. It's nothing.*
No importa.	*It doesn't matter.*

PRÁCTICA Y CONVERSACIÓN

A. Disculpas (*Apologies*). En parejas, practiquen las expresiones de disculpa y den una explicación por su acción. La otra persona debe aceptar la disculpa.

1. Su amigo lo (la) ha estado esperando una hora en el vestíbulo del hotel.
2. Ud. se levanta muy tarde y llega a clase tarde. Explíquele la situación al (a la) profesor(-a).
3. En su cuenta del hotel le cobran más de lo que Ud. gastó.
4. Discúlpese con su vecino porque anoche Ud. tuvo una fiesta muy ruidosa.
5. Ud. ha pedido dinero prestado y no puede devolverlo.

B. Situaciones. En parejas, elijan una de las siguientes situaciones y hagan un diálogo.

1. Ud. se olvidó del cumpleaños de su íntima amiga. Discúlpese y hágale una promesa para mejorar la situación.
2. Ud. estaba invitado(-a) a una cena el domingo en la casa de unos amigos. Cocinaron una comida especial para Ud. pero Ud. se olvidó de la invitación. Discúlpese. Explique qué le pasó y presente una solución.

A ESCUCHAR

Esta pareja tiene muchos problemas. Escuche lo que les pasa. Luego, complete las oraciones.

1. El muchacho no llamó por teléfono al mediodía porque _____.
2. La muchacha esperó su llamada por _____.
3. El muchacho llegó tarde al café porque _____.
4. La muchacha piensa que la relación no va bien porque _____.
5. El muchacho tiene mucho estrés porque _____.

TALKING ABOUT ACTIONS COMPLETED BEFORE OTHER ACTIONS

Past Perfect Indicative
In English the past perfect indicative is formed with the past tense of *to have* + past participle. This tense is used to describe or talk about actions completed prior to other actions such as: *We had already eaten when they arrived.*

Point out: In English the present perfect tense = *have/has* + past participle; the past perfect tense = *had* + past participle.

PAST PERFECT TENSE			
HABER + PAST PARTICIPLE		**HAD** + PAST PARTICIPLE	
había		I had	
habías	hablado	you had	spoken
había	comido	he, she, you had	eaten
habíamos	vivido	we had	lived
habíais		you had	
habían		they, you had	

a. In Spanish the past perfect indicative tense is formed with the imperfect of **haber** + past participle.

b. The past perfect tense is used in a similar manner in both English and Spanish. It expresses an action that was completed before another action, event, or time in the past.

Teresa ya **había salido** cuando llegó Jaime.   *Teresa had already left when Jaime arrived.*

Habíamos terminado para las dos.   *We had finished by 2:00.*

En contexto

Banquero   Lo felicito, Sr. Irujo. Ha conseguido el préstamo para pagar su hipoteca.

Sr. Irujo   Muchas gracias. Nunca **había pedido** dinero prestado antes.

PRÁCTICA Y CONVERSACIÓN

Warm-up: El recepcionista llegó tarde hoy. Explíquele a su jefe quiénes ya habían llegado antes del recepcionista. *El Dr. Fuentes ya había llegado. tú / los Arellano / yo / Ud. / Iliana y Antonio / nosotras / Uds. / Carlota Meléndez*

A. ¿Qué habían hecho?   Complete las oraciones explicando lo que estas personas habían hecho ayer para las diez.

1. Yo _____.
2. Mi profesor(-a) de español _____.
3. Mis padres _____.
4. Mi compañero(-a) _____.
5. Mi mejor amigo(-a) _____.
6. El presidente de los EE.UU. _____.

B. A los doce años.   Entreviste (*Interview*) a cuatro compañeros de clase para informarse sobre tres actividades que ellos habían hecho o que habían aprendido a hacer para los doce años. Después, explíquele a la clase lo que Ud. aprendió en su grupo. ¿Cuáles son las actividades más interesantes y quién las hizo?

La moneda extranjera

En la década de los 90 los países latinoamericanos han hecho un gran esfuerzo para mantener su moneda estable. Como en algunos de estos países la moneda nacional tiene paridad con el dólar, las transacciones financieras se pueden hacer tanto en dólar como en la moneda del país. Por ejemplo en la Argentina se acepta el dólar o **el peso** y en Panamá el dólar o **el balboa. El peso** es la moneda oficial de México, Colombia, Cuba, Chile y el Uruguay. En el Perú se usa el **nuevo sol,** en el Paraguay **el guaraní,** en Venezuela **el bolívar** y en el Ecuador **el sucre.**

COMPRENSIÓN CULTURAL

Combine el país con su moneda.

1. la Argentina   a. el balboa
2. el Ecuador   b. el bolívar
3. México   c. el guaraní
4. Panamá   d. el sol
5. el Paraguay   e. el peso
6. el Perú   f. el sucre
7. Venezuela
8. Cuba

Videocassette segment to accompany this section; see Viewer's Guide in the Instructor's Resource Manual, Chapter 16.

cuarto encuentro

EL MUNDO HISPANO   **MÉXICO, D.F.**

Plaza de las Tres Culturas, México, D.F.

Use a map to locate **México** and **México, D.F.**

Algunos dicen que la Ciudad de México o México, D.F., es la ciudad más grande y poblada del mundo con más de 20.000.000 de habitantes. Se encuentra en el valle de Anáhuac y está rodeada (*surrounded*) de montañas. En los días despejados (*clear*) se puede ver los dos grandes volcanes: el Popocatépetl y el Iztaccíhuatl. La ciudad actual está construida sobre las pirámides y edificios de la antigua ciudad azteca de Tenochtitlán. Por todas partes de la ciudad se puede ver los restos del pasado azteca o colonial/español al lado de los edificios modernos.

Check comprehension: ¿Cuál es la ciudad más poblada del mundo? ¿Cuántos habitantes tiene México, D.F.? ¿Dónde se encuentra México, D.F.? ¿Qué se puede ver los días despejados en México, D.F.? ¿Sobre qué está construida la Ciudad de México? ¿Cuáles son las tres culturas que se puede ver en México, D.F.?

PARA LEER BIEN • Personal Letters

Personal letters in Spanish differ from English letters in their style. Spanish tends to be less straightforward and to use polite phrases that an American reader might judge to be overly flowery. The salutation is generally followed by a colon in Spanish. After the salutation, the text of the letter usually begins with a greeting.

SALUTATION

Querida Lisa:	*Dear Lisa,*
Muy querido Panchito:	*Dearest Panchito,*
Queridísimo papá:	*Dearest Dad,*
Queridos tíos:	*Dear Aunt and Uncle,*

GREETING OR OPENING STATEMENT

Espero que se encuentren todos bien de salud.	*I hope that you are all in good health.*
Hace mucho que no recibo cartas de Uds. ¿Cómo están?	*It's been a while since I've received a letter from you. How are you?*
No sabes cuánto te agradezco tu carta. La recibí ayer.	*You don't know how much I appreciate your letter. I received it yesterday.*

CLOSING

Te abraza afectuosamente,	*Hugs,*
Recibe un saludo de,	*Regards from,*
Te recuerda y te quiere,	*Remembering and loving you,*
Les mando un fuerte abrazo y besos a todos,	*I'm sending a big hug and kisses to everyone,*
Con mucho cariño,	*With much love,*

Saludos de México

2 de agosto

Queridos mami y papi:

Saludos desde la ciudad más grande del mundo. Patricia y yo acabamos de llegar al hotel. El viaje en avión fue sin problemas hasta que llegamos a la aduana de México. ¡Nos registraron todas las maletas! ¡Perdimos muchísimo tiempo! Cuando finalmente llegamos al hotel, nos encontramos con un muchacho muy simpático que había vivido en los EE.UU. Él se ofreció para ser nuestro guía. Mañana saldremos con él. Dice que nos mostrará el Parque de Chapultepec y el Zócalo donde está la Catedral Metropolitana. Luego iremos a ver el Palacio Nacional y la universidad, a menos que estemos muy cansadas.

No se preocupen por nosotras que estamos muy bien. Muchos besos.

Sonia

Monumento a la Independencia conocido como El Ángel, México, D.F.

Museo Nacional de Antropología con la estatua de Tlaloc, el dios de la lluvia, México, D.F.

Palacio de Bellas Artes, México, D.F.

Parque de Chapultepec, México, D.F.

6 de agosto

Queridos mami y papi:

¡Hola! ¿Cómo están? ¡Nosotras lo estamos pasando magnífico! Hemos visto cosas fascinantes. Ayer fuimos al Museo de Antropología. ¡Es grandísimo! Por supuesto que no lo vimos todo pero tan pronto como podamos, volveremos para ver el resto. En el museo hay una colección de artefactos de las civilizaciones maya y azteca, y de otras culturas precolombinas.

Hoy descansamos y paseamos por el Paseo de la Reforma. Mañana haremos una excursión a los Jardines Flotantes de Xochimilco.

Hasta la próxima. Los recuerda y los quiere,

Sonia

10 de agosto

Querida hermana:

Me doy cuenta° de que esta postal te llegará después que nosotras. Pues, aunque estamos en la lista de espera es muy probable que salgamos mañana de regreso a casa. Hoy cambiamos el último cheque de viajero. Pasamos los últimos tres días de nuestras vacaciones en la playa en Puerto Vallarta. Descansamos, probamos comida típica y escuchamos mariachis todas las noches. Éste es un lugar ideal para estar de vacaciones. Paramos en una pensión familiar y la gente aquí es muy simpática. ¡Me quedaría a vivir aquí! Un abrazo,

Sonia

I realize

PRÁCTICA Y COMPRENSIÓN

El viaje de Sonia y Patricia. Complete las columnas con el nombre de la ciudad que visitaron, dónde pararon y qué hicieron las muchachas.

EL VIAJE			
FECHA	**LUGAR**	**HOTEL/PENSIÓN**	**ACTIVIDAD**
martes, 2 de agosto	*Ciudad de México*	*hotel*	*llegada al aeropuerto llegada al hotel vieron el espectáculo de Luz y Sonido*
miércoles, 3 de agosto			
viernes, 5 de agosto			
sábado, 6 de agosto			
domingo, 7 de agosto			
lunes, 8 de agosto			
martes, 9 de agosto			
miércoles, 10 de agosto			

ACTIVIDADES

Grammar incorporated: A: Conditional tense **B:** Present perfect tense **C:** Asking and answering questions

Vocabulary incorporated: A: City-related buildings and places **B:** Hotel-related vocabulary and expressions **C:** Bank-related vocabulary and expressions

Explain the value of the Mexican peso in terms of the U.S. dollar or have students find out the current rate of exchange from a newspaper, magazine, bank, etc. Use the going rate in determining the number of pesos to give the client.

A. Una visita a mi ciudad favorita. Imagine that you have won a trip to your favorite city. Explain to your classmates which city you would visit, when and with whom you would go, what famous sites you would see, where you would stay, where and what you would eat, and what you would do while there for five days.

B. ¿Qué ha hecho Ud.? You are spending your two-week vacation at a famous luxury hotel/resort. It is the end of the first week and you begin a conversation with another hotel guest (played by your classmate). The two of you exchange information about your vacation by explaining what you have already done at the hotel/resort and in the nearby city/town.

C. En el banco. You are a tourist in Mexico City. You go to a local bank; a classmate will play the role of a teller. Ask what the exchange rate is for the U.S. dollar in terms of the Mexican peso. Then explain that you want to change $500.00 in U.S. traveler's checks. Thank the teller and leave.

PARA ESCRIBIR BIEN • Making a Reservation by Letter

The following outline will help you write a letter asking for a room reservation.

1. **Muy señor mío:** = *Dear Sir:*

2. State the dates for which you need the room(s).

3. State the number and type of rooms you desire.

4. List the number of persons who will be staying in the room(s).

5. State any special features the room should have, such as, location, type of bed(s), TV, or facilities for babies or children.

6. Provide your name, address, and phone number so the hotel can reach you to confirm your reservation or solve a problem.

7. **Atentamente** = *Sincerely yours,*

COMPOSICIONES

A. **Una reservación.**   You are planning a trip to Mexico City with your family. Write the Hotel Juárez to make a reservation.

B. **Planes de viaje.**   You and your family/friends/spouse are planning a weekend getaway. You go to your travel agent to make reservations but your agent is in a meeting. You can't wait for your agent and you must make your reservations today. Leave your agent a note explaining where you will be going, when you are leaving and returning, who will be going with you, what type of hotel and facilities you want. Ask your agent to call you with prices for three hotels in the area you will be visiting.

Vocabulario activo ●

Medios de transporte	*Means of transportation*
el autobús	*bus*
el bus	*bus*
el automóvil	*automobile*
el auto	*auto*
el camión	*truck; bus (Mexico)*
el carro	*car (Americas)*
la estación	*station*
la línea	*line*
el metro	*subway*
la motocicleta	*motorcyle*
la moto	*cycle*
la rueda	*wheel*
el taxi	*taxi cab*
el transporte público	*public transportation*

El hotel

el aire acondicionado	*air-conditioning*
el ascensor	*elevator*
la habitación	*room*
doble	*double room*
sencilla	*single room*
el inodoro	*toilet*
el lavabo	*sink*

el motel	*motel*
la pensión	*inn; boarding house; board*

El banco — *The bank*

la caja de seguridad	*safe deposit box*
el (la) cajero(-a)	*teller*
el cheque	*check*
la chequera	*checkbook*
la cuenta	*account*
corriente	*checking account*
de ahorros	*savings account*
el efectivo	*cash*
la hipoteca	*mortgage*
el interés	*interest*
el préstamo	*loan*

Otros sustantivos

las afueras	*outskirts, suburbs*
la contaminación del aire	*air pollution*
el peatón (la peatona)	*pedestrian*
el semáforo	*traffic light*
el tráfico	*traffic*

la vista	*view*

Verbos

alojarse	*to lodge, stay*
atender (ie)	*to take care of*
aumentar	*to increase*
cobrar	*to cash*
continuar	*to continue*
depositar	*to deposit*
descontar (ue)	*to discount*
endosar	*to endorse*
firmar	*to sign*
guardar	*to keep*
parar	*to stay, lodge*
quedar	*to be located*
resolver (ue)	*to solve, resolve*
sacar	*to withdraw*

Otras expresiones

de lujo	*luxury* (adj.)
El (La) que sigue.	*Next (person in line).*
indeciso	*indecisive*
moderado	*moderate*
pedir dinero prestado	*to borrow money*
sencillo	*simple*
tener razón	*to be right*
tranquilo	*quiet*

You may want to do **Repaso V** at this time (found in Instructor's Resource Manual).

ENCUENTRO PRELIMINAR

Presentación: *Hi! How are things?*

Professor Acosta	Good morning class.
Class	Good morning, Professor Acosta.
Mr. Flores	Good afternoon, Miss Méndez.
Miss Méndez	Good afternoon, Mr. Flores.
María	Good evening, Mrs. Lado.
Mrs. Lado	Good evening, María.
Susana	What's your name?
Roberto	My name is Roberto. And yours?
Susana	My name is Susana.
Tomás	Elena, let me introduce you to Manuel García.
Elena	Pleased to meet you, Manuel.
Manuel	The pleasure is mine.
Carlos	Hi, Ricardo. How are things?
Ricardo	Very well, thank you. What's new?
Carlos	Not much. See you tomorrow. (Until tomorrow.)
Ricardo	Good-bye. See you later, Carlos.

ENCUENTRO PRELIMINAR

Estructuras: En contexto

Mercedes	Hi, Clara. How are you?
Clara	Rather well, thank you. And you?
Mercedes	Fine. And the family?
Clara	Francisco isn't well.
Mercedes	That's too bad! I'm very sorry.
Clara	And your family?

Mercedes   Very well.

Clara   How nice! Well, see you later.

CAPÍTULO 1, SEGUNDO ENCUENTRO

Presentación: *Where do you study?*

My name is Alicia Muñoz. I study at the University of Mexico. This semester I'm studying French, mathematics, history, and biology. There's an exam in history class today. What a pity! I don't like exams.

My name is Nicolás Pereda. I study at the University of Texas. I like to study in the language laboratory. I'm practicing English here with some classmates. And you, where do you practice Spanish?

My name is Matilde Ortega. Where do I study? I study in the library and in my room in the dormitory. I also study in the math building. There I work on the computer. Now I'm in the chemistry laboratory. And you, where do you study?

Where does Raúl study?

Pancho   Are you studying at home today, Raúl?

Raúl   No. Today I'm studying in the office. There isn't much work there. Are you working in the bookstore today?

Pancho   Yes, there is a lot of work there. Do you study in the café?

Raúl   No, I don't study there either.

CAPÍTULO 1, TERCER ENCUENTRO

Presentación: *Listen, please.*

Professor Reyes   Good morning. Please open your books and listen. Ricardo, how do you say "book" in Spanish?

Ricardo   You say **"libro."**

Professor Reyes   Good, Ricardo. Now, Margarita, ask another student how he or she is.

Margarita   I don't understand, sir. Repeat, please.

Professor Reyes   Ask another student how he or she is.

Margarita   Ah, yes! Roberto, how are you?

Roberto   I'm tired. And you, how are you?

Margarita   I'm happy.

Professor Reyes   Very well.

CAPÍTULO 2, PRIMER ENCUENTRO

Presentación: *What is your best friend like?*

Diego Villarreal
Ramón is my best friend. He is tall and thin. We work together at the University of Costa Rica in San José. Ramón is intelligent and he is a very good professor.

Alicia Gallegos
Bárbara Hurtado is my best friend. She is Colombian but now she works here in Lima. She's very nice. She always listens to me when I talk about my problems.

Consuelo Ramos
My boyfriend José Luis is my best friend. He is handsome, isn't he? In the future José Luis wants to work in a university and I want to work in an office in the capital.

Teresa is blond; her friend Mariana is brunette. Teresa and Mariana are pretty. They are not ugly.

Pepito is young and small. Mr. Lado is old and large.

Don Quixote is tall and thin. His friend Sancho is short and fat.

Eduardo is bad, but his friend Nicolás is good.

CAPÍTULO 2, SEGUNDO ENCUENTRO

Presentación: *Where are you from?*

Some international students are eating and drinking in the cafeteria.

Mario	Felipe, where are you from?
Felipe	I'm Colombian; I'm from Bogotá. And you, Raúl?
Raúl	I'm Mexican from Guadalajara. Miguel, you are from Chile, aren't you?
Miguel	No, I'm from Venezuela, but there are many Chilean students here.
Héctor	Why are you in this university?
Fernanda	To learn other languages because we want to travel. If we visit the U.S., we ought to understand English.

CAPÍTULO 2, TERCER ENCUENTRO

Presentación: *Let me introduce you to my friends.*

In the student dormitory.

Sergio	Hi, Ana María! How are things?
Ana María	Fine, thank you. Sergio, let me introduce you to my friends Clara and Marta.

Sergio	Pleased to meet you.
Marta	The pleasure is mine.
Clara	Delighted, Sergio.
Sergio	Delighted. Do you live here in the dorm?
Clara	Yes, Marta and I are roommates.
Sergio	Do you want to have a coffee? I'm inviting.
Marta	Ah, yes! Of course! We accept.

1. I always drink coffee in the morning.
2. I often drink tea in the afternoon.
3. In the evening sometimes I drink beer.

CAPÍTULO 3, PRIMER ENCUENTRO

Presentación: *Who am I?*

I am Eduardo Rivas. I am nineteen years old. I live with my family in Madrid and I study at the university. I am going to be a lawyer like my uncle. My father is an architect and my mother is a biology teacher.

CAPÍTULO 3, SEGUNDO ENCUENTRO

Presentación: *Baptism plans*

Mercedes and Laura are neighbors. Mercedes is married, but Laura is single.

Laura	Are you parents-in-law (in-laws) here today?
Mercedes	Yes, and my sisters-in-law are also here because we are going to plan the baptism of my new nephew. My brother-in-law is the godfather, and I am going to be the godmother of the baby.
Laura	Ah! And what's the child's name going to be?
Mercedes	Martín, because he was born on Saint Martin's Day.
Laura	And you are going to celebrate with a big party, right?
Mercedes	Of course! We have many relatives that live nearby.
Laura	How nice! Congratulations!

CAPÍTULO 3, TERCER ENCUENTRO

Presentación: *A family problem*

Inés	Dad, I need money to go to the disco.
Father	Who are you going with?
Inés	We are going in a group of boys and girls.
Father	What time are you going to return?
Inés	A little after 2:00 A.M.
Father	Don't even mention it! It's very late. Be here at 12:30 on the dot or you are not going.
Inés	Impossible!
Father	You are only eighteen years old, and it's not right to arrive home at 2:00 A.M.
Inés	It's not right! It's not right! . . . How many times do I have to hear those words?
Father	You are the oldest, and you should set an example.
Inés	All right. I'm going to return at 12:30. But it's not fair.

CAPÍTULO 4, PRIMER ENCUENTRO

Presentación: *What's the weather like?*

Alfonso	It's summer. It's sunny, and I am very hot. I want to swim. I'm going to call my friends, and later we are going by car to the beach. And today I'm going to drive.
Julio	It's autumn. It's cool and windy, and it's also raining. I don't know what to do. I think I'm going to put on the radio or listen to CDs.
Pilar	I'm very cold! During the winter here the weather is bad. It's always cold, and it snows a lot. I'm going to invite some friends to go skiing.
Rosalía	Spring is my favorite season. It's nice weather today, and the colors of the flowers and trees are very pretty. I'm going out to take a walk.

MEASUREMENT OF LENGTH AND DISTANCE

1 centímetro	=	.3937 inch (less than 1/2 inch)
1 metro	=	39.37 inches (about 1 yard, 3 inches)
1 kilómetro (1.000 metros)	=	.6213 mile (about 5/8 mile)

MEASUREMENT OF WEIGHT

1 gramo	=	.03527 of an ounce
100 gramos	=	3.527 ounces (less than 1/4 pound)
1 kilogramo (1.000 gramos)	=	35.27 ounces (2.2 pounds)

MEASUREMENT OF LIQUID

1 litro	= 1.0567 quarts (slightly more than a quart)

MEASUREMENT OF LAND AREA

1 hectárea	= 2.471 acres

MEASUREMENT OF TEMPERATURE

C = Celsius or Centigrade; F = Fahrenheit

$0°C = 32° F$ (freezing point of water)

$37°C = 98.6° F$ (normal body temperature)

$100°C = 212° F$ (boiling point of water)

CONVERSION OF FAHRENHEIT TO CELSIUS

$$C = \frac{5}{9}(F - 32) \quad OR \quad (F - 32) \div 1.8$$

CONVERSION OF CELSIUS TO FAHRENHEIT

$$F = \frac{9}{5}C + 32 \quad OR \quad (C \times 1.8) + 32$$

APPENDIX C
GUIDE TO SPANISH PRONUNCIATION

VOWELS

The Spanish vowels **a, e, i, o, u,** and sometimes **y** are pronounced differently than their English equivalents. English vowel sounds are generally longer than those in Spanish. In addition, English vowel sounds often glide into or merge with other vowels to produce combination sounds. As a general rule you should pronounce Spanish vowels with a short, precise sound: **se** ≠ *say.* Do not reduce Spanish unstressed vowel sounds to *uh* as in English **presidente** ≠ *president.*

a   The vowel **a** is pronounced like the *a* in the English word *father.*

   la   casa   alumna   Granada

e   The vowel **e** has two basic sounds in Spanish.

   1. When **e** ends a syllable or is followed in the syllable by **d, m, n,** or **s,** it is comparable to the *e* in the English word *they.*

   de   pared   empresa   en   es

   2. In all other cases it is comparable to the *e* in the English word *get.*

   el   puerta   papel

i, y   The vowel **i** and **y** are pronounced like the *i* in the English word *machine.*

   cinco   libro   interesante   Chile   y   hay

o   The vowel **o** has two basic sounds in Spanish.

   1. When it ends a syllable, it is comparable to the **o** in the English word *vote.*

   no   como   bolígrafo   reloj

   2. In all other cases it is comparable to the *o* in the English word *for.*

   son   señor   árbol

u   The vowel **u** is pronounced like the *u* in the English word *rule.*

   usted   universidad   tú   música

DIPHTHONGS

A diphthong is any combination of a weak vowel (**i, u**) and a strong vowel (**a, e, o**), or the combination of two weak vowels. In a diphthong the two vowels are pronounced as a single sound, with the strong vowel (or the second of the two weak vowels) receiving slightly more emphasis than the other.

aire   edif**i**c**io**   v**ue**lvo   t**ie**ne   c**iu**dad

A written accent mark can be used to eliminate the natural diphthong so that two separate vowels will be heard.

tío   día   esquío   cafetería

CONSONANTS

b, v   **B** and **v** are pronounced exactly alike in Spanish and have two basic sounds.

> **1.** The **b** or **v** that occur at the beginning of a sentence or phrase and after **m** or **n** are pronounced like the *b* in the English word *boy*. The symbol for this sound is /b/.
>
> biología   también   Bogotá   va
>
> **2.** In all other cases such as in the interior of a word, phrase, or sentence both letters are pronounced similar to an English *b* but with the lips barely touching. This sound has no English equivalent. The symbol for this sound is /ƀ/.
>
> abuelo   novio   abogado   trabajar

ce, ci, s, z
In most of the Americas and in some parts of Spain the letters **s, z**, and **c before e** or **i** are pronounced like the *s* in the English word *sun*.

música   lunes   lápiz   azul   Cecilia   hacer

ca, co, cu, c + consonant (except h), k, qu
The letter **c** before a consonant (except **h**) or before the vowels **a, o, u,** the letter **k,** and **qu** before **e** or **i** are represented by the sound /k/. The /k/ sound is similar to the English /k/ but without the puff of air that accompanies the /k/ sound in *cat*.

casa   comer   cuchara   cliente   kilómetro   queso   quien

ch   The **ch** is pronounced like the *ch* in the English word *church*.

ocho   mucho   Chile

d   The Spanish **d** has two different pronunciations; neither is like the English *d*.

> **1.** The **d** that occurs at the beginning of a sentence or phrase and after **n** or **l** is pronounced by pressing the front of the tongue against the back of the upper teeth; this sound is represented by /d/.
>
> día   dónde   el disco   Daniel
>
> **2.** In all other cases the **d** is pronounced like the *th* in the English word *this* and is represented by /ð/.
>
> adiós   nada   Eduardo

f   The **f** is pronounced like the *f* in the English word *film*.

familia   diferente   Federico

ge, gi, j

The Spanish **j** and **g** before **e** or **i** as well as the **x** in **México** and **Texas** are similar to the *h* in the English word *house.* However, in some Spanish dialects the sound is more pronounced and similar to the sound you make when breathing on a pair of glasses to clean them.

gente   re**gi**ón   **j**ardín   **J**osé   México

ga, go, gu, g + consonant

The Spanish **ga, go, gu,** and **g + consonant** have two different pronunciations.

1. At the beginning of a phrase or sentence or after **n** or **m,** the Spanish **g + consonant** or the vowels **a, o, u** is pronounced like the English **g** in the word *gas.* The sound is represented phonetically as /g/.

un **g**ato   len**g**ua   **G**uatemala

2. In all other cases the **g + consonant** or **a, o, u** is pronounced like the **g** in the English word *sugar;* it is represented phonetically as /ǥ/.

a**g**ua   bolí**g**rafo   Se**g**ovia

h   The Spanish **h** is never pronounced; it is silent as in the case of the English word *hour.*

hay   a**h**ora   **h**istoria   **h**otel   **H**éctor

l   The Spanish single **l** sound resembles the *l* sound in English.

la   capita**l**   pe**l**ícula

ll, y

The **ll** is pronounced like the Spanish consonant **y** in most parts of the Spanish-speaking world. The **ll / y** sound is like the *y* in the English words *yes* or *yellow.*

torti**ll**a   ca**ll**e   **ll**ama   Gui**ll**ermo   **y**o   **Y**olanda   **Y**ucatán

m   The **m** is pronounced like the *m* in the English word *met.*

muy   co**m**prar   A**m**érica

n   The **n** is pronounced like the *n* in the English word *net.* However, an **n** before the letters **p, b, v, m** is pronounced like an **m: un poco** = /umpoko/.

no   tie**n**e   ga**n**o
u**n** poco   u**n** baile   u**n** viaje   u**n** mercado

ñ   The **ñ** is similar to the English sound **ny** in *canyon.*

a**ñ**o   ma**ñ**ana   se**ñ**or   Espa**ñ**a

p   The Spanish **p** is similar to the English *p* except that it is not pronounced with the puff of air that accompanies the /p/ sound in *pan.* The English *p* in *spill* sounds like the Spanish **p.**

pan   **p**ero   ca**p**ital

r   When the letter **r** does not begin a word, it is pronounced by a single flap of the tip of the tongue on the ridge behind the upper front teeth. This sound is similar to the English *tt* in *batter* or *dd* in *ladder.*

               mejo**r**   pe**r**o   pa**r**a   g**r**ande

rr   The letter **r** at the beginning of a word and the letter **rr** in the interior of a word are pronounced by flapping the tip of the tongue on the ridge behind the upper teeth in rapid succession.

               rosa   **R**amón   guita**rr**a   ba**rr**io

t   The Spanish **t** is pronounced by pressing the front of the tongue against the back of the upper front teeth. It is not pronounced with the puff of air of the English word *two.*

               tú   **t**omar   **T**omás   cen**t**ro

x   The Spanish **x** has two basic sounds.

          1. In most cases it is pronounced /ks/ as represented by the English letters *xc* or as found in the English word *excellent.*

             e**x**amen   e**x**celente   e**x**plicar

          2. The **x** in some proper names is pronounced like the Spanish **j.**

             Mé**x**ico   Te**x**as   Don Qui**x**ote   **X**avier

SYLLABICATION

The stress of a Spanish word is governed by rules that involve syllables. Unless you know how to divide a word into syllables, you cannot be certain where to place the spoken stress or written accent mark.

The following rules determine the division of Spanish words into syllables.

1. Most syllables in Spanish end with a vowel.

    me-sa   to-ma   li-bro

2. A single consonant between two vowels begins a syllable.

    u-na   pe-ro   ca-mi-sa

3. Generally two consonants are separated so that one ends a syllable and the second begins the next syllable. Remember that the consonants **ch, ll,** and **rr** are considered single sounds and will begin a syllable. Double **c** and double **n** will separate.

    par-que   tam-bién   gran-de   cul-tu-ra
    mu-cho   ca-lle   pe-rro
    lec-ción   in-nato

4. When any consonant except **s** is followed by **l** or **r,** both consonants form a cluster that will begin a syllable.

    ha-blar   si-glo   a-brir   ma-dre   o-tro   is-la

5. Combinations of three or four consonants will divide according to the above rules. The letter **s** will end the preceding syllable.

    cen-tral   ven-ta-na   siem-pre   ex-tra-ño
    in-dus-trial   ins-truc-ción   es-cri-bir

6. A combination of two strong vowels (**a, e, o**) will form two separate syllables.

    mu-se-o   cre-e   ma-es-tro

7. A combination of a strong vowel (**a, e, o**) and a weak vowel (**i, u**) or two weak vowels is called a diphthong. A diphthong forms one syllable.

    ciu-dad   cau-sa   bue-no   pien-sa

    NOTE: A written accent mark over a weak vowel in combination with another vowel will divide a diphthong into two syllables.

    rí-o   dí-a   ac-tú-an   san-grí-a

    Written accent marks on strong vowels will not affect syllabication: lec-ción.

ACCENTUATION

Two basic rules of stress determine how to pronounce individual Spanish words.

1. For words ending in a consonant other than **n** or **s,** the stress falls on the last syllable.

    to**mar**   invi**tar**   pa**pel**   re**loj**   universi**dad**

2. For words ending in a vowel, **-n,** or **-s,** the stress falls on the next-to-last syllable.

    clase   **to**man   **ca**sas
    to**ma**mos   cor**ba**ta   som**bre**ro

3. A written accent mark is used to indicate an exception to the ordinary rules of stress.

    sábado   to**mé**   lec**ción**   **fá**cil

    NOTE: Words stressed on any syllable except the last or next-to-last will always carry a written accent mark. Verb forms with attached pronouns are frequently found in this category.

    ex**plí**quemelo   levan**tán**dose   prepa**rár**noslas

4. A diphthong is any combination of a weak vowel (**i, u**) and a strong vowel (**a, e, o**) or two weak vowels. In a diphthong the two vowels are pronounced as a single sound with the strong vowel (or the second of the two weak vowels) receiving slightly more emphasis than the other.

    p**ie**nsa   alm**ue**rzo   c**iu**dad   f**ui**mos

    A written accent mark can be used to eliminate the natural diphthong so that two separate vowel sounds will be heard.

    cafetería   tío   continúe

5. Written accent marks can also be used to distinguish two words with similar spelling and pronunciation but with different meanings.

   a. Interrogative and exclamatory words have a written accent.

cómo	*how*	por qué	*why*
cuándo	*when*	qué	*what, how*
dónde	*where*	quién(-es)	*who, whom*

   b. Demonstrative pronouns have a written accent to distinguish them from the demonstrative adjective forms.

esta mesa	*this table*	ésta	*this one*
ese chico	*that boy*	ése	*that one*
aquellas montañas	*those mountains*	aquéllas	*those*

   c. In nine common word pairs, the writen accent mark is the only distinction between the two words.

de	*of, from*	dé	*give*
el	*the*	él	*he*
mas	*but*	más	*more*
mi	*my*	mí	*me*
se	*himself*	sé	*I know*
si	*if*	sí	*yes*
solo	*alone*	sólo	*only*
te	*you*	té	*tea*
tu	*your*	tú	*you*

REGULAR VERBS

Infinitive	hablar	aprender	vivir
	to speak	*to learn*	*to live*
Present Participle	hablando	aprendiendo	viviendo
	speaking	*learning*	*living*
Past Participle	hablado	aprendido	vivido
	spoken	*learned*	*lived*

SIMPLE TENSES

Present Indicative	hablo	aprendo	vivo
I speak, am speaking, do speak	hablas	aprendes	vives
	habla	aprende	vive
	hablamos	aprendemos	vivimos
	habláis	aprendéis	vivís
	hablan	aprenden	viven
Imperfect Indicative	hablaba	aprendía	vivía
I was speaking, used to speak, spoke	hablabas	aprendías	vivías
	hablaba	aprendía	vivía
	hablábamos	aprendíamos	vivíamos
	hablabais	aprendíais	vivíais
	hablaban	aprendían	vivían
Preterite	hablé	aprendí	viví
I spoke, did speak	hablaste	aprendiste	viviste
	habló	aprendió	vivió
	hablamos	aprendimos	vivimos
	hablasteis	aprendisteis	vivisteis
	hablaron	aprendieron	vivieron
Future	hablaré	aprenderé	viviré
I will speak, shall speak	hablarás	aprenderás	vivirás
	hablará	aprenderá	vivirá
	hablaremos	aprenderemos	viviremos
	hablaréis	aprenderéis	viviréis
	hablarán	aprenderán	vivirán
Conditional	hablaría	aprendería	viviría
I would speak	hablarías	aprenderías	vivirías
	hablaría	aprendería	viviría
	hablaríamos	aprenderíamos	viviríamos
	hablaríais	aprenderíais	viviríais
	hablarían	aprenderían	vivirían

Present Subjunctive (*that*) *I speak*		hable hables hable	aprenda aprendas aprenda	viva vivas viva
		hablemos habléis hablen	aprendamos aprendáis aprendan	vivamos viváis vivan
Commands *Speak*	*informal*	— habla (no hables)	— aprende (no aprendas)	— vive (no vivas)
	formal	hable hablen	aprenda aprendan	viva vivan

COMPOUND TENSES

Present Perfect Indicative *I have spoken*	he has ha	hemos habéis han	hablado	aprendido	vivido
Past Perfect Indicative *I had spoken*	había habías había	habíamos habíais habían	hablado	aprendido	vivido
Present Progressive *I am speaking*	estoy estás está	estamos estáis están	hablando	aprendiendo	viviendo
Past Progressive *I was speaking*	estaba estabas estaba	estábamos estabais estaban	hablando	aprendiendo	viviendo

	1. e → ie		2. o → ue	
	pensar	perder	contar	volver
Present Indicative	pienso	pierdo	cuento	vuelvo
	piensas	pierdes	cuentas	vuelves
	piensa	pierde	cuenta	vuelve
	pensamos	perdemos	contamos	volvemos
	pensáis	perdéis	contáis	volvéis
	piensan	pierden	cuentan	vuelven
Present Subjunctive	piense	pierda	cuente	vuelva
	pienses	pierdas	cuentes	vuelvas
	piense	pierda	cuente	vuelva
	pensemos	perdamos	contemos	volvamos
	penséis	perdáis	contéis	volváis
	piensen	pierdan	cuenten	vuelvan

	3. e → ie, i	4. e → i, i	5. o → ue, u
	sentir	pedir	dormir
Present Indicative	siento	pido	duermo
	sientes	pides	duermes
	siente	pide	duerme
	sentimos	pedimos	dormimos
	sentís	pedís	dormís
	sienten	piden	duermen
Present Subjunctive	sienta	pida	duerma
	sientas	pidas	duermas
	sienta	pida	duerma
	sintamos	pidamos	durmamos
	sintáis	pidáis	durmáis
	sientan	pidan	duerman
Preterite	sentí	pedí	dormí
	sentiste	pediste	dormiste
	sintió	pidió	durmió
	sentimos	pedimos	dormimos
	sentisteis	pedisteis	dormisteis
	sintieron	pidieron	durmieron
Present Participle	sintiendo	pidiendo	durmiendo

(NOTE: The verb **jugar** changes **u → ue.**)

INFINITIVE	PARTICIPLES	PRESENT INDICATIVE	IMPERFECT	PRETERITE
1. abrir *to open*	abriendo abierto	abro abres abre abrimos abrís abren	abría abrías abría abríamos abríais abrían	abrí abriste abrió abrimos abristeis abrieron
2. andar *to walk*	andando andado	ando andas anda andamos andáis andan	andaba andabas andaba andábamos andabais andaban	anduve anduviste anduvo anduvimos anduvisteis anduvieron
3. caer *to fall*	cayendo caído	caigo caes cae caemos caéis caen	caía caías caía caíamos caíais caían	caí caíste cayó caímos caísteis cayeron
4. conocer *to know* **-cer** verbs: **c → zc** before **a, o**	conociendo conocido	conozco conoces conoce conocemos conocéis conocen	conocía conocías conocía conocíamos conocíais conocían	conocí conociste conoció conocimos conocisteis conocieron
5. construir *to build* **-uir** verbs: **i → y** **y** inserted before **a, e, o**	construyendo construido	construyo construyes construye construimos construís construyen	construía construías construía construíamos construíais construían	construí construiste construyó construimos construisteis construyeron
6. continuar *to continue*	continuando continuado	continúo continúas continúa continuamos continuáis continúan	continuaba continuabas continuaba continuábamos continuabais continuaban	continué continuaste continuó continuamos continuasteis continuaron

FUTURE	CONDITIONAL	PRESENT SUBJUNCTIVE	INFORMAL/FORMAL COMMANDS
abriré	abriría	abra	—
abrirás	abrirías	abras	abre (no abras)
abrirá	abriría	abra	abra
abriremos	abriríamos	abramos	—
abriréis	abriríais	abráis	—
abrirán	abrirían	abran	abran
andaré	andaría	ande	—
andarás	andarías	andes	anda (no andes)
andará	andaría	ande	ande
andaremos	andaríamos	andemos	—
andaréis	andaríais	andéis	—
andarán	andarían	anden	anden
caeré	caería	caiga	—
caerás	caerías	caigas	cae (no caigas)
caerá	caería	caiga	caiga
caeremos	caeríamos	caigamos	—
caeréis	caeríais	caigáis	—
caerán	caerían	caigan	caigan
conoceré	conocería	conozca	—
conocerás	conocerías	conozcas	conoce (no conozcas)
conocerá	conocería	conozca	conozca
conoceremos	conoceríamos	conozcamos	—
conoceréis	conoceríais	conozcáis	—
conocerán	conocerían	conozcan	conozcan
construiré	construiría	construya	—
construirás	construirías	construyas	construye (no construyas)
construirá	construiría	construya	construya
construiremos	construiríamos	construyamos	—
construiréis	construiríais	construyáis	—
construirán	construirían	construyan	construyan
continuaré	continuaría	continúe	—
continuarás	continuarías	continúes	continúa (no continúes)
continuará	continuaría	continúe	continúe
continuaremos	continuaríamos	continuemos	—
continuaréis	continuarías	continuéis	—
continuarán	continuarían	continúen	continúen

INFINITIVE	PARTICIPLES	PRESENT INDICATIVE	IMPERFECT	PRETERITE
7. dar **to give**	dando dado	doy das da damos dais dan	daba dabas daba dábamos dabais daban	di diste dio dimos disteis dieron
8. decir **to say, tell**	diciendo dicho	digo dices dice decimos decís dicen	decía decías decía decíamos decíais decían	dije dijiste dijo dijimos dijisteis dijeron
9. empezar (e → ie) **to begin** -**zar** verbs: **z → c** before **e**	empezando empezado	empiezo empiezas empieza empezamos empezáis empiezan	empezaba empezabas empezaba empezábamos empezabais empezaban	empecé empezaste empezó empezamos empezasteis empezaron
10. escoger **to choose** -**ger** verbs: **g → j** before **a, o**	escogiendo escogido	escojo escoges escoge escogemos escogéis escogen	escogía escogías escogía escogíamos escogíais escogían	escogí escogiste escogió escogimos escogisteis escogieron
11. esquiar **to ski**	esquiando esquiado	esquío esquías esquía esquiamos esquiáis esquían	esquiaba esquiabas esquiaba esquiábamos esquiabais esquiaban	esquié esquiaste esquió esquiamos esquiasteis esquiaron
12. estar **to be**	estando estado	estoy estás está estamos estáis están	estaba estabas estaba estábamos estabais estaban	estuve estuviste estuvo estuvimos estuvisteis estuvieron
13. haber **to have**	habiendo habido	he has ha [hay] hemos habéis han	había habías había habíamos habíais habían	hube hubiste hubo hubimos hubisteis hubieron

FUTURE	CONDITIONAL	PRESENT SUBJUNCTIVE	INFORMAL/FORMAL COMMANDS
daré	daría	dé	—
darás	darías	des	da (no des)
dará	daría	dé	dé
daremos	daríamos	demos	—
daréis	daríais	deis	—
darán	darían	den	den
diré	diría	diga	—
dirás	dirías	digas	di (no digas)
dirá	diría	diga	diga
diremos	diríamos	digamos	—
diréis	diríais	digáis	—
dirán	dirían	digan	digan
empezaré	empezaría	empiece	—
empezarás	empezarías	empieces	empieza (no empieces)
empezará	empezaría	empiece	empiece
empezaremos	empezaríamos	empecemos	—
empezaréis	empezaríais	empecéis	—
empezarán	empezarían	empiecen	empiecen
escogeré	escogería	escoja	—
escogerás	escogerías	escojas	escoge (no escojas)
escogerá	escogería	escoja	escoja
escogeremos	escogeríamos	escojamos	—
escogeréis	escogeríais	escojáis	—
escogerán	escogerían	escojan	escojan
esquiaré	esquiaría	esquíe	—
esquiarás	esquiarías	esquíes	esquía (no esquíes)
esquiará	esquiaría	esquíe	esquíe
esquiaremos	esquiaríamos	esquiemos	—
esquiaréis	esquiaríais	esquiéis	—
esquiarán	esquiarían	esquíen	esquíen
estaré	estaría	esté	—
estarás	estarías	estés	está (no estés)
estará	estaría	esté	esté
estaremos	estaríamos	estemos	—
estaréis	estaríais	estéis	—
estarán	estarían	estén	estén
habré	habría	haya	—
habrás	habrías	hayas	—
habrá	habría	haya	—
habremos	habríamos	hayamos	—
habréis	habríais	hayáis	—
habrán	habrían	hayan	—

INFINITIVE	PARTICIPLES	PRESENT INDICATIVE	IMPERFECT	PRETERITE
14. hacer *to make, to do*	haciendo hecho	hago haces hace	hacía hacías hacía	hice hiciste hizo
		hacemos hacéis hacen	hacíamos hacíais hacían	hicimos hicisteis hicieron
15. ir *to go*	yendo ido	voy vas va	iba ibas iba	fui fuiste fue
		vamos vais van	íbamos ibais iban	fuimos fuisteis fueron
16. leer *to read* i → y: stressed i → í	leyendo leído	leo lees lee	leía leías leía	leí leíste leyó
		leemos leéis leen	leíamos leíais leían	leímos leísteis leyeron
17. oír *to hear* i → y	oyendo oído	oigo oyes oye	oía oías oía	oí oíste oyó
		oímos oís oyen	oíamos oíais oían	oímos oísteis oyeron
18. pagar *to pay* -**gar** verbs: **g → gu** before **e**	pagando pagado	pago pagas paga	pagaba pagabas pagaba	pagué pagaste pagó
		pagamos pagáis pagan	pagábamos pagabais pagaban	pagamos pagasteis pagaron
19. poder *can, to be able*	pudiendo podido	puedo puedes puede	podía podías podía	pude pudiste pudo
		podemos podéis pueden	podíamos podíais podían	pudimos pudisteis pudieron
20. poner *to place, put*	poniendo puesto	pongo pones pone	ponía ponías ponía	puse pusiste puso
		ponemos ponéis ponen	poníamos poníais ponían	pusimos pusisteis pusieron

FUTURE	CONDITIONAL	PRESENT SUBJUNCTIVE	INFORMAL/FORMAL COMMANDS
haré	haría	haga	—
harás	harías	hagas	haz (no hagas)
hará	haría	haga	haga
haremos	haríamos	hagamos	—
haréis	haríais	hagáis	—
harán	harían	hagan	hagan
iré	iría	vaya	—
irás	irías	vayas	ve (no vayas)
irá	iría	vaya	vaya
iremos	iríamos	vayamos	—
iréis	iríais	vayáis	—
irán	irían	vayan	vayan
leeré	leería	lea	—
leerás	leerías	leas	lee (no leas)
leerá	leería	lea	lea
leeremos	leeríamos	leamos	—
leeréis	leeríais	leáis	—
leerán	leerían	lean	lean
oiré	oiría	oiga	—
oirás	oirías	oigas	oye (no oigas)
oirá	oiría	oiga	oiga
oiremos	oiríamos	oigamos	—
oiréis	oiríais	oigáis	—
oirán	oirían	oigan	oigan
pagaré	pagaría	pague	—
pagarás	pagarías	pagues	paga (no pagues)
pagará	pagaría	pague	pague
pagaremos	pagaríamos	paguemos	—
pagaréis	pagaríais	paguéis	—
pagarán	pagarían	paguen	paguen
podré	podría	pueda	—
podrás	podrías	puedas	—
podrá	podría	pueda	—
podremos	podríamos	podamos	—
podréis	podríais	podáis	—
podrán	podrían	puedan	—
pondré	pondría	ponga	—
pondrás	pondrías	pongas	pon (no pongas)
pondrá	pondría	ponga	ponga
pondremos	pondríamos	pongamos	—
pondréis	pondríais	pongáis	—
pondrán	pondrían	pongan	pongan

INFINITIVE	PARTICIPLES	PRESENT INDICATIVE	IMPERFECT	PRETERITE
21. querer **to want, wish**	queriendo querido	quiero quieres quiere	quería querías quería	quise quisiste quiso
		queremos queréis quieren	queríamos queríais querían	quisimos quisisteis quisieron
22. romper **to break**	rompiendo roto	rompo rompes rompe	rompía rompías rompía	rompí rompiste rompió
		rompemos rompéis rompen	rompíamos rompíais rompían	rompimos rompisteis rompieron
23. saber **to know**	sabiendo sabido	sé sabes sabe	sabía sabías sabía	supe supiste supo
		sabemos sabéis saben	sabíamos sabíais sabían	supimos supisteis supieron
24. salir **to leave**	saliendo salido	salgo sales sale	salía salías salía	salí saliste salió
		salimos salís salen	salíamos salíais salían	salimos salisteis salieron
25. seguir (e → i, í) **to follow** gu → g before a, o	siguiendo seguido	sigo sigues sigue	seguía seguías seguía	seguí seguiste siguió
		seguimos seguís siguen	seguíamos seguíais seguían	seguimos seguisteis siguieron
26. ser **to be**	siendo sido	soy eres es	era eras era	fui fuiste fue
		somos sois son	éramos erais eran	fuimos fuisteis fueron
27. tener **to have**	teniendo tenido	tengo tienes tiene	tenía tenías tenía	tuve tuviste tuvo
		tenemos tenéis tienen	teníamos teníais tenían	tuvimos tuvisteis tuvieron

FUTURE	CONDITIONAL	PRESENT SUBJUNCTIVE	INFORMAL/FORMAL COMMANDS
querré	querría	quiera	—
querrás	querrías	quieras	quiere (no quieras)
querrá	querría	quiera	quiera
querremos	querríamos	queramos	—
querréis	querríais	queráis	—
querrán	querrían	quieran	quieran
romperé	rompería	rompa	—
romperás	romperías	rompas	rompe (no rompas)
romperá	rompería	rompa	rompa
romperemos	romperíamos	rompamos	—
romperéis	romperíais	rompáis	—
romperán	romperían	rompan	rompan
sabré	sabría	sepa	—
sabrás	sabrías	sepas	sabe (no sepas)
sabrá	sabría	sepa	sepa
sabremos	sabríamos	sepamos	—
sabréis	sabríais	sepáis	—
sabrán	sabrían	sepan	sepan
saldré	saldría	salga	—
saldrás	saldrías	salgas	sal (no salgas)
saldrá	saldría	salga	salga
saldremos	saldríamos	salgamos	—
saldréis	saldríais	salgáis	—
saldrán	saldrían	salgan	salgan
seguiré	seguiría	siga	—
seguirás	seguirías	sigas	sigue (no sigas)
seguirá	seguiría	siga	siga
seguiremos	seguiríamos	sigamos	—
seguiréis	seguiríais	sigáis	—
seguirán	seguirían	sigan	sigan
seré	sería	sea	—
serás	serías	seas	sé (no seas)
será	sería	sea	sea
seremos	seríamos	seamos	—
seréis	seríais	seáis	—
serán	serían	sean	sean
tendré	tendría	tenga	—
tendrás	tendrías	tengas	ten (no tengas)
tendrá	tendría	tenga	tenga
tendremos	tendríamos	tengamos	—
tendréis	tendríais	tengáis	—
tendrán	tendrían	tengan	tengan

INFINITIVE	PARTICIPLES	PRESENT INDICATIVE	IMPERFECT	PRETERITE
28. tocar *to play* -car verbs: c → qu before e	tocando tocado	toco tocas toca tocamos tocáis tocan	tocaba tocabas tocaba tocábamos tocabais tocaban	toqué tocaste tocó tocamos tocasteis tocaron
29. traducir *to translate* -cir verbs: c → zc before a, o	traduciendo traducido	traduzco traduces traduce traducimos traducís traducen	traducía traducías traducía traducíamos traducíais traducían	traduje tradujiste tradujo tradujimos tradujisteis tradujeron
30. traer *to bring*	trayendo traído	traigo traes trae traemos traéis traen	traía traías traía traíamos traíais traían	traje trajiste trajo trajimos trajisteis trajeron
31. valer *to be worth*	valiendo valido	valgo vales vale valemos valéis valen	valía valías valía valíamos valíais valían	valí valiste valió valimos valisteis valieron
32. venir *to come*	viniendo venido	vengo vienes viene venimos venís vienen	venía venías venía veníamos veníais venían	vine viniste vino vinimos vinisteis vinieron
33. ver *to see*	viendo visto	veo ves ve vemos veis ven	veía veías veía veíamos veíais veían	vi viste vio vimos visteis vieron
34. volver (o → ue) *to return*	volviendo vuelto	vuelvo vuelves vuelve volvemos volvéis vuelven	volvía volvías volvía volvíamos volvíais volvían	volví volviste volvió volvimos volvisteis volvieron

FUTURE	CONDITIONAL	PRESENT SUBJUNCTIVE	INFORMAL/FORMAL COMMANDS
tocaré	tocaría	toque	—
tocarás	tocarías	toques	toca (no toques)
tocará	tocaría	toque	toque
tocaremos	tocaríamos	toquemos	—
tocaréis	tocaríais	toquéis	—
tocarán	tocarían	toquen	toquen
traduciré	traduciría	traduzca	—
traducirás	traducirías	traduzcas	traduce (no traduzcas)
traducirá	traduciría	traduzca	traduzca
traduciremos	traduciríamos	traduzcamos	—
traduciréis	traduciríais	traduzcáis	—
traducirán	traducirían	traduzcan	traduzcan
traeré	traería	traiga	—
traerás	traerías	traigas	trae (no traigas)
traerá	traería	traiga	traiga
traeremos	traeríamos	traigamos	—
traeréis	traeríais	traigáis	—
traerán	traerían	traigan	traigan
valdré	valdría	valga	—
valdrás	valdrías	valgas	val (no valgas)
valdrá	valdría	valga	valga
valdremos	valdríamos	valgamos	—
valdréis	valdríais	valgáis	—
valdrán	valdrían	valgan	valgan
vendré	vendría	venga	—
vendrás	vendrías	vengas	ven (no vengas)
vendrá	vendría	venga	venga
vendremos	vendríamos	vengamos	—
vendréis	vendríais	vengáis	—
vendrán	vendrían	vengan	vengan
veré	vería	vea	—
verás	verías	veas	ve (no veas)
verá	vería	vea	vea
veremos	veríamos	veamos	—
veréis	veríais	veáis	—
verán	verían	vean	vean
volveré	volvería	vuelva	—
volverás	volverías	vuelvas	vuelve (no vuelvas)
volverá	volvería	vuelva	vuelva
volveremos	volveríamos	volvamos	—
volveréis	volveríais	volváis	—
volverán	volverían	vuelvan	vuelvan

SUPPLEMENTAL VERB TENSES

The future perfect and conditional perfect tenses as well as the imperfect, present perfect, and past perfect subjunctive tenses are not actively taught within the main text of **Encuentros.** These tenses are of much lower frequency than the other tenses included and are not essential for basic communication in Spanish. Charts showing the formation of these tenses accompanied by a brief explanation, translation, and examples are presented for reference.

1. FUTURE PERFECT INDICATIVE

The future perfect tense is formed with the future tense of the auxiliary verb **haber** plus the past participle of the main verb.

habré		*I will have*	
habrás		*you will have*	
habrá	{ hablado	*he, she, you will have*	{ *spoken*
habremos	comido	*we will have*	*eaten*
habréis	salido }	*you will have*	*left* }
habrán		*they, you will have*	

The future perfect expresses an action that will have taken place by some future time or before another future action.

Para el año 2000 **me habré graduado.**	*By the year 2000 I will have graduated.*
Habremos terminado el informe cuando llegue el jefe.	*We will have finished the report when the boss arrives.*

2. CONDITIONAL PERFECT INDICATIVE

The conditional perfect tense is formed with the conditional tense of the auxiliary verb **haber** plus the past participle of the main verb.

| habría
habrías
habría
habríamos
habríais
habrían | { hablado
comido
salido | *I would have*
you would have
he, she, you would have
we would have
you would have
they, you would have | { *spoken*
eaten
left |

The conditional perfect is often used to express something that would have or might have happened if certain other conditions had been met. In such cases the past perfect subjunctive is used in the *if* clause while the conditional perfect is in the main clause of the sentence.

Habríamos viajado a México si hubiéramos tenido más tiempo.

We would have traveled to Mexico if we had had more time.

Si me hubieras llamado más temprano, **habría ido** a tu fiesta.

If you had called me earlier, I would have gone to your party.

3. IMPERFECT SUBJUNCTIVE

The imperfect subjunctive of regular verbs is formed by dropping the **-ron** ending from the third-person plural form of the preterite: **trabajaron > trabaja-; vendieron > vendie-; escribieron > escribie-.** To this stem the endings that correspond to the subject are added: **-ra, -ras, -ra, -ramos, -rais, -ran.** Note the written accent on the first-person plural form.

IMPERFECT SUBJUNCTIVE: REGULAR *-ar, -er,* and *-ir* VERBS

TRABAJAR	VENDER	ESCRIBIR
trabaja**ra**	vendie**ra**	escribie**ra**
trabaja**ras**	vendie**ras**	escribie**ras**
trabaja**ra**	vendie**ra**	escribie**ra**
trabajá**ramos**	vendié**ramos**	escribié**ramos**
trabaja**rais**	vendie**rais**	escribie**rais**
trabaja**ran**	vendie**ran**	escribie**ran**

Since the stems for all verbs in the imperfect subjunctive are formed by dropping the **-ron** ending from the third-person plural of the preterite, the imperfect subjunctive will show the same irregularities as the preterite. There are no exceptions.

IMPERFECT SUBJUNCTIVE: SOME IRREGULAR STEMS

I STEM	PRETERITE	IMPERFECT SUBJUNCTIVE	J STEM	PRETERITE	IMPERFECT SUBJUNCTIVE
hacer	hicieron	**hicie**ra	decir	dijeron	**dije**ra
querer	quisieron	**quisie**ra	traer	trajeron	**traje**ra
venir	vinieron	**vinie**ra	**-cir** Verbs		
			traducir	tradujeron	**traduje**ra

U STEM	PRETERITE	IMPERFECT SUBJUNCTIVE	Y STEM	PRETERITE	IMPERFECT SUBJUNCTIVE
andar	anduvieron	**anduvie**ra	caer	cayeron	**caye**ra
estar	estuvieron	**estuvie**ra	creer	creyeron	**creye**ra
poder	pudieron	**pudie**ra	leer	leyeron	**leye**ra
poner	pusieron	**pusie**ra	oír	oyeron	**oye**ra
saber	supieron	**supie**ra	**-uir** Verbs		
tener	tuvieron	**tuvie**ra	construir	construyeron	**construye**ra

OTHER IRREGULAR STEMS

ser	fueron	**fue**ra	dar	dieron	**die**ra
ir	fueron	**fue**ra	haber	hubieron	**hubie**ra

a. The imperfect subjunctive of **hay** (**haber**) is **hubiera.**

b. Stem-changing **-ir** verbs such as **pedir** or **dormir** will shown the **e → i** or **o →u** changes throughout the imperfect subjunctive.

c. Irregular and stem-changing verbs use the same imperfect subjunctive endings as regular verbs.

IMPERFECT SUBJUNCTIVE: SOME STEM-CHANGING VERBS

e → i: *PEDIR*	o → u: *DORMIR*
pidiera	**durmie**ra
pidieras	**durmie**ras
pidiera	**durmie**ra
pidiéramos	**durmié**ramos
pidierais	**durmie**rais
pidieran	**durmie**ran

d. The subjunctive is used when there is a change of subject following impersonal expressions or verbs that express a want, hope, request, command, judgment, doubt, denial, or uncertainty. The present subjunctive is used when the verb of the main clause is in the present tense. When the verb of the main clause is in a past tense, then the imperfect subjunctive is used. Compare the use of the present and imperfect subjunctive in the following examples involving impersonal expressions or verbs of wanting and hope.

Es necesario que **estudies** cada día.	*It is necessary that you study every day.*
Era necesario que **estudiaras** cada día.	*It was necessary that you study every day.*
Espero que mis amigos **vengan** conmigo a la fiesta.	*I hope that my friends come (will come) with me to the party.*
Esperaba que mis amigos **vinieran** conmigo a la fiesta.	*I hoped that my friends would come with me to the party.*
Mis padres **quieren** que yo **haga** la tarea.	*My parents want me to do my homework.*
Mis padres **querían** que yo **hiciera** la tarea.	*My parents wanted me to do my homework.*

4. PRESENT PERFECT SUBJUNCTIVE

The present perfect subjunctive is formed with the present subjunctive of the auxiliary verb **haber** plus the past participle of the main verb.

que	haya hayas haya hayamos hayáis hayan	{ hablado comido salido	(that)	I have you have he, she has; you have we have you have they, you have	{ spoken eaten left

The present perfect subjunctive is used to talk about an action completed before the action of the main verb; the main verb must be in the present or future tenses or command form.

Mi madre espera que ya **hayamos terminado** la tarea.	*My mother hopes that we have already finished the homework.*
Es posible que **hayan ido** al cine.	*It's possible that they have gone to the movies.*

5. PAST PERFECT SUBJUNCTIVE

The past perfect subjunctive is formed with the imperfect subjunctive of the auxiliary verb **haber** plus the past participle of the main verb.

que	hubiera hubieras hubiera hubiéramos hubierais hubieran	{ hablado comido salido	(that)	I had you had he, she, you had we had you had they, you had	{ spoken eaten left

The past perfect subjunctive is used to talk about an action that had taken place before the action of the main verb; the main verb may be in any past tense or the conditional tense. The past perfect subjunctive is also used in *if* clauses of contrary-to-fact statements when the main clause is in the conditional perfect tense.

Mi madre esperaba que ya **hubiéramos terminado** la tarea.

My mother hoped that we had already finished the homework.

Si **hubiera tenido** más dinero, habría comprado más regalos.

If I had more money, I would have bought more gifts.

SPANISH-ENGLISH VOCABULARY

This vocabulary includes the meanings of all Spanish words and expressions that have been glossed or listed as active vocabulary in this textbook. Most proper nouns, conjugated verb forms, and cognates used as passive vocabulary are not included here.

The Spanish style of alphabetization has been followed: **n** precedes **ñ** and **r** precedes **rr.** A word without a written accent mark appears before the form with a written accent: i.e., **si** precedes **sí.** Stem-changing verbs are indicated by the change in parentheses following the infinitive: **(ie), (ue), (i), (ie, i), (ue, u),** or **(i, i).**

The number following the English meaning refers to the chapter in which the vocabulary item was first introduced actively; the letters **EP** refer to the **Encuentro preliminar.**

The following abbreviations are used.

abb	abbreviation	*Mex*	Mexico
aff	affirmative	*n*	noun
adj	adjective	*neg*	negative
adv	adverb	*obj*	object
Am	Americas	*pl*	plural
art	article	*pp*	past participle
conj	conjunction	*poss*	possessive
dir obj	direct object	*prep*	preposition
f	feminine	*pron*	pronoun
fam	familiar	*refl*	reflexive
form	formal	*rel*	relative
indir obj	indirect object	*s*	singular
inf	infinitive	*Sp*	Spain
interr	interrogative	*subj*	subject
m	masculine		

A

a to, toward, at **1; a casa** home **3; a dieta** on a diet **5; a la derecha** to (on) the right **5; a la izquierda** to (on) the left **5; a la semana** per week, a week **8; a menos que** unless **15; a menudo** often **2; ¿a qué hora?** (at) what time? **3; a tiempo** on time **3; a veces** sometimes **2; a ver** let's see **10**

abierto *pp* opened **16**
el (la) **abogado(-a)** lawyer **3**
el **abrazo** hug **1; abrazos** hugs (typical closing for a personal letter) **1**
el **abrigo** coat, overcoat **8**
abril April **4**
abrir to open **6; abierto** *pp* opened **16**
el (la) **abuelo(-a)** grandfather(-mother) **3;** los **abuelos** grandparents **3**

aburrido bored **1**
acabar to finish, run out **14; acabar de** + *inf* to have just (done something) **6**
el **acantilado** cliff
el **aceite** oil, salad oil **5**
aceptar to accept **2**
acerca de about, concerning
aclarar to clarify

acomodar to accommodate
aconsejable advisable
aconsejar to advise **13**
acostarse (ue) to go to bed **8**
acostumbrarse to become accustomed
la **actividad** activity
activo active
actual current, present, presentday
la **actualidad** present, present time
el **acuerdo** agreement **10; llegar a un acuerdo** to reach an agreement **10; estar de acuerdo** to agree, be in agreement **2**
el **adelanto** advance, advancement
además besides, furthermore **10**
adiós good-bye **EP**
la **adivinanza** riddle
el **adjetivo** adjective
adjuntar to enclose (in a letter)
la **administración** administration **9;** la **administración de empresas** business administration **9**
¿adónde? where? (with verbs of motion) **3**
adornar to decorate, adorn
la **aduana** customs **15**
el **adverbio** adverb
el **aeropuerto** airport **15**
afeitarse to shave **8**
el (la) **aficionado(-a)** fan, sports fan **12**
afuera outside, outdoors **8**
las **afueras** outskirts, suburbs **16**
la **agencia** agency **16;** la **agencia de empleos** employment agency **10;** la **agencia de viajes** travel agency **15**
el (la) **agente** agent **10**
agosto August **4**
agradable nice, pleasant **4**
agradecer to thank
el **agrado** pleasure
el **agua** f water **5;** el **agua mineral** mineral water, bottled water **7**
la **aguja** needle
ahí there (near person addressed)
el (la) **ahijado(-a)** godson(-daughter); pl godchildren
ahora now **1**
los **ahorros** pl savings **16;** la **cuenta de ahorros** savings account **16**
el **aire** air **16;** el **aire acondicionado** air-conditioning **16;** la **contaminación del aire** air pollution **16**
aislado isolated
el **ajedrez** chess **13**

el **ajo** garlic **5**
al (a + el) to the + m s noun **3; al día** per day, **6; al** + inf upon + present participle **13; al lado de** next to **11**
el **alcalde** mayor
alcanzar to gain, obtain
alegre happy
alemán adj German **2**
el **alemán** German (language) **2**
Alemania Germany **2**
alérgico allergic **14; ser alérgico a** to be allergic to **14**
la **alfabetización** literacy
la **alfombra** rug **11**
la **algarabía** hustle-bustle
algo something **5; algo más** something else, something more
el **algodón** cotton **6**
alguien someone, somebody **8**
alguno, algún, alguna some, any, someone **5;** pl some, a few **5; algunas veces** sometimes **9**
allí there, over there **1**
los **almacenes** department store **6**
almorzar (ue) to have lunch, eat lunch **5**
el **almuerzo** lunch **5**
alojarse to stay, lodge **16**
alquilar to rent
alrededor de around, about
el **altavoz** loudspeaker
alto tall **2**
el (la) **alumno(-a)** student **EP**
el **ama de casa** f housewife **3**
amarillo yellow **2**
el **ambiente** environment, atmosphere
el (la) **amigo(-a)** friend **1**
la **amistad** friendship
ancho wide **8**
angosto tight **8;** narrow
el **anillo** ring **8**
el **animal** animal; el **animal de compañía** pet
el **ánimo** spirit; **dar ánimo** to encourage **9**
anoche last night **6**
anteayer day before yesterday **6**
antes de prep before **7**
antes que conj before **15**
el **antibiótico** antibiotic **14**
antiguo old, ancient; before noun former
anunciar to announce **15**
el **anuncio** advertisement **6**

el **año** year **3; tener... años** to be ... years old **3**
el **apartamento** apartment **2**
el **apellido** last name **10**
aprender to learn **2**
aprobar (ue) to pass a course, exam **9**
los **apuntes** pl notes, classnotes **9**
aquel, aquella adj that (distant) **5; aquellos(-as)** pl those (distant) **5**
aquél, aquélla pron that (one) **10; aquéllos(-as)** pl those (ones) **10**
aquello neuter pron that **10**
aquí here **1**
el **árbol** tree **4**
el **arco** arch
la **arena** sand **13**
el **arete** earring
argentino adj Argentinian **2**
el (la) **arquitecto(-a)** architect **3**
la **arquitectura** architecture **9**
arreglar to fix, repair **6;** to arrange, tidy up **11**
arreglarse to get ready **8**
el **arroz** rice **7**
el **arte** f art **9;** las **bellas artes** fine arts **9**
el **artículo** article **6**
asado roast(ed) **7**
el **ascensor** elevator **16**
asegurar to assure, secure
asesinar to murder
así in this way, thus **11; así que** therefore; **no es así** it's not that way **3**
el **asiento** seat **12**
la **asistencia** attendance
el (la) **asistente social** social worker **10**
asistir a to attend **2**
asombrar to astonish
el (la) **aspirante** applicant, candidate **10**
la **aspirina** aspirin **14**
atar to tie
atender (ie) to take care of, to attend to **16**
aterrizar to land **15**
el (la) **atleta** athlete **12**
atraer to attract
aumentar to increase **16**
el **aumento** raise **10**
el **autobús** bus **16;** el **bus** bus **16**
el **automóvil** automobile **16;** el **auto** auto **16**
la **avenida** avenue
la **aventura** adventure **13; de aventura** adj adventure **13**
el **avión** airplane **15**

avisar to tell, advise **15**
ayer yesterday **6**
ayudar to help, aid **9**
el **ayuntamiento** city hall
la **azafata** flight attendant **15**
el **azúcar** sugar **5**
azul blue **2**

B

bailar to dance **1**
el **baile** dance **9**
bajar to go down(stairs) **11; bajar de peso** to lose weight **5; bajar el equipaje** to take the luggage down
bajo short **2**
la **banana** banana **7**
el **banco** bank **16**
el (la) **banquero(-a)** banker
bañarse to take a bath, bathe **8**
el **baño** bathroom **11**
barato inexpensive, cheap **6**
el **barco** ship, boat **15**
barrer to sweep **11**
el **barrio** neighborhood, section of town
el **básquetbol** basketball **12**
¡Basta! Enough! Stop it!
bastante adj enough **5**
bastante adv rather **EP**
la **basura** trash, garbage **11; sacar la basura** to take out the trash, garbage **11**
la **bata** robe, bathrobe **8**
el **bautismo** baptism **3**
el (la) **bebé (beba)** baby **3**
beber to drink **2**
la **bebida** drink **5**
la **beca** scholarship **9**
el **béisbol** baseball **12**
las **bellas artes** pl fine arts **9**
la **belleza** beauty
el **beneficio** benefit **10; los beneficios sociales** pl fringe benefits **10**
la **biblioteca** library **1**
la **bicicleta** bicycle **13; montar en bicicleta** to ride a bicycle **13**
bien well **EP**
la **biología** biology **1**
el **bistec** steak **5**
blanco white **2**
la **blusa** blouse **6**
la **boca** mouth **14**
el **bocadillo** snack, small sandwich
la **boda** wedding **6**
la **boletería** ticket office **12**

el **boleto** ticket **15; el boleto de ida y vuelta** round-trip ticket **15**
el **bolígrafo** pen, ballpoint pen **1**
la **bolsa** purse, handbag; **6;** stock market
el (la) **bombero(-a)** firefighter **10**
bonito pretty **2**
la **bota** boot **6**
el **botones** bellman
la **boutique** boutique, specialty shop **6**
el **boxeo** boxing **12**
el **brazo** arm **14**
el **bronceado** suntan **13**
la **bruja** witch
buenísimo very good **12**
bueno, buen, buena, adj good **2; bueno** adv well, all right; **es bueno** it's good **4; Buen provecho.** Enjoy your meal. **7; Buen viaje.** Have a good trip. **15; Buena suerte.** Good luck. **6; Buenas noches.** Good evening, Good night. **EP; Buenas tardes.** Good afternoon. **EP; Buenos días.** Good morning. **EP; lo bueno** the good thing **12; ¡Qué bueno!** That's good! How nice! **EP**
la **bufanda** scarf **8**
el **bus** bus **16**
buscar to look for **4**

C

el **caballo** horse **13; montar a caballo** to ride horseback **13**
la **cabeza** head **8**
cada each, every **5**
la **cadera** hip **14**
caer to fall **14**
el **café** café, coffee house **1;** coffee **2;** el **café con leche** coffee with warmed milk **5;** el **café solo** black coffee **7**
la **caja** cash register, cashier's desk, counter **6;** box **16;** la **caja de seguridad** safe deposit box **16**
el (la) **cajero(-a)** cashier **6;** teller **16**
los **calcetines** pl socks **6**
el **calendario** calendar **4**
caliente hot (in temperature) **7**
la **calle** street
calmar to calm, ease **14**
el **calor** heat **4; hace calor** it's hot **4; tener calor** to be hot **8**
la **caloría** calorie **5; contar (ue) calorías** to count calories **5**
la **cama** bed **11; hacer la cama** to make the bed **11**

el (la) **camarero(-a)** waiter (waitress) **7;** m steward **15;** f (chamber)maid
cambiar to exchange, change **6; cambiar dinero** to change money **15**
el **cambio** change, exchange **12; en cambio** on the other hand
caminar to walk **1**
el **camión** truck **16**
la **camisa** shirt **6**
la **camiseta** tee shirt **6**
el (la) **campeón(-a)** champion **12**
el **campeonato** championship **12**
el (la) **campesino(-a)** rural person
el **campo** country, rural area, field
canadiense adj Canadian **2**
la **canasta** basket **13**
la **cancha** field, court **12**
cansado tired **1**
cantar to sing **1**
la **capital** capital (city) **2**
el **capítulo** chapter **EP**
la **cara** face **8**
cariñoso loving, affectionate
la **carne** meat **5;** la **carne asada** barbecued beef **7**
caro expensive **6**
el (la) **carpintero(-a)** carpenter, cabinetmaker **10**
la **carta** letter **2;** playing card **13**
la **carrera** career **9**
el **carro** car (Am) **16**
el **cartel** poster, sign
el (la) **cartero(-a)** letter carrier, mail carrier **10**
la **casa** house **1; a casa** home **3; en casa** at home **1**
casado married **3**
casarse to get married **15**
casi almost
caso case; **en caso que** in case that **15**
la **catarata** waterfall, falls
la **catedral** cathedral
catorce fourteen **EP**
la **cebolla** onion **5**
celebrar to celebrate **3**
célebre famous
la **cena** supper, light evening meal **5**
cenar to eat supper
el **centro** center, downtown **6;** el **centro comercial** shopping center, mall **6;** el **centro estudiantil** student center, union **1**
cepillarse to brush **8**
cerca adv near **2**

cerca de *prep* near **2**
cero zero **EP**
cerrar (ie) to close **5**
la **cerveza** beer **2**
el **champú** shampoo **14**
charlar to chat **11**
Chau. Good-bye. **4**
el **cheque** check **16**; el **cheque de viajero** traveler's check **15**; **cobrar un cheque** to cash a check **16**
la **chequera** checkbook **16**
el **chicle** chewing gum **14**
el (la) **chico(-a)** boy (girl) **1**
chico *adj* small, little; **Me va chico.** It's small on me. **8**
el **chile** hot pepper **7**
la **chimenea** fireplace, chimney **11**
el **chocolate** chocolate, hot chocolate **5**
el **chorizo** sausage **7**
el **ciclismo** biking, cycling **13**
cien, ciento hundred **3**
la **ciencia** science; las **ciencias de la educación** education (course of study) **9**; las **ciencias exactas** natural sciences **9**; las **ciencias políticas** political science **9**
cierto true **1**
el **cigarrillo** cigarette **14**
cinco five **EP**
cincuenta fifty **3**
el **cine** movie theater **4**
el **cinturón** belt **6**
la **cita** date, appointment **4**
la **ciudad** city **6**
claro clear
la **clase** class **EP**; la **clase económica** economy class (travel) **15**; la **primera clase** first class (travel) **15**; la **clase media** middle class
clasificarse to qualify **12**
el (la) **cliente** client, customer **7**
la **clínica** clinic, hospital **10**
cobrar to charge; **cobrar un cheque** to cash a check **16**
el **coche** car **2**
la **cocina** kitchen, stove **11**
cocinar to cook **5**
el (la) **cocinero(-a)** cook, chef **7**
coincidir to coincide
la **cola** line **6**; **hacer cola** to stand in line **6**
el **colegio** elementary school, boarding school, college preparatory high school **9**
la **colina** hill

el **collar** necklace
el **colmo** last straw **10**
colombiano *adj* Colombian **2**
el **color** color **2**
la **comadre** godmother
el **comedor** dining room **11**
comenzar (ie) to begin **6**
comer to eat **2**
cómico funny **13**
la **comida** meal, **4**; dinner, main meal **5**; food **6**
como as, like, since **4**; **¡Cómo no!** Of course! **2**; **como si** as if; **como siempre** as usual **12**; **tan** + *adj* or *adv* + **como** as + *adj* or *adv* + as **12**; **tanto como** as much as **12**
¿cómo? how? **EP**; **¿Cómo te llamas?** What's your name? **EP**
la **cómoda** dresser **11**
la **comodidad** comfort, convenience
cómodo comfortable **11**
el **compadre** godfather; *pl* godparents
la **compañía** company **10**
el (la) **compañero(-a)** companion, -mate **1**; el (la) **compañero(-a) de clase** classmate **EP**; el (la) **compañero(-a) de cuarto** roommate **1**
compartir to share
complacerse to take pleasure
completamente completely **8**
completo complete; full (hotel, motel) **15**
comportarse to behave
comprar to buy **1**
la **compra** purchase; **hacer compras** to shop, purchase **8**; **ir de compras** to go shopping **8**
comprender to understand **2**
la **computadora** computer **1**; la **programación de computadoras** computer programming **9**; el (la) **programador(-a) de computadoras** computer programmer **10**
con with **1**; **conmigo** with me **4**; **contigo** with you (*fam s*) **4**; **con destino a** with destination to **15**; **con tal que** provided that **15**
el **concierto** concert **2**
la **condición** condition **12**
el **condimento** dressing, condiment **5**
conducir to drive **4**
el (la) **conductor(-a)** driver
la **conferencia** lecture **9**; **dictar una conferencia** to give a lecture **9**
la **confianza** confidence **12**
la **confitería** sweetshop, tea shop

conocer to know, be acquainted with **4**; *preterite* to meet **10**
el **conocido** acquaintance
el **conocimiento** knowledge
el **conquistador** conqueror
consciente aware
conseguir (i, i) to obtain, get **7**
el (la) **consejero(-a)** advisor, counselor **10**
la **construcción** construction **10**
construir to construct **5**
el **consultorio** doctor's or dentist's office **14**
el (la) **contador(-a)** accountant **10**
la **contaminación** pollution **17**; la **contaminación del aire** air pollution **17**
contar (ue) to count **5**; **contar calorías** to count calories **5**
contento content, happy **1**
contestar to answer
continuar to continue **16**
contra against **11**
contratado contracted
el **contrato** contract **10**
contribuir to contribute **5**
el **corazón** heart **14**
la **corbata** necktie **6**
el **correo** post office; el **correo aéreo** air mail
correr to run **12**
la **corrida de toros** bullfight
cortar to cut **5**
la **cortesía** courtesy, politeness
corto short **6**
la **cosa** thing **2**
la **cosecha** harvest
la **costa** coast
costar (ue) to cost **6**; **¿Cuánto cuesta?** How much does it cost? **6**
crear to create
creer to believe, think **2**; **Creo que no.** I don't think so. **2**; **Creo que sí.** I think so. **2**
el **crucero** cruise **15**
cruzar to cross
el **cuaderno** notebook; workbook **1**
la **cuadra** block
el **cuadro** painting
¿cuál(-es)? which?, which one(-s)? **2**
la **cualificación** qualification **10**
cualquier any
cuando *conj* when **15**; **de vez en cuando** from time to time **8**
¿cuándo? when? **2**
en cuanto a with regard to

¿cuánto? how much? **2;** *pl* how many? **EP**

cuarenta forty **3**

cuarto fourth **13**

el cuarto room **1;** bedroom **11;** quarter **3**

cuatro four **EP**

cuatrocientos four hundred **4**

cubano Cuban **2**

el cubierto cover, place setting **5**

la cuchara soup spoon **5**

la cucharita teaspoon **5**

el cuchillo knife **5**

el cuello neck **14**

la cuenta bill, check **7;** account **16;** la **cuenta de ahorros** savings account **16;** la **cuenta corriente** checking account **16**

el cuento (short) story **13**

el cuero leather **6**

el cuerpo body **14**

cuidado *adj* cared for, looked after, taken care of; **tener cuidado** to be careful **5**

cuidar to care for, take care of, look after

cuidarse to be careful **14**

el cumpleaños birthday **4**

el (la) cuñado(-a) brother- (sister-) in-law **3**

curar to cure **14**

el (la) curandero(-a) healer

el curso course **9**

D

dar to give **3; dar ánimo** to encourage **9; dar luz (a un niño/una niña)** to give birth

darse cuenta de to realize

de of, from **1; del (de + el)** of the + *m s noun* **3; de la mañana** A.M. **3; de la noche** P.M. **3; de la tarde** P.M. **3; De nada.** You're welcome. **1; ¿de quién(-es)?** whose? **3; de veras** really **13**

debajo de under **11**

deber to ought to, to owe **2**

débil weak **14**

decidir to decide **9**

décimo tenth **13**

decir to say, tell **4; decir que sí** to say yes **4; decir que no** to say no **4; dicho** *pp* said, told **16**

dedicarse a to devote oneself to **8**

el dedo finger **14**

dejar to leave, let, allow **10; déjeme ver** let me see

del (de + el) of the + *m s noun* **3**

delante de in front of **11**

delgado thin **2**

delicioso delicious **7**

la demanda demand

demasiado too much **4**

el (la) dentista dentist **10**

dentro de within

el departamento department

depender de to depend on **16**

el (la) dependiente salesperson **6**

el deporte sport **12**

deportivo *adj* sport **12**

depositar to deposit **16**

deprimente depressing

la derecha right **5; a la derecha** to (on) the right **5**

el derecho law (course of study) **9**

derecho *adv* straight ahead; **seguir derecho** to go straight

desarrollar to develop

el desarrollo development

el desastre disaster **12**

desatar to untie, loosen

desayunar to eat breakfast, have breakfast **8**

el desayuno breakfast **5**

descansar to rest **4**

desconocido unknown

descontar (ue) to discount **16**

descortés impolite, discourteous

describir to describe

descubierto *pp* **descubrir** discovered **16**

el descubrimiento discovery

descubrir to discover **8;** *pp* **descubierto** discovered **16**

desde from, since **4**

desear to want, wish **6**

el desempleo unemployment **10;** el **seguro de desempleo** unemployment benefits **10**

desocupado vacant

despedir (i, i) to fire **10**

despedirse (i, i) to say good-bye **8**

el despertador alarm clock **8**

despertarse (ie) to wake up **8**

después *adv* later, afterwards **2**

después de *prep* after **3**

después que *conj* after **15**

destacar to stand out

el destino destination **15; con destino a** with destination to **15**

destruir to destroy **5**

detrás de behind **11**

la deuda debt

devolver (ue) to return (an object) **6**

el día *m* day **4; Buenos días.** Good morning. **EP; todos los días** every day **2**

diario daily **8**

el dibujo drawing

dicho *pp* **decir** said, told **16**

diciembre December **4**

dictar to dictate; **dictar una conferencia** to give a lecture **9**

diecinueve nineteen **EP**

dieciocho eighteen **EP**

dieciséis sixteen **EP**

diecisiete seventeen **EP**

el diente tooth **8**

la dieta diet **5; estar a dieta** to be on a diet **5**

diez ten **EP**

diferente different **3**

difícil difficult **4; es difícil** it's not easy, it's unlikely **4**

el (la) difunto(-a) dead person

la dignidad dignity

el dinero money **3; pedir (i, i) dinero prestado** to borrow money **16**

la dirección address

directo direct, non-stop **15**

el disco compact disk, CD, record **4**

la discoteca discotheque, disco **3**

discutir to discuss, argue **2**

diseñar to design

disponible available

dispuesto ready, willing, prepared, disposed

distinto different **11**

el distrito postal postal district

la diversión hobby, amusement, recreation **13**

divertido amusing, fun **11**

divertirse (ie, i) to have a good time **8**

divorciado divorced **3**

doblar to turn

doble double **16**

doce twelve **EP**

el (la) doctor (-a) doctor **1**

el dólar dollar **4**

doler (ue) to hurt, ache **14**

el dolor pain, ache; **tener dolor de...** to have a . . . ache, to have a pain in . . . **14**

el domingo Sunday **4**

don male title of respect **3**

¿dónde? where? **1; ¿de dónde?** from where? **2**

doña female title of respect **3**

dormir (ue, u) to sleep 5

dormirse (ue, u) to go to sleep, fall asleep 8

el **dormitorio** bedroom 11

dos two EP

doscientos two hundred 4

la **ducha** shower 8

ducharse to take a shower 8

dudar to doubt 13

el (la) **dueño(-a)** owner 10

dulce *adj* sweet 5

el **dulce** *n* (piece of) candy; *pl* candy, sweets 7

durante during 4

durar to last

duro hard, difficult 10

E

e and (replaces y before words beginning with **i-** or **hi-**) 13

la **economía** economics 9; economy

económico inexpensive, economical 15

la **edad** age 10

el **edificio** building 1

la **educación** education 9; las **ciencias de la educación** education (course of study) 9

el **efectivo** cash 16

el **ejemplo** example 3; **por ejemplo** for example 14

el **ejercicio** exercise 4; **hacer ejercicio** to exercise 4

el *definite art* the 1

él *subj pron* he 1; *prep pron* him 4

el (la) **electricista** electrician 10

elegante elegant 6

elegir (i, i) to choose

ella *subj pron* she 1; *prep pron* her 4

ellos(-as) *subj pron* they 1; *prep pron* them 4

la **embajada** embassy 15

embarazada pregant 14

empezar (ie) to begin 5

el (la) **empleado(-a)** employee 10

el **empleo** job; la **agencia de empleos** employment agency 10

la **empresa** firm, company 10; la **administración de empresas** business administration 9

en in, on, at 1; **en caso que** in case that 15; **en grupo** in a group 3; **en punto** on the dot, exactly 3; **en vez de** instead of 11

encantado delighted (to meet you) 2

encantar to delight, love, adore 13; **me encanta(-n)** I love, adore 5

el **encanto** charm

la **enchilada** cheese or meat filled tortilla (*Mex*) 7

encontrar (ue) to find, meet

encontrarse (ue) to be located

el **encuentro** meeting, encounter EP

endosar endorse 16

enero January 4

enfermarse to get sick 14

la **enfermedad** illness 14

el (la) **enfermero(-a)** nurse 10

enfermo sick 1

enfrentarse to face

enojado angry, mad 1

el **enojo** anger

la **ensalada** salad 5

enseñar to teach 9

entender (ie) to understand

entendido understood 8

la **entidad** entity

entonces then 4

la **entrada** main dish, entrée 7; ticket 12; entrance

entrar (en) to enter 11

entre between, among

el **entremés** appetizer 7

entrenado coached, trained 12

el (la) **entrenador(-a)** coach 12

entrenar to coach, train

la **entrevista** interview 10

enviar to send

envolver (ue) to wrap 6; *pp* **envuelto** wrapped

el **equipaje** luggage 15; **bajar el equipaje** to take the luggage down 16; **subir el equipaje** to take the luggage up 16

el **equipo** team 12

equivocarse to make a mistake; to be mistaken 9

la **escala** stop(-over) 15; **hacer escala** to make a stop(-over) 15

la **escalera** stairway 11

el **escaparate** display window

escoger to choose 6

escribir to write 2; *pp* **escrito** written 16

escrito *pp* escribir 16

el **escritorio** desk 1

escuchar to listen (to) 1

la **escuela** school 9; la **escuela secundaria** high school 9; la **escuela primaria** elementary school

ese, esa *adj* that 5; **esos, esas** *adj* those 5

ése, ésa *pron* that (one) 10; **ésos, ésas** *pron* those (ones) 10

eso *neuter pron* that 10; **por eso** for that reason 3; **a eso de** about (+ time) 11

la **espalda** back 14

España Spain 2

español *adj* Spanish 2

el **español** Spanish (language) 1

especial special; **Nada en especial.** Nothing special. EP

la **especialidad** specialty 7

la **especialización** major 9

el **espectáculo** show

esperar to wait 11; to hope 11

el (la) **esposo(-a)** husband (wife) 3

el **esquí** skiing 13; el **esquí acuático** waterskiing 13

esquiar to ski 4

la **esquina** corner

la **estación** season 4; station 16

la **estadía** stay

el **estadio** stadium 12

estadounidense *adj* U.S. resident

los **Estados Unidos, EE.UU.** United States, U.S. 2

la **estampilla** stamp (*Am*)

el **estante** shelf 11; el **estante para libros** bookshelf 11

estar to be 1; **estar a dieta** to be on a diet 5; **estar de acuerdo** to agree, be in agreement 2; **estar de moda** to be in style 6; **estar de vacaciones** to be on vacation 15; **estar harto** to be fed up 10; **estar resfriado** to have a cold 14

estatal *adj* state, of the state

la **estatua** statue

este, esta *adj* this 5; **estos, estas** *adj* these 5

éste, ésta *pron* this (one) 10; **éstos, éstas** *pron* these (ones) 10

el **este** east

esto *neuter pron* this 10

el **estéreo** system containing cassette/CD player(s), radio, and speakers 11

el **estómago** stomach 14

la **estructura** structure

el (la) **estudiante** student 1

estudiantil *adj* student 9

estudiar to study 1

el **estudio** study 9

estupendo great, outstanding 12

la **evaluación** evaluation **10**
evitar to avoid
exacto exact; las **ciencias exactas** natural sciences **9**
el **examen** examination, exam **1**
examinar to examine **14**
la **excursión** tour **15**
exigente demanding
existir to exist
el **éxito** success **13**
explicar to explain **10**
la **expresión** expression
el **extranjero** abroad; el (la) **extranjero(-a)** foreigner
extrañar to miss

F

la **fábrica** factory **10**
fabuloso fabulous **13**
fácil easy **4**; es **fácil** it's easy, it's likely **4**
fácilmente easily **8**
facturar to check (luggage) **15**
la **facultad** school, college **9**
la **falda** skirt **6**
falso false **1**
faltar to be missing, lacking; to need **13**
la **familia** family **EP**
familiar *adj* family **3**
fantástico fantastic **12**
el (la) **farmacéutico(-a)** pharmacist **14**
la **farmacia** pharmacy (course of study) **9**; pharmacy, drugstore **14**
fascinar to fascinate **13**
el **favor** favor; **por favor** please **1**
favorito favorite **4**
febrero February **4**
la **fecha** date **4**
felicitaciones congratulations **3**
feo ugly **2**
la **feria** festival, holiday
la **fiebre** fever **14**
la **fiesta** party **3**
la **filosofía** philosophy; **Filosofía y Letras** Liberal Arts **9**
el **fin** end **9**; el **fin de semana** weekend **4**; **por fin** finally **14**
la **final** finals, end game of competition **12**
finalmente finally **8**
firmar to sign **16**
la **física** physics **9**
físico *adj* physical **12**
el **flan** baked custard **7**
la **flauta** flute **13**
la **flor** flower **4**
flotar to float

el **folleto** brochure
fomentar to encourage
la **(foto)copiadora** photocopying machine, copier
fotocopiar to photocopy
la **fotografía** photograph **7**; la **foto** *f* photo **7**
francés *adj* French **2**
el **francés** French (language) **1**
frecuentemente frequently **8**
la **fresa** strawberry **7**
el **fresco** coolness, cool temperature **4**; **hace fresco** it's cool **4**; *adj* fresh **6**
el **frijol** bean **7**
el **frío** cold **4**; **hace frío** it's cold **4**; **tener frío** to be cold **8**
la **fruta** fruit **5**
la **fuente** fountain, source
fuerte strong **12**
fumar to smoke **6**
la **función** performance
funcionar to run, function
el **fútbol** soccer **12**; el **fútbol norteamericano** football **12**
el **futuro** future **2**

G

las **gafas** glasses; las **gafas de sol** sunglasses **13**
la **gana** desire, wish, longing; **tener ganas de** + *inf* to feel like (doing something) **10**
ganar to earn **6**; to win **12**
la **ganga** bargain **6**
el **garaje** garage **11**
la **garganta** throat **14**
el **gas** gas, carbonation **7**
gastar to spend (money) **6**
el **gazpacho** chilled vegetable soup (*Sp*) **7**
general general; **por lo general** generally **11**
generalmente generally **5**
la **gente** people **11**
el (la) **gerente** manager **10**; el (la) **gerente general** general manager **10**
la **gimnasia** gymnastics **12**
el **gimnasio** gymnasium **12**
el **gobierno** government
el **golf** golf (sport) **12**
la **goma** rubber
gordo fat **2**
gozar de to enjoy
Gracias. Thank you. **EP**
graduarse to graduate **9**

grande big, large **2**; **gran** (*before s n*) great
gratis free (of charge)
grave serious **14**
la **gripe** flu **14**
gris gray **2**
gritar to shout **12**
el **grupo** group; **en grupo** in a group **3**
el **guacamole** avocado sauce or dip (*Mex*) **7**
el **guante** glove **8**
guapo attractive, handsome **2**
guardar to keep, save **16**
la **guerra** war
la **guía** guidebook **15**; la **guía turística** tourist guidebook **15**
la **guitarra** guitar **11**
gustar to be pleasing, to like **13**; **me gusta(-n)** I like **1**; **te gusta(-n)** you like **1**
el **gusto** pleasure **2**; **Mucho gusto.** Pleased to meet you. **2**; **El gusto es mío.** The pleasure is mine. **2**

H

haber (there) to be **7**; **hay** there is, there are **EP**; **hubo** there was, there were **7**; **haber** to have (auxiliary verb) **16**
la **habitación** room **16**
el **habitante** inhabitant
hablar to talk, speak **1**; **hablando de** speaking about **9**; **¡Ni que hablar!** Don't even mention it! **3**
hacer to do, make **4**; *pp* **hecho** done, made **16**; **¿Qué tiempo hace?** What's the weather like? **4**; **hace buen tiempo** the weather's nice **3**; **hace calor** it's hot **4**; **hace fresco** it's cool **4**; **hace frío** it's cold **4**; **hace mal tiempo** the weather's bad **3**; **hace sol** it's sunny **4**; **hace viento** it's windy **4**; **hacer cola** to stand in line **6**; **hacer compras** to purchase, shop **6**; **hacer ejercicio** to exercise **4**; **hacer escala** to make a stop(-over) **15**; **hacer la cama** to make the bed **11**; **hacer las maletas** to pack **15**; **hacer un viaje** to take a trip **15**; **hace** + *unit of time* + **que** + (*verb in preterite*) ago **7**; **¿Cuánto tiempo hace que...?** For how long . . . ? **14**
hacerse to become **8**
el **hambre** *f* hunger **5**; **tener hambre** to be hungry **5**

la **hamburguesa** hamburger **5**

harto fed up **12; estar harto** to be fed up **12**

hasta *prep* until **EP**

hasta que *conj* until **15**

hay there is, there are **EP; ¿Qué hay?** What's new? **EP; ¿Qué hay de nuevo?** What's new? **EP**

hecho *pp* **hacer** done, made **16; Trato hecho.** It's a deal. **13**

el **helado** ice cream **5**

la **herida** wound **14**

herido wounded

el (la) **hermano(-a)** brother (sister) **3**

hermoso beautiful **6**

la **hierba** herb

el (la) **hijo(-a)** son (daughter) **3;** *pl* children **3**

la **hipoteca** mortgage **16**

hispánico *adj* Hispanic

hispano *n* and *adj* Hispanic

la **historia** history **1**

el **hockey** hockey **12**

la **hoja** sheet of paper

hola hi (an informal greeting) **EP**

el **hombre** man **3;** el **hombre de negocios** businessman **10**

la **hora** hour, time **3; a la hora de...** at . . . time, at the hour of . . . **6; ¿a qué hora... ?** (at) what time . . .? **3**

el **horario** schedule

horrible horrible **7**

el **hotel** hotel **15**

hoy today **1**

hoy día nowadays

la **huelga** strike; **estar de huelga** to be on strike

el **hueso** bone **14**

el (la) **huésped** guest

el **huevo** egg **5**

I

la **iglesia** church **1**

igual equal **11**

importante important **4; es importante** it's important **4**

importar to be important **13**

imposible impossible **3; es imposible** it's impossible **4**

incaico *adj* Incan

incluir to include **15**

increíble incredible **10**

indeciso indecisive **16**

indígena *adj* native

la **infección** infection **14**

influir to influence

el **informe** report **4**

la **ingeniería** engineering **9**

el (la) **ingeniero(-a)** engineer **10**

Inglaterra England **2**

inglés *adj* English **2**

el **inglés** English (language) **1**

ingresar to enter

el **ingreso** income

inmediatamente immediately **8**

el **inodoro** toilet **16**

inolvidable unforgettable

inscribirse to register

la **inscripción** registration

insistir en to insist (on) **13**

el **instituto** high school **9**

inteligente intelligent **2**

el **intercambio** exchange

el **interés** interest **13;** la **tasa de interés** interest rate

interesar to interest, be interested in **13**

internacional international **2**

el **invierno** winter **4**

invitar to invite **2**

ir to go **3; ir a** + *inf* to be going to (do something) **3; ir de compras** to go shopping **6; ir de pesca** to go fishing **13; ir en / por** + *transportation* to go by + *transportation* **15; Me va chico.** It's small on me. **8; vamos a** + *inf* let's (do something) **3**

irse to go away, leave **8**

-ísimo very, extremely, exceptionally **14**

la **isla** island **15**

italiano *adj* Italian **2**

el **italiano** Italian (language) **2**

la **izquierda** left **5; a la izquierda** to (on) the left **5**

J

el **jai alai** jai alai, Basque sport

el **jamón** ham **5**

japonés *adj* Japanese **2**

el **japonés** Japanese (language) **2**

el **jarabe** syrup **14**

el **jardín** garden, yard **11;** el **jardín de (la) infancia** kindergarten

los **jeans** jeans **6**

el (la) **jefe(-a)** boss **10**

el **jerez** sherry

joven young **2**

la **joya** jewel; *pl* jewelry, jewels **6**

el **juego** game, sport **12**

el **jueves** Thursday **4**

el (la) **jugador(-a)** player **12**

jugar (ue) to play (a sport, game) **12**

el **jugo** juice **5**

julio July **4**

junio June **4**

junto together

justo *adj* just, fair **3**

justo *adj* coincidentally

L

la *definite art* the **1;** *dir obj pron* her, it, you (*form s*) **7**

el **laboratorio** laboratory **1**

el **lado** side; **al lado de** next to, beside **11; por otro lado** on the other hand **9**

el **lago** lake **13**

la **lámpara** lamp **11**

la **lana** wool **6**

la **lancha** motorboat **13**

el **lápiz** pencil **1**

largo long **14**

las *definite art* the **1;** *dir obj pron* them, you (*form pl*) **7**

la **lástima** pity; **¡Qué lástima!** That's too bad! **EP; Es una lástima.** It's too bad. **4**

el **lavabo** sink **16**

lavar to wash **11**

lavarse to wash oneself **8**

le *indir obj pron* (to, for) him, her, you (*form s*) **9**

la **lección** lesson **1**

la **leche** milk **5;** el **café con leche** coffee with warmed milk **5**

la **lechuga** lettuce **5**

la **lectura** reading

leer to read **2**

la **legumbre** vegetable

lejos *adv* far **2**

lejos de *prep* far from **2**

el **lema** slogan

la **lengua** language **1**

les *indir obj pron* (to, for) them, you (*form pl*) **9**

letra letter (of alphabet); **Filosofía y Letras** Liberal Arts **9**

levantarse to get up **8**

libre free; los **ratos libres** free time **13**

la **librería** bookstore **1**

el **libro** book **1**

licenciado having a university degree

ligero light **5**

limpiar to clean **11**

limpio clean **11**

lindo pretty, nice, first-rate **6**

la **línea** line **16**

la **lista** list **15**; la **lista de espera** waiting list **15**

listo ready (with **estar**) **5**; clever (with **ser**)

la **llamada** call; la **llamada de larga distancia** long-distance call

llamar to call **4**

llamarse to be named, be called **8**; ¿**Cómo te llamas?** What's your name? **EP**

la **llave** key **14**

la **llegada** arrival **15**

llegar to arrive **3**; **llegar a un acuerdo** to reach an agreement **10**; **llegar a ser** to become **12**

llenar to fill (out)

llevar to wear **6**; to carry, take

llover (ue) to rain; **llueve** it's raining **4**

lo *dir obj pron* him, it, you (*form s*) **7**

lo *neuter definite art* the **12**; **lo bueno** the good thing **12**; **lo mejor** the best thing **12**; **lo malo** the bad thing **12**; **lo mismo** the same thing **12**; **lo peor** the worst thing **12**; **lo que** what, that which

la **loción** lotion **13**

loco crazy **1**

la **locura** craziness

los *definite art* the **1**; *dir obj pron* them, you (*form pl*) **7**

luego later **EP**; then, afterwards **8**

el **lugar** place, space **7**

el **lujo** luxury; **de lujo** deluxe **16**

la **luna** moon; la **luna de miel** honeymoon **15**

el **lunes** Monday **4**

la **luz** light

M

la **madre** mother **3**

la **madrina** godmother **3**

el (la) **maestro(-a)** teacher (in elementary school) **9**

magnífico wonderful, superb, magnificent **13**

mal *adv* bad, sick **EP**; *adj before m s noun* bad, evil

el **malentendido** misunderstanding

el **malestar** unrest

la **maleta** suitcase **15**; **hacer las maletas** to pack **15**

malo bad, evil **2**; **mal** *before m s noun* bad, evil; **es malo** it's bad **4**; **lo malo** the bad thing **12**

mandar to send **7**; to order **13**

manejar to drive **4**

la **manifestación** demonstration

la **mano** *f* hand **8**

la **manzana** apple **7**

mañana tomorow **EP**

la **mañana** morning **2**; **por la mañana** in the morning **2**; **de la mañana** A.M. **3**

maquillarse to put on make-up **8**

la **máquina** machine

el **mar** sea **13**

el **martes** Tuesday **4**

marzo March **4**

más more **6**; **algo más** something else, something more

masticar to chew **4**

las **matemáticas** mathematics **1**

la **materia** subject matter **9**

materna *adj* motherly

matricularse to enroll, register **9**

mayo May **4**

mayor older **3**; main, principal; el (la) **mayor** the oldest **3**

la **mayoría** majority

me *dir obj pron* me **7**; *indir obj pron* (to, for) me, **9**; *refl pron* myself **8**

la **medianoche** midnight **3**

las **medias** stockings, hose **6**

la **medicina** medicine (course of study) **9**

el (la) **médico(-a)** doctor **10**

medio middle

el **medio** means, method; los **medios de transporte** modes of transportation **16**

el **mediodía** noon **3**

mejor better **4**; el (la) **mejor** the best **2**; **es mejor** it's better **4**; **lo mejor** the best thing, part **12**

mejorar to get better, improve **14**

menor younger **3**; el (la) **menor** the youngest **3**

menos less **EP**; **menos mal** it's a good thing; **a menos que** unless **15**; **por lo menos** at least **14**

la **mente** mind, intelligence **8**

el **menú** menu **7**

menudo: a menudo often **2**

la **mercadería** merchandise, goods

el **mercado** market **6**

las **mercancías** merchandise, goods

merecer to deserve, merit **4**

el **mes** month **4**

la **mesa** table **1**; **poner la mesa** to set the table **5**

el (la) **mesero(-a)** waiter (waitress) (*Mex*) **7**

el **metro** subway **16**

mexicano *adj* Mexican **2**

la **mezcla** mixture

mi *poss adj* my **1**

mí *prep pron* me **4**

el **miembro** member **9**

mientras while **9**

el **miércoles** Wednesday **4**

migratorio migrant; el (la) **obrero(-a) migratorio(-a)** migrant worker

mil thousand **4**

millón million **4**

mío *poss adj and pron* my, mine

mirar to look at **1**

mismo same; **lo mismo** the same thing **12**

la **mitad** half

la **mochila** backpack **1**

la **moda** fashion, style **6**; **estar de moda** to be in style **6**

moderado moderate **16**

moderno modern **11**

molestar to bother; **No te molestes.** Don't bother. **4**

el **momento** moment; **un momento** wait a minute, moment **9**

la **moneda** currency, coins

montar to mount, get on, ride; **montar a caballo** to ride horseback **13**; **montar en bicicleta** to ride a bicycle **13**

moreno brunette, dark haired **2**

morir (ue, u) to die **8**; *pp* **muerto** dead, died **16**

el **mostrador** counter, ticket counter **15**

mostrar (ue) to show **12**

el **motel** motel **16**

la **motocicleta** motorcycle **16**; la **moto** cycle **16**

el **movimiento** movement **17**

el (la) **muchacho(-a)** boy (girl) **6**

mucho *adv* much, a lot **EP**; *adj* much, many, a lot **5**

mudarse to move (residence)

el **mueble** piece of furniture **11**; los **muebles** furniture **11**

la **muela** molar **14**; **tener dolor de muelas** to have a toothache **14**

muerto dead, deceased **3**; *pp* **morir** dead, died **16**

la **mujer** woman **3**; la **mujer de negocios** businesswoman **10**

mundial *adj* world

el **mundo** world **EP**

el **museo** museum **4**

la **música** music **1**; la **música de cámara** chamber music

muy very **EP**

N

nacer to be born **3**

nada nothing **7**; **De nada.** You're welcome. **1**; **Nada en especial.** Nothing special. **EP**

nadar to swim **4**

nadie no one, nobody **8**

la **naranja** orange **7**

la **nariz** nose **14**

la **natación** swimming **13**

la **náusea** nausea; **tener náuseas** to be sick, nauseous **14**

navegar to sail **13**

la **Navidad** Christmas

necesario necessary **4**; **es necesario** it's necessary **4**

necesitar to need **1**

negar (ie) to deny **13**

negociar to negotiate **10**

el **negocio** transaction, deal; los **negocios** business **11**; el **hombre (la mujer) de negocios** businessman(-woman) **10**

negro black **2**

nevar (ie) to snow; **nieva** it's snowing **4**

ni... ni neither . . . nor **8**; **¡Ni que hablar!** Don't even mention it! **3**

el (la) **nieto(-a)** grandson(-daughter) **3**; *pl* grandchildren

la **nieve** snow **8**

ninguno, ningún, ninguna no one, none, (not) . . . any **8**

el (la) **niño(-a)** child, boy (girl) **3**; **de niño(-a)** as a child **10**

el **nivel** level

no no, not **EP**

la **noche** night, evening **2**; **por la noche** in the evening, at night **2**; **de la noche** P.M. **3**; **Buenas noches.** Good evening., Good night. **EP**; **esta noche** tonight **13**

el **nombre** name **10**

el **norte** north

norteamericano *adj* North American **2**

nos *dir obj pron* us **7**; *indir obj pron* (to, for) us **9**; *refl pron* ourselves **8**

nosotros(-as) *subj pron* we **1**; *prep pron* us **4**

la **noticia** piece of news **12**; las **noticias** news **12**

novecientos nine hundred **4**

la **novela** novel **13**

noveno ninth **13**

noventa ninety **3**

noviembre November **4**

el (la) **novio(-a)** fiancé(-e), boy- (girl-) friend **2**

nuestro *poss adj* our **3**; *poss pron* our, ours

nueve nine **EP**

nuevo new **2**; *before noun* different; **¿Qué hay de nuevo?** What's new? **EP**

el **número** number **EP**; size (of gloves, shoes) **6**

nunca never **2**

O

o or **2**

o... o either . . . or **8**

la **obra** work (of art, music, literature)

el (la) **obrero(-a)** worker **10**; el (la) **obrero(-a) migratorio(-a)** migrant worker

ochenta eighty **3**

ocho eight **EP**

ochocientos eight hundred **4**

octavo eighth **13**

octubre October **4**

ocupar to occupy

ocurrir to happen **14**

el **oeste** west

la **oferta** sale **6**; **de oferta** on sale **6**

la **oficina** office **1**; la **oficina comercial** business office **18**

el (la) **oficinista** office worker **18**

ofrecer to offer **4**

ojalá (que) I hope, it is to be hoped that **11**

el **oído** inner ear **14**

oír to hear **5**

el **ojo** eye **14**

la **ola** wave **13**

olvidar to forget **14**; **olvidarse de** to forget

once eleven **EP**

la **oración** prayer, sentence

la **orden** order; **a sus órdenes** at your service **8**

la **oreja** (outer) ear **14**

organizar to organize **9**

el **orgullo** pride

el **oro** gold

os *dir obj pron* you (*fam pl*) **7**; *indir obj pron* (to, for) you (*fam pl*) **9**; *refl pron* yourselves (*fam pl*) **8**

el **otoño** fall, autumn **4**

otro other, another **5**

P

el (la) **paciente** patient **14**

el **padre** father **3**; *pl* parents **3**

el **padrino** godfather; best man **3**

la **paella** seafood, meat, rice casserole (*Sp*) **7**

pagar to pay **6**

el **país** country, nation **2**

la **palabra** word **3**

el **palacio** palace **17**

el **pan** bread **5**

los **pantalones** pants, slacks **6**

la **pantufla** slipper **8**

la **papa** potato (*Am*) **5**; las **papas fritas** French fries **5**

el **papel** paper **1**; role

la **papelera** wastebasket **1**

el **paquete** package

el **par** pair **6**

para *prep* for, in order to, by **4**

para que *conj* so that **15**

el **parador nacional** Spanish national tourist inn

parar to stay, lodge **16**

pardo brown **2**

parecer to seem; **parece que** it seems that **12**; **me parece** it seems to me **10**

la **pared** wall **11**

la **pareja** couple, pair **15**

el (la) **pariente** relative **3**

el **parque** park **4**

la **parte** part; **todas partes** everywhere **13**

la **partera** midwife

participar en to participate in **12**

el **partido** game, match **12**

el **parto** delivery (of child)

pasado last **6**; la **semana pasada** last week **6**

el (la) **pasajero(-a)** passenger **15**

el **pasaporte** passport **15**

pasar to happen **9**; to spend (time) **13**; **pasarlo bien/mal/de maravillas** to have a good/bad/wonderful time **13**; **¿Qué le pasa?** What's wrong with him, her, you?, What's he, she, you got? **14**

el **pasatiempo** pastime **13**

pasearse to take a walk, stroll **13**

el **paseo** walk, stroll, outing

la **pasta** paste; la **pasta dentrífica** toothpaste **14**

el **pastel** cake, pastry **5**

la **pastilla** pill **14**

patear to kick **12**

el **patinaje** skating **13**; el **patinaje sobre hielo** ice skating **13**

patinar to skate **13**

el **patio** patio **10**

la **patria** homeland

patrio *adj* patriotic

patrocinado sponsored

la **paz** peace

el **peatón** (la **peatona**) pedestrian **16**

el **pecho** chest **14**

el **pedazo** piece

pedir (**i, i**) to request, ask for, order **5**; **pedir dinero prestado** to borrow money **16**

peinarse to comb one's hair **8**

la **película** movie, film **9**

el **peligro** danger

peligroso dangerous

el **pelo** hair **8**

la **pelota** ball **12**

la **pena** grief, sadness, sorrow, pain; **¡Qué pena!** What a shame! **9**

pensar (**ie**) to think **5**; **pensar** + *inf* to plan, intend **5**; **pensar de** to hold an opinion; **pensar en** to think about

la **pensión** bed and breakfast, inn, board **16**

peor worse **6**; el (la) **peor** the worst **12**; **lo peor** the worst thing **12**

pequeño small, little **2**

perder (**ie**) to lose **12**

perdón excuse me **9**

perdone excuse me

perezoso lazy **8**

perfecto perfect **4**

el **periódico** newspaper **13**

el **periodismo** journalism **9**

el (la) **periodista** journalist **12**

permitir to permit, allow **13**

pero but **1**

el **perro** dog **3**

la **persona** person **1**

el **personal** personnel, staff **10**

pesado heavy **7**

pesar: a pesar de in spite of

la **pesca** fishing **13**; **ir de pesca** to go fishing **13**

el **pescado** fish (as food) **5**

pescar to fish **13**

la **peseta** peseta, monetary unit of Spain **4**

el **peso** peso, monetary unit of Mexico and several other countries **4**; weight; **bajar de peso** to lose weight **5**

el **piano** piano **11**

picante spicy, hot **7**

el **picnic** picnic **13**

el **pie** foot **14**

la **piedra** stone

la **pierna** leg **14**

el **pijama** pajamas **8**

el (la) **piloto(-a)** pilot **15**

la **pimienta** pepper (spice) **5**

la **pirámide** pyramid

la **piscina** swimming pool **13**

el **piso** floor, story **11**

el **plan** plan **3**

planear to plan **3**

la **planta baja** ground floor

el **platillo** saucer, small plate **5**

el **plato** dish, plate **5**; course **7**; el **primer plato** first course **7**; el **segundo plato** second course **7**

la **playa** beach **4**

la **plaza** square, plaza; la **plaza de toros** bullring

el (la) **plomero(-a)** plumber **10**

la **población** population

pobre poor; *before noun* unfortunate

la **pobreza** poverty

poco *adj* little, small, slight **5**; *pl* few **5**; *adv* little, not much; **un poco** a little, a little bit **4**

el **poder** power

poder (**ue**) to be able to **5**; *preterite aff* to manage **10**; *preterite neg* to fail **10**

poderoso powerful

el **policía** policeman **10**

la **policía** police force, department

policíaco *adj* mystery **13**

la **política** politics; las **ciencias políticas** political science **9**

el **pollo** chicken **5**

poner to put, place **4**; *pp* **puesto** put, placed **16**; **poner la mesa** to set the table **5**; **poner la radio** to put on, turn on the radio **4**; **poner la televisión** to put on, turn on the television **4**

ponerse to put on **8**; to become **14**

popular popular **9**

por for, by, in through **4**; **por ejemplo** for example **14**; **por eso** for that

reason, that's why **3**; **por favor** please **1**; **por fin** finally **14**; **por la mañana/noche/tarde** in the morning/evening/afternoon **2**; **por lo general** generally **11**; **por lo menos** at least **14**; **por otro lado** on the other hand **9**; **por primera vez** for the first time **14**; **¿por qué?** why? **2**; **por supuesto** of course **2**; **por teléfono** by phone, on the phone **3**; **por última vez** for the last time **14**; **por último** finally **8**

el **porcentaje** percentage

porque because **2**

posible possible **4**; **es posible** it's possible **4**

la **postal** postcard

el **postre** dessert **5**

practicar to practice **1**; to go out for, play (sports) **12**

el **precio** price **6**; el **precio fijo** fixed price **6**

preferir (**ie**) to prefer **5**

preguntar to ask a question **5**; **preguntar por** to inquire about someone **5**

preocupado worried **1**

preocuparse (**por**) to worry (about) **8**

preparar to prepare **4**

la **presentación** introduction

presentar to introduce **2**

presentarse to appear **15**

la **presión** pressure; la **presión sanguínea** blood pressure **14**

el **préstamo** loan **16**

prestar to loan, lend **10**; **pedir dinero prestado** to borrow money **16**

la **primavera** spring **4**

primero *adj* first **8**; *precedes m s noun* **primer 13**

el **primero** first (of month) **4**

el (la) **primo(-a)** cousin **3**

la **prisa** haste; **tener prisa** to be in a hurry **8**

privado private **11**

probar (**ue**) to taste, try **5**

probarse (**ue**) to try on

el **problema** problem **2**

procedente de departing from **15**

el **producto** product **10**

la **profesión** profession **10**

profesional professional **12**

el (la) **profesor(-a)** professor **EP**

profundo deep

la **programación de computadoras** computer programming **9** el (la) **programador(-a) de computadoras** computer programmer **10**

el **progreso** progress

prohibido forbidden, prohibited

prohibir to prohibit; **se prohibe** + *inf* it's prohibited + *inf* **6**

prometer to promise **15**

pronto immediately, soon **5; tan pronto como** as soon as **15**

la **propiedad** property

la **propina** tip

propio *adj* own

proponer to propose **9**

provecho advantage; **Buen provecho.** Enjoy your meal. **7**

próximo next **13**

el **público** audience, public **12; público** *adj* public **17**

el **pueblo** town **6**

el **puente** bridge; el **puente cultural** cultural bridge

la **puerta** door **11;** gate **15;** la **puerta de embarque** boarding gate **15**

puertorriqueño *adj* Puerto Rican **2**

pues well **EP;** because **3**

puesto *pp* **poner** put, placed **16**

el **puesto** job, position **10**

el **pulso** pulse **14**

el **punto** point **12; en punto** exactly, on the dot **3**

el **pupitre** student desk **1**

Q

que *rel pron* that, which, who **3**

¿qué? what?, which? **1; ¿Qué hay de nuevo?** What's new? **EP; ¿Qué tal?** How are things? **EP; ¿Qué tal si... ?** What if . . .; What about . . .? **13; ¿Qué tal** + *noun?* What was + *noun* like? **12; ¿Qué tiempo hace?** What's the weather like? **4; ¡Qué bien!** How nice! **3; ¡Qué bueno!** That's good! **EP; ¡Qué lástima!** That's too bad! **EP; ¡Qué pena!** What a shame! **9; ¡Qué raro!** How strange!

quebrarse to break (a bone) **14**

quedar to be left, remaining **13;** to be located **16; Me queda bien.** It looks good on me. **8**

quedarse to remain, stay **13**

el **quehacer doméstico** chore **11**

quejarse de to complain about **8**

quemarse to burn **13**

querer (ie) to want, wish **5;** *preterite aff* to try **10;** *preterite neg* to refuse **10**

querido dear, greeting for a personal letter **1**

el **queso** cheese **5**

quien(-es) *rel pron* who, whom

¿quién(-es)? who? **2; ¿de quién(-es)?** whose? **3**

la **química** chemistry **1**

el (la) **químico(-a)** chemist **10**

quince fifteen **EP**

la **quinceañera** coming out party for 15-year-old Hispanic females

quinientos five hundred **4**

quinto fifth **13**

el **quiosco** kiosk

quisiera I would like **5**

quitarse to take off (clothing) **8**

quizás perhaps, maybe **13**

R

la **radio** radio **4; poner la radio** to turn on, put on the radio **4**

la **raíz** root

rápidamente rapidly **5**

la **raqueta** racket **12**

raro strange, rare; **¡Qué raro!** How strange!

el **rascacielos** skyscraper

el **rato** short time, while; los **ratos libres** free time **13**

la **razón** reason; **tener razón** to be right **16**

la **recepción** front desk (of hotel)

el (la) **recepcionista** receptionist **14;** desk clerk (of hotel)

la **receta** prescription **14;** recipe

recetar to prescribe **14**

rechazar to reject

recibir to receive **2**

recomendar (ie) to recommend **5**

recordar (ue) to remember

el **refrán** proverb, saying

el **refresco** soda, pop **5**

el **refrigerador** refrigerator **11**

el **regalo** gift **3**

regatear to bargain, haggle **6**

registrar to check, examine **15**

la **regla** ruler **1**

regresar to return (to a place) **3**

regular all right, okay, so-so **EP**

el **reloj** clock **1;** watch **6**

el **remedio** remedy, medicine **14**

el **renombre** fame, renown

renunciar to resign **10**

repetir (i, i) to repeat **5**

requerir (ie, i) to require **12**

la **reservación** reservation **15**

reservar to reserve

el **resfriado** cold, chill; **estar resfriado** to have a cold **14**

la **residencia** dormitory **1**

resolver (ue) to solve, resolve **16;** *pp* **resuelto** resolved, solved **16**

la **responsabilidad** responsibility

la **respuesta** reply

el **restaurante** restaurant **2**

el **resto** rest, remainder

resuelto *pp* **resolver** resolved, solved **16**

el **resultado** result **12**

la **reunión** meeting **9**

reunir to meet, gather together

la **revista** magazine **12**

rezar to pray

la **ría** inlet (of water)

rico rich; good, delicious **5**

ridículo ridiculous **4; es ridículo** it's ridiculous **4**

el **río** river **17**

riquísimo delicious **7**

rogar (ue) to beg; **se ruega** please **6**

rojo red **2**

romántico romantic **13**

romper to break **14;** *pp* **roto** broken **16**

la **ropa** clothing, clothes **6**

roto broken, torn **6;** *pp* **romper** broken **16**

rubio blond **2**

la **rueda** wheel **16**

el **ruido** noise

ruso *adj* Russian **2**

el **ruso** Russian (language) **2**

la **ruta** route **15**

la **rutina** routine **8**

S

el **sábado** Saturday **4**

saber to know **4;** *preterite* to find out **10; saber** + *inf* to know how to **4; saber bien/mal** to taste good/bad **7**

sacar to take out, get **11;** to withdraw **16; sacar la basura** to take out the trash, garbage **11**

sacudir to dust **11**

la **sal** salt **5**

la **sala** living room **11;** la **sala de espera** waiting room **14;** la **sala de estar** family room **11;** la **sala de recreo** recreation room **11**

el **salario** wages **10**
la **salida** departure **15**
salir (de) to leave **4**; to turn out to be, come out **12**
la **salsa** sauce **7**
la **salud** health **14**
el **saludo** greeting **EP**
la **sandalia** sandal **13**
el **sandwich** sandwich **5**
la **sangría** wine punch (*Sp*) **7**
sano healthy **14**
se *refl pron* himself, herself, yourself (-ves), themselves **8**
secarse to dry (oneself) **8**
secundario secondary; la **escuela secundaria** high school **9**
la **sed** thirst **5**; **tener sed** to be thirsty **5**
la **seda** silk **6**
seguir (i, i) to follow, pursue **9**; **seguir derecho** to go straight; **el que sigue** next (person in line) **16**
segundo second **13**; el **segundo plato** second course **7**
seguro certain, sure **12**
el **seguro** security, insurance; el **seguro social** social security; el **seguro de desempleo** unemployment benefits **10**
seis six **EP**
seiscientos six hundred **4**
el **sello** stamp (*Sp*)
el **semáforo** traffic light **16**
la **semana** week **4**; **a la semana** per week **8**
el **semestre** semester **1**
sencillo simple, single **16**; la **habitación sencilla** single room **16**
sentarse (ie) to sit down **8**
sentir (ie, i) to regret, feel sorry **13**; **Lo siento.** I'm sorry. **EP**
sentirse (ie, i) to feel **8**
señalar to point out
el **señor** Mr., sir, gentleman **EP**; *abb* **Sr.**
la **señora** Mrs., lady **EP**; *abb* **Sra.**
la **señorita** Miss, young lady, unmarried lady **EP**; *abb* **Srta.**
separado separated **3**
séptimo seventh **13**
ser to be **2**; **llegar a ser** to become **12**
el **ser humano** human being
el **servicio** service **10**; los **servicios sociales** social services **10**
la **servilleta** napkin **5**
servir (i, i) to serve **5**; **¿En qué puedo servirle?** May I help you? **8**

sesenta sixty **3**
setecientos seven hundred **4**
setenta seventy **3**
setiembre, septiembre September **4**
sexto sixth **13**
si if **1**
sí yes **EP**
la **sicología** psychology **9**
el (la) **sicólogo(-a)** psychologist **10**
siempre always **2**; **como siempre** as usual **12**; **hasta siempre** as always **1**
siete seven **EP**
el **siglo** century **13**
el **significado** meaning
la **silla** seat **1**
el **sillón** armchair **11**
simpático nice **2**
sin *prep* without **4**
sin embargo nevertheless
sin que *conj* without **15**
sino *prep* but, but rather
sino que *conj* but rather, on the contrary
el **sindicato** union
el **síntoma** symptom **14**
el **sistema** system
sobre on (top of) **11**; about, concerning; **sobre todo** especially
el **sobre** envelope
el (la) **sobrino(-a)** nephew (niece) **3**
social social; los **beneficios sociales** fringe benefits **10**; los **servicios sociales** social services **10**
la **sociología** sociology **9**
el (la) **sociólogo(-a)** sociologist **10**
el **sofá** sofa **11**
el **sol** sun **4**; **hace sol** it's sunny **4**; las **gafas de sol** sunglasses **13**; **tomar el sol** to sunbathe **13**
solamente only **4**
solicitar to apply **10**
la **solicitud** application form **10**
solo *adj* alone
sólo *adv* only **6**
el (la) **soltero(-a)** bachelor, single person **3**
el **sombrero** hat **8**
la **sombrilla** beach umbrella **13**
sonar (ue) to ring **8**
el **sonido** sound
soñar (ue) con to dream about **10**
la **sopa** soup **5**
sorprenderse to surprise
la **sorpresa** surprise **4**

el **sótano** basement **11**
su *poss adj* his, her, your (*form s*) **2**; their, your (*pl*) **3**
subir to go up(-stairs) **11**; **subir el equipaje** to take the luggage up
sucio dirty **6**
el (la) **suegro(-a)** father-(mother-) in-law **3**
el **sueldo** salary **10**
el **sueño** sleep **14**; **tener sueño** to be sleepy **14**
la **suerte** luck **10**; **Buena suerte.** Good luck. **6**; **tener suerte** to be lucky **10**
el **suéter** sweater **6**
el **supermercado** supermarket **6**
el **sur** south
suspender to fail **9**
el **sustantivo** noun
suyo *poss adj and pron* his, her, hers, your, yours, their, theirs

T

el **taco** tortilla filled with meat, lettuce, tomatoes, and cheese (*Mex*) **7**
el **tacón** heel **6**
tal such; **con tal que** provided that **15**; **¿Qué tal?** How are things? **EP**; **¿Qué tal... ?** What was . . . like? **12**; **¿Qué tal si... ?** What if . . .?, What about . . .? **13**; **tal vez** perhaps, maybe **10**
la **talla** size (of clothing) **6**
también also, too **1**
el **tambor** drum **13**
tampoco (not) either, neither **1**
tan... como as . . . as (*with adjs and advs*) **11**; **tan pronto como** as soon as **15**
tanto(-a) so much **11**; as much **12**; **tantos(-a)** so many **8**; as many **11**
tanto... como as . . . as (*with nouns*) **11**
la **tapa** appetizer, lid (*Sp*)
tarde late **3**
la **tarde** afternoon **2**; **Buenas tardes.** Good afternoon. **EP**; **de la tarde** P.M. **3**; **por la tarde** in the afternoon **2**
la **tarea** homework **4**; **hacer la tarea** to do homework **4**
la **tarifa** fare **15**
la **tarjeta** card **9**; la **tarjeta de embarque** boarding pass **15**; la **tarjeta postal** postcard
la **tasca** bar, café (*Sp*)
el **taxi** taxi cab **16**
la **taza** cup **5**

te *dir obj pron* you (*fam s*) **7**; *indir obj pron* (to, for) you (*fam s*) **9**; *refl pron* yourself (*fam s*) **8**

el **té** tea **2**

el **teatro** theater **13**

el **techo** roof **11**

el **teléfono** telephone **2**; **por teléfono** by telephone, on the telephone **3**

la **televisión** television **1**; **poner la televisión** to put on, turn on the television **4**

el **televisor** television set **11**

el **tema** theme, topic

la **temperatura** temperature **14**

temprano early **3**

tender (ie) a + *inf* to have a tendency (to do something)

el **tenedor** fork **5**

tener to have **3**; **tener... años** to be . . . years old **3**; **tener calor** to be hot **4**; **tener cuidado** to be careful **5**; **tener dolor de...** to have a . . . ache; to have a pain in . . . **14**; **tener dolor de muelas** to have a toothache **14**; **tener frío** to be cold **4**; **tener ganas de** + *inf* to feel like (doing something) **12**; **tener hambre** to be hungry **5**; **tener náuseas** to be sick, nauseous **14**; **tener prisa** to be in a hurry **8**; **tener que** + *inf* to have to (do something) **3**; **tener razón** to be right **16**; **tener sed** to be thirsty **5**; **tener sueño** to be sleepy **14**; **tener suerte** to be lucky **12**

el **tenis** tennis **12**; los **zapatos de tenis** tennis shoes **12**

el (la) **tenista** tennis player **12**

tercero third **13**; *before m s noun* **tercer** third **13**

terminar to end, finish

la **ternera** veal **7**

terrible terrible **7**

la **tertulia** social gathering for conversation or entertainment

ti *prep pron* you (*fam*) **4**

el **tiempo** weather, time **4**; **a tiempo** on time **3**; **¿Qué tiempo hace?** What's the weather like? **4**; **Hace buen/mal tiempo.** It's good/bad weather. **4**

la **tienda** shop, store **6**; la **tienda de regalos** gift shop **6**

el (la) **tío(-a)** uncle (aunt) **3**; *pl* aunts and uncles

típico typical **11**

el **tipo** type, kind **14**

tirar to throw

el **título** degree

la **toalla** towel **13**

tocar to play (an instrument) **11**

todavía still, yet **7**; **todavía no** not yet **7**

todo all, every **4**; **es todo** that's all **14**; **es todo por ahora** that's all for now **8**; **todos los días** every day **2**; **todas partes** everywhere **13**

tomar to take, eat, drink **2**; **tomar el sol** to sunbathe **13**

el **tomate** tomato **5**

el **torero** bullfighter

el **toro** bull; la **corrida de toros** bullfight

la **tortilla** flat bread made of corn meal (*Mex*) **7**; omelette with potatoes (*Sp*) **7**

la **tos** cough **14**

toser to cough **14**

trabajar to work **1**

el **trabajo** work, job **4**

traducir to translate **4**

traer to bring, carry **4**

el **tráfico** traffic **16**

trágico tragic **13**

el **traje** suit **6**; el **traje de baño** bathing suit **13**

el **trámite** step, stage; *pl* proceedings

tranquilo quiet, tranquil **16**

el **transporte** transportation **16**; el **transporte público** public transportation **16**; los **medios de transporte** modes of transportation **16**

trasladarse to move

el **tratamiento** treatment

tratar to try **14**; **tratar de** + *inf* to try, attempt; **Trato hecho.** It's a deal. **13**

trece thirteen **EP**

treinta thirty **3**

el **tren** train **15**

tres three **EP**

trescientos three hundred **4**

la **tribu** tribe

triste sad **1**

tu *poss adj* your (*fam s*) **EP**

tú *subj pron* you (*fam s*) **EP**

el (la) **turista** tourist **1**

turístico *adj* tourist **15**

tuyo *poss adj and pron* your, yours (*fam s*)

U

u or (used before **o**- or **ho**-) **13**

último last (in a series) **8**; **por última vez** for the last time **8**; **por último** finally **8**

un(-a) *indefinite art* a, an, one **1**; **unos(-as)** some, a few, several **1**

la **universidad** university **1**

uno one **EP**

urgente urgent **4**; **es urgente** it's urgent **4**

usar to use **5**

el **uso** use **10**

usted *subj pron* you (*form s*) **1**; *abb* **Ud. 1**; *prep pron* you (*form s*) **4**

ustedes *subj pron* you (*fam and form pl*) **1**; *abb* **Uds. 1**; *prep pron* you (*fam and form pl*) **4**

utilizar to use

la **uva** grape **7**

¡Uy! Oh! **15**

V

las **vacaciones** *pl* vacation **15**; **estar de vacaciones** to be on vacation **15**

valer to be worth **15**; **¿Cuánto vale(-n)?** What does it (do they) cost?

el **valor** value, worth

vamos a + *inf* let's (do something) **3**

varios *pl* several, various **12**

vasco Basque

el **vaso** (drinking) glass **5**

el (la) **vecino(-a)** neighbor **3**

el **vegetal** vegetable **5**

veinte twenty **EP**

veinticinco twenty-five **3**

veinticuatro twenty-four **3**

veintidós twenty-two **3**

veintinueve twenty-nine **3**

veintiocho twenty-eight **3**

veintiséis twenty-six **3**

veintisiete twenty-seven **3**

veintitrés twenty-three **3**

veintiún, veintiuno(-a) twenty-one **3**

el **velero** sailboat **13**

vendar to bandage **14**

el (la) **vendedor(-a)** salesperson **6**; el (la) **vendedor(-a) ambulante** street vendor

vender to sell **2**

venezolano Venezuelan **2**

venir (ie) to come **3**

la **venta** sale **10**

la **ventaja** advantage

la **ventana** window **11**

ver to see **4**; *pp* **visto** seen **16**; **a ver** let's see **10**

el **verano** summer **4**

veras... de veras really **13**

el **verbo** verb

la **verdad** truth **4**; **¿verdad?** right?, true? **1**

verde green **2**

el **vestíbulo** lobby

el **vestido** dress **6**

vestirse (i, i) to get dressed **8**

la **vez** time (in a series) occasion, instance **11**; **a veces** sometimes, at times **2**; **algunas veces** sometimes **9**; **de vez en cuando** from time to time **8**; **en vez de** instead of **11**; **muchas veces** often **5**; **otra vez** again **9**; **por primera vez** for the first time **14**; **por última vez** for the last time **8**; **tal vez** perhaps, maybe **12**

viajar to travel **2**

el **viaje** trip **15**; la **agencia de viajes** travel agency **15**; **¡Buen viaje!** Have a good trip! **15**; **hacer un viaje** to take a trip **15**

el (la) **viajero(-a)** traveler **15**; el **cheque de viajero** traveler's check **15**

la **vida** life **11**

viejo old **2**; *before noun* longstanding, old

el **viento** wind **4**; **hace viento** it's windy **4**

el **viernes** Friday **4**

el **vinagre** vinegar **5**

el **vino** wine **5**; el **vino blanco** white wine **5**; el **vino tinto** red wine **5**

la **visa** visa **15**

visitar to visit **2**

la **vista** view **16**

visto *pp* **ver** seen **16**

la **vitamina** vitamin **14**

la **vivienda** housing

vivir to live **2**

el **vocabulario** vocabulary; el **vocabulario activo** active vocabulary

el **vólibol** volleyball **12**

volver (ue) to return **5**; *pp* **vuelto** returned **16**

vosotros(-as) *subj pron* you (*fam pl, Sp*) **1**; *prep pron* you (*fam pl, Sp*) **4**

votar to vote

el **vuelo** flight **15**

vuelto *pp* **volver** returned **16**; **de vuelta** *adj* return **15**

vuestro *poss adj* your (*fam pl, Sp*) **3**; *poss adj and pron* your, yours (*fam pl, Sp*)

Y

y and **EP**

ya already **5**; **ya no** no longer

yo *subj pron* I **1**

Z

la **zapatería** shoe store **6**

el **zapato** shoe **6**; los **zapatos de tenis** tennis shoes **12**

REALIA CREDITS

PHOTO CREDITS

INDEX

indicative
  defined   357
  vs. subjunctive   499–500

indirect object pronouns   310–312
  with direct object pronouns   341–343
  with familiar commands   343–345
  with formal commands   310, 343–345
  with infinitives   310, 343–345
  with present progressive   451

infinitive
  after impersonal expressions   132
  after prepositions   431
  defined   31
  in place of subjunctive   359–360

information questions   74–77
  intonation   269

instructions, written   382

interrogative
  word order   42–43, 74–77
  words   74–77

intonation   269

introductions   72

invitations, extending and declining
  128–129, 152

ir
  commands, familiar   398–399
  commands, formal   277–279
  imperfect   303–304
  present indicative   87–89
  present subjunctive   365–366
  preterite   214–215

ir a + infinitive   87–89
  vamos a   87–89

-ir verbs
  commands, familiar   397–398
  commands, formal   277–279
  conditional   513–515
  future   483–484

imperfect   301–303
  past perfect   530
  present indicative   73–74
  present perfect   522–523
  present subjunctive   365–366
  preterite   201–202

irregular verbs. *See also entries for*
  specific verbs and tenses.
  ending in **-cer, -cir**   130–131
  ending in **-uir**   178–179, 237–238
  first person singular in **-go**   122–123

-ísimo   460–461

J

jugar
  present indicative   387
  preterite   387

L

leer
  present participle   451–452
  preterite   237–238

leisure-time activities   416–418, 424–426

letters
  of complaint   220
  of reservation   537
  personal   48, 533

likes and dislikes, expressing   31, 168–169

linking   169

lo
  object pronoun   228–229, 238–240
  with adjectives   406–407

logical devices   147

M

main ideas and supporting elements
  472–473